漢口叢談

（清）范鍇 著
胡錦賢 校注

湖北省公益学术著作出版专项资金
Hubei Special Funds for Academic and Public-interest Publications

荊楚全書·第一輯

長江出版傳媒
湖北人民出版社

圖書在版編目（CIP）數據

漢口叢談 / (清) 范鍇著 ; 胡錦賢校注. — 武漢 : 湖北人民出版社, 2023.12
ISBN 978-7-216-10596-5

Ⅰ. ①漢… Ⅱ. ①范… ②胡… Ⅲ. ①武漢 - 地方史 - 史料 - 清代 Ⅳ. ①K296.31

中國國家版本館CIP數據核字（2023）第011727號

責任編輯：楊　猛
封面設計：劉舒揚
責任校對：范承勇
責任印製：肖迎軍

出版發行：湖北人民出版社	地址：武漢市雄楚大道268號
印刷：武漢郵科印務有限公司	郵編：430070
開本：787毫米×1092毫米　1/16	印張：30.75
字數：515千字	插頁：1
版次：2023年12月第1版	印次：2023年12月第1次印刷
書號：ISBN 978-7-216-10596-5	定價：96.00元

本社網址：http://www.hbpp.com.cn
本社旗艦店：http://hbrmcbs.tmall.com
讀者服務部電話：027-87679656
投訴舉報電話：027-87679757

序

古人云："立德之基有常，而建功之路不一。"此不易之言矣！清人范鍇一外鄉隱君子，行商立足於漢口，奔走於淮揚巴蜀間，數十年中必多艱辛，却成爲一位多産著作家，豈非"讀萬卷書，行萬里路，與四方英俊交友，其聞見之廣，迥絶等倫"（孫燮語）之故？其中《漢口叢談》一書，實開啓了漢口城市歷史的研究和論述，并以其保存了大量珍貴史料，受到學者重視，而致一本難求。其有功於武漢這座城市，是不言而喻的。

百年後，民國間予鄉前輩王葆心先生繼承其志，有三續《漢口叢談》之作。其門人周貞亮鈔校《漢口叢談》。其子王夔武先生教授武漢大學，亦爲《漢口叢談》及其家君續作之傳布而奔走不息。無庸多言，諸君都有着對漢口城市負責的美德。

又百年，今予之同鄉學者湖北大學胡錦賢教授，應湖北人民出版社之請，校注《漢口叢談》，以備典藏之需。書稿既成，囑予留言於卷首。錦賢人品學問兼優，大學畢業留校任教，不久被派往復旦大學專門學習古籍整理與研究，得多位名家指點。此後教學之餘，潛心學術，發表學術論文五十餘篇，有的系列論文獲省政府優秀科研成果獎，參與承擔了多項重大國家科研課題，著作多種，貢獻了數百萬字的學術成果，頗有成就和影響，是那時湖北大學破格晉升的教授。錦賢今已年過六旬，仍筆耕不輟，爲湖北的文化建設貢獻餘熱，實爲難能可貴。

予曾初讀《漢口叢談》，知其整理難度很高，非甘於寂寞者不能爲也。錦賢之辛勞，必大有益於社會。一座城市是地理人文的綜合體，是累積而成。因而作爲一座大都市，就更不能没有歷史。法蘭西人、羅馬人都爲他們的古建築、古雕塑及其歷史而驕傲，視其爲雄視世界之重要資本，并立法保護。漢口之所以被稱爲雄鎮，就在於它的地理和歷史。《漢口叢談》記録了漢口昔日的輝煌，其文獻同樣珍貴。雖是地方典籍，而涉及的文化内容十分廣泛，須具有較高國學功底者纔能全面賞讀。二百年往矣，其書已不易得，得者文字難讀。舊曾有傳鈔本，後亦有過整理本，皆謬誤不少。今由錦賢教授予以校注，正其本，明其義，廣其傳，極合時宜。尤其該書經錦賢作了高質量的校注後，大大彰顯、豐富了其文化内涵，可讀性很强。因書於卷首，講明其事。時户外寂然，明月已當空矣。

李宗柏

二〇一八年農曆八月十六日

前　言

《漢口叢談》六卷，清人范鍇著。書中主要就漢口的山川地理、街道名胜古跡、人物及其行事、歷史事件及相關文獻、古今過往墨客及其作品、青樓名妓的風采與生活等方面，作了廣泛輯録、研究和論述。雖然名爲漢口，實際也包括漢陽、武昌的很多内容。其中，作者對詩詞作品的收録和評論用心較多，所占篇幅也較大，因而作者説："謂之詩話亦可。"《清史稿·藝文二》有著録，而列於地理雜志類。

范鍇是浙江烏程南潯鎮人。初名音，字聲山，號白舫，又號苕谿漁隱。其遠祖是明朝的祭酒；祖父是清朝監生，通中医；父宗鎬亦是監生，算得上書香門第。范鍇是例貢出身，在當時也可以出仕爲官，然其氣質淡出官場，又因家貧，而寓意鹽筴。范鍇生逢乾嘉盛世，早年受到良好的教育，其同里友人劉疎雨的眠琴山館藏書十餘萬卷，范鍇朝夕過從，讀了大量的書，具有很高的文化素養。時武昌府教授、國子監博士熊士鵬稱："白舫有俊才，而家貧，工詩，尤善詞，合姜（夔）、史（達祖）、蘇（軾）、辛（棄疾）爲一手，浙東西無出其右。游漢上與常芝仙交最久，芝仙善畫，白舫善詞，得兩人一畫一詞，世稱'雙絶'，皆隱君子也。"可見其文學素養很高，并非等閑之輩。於是范鍇一邊經營鹽業，養家糊口，自食其力，一邊不忘著述，并成爲一個多産的作家。道光二十四年（一八四四年）夏，范鍇有葉落歸根意，挈家歸南潯，中途因變故寓居揚州，卒年八十餘。至於范鍇寫作本書的動機，則與漢口的城市地位和他在漢口的生活是分不开的。

漢口地當江漢要衝，古稱夏汭、夏口、沔口、漢皋。其爲名區，歷史久遠。漢口的城市歷史，目前見到的最早史料是出土的黄陂盤龍城遺址。該遺址是商代中期以前的城址，距今三千五百餘年。其出土的青銅器、玉器、陶器有二千七百餘件，其中有大玉戈長一百零四釐米，是國家明文禁止出國巡展的文物。可見漢口歷史文化之悠久發達。在文獻記載中，亦可見到早在公元前十一世紀之初的周文王時代，江漢之域，已爲文王德化先行之地，社會文明富庶，有“雖女子出游，而無欲求犯禮者”的美談。《詩・周南・漢廣》序：“漢廣，德廣所及也。文王之道被于南國，美化行乎江漢之域，無思犯禮，求而不可得也。”《漢廣》詩：“漢有游女，不可求思。漢之廣矣，不可泳思；江之永矣，不可方思。”漢鄭玄箋：“喻賢女雖出游流水之上，人無欲求犯禮者，亦由貞絜使之然。”朱熹集傳：“江漢之俗，其女好游。漢魏以後猶然，如《大隄》之曲可見也。”又説：“文王之化，自近而遠，先及於江漢之間。”此謂周初時江漢地區率先德化，社會和諧之盛况。又《詩・大雅・江漢》：“江漢湯湯，武夫洸洸。經營四方，告成于王。四方既平，王國庶定。”此詩傳爲尹吉甫所作，以歌頌周宣王興衰撥亂，命召公（即召穆公，名虎）平定淮夷（在徐州），又於江漢經營四方，使王國四海安定。此謂周宣王繼承文武之道，以江漢之域爲依托，經營四方，而功成。

古有春秋時諸侯中楚國最爲强大、戰國時唯齊楚有文學之説，這些并非虚言。《史記・楚世家》載周夷王時，楚王“熊渠甚得江漢間民和”，“楚彊，陵江漢間小國，小國皆畏之”，“於是楚地千里”。《晉書・地理志・荆州》：“荆，强也，言其氣躁强。”今隨州擂鼓墩出土的曾侯乙六十四件套編鐘，精美絶倫，是楚惠王送給他做殉葬品的，足見楚國之强。秦本起步較晚，周平王東遷時纔被封爲諸侯，因其變革圖强，網羅人才，迅速强大。楚國自懷王貶屈原而用小人，逐漸衰落，爲秦所滅。然“楚雖三户，亡秦必楚”，秦王朝終被楚人所滅。這彰顯了楚國雖因政治不明而失社稷，但楚地仍有着雄厚的經濟文化基础。春秋戰國時期長期混戰，并不局限於一地。然而《左傳》楚子伐吴，“薳射以繁陽之師會于夏汭”。又蔡侯、吴子、唐侯伐楚，“自豫章與楚夾漢”，“乃濟漢而陣，自小别至于大别”。《戰國策・燕策》：蘇代約燕王曰：“蜀地之甲，輕舟浮于汶，乘夏水而下江，五日而至郢；漢中之甲，乘舟出于巴，乘夏水而下漢，四日而至五渚。”這些戰例仍能顯示出漢口可經營四方的重要戰略地位。

武昌之經營，史載始於楚王熊渠封“中子紅爲鄂王”，因鄂渚而名，遂有鄂州。東漢末孫權自立武昌（今鄂州市），於黃鵠山東北建夏口城，漸爲重鎮。明代楚王季埱《長春山記》曰：“武昌即古鄂州也。兩漢之末，三國割判，爲孫氏所據，嘗都於鄂，因改以今名。後乃遷都建業，而江左六朝以武昌爲大鎮，常宿重兵於此，倚爲金陵之西門焉。其山水四塞：鞏固則廬嶽彭蠡畛其左，荆岑雲夢距其右，巴峽洞庭阸其前，羅山巢湖隘其後。此亦開闢以來天地設險一都會也。又長江回抱繚繞乎其三面，惟東向一路頗爲平陸，而高低大小無數之崗阜浦溆夾其兩傍，中途來往僅容一軌。則武昌之地勢，亦可謂形勝而雄壯哉！”

漢末三國角逐，始終以江漢之域爲主戰場。蜀漢失荆襄，諸葛亮進伐中原，舉步維艱，終不能成功。其時江漢市場亦盛，而主要在黃陂之石陽城。魏晉南北朝征戰數百年，仍離不了在江漢的争夺。梁武帝築漢口城以困守魯山，遂有漢口之名。而漢口一地，有古城衆多。東晉名士陶侃平王敦，移據武昌，後都督八州諸軍事，久鎮荆楚，人稱其“機神明鑒似魏武，忠順勤勞似孔明”，治下自南陵至白帝城數千里中，路不拾遺。唐宋時國盛，漢陽、武昌商業經濟迅速崛起，成爲甲天下之商貿大都。范成大《吴船録》稱漢陽南市（在鸚鵡洲之南）道：“廛閈甚盛，列肆如櫛，酒壚樓欄尤壯麗，外郡未見其比。盖川、廣、荆、襄、淮、浙貿遷之會，貨物之至者，無不售，且不問多少，一日可盡。其盛壯如此。”陸游《入蜀記》亦盛贊之。南宋抗金名將孟珙爲京湖制置大使，極重教育，於江陵、武昌興辦書院，以教養流民多士，蔚然成風，影響直至清末張之洞，使湖北成文化教育大省，一度領先於全國。明清時漢口爲官鹽集散地，其繁盛更是名震寰宇，即所謂“天下四大巨鎮”之一。

明末吴淇詩云：“雄鎮曾聞夏口名，河山百戰未全更。競流漢水趨江水，夾岸吴城對楚城。十里帆檣依市立，萬家燈火徹夜明。梁園思客偏多感，直北蒼茫是汴京。”清人曾嘆問道：“如何自古風流地，賸有于今富庶家。”（吴邦治《漢口》詩）潘耒《漢口》詩曰：“漢口通江水市斜，兵塵過後轉繁華。”正説明此地兵塵過後，便是商家接踵而來。在陸運交通尚不發達的時代，江、漢二水的确是最爲重要的運輸航道之一。漢口以其特殊位置，不僅是兵家戰略要地，同樣也是商家爭趨之處。而周初人竟早已懂得這一點，何其可敬可佩！

江漢山水壯麗，盡在水天之際。江漢平原由衝积而成，古爲雲夢澤，方圓九百里，以千湖之邦，波連三楚，漁獵富甲天下，司馬相如《子虚賦》已有專門描述。漢口地處其中，東達吴會，西通巴蜀，久爲通都大邑。且山川鬱盤，水天空明，大江之中，檣立帆飛，時與烟雲起滅，景色迷人。乾隆進士王元勳《漢江秋望》詩概括較好：“波光天影兩空明，雲外迢遥過雁聲。帆帶夕陽歸夏口，山連秋色到樊城。”好一個氣勢磅礴的茫茫澤國，引來許多風流人物於此指點江山，留下無數動人的故事和詩篇。唐人除李白、崔顥等家喻户曉的詩句外，宋之問《漢江宴别》詩描寫頗真：“漢廣不分天，舟移杳若仙。秋虹映晚日，江鶴弄晴烟。積水浮冠蓋，遥風逐管弦。嬉游不可極，留恨此山川。”頭兩句道出漢口山水特點，後兩句謂怎么也玩不够。山水間，時有花宫琳宇，傳出隱約鐘聲，是知人文景觀亦多。范書中記載漢口的寺廟、閣、殿等建築有二百餘處，橋三十餘座，全國各地商民建造的會館公所百餘个。宋人姜夔《清波引·小序》云：“予久客古沔，滄浪之烟雨，鸚鵡之草樹，頭陀、黄鶴之偉觀，郎官、大别之幽處，無一日不在心目間。”

大别山（龜山，又名魯山），突兀於漢水入江口一側，更爲漢上勝處，亦是荆楚之雄藩，故被稱爲漢郡之鎮山。元代林元説：“荆州之域，江漢爲重，漢鄂之山，大别爲表。”明代周鎧説：“大别之爲山，鎮南紀之要衝，壯荆鄂之形勝，俯江漢之朝宗。”而莊王孟烷有《大别山歌》，其句云：“名山鍾秀自天開，巋然盤礴天之隗。漢水西來出其下，江流東合濤声迴。江漢滔滔南國紀，萬里朝宗自兹始。”其形勝與要害，古人評價甚高。的确，江漢地處中華大地心腹，江漢二水猶如惠及全身的主動脉，於漢口西來東合，一瀉千里，形成交通四達、朝宗於海的地理格局，又天降龜蛇二山扼守其要害，其巧其雄其壯，皆天公造化，莫於言表。

漢上烟雨，最具特色。清代漢口後湖爲濕地，美境如畫，爲文人最流連忘返處。漢水入江口自明成化間改道後，故道遂淤，因漢水自襄陽來，又稱廢襄河。范鍇謂廢襄河"離漢口北岸十里許"，東西數十里，平疇曠野，彌望無垠。春夏土人多植油菜，又稱黄花地。有四時美景，范鍇描寫道：春時叢樹扶疏，芳草鮮美，覆雲在地，流靄接天，百鳥鳴籠，歌管紛喧；夏秋水漲，烟波千頃，茶亭遠山沉浮其中，扁舟拂柳，鷗侶相隨，比鴛湖之棹；或值炎威，月影當流，駕舴艋之輕舟，拂蒲葵之小扇，細葛衣輕，碧筒酒醉，相與逭暑，達旦而歸；冬日水涸沙平，楓葉染丹，遠山凝紫，時有弯弓健儿跃馬蹄以角射。其殊景足以游目騁懷，范鍇與友人常去那裏踏青、品茶、賞月、看山、觴咏，皆以爲絶妙。

時稱後湖看新緑爲第一。漢陽彭擬陶《漢口後湖》云："淤後襄河二百年，平蕪十里望茫然。白雲有影常垂地，青草無依欲上天。"後兩句寫得生動真切。黄心盦詩云："軟襯紅羅艷點梅，能消幾日翠成堆。宵孃眉黛窺深淺，踏盡斜陽未肯回。"范鍇和云："幾叠遥嵐幾抹烟，迷濛翠映蔚藍天。東風吹染離亭柳，照影春波亦黯然。"巴蓮舫《春柳四首》句云："最消魂處絲絲雨，聊遣愁時淡淡風。"畫家常芝仙詩云："幾抹遠山輕染黛，千條新柳嫩含烟。"范鍇之子濤云："後湖湖畔踏青過，游女雙蛾掃翠螺。行到橋邊看楊柳，幾枝春少幾枝多。"又云："妾似垂絲牽不斷，郎如飛絮任斜飄。人都説是傷心樹，怕上春風六度橋。"

夏秋水漲，水天相接，烟景離離，值夕陽初落，燈影上下映射水間，流光蕩漾，漁榔聲聲，皆美不勝收，又名瀟湘河。范鍇與友人描寫亦多。黄心盦有詩云："一夜瀟湘水漲寬，枝枝碧玉蘸銀瀾。"又云："打魚船泊柳隄陰，前日茶棚在水心。只覺遠山都活動，空中樓閣有浮沉。”動感極强，寫活了。畫家黄穀原和云：“後湖新漲水浮天，傍岸垂楊緑染烟。一片波光雲影外，遠山青上打魚船。”句句精妙。范鍇之子濤云：“夕陽初墮晚涼時，萬頃烟波一舸移。我本自來還自去，姓名那許白鷗知。”立意甚高，功夫不差與前輩。常芝仙有自題《納涼圖》云：“何處停橈好，湖西古木稠。殘霞横水面，圓月湧山頭。地僻涼偏早，夜深人與幽。露蟬聲不斷，催起一林秋。”詩中有畫，境界雅淡幽静，静中有動，品味極高。

范鍇云：“湖水漲時，諸茶肆皆汩没，唯白樓與湧泉得以愒坐，弦鼓寂然。”但平日每當紅日墜入湖中，這裏的茶樓便已滿座，弦管齊鳴，熱鬧非凡。林琴庵曾於八月攜酒白樓，相招看月，有詩云：“晚烟斂盡銀蟾出，獨照幽人瀹茗時。”黄心盦云：“晚風初定水楊柳，满地月華如雪鋪。”范鍇詩云：“楊柳四圍遮不住，看山都上白家樓。”又云：“曲曲欄干短短籬，湖心亭外柳絲絲。風翻芍藥徐庶畫，雨釀黄梅賀鑄詞。人影散隨弦鼓寂，茶香留看月燈遲。笑余赢得吟詩興，偏在文園病渴時。”黄心盦和云：“下湖春比上湖多，病渴文園每愛過。粉黛亦參盧陸座，箏琶常鬧楚秦歌。澆殘緑雪消清晝，割盡黄雲膩翠莎。只待鋪平瓜蔓水，依欄重約賦烟波。”孫石樓云：“紅日漸低弦管急，上湖人少下湖多。”可見下湖最熱鬧。

以上這些詩作的功力并不在唐宋人之下，且生動地再現了昔日漢口的真實面貌，很有欣賞價值，非常珍貴。其描寫，今雖時過境遷，但許多地方讀起來，依然令人向往。

熊士鵬《序》曰：“自古羈人游士，所過通都大邑，必有山水供登臨；山水之隱見異同，必有詩詞備考證。其錯處乎山水者，古寺名刹，足以寄嘯傲；其傳述乎詩詞者，高賢逸民，足以資蒐羅。短裁促筆，各自爲書。”熊士鵬亦撰有《知舊詩鈔》。范鍇經商往來淮揚川蜀數十年，長期寓居漢口，十分熱愛荆楚文化和漢口壯麗的山水，以及繁盛的市貌，常與友人“攜手登城樓，見郭外左江右湖，遠峰近峦，送夕陽，迎素月，以抒寫其胸懷詩畫之趣”。於是留心輯録有關漢口的聞見，特别用心收録當時他所認識的過往墨客的佳作，以備考證。倘若没有一份深情和十分的勤奮，是很難做到這一點的。由於范鍇的執着，加上深厚的文化功底和才氣，以及廣闊的人脉，他獲得了巨大成功。道光初年，書成之後，多被外地人重值收去，本地反而一本難求。

范鍇的著述很多，范來庚《南潯鎮志》著録十五種，民國周慶雲《南潯志》和《中國叢書綜録》均著録十三種，而書目有不同。去重複，計有二十三種，基本都是刊於嘉、道年間。《漢口叢談》可稱爲代表作。因其史料珍貴，對於漢口城市史的研究有重要價值。且爲第一部全面叙述反映漢口城市歷史的專書，對後世也有重要影響。黄心盦雖作有《漢口漫志》，但書未成而佚。王葆心三續《漢口叢談》，徐焕斗《漢口小志》，都是受范鍇的影響寫作的。該書六卷内容各有側重，體例基本合理，凡考證亦精确。對古籍資料的網羅雖難免有遺漏，内容編排也偶有交叉的情况，有初具規模之感，但已經難能可貴了，不當苛求。

《漢口叢談》的刊行時間，是在道光二年。民國十年（一九二一年），漢陽周貞亮（字退舟，曾任法部主事）作《漢口叢談跋》，其中説到早歲曾於同里熊瑞卿先生那裏見過此書，匆匆讀過，未及傳鈔。三十年來訪求不獲，偶從同邑李星樵侍講處借得一本，“尋其刊板年月，題道光壬午（道光二年），距今已及百年”。於是再讀一過，令寫人傳鈔一部，并從烏程陸瓣香（長春）《夢花亭》集中録得駢文一《序》，及《范君小傳》，并其《著述目録》，補録卷端，俾成完帙，以備付刊。（見《晚喜廬隨筆》）又《漢口叢談》卷五中范鍇自己説到友人蔣蔣邨炯壬午之春來訪，看了他的《漢口叢談》，别後賦詩寄與他，説道：“示我叢談備掌故，鈎抉經史窮根株。”（見壬午本卷五第二十七頁）而筆者今天在湖北省圖書館所見“漢口自在庵廟内張明心刊印”本（即王夔武《跋》中所説的删改壬午本），題“壬午小春”（古以農曆十月爲小春）。而互聯網上有日本早稻田大學藏本《漢口叢譚》（即未經删改的壬午本），也題“壬午小春”。則此書刊行於道光二年無疑。范鍇的友人熊士鵬爲之作《序》，題“癸未人日”，即道光三年正月初七日，則此《序》

當是次年作之。但也有誤記之可能。

此外，羅田王葆心之子王夔武《漢口叢談跋》中講到周貞亮校勘《漢口叢談》始末。謂沔陽盧慎之購得一刻本，周貞亮借以復校鈔本，“始知此書後經改訂，中有與餘本不同者兩處，未便録入鈔本，致礙雅觀，今别記於此。異時付刊，當從改本爲定也”。周貞亮是王葆心的門人，後又爲癸卯同年，民國十八年又同教授於武漢大學。夔武謂周氏出所校本示家君，家君覽而善之，欲付刊未果。先是家君教學漢南時訪求此書，於徐星槎處借得一鈔本，令夔武寫一副本藏之，嗣應新聞社之請，敷陳楚故，即廣是書之旨，成《續談》《再續》二種。後夔武所鈔本漸有散落，周氏又猝歸道山，幸而周校本書稿尚在行篋，於是夔武急將周校本及其家君所續之稿設法付印（在漢口利华書館出版，武昌益善書局發行），并爲之跋。時爲民國二十二年。周校本及王葆心之續作得以出版，王夔武之功在焉。

今湖北人民出版社非常重視荆楚文獻的積存，有嚴謹的出版規劃。其中《漢口叢談》一書，請我校注整理。雖然該書校注工作甚苦，我亦欣然從之。今將付梓，校注方面略作説明：

一、校勘以道光壬午張明心刊印本爲工作底本，參照日本早稻田大學藏壬午本、漢陽周貞亮鈔校本以及其他相關資料予以校勘。因該書寫作刊行年代較近，版本有限，故校文不單出，而寓於注文中。其實，可供參照的版本少，更增加了校勘工作的難度。而本書引文又非常多。因此，本書的校勘，特别注意核查相關的方志和引文的古籍資料。凡有價值的異同，則予以反映。

二、文字方面，范鍇所處時代，正是中國文風趨於復古，文人好炫耀學問之時，所以此書文字多用古體異體。整理時，凡在古籍中通行的異體古體，如汎（泛）、颿（帆）、徧（遍）、邨（村）、沈（沉）之類，則據底本予以保留，使盡量保持原有風格和文字面貌，以供語言文字學家去研究；凡古籍中逐漸少用，有淘汰傾向，又不便閲讀的字，如畣（答）、尗（菽）、喿（噪）之類，則參照周校本等直改爲通行的繁體或用字，使規范，起到校注整理的作用。周校本係寫人所鈔，參照時持审慎態度，如卷二表中周校本的文字和排列與底本略有差異，校勘取底本。

三、本書韻文較多，大量用典，語言古奥難懂，注釋凡與湖北地區有關者會詳細些。古人遣辭造句講究來歷，因而韻文注釋會注意引用例證，以反映其文化内涵，并帮助讀者理解。

今距范鍇先生書出日近二百年矣，漢口早已今非昔比，它與武昌、漢陽合成爲超大城市，其發展日新月異，正邁進現代化。但是，一座偉大的城市必然有着不平凡的歷史。我想，每个湖北人，都應該感謝這位異鄉的范先生，是他帮助我們開啓了對這座城市歷史的全面研究和論述。他所提供的論述和史料，當與這座城市同在。

羅田王葆心、王夔武父子和漢陽周貞亮等前輩都爲《漢口叢談》一書的傳布費心力甚多，王葆心先生還爲之續作，都功不可没。我有幸與王氏父子同鄉，出版社請我來做此事，也是巧合。還有一位同鄉，湖北省孔子問津文化發展促進會會長、湖北省政协原副主席李宗柏先生，他畢業於華中師范學院數學專業，却十分熱愛中國傳統文化，工作之餘閲讀了諸多古籍，包括《漢口叢談》，并研習書法，甚有心得。今請他爲我校注的《漢口叢談》作序，再合適不過了。幸蒙應允，在此誠摯感謝！

胡錦賢

二〇一八年中秋夜

目　録

漢口叢談序

癸未人日[1]，冒雪赴西城飲，歸自黄鵠山麓，至東坡[2]，一路瑶林瓊樹，朗朗如在玉山上行。甫入門，呼兒煮雪烹茗，見范君白舫《漢口叢談》列几上，乘醉披讀，遂至終卷而止。白舫有儁才，而家貧，工詩，尤善詞，合姜、史、蘇、辛爲一手[3]，浙東西無出其右。游漢上與常芝仙交最久[4]，芝仙善畫，白舫善詞，得兩人一畫一詞，世稱“雙絶”，皆隱君子也。

嘗持《苕谿漁隱圖》示予，見圖中題跋詩詞，俱超逸有致，庋置箱篋者四三年。忽傳白舫自巴東來，始促予題其圖云：“苕水泠泠霅水瀦[5]，瓜皮流入范蠡湖[6]。分明自號鴟夷子[7]，又作烟波一釣徒[8]。”蓋贊其高也。白舫因爲予述巴蜀山水之奇，與臨洮陸秀三攜酒下榻于巴山瀼水間[9]，戀戀有故人情。秭歸爲屈清烈公故里[10]，舊有祠，秀三于正月庚寅[11]，招白舫具酒漿果餌爲文以壽于祠下。白舫以事牽未來，亦謹寄桂蘂一器、《湘月詞》一闋以助祭。予讀秀三文佳，白舫詞亦佳，靈均之後[12]，又得二妙矣。

白舫初在漢上，與黄穀原同居[13]，其相莫逆如芝仙。後穀原屢徙于鄂，始克卜築于臙山之東[14]，予亦棄官隱東坡，與穀原相鄰近。白舫既時時過從，又嘗得芝仙作渡江游，俾予周旋跌宕其中。攜手登城樓，見郭外左江右湖，遠峰近巒，送夕陽，迎素月，以抒寫其胸懷詩畫之趣。楚中自有此山水來，不知其幾千百年，未見有嶔崎歷落如吾數人者。世徒逐逐車塵馬足間，且或嫌其荒遠遼闊而置之不必問，然後知山水詩畫之奇，往往見阨于熱客要人，而爲嶔崎歷落之士所心賞者，亦未易多覯，乃至今而始有吾數人，不可謂非兹地之幸。抑此中或别有數焉存乎！

白舫既以其在漢上聞見者編爲《叢談》，予亦以其在荆湖採録者彙爲《知舊詩鈔》，其意豈異也？自古羈人游士，所過通都大邑，必有山水供登臨；山水之隱見異同，必有詩詞備考證。其錯處乎山水者，古寺名刹，足以寄嘯傲；其傳述乎詩詞者，高賢逸民，足以資蒐羅。短裁促筆，各自爲書。前人如《吴船》《入蜀》其最著矣〔15〕，近世則有余澹心《板橋雜記》亦未嘗廢焉〔16〕。然此衹可與嵚崎歷落者道，而難爲熱客要人言也。因走筆書于卷首，紀其實。而夜漏三下，户外已堆雪一尺餘矣。東坡愚弟熊士鵬拜撰〔17〕。

【注釋】

〔1〕癸未人日：清道光三年農曆正月初七日。

〔2〕東坡：作者住處。在今武漢市武昌小東門。王葆心《續漢口叢談》卷三："謂小東門之坡也。"

〔3〕姜、史、蘇、辛：即姜夔、史達祖、蘇軾、辛棄疾。

〔4〕常芝仙：常道性，字芝仙，祖籍蕪湖，遷住漢口三世。通文史，工書畫，尤精賞鑒，詩寫性靈，時稱其詩書畫"三絶"，比之鄭虔云。見本書卷三。

〔5〕苕（tiáo）水：又名苕溪，在浙江。有二源：源於天目山之南者曰東苕，源於天目山之北者曰西苕，二水合流，東流入太湖。霅（zhà）水：又稱霅川，在浙江吴興縣境。合四水爲一溪，入太湖。見《太平寰宇記·湖州烏程縣》。

〔6〕瓜皮：小艇。

〔7〕鴟夷子：范蠡助勾踐滅吴後，乘舟浮于五湖，變姓名，適齊爲鴟夷子皮，後莫知所終。

〔8〕烟波一釣徒：《新唐書·隱逸傳》："（張志和）居江湖，自稱烟波釣徒。"

〔9〕瀼（ràng）水：陸游《入蜀記》："土人謂山間之流通江者曰瀼。"今重慶奉節、湖北巴東一帶入江水道以瀼爲名者很多。

〔10〕屈清烈公：屈原。宋元丰三年（1080年），宋神宗封屈原爲"清烈

公”。

〔11〕正月庚寅：屈原于寅年庚月寅日出生。《離騷》：“惟庚寅吾以降。”

〔12〕靈均：屈原的字。

〔13〕黄穀原：黄均。字穀原，號香疇，又號墨花居士，吴縣人。清嘉道間著名畫家，善畫山水花卉，得宋元人筆法，風格淡遠，作品供奉内廷。詩詞書法皆工，亦長篆石。書齋名墨華庵、成趣園。修成《書畫譜》，著有《墨華庵吟稿》。官補湖北潛江縣主簿，未赴任，築屋臙脂山麓之東，居二十年，以吏爲隱。《清史稿》卷五百零四有傳，亦載《國朝書畫家筆録》。

〔14〕臙山：即臙脂山。在江夏縣治東北隅（今武漢市武昌區内）。《湖廣通志》卷七謂山脊皆石，色赤如脂。一曰鞭指山，見《古今圖書集成》第148册第4頁。

〔15〕《吴船》《入蜀》：指宋人范成大《吴船録》、陸游《入蜀記》。二書均記載入蜀旅途中見聞。

〔16〕《板橋雜記》：清人余懷（字澹心）著。見本書《附録》陸長春《范白航先生〈漢口叢談〉序》注。

〔17〕熊士鵬：湖北天門縣人，字兩溟，舉人，官武昌府教授、國子監博士，品學俱重一時。

漢口叢談凡例

一、漢口水源，爲東漢水，有沔、漾之名。亦曰夏口。前人歧説紛紛，今證以經史。其間别流支川會于漢者，亦爲臚列。按載古注以辨之，欲其眉目清晰也，閲者幸勿訝其繁贅。彭湘懷《漢口考》一篇，余未見之，故不録入。

一、漢口重鎮，坊市街衢，花宫梵宇，指不勝屈，今就大略紀之。若招提會館，或有文人題咏，尚冀同志者録示，再爲編續，幸甚!

一、漢口人物，地雖一隅，亦復不少，但已採入邑乘者，自可不煩贅記。

一、漢口市井，俗漸澆漓[1]，生計勞勞，反衰于昔。安得起而振之，復歸淳厚?是以前人嘉言懿行，因類紀之，俾閲者警心神悟。至於逸事奇聞，略有涉于漢口，亦爲附載。

一、漢口青樓，墨池幽巷，粲饌氊葷，自不足録。但今昔詩人無不流連江漢，形諸篇什，《花月新聞》，《板橋雜記》[2]，亦前人所不棄。因取黄心盦《漢口漫記》、吴格齋《閒情麗品》[3]，有關于風雅詩詞者録之。

一、《説文》："叢，聚也。""談，語也。"余少失學，弇陋寔多，性復疏懶，落落寡交。其中或爲漢口世籍，或爲漢口寓公，詩文之集，無從借閲，又恐其久而淪没，故雖不關于漢口者，亦聚而語之。隨得隨書，既無倫次，亦多挂漏。叢脞之談[4]，即謂之詩話亦可。

【注釋】

〔1〕澆漓：風俗浮薄。《魏書・良吏傳・序》："後之爲吏，與世沉浮，叔季澆漓，姦巧多緒。"漓，也作"醨"。或曰"澆薄"。《後漢書・朱穆傳》："常感時澆薄，慕尚敦篤，乃作《崇厚論》。"

〔2〕板，張氏底本作“版”，原書實爲“板”，後文《序》中亦作“板”。

〔3〕吴格齋《閒情麗品》：王葆心《續漢口叢談》卷四：“嘉慶中，通城吴格齋孝廉壽平。”“往來夏口，夙負詩名。”“間亦流連聲色，撰《閒情麗品》，評騭群艷，銖兩悉當。”參見本書卷六。

〔4〕叢脞之談：作者謙辭，謂零散不嚴整。

漢口叢談卷一

《禹貢》[1]："嶓冢導漾[2]，東流爲漢。又東爲滄浪之水[3]，過三澨[4]，至于大别[5]，南入于江。"

《傳》曰："泉始出山爲漾水[6]，東南流爲沔水，至漢中東流爲漢水。"

《漢志》顔師古曰[7]："漾水出隴西氐道[8]，東流過武關山南爲漢。禹治漾水，自嶓冢始也。"又"出荆山東南流爲滄浪之水，即漁父所歌者也[9]"。又"三澨水在江夏竟陵[10]"。又"觸大别山而南入江也"。

國朝胡渭《禹貢錐指》："易氏曰[11]：'漢水自興元南鄭縣，又七十二里至城固縣北。又三百里至洋州興道縣南。又五百里至金州西城縣北。又六百八十里至均州武當縣西北四十里，水中有滄浪洲，又名滄浪水。東南流三百六十里至襄陽府襄陽縣。又三百二十里至郢州長壽縣。又三百里至復州景陵縣。又東至漢陽縣大别山之東北入江。'"《説文》"澨，埤增水邊土，人所止〔者〕"也[12]。按孔《傳》，三澨爲水名，不如《説文》精確。

《山海經·海内東經》："漢水出鮒魚之山。"

郭璞注曰："《書》：'嶓冢導漾，東流爲漢。'"國朝畢沅曰："漾自甘肅秦州至陝西寧羌州，合于東漢水曰沔水[13]。"云鮒魚山者，常璩《華陽國志》："沔陽縣有魚穴，濁水出鮒[14]。"今爲沔縣，漢水逕此。或恐鮒魚山即謂沔陽諸山也。

【注釋】

〔1〕《禹貢》:《尚書・夏書》裏的一篇。作者不詳。今學者認爲應是周秦時人所作。書中把中國劃分爲九州，然後記述各區域的山川、物産、交通、貢賦等。它是我國最早的地理著作，科學價值極高，對後世影響很大，成爲專門之學。清人胡渭的《禹貢錐指》，是一部集大成的著作。

〔2〕嶓冢：山名。在陝西。《禹貢》所説嶓冢山極簡約，關於其具體位置，後世解説不一。班固《地理志》謂嶓冢在隴西縣、氐道界，即今甘肅天水市南，東漢水、西漢水皆發源於此。鄭玄、《水經》、郭璞、酈道元均如此説。北魏於華陽郡置嶓冢縣，謂“有嶓冢山，漢水出焉”(見《魏書・地形志》)。杜佑《通典》謂嶓冢山有二：一在秦州上邽縣，即今甘肅天水市南，西漢水所出；一在漢中金牛縣，即今陝西寧强縣北，東漢水所出，即禹導漾處。後世多認同漢中一説。范鍇亦主此説。

〔3〕滄浪之水：漢水在湖北的鄖西、均縣一帶，因水中有滄浪洲，古稱滄浪之水。

〔4〕三澨：地名。孔安國、馬融、鄭玄、王肅、顔師古均以爲水名。如《尚書・禹貢》“過三澨”孔傳：“三澨，水名，入漢。”鄭玄注：“三澨，水名，在江夏竟陵之界。”《史記・夏本紀》司馬貞索隱謂“今竟陵有三參水，俗云是三澨水”。與孔、鄭等合。而《水經》、胡渭《禹貢錐指》謂地名，在南郡邔縣北沱(在今襄陽市境内)。酈道元《水經注》引《地説》曰：“沔水東行過三澨，合流觸大别山陂。”亦指地名。下文范鍇引許慎《説文》之説，認爲是地名。

〔5〕大别：今武漢市漢陽龜山。古稱大别山，又名翼際山、魯山。漢水在其旁入江。山上原有魯肅廟、劉琦墓等古蹟。《水經》:“江水又東逕魯山南。”酈道元注：“古翼際山也。”唐李吉甫《元和郡縣志》卷二十八：“魯山一名大别山，在(漢陽)縣東北一百步。其山前枕蜀江，北帶漢水，上有吴將魯肅神祠。”《湖廣通志》卷一百十八：“《左傳》吴與楚戰，楚濟漢而陣，自小别至于大别。今漢陽軍漢陽縣北大别是也。《水經》所云‘在安豐’者，非。考大别在漢江之右，漢水入江處，三國、南北朝時爲必爭之地。一名翼際山。一名

魯山，以山有魯肅祠，故名。今俗名龜山。小別在漢川縣南，山形如甑，一名甑山。”又卷八十一：“漢劉琦墓在府城魯山，琦漢荆州牧表之子。”明董穀《九真山記》：“山在漢沔其最著者曰大别，蓋禹跡所及，嶓源所窮，紀於《虞書》，人皆知之。予初授漢陽也，仰之與龍門砥柱等。”

〔6〕漾水：水始出嶓冢山爲漾水，或以爲是漢水主源。又東流經沔縣南曰沔水，又東經褒城縣納褒水始稱爲漢水，又經鄖縣稱滄浪之水。于是古人有“漢江四水”之説，即一水四名。清宫夢仁《讀書紀數略》卷十一謂“漢江四水”爲：漾、沔、漢、滄浪。曰：“由漢中流入鄖縣，因地而名，總之爲漢水也。上至襄陽七百里，下至沔陽州五百里。”然古代亦通稱漢水爲沔水。清人王士禛、錢坫曾多次親身前往實地以考察漢水之源，都有論文傳於世，然結論不盡相同。

〔7〕《漢志》：指《漢書·地理志》。漢班固撰。是繼《尚書·禹貢》《史記·河渠書》之後极其重要的地理專著，其体例對後世地理志書影響很大。爲《漢書》作注解者有二三十家，其中唐代顔師古的注本最爲通行。顔師古，字籀，萬年人，因注《漢書》，被稱爲孟堅（班固字）忠臣。

〔8〕氐道：古縣名。西漢置，屬隴西郡，其地爲氐族人所居，故名。治所在今甘肅武山縣東南。

〔9〕漁父所歌：《孟子·離婁上》：“有孺子歌曰：‘滄浪之水清兮，可以濯我纓；滄浪之水濁兮，可以濯我足。’”

〔10〕江夏：古郡名，西漢高祖六年（前 201 年）置，治所在安陸（今湖北雲夢）。南朝宋移治夏口，隋初廢。

〔11〕易氏：指宋人易祓及其所著《禹貢疆理廣記》。胡渭《禹貢錐指例略》曰：“先儒專釋《禹貢》者有易祓《禹貢疆理廣記》……今不傳，僅見於它書所引，崑山片玉，彌覺貴重。”（《禹貢錐指》卷四十一上）

〔12〕大徐本《説文》原文作：“澨，埤增水邊土，人所止者。從水，筮聲。《夏書》曰：‘過三澨。’”這裏引文脱“者”字。

〔13〕東漢水：“東漢水”“西漢水”之説，始見於《漢書·地理志》。俗以漾水東流經沔縣至南鄭爲東漢水，亦稱沔水。

〔14〕有魚穴，濁水出鮒：鮒，鯽魚。左思《蜀都賦》："嘉魚出於丙穴。"劉逵注："丙穴在漢中沔陽縣北，有魚穴二所，常以三月取之。丙，地名也。"即指此。

《左傳》定公四年："蔡侯、吴子〔1〕、唐侯伐楚。舍舟于淮汭〔2〕，自豫章與楚夾漢〔3〕。左司馬戌謂子常曰〔4〕：'子沿漢而與之上下，我悉方城外以毀其舟〔5〕，還塞大隧、直轅、冥阨〔6〕。子濟漢而伐之，我自後擊之，必大敗之。'"又"史皇謂子常〔7〕：'楚人惡子而好司馬。若司馬毀吴舟于淮，塞城口而入〔8〕，是獨克吴也。子必速戰，不然，不免。'乃濟漢而陳，自小别至于大别。"

按《元和志》〔9〕："小别山在汉川縣東南五十里〔10〕。"樂史《太平寰宇記》〔11〕："山形如甑，土諺謂之甑山。"二别相距百二十餘里。

《戰國策·燕策》〔12〕："蘇代約燕王曰〔13〕：蜀地之甲，輕舟浮于汶，乘夏水而下江〔14〕，五日而至郢〔15〕。漢中之甲，乘舟出于巴，乘夏水而下漢，四日而至五渚〔16〕。"又曰："我下軹〔17〕，道南陽，封冀，包兩周〔18〕，乘夏水，浮輕舟，强弩在前，銛戈在後，决滎口〔19〕，魏無大梁〔20〕。"

張衡《南都賦》〔21〕："流滄浪而爲隍，廓方城而爲墉〔22〕。"

李善注："《書》曰：'又東爲滄浪之水。'《左傳》曰：'楚國方城以爲城，漢水以爲池。'"

《漢志》"隴西郡氐道"注："《禹貢》養水所出，至武都爲漢。"

又"武都郡武都"注："東漢水受氐道水，一名沔，過江夏謂之夏水，入江。"又"沮水南入沙羡南入江〔23〕。過郡五，行四千里。"

又"漢中郡沔陽"注："應劭曰〔24〕：'沔水出武都東南入江。'如淳曰〔25〕：'此方人謂漢水爲沔水。'"

又"江夏郡"，"高帝置，屬荆州。應劭曰：'沔水自江别至南郡華容爲夏水〔26〕，過郡入江，故曰江夏。'"

按：過郡五，謂武都、漢中、南陽、南郡、江夏。胡氏《錐指》曰：“氐道、武都，脈絡不通，川渠阻隔，‘武都受漾’爲不可據。”

【注釋】

〔1〕吴子：吴，西周封國，子爵。《史記・吴太伯世家》：“太伯之奔荆蠻，自號句吴。”大約因從蠻俗，所以列爲子爵。

〔2〕淮汭（ruì）：淮水彎曲處。《左傳》定公四年：“蔡侯、吴子、唐侯伐楚，舍舟于淮汭，自豫章與楚夾漢。”杜预注：“吴乘舟從淮來，過蔡而舍之。”汭，水流彎曲處。一説水北曰汭。《禹貢》“渭汭”孔傳：“水北曰汭。”

〔3〕豫章：地名。據《左傳》，其地本在淮之南江之北。漢代移其名於江南，置郡，屬揚州。隋改爲縣，屬洪州。故治在今南昌市。

〔4〕子常：囊瓦字，令尹子囊之孫，楚平王時爲令尹。

〔5〕方城：山名。在今河南方城縣東北，跨葉縣城，方圓數百里。楚置城於山上，以爲要隘。《左傳》僖公四年：“楚國方城以爲城。”毁其舟，謂毁吴師舍於淮汭之舟。

〔6〕大隧、直轅、冥阨：古隘道名。即鄂豫交界（今廣水、信陽一帶）處的三關：武陽關，即古之大隧，又名澧山關；武胜關，即古之直轅，又名黄峴關、百雁關；平靖關，即古之冥阨，亦曰黽塞。有大小石門，鑿山通道，極爲險隘。杜預《注》謂“三者漢東之隘道”。《齊書・州郡志》稱之爲義陽（應山縣的舊稱）三關。

〔7〕史皇：春秋時楚大夫。見《左傳》定公四年。

〔8〕城口：大隧、直轅、冥阨三隘道的總稱。《左傳》定公四年“塞城口而入”杜預注：“三者漢東之隘道也。城口，三隘道之總名也。”

〔9〕《元和志》：《元和郡縣圖志》的簡稱。唐李吉甫撰。後文有注。

〔10〕汉川縣：唐武德四年析漢陽縣置汉川縣，屬沔州，故治在今湖北漢川市北。宋改汉川爲漢川。小别山即甑山，山形如甑。有甑山古城，在今漢川市東南十里黄龍湖西側。

〔11〕樂史《太平寰宇記》：樂史，北宋宜黄人，字子正，編著《太平寰宇記》二百卷，爲北宋地理名著。宋人于太平興國時完成統一大業，作者雜取山經地志編纂而成，主要記太平興國間疆域和事，以資時用。體例因襲唐《元和郡縣圖志》，政區仍沿用唐十道爲名稱，增加風俗、姓氏、人物、土産等門，着重經濟文化記述，爲後來總志體例所沿據。

〔12〕《戰國策》：戰國時游説之士的策謀和言論的匯編。初有多種名稱和本子，西漢末劉向編訂爲三十三篇。

〔13〕蘇代：戰國時東周洛陽（今河南洛陽東）人，蘇秦之弟。曾勸説燕昭王聯秦伐齊。

〔14〕汶：即汶水，一作汶江。汶，讀與“岷”同，即岷江。夏水：指夏潦之水。吴師道《戰國策鮑注補正》曰：“《索隱》云：‘謂夏潦之水盛漲時也。’下文‘乘夏水’兩出，可見。”

〔15〕郢：楚都邑名。在今湖北江陵西北，春秋時楚文王定都於此。

〔16〕巴：水名。《史記·蘇秦列傳》：“漢中之甲，乘船出於巴。”司馬貞索隱：“巴，水名，與漢水近。”五渚：歷史上解説不一。或説五渚指洞庭；或指五處洲渚；或説五渚即五湖。按：五渚之説見《水經注·湘水》，謂湘水与“此四水（資水、澧水、沅水、微水）同注洞庭，北合大江，名之五渚”。據蘇代上下文意，當取洞庭一説爲宜。有説戰國時尚稱洞庭爲五渚。

〔17〕軹：此段《史記·蘇秦列傳》引文相同。曰：“我下軹，道南陽，封冀，包兩周。”《集解》引徐廣曰：“霸陵有軹道亭。”一説軹是河内軹縣。

〔18〕南陽、冀：《史記·蘇秦列傳》正義：“南陽，懷州河南也，七國時屬韓。”元吴師道《戰國策鮑注補正》：“南陽即修武。”《索隱》：“按：魏之南陽即河内也。冀，冀邑。皆在魏境。”周：指周都。《史記·蘇秦列傳》正義：“周都洛陽，秦若劫取韓南陽，是包裹周都也。”

〔19〕滎口：河南滎澤之口。元吴師道《戰國策鮑注補正》引《索隱》曰：“滎澤口與今汴河口通，其水深，可以灌大梁。”

〔20〕大梁：戰國魏都，今河南開封市地。

〔21〕張衡《南都賦》：張衡，東漢天文學家、文學家，字平子，河南南陽

人。唐李周翰曰："南都在南陽，光武故里，以置都焉。桓帝時，議欲廢之，故衡作是《賦》，盛稱此都是光武所起處，又有上代宗廟，以諷之。"

〔22〕隍、墉：泛指城。唐李善《文選注》引《説文》曰："城池無水曰隍。"又引毛萇《詩傳》曰："墉，城也。"

〔23〕沮水：即漢水别源。《陝西通志》卷十一："沮縣，沮水出東狼谷，南至沙羨南入江。沔水出武都沮縣東狼谷中，一名沮水。闞駰曰：以其初出沮洳然，故曰沮水，縣亦受名焉。"漢江上游源出二支：西支出陝西寧强縣北嶓冢山，爲漾水（見《禹貢》）；北支出陝西略陽縣東爲沔水（見《説文》《水經》），亦名沮水（見《水經注》）。二水在沔縣（今勉縣）會合後，東流爲漢水（或謂之沔水，以與沔水合之故）。《水經》以漾水爲漢之正源，以沔水（沮水）爲别源。清顧祖禹《讀史方輿紀要·略陽縣》："今沮水（沔水）流經縣南，入沔縣而合於漢水。"沙羨（yí）：古縣名，西漢置，屬江夏郡，治所在今湖北武漢市武昌西南的金口。

〔24〕應劭：字仲瑗，汝南南頓人，官後漢蕭令、泰山太守，爲漢末著名學者。

〔25〕如淳：馮翊人，官魏陳郡丞，著名學者，注《漢書》，其説多爲後世所引。這裏的"如淳曰"，見《漢書·地理志》顔師古注引。

〔26〕南郡、華容：南郡，秦將白起攻楚取郢置，故治在江陵縣北，漢移治江陵，即今荆州市地。漢置華容縣，南齊廢，故治在今湖北監利市西北。夏水：《漢書·地理志》："華容夏水首受江，東入沔。"《讀史方輿紀要》卷七十五："應劭曰：'江别入沔爲夏水，夏水始於分江，冬竭夏流，故名曰夏。'《水經注》：'夏水本江之别，出自江陵東南，又過華容縣南，又東至江夏雲杜縣入于沔。'"後因此而漢水遂有夏水之稱。

《水經》："沔水出武都沮縣東狼谷中[1]。""東過南鄭縣南。""又東過城固縣南。又東過魏興安陽縣南。涔水出自旱山[2]，北注之。""又東過堵陽縣[3]，堵水出自上粉縣[4]，北流注之。""又東過涓鄉南[5]。""又東北流，又屈東南過武當縣東北。"酈注[6]："縣西北四十里，漢水中有洲名滄浪。庾仲雍《水記》謂之千齡洲，非也，是世俗音譌，音與字變矣。”“又東南過涉都城東北[7]。”“又東南過酇縣之西南[8]。”“又南過穀城東，又南過陰縣之西[9]。”“又南過筑陽縣東[10]，筑水出自房陵縣東[11]，過其縣南流注之[12]。”“又東過山都縣東北[13]。”“又東過襄陽縣北。”“又從縣東屈西南，淯水從北來注之[14]。”“又東過中廬縣東[15]。維水自房陵縣維山東流注之[16]。”“又南過邔縣東北[17]。”“又南過宜城縣東[18]，夷水出自房陵縣[19]，東流注之。”“又東過荆城東[20]。”“又東南過江夏雲杜縣東[21]，夏水從西來注之。”“又南至江夏沙羡縣北，南入于江。”“沔水與江合流，又東過彭蠡澤[22]。”

又“夏水出江津于江陵縣東南[23]，東過華容縣南。又東至江夏雲杜縣，入于沔”。

又“溳水出蔡陽縣[24]，東南過隨州西”。“又南過江夏安陸縣西[25]，又東南入于夏”。

又“濜水出江夏平春縣西[26]，南過安陸縣，入于溳”。

《水經注》：“沔水又東逕沌水口，水南通沔陽縣之太白湖[27]。湖水東南通江，謂之沌口。”

又“沔水又東逕沌陽縣北[28]”，“處沌水之陽也”。又“東逕臨嶂故城北[29]。建興二年，太尉陶侃爲荆州鎮此也[30]”。

又“應劭《十三州記》：‘江别入沔爲夏水源。夫夏之爲名，始于分江，冬竭夏流，故納厥稱，既有中夏之目，亦苞大夏之名矣。當其決入之所，謂之堵口焉[31]。’”

“劉澄之《永初山川記》[32]：‘夏水，古文以爲滄浪水，漁父所歌也。’”

按：自堵口下，沔水通兼夏目而會于江[33]，謂之夏汭[34]。《左傳》楚子伐吴，“薳射以繁陽之師會于夏汭[35]。”注：“漢水曲入江處。”

【注釋】

〔1〕武都：郡名，漢置，故治在今甘肅成縣西。沮縣：漢置，因沮水而名。後魏改爲略陽縣，故治在今陝西略陽縣東一百二十里沮水旁。

〔2〕涔（cén）水：《水經・涔水》："涔水出漢中南鄭縣東南旱山。"

〔3〕堵陽縣：南朝梁置，故城在今湖北鄖陽區西南。

〔4〕堵水：一名庸水，亦名武林水，俗稱徒河。在湖北境有北、西、南三源，三源既合，東北流，至鄖縣西入漢水。上粉縣：《水經注・沔水下》："（故漢中房陵縣）漢末以爲房陵郡。魏文帝合房陵上庸西城，立以爲新城郡，以孟達爲太守，治房陵故縣，有粉水，縣居其上，故曰上粉縣也。"

〔5〕涓鄉：亦作"鄖鄉"。《漢書・地理志》"江夏郡竟陵"顔師古注："鄖鄉，楚鄖公邑。"

〔6〕酈注：北魏酈道元爲《水經》作注，補充記述河流水道至一千二百五十二條，注文較原書多出二十倍。《注》以水道爲綱，記述地理情況、歷史事件、名胜古蹟和民間傳説，内容丰富，引古籍多至四百三十七種。《水經注》是我國非常重要的地理著作。

〔7〕涉都城：在湖北原光化縣西。

〔8〕酇縣：漢置，南朝梁廢，故城在湖北原光化縣舊縣西北，故址已圮入漢水。

〔9〕陰縣：春秋下陰地，漢置陰縣，西魏改陰城，唐省，故城在今湖北原光化縣西。

〔10〕筑陽縣：漢置，故城在今湖北穀城縣東，以在筑水之陽而名。隋改爲穀城縣。

〔11〕筑水：即湖北穀城縣之南河。據《漢書・地理志》，筑水出漢中房陵，東入沔。房陵縣：漢末置房陵郡，治房陵縣，三國魏改曰新城，即今湖北房縣。

〔12〕流注之：張氏底本引爲"流注同"，今據楊守敬《水經注疏》改作"流注之"。

〔13〕山都縣：秦置，治所在今襄陽市西北。

〔14〕淯水：古水名，一作育水，即今河南白河。

〔15〕中廬縣：古盧戎地，南蠻國。盧亦作“廬”。漢置縣，梁省，故城在襄陽市西南。

〔16〕維水、維山：底本作“淮水”“淮山”。楊守敬《水經注疏·沔水中》：“淮水自房陵縣淮山東流注之。”疏引戴震注：“維訛作淮，《漢書》同，《漢中志》及《巴漢志》并云房陵縣有維山，維水所出，可證淮字之訛。”

〔17〕邔縣：秦置縣，故城在今湖北宜城市東北，東臨漢江。

〔18〕宜城縣：漢改秦鄢縣爲宜城，故城在今宜城市南。

〔19〕夷水：即古鄢水，亦名蠻水，又名蠻河。《水經注》：“夷又東注于沔。”

〔20〕荆城：濱臨漢江，在今鍾祥市西南。

〔21〕雲杜縣：西漢置，治所在今京山市。

〔22〕彭蠡澤：古澤藪名。《禹貢》：“彭蠡既豬”，“東匯爲彭澤”。即今之江西鄱陽湖。

〔23〕江津：江津城在湖北江陵縣南，亦稱秦城。

〔24〕溳水：水名，亦名鄖川，出湖北隨縣西南大洪山，東南入漢，其入漢之處名溳口。蔡陽縣：漢置。故治在今湖北棗陽市西南。

〔25〕安陸縣：秦置，治所在今湖北雲夢縣，西漢爲江夏郡治所。東晉末移治安陸縣（今安陸市）。

〔26〕漻（liáo）水：源出於應山縣（今廣水市）北，合溧水，注入溳水。《水經注·漻水》：“出江夏平春縣，南過安陸入于溳。”

〔27〕太白湖：在沔陽縣界，一名九真湖，又名白湖。

〔28〕沌陽縣：南齊置，梁廢，故城在漢陽縣治西。

〔29〕臨嶂：山名。在漢陽縣治西六十里漢水南。

〔30〕陶侃：東晉名士，湖北黄梅西南人。曾官荆州刺史，遷太尉，封長沙公。

〔31〕堵口：夏水入沔之口曰堵口。《讀史方輿紀要》：“今睹（堵）口在陽明、太白諸湖間，蓋爲水所湮也。亦曰豬口。”

〔32〕劉澄之《永初山川記》：劉澄之，宋武帝劉裕族弟劉遵考之子，官南齊都官尚書，著述甚豐。《永初山川記》，或引作《永初山川古今記》《宋永初山川古今記》《永初記》。《隋書·經籍二》著録《永初山川古今記》二十卷，劉澄之撰。"永初"是武帝劉裕的年號。該書是繼《漢書·地理志》後較重要的地理著作，北魏酈道元《水經注》等書中大量引用。今已佚。

〔33〕目，底本作"月"，據《水經注》改。

〔34〕夏汭：古地名，即今漢口。《左傳》昭公四年，吴伐楚，"楚沈尹射奔命于夏汭"。杜預注："夏汭，漢水曲入江處，今夏口也。"

〔35〕繁陽：今河南新蔡縣。陽，或作揚。

杜佑《通典》〔1〕："秦州上邽縣嶓冢山〔2〕，西漢水所出，經嘉陵曰嘉陵江，經閬中曰閬江〔3〕。漢中金牛縣嶓冢山〔4〕，禹導漾水東流爲漢水，亦曰沔水。"

李吉甫《元和郡縣志》〔5〕："嶓冢山在興元府金牛縣東二十八里〔6〕，漢水出焉。經南鄭縣南，去縣百步，《禹貢》'嶓冢導漾，東流爲漢'是也。"

王象之《輿地紀勝》〔7〕："今之言漢水以西縣之嶓冢山爲源，此即後魏之嶓冢縣〔8〕，隋更名西縣者，非隴西之西縣〔9〕，今在秦州者也。"

王應麟《玉海·詩地理考注》〔10〕："黄氏曰〔11〕：'江水自茂州汶山縣至通州海〔門〕縣入海〔12〕。漢水二源：一源出秦州天水縣，謂之西漢水，至恭州巴中縣入江〔13〕；一源出大安軍三泉縣〔14〕，謂之東漢水，至漢陽軍入江〔15〕。'李氏曰〔16〕：'漢水出興元府西縣嶓冢山，東流至漢陽軍大别山南入于江。'"

按《漢志》"西縣"注："《禹貢》嶓冢山，西漢所出，南入廣漢白水〔17〕，東南至江州入江〔18〕。"此西漢水，非《禹貢》導漾東流之漢也。以今輿地言之，西漢水出陝西寶雞縣大散關之陽〔19〕。西經鳳縣嘉陵谷爲嘉陵江〔20〕，又西南經朝天關〔21〕，受潛水入蜀〔22〕，因以西名。《經》所謂"沱潛既導"〔23〕，鄭氏所謂"漢别爲潛"是也[24]。又經昭化縣東南與白水會[25]。又經保寧府西南爲閬水[26]。又經定遠縣東南[27]，渠江注之[28]。又南行，涪江注之[29]，合流爲墊江[30]。楊慎《丹鉛録》[31]："古墊江，即今合州也[32]。"則今之墊江，古之桂溪也[33]。又經重慶府城東入江。《水經注》："漢水合涪水東南至江州入江[34]，庾氏所謂涪内水也[35]。"《杜詩注》[36]："自渝至合州者謂之内江[37]，自渝經戎瀘上蜀者謂之外江。至閬水曲折三回，形如'巴'字，故又謂之巴江。"此西漢之源，由重慶府巴縣入岷江而下也[38]。漾水出寧羌州嶓冢山，東北流經沔縣西南合沔水，又東經沔縣南，又東經褒城縣南，又東經南鄭縣南爲漢水，所謂"導漾爲漢"也。又經湖北之均州北，所謂"又東爲滄浪之水"也。又經漢陽大別山入江，所謂"過三澨，至于大别南入于江"也。蓋《禹貢》導漾之漢，悉以東流，後人遂以名東漢水云。此東漢水之源，漢口所承之上流也。漢有沔、漾之名，皆東漢水也。考杜氏所言，上邽故城在今鞏昌府秦州西南，而金牛舊縣在今漢中府寧羌州西北。其嶓冢山在今沔縣西南，接寧羌州界。《元和志》之南鄭，今陝西漢中府治，其故城在今府城東北。《魏地形志》："華陽郡嶓冢縣有嶓冢山，漢水出焉。"嶓冢故城，在今沔縣白馬城東南五里。王士禛《蜀道驛程記》[39]："'嶓冢導漾'，乃沔縣之嶓冢，非秦州之嶓冢。"知嶓冢有二，則東西兩漢源流，各自了然。漾之與沔本爲一流，與隴西之嶓冢都無交涉，常氏之誤[40]，可不辨而明矣。

【注釋】

〔1〕杜佑《通典》：佑，底本誤作"祐"，今更正。佑爲唐代京兆萬年人，官至節度使、同平章事，著名史學家。著《通典》二百卷，爲我國第一部記述典章制度的通史。

〔2〕上邽（guī）縣：古縣名。本邽戎地，秦置邽縣，西漢改上邽縣，治所在今甘肅天水市。

〔3〕閬中：秦置縣，在四川省嘉陵江中游。

〔4〕金牛縣：唐置，取秦石牛出金故事爲名，故城在今陝西寧强縣東北。

〔5〕李吉甫：唐代名相，有多項重要改革，亦是著名地理學家。趙州贊皇（今屬河北）人，字弘憲，元和二年官同平章事。所著《元和郡縣圖志》，以當時四十七節鎮爲標準，每鎮篇首有圖，分鎮記載府、州、縣、户、沿革、山川、道里、貢賦等項。爲現存最早較爲完整的地方總志。但其中的《圖》早佚，故一般衹稱《元和郡縣志》。

〔6〕興元府：唐興元元年升梁州置府，治所在南鄭。

〔7〕王象之：宋金華人，曾知江寧縣。撰《輿地紀勝》二百卷，爲南宋地理名著。所載爲南渡後疆域和寶慶以前建制，分郡編次，起臨安，迄龍州。叙述當時十六路一百六十六府及各州、軍、監，分府州縣沿革、形勝、風俗、景物、古蹟、碑記、官吏、仙釋、人物、詩、四六等目。引書多佚本，考訂精确，多被後世引用。惜今無傳本。

〔8〕嶓冢縣：後魏置，故治在今陝西勉縣西，隋更名西縣。

〔9〕隴西之西縣：此另一西縣，漢置，故治在今甘肅天水市西南。

〔10〕王應麟：宋慶元間人，字伯厚，淳祐元年進士，官至禮部尚書。所著《玉海》二百卷，凡天文、地理以及臺閣、宫室、服食、器用等，共二十一門二百六十餘類。徵引多録自《實録》和《國史日曆》，精核詳備，《四庫總目》稱贊爲唐宋諸大書無出其右。

〔11〕黄氏：黄震，南宋思想家，學宗朱子，字東發，浙江慈谿人，宋亡後隱居寶幢山，餓死。有《黄氏日鈔》九十五卷（原九十七卷，佚二卷），前六十八卷爲讀經史子集心得及其考訂，其餘各卷是雜文。爲考訂名著。

〔12〕通州：今江蘇南通市。海門縣，王應麟引作“海門縣”不誤，張氏底本引文脱“門”字，今據原文補。

〔13〕恭州：宋崇寧元年改渝州爲恭州，淳熙十六年改恭州爲重慶府，治巴縣。巴中縣：疑爲“巴縣”之誤，西漢水與白水會合後南流爲嘉陵江，正在巴縣入長江。

〔14〕大安軍：宋初於三泉縣置大安軍，元改軍爲縣，明改置寧羌衛，即今

陝西寧强縣治。三泉縣：唐置，元改爲大安縣，即今陝西寧强縣。

〔15〕漢陽軍：隋置沔郡，五代及宋爲漢陽軍，治所即舊漢陽縣。

〔16〕李氏曰：見王應麟《詩地理考》卷一《漢廣、江漢之域》。

〔17〕廣漢：古郡名。漢高帝六年分巴、蜀二郡置，治繩鄉。東漢移治雒縣（今廣漢市北）。白水：兩漢舊縣，因濱白水（今白龍江）而得名。

〔18〕江州：古縣名。本巴國都，戰國秦惠文王置縣，治所在今重慶市區。

〔19〕寶雞縣：秦陳倉縣，唐改爲寶雞，以昔有陳寶雞鳴之瑞故名，治所在今寶雞市郊。大散關：亦名散關，在今陝西寶雞市西南。

〔20〕鳳縣：秦置故道縣，北魏改梁泉縣，明爲鳳縣，故治在今陝西寶雞西南部，秦嶺山區。

〔21〕朝天關：在今四川廣元縣北。

〔22〕潛水：指渠江。《水經注疏・潛水》"潛水出巴郡宕渠縣"楊守敬按："下合嘉陵江，即今廣元縣北之水也。"

〔23〕《經》：這裏指《尚書・禹貢》，曰："岷嶓既藝，沱潛既導。"

〔24〕鄭氏：指東漢經學家鄭玄。《水經注》卷二十九："潛水蓋漢水枝分潛出，故受其稱耳。今爰有大穴，潛水入焉，通冈山下，西南潛出，謂之伏水，或以为古之潛水。鄭玄曰：'漢别爲潛，其穴本小，水積成澤，流與漢合，大禹自導漢疏通，即爲西漢水也，故《書》曰沱潛既導。'劉澄之稱'白水入潛'，然白水與羌水合入漢，是猶漢水也。"鄭玄以嘉陵江爲潛水。

〔25〕昭化縣：漢置葭萌縣，宋改爲昭化，在四川北部，1959 年并入廣元縣。

〔26〕保寧府：元至元十三年升閬州置，治所在今閬中市。閬水：嘉陵江流經四川閬中縣稱閬水。

〔27〕定遠縣：元置武勝軍，後改爲定遠州，又降爲縣，清屬重慶府。今爲武勝縣。

〔28〕渠江：古稱宕渠水，或稱潛水，爲巴水與渠河合流而成，經廣安縣至合川縣入嘉陵江。

〔29〕涪江：又稱内江、内水。源出四川松潘縣東北雪欄山，東南流，至合

川縣西，納魚海河，又納立石河至縣南入嘉陵江。

〔30〕墊江：古西漢水（嘉陵江）下游經墊江縣（今合川區）入長江一段稱爲墊江。“墊”爲处下承上之意。

〔31〕楊慎《丹鉛録》：楊慎，明文學家，字用修，號升庵，四川新都人，著作達一百餘種，後人輯其重要的爲《升庵集》。《丹鉛録》是其中的一種。

〔32〕合州：西魏恭帝三年置，因涪江與嘉陵江合流於此得名。治所在今合川區。

〔33〕桂溪：古水名，以兩岸多桂樹而名。

〔34〕涪水：即涪江，嘉陵江支流，在四川中部合川區入嘉陵江。

〔35〕庾氏：晉庾仲雍。庾氏著有《江紀》。《水經注·江水》有“庾仲雍所謂‘江州縣對二水口，右則涪内水，左則蜀外水。’即是水也”。

〔36〕杜詩注：指《杜甫詩注》。注杜詩者衆，康熙年間仇兆鰲匯集各家注本，輯有《杜詩詳注》。

〔37〕渝：渝州。治所在巴縣（今重慶市）。今爲重慶市的簡稱。

〔38〕巴縣：春秋巴國都，漢置江州縣，南齊改曰墊江，北周改曰巴縣，明清皆爲重慶府治。

〔39〕王士禛：字子真，號漁洋山人，山東新城（今桓臺）人，順治進士，官至刑部尚書。曾兩入秦、蜀，“於東漢則探其源，於西漢則窮其委，因爲辨之”，作有《東西二漢水辨》《蜀道驛程記》。張氏底本原作“王士禎”，因避清世宗胤禛諱，改“禛”爲“禎”。今徑改。

〔40〕常氏：東晉常璩，著有《華陽國志》。宋毛晃《禹貢指南》、明王樵《尚書日記》、清趙一清《水經注釋》等引作《華陽國記》，清胡渭《禹貢錐指》、傅澤洪《行水金鑑》引作《華陽國志》。

常璩《華陽國記》：“漢水有二源：東源出武都氐道縣漾山爲漾水，《禹貢》‘導漾東流爲漢’是也。西源出隴西嶓冢山，會白水，逕葭萌入漢。始源曰沔。”〔1〕

按：《漢志》《水經》皆以漾水出隴西氐道。常氏承謬，復撰漾山之名[2]，又以西源爲沔，其誤已甚。而《蔡傳》引常氏曰："其西源出隴西嶓冢山，會泉[3]，始源曰沔，逕葭萌入漢。東源在今西縣之西，西源在今三泉縣之東也。"考"泉"本"白水"二字，傳寫者誤合爲"泉"字，當作"會白水，逕葭萌入漢"。蔡氏又易"始源曰沔"四字于"逕葭萌"句上。其所謂西縣，亦指隋改之西縣，而誤認爲即漢之西縣矣。至三泉縣，本漢葭萌縣地，唐武德初分置三泉縣，在利州東北一百五十里[4]。天寶初，移治嘉陵江東一里，闕城倉陌沙水之西，西南去故城一百二十里，即宋故大安軍也。今在寧羌州西北金牛驛西六十里，北距隴西嶓冢山六百餘里。而謂西源在三泉之東，相距懸絶，舛錯更甚，胡氏辨之詳矣[5]。兹因考漢口水源，故附記之。

又，《山海經·西山經》："嶓冢之山，漢水出焉，而東南流注于沔。"注[6]："今在武都氐道縣南。"畢氏沅曰[7]："山在今甘肅秦州西南六十里。"此西漢水也。按："沔"舊本作"江"，畢據劉昭注《郡國志》作"沔"[8]，恐誤。考秦州即漢西及氐道兩縣地。

京山李元太初氏著《蜀水經》[9]，辨漢水云："神禹治水，因其壅塞者導之，不必定溯水源。如導河自積石，積石非河之源；岷山導江，岷山非江之源。世人不察，遂以寧羌州之分水嶺爲嶓冢山。山以東之水皆東流，山以西之水皆西流，抑思略陽巨流置而不問[10]，偏指一隅之水，亦太迂滯矣。《禹貢》無西漢之導，漢水不必盡出嶓冢。陝境自太白山而西南鳳嶺[11]、紫柏，大山聯絡，谿水分流，皆可指爲嶓冢，不必定指一山。《括地志》謂山在金牛縣東二十八里[12]，《漢中志》謂山在寧羌州北九十里，專其山以實之，于水源何據也？若《酈注》以西漢爲漾，《常志》以西漢始源爲沔，楊慎又以閬水爲漾，皆屬附會。至黄梨洲[13]，以嘉陵江爲東漢，誤之又誤矣。"

襄陽府東南三十里，漢水中有龍尾洲。《縣志》云："漢水重濁，與大河相似，襄陽實當其衝，爲患最劇。自唐以來，皆築隄遶城，以防潰決。

明正統、嘉靖間，兩被漂溺，俱以大隄廢損故也。嘉靖四十五年，漢水溢樊城，城北舊有大隄，城南面江一帶皆甎城，盡潰決。議者謂樊城潰，則襄城無患，于是疏塞不早，樊城之富庶漸衰。”
沔陽州在府南少東三百三十里〔14〕，水距縣一百里。《州志》云：“漢水由荆門州界折而東，大小群川咸匯焉，勢盛流濁，浸淫盪決，爲患無已。而潛江地居汙下，遂爲衆水之壑，一望瀰漫，無復涯際，漢水經其間，重湖浩渺，經流支川，不可辨也。蓋漢水爲湖北之害，而襄、郢二州爲甚。潛江又承襄郢之委流，當漢江曲折回合之處，豬爲大澤，勢不能免矣。而天門、沔陽又潛江之委流也，今沔陽四境，惟湖陂連亘幾數百里，皆爲漢水所匯。漢水性曲，往往十里九灣，語曰：“勁莫如濟，曲莫如漢。”〔15〕郢沔之間，波流回盪，自必豬爲藪澤。小民見填淤之利，復從而隄防之。爲民牧者，又不講于節宣之宜、疏瀹之理，歲月之間，苟幸無事，大水一至，則委之洪濤中耳。”
童承叙曰〔16〕：“漢水至濁，與江湖水合，其流必澄，故常填淤。而沮澤之區，因成沃壤，民漸芟剔，墾爲阡陌。又因其地之高下，修隄防以障之。大者廣輪數十里〔17〕，小者十餘里，謂之曰‘院’。其不可隄者，悉棄爲萊蕪。昔時院必有長，統丁夫，主修葺。其後，法久弊滋，修不以時，院愈多，水愈迫。客隄愈高，主隄愈卑，故水至不得寬緩，湍怒迅激，勢必衝齧。主隄先受其害，客隄隨之，汎濫洶湧，悉爲巨浸矣。”
按：漢口一鎮，隄高地闊，或無此患。然近年來，大馬頭以下，被水衝潰，昔時街市，今成河涘，長及里許。録此以爲有守土者講求水利之一助云。

【注釋】

〔1〕常璩《華陽國志》卷二《漢中志》原文作：“漢有二源：東源出武都氐道縣漾山，因名漾，《禹貢》‘流漾爲漢’是也。西源出隴西嶓冢山，會白水，經葭萌入漢。始源曰沔，故曰漢沔。”見臺灣商務印書館影印文淵閣本《四庫全書》。

〔2〕撰漾山之名：對於常璩杜撰"漾山"之名這一點，前人已有辯駁。酈道元《水經注》卷二十曰："常璩專爲'漾山''漾水'，當是作者附而爲山、水之殊目矣。"即謂此。

〔3〕《蔡傳》：指南宋蔡沈的《書集傳》。蔡沈字仲默，建陽人，《宋史》載慶元己未朱子囑蔡沈作《書集傳》，至嘉定己巳書成。然而宋人毛晃《禹貢指南》所引常氏文已訛作"會泉"，毛晃是宋高宗時人，早於蔡沈多年。清人沈炳巽《水經注集釋訂訛》卷二十訂曰："此作'會泉'，譌以'白水'二字合作'泉'字。"

〔4〕利州：西魏廢帝三年改西益州置，治所在興安（今川北廣元市）。

〔5〕胡氏：指清人胡渭。所著《禹貢錐指》，於"導嶓冢至荊山"條有辨析。

〔6〕注：指晉郭璞注。

〔7〕畢氏沅：即畢沅。引文見阮氏琅嬛仙館刊本《山海經箋疏》。

〔8〕劉昭：字宣卿，梁代高唐人，通老莊，官通直郎，出爲剡令。他集各家異同補注范曄《後漢書》一百八十卷，"世稱博悉"。其中，劉昭爲了彌補范書無志的缺陷，把司馬彪《續漢書》志的部分抽出來，加以注解，"分爲三十卷以合范史"，包括《郡國志》在內。他是第一個爲范曄《後漢書》作注的人。參見《梁書·劉昭傳》。

〔9〕《蜀水經》：清京山李元撰，十二卷，有乾隆甲寅刊。

〔10〕略陽：縣名。漢爲沮縣，宋改略陽，清屬漢中府，今屬陝西省。

〔11〕太白山：在陝西郿縣南，亦曰太乙山，距西安二百里。

〔12〕《括地志》：唐太宗第四子魏王李泰主編的一部規模巨大的地理書。五百五十卷，《序略》五卷。以唐朝全盛時期的行政區劃爲綱，敘述政區建置沿革、山嶽形勝、河流溝渠、風俗物産、往古遺蹟以及人物故實等。爲後來的《元和郡縣圖志》等書開了先河。書在南宋時亡佚，現有中華書局刊印賀次君輯校本。

〔13〕黄梨洲：黄宗羲。浙江餘姚人，字太冲，號南梨，學者稱梨洲先生。明清之際的進步思想家，史學家。梨，張氏底本作"黎"，譌。

〔14〕沔陽州：元至元十五年改復州路置府，治所在玉沙縣（隋唐爲沔陽縣，宋析其南境爲玉沙縣），明洪武中改爲直隸沔陽州。舊沔城在今仙桃市西南。沔陽州轄境相當今湖北仙桃、天門兩市。

〔15〕明李夢陽《空同集》卷六十五：“漢之性曲，其流十里九灣，郢沔之間瀦爲澤藪，皆漢之漾也。語曰：‘勁莫如濟，曲莫如漢。’”“語”謂古語。

〔16〕童承敘：沔陽人，字士疇，明正德十六年進士，選庶吉士，授編修。官至左春坊左庶子兼侍讀。預修《寶訓實録》《會典》。著《平漢録》《沔陽州志》《内方集》等書。

〔17〕廣輪：猶廣袤。古人以東西爲廣，南北爲輪。

〔漢陽〔1〕，漢爲江夏郡，領安陸、沙羨兩縣〔2〕。三國時爲吴魏之交，遂各置江夏郡〔3〕。吴立石陽縣〔4〕，晉太康元年，改石陽爲曲陽，以沙羨爲沙陽。永興二年，改曲陽爲曲陵，復置灄陽、沌陽二縣〔5〕。梁天監省沌陽入安陸，改梁安郡〔6〕。隋開皇九年爲沔州〔7〕，時罷天下諸郡。宋以州統縣。大業元年改沔州爲復州，置漢津縣，餘縣省。二年，改漢津爲漢陽〔8〕。唐武德四年，析漢陽置汉川縣〔9〕，尋廢。貞观元年，分天下爲十道，境屬沔州漢陽郡。開元二十一年，分天下爲十五道，境爲江南西道。建中二年，仍爲漢陽郡。四年，復改爲沔州。寶曆二年，屬鄂州。周顯德五年爲漢陽軍。宋淳化四年爲荆湖北路，時分天下爲十五路〔10〕。元祐元年，復爲漢陽軍。元至元十九年爲漢陽府。江水在城東南，漢水在城北三里。《元和志·漢陽縣》："漢水一名沔水，西自汉川縣界流入。”漢口在縣東，亦曰夏口〔11〕，《左傳》謂之夏汭，章懷太子注《後漢書》云：“漢水始欲出大江爲夏口〔12〕，又爲沔口，實在江北也。”〕

【注釋】

〔1〕漢陽：本段文字即“漢陽……實在江北也”，張氏底本中無，據日本早稻田大學藏本及周貞亮本補入。在明成化年間漢水改道以前，漢陽與漢口是連成一片的。漢陽包括漢口。王葆心《續漢口叢談》卷一：“明初南北岸連爲一

陸，古所謂沔口者，其水當亦甚微，當時漢口即漢陽，漢陽即漢口。自成化間漢水改道……漢口遂兼據南北兩岸地。”

〔2〕安陸、沙羡：安陸爲秦置縣，漢代的安陸縣包括安陸、雲夢兩縣地及漢口淪河以北、漢川北部等地。沙羡縣包括漢陽、武昌、嘉魚三縣地，還包括漢口淪河以南，以及漢川、蒲圻、崇陽、咸寧的一部分地域。

〔3〕各置江夏郡：三國時，魏、吴均置江夏郡。魏江夏郡治安陸石陽城。吴江夏太守程普、孫皎等皆治魯山（今漢陽龜山。魯山城在舊漢陽縣東北）。

〔4〕石陽縣：故城在今黄陂地。晉初移治郤月城。

〔5〕灄陽、沌陽：灄陽縣，故城在舊漢陽城北四十里。沌陽縣，東漢光武帝時立，縣治在舊漢陽城西五十里的楮山，因故城地處沌水之陽而得名（沌水故道今淤），後廢入沙羡，晉惠帝時復置。

〔6〕梁安郡：梁武帝天監元年省沌陽入安陸縣，改江夏郡爲梁安郡，屬郢州（今武漢市武昌）。

〔7〕沔州：隋開皇三年，始罷郡爲州。九年，罷沔陽郡爲沔州。

〔8〕漢陽：隋開皇十七年改沌陽爲漢津。煬帝改漢津爲漢陽。“漢陽”之名始見於此。

〔9〕武德、汊川：武德，唐高祖李淵年號。武德四年析漢陽置汊川縣，宋初改汊川爲義川，後又因避諱改爲漢川，故城在今漢川市北三十里。

〔10〕十五路：宋太宗至道二年，分全國爲京東、京西、河北、河東、陝西、淮南、江南、荆湖南、荆湖北、兩浙、福建、西川、峽（即峽西）、廣南東、廣南西十五路。後分合不一。

〔11〕夏口：夏水（即長夏河）在沔陽北境入漢水，故沔口又稱夏口。顧祖禹《讀史方輿紀要・沔陽州・長夏河》：“夏水合沔入江，故沔口又名夏口也。”

〔12〕章懷太子：即李賢，謚號章懷，唐高宗李治第六子，字明允，後立爲太子。曾集諸儒注《後漢書》。夏口本指江北的漢口，孫權於黄武二年在武昌黄鵠山（即蛇山）東北築城，因城與江北夏口相對，故城以夏口爲名。於是夏口之名由江北移於南岸，故説“實在江北也”。

明顧景范《讀史方輿紀要》[1]："漢陽府東至武昌府隔江七里，西北至安陸府五百六十里，西南至安陸府沔陽州四百里，東北至黄州府一百八十三里，西北至德安府三百二十里。"《禹貢》荆州之域，春秋鄖國地[2]，戰國屬楚，秦屬南郡，兩漢屬江夏郡，三國初屬魏，後屬吴，皆爲重鎮。晉仍屬江夏郡初立沔陽縣，爲江夏郡治，後郡移治安陸，宋、齊、梁因之竝屬江夏郡。後周屬竟陵郡，隋屬復州，大業初屬沔陽郡。唐武德四年討平朱粲[3]，析置沔州治漢陽縣。天寶初，改漢陽郡。乾元初，復爲沔州建中三年州廢[4]，四年復置。寶歷初，州廢，屬鄂州。周顯德五年平淮南[5]，以漢陽縣置軍。宋熙寧四年，仍廢爲縣。元祐元年復置軍。紹興五年廢，七年復置。元至元中升爲漢陽府。明洪武初因之，九年省入武昌，十三年復置府，領縣二。《大清會典事例》[6]：順治初年定漢陽府，領漢陽附郭、漢川等縣二。雍正七年，以德安府屬之孝感縣，黄州府屬之黄陂縣，隸漢陽府。乾隆二十七年[7]，以安陸府之沔陽州，改隸漢陽府。

【注釋】

〔1〕顧景范：顧祖禹，字景范，無錫人，明末清初歷史地理學家，明亡後，隱居著作，撰《讀史方輿紀要》。該書着重考訂古今郡縣變遷及山川形勢險要戰守利害，是研究我國軍事史及歷史地理的極重要參考文獻。

〔2〕鄖國：古國名。在今安陸市地，一説在鄖陽區。春秋時爲楚所滅。

〔3〕朱粲：唐代亳州城父（今安徽亳州東南）人，初爲縣佐史，隋大業末，聚衆自稱迦樓羅王。後兵敗投奔王世充，充敗被殺。

〔4〕乾元：唐肅宗李亨年號。建中，唐德宗李適年號。三年，張氏底本和周氏校本均作"三年"，顧氏原文作"二年"。

〔5〕顯德：五代後周周世宗年號。唐初置淮南道，因在淮水之南，故名。五代後周時，淮南屬南唐李璟所轄。顯德五年春，周世宗平淮南，李璟奉表降。

〔6〕《大清會典事例》：書名。二千一百二十卷。清代修《會典》有多種，康熙、雍正、乾隆年間均有修訂。《清史稿·藝文志二》所著録“《大清會典》八十卷、《圖》一百三十二卷、《事例》九百二十卷，嘉慶二十三年敕撰”，爲《嘉慶會典事例》。此後還有《光緒會典事例》。

〔7〕二十七年：《清史稿》作“二十八年”。

明秦聚奎《府志》〔1〕：水自竟陵乾灘鎮入漢川之田二河〔2〕，經張池口、兩河口〔3〕，循縣治下涢口〔4〕，然後經蔡店、臨嶂山、郭師口〔5〕，又北出大別山後，東入于江者，漢之正流也。

《隄防考》云：舊時漢水從黄金口入排沙口〔6〕，東北折，抱牯牛洲至鵝公口，又西南轉北，至郭師口對岸曰襄河口，約長四十里，然後下漢口。成化初，忽于排沙口下，郭師口上，直通一道，約長十里，漢水逕從此下，而故道遂淤。今魚利略成〔7〕，不通舟楫，俗呼曰襄河，以上流自襄陽來也。按：漢水本東行，觸大别之陂而南回入江，今則自郭師口以上決而東逕大别山後入江，非復古之夏汭矣。

乾隆十三年，劉嗣孔《漢陽縣志》〔8〕：“晉初改石陽爲曲陵，徙治郤月城〔9〕，距今縣治十里許舊襄河北。宋泰始六年，併曲陵入安陸而城廢，其工築近遠城垣丈尺紀載闕如。隋開皇十八年立漢津縣，始在今治〔10〕，大業初，改漢陽。唐武德四年置漢陽郡，枕魯山而城之〔11〕。在漢之陰而曰陽，本《穀梁傳》‘水北曰陽’而名之也〔12〕。”

【注釋】

〔1〕秦聚奎：明代漢陽人，字仲默，萬曆進士。天啓中官奉天府尹，因觸怒魏忠賢而被奪職。著有《漢陽府志》。

〔2〕竟陵：秦置縣，漢屬江夏郡，故治在今天門市西北。乾灘鎮：今天門市東南四十三里，爲湖水合而分流處。亦名乾鎮驛。田二河：在今漢川市治西九十里，爲天門市牛蹄河的下流。

〔3〕張池口：在漢川縣西南，濱臨漢水，南接沔陽縣界。兩河口：在漢川

縣南十五里。

〔4〕下㵐口：漢水自西入漢川，東北流至漢川東北部㵐口處與㵐水相會後，折向東南，故説“下㵐口”。

〔5〕臨嶂山：在舊漢陽縣治西六十里，蔡店右側，亦名城頭山。《元和郡縣志》卷二十八：“臨嶂山在縣西六十里。”郭師口：在舊漢陽縣治西十里，襄河口對岸。

〔6〕黄金口：在蔡店東，沙嘴對岸。排沙口：在舵落口下，今易家墩左近。

〔7〕魚利略成：《嘉靖漢陽府志》卷二作“魚利略存”。

〔8〕劉嗣孔《漢陽縣志》：劉嗣孔，字宗儒，陝西綏德縣人，舉人，官漢陽縣令。漢陽縣歷千百年無專志可考。《文淵閣書目》載有明永樂十九年以前《漢陽縣志》一册，不著撰人姓名；《同治漢川志》之人物、文苑兩目載有崇禎十四年方以知（智）纂修《漢陽縣志稿》，然兩書均不見。乾隆間知縣沈孟堅倡修縣志，延劉湘煃等編纂，未竣而去。劉嗣孔繼任，取舊稿重新編寫而成，共三十二卷。每卷一目，即：輿圖、沿革、疆域、星野、山川、城池、隄防、賦役、風俗、物産、學校、禋祀、分署、兵防、古蹟、秩官、名宦、良吏、選舉、鄉賢、宦業、封爵、忠臣、孝子、文學、懿行、隱逸、方伎、烈女、方外、著述、雜記。附《續志》一卷。乾隆十三年刻印面世。該志以聞見所及，搜羅詳備，因而歷時較久。其中著述類爲劉嗣孔增設，以縣中著述者不乏其人，收藏家每多抄本，又非志所能收，特仿《漢書・藝文志》，編立一門，存其書目，以資稽考。此志署名：劉嗣孔修，劉湘煃纂。

〔9〕郤月城：漢口的古城名。《水經注・江水》：“沔左有郤月城，亦曰偃月壘，戴監軍築，故曲陵縣也。”《元和郡縣志》卷二十八：“郤月故城，在（漢陽）縣北三里，劉表將黄祖所守處。”顧祖禹《讀史方輿紀要・漢陽縣》：“郤月城，在府治北六里，與魯山城相對，開如郤月，後漢末黄祖所守處。建安十三年，孫權奪沔口，攻屠其城。”又引《沔陽記》：“沌陽縣至沔口水北，有郤月城，亦曰偃月壘。”

〔10〕始在今治：隋開皇十七年改沌陽爲漢津，縣治自臨嶂徙置魯山。隋大

業二年，改漢津縣爲漢陽縣。

〔11〕枕魯山而城：唐武德四年，又將漢陽縣治由魯山移置鳳棲山。《漢陽縣志》："唐武德四年，始徙鳳棲山而城之。環一千七十二丈。門八：東迎春，南沙州，西孝感，北漢廣，東南朝天，西南漢南，西北下汶，東北慶賀。"

〔12〕水北曰陽：《穀梁傳》僖公二十八年："水北爲陽，山南爲陽。"范寧集解："日之所昭曰陽。"按我國地理形勢，江河東流入海，水北爲日之所照，故稱"水北爲陽"。

又沔水之下尾與漢合流，乃始入江〔1〕，故稱沔口。過江夏謂之夏水，故又名夏口。自孫權築城于黄鵠山東北，以夏口爲名，於是"夏口"之稱移于江南，而漢水所出，專名沔口。故何尚之謂"夏口在荆江之中，正對沔口，通接梁雍，是爲要津也"〔2〕。舊志曰："《三國志》以前，史傳多言沔不言漢；《三國志》以後，多言漢不言沔。後人不察，妄疑沔漢爲二。"

又廢襄河離漢口北岸十里許〔3〕，即古漢水正道，久淤。夏秋水漲，名瀟湘河，春涸草生，名黄花地。許纘曾《滇黔紀程》〔4〕："由漢口陸路沿江東北行，若時值二、三月，黄花瀾漫，千頃一色，土人謂之黄花地，惟漢上有之，他處所罕見也。"

漢陽郡城與武昌對峙，大江環抱東南，漢水合灄水、沌水與大江會于郡北。

【注釋】

〔1〕沔水之下尾與漢合流，乃始入江：《禹貢》"嶓冢導漾"孔安國傳："泉始出山爲漾水，東南流爲沔水，至漢中東流爲漢水。"此沔水當指沮水。《水經注》："沔水出武都沮縣東南十里，一名沮水。"俗以漢水上游稱沔水，尾稱漢水，因而漢沔通稱，漢口又稱沔口。又孔穎達《疏》："應劭云：'沔水自江别至南郡華容縣爲夏水，過江夏郡入江。'既云江别，明與此沔别也。依《地理志》漢水之尾變爲夏水，是應劭所云沔水，下尾亦與漢合，乃入於江

也。”按：沔水古又指沌水北流入漢水的故道，即從太白湖北流至金牛港的一段水道。其入口處亦稱沔口，在今蔡店西面。魏立沔縣，文聘屯沔口，陶侃治沔陽，皆在此處。應劭所云沔水，即指此。

〔2〕何尚之：南朝宋廬江灊（今安徽霍山縣）人，字彦德，宋武帝時爲左衛將軍，文帝時爲尚書令。《宋書·何尚之傳》："尚之議曰：夏口在荆江之中，正對沔口，通接雍梁，實爲津要。”文字與此引略有差異。胡三省於《資治通鑑》卷一百二十八此條下注曰："自夏口入沔，泝流而上至襄陽，又泝流而上至漢中，故云'通接雍梁'。”

〔3〕廢襄河：又叫舊襄河。今解放大道（航空路至解放公園一帶）大約是廢襄河的河道，河水在沙口入江。

〔4〕許纘曾：字孝修，號鶴沙，江蘇華亭人，順治進士，官至雲南按察使。

《水經注》：沌水上承沌陽縣之白湖〔1〕，東南流爲沌水，逕沌陽縣南注于江〔2〕，謂之沌口。有沌陽都尉治。晉永嘉六年，王敦以陶侃爲荆州鎮此〔3〕。

沌水在縣治西南三十里，漢水别出三汊〔4〕，匯太白湖，至于沌口南入于江。今按：沌水受太白全湖之委，下流爲馬影爹河〔5〕，東北經香鑪山〔6〕，上、下蒲潭〔7〕，又東過小軍山〔8〕，東經文山寺下十里入于江〔9〕。

按：東漢世祖建武元年，始置沌陽縣，後廢入沙羡。晉永興二年復置。《陳書》武帝誅王僧辯〔10〕，以周鐵虎封沌陽侯〔11〕。張舜民曰〔12〕："下汊故鎮〔13〕，南對金口〔14〕，自沌口至下汊，五十餘里。金口在鄂州西南，金口之下即竇家沙。江之西有沌口。”〔15〕

又灄水上承沔水于安陸縣〔16〕，而東逕灄陽縣北〔17〕，東南入于江。

按：灄水在縣北四十里，其水自黄陂入漢陽界，與淪、索二水合流〔18〕，南入大江。晉陶侃將朱伺，請以安陸東境置灄陽城〔19〕。

又涓水出蔡陽縣東南大洪山〔20〕。山在隨郡西南〔21〕，竟陵之東北。涓水東南逕隨縣西。縣，古隋國。又東南過江夏安陸縣西，歷横尾山[22]，又東南入于夏水。溳水又南分爲二水，東通灄水，西入于沔，謂之溳口[23]。

按《通典》："安陸縣有溳水，亦名溳口。"《元和志》："溳水，故清發水也[24]，西北自隋縣流入，注于沔，今在漢陽縣西北。"

【注釋】

〔1〕白湖：即太白湖。顧祖禹《讀史方輿紀要·漢陽府》："太白湖，府西百里，九真山之南，西南接沔陽州，一名九真湖，一名白湖，周二百餘里。春水泛濫，與楊孟池、新灘、馬影、蒲潭沌河合而爲一，冬涸始分。郡境諸湖，太白爲最大。"《清史稿·地理志·漢陽府》："太白湖，接沔陽界，匯江、漢支流及諸湖澤，東泄於沌水，出江即沌口也。"相傳李白曾泛舟於此，後人因以爲名。

〔2〕沌陽縣：漢陽縣在西漢時屬於沙羡縣的一部分，東漢光武帝時始設沌陽縣，治楮山（在舊漢陽縣治西南五十里）。後又廢入沙羡。晉永興二年復置。

〔3〕王敦：字處仲，琅邪臨沂（今屬山東）人，妻武帝女襄城公主。以鎮壓杜弢起義，升鎮東大將軍，都督江、揚、荆、湘、交、廣六州諸軍事，握重兵屯武昌。西晉亡，與堂兄王導等擁護司馬睿建立東晉政權，遷大將軍、荆州牧。

〔4〕三汊：在漢川縣中部。今漢川叼汊湖通漢水處有三汊鋪。

〔5〕馬影奓（zhā）河：張氏底本、周氏校本皆作"馬影奓河"，"奓"當作"奓"。舊漢陽縣治西五十里有馬影湖，縣西南六十里有奓湖，皆由沌水入江。

〔6〕香鑪山：在漢陽縣治西南九十里，以形似名。

〔7〕上、下蒲潭：在漢陽縣治西南。

〔8〕小軍山：在漢陽縣治西南五十里。又十里爲大軍山。相傳三國時吴、魏交戰，陳兵兩山之間，故以大、小軍名。

〔9〕東經文山寺下：文山寺，在舊漢陽縣治西南三十里文寺山北。此句《漢陽府志》《古今圖書集成》作"東經文寺山下"。入于江：沌水入江分兩支，

東南流入江，與金口相對者爲馬影鋑河（今爲馬引河，其入江口距舊漢陽縣治六十里）；另一支東北流，過小軍山、文寺山至沌口入江。

〔10〕武帝誅王僧辯：武帝陳霸先，南朝陳建立者，曾與王僧辯一同討平侯景，後惡僧辯反復，舉兵襲殺王僧辯於石頭城，不久代梁自立，國號陳，都建業（今南京）。

〔11〕周鐵虎：本名周鐵武，因避武帝諱改。有勇力，僧辯死，鐵虎降武帝。後西征王琳，與之戰於沌口，兵敗爲王琳所殺。

〔12〕張舜民：北宋邠州人，字芸叟，自號浮休居士，善文，慷慨喜論事，元祐初司馬光薦其才秀異，剛直敢言，召爲監察御史，官至吏部侍郎。因反對王安石新法，坐元祐黨。著有《畫墁集》等。

〔13〕下汊故鎮：故址在槠山，東距沌口五十餘里，東漢光武帝始置沌陽縣於此。

〔14〕金口：在武昌縣南六十里，長江南岸，爲涂水入江處。《明一統志》："涂水一名金水，入江夏縣，謂之涂口，亦曰金口。"

〔15〕沌口：在舊漢陽縣治西南三十里，今在武漢市區内。關於沌水和沌口，蜀人史炤《通鑑釋文》謂在安陸。宋胡三省《通鑑釋文辨誤》卷四"王澄留屯沌口"下辨曰："史炤《釋文》曰：'江夏安陸有沌水，其地曰沌口。'余按《水經注》：'沌水南通沔陽之太白湖，湖水東南通江，謂之沌口。'范成大曰：'自石首縣舟行一百七十里，至魯家洑，自魯家洑入沌。沌者，江旁支流，如海之泙。'……張舜民曰：'下汊故鎮，南對金口，自沌口至下汊五十餘里。金口在鄂州西南，金口之下即竇家沙。江之西岸有沌口。'參而考之，沌水不出於安陆。""如海之泙"，顧祖禹引同，范成大《吴船録》卷下作"如流之泙"。古時常以沌水爲武昌至江陵間江運别道。

〔16〕上承沔水：語見《水經注·江水篇》。《讀史方輿紀要·漢陽縣》"灄水"下謂"沔"爲"溳"之誤。民國九年《夏口縣志》謂："灄水上承沔水於安陸，自亦有説，溳水原與沔通，當水漲時，沔、溳合一，皆由灄口達江。"

〔17〕東逕灄陽縣北：張氏本及周校本引皆脱"北"字，據《讀史方輿紀要》引文補。

〔18〕溣、索二水合流：《續輯漢陽縣志》："溣水在府北三十里，即溣河也。其源匯三溣湖水北流入河，上承溳、澴各支流，東繞藤絲岡（滕子港）北境，再會灄水，東南出沙口，注於江。"索河在漢陽縣西境。

〔19〕朱伺、灄陽城：朱伺，東晉安陸人，字仲文，有武勇而訥口，以謙恭稱，爲陶侃部將。晉惠帝永興二年，張昌亂，安陸人多附昌，惟朱伺合其鄉人討之。事平之後，朱伺部衆以逆順有嫌，求别立縣，示不與昌等同。遂割安陸東境爲灄陽縣，屬江夏郡。

〔20〕蔡陽縣：西漢置，治所在今棗陽市南。大洪山：在今隨州市西南一百二十里，南接京山市界，溳、漳諸水皆源於此。《水经》"溳水出蔡陽縣"酈注："溳水出縣東南大洪山，山在隨郡之西南，竟陵之東北，槃基所跨廣圓百餘里。溳水出于其陰，初流淺狹，遠乃廣厚，可以浮舟栰，巨川矣。時人以溳水所導，故亦謂之爲溳山矣。"

〔21〕隨郡：治所在今湖北隨州市。隨本爲西周姬姓封國，戰國初爲楚所滅。漢置隨縣，劉宋泰始五年改爲隨陽郡，尋曰隨郡。

〔22〕横尾山：在今安陸市北六十里。《漢書·地理志》"江夏郡安陸"顔師古注："横尾山在東北，古文以爲陪尾山。"《元和郡縣志·安陸縣》："陪尾山一名横山，在縣北六十里。"毛晃《禹貢指南》卷三："顔師古曰：熊耳、外山、桐柏、陪尾四山相連也。"

〔23〕溳口：溳水西支入漢水處。在新溝。今武漢市東西湖區新溝鎮與漢川市交界處。古有溳口鎮，今爲溳口村。

〔24〕清發水：即溳水。亦曰府河。《左傳》定公四年："吴從楚師，及清發。"楊守敬《水經注疏》卷三十一謂溳水即清發水。《清史稿·地理志十四·安陸》："溳水亦曰府河，即清發水。"

三溣河在縣北二十五里〔1〕。《元史》至元十一年，伯顔伐宋〔2〕，次漢口，兵不得進。千户馬福言溣河口可通沙蕪入江〔3〕，乃自漢口開垻，引船入溣河，逕趨沙蕪，遂入大江。即此。

瀟湘湖，在縣北十里，其水南流，分二支：經東流入漢水爲楊林口；一支稍西南流，亦入漢口。水汎時，游船如織。

北湖土壋[4]，在漢口北岸里許。古漢水正道久淤，夏秋水漲，舟至灄口，即由此湖達瀟湘湖、應馬湖、牛湖而行[5]。

《行水金鑑》注[6]："漢陽縣西臨嶂山下，有沌陽廢縣[7]，一作林鄣，俗名城頭山，陶侃屯兵處。在今縣治西六十里。"

漢獻帝建安十三年，劉表使黄祖爲江夏太守，守沙羡、郤月二城。孫權遣董襲、凌統攻而擒之，遂屠其城。是年魏軍南下，昭烈帝自樊城奔夏口，因合周瑜破曹。"沙羡"注："原沌陽縣，沌水之陽，後廢入沙羡也。"

【注釋】

〔1〕三淪河：即三淪湖。又叫西湖，以其在夏口縣西而得名。《光緒地志》："其流：一入六業河，一逕東流港，沿嶺河并注涇河。"涇河即淪河的下游，在夏口縣與黄陂縣接界處。《續輯漢陽縣志》："三淪湖水北流入淪河，然後東流出沙口，注於江。"據此知伯顔自漢口開壩，當先入三淪河，然後入淪河趨沙蕪口入江。

〔2〕伯顔：元大將。生長於伊兒汗國，入朝奏事，被元世祖忽必烈留用，至元十一年任中書左丞相。領兵攻宋，從襄陽沿漢水入長江，沿江東下，十三年攻陷臨安，俘謝太后、恭帝等而返。

〔3〕沙蕪：即沙口。爲淪河及武湖水入江之處。《讀史方輿紀要·黄陂縣》："沙武口，縣東南五十里，上連武湖，下通大江，亦曰沙口，亦曰沙洑口，又曰武口。張舜民曰：'武口在陽邏洑西北十餘里，距汴京才十八驛，二廣、湖、湘皆由此而濟，蓋要地也。'志謂之沙蕪口。"

〔4〕北湖土壋：在今漢口民衆樂園附近。今統一街仍有土壋巷。

〔5〕馬湖、牛湖：在黄陂西南五十里，東通大江，支流西南入漢陽界。

〔6〕《行水金鑑》：清傅澤洪撰。爲水利歷史資料書，成書於雍正三年。該書綜括古今，摘録諸書原文，以時代类次，俾各條相互證明，有未備者，以己意考覈其下。叙《禹貢》至清康熙末年，上下數千年間地形之變遷，人事之

得失，條析分明。其中《漢水》《江水》共十卷。

〔7〕沌陽廢縣：後漢光武帝始立沌陽縣，原治楮山，後併入沙羨而縣廢。晉初復置。晉懷帝永嘉七年，移沌陽於臨嶂山下。《漢陽縣志》卷二："永嘉以後，始於臨嶂山下置沌陽縣，爲荆州刺史治所。"

《元和志》："魯山一名大别山。"〔1〕《水經注》："山左即沔口，沔左有郤月城，亦曰偃月壘〔2〕，戴監軍築〔3〕，故曲陵縣也，即後漢沙羨縣治〔4〕。"

按《宋史》，度宗咸淳十年，元伯顔由蔡店至沙蕪口，襲青山磯〔5〕。今縣治西北三十里，有地名沙口，與青山磯對，當即古之沙蕪口。"蕪"亦"羨"音之轉，則古之沙羨在今漢口左岸，漢陽、黄陂之間矣。《縣志》："郤月城，在城北七里。"《寰宇記》："以形如郤月，故名。"又馬騎城，在郤月城西二里。《荆州記》〔6〕："城周五里，高一丈。長棚岡即其舊址。"岡今無考。又漢陰城，在城西四十五里漢陰山下〔7〕，皆不詳所築于何時也。又蕭公廢城〔8〕，舊志云在城北五里，梁武帝初起兵，常築城于漢口，時未即位，故稱蕭公城。明趙弼《馬騎城》詩〔9〕："落日荒林宿靄收，馬騎城下碧波流。水光山色無窮盡，釀作詩人浩蕩愁。"朱衣《蕭公城》詩〔10〕："渺渺長江水，嵬嵬别山臺〔11〕。日月夏禹遠，時運蕭梁來。鞭驅十萬人，版築飛塵埃。遺禍起大業，屠戮良可哀。古城今荒蕪，久立但徘徊。"按此二詩，明季城址猶可追尋也。余疑蕭公、馬騎、郤月三城皆在今漢口左近，惜無從考耳。

【注釋】

〔1〕魯山：即今漢陽龜山。古稱大别山，又稱翼際山。因魯肅又得名魯山。魯肅曾城於此，稱魯城。魯肅之子魯淑督夏口，於大别山立衣冠冢，改大别山爲魯山，以紀念其父。此後史載吴人陸涣爲江夏太守治魯山，唐置漢陽軍以戍守魯山，明初跨魯山、鳳棲山而建漢陽府城，皆爲重鎮。清儲大文《存研樓文

集》卷四曰："蓋漢陽軍實無險可據，雖大别山亦去培塿不甚遠，而其險即在江暨漢口，故古之攻戰者雖閒守之，而不克久也。惟登大别山頂横望東北，湖江雲渺絲聯，乃知漢陽之以無險爲險。《水經》：'翼際山上有吴時江夏太守陸涣所治城。'唐《元和郡縣志》：'即漢陽軍故城。'宋宣和三年圮。明初跨鳳棲山築漢陽府城，東南臨江，周七百五十六丈。是匪直不逮郤月城，竝不逮翼際山上城也。"参見前文"大别"注。

〔2〕郤月城：郤月，半圓形的月亮。古時城以"郤月""偃月"爲名者甚多，二者意相近。如《舊唐書·李靖傳》："築郤月城，延袤十餘里。"《晉書》中亦多見"偃月壘"之稱。然漢口郤月城名較著，曾爲沙羨縣治，爲治城又延續久遠。儲大文《存研樓文集》卷四："郤月城，《圖經》：'郤月城在漢陽軍北六里。'《太平寰宇記》：'郤月城與魯城相對，以形如郤月，故名，舊傳黄祖守此。'《三國志·董襲傳》：'祖于大江中横兩艨衝挾守沔口，以栟櫚大紲繫石爲矴。'蓋蕲内恃郤月城之勢，而外横艨衝以守之也。"

〔3〕戴監軍：楊守敬《水經注疏·江水三》按："《晉書·戴邈傳》，元帝時出爲征南軍司，未知即此戴南軍否？"

〔4〕即後漢沙羨縣治：《水經注》作"後乃沙羨縣治"。潘新藻《武漢市建制沿革·沙羨》："(晉武帝太康元年）復立沙羨縣，遷治夏口。後沙羨縣治，則於夏口徙郤月城。時郤月城是由石陽改曲陵，曲陵改沙羨也。"

〔5〕青山磯：在今武昌東北臨江處，距武昌城二十五里，元至元十一年十二月，伯顔自淪河至沙蕪口入江，攻陽邏堡三日不下，於是遣阿術襲青山磯。

〔6〕《荆州記》：《荆州記》有多種，以盛弘之《荆州記》較著名，均佚。馬騎城，在郤月城西二里。唐徐堅《初學記·城郭第二》引《荆州記》："沌陽縣至沔口，水北有郤月城。西一里有馬騎城，周迴五里，高一丈。"《明一統志》卷五十九："馬騎城，在郤月城西二里，周迴五里，今長棚岡即其故址。"按趙弼詩"碧波流"句，馬騎城亦應在漢水邊。

〔7〕漢陰山：在漢陽府治西四十五里，因漢陰丈人得名。又叫馬鞍山，因形似馬鞍而名。《明一統志》卷五十九："漢陰城，在府城西四十五里，因漢陰

山而名。未詳所始。"

〔8〕蕭公廢城：又稱梁城、漢口城。梁武帝築漢口城以困守魯山，始有"漢口"之名。《梁書》卷一："高祖築漢口城以守魯山，命水軍主張惠紹、朱思遠等游遏江中，絶郢魯二城信使。"《明一統志》卷五十九曰："梁城，在府城東北。《南史》梁武帝自襄陽趣建鄴，鄧元起會大軍於夏口，築漢口城以守魯山。今大別山横頂城即其舊基。"又曰："蕭公城，在府城西五里，梁武帝嘗築城戍兵於此，故名。"此一説在東北，一説在西，疑有一誤，或以梁城、蕭公城爲二城。

〔9〕趙弼：明南平（今重慶市）人，字輔之，號雪航，家於漢陽。永樂中授漢陽縣儒學教諭。著有《通鑑膚見》《郡志》等書。

〔10〕朱衣：明武昌籍漢陽人，字子宜，正德十五年進士，官監察御史。世宗召群臣議政，朱衣直言忤張璁，罷職家居。有《漢陽府志》三卷，《明史・藝文志》有著録。

〔11〕别山臺：即漢陽龜山。傳説大禹治水至大别山處，遇一水怪作亂，數載不能克，天降一巨龜飛撲怪身，始得降伏，靈龜亦變成山雄踞於大江之濱，形成今日龜蛇對峙的壯觀景象。然而大别山真正有龜山之名，史料中始見於明代王儉。詳見卷二注。

季漢章武元年〔1〕，吴使陸遜、諸葛瑾屯沔口。又孫權征江夏，圍石陽，不克而還〔2〕。按：石陽本吴所立，後入魏也。

晉王廙刺荆州〔3〕，留長史王俊鎮陽口壘〔4〕。杜曾攻陷之〔5〕，乘勝遂造沔口。廙使豫章太守周訪擊之〔6〕，進至沌陽，從後擊之，曾大潰。

齊中興元年二月，蕭衍命王茂〔7〕、曹景宗爲前軍〔8〕，至漢口，郢州刺史張冲遣兵迎戰〔9〕。茂等擊破之，衍築漢口城以守魯山。七月，王茂、曹景宗乘水漲襲加湖〔10〕，郢、魯二城相視奪氣。魯山糧乏，將奔夏口，衍斷其走路，孫樂祖時守魯山〔11〕，以城降。

按：衍築漢口城，殆即蕭公廢城也。"漢口"見于史，始此。

梁大寶二年五月，王僧辯引兵東下〔12〕，至漢口，攻魯山，擒賊將支化仁[13]。

太平二年，陳侯安都帥兵至武昌[14]，梁王琳將樊猛棄城走[15]。軍至鄂州，圍之，未克，而王琳至，安都乃悉衆詣沌口，合戰，大敗。

隋開皇九年，秦王俊督兵屯漢口[16]，陳以周羅睺督諸軍拒之[17]。

宋咸淳十年十二月，元伯顔至蔡店，大會諸將，刻期渡江。時淮西閫臣夏貴以漢鄂舟師分據要害[18]，彌亘三十餘里。兵不能進，乃圍漢陽，聲言取漢口渡江。貴移兵來援，不勝，知漢陽軍王儀以城降。

明正德六年，流盜劉六、劉七等往來江上[19]，自漢口犯東門。通判徐弼集木爲架[20]，登城哨守。

崇禎八年正月，河北賊滿天星、張大受等，自麻城抵漢口，殺掠殊甚。十六年，癸未，正月十五日，獻賊破漢川縣[21]，連陷蘄水、蘄州、黄州，殺戮甚慘。四月十六日抵漢口[22]，十七日登城，已虚無人矣。晝鼓吹行掠，夜歸漢口營。十八日，省兵陳于江，夜二鼓，舟中發伏郎機[23]，鉛子落賊營，賊驚，宵遁。

【注釋】

〔1〕季漢：即蜀漢，猶言漢之季世，是古史家尊劉備爲正統的稱呼。章武元年：221年，“章武”是昭烈帝劉備的年號。

〔2〕圍石陽，不克而還：《湖廣通志》卷七十七《黄陂縣》：“石陽城在縣北十五里，吴征江夏，圍石陽，不克而還，即此。”《三國志·吴志》卷二：“秋七月，權聞魏文帝崩，征江夏，圍石陽，不克而還。”其時文聘守石陽。聘字仲業，南陽人，沉穩忠勇，本爲劉表大將，表死後，隨劉琮降曹。魏文帝封文聘爲後將軍、新野侯，使屯沔口。文帝崩時，文聘在石陽，孫權率五萬之衆急攻石陽二十餘日不克。孫權無奈解去，聘追擊破之。《魏志》謂“聘在江夏數十年有威恩，名震敵國”。

〔3〕王廙（yì）：字世將，王敦堂弟。《晉書·王廙傳》：“元帝作鎮江左，廙棄郡過江，帝見之大悦，以爲司馬……王敦啓爲寧遠將軍、荆州刺史。”

〔4〕陽口壘：陽水（或作“楊水”）入沔水處稱陽口（或作“楊口”），在

江陵。陽口壘，城名，亦作“楊口壘”。《湖廣通志》卷五十三：“王敦弟廙代侃爲荆州，遣（朱）伺歸楊口壘，被杜曾圍，墜水沉行五十步，乃免。”

〔5〕杜曾：新野人，少驍勇，始爲新野王歆鎮南参軍，後爲南蠻司馬，每戰勇冠三軍。晉陶侃爲荆州刺史，鎮武昌時，新破杜弢，乘胜擊杜曾，有輕曾之色，爲杜曾所敗，成爲經典戰例，被宋人《武經總要》收録。杜曾自號南中郎將，領竟陵太守，後被周訪擊敗。

〔6〕周訪：字士達，本汝南人，徙居潯陽。少沉毅果斷，能謙讓。元帝立爲揚烈將軍，平江州，定漢沔，升都督梁州諸軍事，屯襄陽，遠近悦服，爲晉中興名將。王敦忌之而不敢輕動。

〔7〕王茂：字休遠，太原祁（今山西祁縣）人，好讀兵書，性寬厚，初仕齊，後追隨蕭衍。衍以其有王佐才，凡事皆問於茂，自起兵每以茂爲前鋒，爲梁武帝開國元勳。後出爲都督江州諸軍事、江州刺史，卒於州。

〔8〕曹景宗：字子震，新野人，幼善騎射，以膽勇知名。蕭衍爲雍州刺史，景宗深相結納，衍表景宗冠軍將軍、竟陵太守，爲梁武帝開國功臣，進爵爲公。

〔9〕張冲：南齊主東昏侯的忠良大將。字思約，吴郡人，居官有幹力，屢遷郢州刺史。梁武帝起兵襄陽，手書喻意，又遣辯士説之，冲不爲所動，分部拒守。曹景宗等大兵圍困郢城，曠日持久不能克。及冲患病將死，囑府僚以誠節，言畢而終。

〔10〕加湖：《讀史方輿紀要·黄陂縣》：“加湖，一作‘茄湖’，在縣西南。”“胡氏曰：‘加湖在江夏灄陽界，湖水自北注於江，今湮。’”《南齊書》卷四十九載東昏將吴子陽駐加湖，軍鋒甚壯。

〔11〕孫樂祖：事南齊主東昏侯蕭寶卷，時爲魯山軍主帥。

〔12〕王僧辯：字君才，太原祁人，學涉該博，尤明《左傳》，器宇肅然。仕梁爲江州刺史，平侯景加侍中尚書令，遷大司馬，都督荆州刺史。後爲陳霸先所殺。

〔13〕支化仁：侯景騎將。世祖命王僧辯率諸軍討侯景，師次郢城，步攻魯山，魯山城主支化仁降。見《梁書》卷四十五。

〔14〕侯安都：曲江（今廣東韶關）人。侯景之亂，安都引兵從陳霸先。曾與陳霸先定計襲殺王僧辯。沌口之戰，侯安都兵敗爲王琳所擒。

〔15〕王琳：字子珩，會稽山陰人，輕財爱士，果勁絶人，得將卒心，官湘州刺史。隨王僧辯破侯景，功第一。王僧辯死，王琳引兵抗陳，爲陳將吴明徹所殺。

〔16〕秦王俊：隋文帝楊堅第三子。

〔17〕周羅睺：字公佈，潯陽人，陳宣帝時作戰勇猛，都督霍州諸軍事，因功除右軍將軍。隋開皇八年晉王（楊廣）伐陳，周羅睺都督巴、峡緣江諸軍事，以拒秦王俊，相持月餘。及陳主被擒，周羅睺降隋，出爲豳州刺史。周羅睺事兩朝，爲治皆有美名。

〔18〕閫臣：指在外負責軍事重任的人。閫，郭門的門檻。夏貴：字用和，安豐（今安徽壽縣西南）人，官淮西置制使。其時夏貴以戰艦萬艘分據要害，都統王達守陽邏堡，荆湖宣撫朱禩孫以游擊軍扼中流。伯顔兵不得進，遂圍漢陽，又以計破陽邏堡，夏貴潰走。據史載，至元丙子（1336年），閫帥夏貴投降元軍，授中書左丞。四年後，即至元己卯（1339年），夏貴死，享年八十三。有贈詩曰："自古誰無死，惜公遲四年。問公今日死，何似四年前？"又有詩弔其墓曰："享年八十三，而不七十九。嗚呼夏相公，萬代名不朽。"見《宋稗類鈔》。

〔19〕劉六、劉七：明中葉農民起義領袖，霸州文安（今河北文安縣）人。正德六年春正月，劉六、劉七再次集衆造反，奉楊虎爲首領，自畿輔往南，又自南而北，入霸州，席捲數千里。

〔20〕徐弼：漳浦人，字良佐，成化舉人，知海陽縣，因忤權奸劉瑾削職。瑾敗，起判漢陽。

〔21〕獻賊：指張獻忠，明末著名的農民起義領袖之一。字秉吾，號敬軒，陝西延安人。

〔22〕四月十六日：崇禎十六年四月十六日，張獻忠抵漢口，五月三十日攻占武昌，將楚王朱華奎裝在籠子里沉於江中，改武昌爲天授府，改江夏縣爲上江縣，設尚書、都督、巡撫等官，開科取士，題詩黄鶴樓，散楚邸金賑饑民。

〔23〕伏郎機：明代稱葡萄牙爲佛郎機（譯音），因又稱葡萄牙人的砲爲佛郎機。嘉靖二年，葡萄牙人寇掠廣東新會西革灣，敗逃後，明軍得其砲，即命之爲佛郎機。數年後，明朝開始仿造，用於軍中。亦作“佛郎機”。

漢口鎮在城北三里〔1〕，有居仁、由義、循禮、大智四坊，當江、漢二水之衝，七省要道。五方雜處，分爲上下二路。居仁、由義二坊爲上路，自艾家嘴至金庭公店，屬仁義司汛地〔2〕。循禮、大智二坊爲下路，自金庭公店下至額公祠，屬禮智司汛地。

同知署，舊在大智坊四官殿〔3〕，後廢而復設，即今之督捕清軍同知也。

巡檢司署，舊在南岸，後移北岸同知舊署。嗣同知復設〔4〕，巡檢退居民舍，因即爲署，改名禮智司。雍正五年，增設仁義司巡檢，署在居仁坊舊天主堂。

雍正八年，增設水師外委千把總署、水師額外外委署。

水師守備署，乾隆三年移駐大智坊。

乾隆三年，總督德沛奏請以武昌水師營守備一員〔5〕、千總一員〔6〕、把總二員〔7〕、經制兵二百八十一名〔8〕，歸併漢陽營，移駐漢口，仍管理水師船隻事務，以資巡緝警虞。所謂“五方雜處，姦宄是防”也。上下各設有關隘，屬于武昌。征税上自襄河，下及大江，舟楫往來，藉以稽防奸盗，上關至下關，東西二十餘里。

【注釋】

〔1〕城北：指漢陽府城北。

〔2〕汛地：清代兵制，凡千總、把總、外委所統率的緑營兵都稱汛，其駐防巡邏的地區稱汛地。

〔3〕四官殿：在今漢水入江處，一名火神廟，清順治八年瞿恒岳等建。舊爲漢口渡江碼頭。

〔4〕同知：官名。明、清定同知爲知府、知州的佐官，分掌督糧、緝捕、海防、江防、水利等，分駐指定地點。清代州的同知，稱爲州同。

〔5〕德沛：字濟齋，清宗室，襲封簡親王，時任湖廣總督。守備：官名。明代凡鎮守一城一堡的統兵官稱守備。清代緑營統兵官，凡位在都司之下的五品武官，稱營守備；漕運總督轄下各衛也分設守備，統軍領運漕糧，稱衛守備。緑營，凡漢族兵營皆掌緑旗，因名。

〔6〕千總：官名。清代緑營軍制，守備以下有營千總；又漕運總督轄下各衛和守禦所亦分設千總，稱衛千總、守禦所千總；又京師内九門、外七門，每門設千總把守，稱爲門千總。

〔7〕把總：官名。清代緑營軍制，營以下爲汛，設把總分領，位次於千總。京師的巡捕五營亦設有把總。

〔8〕經制：經理節制。《尉繚子·制談》："經制十萬之衆，而王必能使之。"

唐裔潢《風水論》云："漢陽府城龍脈，自九真山發源[1]，從西門入城，先結鳳棲府基[2]，後結大别北障。而大别山頭，從東拖下，餘氣自木場走南岸，以爲後託，直至月湖口方止。其上即有卧虎山、黑石山，鎮鎖兜住，十分有力，是南岸爲府城後託矣。漢口龍脈，乃平洋龍也。平洋最宜坐空朝滿，今漢口以大别爲朝山，南岸爲近案，後湖空曠，正合坐空朝滿之局。從前未盛者，以水未繞也。明成化初，水通前道，故河遂淤，于是漢口有興機矣。蓋漢口初一蘆洲耳，洪武間，未有民居。至天順間，始有民人張添爵等祖父在此築基蓋屋。嘉靖四年丈量[3]，上岸有張添爵房屋六百三十間，下岸有徐文高等屋六百五十一間。漢口漸盛，因有小河水通，商賈可以泊船，故今爲天下名區。經云：'行到平洋莫問蹤，衹觀水繞是真龍。'又云：'風吹水激壽丁長，避水避風真絶地。'漢口之盛，所以由于小河也。然小河之水，實賴兩岸夾住，旋繞入江。康熙二十年前，南岸兩傍，皆有房屋，中間街道，可容車輿。自二十年後，日漸崩隤[4]，邇來愈甚，北岸亦有冲裂。揆其所由，總因鎮鎖水口之黑山，鑿石打傷，兜收無力，水無拘束，故蕩洗如此。是壞府城之後託，敗漢口之近案也，盛可保乎？無如蓋造房屋者，只顧賤買纍石以砌墻，不知實割己肉以補瘡。語云：‘皮之不存，毛將安附？’[5]倘風水既壞[6]，水道他徙，雖有高塹厚墻，亦難永享也，昔之金沙洲可鑒矣！”

按：唐裔潢，字澤元，貢生，工詩文。王翰，字東自，少嗜學，精究制藝，康熙壬午副貢，與澤元齊名。兩人亦深相印契，學者稱“王、唐二先生”。漢上少年爲文知派别有師承者，皆知爲兩人之及門也。

【注釋】

〔1〕九真山：在漢陽縣治西南九十里。《嘉靖漢陽府志》卷二：“九真山，又名五藏山，在縣治西南九十里，高二百餘丈，周回一百餘里。唐咸通八年，賜名仙潛，因仙女煉丹於此，故名。山下又有九泉，其水秋冬不涸，清泠可愛……今觀此山，九峰相嚮，故名九真。仙女煉丹或俗傳也。”

〔2〕鳳棲府基：唐武德四年築漢陽城於鳳棲山，故説“鳳棲府基”。《讀史方輿紀要・漢陽縣》：“鳳棲山在郡治後，今郡城環其上。”傳説古有鳳凰棲於此山，故名。

〔3〕嘉靖四年丈量：據乾隆《漢陽府志》卷十二、嘉靖二十五年立的《漢口北課舊碑記》，張慶等丈量上岸張添爵等六百卅户，共房基一千零三十間；下岸徐文高等六百五十一户，共計地基一千零九十一間。此外，有李勤等七十三户新築地二百八十一間，丁泰等二十户偏僻地八十二間，王彦、李士英二十一户在漢口新開園地十一段。是知至嘉靖四年，上下岸已有居民一千三百九十五户，有房地基二千四百八十四間。唐裔潢説的間數，正是《府志》《舊碑記》記的户數。據此，則唐裔潢説的“間”，當作“户”。

〔4〕隤（tuí）：崩頽，坍塌。《説文・阜部》：“隤，下隊也。”《廣雅・釋詁一》：“隤，壞也。”

〔5〕皮之不存，毛將安附：見《左傳》僖公十四年。原作“皮之不存，毛將安傅？”“傅”同“附”，“安”猶“焉”。

〔6〕風水：也稱“堪輿”，舊時術數的一種。“堪”爲高處，“輿”爲下處。

黑山在縣治西五里，漢鎮南岸，居民每采石于此，奉文勒石永禁。按：漢河之水，發源于漢中，千里奔騰，以至于斯，全賴黑山、女郎諸山以爲砥柱。爰是水歸沙聚，而民賴以安，所關非淺鮮也。嗣因山主吴漢義、羅必第等貪一己之利，每日雇倩匠人打鑿石塊，隨地掘揠，傷損气脈，以致漢口南北兩河岸，崖崩地裂，火災頻聞。時有舉貢生員唐裔潢、黄昌等，呈請立碑永禁。其言黑山之視漢城、漢口[1]，位居西邊戌方火庫之地，而漢城位居午方，漢口大智坊位居寅方，庫破火現。故丙丁火年、戊癸化火之年，寅午戌火局之年，異常火災，多在寅方午方，此寅午戌三方弔照之理也[2]。如康熙二十六年丁卯六月十七日，江口失火，燒回龍寺、四官殿廟宇、房屋，何止數千？人民淹焚，何止千百？此丁火年卯合戌庫，而寅方異災也。次年戊辰九月，漢城失火，燒府署頭門鼓樓、南紀城樓、朝宗門樓、縣學、明倫堂，居民房屋，又不待言。此化火戊年辰衝戌庫，而午方異災也。近如丙戌年六月十八日，漢口由義坊失火，延及大智坊、楊林口無人住處方止，人民水火死者不計其數。此丙火年正值戌庫，燒及寅方之異灾也。戊子九月初十日，江口失火，延及南岸，湖南糧船與紅船[3]、客舟，燒燬甚多，人民死者慘不忍言。此化火戊年亦值戌月，而寅方又一異灾也。本年兩次大火：前則甲申之月，以申冲寅，故南岸午方燒及漢口寅方；後則丙戌之月，三合火局，故漢口寅方燒及漢城午方，此火局寅年弔照戌庫，尤爲異常火災也。凡此異災，皆由火庫打破，遂致貽害之慘酷。乞爲上者，軫念民依[4]，培植風水，勒碑永禁。康熙五十二年、六十一年，雍正九年，奉府三勒禁碑漢城、黑山、湯家山、石馬山四處。

按：明天啓三年癸亥正月，漢口火，傷人無數，至有一家死五十三口者，此亦戊癸化火之年正月建寅與亥合也。康熙三十七年戊寅五月，漢口火延焚數千家，此又化火而寅午相值也。近嘉慶十五年庚午，四月辛巳，二十日甲辰夜，循禮坊失火，延及大智坊，二十二日始熄。數里之間，户口十餘萬，兩晝夜悉成灰燼，此火年火月火日之異災也。

【注釋】

〔1〕黑山之視漢城、漢口：指從堪輿學看黑山對漢城、漢口的方位。漢城，指漢陽城。

〔2〕寅午戌三方弔照之理：清李調元《月令氣候圖説》，按五行金木水火土與天干、地支的配合如下：北方壬癸水——子（正北）——丑寅（東北）；東方甲乙木——卯（正東）——辰巳（東南）；南方丙丁火——午（正南）——未申（西南）；西方庚辛金——酉（正西）——戌亥（西北）；中央戊己土。這段的大意是説，黑山在西方，是火庫。漢口在東北方，漢城在南方，都是互相照應的。黑山打石頭，把火庫打破了，漢陽和漢口兩邊就失火受災。

〔3〕紅船：舊時江船之一種，專作救生之用，船漆作紅色，清代船政於沿江各地有專門配置。或説一種運輸船，船頭漆作紅色，亦稱紅船。

〔4〕軫念：深切懷念。《梁書・沈約傳》：“（《郊居賦》）思幽人而軫念，望東皋而長想。”民依：人民的疾苦。孫星衍《尚書今古文注疏・無逸》“小人之依”疏：“‘依’同‘衣’。”又引《白虎通・衣裳篇》云：“衣者，隱也。”隱，隱痛、疾苦。

宋范成大《吴船録》〔1〕：“丁丑發石首，百七十里至魯家洑〔2〕。自此至鄂渚有兩塗：一路遵大江，過岳陽及臨湘〔3〕、嘉魚二縣，岳陽過洞庭處〔4〕，波浪連天，有風即不可行，故客舟多避之。一路自魯家洑入沌。沌者，江旁支流，如流之汈〔5〕。其廣僅過運河，不畏風浪，兩岸皆蘆荻，時時有人家。但支港通諸小湖，故爲盗區，客舟非結伴作气不可行。偶有鄂兵二百，更戍欲歸〔6〕，過荆南，遂以舟載使偕行。自魯家洑避大江入沌，月明行三十里，宿。戊寅、己卯皆早暮行沌中。庚辰行，過所謂‘百里荒’者，皆湖濼茭蘆，不復人跡，巨盗之所出没。月色如晝，將士甚武，徹夜鳴櫓，弓弩上弦，擊鼓鉦以行，至曉不止。早出大江〔7〕，午至鄂渚，泊鸚鵡洲前南市隄下〔8〕。南市在城外，沿江數萬家，廛閈甚盛，列肆如櫛，酒壚樓欄尤壯麗，外郡未見其比。蓋川、廣、荆、襄、淮、浙貿遷之會，貨物之至者，無不售，且不問多少，一日可盡。其盛壯如此！”“丁亥，風作，不可行。戊子早，解維欲出江，風不已，至暮逾甚，又留一夕。土人云：‘江上社前後輒大風數日[9]，謂之社風，上下水船悉不行。’果然。己丑，社風少緩，解維小泊漢口。漢水自北岸出，清碧可鑑，合大江濁流，始不相入，行里許，則爲江水所勝，渾而一色。凡水自兩岸出于江者皆然。其行緩，故得澄瑩。大江如激箭，萬里奔流，不得不濁也。午後風息，通行百八十里，至三江口[10]，宿。‘三江’之名，所在多有，凡水參會處皆稱之。”

按：宋時漢陽南市之盛，甲于他郡，後爲江水衝蝕，舟莫能停，是以商賈貨物，咸集于漢口矣。

【注釋】

〔1〕范成大：字至能，號石湖居士，吴郡人，以善寫田園詩著名，與陸游、楊萬里、尤袤并稱爲南宋詩壇四大家。官至參知政事。著作有《石湖詩集》《吴船録》《桂海虞衡志》等。

〔2〕魯家洑：地名。在今湖北監利市。

〔3〕臨湘：縣名。明清屬湖南岳州府。《四庫全書》《知不足齋》本《吴船録》均作“臨湘”，今張氏底本引作“臨湖”。今依《四庫》本《吴船録》作“臨湘”。

〔4〕過，《四庫全書》本《吴船録》作“通”。

〔5〕如流之泙（yā），宋人胡三省《通鑑釋文辨誤》卷四引作“如海之泙”。

〔6〕更戍欲歸，張氏底本作“庚戌欲歸”。今依《知不足齋》本《吴船録》作“更戍欲歸”。更戍，輪流戍守。《宋史·神宗紀》：“詔立諸路更戍法，舊以他路兵雜戍者遣還。”

〔7〕早出大江，《知不足齋》本《吴船録》作“辛巳晨出大江”。可知范氏引文略有改動。

〔8〕鸚鵡洲、南市：鸚鵡洲在明末逐漸沉入水中，南市也漸漸衰落，歸於消失。但在唐、宋、元、明一千多年間，南市是武漢的商業中心。鸚鵡洲以禰

衡作《鸚鵡賦》而得名。王葆心《續漢口叢談》卷一謂“南市之得名，蓋以其在鸚鵡洲之南”。按王葆心所説，所謂“南市”，應是在鸚鵡洲對面的武昌南岸沿江一帶。

〔9〕社前後：社日前後。立春後五戊日爲春社，立秋後五戊日爲秋社。此處指春社。江上，張氏底本作“上江”，不可讀，今依《吴船録》改。

〔10〕三江口：此指黄岡縣西三十里處三江口。《大清一統志》卷二百六十四：“三江口鎮，在黄岡縣西三十里，隔江接武昌府武昌縣界，有渡。王象之《輿地紀勝》：‘在團風鎮之下有江，三路而下，至此會合爲一。’”

明萬歷元年，題准湖廣、衡、永、荆、岳、長沙漕糧，原在成陵磯交兑者〔1〕，改併漢口水次〔2〕。十一年，漢口交兑于金沙洲、陳公套水次〔3〕。

《縣志》〔4〕：漢口渡有六：一在宗三廟，一在五顯廟，一在老官廟，一在沈家廟，一在接駕嘴，一在四官殿也。又郭師口渡，在漢口西外五甲〔5〕。平塘渡，在漢口上十里〔6〕，一名琴堂，相傳爲伯牙彈琴處。蔡店渡，又在上六十里。此皆漢口渡河過郡城之路也。今則處處有渡，“招招舟子，卬須我友”矣〔7〕。

又老官渡集，在城西八十里九真山下。其西五里，有索河集，夏秋水漲，貿遷者甚輻輳，平時則收買白布轉販漢口鎮市小民，夜成匹，朝則抱布以售焉。

又漢口後河，樵漁者每于地獲小白鼠，好事者得以爲戲，飼之竹籠。

又漢口人呼秋蟬爲秋孃，其名甚雅，可以入詩。

又漢、江會流處，上有石銘云：“下至水府三十一里。”相傳李斯刻石如此〔8〕。天下水府十八處。

漢獻帝建安二年九月，漢水溢。

漢後帝建興七年，即吴大帝黄龍元年，夏口言黄龍見。夏四月，夏口言鳳皇見。

晉懷帝永嘉三年大旱，江漢可涉。

元至正十二年，漢口天雨粉鹹，民家門户柱壁有粉痕如鹹者無數。明年三月，月食太白，徐壽輝倡亂于漢沔。十五年冬，漢口雨黑雪。

明弘治二年春[9]，漢口雨小豆。種之，蔓生不實。

崇禎十六年[10]，五月晦[11]，大雨雹。是日張獻忠陷武昌、漢地，殺掠甚慘。先是有道士過小軍山，語土人曰："此山有二蛇，慎毋害之。否則不利于此土也。"已而一斃于犬，一爲田夫所斷，皆長八九尺。未幾，張、李之亂，居民焚掠無遺。

漢水出荷葉魚，形如荷葉，味似鱉，尾有毒刺，去而烹之。

鮎魚須，野菜也，三、四月出水濱蘆葦中，味甚鮮。

西番蓮種出漢上，花心圓圈，弄之回環不窮，取之不脱，有鬚一百八數。

羊角菜，即橙芽，採初生者，濯以沸水，曝以供槃，可以下酒。

鏤竹引泉，漢口小河，内藏鐵索，其長不可勝計。順治九年河涸，居民日拽之，叠成高阜，莫能窮盡。明年水漲，鐵索仍没。考之博物者，皆未知其故。

《述異記》[12]："康熙三十四年五月，湖廣漢口天雨豆，好事者攜至，余得二顆，大如小赤豆，紫色，有一點黑處如蒂然，絶不類豆。聞尚有大者，余未之見也。"

【注釋】

〔1〕成陵磯：在湖南省岳陽市北部，洞庭湖通長江處。成，今作"城"。

〔2〕水次：水邊屯駐之所。次，止，停留。

〔3〕金沙洲：在近武昌南岸一帶。《漢陽縣志》謂"元明商市會于金沙洲"。後被江水衝蝕逐漸消失。陳公套：在武昌府城西南五里，爲泊船之所，亦繁盛。參見卷三。

〔4〕《縣志》：指《漢陽縣志》。

〔5〕五甲：甲，舊時户口編制單位，清制十户爲甲。《大清一統志》卷二百六十一作："郭師口渡，在漢陽縣西十里。"

〔6〕上十里：嘉慶《湖北通志》謂“西十里”，《大清一統志》卷二百六十一作“縣西二十里”。

〔7〕招招舟子，卬須我友：語見《詩·邶風·匏有苦葉》。招招，擺手相招。舟子，船夫。卬，我。須，等待。

〔8〕李斯：楚國上蔡（今河南上蔡縣）人，助秦始皇統一天下，任丞相。始皇帝崩時，與趙高密謀除掉太子扶苏和大將軍蒙恬。秦二世時，終被趙高所害，腰斬於咸陽市。

〔9〕弘治：明孝宗年號。張氏底本原作“宏治”，因避清高宗弘曆諱，改“弘”爲“宏”。今徑改。

〔10〕崇禎：明思宗年號。張氏底本原作“崇正”，因避清世祖胤禎諱，改“禎”爲“正”。今徑改。

〔11〕晦：陰曆月終。

〔12〕《述異記》：筆記。東軒主人（清康熙時人）撰。所記多爲清初軼聞，亦頗多神怪故事。

《滇黔紀程》〔1〕：“漢口南數里，爲漢陽府治。東渡江，即武昌府治。十里之内，置郡者二，蓋上當滇、黔、秦、蜀之衝，下控左右兩江之要，故特于此嚴鎖鑰焉〔2〕。”

《府志》〔3〕：大江環抱郡城，去城僅數十丈。自荆州府監利縣而下，會沌口，過城南經大别東北，與漢合流者，江之正流也。又一支自沔陽播爲陽明諸湖，接太白湖，由沌口入江。一支自沔陽播爲黄篷湖，經上平，至邑之下平，由新灘入江。一支自孝感經邑之石潭河，至黄陂沙口出江。此皆漢水瀠紆匯江，水别出之沱，枝流派演。江弱則下流歸江，江盛則逆漾，而轉注隣境諸河，此皆現今江漢水勢强弱之消長也。古所謂沱、潛、涓、沌諸水，雖各有主名，而諸水入江之口，皆挾漢水同流。沌口、新灘在縣西南，沙口在縣東北。

宋陸游《入蜀記》〔4〕：“登石鏡亭，石城山之一隅也〔5〕，正枕大江。其西與漢陽相對，止隔一水，人物草木可數。”昔李白觴于江城之南湖[6]，即此湖也。舊黄鶴樓在石鏡亭、南樓之間，正對鸚鵡洲。沿江邊隄上，民居市肆，數里不絶。其間復有巷陌，往來憧憧不絶。又鄂渚移舟江口，回望隄上，樓閣重複，燈火歌呼，夜分乃已。按：此即《吴船録》所謂南市也。

《縣志》："大江自沔陽洲東北流入邑界，與武昌江夏縣分界。又東北會漢水，入黄陂縣，至沙口入黄岡縣界。"

順治三年丙戌科，湖南未盡歸化，定中額六十三名。五年戊子，各直省行拔貢。九年壬辰，詔督學停遣御史，用内翰林。十一年甲午，詔督學停遣翰林，用僉事[7]。十八年辛丑，加湖廣鄉試中額十五名。康熙二年癸卯，詔併歲科三年一考，罷八股文，以論策取士，停歲貢[8]。七年戊申，詔復以八股文取士。十一年壬子，始以副榜准作貢生[9]。十三年甲寅，復分歲科兩試。十四年乙卯，湖廣停鄉試。十六年丁巳科，減入學額，大縣四名。二十年辛酉，復入學額，大縣十五名。二十九年庚午科，定武鄉試，照文場事例。三十五年丙子，定湖廣鄉試中額八十名。雍正二年甲辰，詔湖南、北分闈，湖北中額五十名。四年丙午，詔五經副榜，准作舉人。

【注釋】

〔1〕《滇黔紀程》：作者許纘曾，字孝修，號鶴沙，華亭（今上海松江區）人。清順治六年進士，官至雲南按察使，著有《寶綸堂集》《滇黔紀程》等。

〔2〕鎖鑰：鎖和鑰匙。引申指軍事防守要害處。

〔3〕《府志》：指《漢陽府志》。

〔4〕陸游《入蜀記》：是陸游在乾道六年由山陰到夔州，沿途逐日記其旅行經歷，最後整理而成的。全書六卷，内容主要是詳述山川風土及考訂古蹟。

〔5〕石鏡亭：相傳黄鶴樓西側臨崖處有石如鏡可照見人，上面立有亭，故名。宋祝穆《方輿勝覽》卷二十八："石鏡亭，在黄鶴樓西，臨崖有石如鏡，爲西日所照，則炯然發光。"又引宋人賀鑄詩曰："西戍夕陽晴，東城石鏡明。有山名八字，供作兩眉横。"石城山：即黄鵠山，今稱蛇山。

〔6〕南湖：李白所泛南湖，據陸游之言，是指漢陽縣城内的南湖，非武昌之南湖。其時李白還夜郎官，與友人觴於漢陽南湖，因改名郎官湖。惜明代逐漸淤塞，今已不存。唐代的漢陽縣城爲沔陽州治。後沔陽州廢，漢陽縣曾隸屬於鄂州。

〔7〕翰林：清代翰林院屬官侍讀學士、侍講學士、侍讀、侍講、修撰、編修、檢討、庶吉士的通稱。僉事：明清在按察下設僉事，以分領各道，乾隆時廢。

〔8〕歲貢：科舉制度中貢入國子監的生員的一種。明清兩代，每年從府、州、縣學中選送廩生升入國子監肄業，因稱歲貢。

〔9〕副榜：科舉考試中的一種附加榜示。亦稱“備榜”。即於録取正卷外，另取若干名之意。貢生：參加科舉考試的生員一般是隸屬於本府、州、縣學的，若考選升入京師國子監讀書的，則不再是本府、州、縣學的生員，而稱爲貢生。清代有恩貢、拔貢、副貢、歲貢、優貢、例貢等名目。

袁公隄〔1〕，明崇禎八年通判袁焻創築〔2〕。自後居民漸集，即今之隄街也，在漢口鎮後〔3〕。鎮爲水陸要衝，烟火數百萬家。漢水經其南，湖水繞其西北，大江横其東。舊志謂每值夏秋水漲，四面巨浸，僅賴此隄爲廛居保障。里人歲加修築，終未完固，水勢若虐，即慮汎溢云。此昔時之形，今則民居鱗比，十倍于前，但名隄街，幾不知爲湖隄矣。

隄後深溝，廣約一二丈，襟帶隄街，由上路之大橋口起，直至下路隄口〔4〕，長十有餘里，名玉帶河〔5〕。舊時大橋口下，襄水入河，别繞鎮後，至隄口東南流入江。襄河本曲折而下，又在鎮後左右回環，所以財聚。漢口之盛，甲于天下。今大橋口外，沙漲日高，玉帶河逐處淤塞，或有居民架屋于上，至于隄口，市廛相接，莫知出江之道矣。余昔年在漢，夏水漲入，猶見小艇往來，好事者作逭暑之游。今故道尚存，不通舟楫。而河上木橋横跨〔6〕，或相距里許，或半里許，在在有之。過橋謂之隄外，復有土人築室聚居。近已上下成衢，且有招提、梵宇、會館、公所，以愒游人。再後則爲後湖〔7〕，俗名黄花地，又名瀟湘湖，即昔之廢襄河也。

明梁憶《遵聞録》云[8]："太祖征陳友諒[9]，王師至瀟湘，賦詩曰：'馬渡沙頭苜蓿香[10]，片雲片雨度瀟湘。東風吹醒英雄夢，不是咸陽是洛陽。'天葩睿藻[11]，豪宕英邁有如此。"《縣志》按："太祖殪友諒于鄱湖，追至武昌而返。後一年，又躬討陳理[12]，駐兵漢陽，修其城郭。理降，振旅凱旋，足跡未嘗越江漢以南，不當遠涉瀟湘也。惟漢口之後湖，當時爲襄河故道，一名瀟湘湖，勒馬賦詩，或即此耳。"

【注釋】

〔1〕袁公隄：明漢陽府通判袁焻倡議修築後湖隄，上自大橋口起，下至隄口（沙包）止，約長十一里，繞漢鎮後，以防後湖水汛溢。後人紀念他，稱隄爲袁公隄。

〔2〕崇禎八年，周氏校本作"十八年"，是誤記。

〔3〕漢口鎮：自宋以來，商業繁盛。明清以來，與河南朱仙鎮、江西景德鎮、廣東佛山鎮，并稱四大鎮。

〔4〕隄口：即沙包，今漢口一元路口處。

〔5〕玉帶河：修築袁公隄時，因掘土築隄，隄後形成深溝，廣約二丈，漢水從橋口灌入，下至隄口，長十一里，襟帶市廛，因名玉帶河。

〔6〕河上木橋横跨：清同治年間有堡門八，自西至東：玉帶門、便民門、居仁門、由義門、循禮門、大智門、通濟門、便門。在玉帶河上建有燕山、六渡、廣益等橋，以便城内外來往。

〔7〕後湖：又稱瀟湘湖、平湖、黄花地，是已廢的襄河故道。近到鯇子湖，遠達張公隄。今長隄街以外市區，都屬於後湖。

〔8〕梁憶《遵聞録》，張氏底本作《遵聞録》，"聞"當是"聞"之誤，今更正。憶，一作"億"。

〔9〕陳友諒：湖北沔陽人，漁民之子，元末農民起義領袖之一。初屬徐壽輝部下，後殺徐壽輝稱帝，國號漢。

〔10〕苜蓿：植物名，豆科，一年生或多年生草本，有紫色花，漢武帝時由

西域大宛引入，爲重要牧草和緑肥兼用的作物。

〔11〕睿藻：舊時頌稱帝王詩文的用語。

〔12〕陳理：陳友諒之子。

後湖即廢襄河舊地，北距黄陂、孝感境三十餘里，東西數十里，平疇曠野，彌望無垠。春時叢樹扶疏，芳草鮮美，覆雲在地，流靄接天，浪翻麥隴之風，香浥菜畦之露。復有茶肆羅列，歌管紛諠，百鳥鳴籠，時花當户。于是士女出游，咸愒坐啜茗而留覽焉。若于夏秋之交，楝風吹後〔1〕，梅雨零餘，江水汪洋，湖田汎溢，烟波千頃，蕩暄日以鎔金；楊柳萬條，蘸漪紋而摇翠。比鴛湖之櫂，漚侶相隨〔2〕；分鶯脰之灘，漁歌互答。或值炎威正熾，月影當流，駕舴艋之輕舟，拂蒲葵之小扇，碧筩酒醉〔3〕，細葛衣輕〔4〕，鋪湘簟，枕桃笙〔5〕，相與逭暑，徹夜達旦而歸，群誇爲吴興之水晶宫〔6〕，包山之銷夏灣〔7〕，不是過也。風則驚濤駭浪，瀰漭漩澴〔8〕；雨則跳沫皴瀾，烟低霧冪〔9〕，倚樓憑檻，吟眺咸宜。迨夫冬日，水涸沙平，草衰霜隕，遠山凝紫，楓葉染丹，則有彎弓健兒，躍馬蹏而角射；短笛牧豎，跨牛背以横吹。此四時晦明之殊景，可以游目騁懷，爲漢口之勝處也。

後湖茶肆，上路以白樓爲最著。白樓者，白氏之故址也，在大觀音閣後，百弓地闢〔10〕，畚土堅墁，編槿爲籬，積石成徑。中搆小樓，作東西兩箱。軒窗豁達，檻曲廊回之内，皆設小座，以供茗坐。外復四植楊柳，緑陰垂幄，翠浥襟帶間，又築隄以高之，大水不没，可通游人往來。樓外遠山幾抹，隱隱青露，朝雲暮霞，眩人眼目。若于盛夏，湖水平隄，夕陽初落，烟波淼渺，燈影上下映射水間，漁榔遠近，響應沙漵〔11〕，逭暑者接踵而至，絺衣挂樹〔12〕，涼風襲人，七盌香生〔13〕，適然歌咏。憑眺之勝，以斯樓爲第一。余嘗有句云：“楊柳四圍遮不住，看山都上白家樓。”黄心盦承增句云：“指點夕陽紅墜處，夢雲湘雨一齊收。”林琴庵棲鳳句云：“晚烟斂盡銀蟾出，獨照幽人瀹茗時。”張苧邨灃句云：“小園留與人消夏，多種垂楊覆影來。”多紀實也。

【注釋】

〔1〕楝風：楝花風。即穀雨節後的花信風，或曰最後的花信風。《東皋雜録》："花信風，梅花風最先，楝花風最後。"

〔2〕漚：通"鷗"。《列子·黄帝》："海上之人有好漚鳥者，每旦之海上，從漚鳥游。"《敦煌曲子詞·浣溪沙》："即問漁翁何所有，一壺清酒一竿風。山月與漚長作伴，五湖中。"

〔3〕碧筩：唐段成式《酉陽雜俎》卷七："歷城北有使君林，魏正始中，鄭公慤三伏之際，每率賓僚避暑于此，取大蓮葉置硯格上，盛酒二升，以簪刺葉，令與柄通屈莖上，輪菌如象鼻傳噏之，名爲碧筩杯。歷下學之言'酒味雜蓮氣，香冷勝于冰'。"後有卷荷葉爲筩飲酒者。《正字通·竹部》："筩，唐人《碧筩杯》詩，言卷荷葉爲筩飲酒。"

〔4〕葛衣：以葛布（俗稱夏布）製成的衣。《史記·司馬遷自序》："夏日葛衣。"指輕薄的夏衣。

〔5〕桃笙：桃枝竹編織的簟子。此竹節長而皮細軟，篾可織簟，暑月用之涼爽。《文選·左思〈吴都賦〉》："桃笙象簟，韜於筒中。"劉淵林注："桃笙，桃枝簟也。吴人謂簟爲笙。"

〔6〕吴興之水晶宫：吴興，古郡名，三國吴置，隋改湖州，即今浙江湖州市地。湖州四面環水，山水秀麗，古有"水晶宫"之稱。北宋楊傑有《吴興明月樓》詩曰："江南地暖少嚴風，九月炎涼正得中。溪上玉樓樓上月，清光合作水晶宫。"後以水晶宫爲湖州的别稱。吴曾《能改齋漫録》卷九："楊漢公守湖州，賦詩云：'溪上玉樓樓上月，清光合作水晶宫。'其後遂以湖州爲水晶宫，古今皆因之。"楊傑，字次公，元祐時無爲人，官禮部員外郎、湖州太守。

〔7〕包山：又名洞庭西山，在太湖。《吴地記》載包山下有洞穴，潛行水底，無所不通，號爲地脈，即十大洞天之第九林屋洞天。銷夏灣：在太湖洞庭西山中，相傳爲吴王避暑處。週二十里，四山密樹環抱，納澗吞湖，湖中有山，山中有湖，湖水清澈，面積有數十頃，兩崖爲門。明人王鏊有《銷夏灣》詩："四山環列抱中虛，一碧玻瓈十頃餘。不獨清涼可消夏，秋來翫月定何如。"

〔8〕漰湱（pēng huò）：波浪撞擊聲。漩澴：水流回旋涌起的樣子。

〔9〕幂：覆蓋，籠罩。宋孫巖《樹陰》："春去空山啼乳鶯，鶯邊老樹幂新青。"

〔10〕弓：舊時丈量地畝的器具和計算單位。一弓是五尺，即一步。

〔11〕溆：同"漵"。水邊。《説文新附·水部》："漵，水浦也。"南朝齊王融《淥水曲》："日霽沙漵明，風泉動華燭。"

〔12〕絺（chī）衣：細葛布衣。絺，細葛布。《詩·周南·葛覃》"爲絺爲綌"毛傳："精曰絺，麤曰綌。"也指細葛布衣。《禮記·月令》：（孟夏之月）"是月也，天子始絺。"注："初服暑服。"

〔13〕七盌香生：唐盧仝《走筆謝孟諫議寄新茶》："一盌喉吻潤。兩盌破孤悶。三盌搜枯腸，唯有文字五千卷。四盌發輕汗，平生不平事，盡嚮毛孔散。五盌肌骨清。六盌通仙靈。七盌喫不得也，唯覺兩腋習習清風生。"

後湖之有茶肆，相傳自湖心亭始[1]。近若涌金泉、第五泉、翠薌、蕙芳、習習亭、麗春軒之名爲著，皆在下路雷祖殿、三元殿後[2]。其餘尚有數十處，弦歌諠耳，士女雜坐，較上湖游人更盛[3]。湖心亭，地頗疏敞，藝花叠石，位置亦宜。余昔有詩題壁云："曲曲欄干短短籬，湖心亭外柳絲絲。風翻芍藥徐熙畫[4]，雨釀黄梅賀鑄詞[5]。人影散隨弦鼓寂，茶香留看月燈遲。笑余贏得吟詩興，偏在文園病渴時[6]。"黄心盦和之云："下湖春比上湖多[7]，病渴文園每愛過。粉黛亦參盧陸座[8]，箏琶常鬧楚秦歌[9]。澆殘緑雪銷清晝[10]，割盡黄雲膩翠莎[11]。只待鋪平瓜蔓水[12]，倚欄重約賦烟波。"

涌金泉更爲爽塏[13]，復積年畚土築石以高之，更造小樓重閣，白石紅欄，掩映于緑楊陰裹，殊有幽致。登樓四眺，北則黄陂之風火、木蘭二山，相距或數十里或百餘里而遥，霽色雲開，翠微遥露[14]；西南則漢陽之三山，黛影參差，常列窗外。三山者，舊志所謂其山三峰竝峙，一仙女，二樓子，三馬足，故又名三山景也。南則大别當前，花宫琳宇，暈彩曜丹[15]，静坐試茶，似聞鐘梵；東則大江横遶，檣立飄飛，時與烟雲起滅。而湖中遠近，又有土阜布列數十處，鄉人築室聚族而居，以蓺湖地菜麥者，故諸墩皆以姓氏名，如吴家墩、朱家墩之類，傍多植以雜樹，遠望若山林然。常芝仙道性有句云：“幾抹遠山輕染黛，千條新柳嫩含烟。”湸春芳景，宛可入畫。余和之云：“霽色雲開山入畫，斜陽暖合草生烟。”

【注釋】

〔1〕湖心亭：已廢。約在今滿春路、中山大道一帶。

〔2〕下路：指長隄街下段。雷祖殿、三元殿：舊寺名，已廢。雷祖殿約在今青蓮巷裏。三元殿約在長隄街、滿春路交叉處，今仍留有三元街的名稱。

〔3〕上湖：指原後湖的西北部分，即今長隄街上段觀音閣——和平劇場後一帶。

〔4〕徐熙畫：徐熙，南唐鍾陵（今江西南昌）人，長於畫花竹林木草蟲之類，花果更佳。

〔5〕黄梅賀鑄詞：賀鑄，宋代詞人，字方回，衛州（今河南汲縣）人，是宋太祖趙匡胤孝惠皇后的族孫。因所作《青玉案》一詞，有“梅子黄時雨”之句，人稱爲賀梅子。

〔6〕文園病渴：舊文人常借爲自恃自怨的用語。《史記・司馬相如列傳》：“相如口吃而善著書，嘗有消渴疾。”“稱病閒居，不慕官爵。”“相如拜爲孝文園令。”消渴疾，今稱糖尿病。孝文園令，看守漢文帝陵園的官。

〔7〕下湖：指原後湖的東南部分。今即江漢區滿春路以下的地方。

〔8〕粉黛亦參盧陸座：婦女們也雜坐在喝茶人的當中。盧陸，喝茶人的代稱。盧，盧仝，自號玉川子，唐代范陽（今河北涿州）人，寫有《茶歌》一詩。陸，陸羽，自號桑苧翁，唐代竟陵（今湖北天門）人，著有《茶經》三卷，後世民間祀爲茶神。

〔9〕箏琶常鬧楚秦歌：舊有楚館秦樓的説法，泛指吹彈歌唱的娱樂場所，實際反映了當時流浪江湖藝人悲苦的賣唱生活。箏琶，彈奏樂器。泛指伴奏的種種樂器。

〔10〕緑雪：指茶。如唐鄭谷《嘗茶》：“入座半甌輕泛緑，開緘數片淺含

黄。”又元耶律楚材《乞茶》：“碧玉甌中思雪浪，黄金碾畔憶雷芽。”

〔11〕黄雲：指麥子。謂像黄色的雲彩一樣覆蓋着大地，故名。宋范成大《刈麥行》：“多病經旬不出門，東坡已作黄雲色。”莎：草名。葉可製笠和蓑衣。

〔12〕瓜蔓水：十二個月中水的名稱之一。正月叫解凍水，二月叫白萍水，三月叫桃花水，四月叫麥黄水，五月叫瓜蔓水。

〔13〕爽塏：高朗的地方。爽，明朗。塏，高燥。

〔14〕翠微：青白色的山氣。一説是不平的山坡。

〔15〕暈彩曜丹：日光照映，絢麗多彩。暈，日月周圍的光輝。曜，日光照射。

後湖，俗名黄花地，土人墾作，遍種菜麥，近成沃壤。菜花齊放，麥穗低垂，一片黄雲，斜陽燦色，真如七寶莊嚴，布金滿地。余嘗偕常芝仙春時閒步，芝仙有作云：“野曠烟無際，陰濃一桁楊[1]。麥苗含淺碧，菜蘂散深黄。春色已過半，豪情殊未央。與君皆老大，莫負此流光。”於寫景中寓及時行樂之意。余和之云：“散步偕良友，重來春已中。草青迷野闊，雲白漾天空。盧陸留清韻，嚴韓溯古風茶肆外復多醫卜諸術者[2]。曠懷縱談笑，歸戀夕陽紅。”芝仙又有句云：“紅袖嬉茶社[3]，青簾動酒人[4]。”“參差几幔談醫卜，高下樓臺弄管弦。”皆實録也。

【注釋】

〔1〕桁楊：原爲夾頸的刑具。《莊子·在宥》：“桁楊者相推也。”郭慶藩疏：“遂使桁楊者盈衢。”這裏借指楊柳盈途，排列成行。

〔2〕嚴韓：借指算命和賣草藥的人。嚴，嚴君平，名遵，漢人，賣卜算卦成都市上。韓，韓康，字伯休，東漢霸陵（今陝西西安）人，賣藥長安市上。

〔3〕紅袖：婦女的紅色衣袖。《南齊書·樂志·王儉〈白紵辭〉》：“聲發金石媚笙簧，羅袿徐轉紅袖揚。”借指美女。白居易《對酒吟》：“今夜還先

醉，應煩紅袖扶。”

〔4〕青簾：酒簾。即舊時酒店門前挂的幌子，用青布或白布做成，上面寫有“酒”字，以爲標識。

程耕雲秉《後湖柳枝詞》六首云〔1〕：“茶墻酒壁簇成邨，長短枝交白版門。幾日斜風兼細雨，不關送客也消魂。”“一曲清泠湖水潯〔2〕，照來眉黛總關心。不知種自何人手，護得紅樓爾許深〔3〕。”“馬蹶踢踢麴塵生〔4〕，踠地鵝黄畫不成〔5〕。十里花飛湖上路，東風野館自清明。”“湖麥青青湖草香，酒旗戲鼓劇郎當〔6〕。不須更唱黄驄曲〔7〕，只聽鶯聲已斷腸。”“裊娜晴絲幾萬行〔8〕，遠臨孤驛近横塘〔9〕。相逢又恐牽離思，陌上游人半異鄉。”“桃葉桃根結比隣〔10〕，鵝兒湖上不勝春。憐他一種風流樹〔11〕，曾拂當年解佩人〔12〕。”跌宕風流〔13〕，當付旗亭歌唱〔14〕。黄心盦和作云：“幾抹茶烟野店邊，黄花碧草共芊芊〔15〕。感人還是春楊柳，獨倚紅橋又一年。”“新傳拍手唱楊枝，玉帶河邊年少兒〔16〕。爲有杜秋聽不得〔17〕，不教翻入笛中吹〔18〕。”孫石樓煦和作云：“送盡行人又送春，横隄一角草如茵。衣香簾影斜風裏，半是茶烟半麴塵。”“絲絲也解舞回波〔19〕，好繫斑騅莫渡河。紅日漸低弦管急，上湖人少下湖多〔20〕。”此己卯春，心盦在漢倡和之作也。時余羈蜀未及與會，因憶己巳余與心盦、方巖夫軫，約賦《漢口柳枝詞》，心盦詩云：“土蕩臨歧即灞橋〔21〕，不曾離别亦魂銷。青青慣送朝天客〔22〕，也向風塵折瘦腰〔23〕。”“一夜瀟湘水漲寬，枝枝碧玉蘸銀瀾〔24〕。愛他顧影多眉嫵，斜倚紅橋盡日看。”余和之云：“亭烟驛雨水迢迢，長送征驂逐暮潮。隔岸有山名大别，勸郎休去折柔條。”“舞倦東風日幾回，平塘渡口浪成堆。讓他一覺偷眠好，莫遣流鶯唤醒來。”“折來苦憶送郎時，露葉如啼濕翠眉。漢水有時與江合，問郎何事愛相離。”兒子濤和云：“一隄沙軟雨初匀，暈碧摇青獨弄春。怪底有河名玉帶，長將離思繫郎身。”“後湖湖畔蹋青過，游女雙蛾埽翠螺〔25〕。行到橋邊看楊柳，幾枝春少幾枝多。”“妾似垂絲牽不斷，郎如飛絮任斜飄。人都説是傷心樹，怕上春風六度橋。”巖夫稿佚，未及追録。古人《竹枝詞》雜叙土風，《柳枝詞》專以咏柳，而音節悠然，抑揚合拍，兩體皆相似也。

【注釋】

〔1〕柳枝詞：曲調名。漢爲《折楊柳》，隋名《折柳》，唐變隋舊曲爲新聲，叫《楊柳枝詞》，簡稱《柳枝詞》。其體制與《竹枝詞》相同，都是七言四句，但内容專咏楊柳，講求清麗委婉，與《竹枝詞》以俗語寫風土情趣有所不同。

〔2〕潯：水邊。《廣雅・釋丘》：“潯，厓也。”

〔3〕爾許：如此，這樣。

〔4〕麴塵：麴上菌呈淡黄色如塵。因以指淡黄色。麴也作鞠、麯。《周禮・内司服》“鞠衣”鄭玄注：“鞠衣，黄桑服也，色如鞠塵，像桑葉始生。”唐人咏柳詩中多用麯塵。如白居易《山石榴寄元九》詩：“千芳萬葉一時新，嫩紫殷红鲜麴塵。”

〔5〕踠地：拖地斜拂。庾信《楊柳歌》：“河邊楊柳百丈枝，别有長條踠地垂。”踠，彎曲。鵝黄：嬌黄色，如柳葉初生狀。王安石《南浦》：“含風鴨緑鱗鱗起，弄日鵝黄裊裊垂。”

〔6〕“酒旗”句：寫後湖游宴與教坊歌舞盛況。酒旗，用杜牧“十里鶯啼緑映紅，水村山郭酒旗風”的事。戲鼓，用陸游“斜陽古柳趙家莊，負鼓村翁正作場”的事。郎當，用黄旛綽譏笑唐玄宗“三郎郎當”一副頽唐相之事。

〔7〕黄驄曲：曲名，全稱爲《黄驄叠曲》。據明胡震亨《唐音癸籤》卷十三曰：“太宗破竇建德，乘馬名黄驄驃，及征高麗，死於道，頗哀惜之，命樂工制《黄驄叠曲》四曲，宫調。後一名《急曲子》。”

〔8〕晴絲：蜘蛛等蟲類所吐絲，時飄揚空中，謂之游絲，也稱晴絲。杜甫《春日江村》之四：“燕外晴絲卷，鷗邊水葉開。”范成大《初夏》之二：“晴絲千尺挽韶光，百舌無聲燕子忙。”

〔9〕横塘：地名。在江蘇南京市西南。晉左思《吴都賦》：“横塘查下，邑屋隆誇。”宋張敦頤《六朝事迹・江河門》：“吴大帝時，自江口沿淮築隄，

謂之横塘。”

〔10〕桃葉桃根：晉王獻之愛妾名叫桃葉，桃葉妹叫桃根。今南京桃葉渡即用其名。

〔11〕風流樹：即柳樹。南齊張緒，風姿清雅，爲武帝所見賞。時劉悛之爲益州刺史，獻蜀柳數株，條甚長，狀若絲縷，武帝植于太昌靈和殿前，常翫嗟之曰：“此楊柳風流可愛，似張緒當年。”事見《南史・張緒傳》。

〔12〕解佩：表示相好贈予紀念品。《列仙傳》：“鄭交甫至漢皋臺下，見二女佩兩珠，交甫與言，願得子之佩，二女解與之。”

〔13〕跌宕風流：跌宕，放蕩，不受約束。風流，不同尋常的儀表。唐蘇鶚《蘇氏演義》卷上：“風流者，態度之貌。風者，風味、風規、風格。流者，傳也，行也。謂有風可以爲法度，有味可以流傳於後人，遂謂之風流。”

〔14〕旗亭歌唱：唐薛用弱《集異記・王之涣》：“開元中，詩人王昌齡、高適、王之涣齊名……一日天寒微雪，三人共詣旗亭，貰酒小飲。忽有梨園伶官十數人，登樓會宴。三人因避席隈隅，擁爐火以觀焉……昌齡等私相約曰：‘我輩各擅詩名，每不能自定甲乙，今者可以密觀諸伶所謳，若詩入歌詞之多者，則爲優矣。’”旗亭，酒樓。

〔15〕芊芊：草木茂盛貌。《列子・力命》：“美哉國乎，鬱鬱芊芊。”又引申爲青緑色。宋玉《高唐賦》：“仰視山巔，肅何芊芊。”《文選・潘岳〈藉田賦〉》：“碧色肅其芊芊。”注：“芊芊，碧貌。”

〔16〕玉帶河：原爲漢口的一條人工河，約在長隄街與中山大道之間，轉六渡橋直達王家巷江邊，全長約十多里。已廢，今爲鬧市。

〔17〕杜秋：即杜秋孃，金陵女子，妙解歌舞，年十五，嫁鎮海節度使李錡爲妾。錡謀反被誅，秋孃没入宫，唐穆宗命爲王子漳王傅母。漳王廢，秋孃也被遣回鄉，窮困以死。杜牧有《杜秋孃》一詩，詳記其事。

〔18〕笛中吹：笛曲有《折楊柳詞》，贈别時吹唱起來，往往增人怨恨情感。王之涣《出塞》：“羌笛何須怨楊柳，春風不度玉門關。”

〔19〕回波：舞曲名。舞時姿態如同水勢回旋。《樂府解題》：“回波樂，商調曲，如《轉春鶯》《烏夜啼》之類，謂之軟舞。”

〔20〕“上湖”句：舊分後湖爲上下兩部分。上湖游人稀少，約在武勝路一帶，下湖游人衆多，約在循禮門一帶。

〔21〕“土蕩”句：土蕩，地名，也作“土壋”。今民衆樂園後面統一街還有土壋巷舊名。灞橋，地名，也是橋名。史上曾爲送客處，後用爲送客離别之辭。《三輔黄圖》：“灞橋在長安東，跨水作橋。漢人送客至此橋，折柳贈别。”

〔22〕青青：茂盛的青色。《文選・樂府・飲馬長城窟行》：“青青河邊草，綿綿思遠道。”朝天客：原指進京朝見天子的人。杜甫《偪仄行贈畢曜》：“東家蹇驢許借我，泥滑不敢騎朝天。”這裏泛指權貴豪門人士。

〔23〕風塵折瘦腰：借喻人生奔走的艱辛。風塵，形容客行在外的困苦。折瘦腰，語用陶潛“安能爲五斗米折腰”和沈約“老病百日，革帶常應移孔（腰圍瘦損）”的兩則故事。沈約事見《梁書・沈約傳》。

〔24〕碧玉蘸銀瀾：柳枝垂拂到水面上。碧玉，指初發的嫩黄色柳葉。賀知章《咏柳》：“碧玉妝成一樹高，萬條垂下緑絲縧。”

〔25〕“游女”句：春游時婦女們畫着黑眉。游女，出游的女子。《詩經・漢廣》：“漢有游女，不可求思。”雙蛾，指眉描得像蠶蛾的觸鬚那樣細長。埽，同“掃”，描畫。翠螺，青黑色，古代婦女常用來畫眉。

是年之夏，後湖水漲，與心盦、黄穀原均及大兒濤試茗後湖[1]。詩云：“一夜茶亭汎水湄[2]，絲楊面面受風吹。從教净洗箏琶耳，來聽漁歌月上時。”蓋湖水漲時，諸茶肆皆汩没，惟白樓與涌金泉得以愒坐[3]，弦鼓寂然，故云。心盦和云：“打魚船泊柳隄陰，前日茶棚在水心。只覺遠山都活動，空中樓閣有浮沉。”穀原和云：“後湖新漲水浮天，傍岸垂楊緑染烟。一片波光雲影外，遠山青上打魚船。”濤詩云：“夕陽初墮晚涼時，萬頃烟波一舸移。我本自來還自去，姓名那許白漚知[4]。”
余與心盦旅食漢臯，淪落不偶，每于夕陽斜下，則相約白樓瀹茗，以遣客愁。故余有句云：“幾年同作江湖客，一半茶寮笑咏來。”歲在戊辰花朝日[5]，過心盦痘姥祠僧寓[6]，因邀湖上晚步，弱柳垂青，春光過半。心盦嘆曰："寂寥羈旅，春思全無矣！"余答曰："世情之冷暖，在人不在我；春思之有無，在我不在人。"遂賦《百字令》詞云："嫩寒新霽，向湖邊晚步，夕陽初墜。幾度東風吹弱柳，挽得青青如此。杏又含嬌，山還似笑，争獻韶光媚。百花生日，作去成烟澹雲膩。况值釀酒時過[7]，燒錢社近[8]，何處尋蠶市[9]。紈扇阿誰輕撲蜨[10]，多付寶兒香姊[11]。賸有綈袍[12]，儘堪買醉，莫道無春思。客愁抛去，與君看盡紅紫。"心盦吟咏四三，笑曰："此詞爲我解嘲耳。"因次韻云："窺春攸霽[13]，窣縷金一色[14]，碧絲新墜。那不攀條縈客緒，憑借行吟遣此[15]。暖試鶯朝，天憐花誕，濃緑添明媚。平蕪小蹋，青鞋黏得香膩[16]。休悵小杜而今，尋芳較晚[17]，浪跡淹廛市。須信東風猶未嫁，静處東墻之姊[18]。杏閣評花，旗亭貰酒，好藉消才思。幽探情愜[19]，暮烟一任沈紫[20]。"

【注釋】

〔1〕試茗：試茶，飲茶。也可解作嘗試新茶。茗，泛指茶。陸羽《茶經》："其名一曰茶，二曰檟，三曰蔎，四曰茗，五曰荈。"古人又説早採的叫茶，晚摘的叫茗。

〔2〕汎水湄：汎，同"泛"，浮起，浮游不定貌。《詩·邶風·柏舟》："汎彼柏舟，亦汎其流。"水湄，水邊。

〔3〕白樓：已毁，約在今漢口長隄街和平劇場後面。

〔4〕白漚知：謂以白鷗爲知己。過去所謂隱士之流爲表清高常自詡與鷗相伴。

〔5〕花朝：舊俗二月十二日傳爲花朝日。又洛陽風俗以二月二日爲花朝。唐人以二月十五日爲花朝。花朝也叫作百花生日。

〔6〕痘姥祠：寺廟名，也作痘姆祠。漢口地區有多處，均不存。

〔7〕釀酒時過：《神仙傳》："餘杭姆嫁於西湖農家，採百花釀酒。"這裏指花朝已過。俗傳立春貯水，釀酒不壞。

〔8〕燒錢社近：指春社快要到來，即舊俗二月的土地會。范成大《四時田

園雜興》："社下燒錢鼓似雷，日斜扶得醉翁回。青枝滿地花狼籍，知是儿孫鬬草來。"社，土地神。《孝經緯》："社，土地之主，故封土爲社以報功。"

〔9〕蠶市：明彭大翼《山堂肆考》："二月十五日爲花朝，爲撲蝶會。蜀人又以是日鬻蠶於市，因作樂縱觀，謂之蠶市。"蘇軾《和子由蠶市》："蜀人衣食常苦艱，蜀人游樂不知還。千人耕種萬人食，一年辛苦一春閒。閒時尚以蠶爲市，共忘辛苦逐欣歡。去年霜降斫秋荻，今年箔積如連山。破瓢爲輪土爲釜，爭買不翅金與紈。憶昔與子皆童丱，年年廢書走市观。市人爭誇鬬巧智，野人喑啞遭欺謾。詩來使我感舊事，不悲去國悲流年。"杜甫詩有"去國悲王粲"。

〔10〕"紈扇"句：紈扇，用細絹製成的團扇。撲蜨，舊俗花朝日仕女聚會，撲蝶爲戲。湯顯祖《花朝》："妒花風雨怕難銷，偶逐晴光撲蝶遥。"

〔11〕寶兒香姊：泛指穿金戴銀塗脂抹粉的女兒家。

〔12〕綈袍：質厚的絲袍。此因戰國時范雎與須賈的故事，事見《史記·范雎蔡澤列傳》：（范雎謂須賈曰）"公之所以得無死者，以綈袍戀戀，有故人之意，故釋公。"綈，質厚平滑的絲織品。

〔13〕忺（xiān）：《揚子法言》："青、齊呼意所好爲忺。"有適意、高興的意思。林逋《雜興》："散帙揮毫總不忺。"

〔14〕窣（sū）：突然，忽地。唐李隆基《初入秦川路逢寒食》："洛陽芳樹映天津，灞岸垂楊窣地新。"

〔15〕行吟：邊走邊咏。語出《史記·屈原賈生列傳》："屈原至於江濱，被髮行吟澤畔。"

〔16〕青鞋：踏青鞋。宋李邴《小重山》："紅羅先繡踏青鞋。"

〔17〕"休悵"兩句：事用杜牧的《嘆花》："自是尋春去較遲，不須惆悵怨芳時。"小杜，即杜牧，以别杜甫。

〔18〕東墻之姊：事見宋玉《登徒子好色賦》："玉曰：天下之佳人莫若楚國，楚國之麗者莫若臣里，臣里之美者莫若臣東家之子。臣東家之子，增之一分則太長，減之一分則太短，着粉則太白，施朱則太赤，眉如翠羽，肌如白雪，腰如束素，齒如含貝，嫣然一笑，惑陽城，迷下蔡。然此女登墻闚臣三年，至

今未許也。”

〔19〕情愜：滿意。愜，滿足，稱意。《玉篇·心部》：“愜，快也。”

〔20〕沈紫：謂落日映照紫烟。

戊辰仲夏，雨後湖上晚步，心盦填《瀟湘夜雨》一解云[1]：“時雨才過，樂郊相慶[2]，緑波半欲平湖。麥苗得水勃然蘇。穀犬吠、響連浦溆[3]，魚虎掠、影動菰蒲[4]。都堪供，詞仙著句，畫手成圖。絺衣涼襲，渾忘夏半，疑是秋初。對晚風斜照，柳曳疏疏。新翠蓋[5]、團欒巧障，嬌粉面、菡萏微舒[6]。閒情更，憑欄話久，雪椀屢茶呼[7]。”余和之云：“柳繫斜陽，烟消碧水，一番作弄新晴。隄邊取次蹋莎行[8]。風引處、月團扇小，涼透卻、雪白衫輕。茶寮坐。沈槍試茗[9]，活火遲烹[10]。幾回相對，榴花客序[11]，幾度心驚。笑此身如寄，漫計前程。傳別思、重翻笛譜，尋舊約、肯負漚盟[12]。也惟有，江湖集裏[13]，位置我詞名。”心盦讀之，曰：“結處語尤悽惋，良以懷才莫售，玩物撫時[14]，其感慨固倍難爲情也。”

【注釋】

〔1〕《瀟湘夜雨》：詞牌名，雙調九十六字。這裏的詞是按舊《白香詞譜》填寫，只九十三字，便依照舊譜的逗、句、韻標點出。因此個別詞語就要連着上下句讀來讀才通順。一解：一闋。

〔2〕樂郊：樂土，安樂的地方。《詩·魏風·碩鼠》：“逝將去女，適彼樂郊。”

〔3〕穀犬：蝦蟆，青蛙。梅堯臣《宛陵集》卷十七：“西蜀亦取之，水田名穀犬。”宋犖《西陂類稿》卷八引朱彝尊《原倡》：“穀犬聲可聽”注：“穀犬，蛙也。”浦溆：水邊。

〔4〕魚虎：翠鳥，翡翠。《埤雅》：“翠鳥之小者，謂之翠碧，一名魚虎，性善捕魚故也。”菰蒲：菰與蒲葉形相同，常常聯稱。這裏泛指湖邊的水草。

〔5〕翠蓋：荷葉的別稱。周必大《次韻紅白蓮間生》詩有“青莖翠蓋元相

映”。或指樹木枝葉茂盛披覆如蓋。金元好問《後灣别業》詩有“童童翠蓋桑初合”。《湖廣通志》卷七十七《公安縣》載：“曉日山中，古松千本，翠蓋如雲，大者可三人圍。”

〔6〕菡萏（hàn dàn）：荷花的别名。《詩・陳風・澤陂》：“彼澤之陂，有蒲菡萏。”傳：“菡萏，荷花也。”

〔7〕雪椀：茶碗。范成大《次韻甄雲卿晚登浮丘亭》：“雪椀冰甌子句清。”

〔8〕取次：次第，依次挨着過去。蘇軾《贈孫莘老七絶》：“夜橋燈火照溪明，欲放扁舟取次行。”

〔9〕沈槍：指緑茶。爲“緑沈槍”之省。緑沈，深緑色。槍，茶有旗、槍之分，一芽一葉，葉似旗，芽似槍。古人以“緑沈”言其色沈而不浮，用以飾物的情况很多。如古有以緑沈漆管筆贈王羲之；梁武帝食緑沈瓜；隋文帝賞張奫緑沈甲；唐太宗詩中有緑沈弓，等等。“緑沈槍”語源自杜甫“雨抛金鎖甲，苔卧緑沈槍”的詩句。但杜詩所指的是長矛。後來凡竹子、茶葉等尖鋭狀物亦得稱緑沈槍。

〔10〕活火：有焰的炭火。唐趙璘《因話録》卷二：“茶須緩火炙，活火煎。活火謂炭火之焰者也。”

〔11〕榴花客序：榴花，借爲五月的標志。宋洪邁《萬首唐人絶句》卷三韓愈《榴花》：“五月榴花照眼明，枝間時見子初成。”因此俗稱五月爲榴月。

〔12〕漚盟：伴侣。過去自鳴清高的人常把清閒自在的鷗鳥作爲同心知交。黄庭堅《題快閣》：“萬里歸船弄長笛，此心吾與白鷗盟。”宋晁補之《次韻信守李秬》：“便作功成同范蠡，白鷗盟誓不教寒。”

〔13〕江湖集：書名。宋陳起編刻，影響很大。陳起字宗之，號陳道人，錢塘人，能詩，在杭州開書肆於睦親坊，以編刻《江湖集》而有名。《文獻通考》卷二百四十九著録《江湖集》九卷，引陳振孫曰：“臨安書坊所刻本，取中興以來江湖之士以詩馳譽者。士之不能自暴白于世者，賴此以有傳。”《欽定續文獻通考》卷一百九十七著録：“陳起《江湖小集》九十五卷,《江湖後集》二十四卷。”曰：“起以刻《江湖集》得名。《永樂大典》所載有《江湖集》《江湖前

集》《江湖後集》《江湖續集》《中興江湖集》諸名，大抵皆同時之人，隨得隨刻。”所收作品以詩爲主。

〔14〕玩物撫時：玩物，體味事物。撫時，哀憐時世。宋吴師道《至後書事》：“廢卷三太息，撫時徒感傷。”

是秋八月，林琴庵攜酒白樓，相招看月。心盦詩云：“塵海中人樂此無，欲將雅集勝南湖。晚風初定水楊柳，滿地月華如雪鋪。”“茶鑪翻作酒鑪新，明月樓頭漉角巾〔1〕。總爲夜游添小記，風流誰似可山人。”余賦《水調歌頭》詞云：“千里楚江客，瞥見歲時催。十年月夕花朝，能幾共銜杯〔2〕。片片碧雲流盡，又早蟾宫開鏡〔3〕，清景滿樓臺。人在水精闕，定不遠蓬萊〔4〕。倚朱欄，揮玉塵，醉新醅〔5〕。天涯照我，鬢絲如許那勝懷。何處錦屏香閣，何處利韁名鞚〔6〕，對此亦徘徊。風外試吹笛〔7〕，黄鶴合飛來。”心盦曰：“此又高唱入雲矣。”巖夫曰：“怪底‘雲破月來’也〔8〕。”琴庵曰：“不知園内‘花弄影’否？”相與撫掌而笑，浮一大白〔9〕。

心盦云：“後湖風景，當以看新緑爲第一。”賦詩云：“軟襯紅羅艷點梅〔10〕，能消幾日翠成堆。窅孃眉黛窺深淺〔11〕，蹋盡斜陽未肯回。”余和云：“幾疊遥嵐幾抹烟。迷蒙翠映蔚藍天。東風吹染離亭柳〔12〕，照影春波亦黯然。”

【注釋】

〔1〕漉角巾：隱居者的代稱。漉，過濾，去掉渾濁使變爲清潔。角巾，有棱角的帽子，係古代隱士的一種服飾。《漢書・郭泰傳》：“泰嘗遇雨，巾一角墊。時人乃故折巾一角以爲林宗巾，其見慕如此。”

〔2〕銜杯：指飲酒。唐崔惠童《宴城東莊》：“相逢相值且銜杯。”

〔3〕蟾宫開鏡：指月光朗照。蟾宫，月亮。開鏡，明朗如鏡開簾。

〔4〕定不遠蓬萊：語用陸游《泛瑞安江風濤貼然》：“蓬萊定不遠，正要一飄風。”

〔5〕新醅（péi）：新釀的酒。醅，原爲没有過濾的酒。

〔6〕利鞿（jī）名鞚（kònɡ）：指束縛在名利場中。喻人事的牽累。鞿，馬嚼子。鞚，帶嚼的馬籠头。

〔7〕吹笛：取李白“黄鶴樓中吹玉笛”之意。

〔8〕雲破月來：用張先《天仙子》的名句“雲破月來花弄影”語意。張先，字子野，康定初進士，詩格清麗，尤長樂府。

〔9〕浮一大白：舉杯一飲而盡。罰酒也叫作浮白。《漢書·叙傳上》“引滿舉白”顔師古注：“謂引取滿觴而飲，飲訖，舉觴告白，盡不也。一説白者罰爵之名也。飲有不盡者，則以此爵罰之。魏文侯與大夫飲酒，令曰：‘不釂者，浮以大白。’”白，《禮記·内則》：“酒清白。”注：“白，清酒也。”

〔10〕紅羅艷點梅：紅羅，亭名。《古今詩話》：“李後主於宫中作紅羅亭，四面栽紅梅，作艷曲歌之。”艷點梅，傳説南朝宋武帝女壽陽公主人日卧於含章簷下，梅花落於額上，拂之不去，成五出之花。後有“好梅點於額，號爲梅花妝”之説。

〔11〕“窅（yǎo）孃”句：窅孃，五代時南唐李後主的宫嬪，善舞。眉黛窺深淺，指眉樣畫得合不合時代的要求。

〔12〕離亭柳：折柳送别之辭。參見前文“灞橋”注。

丁卯，同人結“新雨聯吟”之社，倡和極盛。次年上巳〔1〕，心盦作《甘州》一解，以憶去歲湖上修禊之樂，柬余云：“是湔裙〔2〕、水長去年時，輕影霽春容〔3〕。記麗人行處，泥香蓮步〔4〕，潮印鸞蹤〔5〕。芳意偏憐小艷〔6〕，閒採燕來紅〔7〕。昨夢分明在，那得朦朧。還自蘭情稀會〔8〕，寫烏絲醉墨〔9〕，人在墻東〔10〕。縱禊游意懶，肯便減吟悰〔11〕。數良辰、易傷畹晚〔12〕，已匆匆、一十七番風〔13〕。須閒共，酒沽平樂〔14〕，莫負春工。”余和云：“又匆匆、到了暮春時，碎雨半敲花。問何曾游冶〔15〕，歌徵錦瑟〔16〕，射躍珠騧〔17〕。奈此輕陰放霽，嫩日影窗紗。禊飲懷前度〔18〕，已换年華。尚有重來燕子，見吟紅拾翠〔19〕，薄醉流霞〔20〕。聽呢喃不住〔21〕，可也似含嗟。倚瓊簫、新詞待琢，向東風、挂起畫簾斜。消魂處，周情柳思[22]，都在天涯。”巖夫云：“撫今感舊，婉轉清歌，讀此兩詞，可知勝會難逢，良辰亦不易得也，真我欲言愁，今始愁矣！”耕雲《夏日題白園壁》云[23]：“踢遍芒鞋破蘚痕，茶烟吹出白家園。半窗疏竹斜通徑，一路垂楊直到門。性好登臨寧倦足，秋非離別也銷魂。湖光眺盡平如掌，何處青旗賣酒邨[24]。”又《夜汎後湖》云：“送盡殘陽咽斷蟬[25]，半篙新漲水清漣[26]。紅燈照市人沽酒，明月吹簫夜放船。楊柳風飄衣上露，樓臺影落鏡中烟。秋斯近矣雙星渡[27]，悵望銀河萬里天。”

【注釋】

〔1〕上巳：原爲陰曆三月首巳日，後定爲三月三日。

〔2〕湔裙：湔，同“濺”。謂濺起的水花打濕裙子。《北齊書・竇泰傳》：“(泰母)有娠，期而不産，大懼。有巫曰：‘渡河湔裙，産子必易。’便嚮水所，忽見一人曰：‘當生貴子，可徙而南。’泰母從之，俄而生泰。及長，善騎射，有勇略。”自此，年輕女性常以湔裙爲嬉戲。宋文彦博《次韻留守相公同游龍門》：“群娃散步塵生襪，小舫爭登水濺裙。釣叟傍观皆嘆羡，禪師迎謁盡歡欣。”

〔3〕春容：本指撞擊聲回蕩相應。《宋史・樂志》：“蓋金聲春容，失之則重，石聲温潤，失之則輕。”引申爲雍容暢達之意。也作從容。宋周應合《景定建康志》卷四十九：“春容大雅，餘數萬言。”

〔4〕蓮步：舊時形容婦女步行時的姿態美。語出南齊主東昏侯後宫裝飾窮極綺麗，服飾亦極選珍奇，鑿金爲蓮花以貼地，令潘妃行其上，曰“此步步生蓮花也”。

〔5〕鸞蹤：指婦女的鞋印。宋王觀（字通叟）《慶清朝慢》詞有“結伴踏青去好，平頭鞋子小雙鸞”句。王觀著有《冠柳集》，“柳”指柳耆卿。

〔6〕小艷：小花。唐陳陶《泉州刺桐花咏》：“猗猗小艷夾通衢，晴日薰風笑越姝。”宋李元膺《洞仙歌》詞：“一年春好處，不在穠芳，小艷疎香最嬌軟。”後有“小艷詞”之説。宋人黄庭堅善寫小艷詞。

〔7〕燕來紅：植物名，又叫燕兒紅。春燕來時，開着小紅花，因而得名。後湖很多。

〔8〕蘭情：比喻夫妻情意芳潔。南齊王融《秋胡》詩："且協金蘭好，方愉琴瑟情。"這裏指友人意氣相投。

〔9〕烏絲：墨綫，從烏絲欄省。舊稱有墨綫格子的卷册爲烏絲欄。陸游《東窗遺興》："欲寫烏絲還懶去，詩名老去判悠悠。"

〔10〕墻東：借指隱居之流。白居易《欲與元八卜鄰先有是贈》："平生心迹最相親，欲隱墻東不爲身。"另義可參考前注"東墻之姊"。

〔11〕吟悰：吟心。猶"詩興"。

〔12〕畹（wǎn）晚：遲暮。李商隱《春雨》："遠路應悲春畹晚，殘宵猶得夢依稀。"畹，太陽落山時。

〔13〕一十七番風：舊説春天的風常應花開之期，便叫花信風，共有二十四番風。酴醾（tú mí）花屬於一十七番信風。酴醾，亦稱"佛見笑"，薔薇科，初夏開花，白色，重瓣。

〔14〕平樂：漢代的觀名。在長安西漢上林苑。東漢雒陽城西亦建平樂觀。曹植《名都篇》："歸來宴平樂，美酒斗十千。"

〔15〕游冶：以聲色爲樂。歐陽修《蝶戀花》："玉勒雕鞍游冶處，樓高不見章臺路。"元左克明《古樂府·孟珠》："道逢游冶郎，恨不早相識。"這裏指外出游賞爲樂。

〔16〕錦瑟：一種裝飾華美的樂器。李商隱《錦瑟》："錦瑟無端五十弦，一弦一柱思華年。"

〔17〕珠騧（guā）：用珠寶裝飾着的馬匹。唐太宗原有八匹出色的馬，拳毛騧便是其中之一。騧，黄毛黑嘴之馬。

〔18〕前度：上一次。唐劉禹錫《再游玄都觀》："種桃道士歸何處，前度劉郎今又來。"

〔19〕拾翠：古代婦女春天郊游採百草以爲娱樂，叫拾翠。杜甫《秋興八首》："佳人拾翠春相問，仙侣同舟晚更移。"

〔20〕流霞：仙酒名。漢王充《論衡·道虚》：（項曼都曰）"有仙人數人

將我上天……口飢欲食，仙人輒飲我以流霞一杯。每飲一杯，數月不飢。”唐李商隱《武夷山》詩：“只得流霞酒一杯，空中簫鼓幾時迴。”

〔21〕呢喃：燕子的低鳴聲。宋劉季孫《題屏》：“呢喃燕子語梁間，底事來驚夢裏閒。”

〔22〕周情柳思：周、柳指宋代詞人周邦彦、柳耆卿。周邦彦，錢塘人，好音樂，工樂府長短句，元豐初獻《汴都賦》萬餘言，多用古文奇字，神宗異之，自诸生召爲太學正。柳耆卿，崇安人，官屯田員外郎，工詞章，風格浮艷，曾令范鎮惊嘆不已，卒於襄陽，家無餘財，群妓合金葬於南門外，每春上墳，謂之弔柳七。

〔23〕白園：茶酒樓名，即白樓。詳前文。

〔24〕青旗：青簾，酒旗。唐元稹《和樂天重題别東樓》詩有“賣爐高挂小青旗”句。

〔25〕斷蟬：斷斷續續的知了聲，形容秋天的蟬鳴聲。蘇轍《送琳老還大明山》：“懷中出詩卷，清絶如斷蟬。”

〔26〕清漣：水清澈而有細波紋。明薛瑄《襄陽歌》：“南城習家池，池水清漣漪。”

〔27〕雙星：指牛郎、織女二星。唐沈佺期《奉和晦日幸昆明池》：“雙星遺舊石，孤月隱殘灰。”宋潘自牧《記纂淵海》卷二：“《傳記》：天河之西，有星煌煌，與参俱出，謂之牵牛；天河之東，有星微微，在氐之下，謂之織女，世謂雙星。”

周喬齡，《同人後湖晚步入市觀燈》云：“湖田麥秀欲齊腰，湖肆茶香履舄交[1]。傀儡登場箏聒耳[2]，春情多上柳眉梢。”“萬林火樹架星橋[3]，蹴蹋香塵市語囂。自古繁華襄漢口[4]，清明以後試鐙宵[5]。”漢口鐙事每盛于二、三月間。又《中秋夜漢口竹枝詞》云[6]：“游女如雲漢水限，衣香人影故裵裒。宵行多露儂知畏[7]，貪看秋光蹋月來。”“鏡合刀還此夜嘉[8]，離鸞别鶴滿天涯[9]。人生畢竟團圓好，虔爇心香禮月華。”“秋色平分月色賒，嫦娥竊藥有夫家[10]。今宵多少宜男信[11]，一路鑼聲聽送瓜[12]。”“萬户千門爆竹轟，喧豗不斷到三更[13]。算來一事差堪喜，月盡才聞索欠聲。”俗例帳欠每節月杪索取。

【注釋】

〔1〕履舃（xì）交：指來往人多。《史記・滑稽列傳》：“履舃交錯，杯盤狼藉。”履，皮製的鞋。舃，古代一種附有木底的重底鞋。履舃泛指鞋。

〔2〕傀儡登場：謂木偶戲上場演出。

〔3〕火樹架星橋：形容燈火輝煌。語用唐人故事。唐劉肅《唐新語》載，中宗神龍年間，京城元宵行盛大燈會，金吾馳禁，貴賤皆可夜游，熱鬧非凡。王主之家於馬上作樂相誇競，文士則賦詩一首以記其事。作者數百人，唯中書侍郎蘇味道、吏部員外郎郭利貞、殿中侍御史崔液三人爲絶唱。蘇詩有句曰：“火樹銀花合，星橋鐵鎖開。”星橋指蜀地的七星橋，在劍閣，蜀太守李冰造，上應七星，每橋各有一鐵鎖。宋王庭珪《江虞仲生日（正月十四日）》：“王春正月東風回，星橋鐵鎖明夜開。”

〔4〕襄漢口：今漢水出口。又稱爲襄河口，又通稱小河口。

〔5〕試鐙：即試燈。舊傳元宵節前一日舉行燈會，叫作試燈。《宛署雜記》：“十四日夜試燈，十五日正燈，十六日罷燈。”鐙，同“燈”。

〔6〕《竹枝詞》：詩體之一，又稱《樂府近代曲》。内容多寫當地風土和男女戀情，富有地方色彩。形式均是七言四句，語句講究通俗化。劉禹錫《竹枝詞序》：“建安里中兒，聯歌竹枝，吹短笛擊鼓以赴節（打拍子）。”

〔7〕宵行多露：宵行即夜行。此句謂夜游不可太久。語出《詩・東山》：“熠燿宵行，不可畏也，伊可懷也。”《詩・行露》：“厭浥行露，豈不夙夜，謂行多露。”宵行，原指蟲名，像蠶，常於秋夜行走，喉部底下發光，像熒火蟲。

〔8〕鏡合刀還：鏡合，謂破镜重圓。唐孟棨《本事詩》載：陳太子舍人徐德言之妻，乃陳後主叔寶之妹，封樂昌公主。陳將亡，德言謂公主曰：以君之才容，國亡必入豪家。倘情緣未斷，猶期再見，乃破一鏡各持其半，約他日以正月望日賣於都市。及陳亡，公主果歸越公楊素。德言如約訪於市，遇賣半鏡

者，道其故，出半鏡合之。題詩曰："鏡與人俱去，鏡歸人未歸。無復姮娥影，空留明月輝。"公主得詩悲泣不食。楊素召德言至，還其妻。刀還，謂退還聘物。《南史》載：南齊江祐求范雲女爲姻，因酒酣，巾箱中取剪刀與雲，曰：且以爲聘。雲笑而受之。至祐貴，雲曰：昔與將軍俱爲黄鵠，將軍今化爲鳳凰，荆布之室理隔華盛。因出剪刀還之，祐更姻他族。及祐敗，妻子流離。

〔9〕離鸞别鶴：多用於表夫妻分離的哀怨之音。古曲調有暢、操、引、弄等名目，"離鸞引""别鶴操"均爲古曲之一。離鸞，漢劉歆《西京雜記》："慶安世年十五，爲成帝侍郎，善鼓瑟，能爲雙鳳、離鸞之曲。"别鶴，晉崔豹《古今注》卷中："《别鶴操》，商陵牧子所作也。娶妻五年而無子，父兄將爲之改娶。妻聞之，中夜起倚户而悲嘯。牧子聞之，愴然而悲，乃歌曰：'將乖比翼隔天端，山川悠遠路漫漫，攬衾不寢食忘餐。'後人因以爲樂章焉。"唐劉商《胡笳曲序》："蔡文姬善琴，能爲離鸞别鶴之操。"或作别鵠、别鳳。梁王僧孺《咏擣衣》："别鵠悲不已，離鸞斷還續。"宋王炎《木蘭花慢》："離鸞有恨，别鵠無情。"李賀《黄陵》："離鸞别鳳湘梧中，巫雲蜀雨遥相通。"

〔10〕竊藥：事見《淮南子》："羿請不死之藥於西王母，嫦娥竊之奔月宫。"

〔11〕宜男：舊指婦女與夫恩愛多生子爲宜男。《北史・崔㥄傳》："婁太后爲博陵王納㥄妹爲妃，婚夕，文宣帝舉酒祝曰：'新婦宜男，孝順富貴。'"

〔12〕送瓜：詳見本書卷二。

〔13〕喧豗（huī）：哄鬧聲。李白《蜀道難》："飛湍瀑流爭喧豗，砯崖轉石萬壑雷。"

後湖一帶，地平而曠遠，春草生時，望無涯涘。加諸茶寮市列，争購名花，春蘭秋菊，各擅其芳。以是騷人逸士，估客寓公，無不流連光景，呼茗愒留。加諸醫卜星相，百伎咸呈，日喧于秦築楚弦之外。若愛幽静者，每于樹陰僻處，斜日下時，翛然小步，空闊在望，烟景離離，大有合于吟懷者也。時逢夏五，景異春三，水汎成波，墩浮入鏡，鳴榔隱隱[1]，漁子收罾，擊鼓淵淵[2]，龍舟競渡，又極一時之盛。余于湖水盈時，嘗與心盦緩步憑眺，見有小艇架以紅欄，撑以青幔，做六柱吴船之式，以供游客納涼。余有詩云：“晚涼雲影浸玻璃，拍拍鳧翁隔渚窺。小艇紅欄青幔好，水烟深處泊多時。”

【注釋】

〔1〕鳴榔：擊船舷作聲以驚魚，使入網，係捕魚法之一。隱隱：隱約可聽。或爲象聲詞。

〔2〕淵淵：鼓聲。《詩・小雅・采芑》：“伐鼓淵淵，振旅闐闐。”

蔣蔣邨《後湖感賦》云：“我來二月湖平沙，寶馬絡繹馳香車[1]。胭脂梅謝海棠坼[2]，水亭拉雜鳴箏琶。我歸五月水没渚，隔林咿啞響柔櫓。田廬汎汎若鳧鷖，遠帶高城雜平楚。到眼頃刻成滄桑，但愛水色如瀟湘。湖南市聲飛不到[3]，夕陽兩兩鳴漁榔。漁翁七十頭雪白，爲言湖神能殺賊。嘉慶初元蜂蟻屯[4]，一夜驚波飛霹靂。雲車風馬圍周遭，賊心膽寒空營逃。漢口人家百萬户，幸免赤立膏霜刀[5]。賊退湖乾沙路出，高閣忽聞夜彈瑟。揮金不惜土木功，誰念湖神營寸室。我聽翁語重黯然，自古幽恨難問天。伍子鴟夷亞夫餓[6]，弓藏鳥盡終誰憐[7]。别翁歸船枕舷卧，江雨瀟瀟壓篷墮。荆榛剗盡豺虎空，孰謂湖神賊能破。”

【注釋】

〔1〕寶馬、香車：這裏泛指華美的車馬。唐張説《安樂郡主花蠋行》：“商女香車珠結網，天人寶馬玉繁纓。”

〔2〕坼：開裂。《説文・土部》：“坼，裂也。”這裏指花開了。

〔3〕湖南市聲：指瀟湘湖的南面已變成鬧市。

〔4〕蜂蟻屯：謂農民軍像蜂蟻一样集結在一起。所指應爲興起於嘉慶初年川楚地區的白蓮教大起義。

〔5〕赤立膏霜刀：赤立，空無所有。《宋史・喬行簡傳》：“今百姓多垂罄之室，州縣多赤立之帑。”膏，潤。霜刀，快刀。“霜”爲寒光如霜之意。杜甫

《观魚歌》："饔子左右揮霜刀，鱠飛金盤白雪高。"宋田錫《擬古》："直言如霜刀，卒發傷人意。"

〔6〕"伍子"句：伍子，即伍子胥。《史記·伍子胥列傳》："吴王聞之大怒，乃取子胥屍，盛以鴟夷革，浮之江中。"集解引應劭曰："取馬革爲鴟夷。"亞夫，即周亞夫。《漢書·周勃傳》："亞夫……於人臣無二，後九年而餓死。"意指爲國建功立業的人卻落得棄屍或餓死。

〔7〕弓藏鳥盡：《史記·越王勾踐世家》：范蠡遺大夫文種書曰："蜚鳥盡，良弓藏；狡兔死，走狗烹。"又《淮陰侯列傳》："上令武士縛（韓）信，載後車。信曰：'果若人言，狡兔死，良狗烹；高鳥盡，良弓藏；敵國破，謀臣亡。天下已定，我固當烹。'"

漢口叢談卷二

漢口自明以來，久爲巨鎮，坊巷街衢，紛歧莫繪。是以按邑志之圖，尚有差池未盡。蓋因其地形如眠帚，上直而下廣，其廣處則街衖重重，難以縷紀故耳。今就大略而言，則正街與隄街獨長〔1〕。自楊家河以下〔2〕，始有河街〔3〕，抵五彩坊止〔4〕。大馬頭上下舊時亦有河街〔5〕，近因水决岸隤，逐年崩潰，直達正街矣。自大通巷後以下〔6〕，始有後街〔7〕。至陞基巷後〔8〕，復分而有夾街〔9〕。迨接鴛嘴後〔10〕，則夾街中更有夾街〔11〕，因地廣而人烟益稠密也。若隄街則自上關起〔12〕，直至大智坊之隄口〔13〕，迤邐由東而北，曲沿外江，形似帚末，又上廣而下鋭矣。隄街之後，夾以小河，名玉帶河。夏秋水漲，可通舴艋，今半淤塞，未能直行，而上下多有木橋以渡，猶如故也。過橋，俗呼爲隄外〔14〕，昔時荒沙一片，嗣則居民叢聚，漸成街市。再後乃謂黄花地，上如天都庵、大觀音閣〔15〕，下如雷祖殿、三元殿之傍〔16〕，咸築隄以通後湖茶肆。隄街之前，爲正街，沿江而下至于下關〔17〕。兹姑先記正街坊巷之名，上自仁義司汛〔18〕，下至禮智司汛地〔19〕，列載于後。則河街、後街、夾街、隄街，可循而覔，不致迷途矣。僧寺尼庵，亦藉以附焉。但余老懶倦步，未能周及，或有挂漏，覽者幸勿哂之。

【注釋】

〔1〕正街：今漢正街。隄街：今長隄街。

〔2〕楊家河：街道名，也是碼頭名。在漢正街上段。

〔3〕河街：今漢口沿河大道，由楊家河直到打扣巷一段。

〔4〕五彩坊：在今石碼頭到永寧巷一帶。

〔5〕大馬頭：指上自咸寧碼頭，下到打扣巷碼頭的地段。舊時亦有河街：指楊家河以上沿河一帶的高家河河街、花園巷河街、清遠巷河街等。

〔6〕大通巷：在今長隄街上段。

〔7〕後街：在漢中路一帶。

〔8〕陞基巷：在今漢正街下段。

〔9〕夾街：指今大夾街。

〔10〕接駕嘴：今稱集稼嘴。

〔11〕夾街中更有夾街：指小夾街。

〔12〕上關：宗關。《夏口縣志·建置志》："宗關，即上關，在漢口上五里（里，應作'甲'）。"今礄口區還有宗關街舊名。

〔13〕隄口：在今黄陂街下段東隄街處。

〔14〕隄外：指今長隄街以外的地段。

〔15〕天都庵、大觀音閣：在今武勝路東長隄街北邊中山大道旁。天都庵已廢，大觀音閣後改建爲和平劇場。《夏口縣志·輿地志》："大觀音閣，在居仁坊隄外。"

〔16〕雷祖殿、三元殿：已廢，舊址約在今長隄街滿春路交叉處。兩殿相去不遠，今還保留着三元的街道名。

〔17〕下關：在今花樓街。

〔18〕仁義司汛：舊衙門名，故址在今居仁門楊家河正街。《清史稿·職官三》："巡檢司巡檢，從九品，掌捕盗賊，詰姦宄。凡州縣關津險要則置，隸州廳者，專司河防。"

〔19〕禮智司汛：舊衙門名，故址在今江漢區喬家巷。在清代，漢口分爲居仁、由義、循禮、大智四汛。

漢口東達吴會〔1〕，西通巴蜀〔2〕，是以瓌貨方至，雜賄紛陳，鬻良雜苦〔3〕，既引既遷〔4〕。居斯地者，半多商賈致富，書奇風雅勿尚〔5〕，故會館公所之名，野墅琳宫之號，楹帖榜頞之文，悉皆從俗，未能雅馴。至于金石碑碣，明以前無考，後亦寥寥無可録者。

【注釋】

〔1〕吴會（kuài）：指江蘇、浙江兩地。吴，吴縣（今蘇州市），代指江蘇。會，會稽（今紹興市），代指浙江。但舊時“吴會”也單指江蘇一地。清趙翼《陔餘叢考》：“西漢會稽郡治，本在吴縣，時俗郡縣連稱，故云吴會。”

〔2〕巴蜀：指今重慶市和四川省。巴，巴縣，今重慶，爲古巴郡治所。蜀，蜀郡，今成都市，爲古蜀國治所。

〔3〕鬻（yù）良雜苦：語見《文選·張衡〈西京賦〉》：“鬻良雜苦，蚩眩邊鄙。”薛綜注：“先見良物價定而雜與惡物，以欺惑下土之人。”

〔4〕既引既遷：謂彼此交互有無。語本《文選·張衡〈西京賦〉》：“五都貨殖，既遷既引。”李善注：“遷謂徙之於彼，引謂納之於此。”

〔5〕書奇風雅勿尚：謂不講究文字的規範典雅。奇，奇字，王莽時所用文字六體之一，係根據戰國時六國通用的古文而改變的一種字體。《漢書·藝文志》：“六體者：古文、奇字、篆書、隸書、繆篆、蟲書。”師古注：“古文謂孔子壁中書。奇字即古文而異者。”

河　街	正　　街	中　路	中路後
通鎮寺			
上關			
	太平巷外五甲		
	郭家巷	長生庵	
	大橋口　興龍庵		
	宗三廟		
	武當宫		
	天符廟		

續表

河街	正街	中路	中路後
	關聖殿		觀音庵
	唐家巷居仁坊　萬壽庵		炎官堂
	四官殿	送子庵	
	天寶巷	天寶庵	
	清遠巷　雷祖殿	静室庵	福壽庵
	青蓮巷　天印公所	忠義殿	
		海蓮庵	
	安定巷	祇園庵	
	謝家火路		
	劉烟子巷		
			軒轅殿
	崇仁巷		藥師庵
			指月庵
		壽彌庵	
			字藏閣
	蔡家巷		
	仁義司署		
	楊家河		
	尚義巷		
	朱家巷	太清宫	
			太平庵
西來庵	至公巷	蓮生庵	
寶樹庵	三善巷　三善閣		

續表

河　街	正　　街	中　路	中路後
	大通巷	準提閣	
		太平觀	
	仁里巷	福田庵	
		長壽庵 今毀	
		百子庵 今毀	
		痘姥祠	
		自修庵 今改裕麟庵	
	板子巷		
	遇字巷		
	五顯廟馬頭　五顯廟		
	大亨巷		
	泉隆巷　三官殿	松齡庵	
	存仁巷	觀音殿	
		雷祖殿	
		蓮慧庵	
	萬安巷		
	吴家巷		財神殿
	由義坊老官廟		文昌閣
大王廟	利濟巷　　東嶽宫	大士閣	鎮江會館
	體仁巷　　法印庵		萬福庵
永玉河			

續表

河　街	正　　街	中　路	中路後
	紹興會館		
	寅字店		滿月庵
			多寶林
	五彩坊	新火路	華嚴庵
	永寧巷	旌德會館	
		憐書庵	萬壽庵
			鐵佛寺
		大火路	天符廟
			老君殿
		廣東會館	文公橋
	大水巷	玉龍庵	花園巷
	金庭公店	盔頭巷	準提庵
			西關帝廟
			鳳麟庵
			杜家巷
	廣福巷	白衣庵	藥王廟
			小隱庵
			靈佑殿
	陞基巷循禮坊	百家巷	祖師殿
	沈家廟	九如橋	鍾山書院
			文昌閣
			浙寧公所
			琴谿書院

續表

河　街	正　　街	中　路	中路後
			洑波宫
			三皇殿
			準提庵後
			三元殿後
			長寧橋
	新馬頭	新安書院	福慧庵
		陶家巷	大道觀後
			送駕墩後
		燕家巷	老郎廟
	仁壽宫		
	流通巷	楊千總巷	漢義殿後
			楚善庵
			戲子街
禹王閣	接駕嘴	十方庵	千佛庵
		通真寺	福建庵後
	遵義巷	烟包巷	齊魯公所
	田家巷	延壽庵	長盛街
			青蓮庵
			新盛橋
			喬家巷
			如意道院
			老郎廟
			法雲庵

續表

河　街	正　　街	中　路	中路後
			紫竹庵
			覺林庵
			南嶽殿
	鮑家巷大智坊	緯子街	
		慧蓮庵	
		三義殿	
		吉祥庵	福壽庵
		關聖殿	
		花布街	
		涂家場	
		海會庵	
		魯班閣	
		蒙公祠	
		清真寺	
		萬壽庵	
		中州公所	
		香水庵	
		青虛道院	
		普賢寺	
		二聖祠	
		妙蓮庵	
	老興巷　財神廟		
	咸寧馬頭		

續表

河　街	正　　街	中　路	中路後
	大馬頭		
	正街至此分而爲二，一稍南而東爲打扣巷，一由北而東爲黄陂街		
	黄陂街		
	海家堂		
	御駕橋	忠義殿	
	月宫橋	祝聖宫	
	瞿家巷	萬壽宫	
磚瓦巷	水府廟		禮智司署
打扣巷河街	打扣巷	戴家庵	
柯家馬頭			長生閣
龍王廟	剪子街　天符廟		九華庵今爲豫章公所
柳家巷	靛行街		老君殿
後慈航閣	大興巷		帝王殿
王家巷			鳳岡公所
草紙街			青龍街
	衣舖街　四官殿		戎府署
		廻龍寺	太平會館
		内雷祖閣	
韈子街			
蘆席街			
米廠			
大王廟			
	董家巷　長郡公所	沙家巷	

續表

河　街	正　　街	中　路	中路後
		太平庵	
		嚴家灣	
		不二庵	
		紫雲殿	
		三清殿	
		普度庵	
		八角亭	
		天齊宫	
		大士閣	
	郭家巷　離明宫		
	水陸副署　十人舘		
	馬王廟　斗姥閣		
通津橋			
	隄口	興隆街	打銅街
		老君殿	廣福寺
	龍家巷		
天符閣	周家巷		
	小蔡家巷		
	大蔡家巷		
	洪益巷　松筠庵	磨子橋	清和宫
	張美之巷　土皇宫	白布街	
	小關帝廟		
	修來庵		

續表

河　街	正　　街	中　路	中路後
	熊家巷　老君殿		
	苗家馬頭　小董家巷	孃孃殿	
	漢義殿		
	花樓　熊黄司	陶聖庵	土墻關
	廣利巷		三皇殿
	滿家巷		東嶽廟
楊泗廟	楊林口　静月庵	沔陽街	地藏庵
	五嶽殿	半頭巷	
紫雲殿	孝子坊		
	公議巷		
	紫極道院		
	曇華林		
	茶庵		
下關	甘露寺		
	棲隱寺		
	養濟院		

河　街	正　　街	中　路
隄街	玉帶河橋	隄外
西竺庵		國瑞庵
皇經堂		永慶庵
		如是禪林
百子堂	大橋口	迎水寺
	小橋口	永貞庵
	董家橋	雷祖閣
	廣麟橋	
	天保橋	
大梵宫		
	繩武橋	
惠麟庵	燕家橋	浙湖旅寄園
	太清橋	
	指月橋	
	大通橋	
自在庵		
	長壽橋	土皇宫
	卧龍橋	天都庵
風神殿		
	飛虹橋	大觀音閣
普渡庵		文苑公所
	玉皇橋	玉皇閣
	趙家橋	
	萬年橋	

續表

河　街	正　　街	中　路
	永清橋	玉樞宫
	燕山橋	
	多福橋	
	裕麟橋	
	玉虹橋	雷祖殿
	寶林橋	寶林庵
	三元橋	三元殿
古三皇殿		
孫祖閣		
	六度橋	六度庵
棉花街		
南嶽殿		
大京南寺		
	萬壽橋	木蘭第一宫
	廣益橋	
	保合橋	
	太和橋	
	雙壽橋	
	通津橋	
	出江木橋	

西來庵[1]，國朝黄澍《碑記》云："大清受命，方懋厥德[2]，山川鬼神，亦莫不寧。先是二年乙酉，大司馬佟公秉節鉞[3]，拜命南征，北至

南條荆山[4]，南盡衡山之陽。惟是振讋萬里[5]，鐘鼓式靈[6]，公之化行，自南國始也[7]。江漢士女當巨寇發難，以詘肢體[8]，殘毛髮，仳離如落星[9]，受痛似頑石，楚之氓之無樂郊也[10]，幾十年所。自我公督楚，入吾民重胎而更化育之[11]，鞠鞠然父母也[12]，規規繩繩然師保也[13]，温然春也，廓然萬間屋也[14]，憫憫然佛也，春容寬大，適適然仙也。楚民甫脱湯火，出登春臺[15]，其能一日忘公哉？漢之人祠公，澍來楚也晚，未及文以壽貞珉[16]。越明年丙戌，公又受弓矢[17]，征南服之不庭[18]，南人投戈，有苗來格[19]。公方歸，受賑于朝，弭節漢土[20]，是公三年前櫛風沐雨之所及也[21]；是公左匡文，右繩武，勞來教訓之所集也[22]；是公春風風人、夏雨雨人之所治也[23]。漢上諸侯[24]，會于此者，睇山河之叠渺，俯舲舶之巍峨，親駘黄之新勸[25]，溯谷岸之舊德[26]，何一非公威神德業之漬被[27]？而公猶謙讓未遑，親賢若渴，見善如不及[28]，一民飢曰我飢之[29]，一民寒曰我寒之[30]，一民失所曰我失所之。徵之外傳，凡龍興之彦[31]，天上星[32]，山中僧，世外精，皆非常才，而爲淵岳，不敢蓄，所以公一出而東南底定，再行而江漢徵清。事事不朽公，而公翻託其意于一椽一舍一瓦一壁，以不朽公者不朽佛，西來庵之所由起乎！庵址濱漢之北岸，當是公曩年眺覽游玩之所，今廓其基而光大之，意亦如陶八州之寒溪[33]，李藥師之東武[34]，郭令公之夜光寺[35]，韓蘄王之翠微亭[36]。聖賢豪傑，都有寄託，以寓其悲世憫人，急切婆心，唤醒沈迷一切，是我現佛身説法，始終胎吾民而化育之之意乎！是役創始者公，樂與公同其事者，藩王勳貴，各捐重貲。子輿氏有言[37]：‘君子莫大乎與人爲善。’後之君子，庶幾居者有魯靈光之思[38]，游者有召伯《甘棠》之咏[39]。西來庵，得公不朽矣。”

按：讀碑文，當時庵址宏壯可知。今已半屬民居，餘多敗損。内賃賈客，堆貯貨物，外作茶肆，中供關聖像，寺門無懸額，幾不知西來庵之名矣。

【注釋】

〔1〕西來庵：《夏口縣志・輿地志》謂："在漢口居仁坊。清順治五年總督佟鼎創修，黄澍有碑記，今廢。""按：西來庵故址於清光緒七年改通判署，今又改爲湖南船幫公所矣。"

〔2〕方懋厥德：指大功大德。

〔3〕大司馬佟公秉節鉞：大司馬，官名，負責軍事的最高長官。佟即佟鼎，清順治五年任總督。秉節鉞，指掌握軍權。節鉞，符節和斧鉞。

〔4〕南條荆山：指今兩湖地區的山。清王夫之《九昭》："余甫閲乎南條之荒大。"自注："山自黔中東來，爲南條。"

〔5〕振讋（zhé）：也寫作"震讋"。震動，震撼。

〔6〕鐘鼓式靈：形容軍威壯盛。語用《左傳》莊公二十九年："凡師，有鐘鼓曰伐，無曰侵，輕曰襲。"靈，神威。

〔7〕南國：原指處在江漢流域的諸侯國。《詩・小雅・四月》："滔滔江漢，南國之紀。"或泛指江漢流域地區，或泛指南方。

〔8〕詘肢體：殘折肢體。指爲害人民。

〔9〕仳傐（pǐ lí）：同"仳離"。離散，抛棄。《詩・王風・中谷有蓷》："有女仳離，慨其嘆矣。"

〔10〕樂郊：安寧的地方。語出《詩・魏風・碩鼠》："適彼樂郊。"

〔11〕入吾民重胎而更化育之：讓人們得到重生而更加受到教化養育。

〔12〕鞠鞠：保護，養育。

〔13〕規規繩繩：意用《史記・夏本紀》："左準繩，右規矩。"這裏指做人要品行端正。師保：古代輔助帝王的官，有師有保，合稱師保。也解作教養。《尚書・君陳》："昔周公師保萬民，民懷其德。"

〔14〕廓然萬間屋：比喻寬大廣闊的胸懷能容一切。

〔15〕出登春臺：比喻太平盛世。《老子》二十章："衆人熙熙，如享太牢，如登春臺。"意思是説春景融和，登臺遠眺，心曠神怡。

〔16〕以壽貞珉：意指永垂不朽。壽，長久，永久。貞珉，一種質地似玉的美石。

〔17〕受弓矢：指接受軍務。《禮記・王制》："諸侯賜弓矢，然後征；賜鈇鉞，然後殺。"清孫希旦《禮記集解》："晉文雖受弓矢，不受鈇鉞，不得專殺。"

〔18〕征南服之不庭：征，討伐。南服，南方。周制，以土地距離國都遠近分爲五服。《晉書・劉弘傳》："弘專督江漢，威行南服。"不庭，背叛不來朝王庭。《左傳》隱公十年："以王命討不庭。"

〔19〕有苗來格：有苗，苗族的古稱。元馬端臨《文獻通考・封建考・周封建之制》："有苗氏，縉雲氏之後。"來格，莅臨，來臨。《尚書・益稷》："祖考來格。"

〔20〕弭（mǐ）節：駐車。停止車駕休息，多用於官場人物的停留上。《楚辭・離騷》："吾令羲和弭節兮。"弭，止。節，行車進退之節，又訓作策，指馬鞭。

〔21〕櫛風沐雨：借風梳頭，借雨洗面。借比不辭勞苦。《莊子・天下》："沐甚雨，櫛疾飛，置萬國。禹，大聖也而形勞天下也如此。"

〔22〕勞（lào）來：勸勉，勤勉。《漢書・龔遂傳》："勞來循行，郡中皆有畜積。"教訓：《左傳》哀公元年："越十年生聚，而十年教訓。"

〔23〕春風風（fèng）人、夏雨雨（yù）人：比喻給人教益、幫助。漢劉向《説苑・貴德》："吾不能以春風風人，吾不能以夏雨雨人，吾窮必矣。"

〔24〕諸侯：這裏指各路人物。

〔25〕駘（tái）黄：劣馬。比喻庸才。多用作自謙語。駘，劣馬。《楚辭・九辯》："策駑駘而取路。"《吕氏春秋・貴卒》："所爲貴驥者，爲其一日千里也，旬日取之，與駑駘同。"黄，病馬。《詩・周南・卷耳》："我馬玄黄。"毛傳："玄馬而黄，病極而變色也。"

〔26〕溯谷岸之舊德：溯，追思。谷岸，深谷高岸。這裏借指人的品格修養極高。《老子》四十一章："上德若谷。"《詩・大雅・皇矣》："誕先登于岸（道德到了極高處）。"舊德，先人的德澤。《易・訟》："食舊德，貞厲，終吉。"

〔27〕漬被：浸染，沾受。《史記・禮書》："而況中庸以下，漸漬於失教，被服於成俗乎？"

〔28〕見善如不及：看到善良的行爲，好像趕不上似的。語見《論語・季氏》："見善如不及，見不善如探湯。"

〔29〕一民飢曰我飢之：意用《孟子・離婁下》："稷思天下有飢者，由己飢之也。"

〔30〕一民寒曰我寒之：指一人受寒我即有責。後來常用孟子"己飢己溺"作爲關心民間疾苦的套話。

〔31〕龍興之彥：龍興，喻新王朝的崛起。班固《西都賦》："周以龍興，秦以虎視。"彥，對有才幹之人的美稱。

〔32〕天上星：語用文天祥《正氣歌》："在天爲日星。"

〔33〕陶八州之寒溪：陶八州，晉陶侃的別稱。陶侃曾都督荆江雍梁交廣益寧八州諸軍事。寒溪，《武昌記》："樊山東有小溪，夏時懷袖，恒有寒氣，故謂之寒溪。"舊有寒溪寺，相傳晉陶侃曾送文殊師利金相供奉於此。又名樊溪，《晉書・陶侃傳》："侃輿車出臨津就船，明日，薨於樊溪……故吏刊石立碑畫像於武昌西（今湖北鄂州市西山下）。"

〔34〕李藥師之東武：李藥師，即李靖，本名藥師，隋大將軍韓擒虎之甥。精通兵法，唐初從李世民征王世充，授開府。後征蕭銑，定荆郢，南平吴會，北清沙漠，西定慕容，戰功顯赫，封衛國公。著有《李衛公兵法》。貞觀二十三年，薨於家，陪葬昭陵。東武，漢高祖六年封郭蒙爲東武侯，吕后七年置東武縣，因境内有東武山而名。元封五年琅邪郡移治東武。即今山東諸城縣地。然李靖東武事不詳。

〔35〕郭令公：郭子儀，唐代中興功臣。華州鄭縣人，早年以武舉高第入仕，後率兵平安史之亂，收復長安、洛陽，擊敗吐蕃、黨項的入侵，以功追封太師，謚忠武。其夜光寺之事不詳。令公爲敬稱。又隋唐以來，凡任中書令的，也習稱令公。

〔36〕韓蘄王之翠微亭：韓蘄王，韓世忠，南宋抗金名將。延安人，字良臣，宣和中從軍，以偏將從王淵鎮壓方臘起義軍。後從高宗南渡，爲浙江制置使，以八千兵破金兀术於黄天蕩。紹興四年，又大破金、（僞）齊聯軍，升京東、淮東路宣撫處置使，鎮楚州。因劾秦檜誤國，罷職，隱居西湖。孝宗時追

封蘄王。翠微亭，在杭州靈隱山飛來峰半山。明田汝成《西湖游覽志》卷十："翠微亭，宋韓蘄王世忠建。世忠既忤秦檜，解樞柄，奉朝請，逍遥湖上，因建此亭。"

〔37〕子輿：孔子弟子曾参之字。

〔38〕魯靈光：殿名，遺址在今山東曲阜縣。《文選·王文考〈魯靈光殿賦并序〉》："魯靈光殿者，蓋景帝程姬之子恭王餘之所立也。……自西京未央建章之殿，皆見隳（huī）壞，而靈光巋然獨存。"後因借指威望高而僅存的人物爲魯靈光。

〔39〕召伯《甘棠》：召伯，召公奭。《甘棠》，《詩·召南》里的一篇，後引用爲懷念人的恩德。

寶樹庵，屋不高厰，而僧房經舍，尚爲幽潔。曩有琴僧練江名覺初寓此，曾偕吴澹江文博[1]、毛洋溟燧傳過之，留飯香積[2]，聽琴試茗，半日清談。余有句云："思入海山遠，心清花木深。"

大王廟[3]，鹾商公建，祠宇巍焕。址後直達正街，爲鹽務公議之所，是以供帳甚華。

禹王閣，在接駕嘴渡口，郡民渡河，往來要道，歲久傾圮。前令劉嗣孔，奉撫軍晏公之命，率里人勸捐修建，康莊崇焕[4]，气象一新，頗稱鞏固。無如屢犯回禄之灾[5]，頻修頻燬。蓋接駕嘴上下數里，商賈雲集，五方雜居，尤爲漢口市盛之區，故雖時遇祝融[6]，亦易修築。奈于嘉慶庚午大火之後，次第創造，已爲竭蹷[7]。復于己卯被灾[8]，元气未復，民力益艱，迄今尚無倡捐者。

【注釋】

〔1〕江，張氏底本作"川"。博，張氏底本作"溥"。今據周氏校本更正。

〔2〕香積：《維摩詰經》卷下《香積品》："有國名衆香，佛號香積……苑囿皆香，其食香氣。"後稱僧厨爲香積厨。亦可省作香厨。

〔3〕大王廟：約在今礄口區利濟路靠小河邊。

〔4〕康莊崇煥：康莊，指道路通達。《爾雅·釋宫》："五達謂之康，六達謂之莊。"崇煥，指房屋宏大華麗。

〔5〕回禄之灾：火灾。回禄，傳説中的火神名，本作回陸，二人名，吴回和陸終。據《左傳》昭公十八年："子産禳火于玄冥（水神）、回禄。"注："回禄，火神。"疏："楚之先吴回爲祝融，或云回禄即吴回也。"無如：無奈，奈何。

〔6〕祝融：傳説爲火官、火神。《吕氏春秋·四月》："其帝炎帝，其神祝融。"注："祝融，顓頊氏後，老童之子吴回也，爲高辛氏火正，死爲火官之神。"

〔7〕竭蹷：謂財政匱乏。

〔8〕己卯：嘉慶二十四年。

四官殿[1]，一名火神廟，國朝順治中，里人瞿恒岳首創募建。熊伯龍撰《碑記》云[2]："五行皆生人之資，獨火烈，民望而畏之，蓋有神焉，不可度思矣。苟祝融煽禍，而當事者漫不經心，吉凶同患之謂何？何燮理之爲也[3]？楚介南服[4]，火德居望[5]，而漢鎮又適當五達之衢，黔廬赭壁[6]，何時蔑有[7]？人共知其爲竹籬茅舍之所致，而終莫敢有建議毁易者。蓋凡民可與樂成，而難與慮始[8]。自非有實心任事之監司主持其上，奉行惟謹之守令勸勉于下，求其能任德任怨也，戛戛難之[9]。天佑南國，萃此吉人[10]，方伯劉公，臬司陳公，監司饒公、王公、朱公，都閫錢公[11]，商同守憲程公[12]，毅然下誅茅之禁[13]，檄行郡縣，易以瓦甓。維時太守楊公、邑侯侯公實左右之，下逮縣尉李君，鎮司王君[14]，亦駿奔恐後。旬月之内，向之黄茅白葦，一望而百堵皆興。苟非循良素著，何以得此于民哉？乃公等猶謂人事之已盡，未必天數之常亨，敬詣祝融，爲民請命。爰是步自江滸，見有四官之舊廟在，輾然喜曰：'有是哉，江漢合抱，灑沈澹灾[15]，此真水火既濟之鄉，神靈憑依之所乎！'各捐俸金若干，竝及本郡紳衿商民，量力資助，革故鼎新，而廟貌由是改觀矣。乃或者不察，徒以泛泛祈禳視之，不已過與？夫許不弔灾[16]，君子惡之，謂其不近于仁耳。他若反風滅火，事涉不經者，皆吾儒所不道，曾大君子而出此乎？《春秋》書昭公十七年，有星孛于大辰[17]，晉梓慎知其將火[18]。鄭裨竈又謂能弭火[19]，不用吾言，將復火。乃國僑卒不用竈言[20]，而亦不火，非修德而灾不能侵之明驗耶？今乃以天道杳茫之故，徒乞靈于土木莊嚴之相[21]，予因知公等之必不出此也。蓋公等意念深矣，誅茅之禁，既有以盡人事之當然；廟貌之新，又有以回天意之或然。且以示後之接踵涖兹土者，瞻宫廟之嵯峨，發晨鐘之猛省，入廟思敬，固即熒惑退舍之大本云[22]。”

【注釋】

〔1〕四官殿：已毁。《夏口縣志·輿地志》：“在漢口大智坊。清順治中，邑人瞿恒岳建，熊學士伯龍記之。”“按：四官殿向在黄陂街下段通衢間，殷賈雲屯，人烟稠迭。”今保留四官殿碼頭（在漢水入江口附近）的舊稱。

〔2〕熊伯龍：字次侯，號塞齋，清順治五年榜眼，累官國子祭酒、内閣學士、禮部侍郎。著有《怡谷堂詩文集》《無何集》。

〔3〕燮理：調和治理。語見《尚書·周官》：“論道經邦，燮理陰陽。”

〔4〕楚介南服：楚地位居南方之中。

〔5〕火德居望：指易發生火灾。火德，火德星君，炎帝神農氏，古稱爲火神。望，壯盛。

〔6〕黔廬赭壁：焚燒後屋架焦黑，墻壁土紅。形容火災慘烈。

〔7〕蔑有：無有，没有。《詩·大雅·板》：“喪亂蔑資，曾莫惠我師。”毛傳：“蔑，無。”

〔8〕民可與樂成，而難與慮始：人民可以和他們共歡事業的成功，而難與他們共商事業的創造。語用《商君書·更法》：“民不可與慮始，而可與樂成。”

〔9〕戛戛（jiá）：形容困難而費力。也指獨立不同一般。韓愈《答李翊書》：“戛戛乎其難哉！”

〔10〕萃此吉人：萃，聚集。吉人，賢德之人、善良的人。《詩·大雅·卷阿》：“藹藹王多吉人。”

〔11〕都閫（kǔn）：官名。也叫都司，即都指揮司。後稱總兵官。

〔12〕守憲：舊俗下級官吏稱上級官吏叫憲。如憲臺、大憲、守憲。

〔13〕誅茅：割茅蓋屋。南朝梁沈約《郊居賦》："或誅茅而翦棘，或既西而復東。"

〔14〕鎮司：官署名。清代凡滿了五萬人的市集稱鎮，便設有司衙門。漢口舊稱漢口鎮，簡稱漢鎮。

〔15〕灑沈澹灾：語出《文選・司馬相如〈難蜀父老〉》："决江疏河，灑沈澹灾。"注引顔師古曰："沈，深也；澹，安也。言分散深水以安定其灾也。"

〔16〕許不弔灾：事見《左傳》昭公十八年："陳不救火，許不弔灾。"許，周初的封國，原在河南許昌，後遷葉縣。又説曾遷往湖北監利縣，爲楚所滅。

〔17〕有星孛于大辰：指有星象預示火灾將發生。《春秋》昭公十七年："冬，有星孛于大辰。"《公羊傳》昭公十七年："孛者何？彗星（俗名掃帚星）也。""大辰者何？大火也。大火爲大辰，伐爲大辰，北辰亦爲大辰。"古人觀察大火、參伐（二星名）以定時，觀察北辰以辨向，故都稱大辰。

〔18〕晉梓慎知其將火：《左傳》昭公十七年："冬，有星孛于大辰，西及漢。申須曰：'……諸侯其有火灾乎？'梓慎曰：'往年吾見之，是其徵也，火出而見。'"古人以天象關乎人事，故云。晉，係"魯"之誤。梓慎，魯國大夫。

〔19〕鄭裨竈又謂能弭火：事見《左傳》昭公十七年："鄭裨竈言于子産曰：'宋、衛、陳、鄭將同日火，若我用瓘斝玉瓚，鄭必不火。'"裨竈，鄭國大夫。弭火，指采用瓘斝玉瓚各種寶器珍品設祭的迷信儀式，祈禱火神，消除火災。

〔20〕國僑：鄭子産的别稱，也叫公孫僑。鄭穆公的兒子發，字子國，生輒，輒生僑。因以祖父的字爲氏，便稱國氏，所以子産叫國僑。

〔21〕土木莊嚴之相：指佛像。

〔22〕熒惑退舍：事見《三國志・吴書・華覈傳》："熒惑守心，宋以爲災，景公下從瞽史之言，而熒惑退舍，景公延年。夫脩德於身而感異類，言發

於口而通神明。”熒惑，火星的别名，因隱現不定，令人迷惑，故名。退舍，指星宿移動位置。

迴龍寺[1]，《縣志》：“明永樂二年建，初名塞口寺，世宗臨幸，勅賜迴龍寺。”國朝黄閣詩云：“地僻門無徑，松閒榻有陰。秋山分野闊，寒水入雲深。荒草高僧意，斜陽過客心。漫從星月下，枕石作長吟。”寺初建時，乃在荒洲之上。迨國初黄閣題詩，地猶僻野。今已闤闠諠闐[2]，無復秋山寒水之狀矣。

按：《漫志》[3]：“明世宗自安陸入繼大統[4]，御蹕曾過漢口。今有接駕嘴碼頭，俗謌呼薛家嘴。又有報駕巷，謌呼鮑家。送駕墩，謌呼宋家。”

【注釋】

〔1〕迴龍寺：已毁，舊址在漢口黄陂街上段。今保留有回龍巷之名。

〔2〕闤闠諠闐（tián）：闤闠，市垣。闤，市的垣墻；闠，市的外門。古代市道在垣門之間。闐，盛貌。

〔3〕《漫志》：即《漢口漫志》，黄心盦著。全書未完，没有印行，范鍇在《漢口叢談》中多處采用。

〔4〕自安陸入繼大統：謂明嘉靖皇帝朱厚熜登基。《明史·世宗一》：“父興獻王祐杬，國安陸。”“夏四月癸未，發安陸。癸卯，至京師。……即皇帝位。以明年爲嘉靖元年，大赦天下。”

馬王廟[1]，《列仙傳》云[2]：“師皇[3]，黄帝臣[4]，知馬形生死之症，治之立愈，故俗祀之。”

天寶庵僧敬賢清潔[5]，愛蓺花木。大殿前地頗疏廠，左右雜樹五六株，緑陰常覆，下穜草花，春以罌粟，秋以叢菊爲極盛。花時游人踵接，或就僧開竹裏之厨，或呼童沽市中之酒，賞玩歡呼，殆無虚日。壬午春，雨雪寒多，花事較遲。三月之閏，十有五日立夏，花爲風雨所妒。後五日，天始放霽，余因攜尊，招同丁浣西檯，程耕雲秉、毛曉滄方琮、夏鹿田紹吉，小飲花前，各分賦二律。余作云："攜酒尋蘭若[6]，看花照眼紅。舞争飛蜨妙，艷奪翦綃工[7]。莫嘆韶華改，須知色相空。吾儕行處樂，何必麗春風。""頓覺客愁散，能無醉一觴。餞春空對佛，迎夏尚多糧。清磬聲留塢，斜陽影轉廊。紗籠添韻事[8]，花亦愛詩囊。"常芝仙見之，云："第一首，詩題已全包括，而三四兩句，尤屬寫生妙手。罌粟羌無故實[9]，原不妨自我作古也[10]。"耕雲詩云："能令看花飽，休言范叔貧。提壺初地會[11]，負米去年人[12]。一笑誰拈得，三生共話頻。""題襟叨附驥[13]，毷氉本庭�[14]。與市離差遠，禪關叩始開[15]。遺囊飢曼倩[16]，指米喜如來[17]。香積僧炊黍，閒庭鶴啄落。不愁紅藥盡，婪尾汎餘杯[18]。"耕雲于去冬丁内艱，故有"負米"句。芝仙云："此即小處見大也。"浣西句云："香飯何年熟，清尊異市交[19]。春奚不自惜，臨去滿囊拋。"又云："春將拚一擲，我已淡千鍾。"即景生情，中寓無限感嘆。曉滄句云："看花來古剎，攜酒戀殘春。""好花開半畝，新釀瀉千壺。"鹿田句云："懷寶當呈佛，吟香藉悟禪。""裹糧如去客[20]，撒手買餘春。"旬日前，余偕芝仙過庵，花開未盛。是日，芝仙忽同數友來，相與談笑。一晌，芝仙先歸。越日，簡示二絶，有"風雅多情寒范叔，典袍沽酒爲看花"之句，亦佳話也，故紀之。

【注釋】

〔1〕馬王廟：已毁，舊址約在今漢口黄陂街下段。

〔2〕《列仙傳》：書名，舊傳漢劉向作。記古代所謂仙人，共七十一人。

〔3〕師皇：《列仙傳》："馬師皇者，黄帝時馬醫也。"

〔4〕黄帝：古史謂少典之子，姓公孫，住軒轅丘，號軒轅氏。後住姬水，改姓姬。建國於有熊，稱有熊氏。敗炎帝，殺蚩尤，諸侯尊爲天子，以代神農氏。有土德之瑞，故號黄帝。

〔5〕天寶庵：在漢口漢中路。

〔6〕蘭若（rě）：指寺院。梵語阿蘭若的省稱，意爲寂静、無煩亂。周氏鈔本作“蘭茗”，刊誤。

〔7〕翦綃：剪裁紗絹。指剪的綵花。

〔8〕紗籠添韻事：事見五代王定保《唐摭言·起自寒苦》。王播少孤貧，寄食揚州木蘭院，爲僧厭忌，曾改飯前鐘爲飯後鐘。後播貴重來，只見二十年前寺壁他的題詩，已用碧紗籠護。又《青箱雜記》：魏野與寇準原在陜郭僧寺題詩，後又同游，只見寇詩紗籠而魏詩塵封，隨行官妓以袖拂抹，野説：“若得常將紅袖拂，也應勝似碧紗籠。”韻事，風韻之事，這裏指詩歌書畫等事。

〔9〕羌無故實：語見鍾嶸《詩品·總論》：“清晨登隴首，羌無故實；明月照高樓，詎出經史。”羌，語首助詞。故實，典故，出處，指可以傚法的舊事。

〔10〕自我作古：指不拘古禮而自行開創。《宋史·禮二十五》：“高宗崩，孝宗……欲不用易月之制，如晉武、魏孝文實行三年之喪，自不妨聽政……曰：‘自我作古何害？’”

〔11〕提壺：鳥名。這裏指酒。唐劉禹錫《和蘇郎中尋豐安裏舊居寄主客張郎中》：“池看科斗成文字，鳥聽提壺憶獻酬。”

〔12〕負米：《孔子家語·致思》：“子路見於孔子，曰：‘……昔者由也事二親之時，常食藜藿之實，爲親負米百里之外。’”後用作孝敬父母的美稱。

〔13〕題襟叨附驥：題襟，《漢上題襟集》的省略，係唐人温庭筠、段成式、余知古等人的倡和集。叨，忝，自謙詞，表示承受的意思。附驥，附驥尾省。喻附於先輩或名人之後。《史記·伯夷列傳》：“伯夷、叔齊雖賢，得夫子而名益彰；顔淵雖篤學，附驥尾而行益顯。”司馬貞索隱：“蒼蠅附驥尾而致千里，以譬顔回因孔子而名彰也。”

〔14〕毷氉本庭筠：毷氉，失意，煩悶。唐李肇《唐國史補》卷下：“（舉子）不捷而醉飽，謂之打毷氉。”庭筠姓温名岐，字飛卿，唐太原人，才思艷麗，因譏忤宰相令狐綯，屢試不第。長於小賦，八韻叉手便成，時號温八叉。詩與李商隱齊名，世稱温李。

〔15〕禪關：原指禪法的關門。這裏指寺門。

〔16〕遺囊飢曼倩：事見《漢書·東方朔傳》："臣朔長九尺餘，亦奉一囊粟，錢二百四十。朱儒飽欲死，臣朔飢欲死。"曼倩即東方朔，漢平原厭次人，武帝時，官至太中大夫，以奇計俳辭得親近武帝，稱爲弄臣。

〔17〕指米喜如來：意用《釋門正統》四："若夫施食之法，亦非一切人天所知，惟如來以大慈普覆，不忍一切含靈受其飢餓苦惱，故假面然鬼王緣起，令阿難尊者以一摶食誦咒施之。今緇素通行，謂之施餓鬼食。"

〔18〕婪尾：婪尾酒省。蘇軾《仇池筆記》："以酒巡匝，至末座者，連飲三杯，爲婪尾酒。"

〔19〕市交：指市井做買賣結交的朋友，比喻勢利。《史記·廉頗藺相如列傳》："夫天下以市道交，君有勢，我則從君；君無勢，則去，此固其理也。"

〔20〕裹糧：攜帶食糧，以備遠行。《孟子·梁惠王下》："居者有積倉，行者有裹糧也。"

藥師庵[1]，罌粟花亦最盛，間以薔薇、月季。送春之候，濃露醉紅，晚霞沈艶，舞風絢日，姸好百態，隔以花墻，扶以朱欄，頗占幽勝。辛巳春暮，芝仙約同看花庵中，曾寫其景于扇面，矮窗低磴，花影庭陰，宛然畢具，真不覺身入畫中矣。

天都庵爲鹺商公所。黄心盦云："舊有巴蓮舫隸書'蜡臘醵歙處'五大字榜額，筆勢古勁，後不知何人易去。"方晞原《晚步天都庵納涼》云："嘉木無烈日，習慣如夏蟲[2]。入世無冰心，焦死如秋蓬。我欲乘紫烟，逍遥游太空。濁氛不可近，泠然吹天風[3]。"庚午，湘潭詩僧竹軒本照，挈沙彌湘嵐來漢，林琴庵招同心盦榖原暨余及兒子濤天都庵納涼，分韻賦詩，榖原寫圖以紀歲月，亦一時雅集也。余詩云："火雲峙高雯[4]，炎氛鬱蓬勃。多君紆勝引[5]，清涼到禪窟。曲沼芰荷香，閒房僧磬發。軒窗一以啓，湖光滑如笏。白漚浴汀沙，新蟬噪林樾。牧笛遠而近，漁榔出復没。阿師湘中來，山水窮毫髮。坐談暑漸忘，渺然神飛越。飯出香積厨[6]，蔬摘祇園蕨[7]。酒破廬社戒[8]，詩嚴金谷罰[9]。自古良會難，毋使坐飄忽。笑指雅集圖，譬同登寶筏[10]。"濤詩云："寂寂精舍幽，花木遠城郭。于此滌煩襟[11]，炎蒸一時卻。僧來自瀟湘，微颸動寥廓[12]。談禪得深味，遂踐招提約。静聞鐘梵音，數聲出齋閣。到門湖水多，漚鷺亂飛掠。白雲天外流，空翠檐前落[13]。修竹影摇涼，軒窗四面拓。茶瓜隨意留[14]，緑醑勸斟酌[15]。傳觀主客圖，末座欣所託。相將挂絺衣[16]，歌嘯寄酣樂。竹軒老益躭，吟操觚自悦。"湘嵐時年十五，詩思敏捷，小住數月而返。次年，聞湘嵐病卒，曇花一現，豈因慧悟之早，爲佛所忌邪？

【注釋】

〔1〕藥師庵：舊址在今硚口區崇仁巷靠中山大道處。

〔2〕夏蟲：夏天的昆蟲。《莊子·秋水》："夏蟲不可以語於冰者，篤於時也；曲士不可以語於道者，束於教也。"比喻見聞淺薄，不通時務的人。《晉書·吐谷渾傳》："語曰：'夏蟲不知冬冰。'良不虚也。"

〔3〕泠（líng）然：輕妙貌。《莊子·逍遥游》："夫列子禦風而行，泠然善也。"

〔4〕火雲峙高雯：火雲，夏天的雲。峙，峙立。高雯，高空的雲彩。

〔5〕紆勝引：《文選·殷仲文〈南州桓公九井作一首〉》："廣筵散汎愛，逸爵紆勝引。"注："《説文》曰：'紆，屈也。'勝引，勝友也，引，猶進也，良友所以進己，故通呼曰勝引。"

〔6〕香積厨：寺廟中的厨房。詳見前注。

〔7〕祇（qí）園："祇樹給孤獨園"的略稱。係釋迦牟尼去舍衛國説法時與僧徒停居之處。唐慧琳《一切經音義》卷十："祇樹，梵語也。或云祇陀，或祇只洹，或云祇園，皆一名也。"這裏泛指佛寺。

〔8〕酒破廬社戒：事用《蓮社高賢傳·不入社諸賢傳》："遠法師與諸賢結蓮社，以書招淵明。淵明曰：'若許飲則往。'許之，遂造焉；忽攢眉而去。"廬社，指蓮社，又叫白蓮社，晉慧遠與慧永、劉遺民、雷次宗等共十八人結於廬山東林寺，曾邀請陶淵明入社。

〔9〕詩嚴金谷罰：事見《世説新語·品藻第九》："謝公元：'金谷中，蘇

紹最勝……'"注："石崇《金谷園序》曰：'余以元康六年，從太僕卿出爲使……各賦詩以叙中懷，或不能者，罰酒三斗。'"

〔10〕寶筏：佛家語。比喻引導人們到達彼岸的佛法。筏，渡水工具。寶，美稱。李白《春日歸山寄孟浩然》："金繩開覺路，寶筏渡迷津。"

〔11〕滌：消除。煩襟：胸中愁悶。杜甫《雲》："高齋非一處，秀氣豁煩襟。"

〔12〕微颸（sī）：涼風，薄涼。《説文·風部新附》："颸，涼風也。"

〔13〕空翠：葉緑似滴。謝靈運《過白岸亭》詩："空翠難强名，漁鈎易爲曲。"杜甫《瞿塘峽》詩："石苔凌几杖，空翠撲肌膚。"也指高樹緑色。孟浩然《題義公禪房》："夕陽連雨足，空翠落庭陰。"

〔14〕茶瓜：茶與瓜果。杜甫《巳上人茅齋》："枕簟入林僻，茶瓜留客遲。"仇兆鰲注："《晉書》：'陸納爲吴興太守，謝安詣納，所設唯茶果而已。'《神仙傳》：'葛玄爲客設生瓜。'"

〔15〕緑醑（xǔ）：緑色的美酒。白居易《戲報渚宫》詩："黄醅緑醑迎冬熟，絳帳紅爐逐夜開。"

〔16〕絺衣：細葛布衣。《史記·五帝本紀》："堯乃賜舜絺衣與琴。"張守節正義："絺，細葛布衣也。"絺，細葛布。《詩·周南·葛覃》："爲絺爲綌。"傳："精曰絺，麤曰綌。"

江夏潘國祚《天都庵看芙蓉》詩："長隄雨過洗秋容，眼底繁華簇錦重。入寺漫勞歌竹葉[1]，涉江今始採芙蓉[2]。詩推日下荀鳴鶴，興溢雲間陸士龍[3]。早晚應須再同賞，免教三徑碧落封[4]。"自注："予以風阻江東[5]，獨在諸君之後。"又《上巳醼集天都庵》云："修禊欣逢天气清，招提臨水快相迎。峰巒歷歷窗間出，士女遥遥柳外行。絲竹遠過王逸少[6]，風流誰繼謝宣城[7]。酒闌屋角花飛盡，卻怪東君太薄情[8]。"按：潘字燕邱，兄太邱、仲邱、介邱、再邱，皆有詩名。太邱號恕庵，賣藥漢口市。

燕邱詩，爲顧黄公景星[9]、張南邨總選定，未梓，今已散佚。《懷伯兄》詩[10]：“漢陰賣藥處，蹤跡似韓康[11]。此日宜高隱，何人識老狂[12]。詩篇傳帝里，政績想遐荒。稀古年將近，酣歌興更長。”自注：“伯兄曾仕滇南[13]。”《和曾秫田湖干曉步》：“湖曠似江濱，侵晨气象新[14]。林間貪聽鳥，花外不逢人。山色參差出，天光上下勻。竭來二妙句[15]，吟殺老狂身[16]。”注：“張韡庭和詩先成。”又《次石城公過漢上訪家伯兄賣藥處》[17]：“疏林茅屋壓嚴霜，忽枉高軒喜欲狂[18]。自笑芙蓉彫故劍[19]，空憐竹葉過隣墻。千金肘後貧依舊[20]，十畝城邊日就荒。肯賦閒居消歲月，餐霞物外事桃康[21]。”注：“道書，丹田下神名桃康。”按：石城公徐惺，爲楚北方伯，與顧黄公交契，有《秋亭倡和》詩。

【注釋】

〔1〕竹葉：朱桃椎《茅茨賦》：“卷竹葉而爲巾。”又酒名，即竹葉青。

〔2〕涉江今始採芙蓉：語用《古詩十九首》：“涉江採芙蓉。”涉江，渡江。《楚辭·九章·涉江》注：“此章言已佩服殊異，抗志高遠，國無人知之者，徘徊江之上，嘆小人在位，而君子遇害也。”

〔3〕“詩推”兩句：事見《世説新語·排調》：“陸（雲，士龍）舉手曰：‘雲間陸士龍。’荀（隱，鳴鶴）答曰：‘日下荀鳴鶴。’”雲間，地名，今江蘇松江縣的古稱。日下，指京都、皇城。舊以帝王比作日，故稱皇帝住處爲日下。

〔4〕三徑：西漢末，王莽專權，蔣詡告病辭官回鄉，在屋前竹下開闢三徑，唯與求仲、羊仲來往。後常以三徑指家園。陶潛《歸去來辭》：“三徑就荒。”舊注：“蔣詡，幽居開三徑，潛亦慕之。”

〔5〕江東：江之東，這裏指武昌。

〔6〕絲竹遠過王逸少：絲竹，絲弦和竹管樂器。《禮記·樂記》：“金石絲竹，樂之器也。”也泛指音樂。王羲之《蘭亭集序》：“雖無絲竹管弦之盛，一觴一咏，亦足以暢叙幽懷。”王逸少，即晉代王羲之，世稱書聖。

〔7〕風流誰繼謝宣城：風流，流風餘韻。《漢書·趙充國辛慶忌傳·贊》：

“其風聲氣俗，自古而然，今之歌謡慷慨，風流猶存耳。”或解作遺風。謝宣城，南齊陳郡陽夏人，名朓，字玄暉，漢明帝時爲宣城太守，故以地區稱名。詩長於五言，沈約説：“二百年來無此詩也。”以山水詩最爲出色，是“永明體”的主要作家。

〔8〕東君：神名。《楚辭·九歌·東君》，是祭日神的歌。又仙名，即東王公。曹操《陌上桑》：“濟天漢，至崑崙，見西王母，謁東君。”又指司春之神。成彦雄《柳枝詞》：“東君愛惜與先春，草澤無人處也新。”

〔9〕顧黄公：顧景星。清初蘄州人，拔貢生，曾任禮部給事中。

〔10〕伯兄：長兄。這裏指太邱。

〔11〕韓康：東漢京兆霸陵人。字伯休，一名恬休。常採藥名山，賣於長安市，口不二價，三十餘年，長安市婦幼皆知。後隱居霸陵山中。桓帝厚禮徵聘，康中途逃走，以壽終。《後漢書》有傳。

〔12〕老狂：年老狂放之人。韓偓《贈吴顛尊師》：“老狂人不厭。”

〔13〕滇南：滇安澤，在雲南昆明市西南，周三百里。這裏借指雲南省。

〔14〕侵晨：凌晨，破曉。《三國志·吴書·吕蒙傳》：“侵晨進攻，蒙手執枹鼓，士卒皆沸騰，自升食時破之。”或作“侵早”。杜甫《贈崔十三評事公輔》：“天子朝侵早，雲臺仗數移。”

〔15〕“朅來二妙”句：朅來，發語詞。《正字通》：“朅，發語詞。朅來猶聿來，今詩家以朅來爲去來。”二妙，稱同以才藝著名的二人。金段克己、段成己兄弟的詩集，趙秉文稱爲二妙。這裏指潘燕邱與兄太邱。

〔16〕吟殺：也寫作吟煞。極言吟咏之頻。殺係加强語氣。

〔17〕石城公：徐惺。

〔18〕忽枉高軒：意用《新唐書·李賀傳》：“李賀……七歲能辭章，韓愈、皇甫湜……使賀賦詩，援筆輒就如素構，自目曰《高軒過》。”枉，曲就，過訪。

〔19〕故劍：比喻舊妻。《漢書·外戚傳·許皇后》：“上乃詔求微時故劍。”

〔20〕千金肘後：兩藥書名。千金，《千金要方》省，孫思邈撰，義取人命

重千金。肘後，《肘後方》，爲扁鵲著。《肘後備急方》係葛洪所著。

〔21〕餐霞：服食朝霞，所謂道家修煉術。桃康：神名。《雲笈七籤·脾長》："男女徊九有桃康。"注："桃康，下神名，主陰陽之事。"

《隨園詩話》〔1〕：嚴公瑞龍任湖北布政使〔2〕，招諸詩人倡和，有《續漢上題襟集》〔3〕。傅辰三《感春》句："但愁過卻花朝後，一日春容減一分。"沈樹德《落花》句："飛燕蹴歸簾影裏，游魚吹起浪花中。"葉聲木《送人》句："吹酒涼風穿樹過，破烟水月隔樓生。"《續題襟集》今不得見，而當日公卿下士，虛懷忘其榮利，若徐、嚴二公者〔4〕，能無景仰！

朱蘭田在鎮，號定山，《同方酌圃家省堂天都庵步月》云〔5〕："柳下月初上，行行恣幽討〔6〕。偕我素心人〔7〕，蹋遍湖邊草。鐘響静幢幢〔8〕，水明空浩浩。百年天地間，此意何能道。"

大觀音閣，門榜"覺悟群生"四大字，瘦勁有力，爲雍正乙卯九齡童子曾玥書。按：玥，字一峰，漢口人，幼聰慧異常兒，逾冠而夭，以諸生終。有《爲劉明府題畫》詩云〔9〕："幾點胭脂染作霞，游蜂誤認夕陽斜。放衙罷後渾無事〔10〕，好看栽來滿縣花〔11〕。"閣奉觀音大士像，金身丈六〔12〕，妙相莊嚴〔13〕。每于二月十九日大士誕辰，士女禱祝，寶馬香輿，寺門填溢，香火甚盛。相傳昔有木賈，從蜀中運像送普陀山，道出漢江，因事暫供後湖。初創竹屋蓋覆，後屢著靈異，木賈亦久不至，鎮人遂募建高閣崇奉焉。

吴鶴關《佳兒歌》："東隣嬌兒白玉面，柔毫索索鼉磯硯〔14〕。雁蘆蛇草疾如箭〔15〕，金刀莫翦吴淞練〔16〕。嵌嵓鑿石搜幽奇，劈窠大畫何淋漓〔17〕。字高身小勢未宜，腕臂頭足皆爲之。嘉名不脛馳南朔，琳琅温蕴荆山璞〔18〕。好將萬卷敦初學，桃花浪暖看頭角〔19〕。"自注："爲九齡曾玥作。"

準提庵〔20〕，在文公橋下首〔21〕，橋即舊名九如橋，在沈家廟後也〔22〕。李以篤《準提庵逢祝山史汪静公步後湖飲即事》云："偶向珠林愒，翩翩二妙過〔23〕。清和天气好，澹宕客懷多〔24〕。野館傳香茗〔25〕，旗亭問綺羅。幾時重把袂〔26〕，隄上蹋青莎。”

【注釋】

〔1〕《隨園詩話》：書名。清袁枚著，十六卷，《補遺》十卷。袁枚字子才，號簡齋，别名倉山居士、隨園老人，浙江錢塘（今杭州）人。隨園，袁枚别墅名，故址在今南京市北。自作有《隨園記》，載文集中。《詩話》所記，多爲當時詩壇韻事，也論列古來詩作。詩主性靈，名震乾隆時代，影響後世。

〔2〕布政使：官名。明置。洪武九年，朱元璋分全國爲十三承宣布政使司，每司設左、右布政使，爲一省最高行政長官。宣德間因軍事等需要，始增設總督、巡撫，權位高於布政使。布政使的權位漸小。至清代僅爲督撫屬官，專管一省的財賦和民政，不分左右，從二品。習稱藩臺、藩司。

〔3〕《續漢上題襟集》：《隨園詩話》卷九：“嚴公瑞龍作湖北布政使，續《漢上題襟集》。”《漢上題襟集》，詩集名，係唐人温庭筠、段成式、余知古等人的唱和詩集，書已佚。

〔4〕徐、嚴二公：指徐惺、嚴瑞龍。

〔5〕家省堂：即朱省堂。家，舊俗常以同姓稱作“家”。

〔6〕恣幽討：恣，縱情。幽討，尋幽探勝。杜甫《贈李白》：“李侯金閨彦，脱身事幽討。”

〔7〕素心：心地純潔。陶潛《移居》：“聞多素心人，樂與數晨夕。”素心，本心，引申指心地純潔。

〔8〕幢幢：摇曳。唐元稹《聞樂天授江州司馬》：“殘燈無焰影幢幢，此夕聞君謫九江。”

〔9〕明府：太守的别稱。明爲賢明之意。唐人始稱縣令爲明府。

〔10〕放衙：免去屬吏早晚兩衙的參見。

〔11〕滿縣花：李白《贈崔秋浦》：“河陽花作縣，秋浦玉爲人。”相傳晉潘岳爲河陽（今河南孟縣）令，滿縣種花，傳爲河陽一縣花的千古佳話，後美稱縣治爲花縣。

〔12〕金身丈六：指佛相。《後漢書·西域傳》："西方有神，名曰佛，其形長丈六尺而黃金色。"

〔13〕妙相莊嚴：妙相，神態美妙，這裏指佛相。梁簡文帝《大敬愛剎下銘》："儼如常住，妙相長存。"莊嚴，佛家指裝飾美盛。

〔14〕柔毫索索鼉磯硯：柔毫指筆。索索，象聲音索索作響。鼉磯硯，鼉磯石製造的硯臺，這種硯石產於山東蓬萊縣海中的鼉磯島，色青黑，質堅，有一種金星雪浪紋的最名貴。明徐渭有《鼉磯硯銘》。也稱駝基，所謂登州陀基，發墨類歙。

〔15〕雁蘆蛇草疾如箭：形容書法瘦勁有力。

〔16〕練：原指潔白柔軟的縑絹，這里借指紙張。

〔17〕劈窠大畫何淋漓：指大字書寫流暢。劈窠，猶擘窠，古人寫碑版或題額，點畫停勻，分格書寫，叫擘窠書。後通指大字。

〔18〕荊山璞：《韓非子·龢氏》："楚人和氏得玉璞楚山中。"荊山，山名，在湖北南漳縣西。《尚書·禹貢》："荊及衡陽惟荊州。"漢孔安國傳："荊州北據荊山，南及衡山之陽。"唐李吉甫《元和郡縣志》："荊山三面絕險，惟東南一隅通人徑。"傳說楚人卞和得璞玉於荊山，後以荊山璞喻人之賢或資質之美。《文選·曹植〈與楊德祖書〉》："人人自謂握靈蛇之珠，家家自謂抱荊山之玉。"注："（李）善曰：《韓詩》：楚人和氏得玉璞於楚山之中，奉而獻之，文王使玉人治其璞而得寶。（呂）向曰：言人皆自以其才如玉也。"《晉書·景帝紀》："荊山之璞雖美，不琢不成其寶。"

〔19〕頭角：借喻青少年的才華或氣概。韓愈《柳子厚墓誌銘》："時雖少年，已自成人，能取進士第，嶄然見頭角。"桃花浪：桃花開放時節江河水漲之浪。杜甫《春水》："三月桃花浪，江流復舊痕。"這裏或用以比喻少年如春潮處在上升時期。

〔20〕準提庵：已廢。舊址約在今漢口六渡橋附近。

〔21〕文公橋：已不存。原址約在漢口漢中路，靠近大火路。

〔22〕沈家廟：已廢。其地原爲市集。上自集稼嘴，下至四官殿碼頭，是碼頭市集。今保留有沈家廟碼頭的舊名。

〔23〕二妙：指祝、汪二人。

〔24〕澹宕：也作“澹蕩”。蕩漾。南朝宋鮑照《代白紵曲》之二：“春風澹蕩俠思多，天氣凈緑氣妍和。”

〔25〕野館：野外的館舍。杜甫《送翰林張司馬南海勒碑》：“野館濃花發，春帆細雨來。”

〔26〕把袂（mèi）：握手。南朝梁元帝《與蕭挹書》：“何時把袂，共披心腹。”

慧蓮庵[1]，在緯子街内[2]。李以篤重九後，郜凌玉業師同弟霏玉、姪山期諸子，集漢口慧蓮庵，時有《吴越游》云：“揚帆西去復淹留[3]，令節青宵取次幽。少我籬邊遲送酒[4]，從公澤畔賦悲秋[5]。心情歲月花龕老[6]，兄弟東南竹箭流[7]。更喜客星皆舊侶[8]，相逢不醉爲誰愁。”

西關帝廟[9]，爲山陝公所，極爲壯麗。後有春秋閣，閣上《記》文一篇，書之于屏，款爲“劉曾”，不知何許人也。其文甚佳。《記》云：“夫樓何以‘春秋’名也？考《春秋》係魯史，東周以還，王綱欲墜[10]，我孔子懼萬世君臣之道不明，不得已，而以宗魯者宗周[11]，託《春秋》以見志，此《春秋》之所以有其書也。若漢自靈獻守府[12]，無異東遷，而當時漢統在蜀，我關夫子欲以存蜀者存漢，志《春秋》之志，此《春秋》之所以有其人也。漢陰之西北隅，秦晉諸君子建關夫子廟，後起危樓，規模宏麗，肖夫子讀《春秋》像于其上[13]，此春秋之所以有其樓也。嗚呼！麟經一書[14]，繫萬古綱常[15]，當其時筆削獨斷，非所稱游夏不能贊一辭[16]，而公穀左胡僅得其貌焉者耶[17]。我夫子以布衣起戎行[18]，蹌蹌于金戈鐵馬之間，而討賊大義，如揭日月；東魯心傳[19]，若合符節，是豈必斤斤焉取二百四十年之史[20]，如經生家呫嗶窮年[21]，皓首一室，搜遺跡于往帙，討故實于殘編也耶！則夫子所讀之書，謂魯《春秋》也可，即謂漢《春秋》也亦可，吾因之重有慨矣！當日周德雖衰，而魯有聖人；漢祚雖微，而蜀有夫子。乃一則坐老洙泗[22]，而東周之志託諸空言[23]；一則困守彈丸，而滅魏殲吴竟成遺恨。豈天之所以位置聖人者，獨此杏壇一片席，荆襄一塊土哉？亦何遭遇之窮如是邪！今試登樓以望，彼武昌夏口之間，月明星稀，横槊而賦者〔24〕，猶有存焉者乎？東指吴會，彼樓船鐵鎖〔25〕，擁三世之業〔26〕，而據長江之險者，猶有存焉者乎？嗟乎！銅臺消烟〔27〕，吴宫埋草〔28〕，亦知數千百年後，摩盪日月〔29〕，倚仗乾坤，巍巍然與魯之東山相峙〔30〕，而有此春秋樓者乎！吾願登斯樓者，毋徒咏漢陽芳草〔31〕，與晴川黄鶴，同爲嬉游眺覽之所，蓋所以作忠臣義士之气，而非以供騷人墨士之娱，此春秋樓之所以有《記》也！或曰：‘夫子之神在天下，家尸户祝〔32〕，而成斯樓者，皆秦晉人，意者其有私祝歟？’余曰：‘不然！譬之日月經天〔33〕，薄海同照〔34〕，而扶桑崑崙之區〔35〕，炙光倍近。夫子晉人也，而秦與晉隣，亦若扶桑崑崙之民，雖不求私照，而得以習睹日月者，天下莫得而踰也。我秦晉人之成斯樓也，亦若是焉云爾。’”

【注釋】

〔1〕慧蓮庵：已廢。舊址在今漢口漢中路。

〔2〕緯子街：即今漢口統一街。

〔3〕淹留：滯留，停留。屈原《離騷》：“時濱紛其變易兮，又何可以淹留。”

〔4〕籬邊遲送酒：陶淵明嗜酒，謂期盼已久。《續晉陽秋》：“陶潛九日無酒，出宅邊悵望久之，見白衣人至，乃王弘送酒使也。”

〔5〕澤畔賦悲秋：謂屈原行吟澤畔，悲嘆楚國將亡。澤畔，水邊。《史記·屈原賈生列傳》：“屈原至於江濱，被髮行吟澤畔。”悲秋，宋玉《九辯》：“悲哉秋之爲氣也。”集注：“秋者，一歲之運，盛極而衰，肅殺寒涼，陰氣用事，草木零落，百物凋悴之時……是以忠臣志士，遭讒放逐者，感事興懷，尤切悲嘆也。”

〔6〕花龕（kān）：供佛的小屋。今俗稱神龕。唐劉長卿《遠公龕銘》：“松路向精舍，花龕歸老僧。”

〔7〕東南竹箭：竹箭，一種小竹，可爲箭。《爾雅·釋地》：“東南之美

者，有會稽之竹箭焉。”郭璞注：“會稽，山名，今在山陰縣南。竹箭，篠也。”清郝懿行義疏引《墜行篇》注：“今會稽郡出好竹箭也。戴凱之《竹譜》云：箭竹高者不過一丈，節間三尺，堅勁，中矢。江南諸山皆有之，會稽所生最精好。”這裏借比人的品格可貴。

〔8〕客星：忽隱忽現的星，不常見的星。《後漢書·嚴光傳》：“（光武帝）引光入，論道舊故，因共偃卧，光以足加帝腹上，明日太史奏客星犯御座甚急。”這裏指寄住的友人。

〔9〕西關帝廟：已廢。舊址在今漢口大水巷附近。

〔10〕王綱欲墜：語用揚雄《劇秦美新》：“是以帝典缺而不補，王綱弛而未張。”王綱，王朝的綱紀。墜，衰落，廢馳。

〔11〕宗周：周爲天子所在，爲諸侯所宗仰，故王都所在，如鎬京，洛邑，都稱宗周。

〔12〕靈獻守府：靈獻，指東漢末的靈帝劉宏和獻帝劉協。守府，守成，堅守已有事業。語用《國語·周語中》：“今天降禍灾於周室，余一人僅亦守府。”注：“府，先王之府藏。”

〔13〕肖，壬午底本作“有”，刊誤，今更正。

〔14〕麟經：傳説孔子作《春秋》，絶筆於獲麟，後以麟經爲《春秋》的别稱。宋陸九淵《祭吕伯恭文》：“先儒是禆，麟經是嗣。”

〔15〕萬古綱常：指千秋萬代不變的道理。綱常，三綱五常。

〔16〕游夏不能贊一辭：説見曹植《與楊德祖書》：“昔仲尼制《春秋》，游夏之徒，乃不能措一辭。”游夏，孔子的弟子子游和子夏，兩人都以文學著稱。

〔17〕公穀左胡：指公羊高（戰國齊人）、穀梁赤（戰國魯人）、左丘明（春秋魯人）、胡安國（北宋人）四家所著《春秋傳》。前三家被列入儒家經典，胡氏時間較晚，所著也很有影響。

〔18〕我夫子以布衣起戎行（háng）：語出《史記·三代世表》：“夫布衣匹夫安能無故而起王天下乎？”起，興起。戎行，軍伍。夫子，指關羽。因好讀《春秋》，故稱夫子。

〔19〕東魯心傳：東魯，指魯國，魯地。或指孔子之道。心傳，指一種道統的授受，即先生與弟子以學説相傳授。宋儒所宣揚的道統，認爲《尚書·大禹謨》中“人心惟危，道心惟微，惟精惟一，允執厥中”十六字爲堯舜禹傳授心法，叫作“十六字心傳”。

〔20〕斤斤焉取二百四十年之史：斤斤，詳察、明察。焉，語句中助詞。取，擇取。二百四十年之史，指魯國的歷史記載，起於隱公元年（前722年）到哀公十四年（前481年），共二百四十二年，爲編年體的史書。

〔21〕經生家呫嗶窮年：經生家，從事經學研究的人。呫嗶，讀書聲。窮年，無盡期，終生。

〔22〕洙泗：即洙、泗二水名。二水在山東泗水縣北合流西下，至曲阜北，又分爲二水，洙在北，泗在南。春秋時孔子居洙泗間，教授弟子。《禮記·檀弓上》：“吾與女事夫子於洙泗之間。”後常以洙泗爲儒家的代稱。《文選·任昉〈齊竟陵文宣王行狀〉》：“弘洙泗之風，闡迦維之化。”

〔23〕東周之志：《論語·陽貨》：“子曰：‘夫召我者，而豈徒哉？如有用我者，吾其爲東周乎！’”這裏指繼承孔子之志。

〔24〕横槊而賦：意用蘇軾《前赤壁賦》：“釃酒臨江，横槊賦詩，固一世之雄也。”横槊，横戈。

〔25〕樓船鐵鎖：《晉書·王濬傳》：“濬乃作大船連舫……以木爲城，起樓櫓，開四出門，其上皆得馳馬來往。”“吴人於江險磧要害之處，并以鐵鎖横截之。”

〔26〕三世之業：指孫吴祖孫三代人的帝業。從孫權起，經歷權子亮、休，權孫皓，三世而亡。

〔27〕銅臺：銅雀臺的略稱。漢末建安十五年曹操建。故址在今河北臨漳縣西南。

〔28〕吴宫埋草：李白《登金陵鳳凰臺》：“吴宫花艸埋幽徑。”吴宫，吴國的宫殿。

〔29〕摩盪：《易·繫辭上》：“是故剛柔相摩，八卦相盪。”後因以形容氣勢雄偉，摩空鼓盪。元郭翼《天台行》：“赤霞壁立百雉城，閶闔天開勢摩

盪。”

〔30〕魯之東山：事見《孟子・盡心上》：“孔子登東山而小魯，登泰山而小天下。”東山，指魯國城東的高山，一説指今山東蒙陰縣南的蒙山。

〔31〕漢陽芳草：漢陽，這裏指清漢陽府治所在，即今武漢市漢陽區。芳草，意用崔顥《黄鶴樓》：“芳草萋萋鸚鵡洲。”

〔32〕家尸户祝：家家户户設神位祭拜。尸，神象。古時祭祀，用以代死者受祭，象徵死者神靈的人，以臣下或死者的晚輩來充任。後改爲神主，畫相。祝，原爲史官，作辭事神，故稱祝。後泛指祠廟中主事的人。《儀禮・士虞禮》：“祝迎尸。”鄭玄注：“尸，主也。孝子之祭，不見亲之形象，心無所繫，立尸而主意焉。”

〔33〕日月經天：語用《後漢書・馮衍傳》：“日月經天，河海帶地。”借日月之運行以喻永久不變的事理。這裏謂孔子删述六經的大義，永恒不變，如日月經天，萬古常新。

〔34〕薄海：臨近海邊。《尚書・益稷》：“外薄四海，咸建五長。”傳：“薄，迫也，言至海。”疏：“薄者，逼近之義，故云迫也。外迫四海，言從京師而至於四海也。”這裏泛指四海之内。

〔35〕扶桑崑崙：扶桑，神木名，又名若木。屈原《離騷》：“飲余馬於咸池兮，總余轡乎扶桑。”《文選・思玄賦》注引《十洲記》：“葉似桑樹……兩兩同根生，更相依倚，是以名之扶桑。”舊説日出其下。《淮南子・天文訓》：“日出于暘谷，浴于咸池，拂于扶桑，是謂晨明。”崑崙，山名，在新疆西藏之際，舊傳爲西王母所在。東方朔《海内十洲記》：“方廣萬里，形似偃蓋，下狹上廣，故名曰崑崙……西王母之所治也。”

藥王廟之東廂有别墅，題曰“豫成園”。軒窗明爐，花木扶疏，别饒幽致。程耕雲爲之作《記》云：“王冕三間之屋〔1〕，只種梅花；子山數畝之廬〔2〕，略栽修竹。豈不延雲受露，借月支風？特是丘壑寥寥，未免谷因愚辱〔3〕；池臺落落〔4〕，固應齊以蕭名〔5〕。居僅容閒，樂則宜獨。至若輦山溝澗〔6〕，迸巖泉于闤闠之中〔7〕；卜築買隣〔8〕，湛水木于諠囂之外。潘岳面城而發遐矚[9]，晏嬰近市而契淵襟[10]。佳辰適足雅游，上日每饒勝集[11]。莫不綃紈綷縩[12]，絲竹駢羅[13]。慕梓澤之華奢[14]，踵辟疆之幽邃[15]。知不徒巢中日月，巢父棲遲[16]；壺內山川，壺公容與者矣[17]。則有豫成園者，爲覃懷同人之肇修[18]，即漢上寓公之别業也。乃瞻梵宇，傍達芳園[19]。築之登而削之憑[20]，豫順以動[21]；瀏如鐲而丘如積[22]，聿觀厥成[23]。十畝之間，百步以外。慧斐之園離垢[24]，自闢畦町；太素之館逍遥[25]，别有天地。岡巒窮其迤邐，院落寫其參差。巡檐牙以相羊[26]，步廊腰而延佇。玲瓏其構，周匝而觀。其爲樓也：紺榭鏤楹[27]，朱甍碧瓦[28]。摩天百尺，躡雲一梯。鈴忽語而風交，簾乍鈎而月上。排闥則遠山幾叠[29]，倚欄則長笛一聲。聊以留仙，亦堪招鶴。其爲堂也：循修弄以逕入，趁重扉之未扃。屈戍金摇[30]，罘罳綺合。藥爲房而窅窱[31]，蘭作室而蕭森。匡牀則焦尾横陳[32]，松脂遞潤；鄴架則押頭參錯[33]，篁粉常霑[34]。深柳讀書，木蘭揮翰[35]。俄生虚白[36]，更落遥青[37]。其爲亭也：長短若連，方圓不定。藤蘿代幃，薜荔爲墻。八窗而朝爽方凌，半角而夕陽未斂。載問奇之酒[38]，月酌成三[39]；催喜雨之詩，烟尋再四。墊巾客到[40]，蠟屐人登[41]。其爲沼也：半畝初開，三篙始漲。盈盈者水，暢靈均澤畔之吟[42]；蒼蒼者葭，溢蒙叟濠梁之趣[43]。魚游吹雪，鷺點栖烟。花亂落以千紅，峰倒涵而一碧。依稀桃渡[44]，近遮鬥鴨之欄[45]；仿佛柳塘[46]，遥接聽鸝之館[47]。墨香洗硯，蓮動湔裳[48]。掬竟難盈，流還可枕。其爲石也：粼粼之質，皓皓之姿。攻以他山，介如終日。一卷漸積[49]，靈嵒之險怪爭驅；數笏頻堆[50]，叠巘之巑岏競起[51]。初平叱咤[52]，顛米摩挲[53]。狀齊女之宿瘤[54]，類丈人之痀僂[55]。蒼菭易踐，緑蘿可捫。環之奥窔[56]，繚以逶迤。其爲樹也：老幹維喬，新陰可結；輪囷蔥蒨[57]，冪歷扶疏[58]。碧浸欞而雲濃，青覆檐而霧重。何處飛來烏鵲，匝繞方三[59]？此中巢到鷦鷯，枝棲惟一[60]。槐花撲地，有徑皆黄；榕葉滿庭[61]，無天不緑。既上蟠而下屈，亦左攫而右拏[62]。種松看作龍鱗，養竹期聞鳳噦[63]。然而光陰自轉，風景常殊：春則東閣紅嫣[64]，夏則北窗緑净[65]，秋則月娟山館，冬則雪聚林皋。晴媚晚霞，雨滴空翠。四時不改其樂，半日又得餘閒。送抱推襟[66]，掎裳聯襼[67]。借山林以消塵務，親泉石而豁性靈。况復報李投瓜，維桑與梓[68]。他鄉萍合，庶適館而授餐[69]；此地花開，可班荆而道故[70]。人多舊雨，樹有新烟。大山小山，春社秋社[71]。酒旗戲鼓，時張櫻筍之筵[72]；帽影衣香，偶趁敦槃之會[73]。江皋圖畫，嵩洛精神。不乏古歡，都忘羈旅。尋蔣生之三徑[74]，賓至如歸；覓幼輿之一丘，客來不速。此固悦親戚之話[75]，成雍睦之風[76]。豈止務游歡，極宴樂已哉？僕也居隣漢廣[77]，生本楚狂[78]。胸有千間，家無二頃。陟冶城而懷想[79]，盼秋水而馳神[80]。游于北園[81]，無逾我里[82]，因歌伐木[83]，用占盍簪[84]。問花而鳥使先邀，看竹而主人俱在。蘭當解佩，叨陪北海之尊[85]；薇可浣毫[86]，遂作《西園》之記[87]。”此作于甲戌之秋[88]，德州劉松嵐觀察大觀主講覃懷書院，丁丑初夏[89]，以事來漢，小住園中，見極嘆賞，謂心盦曰：‘此來得程君所作，不負楚游矣。’”并攜耕雲《寶綋齋詩稿》一册而去。

【注釋】

〔1〕王冕三間之屋：《儒林外史》第一回：“輛子來到王冕門首，只見七八間草屋，一扇白板門緊關着。”王冕，元末浙江諸暨人，字元章。幼貧牧牛，常入學舍聽諸生誦書，會稽韓性收爲弟子，竟成通儒，後隱居九里山。善畫梅，自號梅花屋主。朱元璋慕其名，招入幕府，授諮議參軍，不久病卒。

〔2〕子山數畝之廬：庾信《小園賦》：“余有數畝敝廬，寂寞人外。”庾信，北周南陽新野人，字子山，小名蘭成，别稱庾開府。文章綺麗，善宫體詩，與徐陵齊名，世稱徐庾體。初仕南朝梁，梁元帝時使西魏，被留不歸。西魏亡，仕北周，官驃騎大將軍，開府儀同三司。然仍然懷念南朝，常有鄉土之思，因作《哀江南賦》。

〔3〕谷因愚辱：劉向《説苑·政理》：“齊桓公出獵逐鹿而走入山谷之中，見一老公而問之曰：‘是爲何谷？’對曰：‘爲愚公之谷。’”後借指隱居的

地方。

〔4〕落落：清澈貌。陶淵明《讀山海經》之三："亭亭明玕照，落落清瑶流。"

〔5〕齋以蕭名：唐李肇《國史補》中："梁武帝造寺，令蕭子雲飛白大書'蕭'字，至今一'蕭'字存焉。李約竭産自江南買歸東洛，匾于小亭以翫之，號爲'蕭齋'。"後沿用爲書齋的别稱。詞章中常有所謂蕭齋、蕭寺，皆本於此。蕭齋有蕭瑟、寒苦之意。亦可參見唐張彦遠《歷代名畫記》卷一《叙畫之興廢》。

〔6〕輦山溝澗：運石通水。柳宗元《永州韋使君新堂記》："淵池於郊邑之中，則必輦山石，溝澗壑。"輦，運載。

〔7〕闤闠：市肆，市場。古代闤爲市垣，闠爲市之外門。市肆在垣與門之間，故稱市肆爲闤闠。晉左思《魏都賦》："班列肆以兼羅，設闤闠以襟帶。"

〔8〕卜築買鄰：擇地做屋，擇鄰而居。

〔9〕潘岳面城：庾信《小園賦》："潘岳面城，且適閒居之樂。"潘岳，晉滎陽中牟人，字安仁。工詩賦，詞藻艷麗。任河陽令時，在縣中滿種桃李，傳爲美談。累官至給事黄門侍郎。岳與石崇等諂事賈謐，爲謐門二十四友之首。後遭誣謀反被殺。

〔10〕晏嬰近市：庾信《小園賦》："晏嬰近市，不求朝夕之利。"晏嬰，字平仲。春秋時齊人，相齊景公，倡節儉力行，名顯諸侯。《史記》有傳。

〔11〕上日：原指朔日。即農曆每月初一日。《尚書·舜典》"正月上日"傳："上日，朔日也。"這裏指勝日、佳日，即節日或親朋相聚而喜慶的日子。

〔12〕綷縩：象聲詞。衣服摩擦聲。潘岳《籍田賦》："衝牙錚鎗，綃紈綷縩。"或作"綷縩"。

〔13〕駢羅：駢比，羅列。漢揚雄《甘泉賦》："駢羅列布，鱗以雜沓兮。"

〔14〕梓澤：地名。金谷園的别名。《晉書·石崇傳》："崇有别館在河陽之金谷，一名梓澤。"石崇建河陽别館於金谷，顯赫一時，頗有奢侈之風。後人咏之。唐王勃《滕王閣詩序》："蘭亭已矣，梓澤丘虚。"

〔15〕辟疆：人名，亦園名。故址在江蘇吴縣界。《晉書・王獻之傳》："嘗經吴郡，聞顧辟疆有名園，先不相識，乘平肩輿徑入。時辟疆方集賓友，而獻之游歷既畢，旁若無人。"

〔16〕巢父棲遲：《高士傳・巢父》："巢父者，堯時隱人也。山居不營世利，年老以樹爲巢，而寢其上，故時人號曰巢父。"棲遲，游息。《詩・陳風・衡門》："衡門之下，可以棲遲。"

〔17〕壺公容與：壺公，傳説的仙人名。《後漢書・方術列傳》："市中有老翁賣藥，懸一壺於肆頭，及市罷，輒跳入壺中，市人莫之見，惟長房於樓上睹之，異焉。"後爲神仙的泛稱。容與，安逸自得。屈原《九歌・湘夫人》："時不可兮驟得，聊逍遥兮容與。"

〔18〕覃懷：舊指黄河之北的懷慶府地區，今河南武陟縣境。同人：本《周易》卦名，離下乾上。與人同和的意思。後指志同道合的友人。舊又稱同事或同行爲同人。亦作"同仁"。

〔19〕芳園：花香彌漫的庭園。李白《春夜宴桃李園序》："會桃李之芳園，序天倫之樂事。"

〔20〕築之登而削之憑：這裏謂修造豫成園表示和好。語出《詩・大雅・綿》："築之登登，削屢馮馮。"朱熹集傳："登登，（築墻人）相應聲。削屢，墻成而削，治重複也。馮馮，墻堅聲。"

〔21〕豫順以動：語見《易・豫》："豫順以動，故天地如之。"注："豫，和樂也，人心和樂……"

〔22〕瀏如蠲（juān）而丘如積：謂去濁流清，積土成山。語見柳宗元《永州韋使君新堂記》："積之丘如，蠲之瀏如。"瀏，水深而清澈貌。《詩・鄭風・溱洧》："溱與洧，瀏其清矣。"蠲，通"涓"，清潔。《周禮・天官・宫人》："除其不蠲，去其惡臭。"注："蠲，猶絜也。"壬午底本"丘"作"印"，疑爲"邱"之刊誤，今更正作"丘"。

〔23〕聿觀厥成：謂看到成功。聿，助詞，用於句首或句中。《詩・大雅・文王》："無念爾祖，聿修厥德。"

〔24〕慧斐之園離垢：事見《南史・僧慧斐傳》："游於匡山……於山北構

園一所，號曰離垢園。”離垢，佛家語，謂脱離煩惱的塵垢。《維摩詰經》卷上《佛國品》：“遠塵離垢，諸法法眼生。”

〔25〕太素之館逍遥：唐開元時，高太素隱居商山，起六逍遥館，曰：晴夏晚雲、中秋午月、冬日方出、春雪未融、暑簟清風、夜階急雨。并各製一銘。事見《輟耕録》：“高太素隱商山，起逍遥館。”

〔26〕巡檐牙以相羊：指徘徊廊檐下。巡，來回走着。檐牙，屋飾。杜牧《阿房宫賦》：“廊腰縵迴，檐牙高啄。”相羊，同“徘徊”。屈原《離騷》：“折若木以拂日兮，聊逍遥以相羊。”

〔27〕紺榭鏤楹：紺，略透紅色的深青色。鏤，雕刻。泛指建築物的綵繪花紋。

〔28〕朱甍碧瓦：甍，屋脊。碧瓦，琉璃瓦。

〔29〕排闥：推門而入。或曰排列門外。闥，門。《廣雅・釋宫》：“闥謂之門。”

〔30〕屈戌金摇：李商隱《驕兒》詩：“凝走弄香奩，撥脱金屈戌（閃光的環紐）。”

〔31〕窅窱：幽深貌。張衡《西京賦》：“望窅窱以徑廷，眇不知其所返。”也作“窈窕”。

〔32〕匡牀則焦尾横陳：匡牀，方正安適的牀。《商君書・畫策》：“是以人主處匡牀之上，聽絲竹之聲而天下治。”焦尾，焦尾琴。《後漢書・蔡邕傳》：“吴人有燒桐以爨者，邕聞火烈之聲，知其良木，因請而裁爲琴，果有美音，而其尾猶焦，故時人名曰焦尾琴焉。”

〔33〕鄴架則押頭參錯：鄴架，書架，也指藏書多。唐李泌封鄴縣侯，因父承休聚書上萬，告誡子孫不許借出，有來求讀的人，另給飯食。後稱藏書豐富爲鄴架。押頭，書籍的題籤。

〔34〕篁：竹名。晉戴凱之《竹譜》：“篁竹，堅而促節，體圓而質堅，皮白如霜粉，大者宜行〔作〕船，細者爲笛。”霑：同“沾”。沾濡，潤澤。

〔35〕木蘭揮翰：明高啓《陸龜蒙祠》：“猶有新詩驚太守，醉中揮翰木蘭堂。”

〔36〕俄生虛白：《莊子·人間世》："虛室生白，吉祥止止。"《釋文》："司馬（彪）云：'室，喻心，心能空虛，則純白獨生也。'"後用以形容清靜的心境。俄，頃刻。

〔37〕遥青：遠處的青山。孟郊《生生亭》："置亭嵽嵲頭，開窗納遥青。遥青新畫出，三十六扇屏。"

〔38〕問奇：問字，問學。《漢書·揚雄傳》："乃劉棻嘗從雄學作奇字（六國古文的異體）。"後稱從人受學或請教爲問字或問奇。

〔39〕月酌成三：意用李白《月下獨酌》："舉杯邀明月，對影成三人。"

〔40〕墊巾：《後漢書》卷九十八《郭太傳》載：郭太（原名郭泰，范曄避父諱改郭太）"身長八尺，容貌魁偉，褒衣博帶，周游郡國，嘗於陳梁間行遇雨，巾一角墊，時人乃故折一角，以爲林宗巾。其見慕皆如此"。郭太，字林宗，太原界休人。

〔41〕蠟屐：以蠟塗屐。《晉書·阮籍傳》："（阮）孚性好屐……或有詣阮，正見自蠟屐，因自嘆曰：'未知一生當着幾量屐！'"

〔42〕靈均澤畔吟：《史記·屈原賈生列傳》："屈原至於江濱，被髮行吟澤畔。"後把仕宦失意時所寫的作品，泛稱澤畔吟。靈均，屈原字。

〔43〕蒙叟濠梁之趣：《莊子·秋水》："莊子與惠子游於濠梁之上。莊子曰：'鯈魚出游從容，是魚之樂也。'"後因以濠上爲逍遥閒游之所，寄情玄言爲濠上之風。蒙叟，莊子爲蒙（河南商丘）人，因尊稱爲蒙叟。濠，水名，在今安徽鳳陽縣東北。梁，橋。南朝梁釋慧皎《高僧傳》卷五《竺道壹》："帛道猷者，本姓馮，山陰人，少以篇牘著稱，性好丘壑，一吟一咏，有濠上之風。"宋林和靖《中峰行樂卻望北山因而成咏》："庶將濠上想，聊作剡中游。"

〔44〕桃渡：桃葉渡之省。古渡口名，在江蘇南京市秦淮河畔。傳説因晉王獻之以歌相送其妾桃葉而得名。這裏用其故事。

〔45〕鬥鴨之欄：事見《三國志·吴志·陸遜傳》："時建昌侯（孫）慮，於堂前作鬥鴨欄，頗施小巧。"舊傳湖南臨湘縣鴨欄磯爲孫慮鬥鴨處。

〔46〕柳塘：柳隄。鮑溶《隋宫》詩："柳塘烟起日西斜，竹浦風回雁弄沙。"張昱《蓮塘曲》詞："青蘋風起柳塘水，波聲夜聒鴛鴦睡。"

〔47〕聽鸝之館：清人戴綮的室名稱“聽鸝山館”，黃金臺之室名亦稱“聽鸝館”，未知孰是。

〔48〕湔裳：洗衣消灾。古俗元日至月底，士女酹酒（以酒灑地）洗衣於水邊，消除不祥。

〔49〕卷（quán)：彎曲。《詩·大雅·卷阿》：“有卷者阿，飄風自南。”

〔50〕笏：朝臣用的笏板，借比石山。蘇州天平山有“萬笏朝天”之説。

〔51〕叠巘之巑岏：叠巘，重叠的山峰。巑岏，尖頂山。《文選·宋玉〈高唐賦〉》：“盤岸巑岏。”善曰：“巑岏，鋭山也。”

〔52〕初平叱咤：用“初平叱石”典。晉葛洪《神仙傳·黄初平》：“金華山中，有一牧羊兒姓黄，字初平。……乃叱曰：‘羊起！’於是白石皆變爲羊，數萬頭。”

〔53〕顛米摩挲：顛米，米芾。字元章，號鹿門居士，又稱海岳外史，著名書畫家。宋太原人，後徙居襄陽。因不受世俗約束，人稱爲米顛。畫山水人物，自成一家。最喜奇石，有元章拜石之説。摩挲，撫摸。

〔54〕齊女之宿瘤：《列女傳·辯通宿瘤女》：“齊閔王后也，頸有大瘤，故號宿瘤。”

〔55〕丈人之痀僂：《列子·黄帝》：“乃凝於神，其痀僂丈人之謂乎？”丈人，丈人峰之省。泰山上的山峰名，其形似曲背的老人。痀僂，彎腰駝背。

〔56〕奥窔（yào）：室内的幽暗角落。《荀子·非十二子》：“奥窔之間，簟席之上，斂然聖王之文章具焉。”注：“西南隅謂之奥，東南隅謂之窔。言不出堂室之内也。”

〔57〕輪囷蔥蒨：輪囷，屈曲貌。《史記·鄒陽列傳》：“蟠木根柢輪囷離詭，而爲萬乘器者。”集解引張晏曰：“輪囷離詭，委曲槃戾也。”蔥蒨，草木青翠茂盛貌。《文選·顔延年〈雜體詩〉》：“青林結冥濛，丹巘被蔥蒨。”或作“葱倩”，謝靈運《山居賦》：“當嚴勁而葱倩，承和煦而芬腴。”

〔58〕冪歷：分布覆蓋貌。晉左思《吴都賦》：“夤緣山嶽之岊，冪歷江海之流。”

〔59〕匝繞方三：曹操《短歌行》：“月明星稀，烏鵲南飛。繞樹三匝，何

枝可依？”環繞一周叫一匝。

〔60〕枝棲惟一：借比棲身的地方。《莊子·逍遥游》：“鷦鷯巢於深林，不過一枝。”

〔61〕榕：榕樹，俗稱黄桷樹。樹形高大，幹既生枝，枝又生根，陰蔭面廣。

〔62〕左攫（jué）而右拏（ná）：左争右奪，指枝條横生直長，槃結交錯。

〔63〕噦（huì）：鳳的叫聲。

〔64〕紅嫣：同“嫣紅”，嬌艷的絳紅色。李商隱《河陽》詩：“百尺相風插重屋，側近嫣紅伴柔緑。”也借指紅艷的花。

〔65〕北窗：北開之窗。梁簡文帝《彈箏》詩：“彈箏北窗下，夜響清音愁。”謝朓《游東堂咏桐》：“孤桐北窗外，高枝百尺餘。”

〔66〕送抱推襟：借喻真誠相待，彼此知心。《南史·張充傳》：“所以通夢交魂，推襟送抱，惟丈人而已。”

〔67〕掎裳聯襼：牽裙連袖。形容人多而親昵。

〔68〕維桑與梓：《詩·小雅·小弁》：“維桑與梓，必恭敬止。”桑、梓，古代住宅旁常栽的樹。後常借指故鄉或家園。

〔69〕適館而授餐：《詩·鄭風·緇衣》：“適子之館兮，還，予授子之粲（借爲餐）兮。”館，客舍。授餐，指供食。授，給予，安排。《周禮·秋官·環人》：“掌送逆邦國之通賓客……舍則授館。”

〔70〕班荆而道故：謂誠心相待。《左傳》襄公二十六年：“伍舉奔鄭，將遂奔晉。聲子將如晉，遇之於鄭郊，班荆相與食，而言復故。”班荆，鋪荆於地而坐。道故，叙説故舊之情。《宋書·陶潛傳》：“鮑叔敬仲，分財無猜；歸生伍舉，班荆道舊，遂能以敗爲成，因喪立功。他人尚爾，況共父之人哉！”

〔71〕春社秋社：春祭土地，祈禱豐年，是爲春社，常在立春後的第五個戊日舉行。秋則酬謝大地，慶賀農業豐收，是爲秋社，常在立秋後的第五個戊日舉行。戊，天干之第五位。

〔72〕櫻筍之筵：櫻桃春筍上市時之筵。《秦中歲時記》：“長安四月十五

日，自堂厨至百司厨，通謂之櫻筍厨。”又因櫻筍在春夏之交上市，常用以指代時令。唐陸龜蒙《和襲美所居首夏適然有作韻》：“亦以魚鰕供熟鷺，近緣櫻筍識隣翁。”

〔73〕敦槃：玉敦和珠槃。古代天子與諸侯會盟所用之禮器。敦以盛食，槃以盛血，均爲木製，飾以珠玉。《周禮·天官·玉府》：“若合諸侯，則共珠槃、玉敦。”鄭玄注：“古者以槃盛血，以敦盛食。”這裏以敦槃代指宴會。

〔74〕蔣生之三徑：見前文“江夏潘國祚《天都庵看芙蓉》詩”一段注〔4〕。

〔75〕悦親戚之話：語用晉陶潛《歸去來辭》：“悦親戚之情話，樂琴書以消憂。”

〔76〕雍睦之風：和睦家風。《宋書·顧顗之傳》：“顗之家門雍睦，爲州鄉所重。”

〔77〕漢廣：本指漢水，謂漢水寬廣。也代指江漢之域。亦是《詩經》中的篇名。《詩·周南·漢廣序》：“漢廣，德廣所及也。文王之道被于南國，美化行乎江漢之域，無思犯禮，求而不可得也。”毛傳：“紂時淫風徧于天下，維江漢之域先受文王之教化。”《詩·周南·漢廣》：“南有喬木，不可休息。漢有游女，不可求思。漢之廣矣，不可泳思。江之永矣，不可方思。”朱熹集傳：“江漢之俗，其女好游，漢魏以後猶然，如《大隄》之曲可見也。文王之化，自近而遠，先及於江漢之間。而有以變其淫亂之俗，故其出游之女，人望見之，而知其端莊靜一，非復前日之可求矣。因以喬木起興，江漢爲比，而反復咏嘆之也。”

〔78〕楚狂：楚人陸通。又名接輿。知世亂而佯狂。《論語·微子》：“楚狂接輿歌而過孔子。”疏：“接輿，楚人，姓陸名通。昭王時政令無常，乃披髮佯狂不仕，時人謂之楚狂。”後借用爲狂士的通稱。李白《廬山謠寄盧侍御虚舟》：“我本楚狂人，鳳歌笑孔丘。”

〔79〕冶城：鑄冶之城。在湖北黄陂縣東南，傳爲梁武帝爲攻郢城，冶修戰守之具處。顧祖禹《讀史方輿紀要》卷七十六《黄州府·武城》：“（黄陂）縣東南十五里，有冶城。相傳梁武帝舉兵東下，將攻郢城，修戰守之具于此。”

另一冶城在今南京市朝天宫附近，舊傳爲三國時吴國（一説春秋時吴國）鑄冶處，因而得名。

〔80〕秋水：古劍。白居易《李都尉古劍》詩："湛然玉匣中，秋水澄不流。"

〔81〕北園：北邊的游獵場。《詩・秦風・駟驖》："游于北園，四馬既閑。"這裏借指游樂。

〔82〕無逾我里：《詩・鄭風・將仲子》："將仲子兮，無逾我里。"逾，跳過，翻越。我，女子自稱。里，朱熹《集注》謂"二十五家所居也"。

〔83〕伐木：《詩・小雅・伐木》："伐木丁丁，鳥鳴嚶嚶。出自幽谷，遷于喬木。嚶其鳴矣，求其友聲。"這裏借指朋友相聚。

〔84〕盍簪：《易・豫》："勿疑，朋盍簪。"盍，合；簪，作綰髮之用。這裏借指友人相聚。

〔85〕叨陪北海之尊：叨陪，爲作陪客的謙詞。孔融，字文舉，因在漢獻帝時做過北海（今山東昌樂縣地）太守，故名爲北海。尊，酒杯。《後漢書・孔融傳》："常嘆曰：'座上客常滿，尊中酒不空，吾無憂矣！'"

〔86〕薇可浣毫：薔薇露可以洗筆。意用唐馮贄《雲仙雜記・大雅之文》："柳宗元得韓愈所寄詩，先以薔薇露灌手，薰玉蕤香後發讀。"

〔87〕《西園》之記：宋蘇軾、黄庭堅、秦觀、晁無咎等人集會西園，李伯時曾繪《西園雅集圖》。後米芾、楊士奇都有《西園雅集圖記》。這裏是以西園類比，爲溢美之辭。

〔88〕甲戌：嘉慶十九年。

〔89〕丁丑：嘉慶二十二年。

九華庵〔1〕，今爲豫章公所〔2〕。南昌毛曉滄方琮，擅詩畫，爽直喜交游，僑寓庵中數載矣。程耕雲秉，早慧好學，工帖括〔3〕，兼善詩賦，下筆千言立就，皆斐然可觀。而雄姿英發，議論風生，不屑隨俗俯仰〔4〕，與余交垂二十年，真畏友也〔5〕。爲漢陽名諸生，試輒高等，屢薦不售〔6〕，豈久暫遲速有定邪？居青龍街〔7〕，距九華庵道才如咫，與曉滄唱和甚多。

辛巳除夕[8]，過九華禪院，毛三曉滄留飲[9]，同用東坡《饋歲》《守歲》《别歲》詩韻三首。兹録其一云："我詩一餞臘[10]，君酒得相佐。少壯不復還，造物居奇貨。夜半庵中來，雪珠如豆大。甘爲訪戴人[11]，不學袁安卧[12]。執手君顔開，鐙花笑佛座。殘年紛俗累，有似蟣旋磨[13]。到此得少休，流光一霎過。試問夜何其[14]，寒雞唱復和[15]。"曉滄作云："餞歲留舉觴[16]，尚有梅花佐。泠澹亦生活，奚必問泉貨[17]。矧此暗同雲，飛雪若掌大。晶瑩印詩心，高吟駭僧卧。愛君談詣深，往往傾客座。笑彼賣痴獃，僕僕勞馬磨[18]。酒狂陋巷中，窮鬼嬾相過。昌黎絶調文[19]，千古幾人和。"

【注釋】

〔1〕九華庵：已廢。舊址約在今漢口六渡橋。

〔2〕豫章公所：江西省籍人士聚會議事的會館。

〔3〕帖括：科舉應試的文章。《唐書·選舉志》："明經者，但記帖括。"唐代科舉考試，明經科以"帖經"（即於全文中帖出數語）試士，後因考生多而多用偏僻的經文章句爲題。於是考生將偏僻經文編成口訣，加以熟記，以應付考試，叫帖括。後泛稱科舉應試的文章爲帖括。

〔4〕俯仰：周旋，應付。《漢書·司馬遷傳》："故且從俗浮湛，與時俯仰，以通其狂惑。"

〔5〕畏友：德操端重，令人敬畏的友人。陸游《跋王深甫先生書簡》："此書朝夕觀之，使人若居嚴師畏友之間，不敢萌一毫不善意。"

〔6〕屢薦不售：屢，多次。薦，推舉。不售，原意是貨物賣不出去，這裏引申爲考試不中。

〔7〕青龍街：在今漢口六渡橋附近。

〔8〕辛巳：清道光元年。

〔9〕毛三曉滄：毛曉滄排行第三。

〔10〕餞臘：歲末以酒食祭祖先神靈。

〔11〕訪戴：訪友。《世説新語·任誕》：王子猷居山陰，夜大雪，忽憶戴

安道，即夜乘小船就之。經宿方至，造門不前而返。人問其故，子猷曰："吾本乘興而行，興盡而返，何必見戴？"

〔12〕袁安：東漢汝南汝陽人，字邵公。因處世嚴謹，得州人敬重。《後漢書・袁安傳》注引《汝南先賢傳》曰："時大雪積地丈餘，洛陽令身出案行，見人家皆除雪出，有乞食者。至袁安門，無有行路。謂安已死，令人除雪入户，見安僵卧。問何以不出？安曰：'大雪人皆餓，不宜干人。'令以爲賢，舉爲孝廉。"永平間拜爲楚郡太守。時因楚王英謀反事，株連數千人，死者甚衆。袁安到任理案，爲之平反昭雪者四百餘家。和帝時，外戚擅政，安持正不阿，卒於官。

〔13〕螘旋磨：《晉書・天文志》："譬之於螘行磨石之上，磨左旋而螘右去，磨疾而螘遲，故不得不隨磨以左回焉。"比喻沉迷世故，終生忙碌。

〔14〕夜何其：謂入夜幾時。《詩・小雅・庭燎》："夜如何其？夜未央。"

〔15〕寒雞：冬天報曉的雞。鮑照《舞鶴賦》："感寒雞之早晨，憐霜雁之違漠。"

〔16〕餞歲：備辦酒食辭年。與"餞臘"義近。

〔17〕泉貨：古代錢幣名。《漢書・食貨志下》："泉貨徑一寸，重五銖，文右曰'貨'，左曰'泉'。"這裹泛指錢財。

〔18〕僕僕勞馬磨：僕僕，勞頓。馬磨，唐薛能《秋日將離滑臺酬所知二首》："僮汲野泉連土味，馬磨霜樹作秋聲。"

〔19〕昌黎絶調文：指韓愈《送窮文》。絶調，猶絶世。送窮，謂祭送窮鬼。韓愈文中所説有五窮：智窮、學窮、文窮、命窮、交窮。韓愈爲唐代河南河陽人，宋代因其郡望爲昌黎（今屬河北省），便追封爲昌黎伯。

大智坊近有茶肆[1]，題曰"白蕢洲"[2]。耕雲喜其名雅，戲爲作《記》，懸于粉壁，云："白蕢洲者，茶社名也。主人王姓，跡類枝棲，名叨市隱。環之以堵[3]，洽比其隣[4]。地惟占以數弓，齋更量夫十笏[5]。生涯本淡[6]，非黄公賣酒之壚[7]；笑語常諠，豈白傅逃禪之社[8]？爰有息肩熱客[9]，聊以滌煩；佇足勞人[10]，于焉療渴。主人則呼童滌器，命僕瀹泉[11]。竈煖烟清，瓶香水活。雅貪七椀，居然滿座。盧仝請試一槍[12]，不減當年顧渚[13]。雖然，家徒四壁，恐類蕭齋[14]；屋僅三間，幾爲陋室。爾乃開池受月，砌石延雲。四株五株之花，三竿兩竿之竹。況復米家畫舫[15]，藉可卧游[16]；周昉屏風[17]，拚將閒倚。廊以回而窅窱，窗因廠而玲瓏。佐晉人之清談，設桓氏之寒具[18]。暖風人醉[19]，會須茗飲三巡；寒夜客來[20]，認取鐙懸一點。慕汀洲之寄託[21]，宛在中央[22]；挹蘋藻之芳馨，何干衆草？我非陸羽，到來惟課《茶經》；君是王濛，供給勿嫌水厄[23]。"

馬王廟，左右有騾馬店，以駐陸路往來富商貴客也。當塗黄左田鉞《騾馬店》詩："騾馬店，乃在漢口馬王廟。富商大賈來，暫愒卸騾轎。有屋數十楹，幽暗失窔窔[24]。不知何許人，出入衹取鬧。我來主試援而止[25]，風雨破窗久無紙。朝陽夕陽不可徙，時方秋熱汗如洗。階下何所有，糞穢堆庭隅。樓上何所有，窸窣惟群狐[26]。狐于樓上作人步，似怪客來非所據。狐兮狐兮爾何怒，明日天明渡江去。"《渡江》云："曙色遥分黄鶴樓，西風重上漢陽舟。兼天波浪千驫轟，照水雲霞萬里秋。毷氉那期今日事，飄零爲愴昔年游甲辰與先兄來游武昌。仙人横笛應相笑，青鬢無端换白頭[27]。"

【注釋】

〔1〕大智坊：約在今大智路到集稼嘴範圍内。

〔2〕蘋：同"蘋"。

〔3〕環之以堵：用土築成圍墻。

〔4〕洽比：和睦親切相處。《詩·小雅·正月》："洽比其鄰。"

〔5〕十笏：形容占地面積很小。唐劉餗《隋唐嘉話》："有維摩居士石室，以手板縱横量之，得十笏。"笏，朝臣嚮皇帝進言時用的手板。

〔6〕生涯本淡：意用《莊子·山木》："君子之交淡若水。"淡，暗示茶水生意。

〔7〕黄公賣酒之壚：魏晉時酒家名。《世説新語·傷逝》："王濬冲爲尚

書令……經黄公酒壚下過。顧謂後車客：‘吾昔與嵇叔夜、阮嗣宗共酣飲於此壚……自嵇生夭、阮公亡以來，便爲時所羈紲。今日視此雖近，邈若山河。’”注引韋昭《漢書注》曰：“壚，酒肆也。以土爲墮，四邊高，似壚也。”黄壚本有“地下、黄泉”之意。《淮南子·覽冥訓》：“考其功烈，上際九天，下契黄壚。”高誘注：“黄泉下壚土也。”此用其意，以傷逝者。

〔8〕白傅逃禪之社：《舊唐書·白居易傳》：“與香山僧如滿結‘香火社’。”白居易爲太子少傅，故人稱白傅。逃避世事，皈依佛法，叫作逃禪。杜甫有《飲中八仙歌》詩：“蘇晉長齋繡佛前，醉中往往愛逃禪。”舊指讀書人出家爲逃禪。

〔9〕熱客：指逢迎權貴的人。晉程曉《嘲熱客》：“今世褦襶子，觸熱到人家。主人聞客來，顰蹙奈此何。”

〔10〕勞人：憂傷之人。《詩·小雅·巷伯》：“驕人好好，勞人草草。”朱熹集傳：“好好，樂也。草草，憂也。驕人譖行而得意，勞人遇譖而失度。”

〔11〕瀹（yuè）泉：煎茶。瀹，以湯煮物。《玉篇·水部》：“瀹，煮也。”

〔12〕一槍：茶葉。

〔13〕顧渚：山名。又叫西顧山。在浙江長興縣西北。《茶譜》：“陸龜蒙嗜茶，置園於顧渚山下。”

〔14〕蕭齋：蕭條貧寒的客室。參見前注。

〔15〕米家畫舫：黄庭堅《戲贈米元章》：“滄江静夜虹貫月，定是米家書畫船。”注：“崇寧間，元章爲發運江淮，揭碑於行舸之上曰‘米家書畫船’云。”

〔16〕卧游：用劉宋時宗炳故事，謂欣賞山水畫以代游覽。《宋書·宗炳傳》：“有疾還江陵，嘆曰：‘老疾俱至，名山恐難徧覩，唯當澄懷觀道，卧以游之。’凡所游履，皆圖之於室。”元倪瓚有詩句：“滿壁江山入卧游。”

〔17〕周昉屏風：宋釋文瑩《湘山野録》：“金陵賞心亭，丁晉公出鎮日重建也。秦淮絶致，清在軒楹，取家篋所寶《袁公卧雪圖》張於亭之屏，乃唐周昉絶筆。”周昉，長安人，唐代畫家，以善畫道佛像和寫真知名。官至宣州

長史。

〔18〕寒具：俗名饊子。古爲寒食節禁火時食用。蘇軾《二王書》："怪君何處得此本，上有桓玄寒具油。"

〔19〕暖風人醉：宋林升《題臨安邸》："暖風熏得游人醉，直把杭州作汴州。"

〔20〕寒夜客來：宋杜耒《寒夜》："寒夜客來茶當酒，竹爐湯沸火初紅。"

〔21〕慕汀洲之寄託：屈原《九歌·湘夫人》："搴汀洲兮杜若，將以遺兮遠者。"借採平洲香草以贈遠者，寄託思慕高賢隱士的高尚情志。

〔22〕宛在中央：語見《詩·秦風·蒹葭》："溯游從之，宛在水中央。"宛，仿佛。

〔23〕"君是王濛"二句：三國魏晉以來，始漸行茶飲，其時不習飲者，或戲稱飲茶爲水厄。《太平御覽》卷八百六十七引《世説》："晉司徒長史王濛好飲茶，人至輒命飲之，士大夫皆患之，每欲往候，必云：'今日有水厄。'"

〔24〕宧窔（yí yào）：房屋幽深。參見前"奥窔"注。

〔25〕援而止：留住。

〔26〕窸窣（xī sū）：細小的聲音。

〔27〕青鬢：烏黑的鬢髮。喻指少年。范成大《登西樓》詩："少年豪氣合摧鋒，青鬢朱顔萬事慵。"

楊林口，在馬王廟下數里，沿江之街市也。王孟穀《江上懷龍星瀼許謙次》云："楊林晚泊候潮平，舶趠風來波浪生〔1〕。舊雨何當慰離索〔2〕，新秋劇可愜胸情〔3〕。阿龍早著江南録〔4〕，大許曾聞月旦評〔5〕。鄂渚市樓梧竹影，枕流沽酒待同傾〔6〕。"

楚俗以五月望日爲大端陽節，翦紙爲龍船，中坐神像，自朔旦起，至十八日止，鼓鉦爆竹，鐙火諠闐，晝夜不輟，處處皆然。楊林口爲更盛，數十人駕一小舟，衆槳齊飛，疾如風雨，鼓聲人聲，與水聲相應，岸上觀者如堵，謂之龍舟競渡。亦有士女，坐四柱青幔之船，竹簾傍挂，肴醸笙歌，出游助興。土人云："將以驅瘟疫也。"黄岡明經吴德芝，字時素，又字石素，著《晉起堂集》，門人吴仕潮刊行。《大端陽行》云："午日龍舟鬧江水，楚俗相傳弔屈子。無端更有大端陽，初五日至十八止。翦紙爲舟逼肖龍，中坐神像裝束工〔7〕。迎處妖嬈雜婦女，扛來欹側集兒童〔8〕。金彩高張錦翠鋪，極工窮巧盡歡娱。游民廢業事厥役，半月以來爭追呼。典衣賣器供尊饌，肉山酒海腥風煽。急管哀弦恣牛飲，長旗大鼓疑龍戰。醉來怒駡老揮拳，槃篕壺杯飛瓦片。明日酒醒仍弟兄，不僅婁公甘唾面〔9〕。虐及神明守市廊，儼然面目與冠裳。麥瓜不黄李子黑〔10〕，神前故故來相將〔11〕。皆言一歲不如此，瘟鬼入門何能當。我看往年鍾邑侯，曾經示禁城門頭。涖官七載人不犯，閭閻清淨薰風流。當時此事竟衰止，竝無一家見瘟鬼。可知挽俗在循良，小人所視君子履〔12〕。且也先王法制詳，是月勿用火南方。諠闐爆竹若如此，微陽生意能無傷〔13〕。"

【注釋】

〔1〕舶趠（chào）風：梅雨後的東南季風名。蘇軾《舶趠風引》："吴中梅雨既過，颯然清風彌旬，歲歲如此，湖人謂舶趠風。是時海舶初回，云此風自海上與舶俱至云耳。"

〔2〕"舊雨"句：舊雨，老朋友。杜甫《秋述》："秋，杜子卧病長安旅次，多雨生魚，青苔及榻，常時車馬之客，舊，雨來；今，雨不來。"此謂人情變了，舊時賓客雖雨亦來，今遇雨就不來了。宋人范成大有《丙午新正書懷》詩咏此事："人情舊雨非今雨，老境增年是減年。"後用舊雨喻老友，新雨喻新交。離索，離開朋友，散居他方。《禮記·檀弓上》："吾離群而索居亦已久矣。"索，離散，孤獨。陸機《答賈長淵》："分索則易，攜手實難。"

〔3〕愜胸情：合乎心意。唐張九齡《使還湘水》："于役已彌歲，言旋今愜情。"愜，稱心，滿意。

〔4〕阿龍：王導。晉室棟梁材。臨沂人，字茂弘，小字阿龍，少有識量，才智過人。元帝爲琅邪王時，居建康，導知天下已亂，勸王招人才，結人心。

其政務清靜，户口錢糧殷實，朝野依賴，號爲仲父，人稱江左夷吾。元帝即位，導爲丞相。歷事元、明、成三朝。封太傅。《晉書》有傳。

〔5〕“大許”句：事見《後漢書·許劭傳》：“初，劭與靖俱有高名，好共核論鄉黨人物，每月輒更其品題，故汝南俗有‘月旦評’焉。”大許，許劭。月旦評，品評人物。也省作“月旦”。

〔6〕枕流沽酒：謂隱居山林，或隱之於市。枕流，《晉書·孫楚傳》：“楚少時欲隱居，謂濟曰：‘當欲枕石漱流。’誤云‘漱石枕流’。濟曰：‘流非可枕，石非可漱。’楚曰：‘所以枕流，欲洗其耳；所以漱石，欲厲其齒。’”沽酒，賣酒。

〔7〕裝束工：謂裝飾精巧。

〔8〕攲側：傾斜。這裏指供兒童玩要的器具。

〔9〕婁公甘唾面：謂逆來順受、忍辱負重之意。《新唐書·婁師德傳》：“其弟守代州，辭之官，教之耐事。弟曰：‘人有唾面，潔之乃已。’師德曰：‘未也！潔之，是違其怒，正使自乾耳。’”這裏謂酒醉場合，一切醜態不予計較。

〔10〕麥瓜：麥熟時之瓜。《歲華紀麗》：“伏日薦麥瓜。”注：“《月令》曰：初伏薦麥瓜於祖禰。”

〔11〕故故：偏偏，故意。宋徐鉉《徐公文集》卷二《九月三十夜雨寄故人》詩：“别念紛紛起，寒更故故遲。”

〔12〕小人所視君子履：謂小民是跟着君子走的。《詩·小雅·大東》：“君子所履，小人所視。”小人，舊指百姓。君子，這裏指達官貴人。

〔13〕微陽：原指落日。這裏指花砲的火焰。

余于丁卯曾同黄心盦[1]、方嵒夫午日觀競渡。是日士女出游甚衆，舳艫舴艋，半載管弦，拇戰鈎藏[2]，風吹諠笑，盈于江口。竊見歌郎韻卿，隱約于隣舟翠箔間[3]。嵒夫笑曰：“君若立成小令一闋[4]，明當呼伊按拍爲君淺斟低唱，何如？”余因一杯滿飲，埽筆成《夢江南》，詞云：“空江闊，競渡弔沈湘[5]。片片彩旗翻浪出，鼕鼕畫鼓曳風長。看奪錦標强。伊人見，宛在水中央。妒煞緑波留扇影，憎他翠箔隔衣香。兩槳爲誰忙。”兩君共爲嘆賞。心盦且以象箸擊几，應節而吟之。嵒夫曰："黄髯斌媚，較勝韻郎也。”相與鼓掌大笑，隣舟皆搴簾起視，笙歌亦一時停口，韻郎遂出見矣。彈指十數年，方、黄俱逝，余尚飄零孤旅，老客天涯，此樂渺不可再，追念之餘，能無黯然！

楚俗以木繫足履地，行舞作戲，名曰高蹻。試鐙之節，賽會之時[6]，皆集以群誇其藝。楊林口習其技者爲多。余曾作詩云："以木爲足木三尺，兩木削成丁字格。騰身躍上平地高，捷勝空山曳雙屐。神祠報賽爆竹聲，鳴金擊鼓先導行。三三伍伍好身手，前隊後隊紛相迎。忽肆狰獰幻鬼變[7]，黄鬚之兒帶銅面[8]。刺以長矛接短兵，三叉路口成蝗戰[9]。或作荆布邨婦妝[10]，目送何處游冶郎[11]。謔浪諠譁無不有，觀者如堵齊首昂。自笑揚揚鳴得意，居然出人一頭地[12]。俄時顛仆性命輕，足木相連駭傍眙[13]。揭竿古戲都盧橦[14]，走馬或現蓮花蹬[15]。復有吴孃蹋繩索，短襟窄袖歌新腔。幼時學得絶人技，覓食江湖無定止。何來楚俗名高蹻，甘與片木決生死。南山有田春可鋤[16]，北澤有魚秋可漁[17]。吁嗟游手乃出此，得毋寒餓堪依於。”

漢陽諸生徐鵠廷志，有《漢口竹枝詞三十首》，鋪叙土風流俗，頗可解頤。程耕雲爲余誦之，惜稿逸未全，得二十首，因爲補注録存。

【注釋】

〔1〕丁卯：清嘉慶十二年。

〔2〕拇戰鈎藏：拇戰，俗稱猜拳、搳拳。有酒令辭，雜以諧笑。明代王徵福有《拇戰譜》，專記搳拳酒令辭。鈎藏是一種游戲，酒席暗相傳鈎，猜不中，便罰酒。

〔3〕翠箔：翠緑色的珠簾。謂裝飾豪華。

〔4〕小令：指五十八字以内的詞。

〔5〕沈湘：屈原自沈於湖南汨羅江，故這裏指屈原。

〔6〕賽會：舊以儀仗、鼓樂迎神，叫賽會。

〔7〕“忽肆”兩句：指面具多變。

〔8〕黄鬚之兒：曹操子彰有勇力，鬚黄，操常呼爲黄鬚兒。王維《老將行》：“射殺山中白額虎，肯數鄴下黄鬚兒。”這裏借用指勇士。

〔9〕蝗戰：謂成群結隊。

〔10〕荆布邨婦妝：指農家婦女樸素的裝束。荆布，荆釵布裙省。

〔11〕游冶郎：泛指輕薄兒郎。

〔12〕出人一頭地：原指人的才能出衆。這裏指身在高處。

〔13〕眙（chì）：注視。《説文·目部》：“眙，直視也。”徐鍇繫傳：“視不移也。”《字彙·目部》：“眙，注視。”

〔14〕揭竿古戲都盧橦（chuáng）：指爬竿雜技。《文選·張衡〈西京賦〉》：“都盧尋橦。”又《漢書·地理志》：“南入海，有都盧國。”注：“其國人勁捷善緣高。”橦，長竿子。

〔15〕蓮花蹕：形容女子的步履。程珙《長相思》：“雨度窗，月上窗，窗内躊躇意未降。蓮花得得蹕。”

〔16〕“南山”句：陶潛《歸園田居》之三：“種豆南山下……帶月荷鋤歸。”謂種田可自給。

〔17〕“北澤”句：謂唐代王績隱居北渚之事。績字無功，絳州龍門人。隋大業中舉孝廉，授揚州六合縣丞，以非所好，棄官還鄉。績在河渚有田數頃，鄰渚有隱士，績重其貞素，願與相近，遂結廬河渚。養鳧雁，種黍和藥草自供，以琴酒自樂。嘗游北山，作《北山賦》。又躬耕於東皋，因號東皋子。貞觀十八年卒。參見《舊唐書·隱逸·王績傳》。

漢口街道寬平，盡鋪磐石，五方民處，客旅居多。詞云：“石填街道土填坡，八馬頭臨一帶河〔1〕。瓦屋竹樓千萬户，本鄉人少異鄉多。”

五顯廟馬頭對岸〔2〕，爲月湖之郭公隄〔3〕。湖山明媸，桃柳鮮妍。亭園蘭若相望，紅緑繽紛，燦如雲錦。裘慎甫司馬行恕有《月湖隄小記》，其佳處引人入勝，文亦如之。漢上士女，每值春來花放，挈侶渡河，澹抹濃妝，及時行樂。“大河南岸郭隄悠，柳緑莎青三月頭。人面賽花還賽雪，廣藤轎子揭簾游[4]。”

隄外隙地甚多，居人墾穜瓜菜，入市賣鮮。“饒有閒園十丈長，不栽花木不栽桑。摘來新物爭先買，五月王瓜四月嘗[5]。”

五月午節，估業家各停作一晝，劇飲歌呼，招朋結侶，齊上大別山，謂之蹋龜，蓋大別山俗呼爲龜山也[6]。“剥殘角黍盡偷閒[7]，藥店椒行一概關。黑繖遮頭日正午，大家挈伴上龜山。”

舊時每歲六月，有關王會[8]，里中各演劇迎賽最盛[9]，近則時作時輟矣。“爭將故事演新妝，枷鎖高蹻亦太狂。赤日燒空人汎螘[10]，年年六月賽關王。”

漢上人烟凑聚，家少鑿井，多仰汲于襄河，故開水巷以便賣水者，轆轤轉擔，所過之處，日無乾地。“坐空向滿一沙灘，士女哄嗔行路難。九達街頭多水巷，炎天時節不曾乾。”

後湖夏秋水汎，一片蒼茫。時于夕陽低墜，逭暑者呼船載酒，絲竹清歌，夜分始返。今少此游矣。“月湖平敞後湖遥，六尺杉篙兩把橈。菱葉風清湖水汎，酒船何日不笙簫。”

【注釋】

〔1〕八馬頭：在今漢口三陽路。

〔2〕五顯廟：《江夏縣志·輿地志》：“在居仁坊大街，清咸豐五年毁於兵，八年重建，未復舊觀。按：五顯廟辛亥兵燹後，未遑營復。”

〔3〕月湖之郭公隄：約在今江漢橋地帶。

〔4〕廣藤轎子揭簾游：指乘坐的兜子，多以藤編製而成。有的裝有簾子。

〔5〕王瓜：《禮記·月令》有“孟夏之月……王瓜生，苦菜秀”之句，然而此王瓜似非瓜菜。范書這裏所説王瓜或指黄瓜。

〔6〕龜山：大别山得名龜山，據説始於明代湖北巡撫王儉，取漢代蔡邕於山上所書“龜蛇交曰玄武”爲據，因同時改黄鵠山爲蛇山。

〔7〕角黍：俗名粽子。《初學記》卷四引晉周處《風土記》：“仲夏端午，烹鶩角黍。”又曰：“進筒粽，一名角黍，一名粽。”注引南朝吴均《續齊諧

記》："屈原五月五日自投汨羅而死，楚人哀之，每至此日以竹筒貯米，投水祭之。"

〔8〕關王會：又名關公會、磨刀會。《津門雜記》："五月十三日，相傳爲關公磨刀赴會之期，是日必雨。諺云：'大旱不過五月十三。'"這是民間紀念關羽的一種方式。

〔9〕迎賽：迎神賽會的省稱。

〔10〕汎蟻：喝酒。《文選·謝朓〈在郡卧病呈沈尚書〉》："嘉魴聊可薦，緑蟻方獨持。"注："《釋名》曰：'酒有汎齊，浮蟻在上洗洗然。'"白居易《雪夜對酒招客》："帳小青氈暖，盃香緑蟻新。"緑蟻，浮在酒面上的泡沫。也是酒名。

中秋日競尚月餅，各相饋遺，而賣餅家日夕紛製以供買者。"碧天如水月如瑶，賣餅人家設色饒。紗罩紗籠千百盞，中秋端的勝元宵。"

俗于中秋之夕，錦彩飾棚，設瓜其中〔1〕，燈火鼓樂，群送于戚友家，謂之送瓜〔2〕。受之者必備酒食以犒來衆，婦女歡迎，咸慶多子之兆，蓋取"瓜瓞綿綿"意也〔3〕。"桂子盈盈白露涼，育兒心切晚添妝。蓬門少婦金閨女〔4〕，併作瓜田一夕忙。"

天都、寶林兩庵〔5〕，筵宴極多，象版金尊〔6〕，歌聞户外。"景覽天都客似雲，寶林筵宴日紛紛。紫檀版叶崑腔曲〔7〕，佛號經聲何處聞。"

大觀音閣，歲逢大士誕日，香閨婦女，結束光華〔8〕，登閣拜禱，香火最盛。"橋鋪松板樹垂楊，逐隊蛾眉信步行〔9〕。水墨輕衫紅袖襖。觀音閣裏去燒香。"

下關之下有蔡公祠〔10〕，爲士大夫餞送處。"寒風颯颯雨溟溟，送别人歌柳色青。西客店中催騾馬〔11〕，壺觴争餞蔡公亭。"

大智坊各行寓中，商賈雜處，時有少婦，青衣布素，手挈竹籃，入市若縫紉者，實善歌小調也，名曰唱婆子。"黑漆包頭白粉腮〔12〕，竹筐攜去店門開。等閒愛聽清平調〔13〕，十個金錢唱一回。"

他如："桐油竿子大青牌〔14〕，煤炭爐中小麯醅〔15〕。囊便可沽賒亦好[16]，無人不上酒樓來。”“孌童俊僕更優俳[17]，五五三三處處偕。白紙扇頭行草字，吴綾套袴錦鑲鞵[18]。”“洋貨新奇廣貨精，繁華不數漢東京。豪商大賈乘閒出，簇簇油輿辟路行[19]。”“酒如泉涌客如蠅，綵帳銀屏布幾層[20]。演徹梨園歸去好，官銜寫滿紙糊鐙[21]。”“水府關前上小舟[22]，閒來好作過河游。豐碑有禁明文在，莫向山中打石頭。”“平等居人分外豪，千金置就御寒袍。白羊灰鼠尋常盛，元色狐裘紫色貂。”“聲諠鑼鼓歲年催，五色箋因弔挂裁[23]。帖子門神欣换節[24]，侍兒擔得麪糊來。”描摹時事，俚不傷雅。

【注釋】

〔1〕瓜：例用東瓜。

〔2〕送瓜：送給未育青年婦女家中，是漢口地區一種喜慶逗樂的民俗。

〔3〕瓜瓞（dié）綿綿：大瓜小瓞一個接一個。語本《詩經·小雅·綿》：“綿綿瓜瓞。”瓞，小瓜。《玉篇·瓜部》：“瓞，小瓜也。”

〔4〕蓬門少婦金閨女：蓬門，編草蓬爲門，指貧寒人家。金閨，女子閨閣的美稱。王昌齡《從軍行》：“更吹横笛關山月，無那金閨萬里愁。”

〔5〕天都、寶林：漢口天都、寶林二庵，在清初曾是文人墨客雅游觴咏的主要場所。乾嘉以後，爲一般游覽之地。天都宜清賞，寶林供宴叙，熱鬧僅次後湖。寶林庵約在今六渡橋附近。

〔6〕象版金尊：象牙嵌的拍板和鎦金的飲酒器。

〔7〕紫檀版：紫檀木的拍板，樂器，用以擊節。叶：同“協”，合，和諧。

〔8〕結束光華：衣着打扮得光彩華麗。

〔9〕逐隊蛾眉：成群結隊的婦女。謂女人很多，此應古人所謂“江漢之俗，其女好游”之説。

〔10〕下關之下：今三陽路一帶。

〔11〕西客：山陝等西北來的客商。

〔12〕包頭：裹頭，也叫湖縐巾。

〔13〕清平調：古曲調名。唐開元中，宫中牡丹盛開，玄宗令李白作《清平

調》辭三章，梨園弟子撫以絲竹，自己調以玉笛，以成曲。

〔14〕桐油竿子大青牌：竹竿挑着的青布酒旗。俗稱酒挑子。

〔15〕小麯醅：泛指酒。

〔16〕囊便：囊中方便。指有錢。

〔17〕孌童俊僕更優俳：孌童俊僕，指活潑可愛的童僕。優俳，即俳優，因押韻倒用，指戲子、演員、藝人。

〔18〕吴綾套袴錦鑲鞵：吴綾，江浙出産的緞子。套袴，也叫脚褲。錦鑲鞵，俗稱緞子鞋。

〔19〕簇簇油輿辟路行：簇簇，成群結隊。油輿，油布車子。辟路行，即開闢馬路行走。

〔20〕綵帳銀屏：彩色的幕布，銀色的屏風。皆舞臺上的裝飾。

〔21〕官銜寫滿紙糊鐙：舊劇人的術語叫跳加官。俗名吊辮子。即寫上姓名冠以老爺的字樣，求得賞錢，便將貼在燈籠上的繫子撕下。

〔22〕水府閣：在漢口黄陂街下段一帶。

〔23〕弔挂：用雜色紙裁剪後懸帖室内。

〔24〕帖子門神：帖子，門聯。《荊楚歲時記》："立春日寫'宜春'二字，貼於門庭楣柱。"後改爲"迎春接福"四字的帖子，逐漸演變爲桃符。門神，漢以神荼、鬱壘爲門神。唐以後張帖秦瓊、尉遲恭一帥一將爲門神。

新安吴浦舟，亦有《竹枝詞十首》，稿佚去。耕雲僅誦其句云："六分一椀麸皮麵〔1〕，難説盤餐只處高。"體仁巷下正街有麵館〔2〕，其酒簾書"只處高"三字。又云："十數席中占一席，高擡纖足剥花生。"後湖時有婦女結伴閒步，倦即愒坐茶寮，唤烟呼茗，不以爲嫌也。

漢鎮于元夕前後，燈市頗盛。刻翠鏤花，裁雲綴鳥，極爲鬥工爭巧，半屬武昌渡江而來者。耕雲有詩云："上元將近月波澄，人集江頭語沸騰。竹馬鰲山争上市〔3〕，梅花風裏賣春燈。"

姚姬傳鼐《惜抱軒集》有《漢口竹枝詞》二首云〔4〕："揚州錦繡越州醅〔5〕，巨木如山寫蜀材。黄鶴樓頭望鐙火，夜深江北估船來。""蜀江水長漢江低，江水東流也向西。霜後西風江盡落，可憐離别漢陽隄。”

【注釋】

〔1〕麸皮麵：今叫餛飩。俗或稱抄手、包麵。

〔2〕體仁巷：今武漢市硚口區仍保留其名。

〔3〕竹馬鰲山：竹馬，一種兒童玩具。即截一竹竿，小兒夾於胯下以行，謂之騎竹馬。古已有之。《後漢書·郭汲傳》：“始至行郡，到河西美稷，有童兒數百，各騎竹馬，道次迎拜。”後世還將竹馬迎郭汲事用來贊頌地方官吏。鰲山，堆叠彩燈爲山形，稱鰲山。宋以來元宵節放燈時多有之。

〔4〕姚姬傳：姚鼐。清安徽桐城人，字姬傳。乾隆進士，官至刑部郎中。主講書院四十年。工古文，爲桐城派主要作家。有文章須兼義理、考據、詞章的主張。有書齋名惜抱軒，世稱爲“惜抱先生”。著有《惜抱軒文集》《九經説》等。

〔5〕越州醅：紹興酒。越州，隋改會稽郡爲越州，州治紹興。醅，未濾之酒。杜甫《客至》：“樽酒家貧只舊醅。”或泛指酒。

漢口叢談卷三

漢口鎮在郡城南岸[1]。西則居仁、由義，東則循禮、大智，四坊。廛舍櫛比，民事貨殖，蓋地當天下之中，貿遷有無，互相交易，故四方商賈，輻輳于斯。三國時，市盛于石陽。《陸遜傳》：還攻石陽，石陽市盛，人奔入城，門不得闔，自斬數十人，門方可閉，吴遂虜其在外者數千人而還[2]。迨唐宋，則集于南市，李習之、陸放翁所記是也[3]。元暨明初，又萃于金沙洲。弘治以後，沔水于郭師口直冲入江，而漢口遂有泊船之所，乃市列漸盛矣。玆漢鎮人烟數十里，賈户數千家，鹺商典庫，咸數十處，千檣萬舶之所歸，貨寶奇珍之所聚，洵爲九州名鎮。然肇于有明中葉，盛于啓正之際。其間屢遭兵燹，人民散亡十之八九。百餘年内，文獻莫徵。自我國朝平治日隆，休養生息，萬里版圖，漸仁摩義，豈僅化行江漢！是以人才輩出，名利兼修，即區區一鎮，亦勝于郡邑。孝友忠貞，摛文游藝，多有足稱者。録邑志之遺，採里人之説，叢脞紀之，以資揮麈[4]。

按：明武昌府陳晦于所屬管家套，以小舟數百，載鐵器沈水中，竝鼓急櫂，犯其高處，沙隨水去，一夕套口遂深闊，乃召漢商鹽船移泊套中，所謂陳公套是也。明末左鎮武昌[5]，以沌爲荆沔下流，恐賊舟乘間而來，乃用巨艦二，載鐵石沈于沌口，未幾，果成小洲，直塞江、沌之間。蓋江中洲渚，多由浮沙旋擁以成。而沙之所以旋擁者，必有巨石重器兀然抵柱其間，水性遄逆，沙滓附著，頃刻而成。况江流趨下，或自東倒而西擁成洲，或西埽而東淤成套。雖天工所在，亦可以人力爲也。金沙洲在江東武昌郡賓安門外，二十年來，洲盡銷没，昔時街市亦已崩隤，余曩日猶及見之。近時武勝門外，地名塘角者，忽淤一洲。數年來，艖艘賈舶，咸集于彼，初爲荒野，今皆築室列廛，市肆里遥，百貨齊萃矣。此以水藏洲曲，可以避風，水淺洲回，可以下錨故也。兹漢口河内南北兩岸，俱有衝潰之處，如大馬頭下，漢沔水汎，侵及正街，不早爲計，患無已時。且漢水沿回紆折而下，亦關風水，旋繞有情，不獨夾沙纏護而已。欲固街市，必得岸外淤洲，可無吞陷之虞。守司此土者，能不肩創始爲難之念？漢之富庶，雖非昔比，然尚易爲力，彼孳孳小民何知哉？

【注釋】

〔1〕郡城：指漢陽府城。

〔2〕虜其在外者數千人而還：《三國志・吴書・陸遜傳》："潛遣將軍周峻、張梁等擊江夏新市、安陸、石陽。石陽市盛，峻等奄至，人皆捐物入城。城門噎不得關，敵乃自斫殺己民，然後得闔。斬首獲生，凡千餘人。"此言"數千人"，疑誤。

〔3〕李習之：李翺。唐代名士，字習之，隴西人（一説趙郡人），貞元進士，官至山南東道節度使。曾從韓愈學古文。陸放翁：陸游。乾道間任夔州通判，作《入蜀記》，其中記鄂州盛况："（二十三日）食時至鄂州，泊税務亭，賈船客舫，不可勝計，銜尾不絶者數里……市邑雄富，列肆繁錯，城外南市亦數里，雖錢塘、建康不能過，隱然一大都會也。"

〔4〕揮麈：揮動麈尾。晉人清談時，常揮動麈尾，以爲談助，後人因稱談論爲揮麈。蘇軾《贈治易僧智周》："斷絃挂壁知音喪，揮麈空山亂石聽。"

〔5〕左鎮武昌："左"指左良玉，明末山東臨清人，字崑山。初在遼東與清軍作戰，以驍勇善左右騎射受到重用。後在鎮壓李自成、張獻忠等起義軍的戰爭中升爲大帥，擁兵八十餘萬，鎮武昌。進爵至寧南侯。後病死於九江。

張三異，字魯如，號禹木。家居豐樂鄉，在後湖之北，有泉名柏泉，旁有柏泉寺[1]，《縣志》"禹王栽柏，通六十里之寒泉"，即此。順治己丑進士，官至紹興知府，子孫皆貴顯。著有《來青園集》。句如《美斯橋步月》云："竹遠敲風細，林深逗月微。"《夜泊危家渡》云："舟泊雲同卧，鐙殘酒半酣。"

按：閱邑志，張氏四代科甲，讀書榮仕，抑何盛哉！近則人嘆式微〔2〕，屋嗟茂草矣。然聞尚有一支寄籍維揚〔3〕，遺經能守，未絶簪纓〔4〕。其先人之深仁厚澤，定有足稱者。

勞必達，字磊卿，號尊三。康熙辛丑進士，官昭文知縣〔5〕。家居唐家巷正街。母朱氏，年二十九而寡，必達甫週晬〔6〕，會吴逆煽亂，抱孤四匿，紡績撫育，備嘗艱苦。迨必達出仕，氏已先逝。雍正三年請旌〔7〕。必達著有《擷潤堂詩集》四卷。《早春行九里關》有"蘿薜霜痕薄〔8〕，橋梁石軌深"之句。祖長祚〔9〕，字元錫，少爲諸生，文名頗著，與熊彦升、計開之、堵四甫輩作詩文交。其學有淵源如此，矧母氏撫孤守節，宜必達之成名也！

【注釋】

〔1〕柏泉寺：在漢陽縣治西北六十里豐樂鄉柏泉山上。一名景德寺。殿前有石井。民國九年《夏口縣志・輿地志》："舊傳禹植柏於大别山頭，根達柏泉寺井中，因名。今土人淘井，猶見樹根二，狀如雙鯉，其泉對面涌出，如魚戲水。"又傳石井爲仙人所鑿。

〔2〕式微：式爲語助，無義；微，衰落。

〔3〕維揚：揚州的别稱。《尚書・禹貢》："淮海惟揚州。""惟"通"維"。庾信《哀江南賦》："淮海維揚，三千餘里。"後人因截取"維揚"二字以爲名。明初曾置維揚府，後改揚州府。

〔4〕簪纓：簪和纓，古時達官貴人的冠飾，舊因以爲做官者之稱。如簪纓世族。據《夏口縣志・張三異傳》，三異初"任陝西延長縣"。後"任南陽郡丞""福建邵武丞"，有政績，"有片言折獄之稱"，《南陽名宦録》有著録。著有《痴龍集詩詞》《紹興府志》。八十三歲卒，贈通議大夫。

〔5〕昭文：本常熟縣地，清雍正二年分常熟城以東之地置昭文縣。相傳是

南朝梁昭明太子讀書選文之處，故名。屬江蘇蘇州府，1912年并入常熟。

〔6〕週晬（zuì）：嬰兒周歲之稱。孟元老《東京夢華録·育子》："生子百日，置會，謂之百晬；至來歲生日，謂之周晬。"

〔7〕旌：表彰。必達能出仕，賴母撫育之恩，故爲母請旌。

〔8〕九里關：即黄峴關。在河南羅山縣西南一百二十里。南接湖北應山縣界。《輿地紀勝》："黄峴關，今名九里關，盤據山險，最扼要，義陽三關之一也。"蘿薜：即薜蘿，因講平仄故而倒置。薜，薜荔，亦稱"木蓮"，常緑藤本植物；蘿，女蘿，亦植物名。薄，張氏底本譌作"簿"，今改。

〔9〕祖：此指祖父。據《夏口縣志·人物志一》，長祚與熊彦升等"爲别山一社。萬曆丙午科得而復失。游其門者多成名進士。年四十卒，識者惜之"。

李雲田，《後湖即事》云："臘氣暖如春，巾衫不厭貧。長隄涵積水，斷瓦宿香塵。苦債非關酒，題詩莫寄人。相逢周小史[1]，放眼已情親。"《漢口舟次》云："雨意濃于酒，花光減卻春[2]。如何初發櫂[3]，便已似愁人。海内兵猶滿，廬中士故貧。沙漚兼野老，去去惜閒身[4]。"他如："在世真成寄，無名不是浮。""各天同夢好，孤枕一身多。""無策紓家計[5]，相思畏月明。""普天都鹵莽[6]，何地藪逋逃[7]？""名任千秋笑，貧爲百代師。""天嫌人作達[8]，鬼笑客愁多。""白髮偏欺我，黄金巧避人。""高冠驚市卒，短劍媿名流。""愁來惟仰屋，興到不停杯。""久賤甘人棄，長貧覺命輕。""多生分與龍虵歲[9]，萬事催成犬馬年[10]。""酒味臨風吹不斷，愁心似草刈還生。""天時如此太無序，客子出門胡不歸。""自斷此生常作客，每逢多病倍思鄉。"寫出一種羈旅無聊之況，慷慨悲歌，真欲唾壺敲缺[11]。

按：雲田，名以篤，居邑之官橋[12]，多才負气。少時俯視流俗，歷游秦晉吴越京師豫章，卒無所遇，乃縱情于緑醽紅粉[13]。故其爲詩也，陶冶性靈，天真爛發，無蕪穢之音[14]，絶噍殺之響[15]。而于風懷近體[16]，尤擅輕華婉麗。緑葉成陰[17]，青樓未嫁，自名蕩子，可慨也夫！納姬寶鐙、婢埽鏡，相與吟飲博弈，樂而忘返。合肥龔芝麓作《老蕩子失意行》以贈之。陳迦陵有《送李雲田之吴門迎侍兒埽鏡·採桑子》詞，又《題周寶鐙少君坐月浣花圖》，多麗詞。著有《醉白堂集》。弟以籍，字聲叔。長子奕韓，字仍夢。次子序韓，字原漢。均擅詩名。序韓復工作元人折枝花鳥。

【注釋】

〔1〕周小史：晉張翰所寵幸之奴婢。張翰有《周小史》詩："翩翩周生，婉孌幼童。年十有五，如日在東。香膚柔澤，素質參紅……和顔善笑，美口善言。"見《藝文類聚》卷三十三。張翰，字季鷹，吴郡人，善文辭，縱任不拘，時人號爲江東步兵。齊王冏辟爲大司馬東曹掾，棄官不做。曰："使我有身後名，不如即時一杯酒。"見《晉書·張翰傳》。

〔2〕花光減卻春：謂花落春色漸退去。杜甫《曲江》："一片花飛減卻春。"

〔3〕發，《夏口縣志》引作"撥"。

〔4〕去去：催人速去之詞。《世説新語·任誕》："去去！無可復用相報。"

〔5〕紓（shū）：解除。《左傳》襄公二十九年："禍未歇也，必三年而後能紓。"注："紓，解也。"

〔6〕鹵莽：粗野。杜甫《空囊》詩："世人共鹵莽，吾道屬艱難。"

〔7〕藪（sǒu）：淵藪。借指逃亡處所。

〔8〕作達：行爲放達，不拘禮俗。《世説新語·任誕》："阮渾長成，風氣韻度似父，亦欲作達。"

〔9〕龍虵歲：虵，即"蛇"。謂戈矛相見，戰爭紛亂的年代。

〔10〕犬馬年：謙稱自己的年齡如同犬馬。曹植《黄初六年令》："究孤犬馬之年，此難能也。"

〔11〕唾壺敲缺：《晉書·王敦傳》載："（王敦）每酒後輒咏魏武帝樂府歌曰：'老驥伏櫪，志在千里。烈士暮年，壯心不已。'以如意打唾壺爲節，壺

邊盡缺。”後常以擊唾壺的典故，來表示英雄暮年，壯心不已，慷慨悲歌的神情。

〔12〕官橋：在漢陽縣治西六十里。

〔13〕緑醽（líng）：美酒。《集韻・青韻》：“醽，湘東美酒。”

〔14〕蕪穢：荒廢。舊以田不治曰蕪，多草爲穢。引申爲頽廢敗德。屈原《離騷》：“雖萎絶其亦何傷兮，哀衆芳之蕪穢。”

〔15〕噍（jiāo）殺：聲音急促不舒緩。《禮記・樂記》：“是故志微、噍殺之音作，而民思憂。”《史記・樂書》：“其聲噍以殺。”張守節正義：“噍，蹴（cù）急也。若外境痛苦，則其心哀慼，哀感在心，故樂聲蹴急而殺也。”

〔16〕風懷：風情。即男女愛慕的情懷。清人朱彝尊有《風懷詩二百韻》。

〔17〕緑葉成陰：計有功《唐詩紀事》卷五十六載，杜牧游湖州，曾見一少女，十四年後，牧任湖州刺史，其女已嫁生子。杜牧作詩云：“狂風落盡深紅色，緑葉成陰子滿枝。”後因指女子出嫁生育子女。

王孟穀，《寄李雲田》詩：“菜根堂外竹松曛〔1〕，霜壓平空木葉聞〔2〕。應有一寒憐范叔〔3〕，尚餘多病愛文君〔4〕。江邊風雨晴川合，樹杪人家鄂渚分。欲伴謫仙黄鶴飲，湘波天限白漚群。”

按：孟穀，名戩，康熙戊子副榜，舉山林隱逸，未赴。學該博，工詩，爲新城王漁洋器重〔5〕。父士乾，好學有大志，崇禎己卯舉人，陝州牧家賓子也〔6〕，任長沙府教授〔7〕，以令墨被劾，波及成大獄。子戩走京師上訴得白，戩亦名著都中矣。士乾女希貞，通女史箴訓〔8〕，守節養姑，姑死不食而殉。

吴小韓云：孟穀殁後，其家青衣常侍左右者〔9〕，偶經墓道，見先生手執書卷，獨跨白驢，呼曰：“汝不識我耶？我在東華上清監望汝久矣！”〔10〕青衣歸述其語，明日果亡。

按：孟穀著有《突星閣集》，天分人工，交臻絶頂。句如：“久閉金人口，多傷楚客魂。”“浪卷龍吟出〔11〕，星垂客枕低〔12〕。”“客程花落後，旅夢醉眠餘。”“詎能容我法，聊欲養天倪〔13〕。”“聊爲無事飲，莫作有情痴。”“劇愁客舍羈孤甚，坐惜人間歲月徂[14]。”“江湖于我有真適，漚鷺逢人都不驚。”“風吹大漠黃羊過[15]，天亘長城白草彫[16]。”“月鏡故應憎白髮[17]，酒杯猶是對清秋。”皆有不可一世之概。

【注釋】

〔1〕曛（xūn）：赤黃色。

〔2〕木葉聞：霜葉經微風吹動，窸窸有聲，故云。

〔3〕一寒憐范叔：范雎，字叔，戰國時魏國人，爲須賈所害，幾致死。後雎爲秦相，更名張禄，須賈使秦，雎着敝衣相見，賈不知雎已爲相，哀其寒，曰：“范叔一寒如此哉！”取一綈袍以贈之。後人常咏此事。唐高適有詩曰：“尚有綈袍贈，應憐范叔寒。不知天下士，猶作布衣看。”

〔4〕多病愛文君：多病指司馬相如，有消渴疾，得卓文君，二人私奔。《史記·司馬相如列傳》：“居歲餘，復召爲郎。相如口吃，而善著書，常有消渴疾。與卓氏婚，饒於財。……相如拜爲孝文園令。”

〔5〕王漁洋：王士禛，山東新城人，字子真，一字貽上，號阮亭，別號漁洋山人，順治十五年進士，官至刑部尚書。善文、詞，尤工詩，以神韻爲宗，主詩壇數十年。著有《帶經堂集》等。

〔6〕牧：州官稱牧。家賓：王家賓，孟穀之父，字獻叔，漢陽人，萬歷三十七年举人，知陝州，因忤魏忠贤黨人，被參劾歸家。清邁柱《湖廣通志》卷五十二有傳。

〔7〕教授：學官名。宋制，諸路州軍立學，置教授，以經術行義教導諸生，并掌管課試之事。各王府也置教授。元、明、清因之。

〔8〕女史：古代女官名，以知書婦女充任。後也用作對文化較高的婦女的尊稱。

〔9〕青衣：古時婢女多穿青衣，因用爲婢女的代稱。蔡邕有《青衣賦》。

〔10〕上清監：即上清宫。上清，相傳爲神仙居處。

〔11〕龍吟：本琴曲名。《北齊書·鄭述祖傳》：“述祖能鼓琴，自造《龍

吟》十弄，云嘗夢人彈琴，寤而寫得，當時以爲絶妙。”或因以形容美妙的琴聲或其他樂聲。南朝梁劉孝先《咏竹》詩：“誰能製長笛，當爲作龍吟。”

〔12〕客枕：旅中之枕。陸游《宿楓橋》：“七年不到楓橋寺，客枕依然半夜鐘。”

〔13〕天倪：天際。《莊子・齊物論》：“何謂和之以天倪？”郭象注：“天倪者，自然之分也。”唐岑參《岑嘉州詩》卷三《宿鐵關西館》：“雪中行地角，火處宿天倪。”

〔14〕徂：逝，過去。

〔15〕黄羊：蒙古地方的一種野生羊。杜甫《送從弟亞赴安西判官》詩：“黄羊飫不膻，蘆酒多還醉。”仇兆鰲注：“《莊綽雞肋編》曰：‘關右塞上有黄羊，無角，色同麞鹿，人取其皮爲衾褥。’”

〔16〕白草：生長在北地的一種白草，爲牛馬所喜。《漢書・西域傳》：“鄯善國出玉，多葭葦、檉柳、胡桐、白草。”顔師古注：“白草，似莠而細，無芒，其幹熟時正白色，牛馬所嗜也。”

〔17〕憎，周氏校本作“增”。

彭擬陶，《漢口後湖》詩云：“淤後襄河二百年，平蕪十里望茫然〔1〕。白雲有影常垂地，青草無依欲上天。春色任來鳩杖裏〔2〕，苦懷休到酒杯前。今朝准擬開襟抱〔3〕，莫放斜陽墮柳邊〔4〕。”“白雲”句真寫出人所不能寫之景，亦非可移于他處者。

擬陶又有《春游口號》云：“未能覔句手空叉，飯罷閒行水一涯。十里平湖紅似錦，春光爭放燕兒花。”《漫志》：“平湖，謂後湖也。燕兒花，俗名燕兒紅，後湖麥隴最多，春時碎紅如纈〔5〕，黄花地上，倍添錦繡。”嘗作《後湖竹枝詞》云：“車如流水馬如龍，未怕春寒料峭風〔6〕。相約蕭湘湖上去，蹋青先看燕兒紅。”

按：擬陶，名心錦。幼警敏好學，年二十八，貢入太學，屢試不售〔7〕。言動端謹，恂恂若處子〔8〕。生平以束修自給，弱冠飢驅，家食率不能經歲。而頻年旅舍，衣冠危坐〔9〕，即盛暑未嘗科跣〔10〕，三入京師，耻于自炫。堆案盈几，排纂不輟，時以道學目之。喜吟詩，不事雕繢[11]，神韻獨絶[12]，復善書，名重當時。晚游秦蜀，赴大僚聘，閱五月，託病歸。後大僚敗，入幕者多株連，彭獨免。著有《望雲堂集》。長子湘懷，次子榮，承其家學，皆以詩名。《望雲堂》詩不事雕繢，神韻獨絶。句如："貧惟存涕淚，道本在林泉。""嚴程霜柝急，破廟佛鐙寒。""避世羞金馬[13]，安貧獨布衣。""天與黄花瘦，雲將白雁昏。""彈冠誠寂漠[14]，結韈尚風流[15]。""征驂催儉歲，客路逼涼風。""學廢青鐙久[16]，貧遭白眼多[17]。""石牀雲老閒眠鹿，野樹花香獨唱鶯[18]。""烟留茶竈花迷影，日下書窗鳥唤人。""人當得意何辭醉，事到違心總不工。""松經霜後身仍健，桐遇燒殘尾已灰。""肉食已知無骨相，貂冠豈易到頭顱。"慷慨言愁，幽深寫意，最耐人吟諷。

吴小韓云：擬陶原名令，字慕庭。九歲時，鄉先生朱姓出偶句云："彭老者一身土氣。"應聲曰："朱先生三箇牛頭。"其穎敏夙成如此。在京日，友人某將入貲爲郎，值病不起，盡以付先生，曰："君可自爲之。"先生還其家，封識如故也。

【注釋】

〔1〕平蕪：《夏口縣志》引作"平湖"。後湖有"平湖"之别稱。

〔2〕鳩杖：老年人的拐杖，杖頭刻飾有鳩形。《後漢書・禮儀志中》："仲秋之月，縣道皆案户比民。年始七十者，授之以玉杖……玉杖長〔九〕尺，端以鳩鳥爲飾。鳩者不噎之鳥也，欲老人不噎。"

〔3〕襟，《夏口縣志》引作"懷"。

〔4〕墮，《夏口縣志》引作"到"。

〔5〕纈（xié）：染花的絲織品。《魏書・封回傳》："滎陽鄭榮諂事長秋卿劉騰，貨騰紫纈四百匹，得爲安州刺史。"

〔6〕料峭：春寒，微寒。料峭風，春天的冷風。《五燈會元》卷十九《法泰禪師》："春風料峭，凍殺年少。"蘇軾《定風波》："料峭春風吹酒醒，微

冷，山頭斜照卻相迎。”

〔7〕售：賣。引申爲科考得中。韓愈《祭虞部張員外文》：“司我明試，時維邦彥，各以文售，幸皆少年。”

〔8〕恂恂：謙恭謹慎貌。《論語·鄉黨》：“孔子于鄉黨，恂恂如也，似不能言者。”

〔9〕危坐：端坐。古人雙膝着地而坐。《管子·弟子職》：“如見賓客，危坐鄉（向）師。”後亦謂坐時敬謹端正爲“危坐”。

〔10〕科跣（xiǎn）：科，科頭，不戴冠。跣，不穿鞋。

〔11〕雕繢：華麗的彩繡。形容過分修飾的文詞。

〔12〕神韻：指詩文書畫的風格韻味。清吴陳琰《〈蠶尾續集〉序》：“味外味者何？神韻也。詩得古人之神韻，即昌谷所云：‘骨重神寒天廟器。’詩品之貴，莫過於此矣。”

〔13〕金馬：漢代宫門名。《史記·滑稽列傳》：“金馬門者，宦署門也。門傍有銅馬，故謂之曰金馬門。”漢時徵召來的人，都待詔於公車（官署名），其中被認爲才能優異的令待詔金馬門。謝惠連《連珠》：“登金馬而名揚。”這裏泛指宦門。

〔14〕彈冠：彈去帽子上的灰塵，整潔其冠。比喻準備出仕。《漢書·王吉傳》：“吉與貢禹爲友，世稱‘王陽在位，貢公彈冠’，言其取舍同也。”

〔15〕結韈：結繫襪子。《史記·張釋之馮唐列傳》：“王生者，善爲黄老言，處士也。嘗召居廷中，三公九卿盡會立，王生老人，曰‘吾襪解’，顧謂張廷尉：‘爲我結襪！’釋之跪而結之。既已，人或謂王生曰：‘獨奈何廷辱張廷尉，使跪結襪？’王生曰：‘吾老且賤，自度終無益於張廷尉。張廷尉方今天下名臣，吾故聊辱廷尉，使跪結襪，欲以重之。’諸公聞之，賢王生，而重張廷尉。”後因比喻指屈身事長者。韈，同“襪”。

〔16〕青鐙：舊時用油燈，其光亮青瑩，故謂之青燈。唐韋應物《寺後獨夜寄崔主簿》：“坐使青燈曉，還傷夏衣薄。”

〔17〕白眼：相傳晉時阮籍能爲青白眼，見凡俗之士，以白眼對之。見劉義慶《世説新語·簡傲》“嵇康與吕安善”注。後因以白眼表示鄙薄厭惡。宋劉克

莊《後村集》卷八《贈高九萬并寄孫季蕃》："紫髯長拂地，白眼冷看見。"

〔18〕石牀：石製的牀。唐賈島《長江集·贈無懷禪師》："禪定石牀暖，月移山樹秋。"雲老：山中多雲，故説雲老。此兩句寫山居之趣。

文賓門，《雨中渡漢江作》云："二月連江雨，江寒色未開。雲低天欲墮，舟小霧將埋。沙岸惟棲鷺，春城不放梅。有懷空擊楫[1]，悵望濟川才。"沈雄感慨，讀之神往。《計日家信可達漢上》云："客久將流落，思歸損舊顏。一年秋又老，昨日信初還。已是飄零慣，從他鬢髮斑。殷勤語兒女，無用淚潺湲。"此詩又寫流離困苦之情，强自寬慰，宛轉悲愁，文人不偶，千古同嘆。

按：賓門名師汲，嗜讀書，負气性，爲文疏爽而峭勁。詩多沈鬱，五律尤健。生平善揮霍，數十百金，隨手輒罄。里有故家兒，偕妻子粥身營親喪[2]，賓門聞之，捐貲爲贖歸。好馳馬試劍，快談兵略。走燕齊秦晉吴越豫章，篷屐所至，悉發于詩，以寫其感懷弔古之思。之京師，窮無薦達[3]，偶刺謁一顯者[4]，閽不爲通[5]，勃然怒詈曰："乃公出身儒者，方以士不游于門下爲憂，今乃知皆爾輩所格。"拳擊踣之，顯者聞而出謝。賓門拂衣而返，由此知名，傳爲佳話。卒受諸貴人所忌，目謂狂生。久之不自聊，歸窮老以終。著有《紡山草堂集》。句如："雁老秋將盡，天寒菊不花。""時艱徒索米，世險且藏身。""不羡盧生夢[6]，誰憐趙壹情[7]。""酒知心事苦，風戀布衾單[8]。""雁影當杯落，梅香撲鼻生。""暗雲低破屋，落葉亂空林。""一尊酒盡愁先到，千里書遲雁不飛[9]。""學劍無成恩未報，吹簫何處飯能餐[10]。""洞中白髮惟知漢，簾外青山那記秦[11]。"隨境感發，真移我情。

【注釋】

〔1〕擊楫：敲打船槳。《晉書·祖逖傳》載，祖逖渡江北伐，至中流擊楫而誓曰："祖逖不能清中原而復濟者，有如大江！"辭色壯烈，衆皆感慨。後因以

“擊楫”形容志節慷慨。

〔2〕粥：同“鬻”，售，賣。

〔3〕薦達：舉薦提拔。《後漢書·孔融傳》：“薦達賢士，多所奬進。”

〔4〕刺：名片。古代在竹簡上刺上名字，故稱。見《釋名·釋書契》。刺謁，投名片以謁見。

〔5〕閽：守門人。屈原《離騷》：“吾令帝閽開關兮，倚閶闔而望予。”

〔6〕盧生：唐代人。相傳曾與友人李生讀書於太白山。後李生告去，爲桔園吏，因虧折官錢，境遇窘迫。忽於揚州遇盧生，邀至城南朱門中，有名花異木，置酒北亭。命佐酒女出。其容貌極麗，兼善箜篌。盧生説：“爲君作婚姻可乎？”又與一柱杖曰：“所負官錢，可將此於波斯店取之。”第二天以杖前往，果然得錢。後至汴州，行軍凌道源以女妻之，即北亭勸酒女。

〔7〕趙壹：漢陽西縣（今甘肅天水市西南）人，字元叔，東漢辭賦家。所作《窮鳥賦》，爲世傳誦，名動京師，士大夫想望其風采。後十辟公府，皆不就。《後漢書·趙壹傳》：“余畏禁，不敢班班顯言，竊爲《窮鳥賦》一篇。”窮鳥，困厄無處可逃之鳥。温庭筠《上相公啓》：“窮鳥入懷，靡求他所。”

〔8〕布衾：粗布製作的被子。杜甫《茅屋爲秋風所破歌》：“布衾多年冷似鐵，嬌兒惡卧踢裏裂。”

〔9〕雁不飛：《漢書·蘇武傳》載：蘇武出使匈奴，與假吏常惠等困於匈奴十數年。漢求武等，匈奴詭言武已死。常惠得夜見漢使，教使者謂單于，言天子射上林苑中，得雁，其足繫帛書，言武等在某澤中。使者如惠語責單于，單于大驚，遂釋歸武等。後常以“鴻雁傳書”寄發思情。

〔10〕吹簫：指春秋時伍子胥於吴市吹簫乞食糊口的故事。

〔11〕洞中白髪惟知漢，簾外青山那記秦：語出陶淵明《桃花源記》：“乃不知有漢，無論魏晉。”

汪遯漁，原名穎，字鈍予。數歲解吟詩，有孔、李之譽〔1〕。長而雅好韜略，講求經濟，思以功名自見。時滇黔用兵，短衣負劍，慷慨赴軍佐謀畫，有聲戎幕。至京師，鬱鬱不得志。遂謝去，究討四始六義〔2〕，寢食唐宋大家，擬其精髓，詩學益進。因縱游山水，所至與諸名宿倡和。晚年歸隱漢上之蔴陽口，老屋數椽，蠟屐幾兩[3]，悠然以之終身。友人顯仕者競以書招，皆不赴。石城徐公惺爲楚方伯，雅重遯漁，數數減從過其東漪草堂，倡酬談笑，車笠忘形[4]。遯漁善篆刻，徐嘗以佳石屬。偶促迫之遽，曰："公以某爲石工耶？"徐笑謝不遑云。

遯漁《郕居》二絶云："遯世東漪學灌園，有時買酒大江郕。歸來抱膝無憀甚，扁豆花開亦舉尊；寂漠江郕長夏天，疏林雨後緑娟娟[5]。蘆花艇子銜殘照，喚賣槎頭縮項鯿[6]。"《漢上僧樓答以朋》云："浩淼烟波汎小舟[7]，偶來漢上恣閒游。疏桐葉落清砧夜[8]，細雨人歸白雁秋[9]。積水空明堪對酒，高天寥闊一登樓[10]。昭陽耆舊多相識，羡絶君才過虎頭[11]。"《耐郕來漢上》云："别去三年歸路遥，故人重見話蕭條。顛毛種種雄心在[12]，身世茫茫髀肉消[13]。畫裏山川悲往代，雨中蓑笠夢前朝[14]。羡君已是完婚嫁，五嶽惟存谷口樵[15]。"漢陽五家詩，功力悉敵，而遭遇亦同，因類紀之，亦漢上遺風也。

按：吴小韓好古愛才，出之至性。嘗採集李雲田、王孟穀、彭擬陶、文賓門、汪遯漁各集，收羅鈔綴爲之選録，名曰《漢陽五家詩鈔》。其表章前哲之心亦盛矣[16]。

【注釋】

〔1〕孔、李：指後漢孔融、唐代李賀。

〔2〕四始：《詩大序》言《詩經》有"四始"。後世的解釋有兩説：1. 指《詩經》風、小雅、大雅、頌的爲首四篇。《史記·孔子世家》："《關雎》之亂以爲風始，《鹿鳴》爲小雅始，《文王》爲大雅始，《清廟》爲頌始。"2.《詩疏》據鄭玄説，以風、小雅、大雅、頌四者爲王道興衰之所由始，因稱四始。六義：《詩大序》言《詩經》有六義，即風、雅、頌、賦、比、興。

〔3〕蠟屐：塗有蠟的木屐。兩：量詞，猶"雙"。《詩·齊風·南山》："葛屨五兩。"一作"緉"，《説文·糸部》："緉，履兩枚也。"

〔4〕車笠：《太平御覽》卷四〇六引周處《風土記》："越俗性率樸，意

親好合，即脱頭上手巾，解要（腰）間五尺刀以與之爲交，拜親跪妻，定交有禮……祝曰：‘卿雖乘車我戴笠，後日相逢下車揖；我雖步行卿乘馬，後日相逢卿當下。’”後因稱不以貴賤而異的友誼爲車笠交。《古詩源》引《越謡歌》作“君乘車，我戴笠，他日相逢下車揖；君擔簦，我跨馬，他日相逢爲君下。”與《御覽》所引小異。

〔5〕娟娟：明媚美好貌。杜甫《寄韓諫議》：“美人娟娟隔秋水，濯足洞庭望八荒。”

〔6〕槎頭縮項鯿：即鯿魚。也簡稱槎頭、槎頭鯿，又稱魴。羅願《爾雅翼》卷二十八：“魴，縮頭，穹脊，博腹，色青白而味美，今之鯿魚也。漢水中者尤美。常以槎斷水，用禁人捕，謂之槎頭鯿。宋張敬兒爲刺史，獻齊高帝一千八百頭，即此也。”杜甫《解悶》詩之六：“漫釣槎頭縮頸（一作‘項’）鯿。”

〔7〕汎：周氏校本作“汛”，誤。

〔8〕清砧：搗衣石。《玉篇·石部》：“砧，搗石。”杜甫《搗衣》詩：“亦知戍不返，秋至拭清砧。”“寧辭搗衣倦，一寄塞垣深。”因秋至，苦寒之月近，長別之情亦悲，故離婦於清冷空曠的秋夜搗衣，以寄發思夫之情。所謂“清砧夜”，即指秋夜。

〔9〕白雁：一種白色的雁。《左傳》哀公七年：“曹鄙人公孫彊好弋，獲白雁。”宋彭乘《續墨客揮犀》卷七《白雁至則霜降》：“北方有白雁，似雁而小，色白，秋深則來，白雁至則霜降，河北人謂之霜信。杜甫詩云‘舊國霜前白雁來’，即此也。”所謂“白雁秋”，即指深秋。

〔10〕一：副詞。乃，且。

〔11〕虎頭：晉代畫家顧愷之的小字。

〔12〕顛毛：頭髮。《國語·齊語》：“班序顛毛，以爲民紀統。”韋昭注：“顛，頂也；毛，髮也。”種種：頭髮稀少貌。《左傳》昭公三年：“余髮如此種種，余奚能爲？”杜預注：“種種，短也。”

〔13〕髀（bì）肉消：髀，大腿。《三國志·蜀志·先主傳》裴松之注引《九州春秋》：“備住荆州數年，嘗於表坐起至厠，見髀裹肉生，慨然流涕。還

坐，表怪問備。備曰：‘吾常身不離鞍，髀肉皆消；今不復騎，髀裏肉生。日月若馳，老將至矣，而功業不建，是以悲耳。’”

〔14〕“雨中蓑笠”句：取陸游《溪上小雨》“掃空紫陌紅塵夢，收得煙蓑雨笠身”之意，謂超脱凡俗，隱身烟雨中。

〔15〕谷口：地名。又叫寒門。在陝西涇陽西北。《戰國策・秦策三》：“范雎曰：大王之國，北有甘泉、谷口。”《漢書・郊祀志上》：“所謂寒門者，谷口也。”顔師古注：“谷口，仲山之谷口也，漢時爲縣，今呼之治谷是也。以仲山之北寒凉，故謂此谷爲寒門也。”因地當涇水出山谷之口，故名谷口。

〔16〕前哲，周氏校本作“先哲”。

李奕韓，《遣懷》云：“僦屋枕江流〔1〕，江聲送客愁。鳥飛寒入樹，山晚碧當樓。戎馬何時逸，苹蹤到處浮〔2〕。壯心渾未已，把盞看吴鈎〔3〕。”句如：“耕鑿懷先穡〔4〕，蘋蘩愧老妻〔5〕。”“虚閣江聲迴，柴門月色寬〔6〕。”“溪淺分魚鬣〔7〕，沙寒散虎蹏。”《序韓蕭寺逢故人》云：“廖落依蕭寺，憐君意獨深。江湖游子淚，風雨故人心。石室清幽夢，山雲冷素琴〔8〕。凄凄無限恨，對爾倍沈吟。”句如：“茗熟從人設，枝閒任鳥來。”“荒徑牛羊夕，寒磯歲月秋。”皆清越可諷，無慙家學。

項大德，字立上，又字容亭。少敏慧，八歲能誦五經，與兄大復字來一同時入泮〔9〕。其先歙人，祖璘貿遷漢口，因家焉。父誠，出守四川順慶、成都兩郡，以卓異著名，卒于京邸。大德生有至性，孝事其母甚謹，侍疾半載，寢食俱廢，以刃割股和藥進，母病少瘥〔10〕。時天寒肉裂，自冬徂夏，膿血腥臭，人始知之。迨母卒，益復哀號，痕潰大如掌，形神銷亡，身羸而歿，年僅二十有六。見者爲之流涕，聞者爲之傷心焉。著《梯青集》。大復爲之選梓〔11〕。其《題易徵君廬墓圖》詩句云：“春樹凄清猶有淚，秋風孤影尚聞欷。”

【注釋】

〔1〕僦：租賃。韓愈《送鄭尚書序》：“家屬百人，無數畝之宅，僦屋以

居。”

〔2〕萍蹤：即“萍踪”。謂行踪漂浮不定。湯顯祖《牡丹亭・鬧殤》：“恨匆匆，萍踪浪影，風剪了玉芙蓉。”

〔3〕吴鈎：古代吴地造的一種彎形的刀。《吴越春秋・闔閭内傳》：“闔閭既寶莫耶，復命於國中作金鈎，令曰：‘能爲善鈎者，賞之百金。’吴作鈎者甚衆，而有之貪王之重賞也，殺其二子以血塗金，遂成二鈎，獻於闔閭。”後常稱利劍爲吴鈎。

〔4〕耕鑿：耕田鑿井。晉皇甫謐《帝王世紀》：“日出而作，日入而息，鑿井而飲，耕田而食。”先穡：即先農，傳説中最初教民耕種的人，祀以爲神，即神農氏。或曰后稷。

〔5〕蘋蘩：蘋，一種蕨類植物。亦稱“四葉菜”“田字草”“破銅錢”，蘋科。蘩，亦植物名。即白蒿，可生食或蒸食。《文選・傅毅〈爲宋公修張良廟教一首〉》：“蘋蘩行潦，以時致薦。”

〔6〕柴門：用樹條編扎的簡陋之門。杜甫《南鄰》詩：“白沙翠竹江村暮，相送柴門月色新。”

〔7〕鬣：《增韻》：“鬣，凡魚龍頷旁小鬐皆曰鬣。”

〔8〕素琴：無飾之琴。《禮記・喪服四制》：“祥之日鼓素琴。”李白《古風》：“安識紫霞客，瑶臺鳴素琴。”

〔9〕泮：泮宫，西周諸侯所設的大學。因春秋時魯國有水名泮，作宫其上，故稱泮宫。見《詩・魯頌・泮水》。亦作“頖宫”。《禮記・王制》：“大學在郊，天子曰辟雍，諸侯曰頖宫。”科舉時代，常稱生員入學爲入泮。

〔10〕瘥（chài）：病愈。

〔11〕選梓：因梓木文理極細，韌性好，舊時多以梓木刻字製版，遂以選梓表示編輯出版。

吴邦治，字允康，號鶴關，歙之信行里人。僑寓漢口，與段寒香、彭念堂稱漢陽三老。好學多藝，性頗耿介。居有鶯飛樓，自作《小記》云：“僦屋于漢皋，有樓焉。崇袤不盈丈，圭竇圮瓦〔1〕。設跛几，積古書千卷其上。暇則偃仰其中，而顏之曰‘鷽飛’。夫鷽之飛[2]，不至于地而已，以謂非飛則不可飛矣。且不鵬笑[3]，如鵬笑，必將爲鵬輩所笑，或曰鵬弗笑。安乎？曰安。曰奚安？曰吾歲薄能安于小焉爾！知我者輒首肯去。”嘗賦《漢皋移花》詩云：“籬門上翠華，春早未移家。空覺人寰事，多栽山裏花。根株占土脈，枝葉付烟霞。向暮風濤起，深情寄水涯。”《登漢口第一樓獨望四首》之二云：“古市梁陳久，于今百萬家。炊烟凌曉霧，野客住明霞。地涌黄金貴，人誰彩筆花。閒閒憑弔罷，鶯燕語平沙。棲息傷幽獨，臨高又散襟。文章慙報國，身世少同岑[4]。虚棟靈風雨[5]，危途視井參[6]。一聲劃長嘯，樓閣大江深。”《漢口》云：“大别亭亭鬱翠霞，江深漢廣思無涯。如何自古風流地，賸有于今富庶家。秋熟一尊籬下酒，春飛幾點樹頭花。蕭然磬室烟波穩，獨把漁竿弄歲華。”按：鷽飛樓及漢口第一樓址，皆莫考。

鶴關《文賸曾秫田墓志略》云：君諱震，字非百，秫田其别號也。其先南豐人，祖以官麻城，因家焉。父某依左寧南討賊爲偏裨，左軍散，歸業漢口。秫田幼聰穎，好讀書而苦貧，且病瘵[7]，未卒業。稍長，游襄鄧[8]，有帥某招入幕府，辭弗就。遇老畫師陳碧山，北面事之，盡其秘，而于寫真爲特妙。居漢上久，往來宦游[9]，與當事咸禮延之[10]。貌在得神，而于文人佳士爲尤肖。間作近體詩，而以盛唐人爲宗。

【注釋】

〔1〕圭竇：墻上鑿洞，上尖下方，其形如圭，故稱圭竇。舊指窮苦人住房的門户。《文苑英華》卷三百五十一梁昭明太子《七契》：“篳門鳥宿，圭竇狐潛。”圭，或作“閨”。《左傳》襄公十年：“篳門閨竇之人。”杜預注：“篳門，柴門；閨竇，小户，穿壁爲户，上鋭下方，狀如圭也。”亦作“圭窬”。《禮記·儒行》：“篳門圭窬。”

〔2〕鷽（xué）：鳥名。小型鳴禽。

〔3〕鵬：傳説中的大鳥，“扶摇直上九萬里”，見《莊子》。這裏喻指大人物。

〔4〕岑：崖岸。喻險惡。《莊子·徐无鬼》："夜半於無人之時，而與舟人鬬，未始離於岑，而足以造於怨也。"

〔5〕靈風雨：好風雨。這裏意謂多風雨。《詩·鄘風·定之方中》："靈雨既零，命彼倌人。"箋："靈，善也。"

〔6〕井、參（shēn）：星名，即井宿和參宿，都是二十八宿之一。井宿八星，居南方七宿之首；參宿三星，居西方七宿之末。兩宿相近。李白《蜀道難》："青泥何盤盤，百步九折縈岩巒。捫參歷井仰脅息，以手撫膺坐長嘆。"因青泥嶺是自秦入蜀之路，故李白舉此二方分野之星，言仰視可捫及之，以喻蜀道的險峻。吴邦治則取蜀道以喻己之危途。

〔7〕病瘵（zhài）：肺病。

〔8〕襄鄧：指襄陽市一帶。鄧，古國名，在今襄陽市北（一説疆域到達今河南鄧縣），公元前678年爲楚所滅。

〔9〕宦游：舊指在外求官或做官。

〔10〕當事：謂當局或當地的官員。

歙張玉坡宏殿，與鶴關風雅齊名，同爲漢上寓公。有《緑谿草堂集》。《募助後湖避水引》云："茫茫澤國，野水連天。渺渺長隄，洪濤匝地。竹籬茅舍，何堪任此飄摇？土壁荊扉，竟爾遭其汩没。兒嘑婦泣，卑濕難安；浪打風摧，起居未穩。層波浩浩，將沈屈子之魂；逝水滔滔，幾作帝娥之石[1]。窮愁莫訴，情景堪憐。爰布片言，徧申同志：或贈范舟之數斛[2]，俾濟燃眉；或脱孔轡之兩驂[3]，另圖容膝[4]。遷喬出谷[5]，群欣桑土綢繆[6]；革故從新，競喜索綯縝密[7]。仰供俯蓄[8]，免嘆蓬飄；夜寐夙興[9]，均叨樾蔭[10]。覆巢之鳥，不致無枝可棲；漏網之魚，猶幸有波能逝。雖作衆心之福，實生比户之歡矣。"又于乾隆元年，作《漢江詩會啓》，如《緑筠軒看碧桃分韻》《長至後一日黄燕臣招集天都庵共用晴字》。汪鶴艇、柳亭漳《同人後湖納涼分韻集》、程且庵《丁丁樓賦詩》，玉坡皆有《序》。想見當時漢上題襟風雅之盛。所惜社集諸詩，無人傳誦，且所謂緑筠軒、丁丁樓舊址，亦莫考其地矣。

【注釋】

〔1〕帝娥：舜妃娥皇、女英。相傳帝堯以二女娥皇、女英妻於舜。後來舜死於蒼梧，二妃尋至南方，望蒼梧而泣，死於江、湘之間，爲湘水女神。之石：指珮玉。《楚辭·九歌·湘君》："捐余玦兮江中，遺余佩兮澧浦。"是説既望湘君而不至，而愛慕之心終不能忘，遂解其玦佩投之水中以爲贈，以示訣别之情。這裏指命運有如佩石，被投之水中。

〔2〕范舟：謂范蠡泛舟之事。蠡知勾踐爲人，可與共患難，難與同安樂，遂"乘扁舟，浮於江湖，變名易姓，適齊爲鴟夷子皮，之陶（今山東定陶西北）爲朱公"。見《史記·貨殖列傳》。

〔3〕孔轡：指孔子學生子貢束帛聘享諸侯之事。《史記·貨殖列傳》："子貢結駟連騎，束帛之幣以聘享諸侯，所至，國君無不分庭與之抗禮。夫使孔子名布揚於天下者，子貢先後之也。"

〔4〕容膝：室小僅能容雙膝，言極其狹小。這裏指小屋。

〔5〕遷喬出谷：《詩·小雅·伐木》："出自幽谷，遷于喬木。嚶其鳴矣，求其友聲。"詩以鳥與鳥尚且相求，喻昇於高位之人，不可忘其舊友。這裏即用其意。

〔6〕桑土（dù）綢繆：《詩·豳風·鴟鴞》："迨天之未陰雨，徹彼桑土，綢繆牖户。"桑土，桑根。土，通"杜"，《釋文》引《韓詩》作"杜"；綢繆，猶纏綿，緊緊捆縛的意思。是説剥取桑根的皮子來修補巢穴。意指做修繕房屋一類的工作。

〔7〕索綯：絞制繩子。索，指制繩；綯，繩索。

〔8〕仰供俯蓄：供，供養；蓄，同"畜"，養育。謂上事父母，下養妻兒。語見《孟子·梁惠王上》："必使仰足以事父母，俯足以畜妻子。"這裏指維持一家生計。

〔9〕夜寐夙興：謂眠遲而早起，形容勤奮不懈。

〔10〕叨：謙詞，承受的意思。樾蔭：衆木合聚而成的樹蔭。《淮南子·人間訓》："武王蔭暍人於樾下。"俞樾《諸子平議》引《精神篇》注曰："楚人樹上大本小如車蓋狀爲越，言多蔭也。"越樾古同。這裏指蒙受蔭庇。

《詩會啓》云：“鄂城古郡，漢水名區。靈峰則翼際嵯峨，平湖則郎官瀲灩。白雲黄鶴，尚餘仙客飛蹤[1]；芳草晴川，遠護騷人古墓[2]。溯李邕之製作[3]，錦繡繽紛；羡王質之才華[4]，珠璣錯落[5]。白鷺飛于西塞，志和之嘯咏逾新[6]；明月照于南樓[7]，庾亮之清狂不淺[8]。天垂翼軫[9]，古今不乏名流；江號烟波，來往尤多偉士。兹幸龍飛初慶[10]，文運廣敷；况當鶯谷方遷[11]，春光漸麗。江邊弱柳，縷縷籠烟；岸畔疏梅，枝枝綴雪。爰約如蘭之契[12]，共聯藉卉之歡。勝友高朋[13]，均期雲集；詩才賦手，竝翼星臨。分各體以成吟，競染松脂之彩[14]；賦新篇而紀盛，争匀蓉粉之牋[15]。意自飛揚，恍若弩張劍拔；思無停滯，還同雨濺風摶。務將七澤雄觀[16]，盡被錦心吐出；更令三湘勝概[17]，都從彩筆收來。既無離索之嗟[18]，各得推敲之趣。玉以琢磨而更美，金須鍛鍊而彌精。莫負風光，正好倡予和汝；高談騷雅，何妨卜晝連宵[19]。詩酒流連，無煩弦管；襟情浹洽[20]，暫略儀文。人來金谷以綢繆，客到玉山而酩酊[21]。耆英聚首，渾忘游子天涯；碩彦論心，足慰羈人旅况。允繼蘭亭盛會[22]，遥追栗里高風[23]。我輩僉有同心，諸君定當屬意。”

【注釋】

〔1〕仙客飛蹤：傳説辛氏賣酒，有道士數至飲酒，辛氏不計酬。道士臨别，取肴核中桔皮畫鶴於壁，説：“客至，拍手引之，鶴當飛舞以侑觴。”辛遂致富。一日道士復至，取所佩鐵笛吹數弄，不一會，白雲自空飛來，鶴亦飛下。道士飄然乘鶴去，辛氏即其地建樓。

〔2〕騷人古墓：指後漢禰衡之墓。衡字正平，平原般（今山東臨邑東北）人，有才辯而性孤傲。曹操欲召見，衡稱病不往。操怒，遣送荆州劉表，表轉送江夏太守黄祖，祖殺之。相傳鸚鵡洲即黄祖殺禰衡處，亦其葬地，以衡曾爲《鸚鵡洲賦》而名。

〔3〕李邕：唐李善之子，字泰和，揚州江都（今屬江蘇）人，書法家。官

至汲郡、北海太守，人稱李北海。工文善書，書法學二王（羲之、獻之），而有所創造。尤擅以行楷寫碑，筆力沉雄，自成一體，對後世有較大影響。

〔4〕王質：唐太原祁（今祁縣）人，字華卿，少時寓居壽春。元和六年中進士甲科，官至宣州刺史、兼御史中丞、宣歙團練觀察使。質有才華，清廉方雅，“爲政必先究風俗，所至有惠愛”，素爲李吉甫、李德裕父子所器重。見《唐書·王質傳》。

〔5〕珠璣錯落：璣，不圓的珠。《楚辭·七諫·謬諫》：“玉與石其同匱兮，貫魚眼與珠璣。”王逸注：“圓澤爲珠，廉隅爲璣。”比喻詩文宛轉流暢。

〔6〕志和：張志和，唐詩人，金華人。有《漁父詞》云：“西塞山前白鷺飛，桃花流水鱖魚肥。青箬笠，緑蓑衣，斜風細雨不須歸。”後遭貶隱居江湖，自號烟波釣徒。

〔7〕南樓：舊安樂宫的端門樓，又名玩月樓，基址在今鄂城東一里孫權故都城内。非黄鵠山巔宋元祐知州方澤所建南樓。

〔8〕庾亮：東晉潁川鄢陵（今河南鄢陵西北）人，字元規。歷仕晉元帝、明帝、成帝三朝。據《晉書·庾亮傳》載：“亮在武昌，諸佐吏殷浩之徒，乘秋夜往共登南樓，俄而不覺亮至，諸人將起避之。亮徐曰：‘諸君少住，老子於此處興復不淺。’便據胡牀與浩等談咏竟坐。”

〔9〕翼、軫：星宿名，古人以翼軫爲楚國或荆州的分野。

〔10〕龍飛：本指帝王即位。語本《易·乾》“飛龍在天”。也比喻升官。傅咸《贈何劭王濟》詩：“吾兄既鳳翔，王子亦龍飛。”這裏指升官發跡。

〔11〕鶯谷：黄鶯所居的山谷，舊時用以比喻人未顯達時的處境。

〔12〕如蘭之契：比喻友情契合。《世説新語·賢媛》：“山公與嵇、阮一面，契若金蘭。”

〔13〕勝友高朋：高貴的朋友，猶貴賓。王勃《滕王閣序》：“十旬休暇，勝友如雲；千里逢迎，高朋滿坐。”

〔14〕松脂之彩：指墨汁。古時製墨，多用松煙，故云。

〔15〕蓉粉之牋：即浣花箋，爲唐名妓薛濤取百花潭水所造，紙呈粉紅色。蓉，成都的别稱。

〔16〕七澤：傳説楚有七澤，其中以雲夢澤最爲著名。《文選・司馬相如〈子虛賦〉》："臣聞楚有七澤，嘗見其一，未睹其餘也。臣之所見，蓋特其小小者耳，名曰雲夢。"

〔17〕三湘：三湘説法很多，宋王應麟《小學紺珠・地理類・三湘》引《文選》注以揚子江、湘江、沅江爲三湘。《太平寰宇記・道州》以湘潭、湘鄉、湘陰合稱三湘。等等。這裏當是泛指洞庭湖南北及湘江流域一帶。

〔18〕離索："離群索居"的略語。即離開同伴而散居。范仲淹《范文正公集》卷四《送黄灝員外》詩："追陪未久還離索，早晚軒車重見尋。"《隋書・經籍志一》："自孔子没而微言絶，七十子喪而大義乖，學者離羣索居，各爲異説。"

〔19〕卜晝連宵：指宴樂無度而晝夜不休。原作"卜晝卜夜"。《左傳》莊公二十二年載，齊桓公使陳敬仲爲工正。一次，桓公在敬仲家飲酒，飲得很高興，天黑以後命令舉火繼飲。敬仲辭謝説："臣卜其晝，未卜其夜，不敢。"

〔20〕浹洽：融洽，和洽。如"情意浹洽"。唐權德輿《權載之集》卷三十二《宣州響山新亭新营記》："然則不出楹階俎豆之間，而威惠交修，上下浹洽，在此物也。"

〔21〕玉山：指玉山草堂，元末顧德輝的室名，又稱玉山佳處。在江蘇省崑山縣西界。《明史・顧德輝傳》："築别業於茜涇西，曰玉山佳處，晨夕與客置酒賦詩其中。四方文學士……咸主其家。園池亭榭之盛，圖史之富暨餼館聲伎，并冠絶一時。"

〔22〕蘭亭盛會：蘭亭在會稽山陰（今浙江紹興）西南，王羲之曾與四十一名士會於蘭亭，名噪一時。王羲之揮毫制序，寫下了著名的《蘭亭帖》。

〔23〕栗里：地名，在今江西九江南陶村西，陶淵明曾居於此。梁昭明太子《陶靖節傳》："江州刺史王弘欲識之不能致也。淵明嘗往廬山，弘命淵明故人龐通之，賫酒具於半道栗里門邀之。"

宜興儲六雅大文，《存研樓集・漢濱楊柳枝詞》："宜雨宜風十萬枝，漢南春望緑參差。桓家司馬鍾情甚[1]，雙淚垂垂直作絲。""一江風月白如銀，葉葉枝枝照水新。照出春愁全不管，可知愁殺弄珠人[2]。”《除夕柬王虎止》：“萬里烟濤三尺劍，兩年風雨一枝鐙。悤悤除夕他鄉酒，又度淒涼郤月城。”儲氏文章門第，著于江南。六雅哲嗣潤書號玉琴，工于時藝，兼擅詩賦，屢躓文場，僅以優貢終。嘗爲漢上游，與吴澹止狎主齊盟，繼鶴關玉坡之風流，亦極一時之盛。敦盤吟坫[3]，更倡疊和，惜僅兩月而散。如同人登大别山，則魯星邨瓊主集[4]，以“江山留勝蹟，我輩復登臨”爲韻，各賦十詩。瑟園修禊，則玉琴主集，以“題”爲韻，各賦五言短古四首。晴川書院，則畢花薑懷圖主集，不拘體韻。《釵鼎齋賦後湖蹋青》詞，又《送玉琴歸荆谿》詩，皆澹止主集。玉琴戒行之前二日，寓齋置酒，共和花薑《菜花》詩，玉琴有“風光才過湔裙會，花信先酬抱甕心”[5]；“香直到根關食性，花能勝葉見春工”之句，爲同人擊賞。又《釵鼎齋留别諸君》句云：“江山一攜手，花月未曾虚。柳暗群鶯囀[6]，花深一雁回。”又《再集釵鼎齋留别》句云：“春殘偏值閏，烟景更暄奥[7]。亦如遠行人，欲發仍艤櫂[8]。”其眷眷于漢上，若有不忍舍去者，非僅情景兼到也。餘詩散見各集，故不贅録。玉琴著有《食硯齋》詩，客漢口，得詩二卷，題曰《登樓集》。其《漢上秋懷》云：“衰柳藏門徑，蒼苔没屐痕。昔時吟賞處，舊侶幾人存。尚憶青蓮寺[9]，遥連黄葉邨[10]。詩情兼旅褭，欲覓遠公論。”《隨園席上咏六月菊》句云：“秋士偶然輕出處[11]，高人原不解炎涼。”工妙絶倫。

【注釋】

〔1〕桓家司馬：晉桓温。譙國龍亢（今安徽懷遠西）人，字元子，官至大司馬。《晉書・桓温傳》載：“温自江陵北伐（姚襄），行經金城（在江蘇句容縣北），見少爲琅邪時所種柳皆已十圍，慨然曰：‘木猶如此，人何以堪！’攀枝執條，泫然流涕。”

〔2〕弄珠人：《文選・張衡〈南都賦〉》：“耕父揚光於清冷之淵，游女弄珠於漢皋之曲。”李善注引《韓詩外傳》曰：“鄭交甫將南適楚，遵波漢皋臺

下，乃遇二女，佩兩珠，大如荆雞之卵。”據劉向《列仙傳》卷上：“江妃二女者，不知何所人也，出游於江漢之湄，逢鄭交甫。見而悦之……遂手解佩與交甫。”

〔3〕敦盤：玉敦和珠盤，古代天子與諸侯盟會時用的禮器。敦以盛食物，盤以盛血，皆用木製，以珠玉爲飾。《周禮・天官・王府》：“若合諸侯，則共珠盤玉敦。”吟坫（diàn）：猶言“詩壇”，指詩人的結會。詩家爲人所宗，如主持壇坫的盟主，故世俗敬稱爲吟壇。坫，周氏校本改作“壇”。

〔4〕主集：主持召集。江漢地區，自明中葉公安三袁結文社起，社風甚盛，以攻文講學相結納，文沿七子，講學沿陽明。清代禁止諸生結社，只有倡和的詩社。説見王葆心《續漢口叢談》。

〔5〕抱甕：《莊子・天地》：“子貢南游於楚，反於晉，過漢陰，見一丈人方將爲圃畦，鑿隧而入井，抱甕而出灌，搰搰然，用力多而見功寡。”後用來比喻淳樸的生活。

〔6〕囀（zhuàn）：鳥鳴。北周庾信《庾子山集》卷一《春賦》：“新年鳥聲千種囀，二月楊花滿路飛。”

〔7〕暄奥：暄，温。《素問・五運行大論》：“在藏爲肝，其性爲暄。”注：“暄，温也。”奥，通“燠”，暖。《詩・小雅・小明》：“昔我往矣，日月方奥。”暄奥，謂和暖貌。

〔8〕艤櫂：猶“艤舟”，船泊岸邊。南朝宋顔延之《祭屈原文》：“弭節羅潭，艤舟汨渚。”

〔9〕青蓮：青色蓮花。其花青白分明，故佛教徒多用來比喻眼眸。梵語稱“優鉢羅”（音譯名）。南朝梁簡文帝《釋家文佛像銘》：“满月爲面，青蓮在眸。”《法苑珠林》：“目譬青蓮，眉方翠柳。”於是也用來比喻佛寺或僧人。唐宋之問《宿雲門寺》詩：“夤緣緑篠岸，遂得青蓮宫。”李白自稱青蓮居士，曰：“青蓮居士謫仙人，酒肆藏名三十春。”

〔10〕黄葉：秋葉。因秋葉黄，古人常用來寫情景或命名。李白《秋思》詩：“燕支黄葉落，妾望自登臺。”司空曙《經廢寶慶寺》：“黄葉前朝寺，無僧寒殿開。”許渾亦有“蟬鳴黄葉漢宫秋”的詩句。清人吴之振的室名稱“黄

葉村莊”。

〔11〕秋士：指士之暮年不遇者。《淮南子·繆稱訓》：“春女思，秋士悲。”漢高誘注：“春女感陽則思，秋士見陰而悲。”

吴澹止，名求，字警堂，歙人，入籍儀徵[1]。少聰穎，博聞强記。嗜作韻語，詼諧不羈，未嘗向人作乞憐語，雖貧無長物，而衣冠修整如富人。其寓舍有釵鼎齋、耕古居，甲辰、乙巳之間聯吟集咏，半在其家。客漢數十年，詩數千首，身歿，子幼，散佚殆盡。寒食後三日，畢展菽過余耕石居，魯星邨、儲玉琴、黄心盦亦相繼至，同作云：“臨風耿懷抱，已過寒食天。鬱鬱何以釋，况乃掩�關[2]。出門良有咎，率性多所偏。俯仰風日佳[3]，鵲噪茅檐前。心知兆來客，復笑恐非真。新晴花亂開，繁花滿郊原。春波瀠漪漪，春草繡芊芊[4]。正好芳甸游，誰念文字緣。諒無朋輩至，惟有枕肱眠。忽爾剥啄聲[5]，有客已停軒。握手共軒渠[6]，樸直屏寒暄。清談亦復佳，室暖蘭气芬。那期二三友，接踵集後先。釋我悒鬱懷，解我蕭寥顔。即不賦新詩，此會已應傳。藉此牀頭儲，共抒情欲言。迺知造物心，欲縱故拘牽。將以悟浮生[7]，歷碌蓋有因[8]。今朝烏鵲喜，吾始知其然。”讀此可見其耽吟好客，出于至性也。

澹止《閉關》詩：“東風來幾日，緑徧隔江山。流水亦何急，暮雲偏自閒。偶持書一卷，時送孤鴻還。客意愛幽獨，蕭蕭長閉關。”王少林嵩高最爲擊賞，謂通體唐音，結更灑落。

【注釋】

〔1〕儀徵：縣名。明爲儀真，清改儀徵，屬江蘇揚州府。

〔2〕掩�關：�，竹子。謂關閉竹門。

〔3〕俯仰：猶謂“俯仰之間”，指時間短暫。《文選·曹子建〈雜詩〉之四》：“俯仰歲將暮，榮耀難久恃。”

〔4〕芊芊：草木茂盛貌。《列子·力命》：“美哉國乎，鬱鬱芊芊。”

〔5〕剥啄：象聲詞，這裏指敲門聲。

〔6〕軒渠：渠，通“舉”。本謂幼兒舉手聳身欲就父母狀。後用以形容笑貌。如“捧腹軒渠”。

〔7〕浮生：舊時以人生在世，虚浮無定，因稱人生爲“浮生”。《莊子·刻意》：“其生若浮，其死若休。”

〔8〕歷碌：同“栗陸”“栗六”。謂忙碌。

畢花薑，字展菽，休寧人，隸籍鎮洋，以孝廉令湖南永興。罷歸，主講晴川書院。卒于丁巳。張船山《問陶哭以詩》云：“漢上分襟十四年，西籬回望影皤然。依劉身老諸侯客[1]，學杜詩空小乘禪[2]。人阻滄江最蕭瑟[3]，書來絶筆尚纏綿。名場徧閲交情懶，知己終懷未遇前。”

魯星邨家皖城中之盛唐山[4]，客游漢口，多主洪氏寓齋。嘗爲友人作《鏡銘》云：“無我有我，有我無我；以形鑒心，無可不可。”吴梅顛熊曰：“十六字，可抵一部《心經》注[5]。”星邨書法大米[6]，筆力磊落，如其爲人。作詩專寫性情，不尚兔園册子[7]；專宗唐律，不拾宋後塵氛。著《盛唐山人集》。黄心盦稱其在漢時，爲人書扇，記有警句云：“風竹不留雪，冰池時集鴉。”“落霞濃忽澹，飛雁合仍分。”“湖諠歸晚雁，人雜聚江船。”“春田牛背鴉争落，野店墻頭花亂開。”“斜陽老樹半邊雪，曲港廻橋幾折冰。”“烟色緑浮前岸柳，水光紅入半天霞。”“終日水禽荷葉上，隔籬山犬竹陰中。”“城低窗裏見江水，屋小座邊圍菊花。”亦見一斑。

鶴關自序《存存詩草》云：“年二十許時，已嗜若痼癖。歷五十稔餘[8]，自唐初盛迄中晚，上溯古逸、《騷》、《選》、漢魏而竟于陶謝[9]。生事境遇置度外，安樂弗輟，憂愁罔間。暨乎成也，而代之賢達高人，頗有齒及之者，疇謂後世遥遥，竟無有知我者邪！”

【注釋】

〔1〕依劉：《三國志·魏書·王粲傳》：“（粲）以西京擾亂，皆不就。乃

之荆州依劉表。”後因稱投靠爲幕僚曰“依劉”。

〔2〕小乘：佛教語，梵文的意譯。公元一二世紀間，佛教中出現了宣揚“救度一切衆生”的新教派，自稱“大乘”，而把保持早期佛教教理，重在“自我解脱”的教派，稱爲“小乘”。

〔3〕滄江：江的泛稱。以江水呈青蒼色，故稱。杜甫《秋興》詩：“一卧滄江驚歲晚，幾回青瑣點朝班。”蕭瑟：寂寞凄涼。杜甫《咏懷古迹》詩：“庾信平生最蕭瑟，暮年詩賦動江關。”

〔4〕皖城：古縣名。春秋時皖國，漢置皖縣，亦稱院城，治所即今安徽潛山縣。

〔5〕心經：佛教經名，全稱《般若波羅蜜多心經》。此經説明以般若（智慧）觀察宇宙萬事萬物自性本空的道理，而證悟無所得的境界。《心經》僅有二百餘字，在佛教中較爲流行。

〔6〕大米：即米芾，北宋書畫家，字元章，世稱“米襄陽”。其子友仁繼承父法，自稱“墨戲”，人稱“小米”。

〔7〕兔園册：亦作《兔園策》，又稱《兔園册府》，唐杜嗣先奉蔣王李惲之命，仿效應試科目的策問，制成回答題，引經史解釋，著成此書。李惲是太宗之子，因取漢梁孝王的兔園爲名。

〔8〕稔（rěn）：年。古代穀一熟爲年，因謂年爲稔。《國語·鄭語》：“凡周存忘，不三稔矣。”

〔9〕陶、謝：即晉末宋初的陶淵明、謝靈運。陶以田園詩見長，謝以善寫山水詩而著稱。

夏永，字石癯，號松期老人，我友芳原之勳之大父也。喜歌咏，愛交游，晚自江右來楚，愛晴川山水之勝，因家漢上，買田終老，遂入籍焉。築烟鬟閣，與四方往來諸名士酬倡其中。著《烟鬟閣詩草》。《湘簾》云：“湘簾縣傑閣，疏薄勝輕紗。卷處通新燕，垂時礙落花。風生波影亂，月印縠紋斜。向夕雙鈎控，鑪烟濕露華。”《蠟梅》云：“分得羅浮一段香[1]，未經春動早含芳。檀心不與雪争白[2]，疏影偏宜月助黃。山麝熏肌殊俗態，漢宮試頰訝新妝[3]。定知東閣閒吟處[4]，別有佳詩入錦囊。”《蒙陰道中》云：“迢遞蒙陰路[5]，春來往復還。草薰沂水岸[6]，雲暖馬陵山[7]。鳥語百花裏，樵歌千嶂間。行行重回首，南望是鄉關。”

按：芳原字銘旂，性恬静端謹，酷嗜金石文字，善篆、隸書及設色花卉。所居烟鬟閣，藏弆碑版書畫鼎彝之玩甚多[8]，與余交二十餘年，或聚或别，相見如一，從無濃淡之色。詩不多作，筆饒逸致。如《題畫秋柳》云：“曲江風度異當年，葉葉絲絲劇可憐。最是夕陽蕭寺外，悄無人處咽寒蟬。”《邊壽民蘆雁》云：“一群嘹唳依秋水，兩岸離披帶夕陽。底事先生慣摹寫，應憐道路有流亡。”

【注釋】

〔1〕羅浮：山名。在廣東省，相傳晉葛洪得仙術於此。山上有洞，道教徒列爲第七洞天。

〔2〕檀心：淺紅色的花心。唐羅隱《牡丹》詩：“艷多煙重欲開難，紅蘂當心一抹檀。”蘇軾《蠟梅一首贈趙景貺》：“君不見萬松嶺上黄千葉，玉蘂檀心兩奇絶。”萬松嶺在今湖北麻城市。

〔3〕試頰：相傳南朝宋武帝女壽陽公主曾睡在含章殿檐下，梅花飄落其頰，成五出之花，拂之不去，自後遂有梅花妝，宫人争效之。李商隱《對雪》詩之二：“侵夜可能争桂魄，忍寒應欲試梅妝。”

〔4〕東閣：《漢書・公孫弘傳》：“時上方興功業，婁舉賢良。弘……數年至宰相封侯，於是起客館，開東閣以延賢人，與參謀議。”後引申指款待賓客的地方。

〔5〕迢遞：遠貌。蒙陰：地名。春秋魯蒙邑，漢置蒙陰縣。故城在今山東蒙陰縣西南十五里。

〔6〕沂水：水名。今稱沂河。源出山東沂源縣魯山，南流經臨沂縣入江蘇界。周氏校本作“圻水”，誤。

〔7〕馬陵山：在山東臨沂縣東南九十里。

〔8〕弆（jǔ）：密藏。玄應《一切經音義》卷十三："弆，藏也。《通俗文》：'密藏曰弆。'"張氏底本作"弃"，誤；周氏校本又擅改作"庋（guǐ）"，亦誤。今更正。

孫漢，字倬雲，號楚池，世家休寧草市，入籍漢陽。乾隆乙丑進士，選庶吉士[1]，官至御史，吾友石樓煦之世大父也。有《春生閣詩草》。其《渡河》句云："關門開太華[2]，河浪隱中條[3]。"《七盤嶺》云："委波褒棧斷[4]，瀉雨漢城荒。"《維揚晤葯耕上人》云："南國地卑珍薏苡[5]，緑窗人定夢芭蕉。"《江樓小集》云："到處草青雙屐遠，幾人花好故園看。"《咸陽》云："十帝鼉魚穿漢墓[6]，二川波浪隱秦宮[7]。"《東園紫藤花》云："碧落雲廻檀版曲[8]，蠻方帳掩紫茸氈[9]。"《昨夜》云："梨花影碎秋千下，燕子魂消蹴鞠中[10]。"《出門》云："窗外東風冷透紗，庭前紅杏爛晨霞。扁舟兩槳江波急，正是花時客去家。"神韻俱佳。

按：石樓字育萬，風流自賞，疏散不拘。詩亦清麗冲融[11]，似其爲人。著《繭園詩鈔》。黄心盦曾以刊入《今詩所見集選》。庚辰作吴越游，壬午春始返漢上。客邸相晤，出示近作《漚邊集》一卷，吴中花月，越地江山，供其吟眺。而一種綺思遥情，又不禁動余鄉夢矣。句如："亭空花自落，江月爲誰明。""遠烟京口樹[12]，殘笛秣陵舟[13]。""新漲緑平岸，夕陽紅半樓。""高柳岸傍渡，晚鐘雲外龕。""幾日鶯花消綺夢[14]，一飆風雨送殘春。""白門舊恨餘山色[15]，南國多情是柳條。"心盦云，石樓大父《北池公飲郵店》云："桑柘陰陰一畝塘，柴門風過棗花香。主人勸盡尊中酒，歸路遥山已夕陽。"父松坪先生有《艾香閣集》，句如："天青低遠樹，草緑帶平沙。""獨戍江寒吹角早，孤郵市遠閉門多。"皆可傳誦。石樓詩學，自有淵源也。

【注釋】

〔1〕庶吉士：官名。明洪武初取《尚書·立政》“庶常吉士”之義，置庶吉士。六科及中書皆有之，永樂二年始隸於翰林院，以進士中擅長文學及書法者任之。清因之，設庶常館，進士廷試後朝考前列者，得選用爲庶吉士。

〔2〕關門：關，當指潼關。崔顥《題潼關道》詩：“山勢雄三輔，關門扼九州。”太華：即西岳華山。因其西有少華山，故又稱太華。在潼關的西南部。

〔3〕中條：山名，在黄河東側的山西永濟縣境。中條山狹而長，東太行，西華岳，此山居中，故名中條。

〔4〕褒棧：即褒斜道，又名連雲棧。在陝西省西南部，爲川、陝交通要道。南口曰褒，在褒城縣北；北口曰斜，在郿縣西南。

〔5〕薏苡：一種草本植物，俗稱“藥玉米”“回回米”。子粒含澱粉，可食用或釀酒，并入藥。

〔6〕十帝：指西漢十帝陵。蠶魚：蟲名。如地蠶類，常穿行於糞土中。

〔7〕二川：當指渭河、涇河。

〔8〕碧落：天空。白居易《長恨歌》：“上窮碧落下黄泉，兩處茫茫皆不見。”檀版：樂器名。即以檀木製成的拍板，演奏音樂時打拍子用。歐陽修《答通判吕太博》詩：“舞踏落暉留醉客，歌遲檀板换新聲。”

〔9〕蠻方：謂南方。《詩·大雅·抑》：“用戒戎作，用逷蠻方。”紫茸：細軟的絨毛。蘇軾《紙帳》詩：“潔似僧巾白迭布，暖於蠻帳紫茸氈。”

〔10〕蹴鞠：古代的一種類似足球的運動。用以習武。劉向《别録》：“蹴鞠者，傳言黄帝所作，或曰起戰國時。”《漢書·藝文志》：“蹴鞠二十五篇。”顔師古注：“鞠，以韋爲之，實以物，蹴踏之以爲戲也。蹴鞠，陣力之事，故附於兵法焉。”

〔11〕冲融：彌滿廣布貌。杜甫《往在》詩：“端拱納諫諍，和氣日冲融。”韓愈《游青龍寺》詩：“赤氣冲融無間斷。”

〔12〕京口：古城名。故址在今江蘇鎮江市。其城憑山臨江，爲古代長江下游的軍事重鎮。

〔13〕秣陵：古縣名。秦始皇三十七年（前210年）改金陵邑置。治所在今江蘇江寧南秣陵關。

〔14〕鶯花：鶯啼花開。泛指春天景色。唐盧仝《玉川子集》卷二《樓上女儿曲》："鶯花爛熳君不來，及至君來花已老。"

〔15〕白門：南朝宋都城建康的西門。西方金，金氣白，故稱白門。後世遂稱金陵爲白門。

吴仕潮，字韓若，漢口人，原籍歙縣。工詩，尤長于五言。性好客，吟朋常滿座也。《懷人》詩數十首，以紀交游。其《自序》云："秋夜苦長，輾轉不寐。加以蟲聲幽咽，檐霤淒清，撫景茫茫，百端交集。因憶生平，由師及友，凡以文字締結者，各綴小詩用紀交情，如親色笑，兼以破我岑寂。倘曾經贈答，而未通心志，詎敢妄引，以博廣交之名？至于襄極綢繆，近或疏闊者，在彼未著絶交之書，遽云割席〔1〕，未忍也。計詩三十八章，約以相識之後先爲次，殁與存，爵與齒〔2〕，均弗論焉。乾隆丙申十月，鳳浦吴仕潮識。"又《續懷人詩自序》云："自丙申迄今，忽忽五載，余雖養疴閉户〔3〕，而四方君子，時有過而教我者。交情所感，固不得膠執人不如故之説〔4〕，因成《續懷人》詩八首。秋齋老人識。時庚子仲秋下澣〔5〕。"秋齋又號小韓，著有《野餘閣詩草》。

秋齋老人，篤于友愛。弟仕沂，以事繫漢陽獄，逾時不得解。值寶應王進士嵩高來涖是邑，聞秋齋名，枉駕不見，或有以仕沂事告者，王頷之。越日，秋齋呈詞乞保，駢偶文數百字絶妙。王出治廳事，見其文，以硃筆評讀而愛之。立稟上官，釋仕沂歸，秋齋始一謁謝。當時傳爲佳話。故《懷人詩·王嵩高少林》云："名流出安宜〔6〕，少不艷珪組〔7〕。政暇耽吟哦，走筆驚風雨。藉山建新閣，闢徑披宿莽〔8〕。潘令軒屢迎〔9〕，老萊綵瀕舞〔10〕。時余困嚴霜，昭雪春陽睹〔11〕。折柬無寒暄，稱觴忘賓主。復蒙説項斯〔12〕，敢云依嚴武〔13〕。知己不常逢，高情足千古。酬恩嗟老病，捫心自酸楚。"蓋紀實也。

【注釋】

〔1〕割席:《世説新語・德行》:“(管寧、華歆)嘗同席讀書,有乘軒冕過門者,寧讀如故,歆廢書出看。寧割席分坐,曰:‘子非吾友也。’”後稱朋友絶交爲割席。

〔2〕齒:并列。《左傳》隱公十一年:“不敢與諸任齒。”孔穎達疏:“齒是年之别名,人以年齒相次列;以爵位相次列亦名爲齒。”

〔3〕養痾(kē):養病。痾,病。《説文》:“痾,病也。”

〔4〕膠執:固守,拘泥。《國朝漢學師承記・紀昀》:“守章句之儒,不知引伸,膠執舊聞。”

〔5〕下澣:澣,同“浣”。唐制,官吏每十天休息,洗沐一次,後因稱每月上、中、下旬,爲上、中、下浣。

〔6〕安宜:縣名。漢置平安縣,南齊置安宜縣。唐改寶應。故治在今江蘇寶應縣西南。

〔7〕艷:艷羡。珪組:珪,古玉器,長條形,上尖下方,用作符信;組,以絲織成的闊帶,古代用作佩印或珮玉的綬。

〔8〕披:劈開,披露。《史記・五帝本紀》:“黄帝披山通路,未嘗寧居。”宿莽:冬生草。《離騷》:“夕攬洲之宿莽。”王逸注:“草冬生不死者,楚人名曰宿莽。”

〔9〕潘令:指晉潘岳。令,官名,漢制縣之行政長官稱令。岳曾任長安令,遷博士。以母疾去官,作《閒居賦》,有“太夫人乃御版輿,升輕軒,遠覽王畿,近周家園”之語。後因以潘輿爲養親的典故。軒:大夫以上所乘安車。《説文》:“軒,曲輈藩車也。”徐鍇繫傳:“軒,大夫以上乘車也。”

〔10〕老萊:即老萊子。春秋時楚國人,以孝道聞,年七十常着五色綵衣,或跌僕作小兒啼,以娱雙親。

〔11〕春陽:春天晴和之氣。歐陽修《伐樹記》:“春陽既浮,萌者將動。”

〔12〕説項:唐時項斯爲楊敬之所器重,敬之贈詩有“平生不解藏人善,到處逢人説項斯”之句。後謂替人説好話或講情爲“説項”。

〔13〕嚴武：唐嚴挺之子，字季鷹，華陰縣（在陝西省東部）人。上元二年武鎮成都，杜甫於窘迫之時投奔其門下，武待之甚厚，奏薦爲節度參謀、檢校尚書工部員外郎。

彭湘懷，字念堂，號楝塘，漢口人。喜藏書，性孤介，落落不苟交。南游吴越，北至都門〔1〕，出居庸〔2〕，歷俺答舊部〔3〕，關塞山川，供其吟眺。著有《三山游草》《西湖紀游》《獨持皋廡》諸集。其《將抵宣府大風》云〔4〕："塞風吹野黑，磧日照人黄〔5〕。"《送戴斗瞻歸維揚》云："世薄難輕與，名高忌獨聞。"弟棨，號亦堂，善作畫，嗜酒，人餉以佳釀，則大喜，走筆申紙不倦。著《輟耕吟》。移居漢城。《寄寬五》云："愧我移家居廡下，念君名士老山中。寂無知己如公叔〔6〕，喜有賢隣似伯通〔7〕。"秋齋《懷人詩·楝塘》云："少孤失師事，溷跡市廛中。賴有素心侶，德隅飭吾躬〔8〕。譬彼蔦蘿質〔9〕，柔弱依喬松。固節善能擇，向方學乃通。巫陽促歸去〔10〕，天道真難窮。"《亦堂》云："亦堂懶莫儔，朝夕但謀醉。居肆作畫傭〔11〕，龍眠得師意〔12〕。生涯瓶鉢餘，間亦耽博戲。尺幅論萬錢，公卿不能致。署名信天翁〔13〕，毛羽自珍異。"

王文寧，字山客，號櫟門。先世陝西蒲城，以業鹾家漢口，閱代矣。磊落好交游，復耽吟咏。嘗手《王右丞集》〔14〕，尋繹不倦。著有《浥露軒詩鈔》，頗具清矯淡遠之致。晚得風痺疾，猶時作文酒宴，曾有"藥貴違兒願，家貧仗婦支"之句，爲人傳頌。秋齋《懷人詩》："櫟門艱步履，嫳散似半人〔15〕。愛才喜結納，典裘供賓筵。余甫弱冠時，假館託芳鄰〔16〕。柳絲垂滿地，依依情亦親。奈何共憔悴，寂漠漢江濱。心跡但能喻，菀枯奚足言〔17〕。"

【注釋】

〔1〕都門：京都之門。借指京都。白居易《長恨歌》："君臣相顧盡沾衣，東望都門信馬歸。"

〔2〕居庸：居庸關。在北京市昌平縣西北部，長城要口之一，明洪武元年（1368年）建。

〔3〕俺答：明韃靼部酋長，是元室之後。俺答爲蒙語阿爾坦的譯音。初據河套爲諸部長，至嘉靖中，屢出入延綏、大同諸邊地。隆慶中，其孫把漢那吉叛歸明，明朝封官而遣歸，俺答感明，誓不犯邊，明朝封爲順義王。

〔4〕宣府：宣府鎮，明朝九邊之一。駐所在今宣化縣。

〔5〕磧日：照在沙丘上的太陽。磧，段玉裁《説文注》引《三蒼》曰："磧，水中沙堆也。"唐賈島《長江集》卷四《送陳判官赴綏德》："身暖蕉衣窄，天寒磧日斜。"

〔6〕公叔：朱穆。宛（今河南南陽）人，字公叔，東漢名士。年五十，奉書趙康，稱弟子。因感於時俗，著有《崇厚論》《絶交論》。

〔7〕伯通：皋伯通。漢代吴人，爲郡中富豪，有賢行。梁鴻與妻孟光至吴，居伯通家廡下，爲人賃舂。光每具食，舉案齊眉。伯通見而奇之，使居室内，以賓禮相待。及鴻死，伯通爲其求葬地於吴要離冢旁。

〔8〕飭（chì）：告誡。躬：自身。諸葛亮《出師表》："臣本布衣，躬耕於南陽。"

〔9〕蔦蘿：蔦和女蘿。兩種攀援寄生植物。比喻親戚關係，有依附之意。

〔10〕巫陽：人名。女卜曰巫，陽是其名。古代巫師。《楚辭・招魂》："帝告巫陽曰：'有人在下，我欲輔之。魂魄離散，汝筮予之。'"

〔11〕畫傭：謙詞，猶"畫匠"。

〔12〕龍瞑：即龍眠，"瞑""眠"古通。山名。在安徽桐城縣西北。宋畫家李公麟爲泗洲參軍，歸老於此，號龍眠居士。

〔13〕信天翁：鳥名。游禽類，飛力很强，不畏風暴，群栖海島上，相傳此鳥凝立水邊，等魚過啄食，終日不移步，故有此稱。

〔14〕王右丞：王維。字摩詰，河東人，開元進士，詩人、畫家，官至尚書右丞，故世稱王右丞。

〔15〕媻（pán）散：猶"蹣跚"，跛行貌。半人：戲言，謂够不上一個人。如晉時前秦苻堅因習鑿齒有脚疾，稱習爲半人。

〔16〕假館：本指借用宿舍。《孟子·告子下》："交得見於鄒君，可以假館，願留而受業於門。"後指旅客寄宿。

〔17〕菀枯：比喻優劣榮辱。《國語·晉語二》載，驪姬欲殺太子申生立奚齊，而礙於里克，與優施謀。優施爲試探里克而飲里克酒，中途起舞，歌曰："暇豫之吾吾，不如鳥烏。人皆集於菀，己獨集於枯。"里克笑曰："何謂菀？何謂枯？"優施曰："其母爲夫人，其子爲君，可不謂菀乎？其母既死，其子又有謗，可不謂枯乎？枯且有傷。"里克懼而許以中立。菀，樹木茂盛貌。

劉光，號實齋，漢口人。好學有文才，偃蹇不偶[1]，晚耽禪悦。秋齋《懷人》詩云："實齋腹貯書，癖在五車内。詞賦洞源流，理學明興廢。夫何老呫嗶[2]，釋典尤所愛。迂絶惑輪回，捫虱未忍害。欹枕憶孤標[3]，能無生敬畏。"

危焕樞，字子政，號白門。少有文名，試輒不售。客有以'危'姓爲嫌者，因改氏曰'元'。工詩畫，綜覽群籍，勤于考證。余于夏芳原之勳齋頭見其手校《隸釋》《隸續》[4]，及所作《梅花》詩甚佳。其《小序》云："古今梅花詩多矣，處士而後，世傳徐巢友所作，别調逸姿，余極嗜之，因次其韻，得三十首。"其句云："一簾細雨雁初去，滿地繁霜人未行。""紅妝緑鬢他生夢，白雪青春此一時。""犀簾壓地寒無主，銀燭揺窗泪有痕。""配食應同林處士[5]，買絲終繡謝夫人[6]。""半生冷澹香方實，千古清高數獨奇。""晨雞未嗷夜將曙[7]，明月欲來山已空。""屋低有客衝風出，雀冷無聲晚噪空。""不爲寒多終日坐，絶無人處繞檐行。"皆前人所未道者。秋齋《懷人》詩云："白門如嗜茄[8]，交我十年久。深懼事磨礱[9]，未堪三不朽。沈思取鯨鯢，高唱驚牛斗[10]。紛紛輕薄兒，睨視夫何有。涵虚無淺深，不屑見清瀏[11]。努力保心期[12]，松筠晚相守[13]。"觀此可概見其爲人矣。

方世克，字勳遠，漢口人。原籍歙縣。性好學，詩思敏贍。秋齋《懷人》詩云："方生詩斐然，敏贍余所愛。晷刻揮千言，走險亦不畏。詞清颶輕塵，意激行紫塞[14]。隔院聞咏詩，形爲珠玉穢[15]。桑榆收晚景，能事庶可貸。攻錯仰他山，如何失酬對。”蓋秋齋愛其才，以其女妻之，故言益親切。

段嘉梅，字寒香，號夢鶴，漢陽諸生，工吟賦，幕游滇南久矣。《懷人》詩云：“段翁癯且清[16]，不媿以梅名。賦詩羞貌古，往往古可并。鑄局顔光禄[17]，琢句庾蘭成[18]。苦雨走詩筒[19]，險韻凡屢賡[20]。時余不畏虎，有如犢初生。忽忽四十載，歲月感飄零。慨然思杖履[21]，永夜獨屏營[22]。”

【注釋】

〔1〕偃蹇：卧病不能作事。《後漢書·蔡邕傳》：“卓大怒，詈曰：‘我力能族人，蔡邕遂偃蹇者，不旋踵矣。’”

〔2〕呫嗶：同“占畢”。閲讀書籍。《禮記·學記》：“今之教者，呻其占畢，多其訊。”鄭玄注：“占，視也；簡謂之畢；訊猶問也。言今之師自不曉經之義，但吟誦其所視簡之文，多其難問也。”一説“占”通“笘”，“畢”通“篳”。“笘篳”即簡册、書册。

〔3〕孤標：獨立的標幟，形容清峻特出。《舊唐書·杜審權傳》：“塵外孤標，雲間獨步。”

〔4〕《隸釋》《隸續》：宋洪適（kuò）撰。爲現存最早集録漢魏石刻文字的專書。

〔5〕林處士：林逋。宋錢塘人，字君復，因恬淡名利，隱居西湖孤山，二十年不入城。終身不娶，種梅養鶴以自娱，因有“梅妻鶴子”之稱。工書畫，善爲詩，其咏梅句“疏影横斜水清淺，暗香浮動月黄昏”，尤爲膾炙人口。

〔6〕買絲終繡：用前人語，如李賀詩：“買絲終繡平原君。”謝夫人：指謝道韞，晉代有名才女，左將軍王凝之之妻，人稱其神情散朗，有林下風。《晉書》《世説新语》竝稱爲“謝夫人”。

〔7〕噭（jiào）：高聲歌唱。《楚辭·王逸〈九思·傷時〉》：“聲噭誂兮清和，音晏衍兮要媱。”

〔8〕嗜茄：茄，當作“痂”。南朝宋劉邕性嗜食瘡痂，以爲味似鰒魚。事見

《宋書·劉穆之傳》。後謂性有偏好爲“嗜痂癖”。

〔9〕礱（lóng）：一種磨穀去殼的用具，似磨，以堅木鑿齒爲之，亦有上用木下鑲接石者。見宋應星《天工開物·粹精攻稻》。

〔10〕牛斗：指二十八宿中的牛宿和斗宿。

〔11〕瀏：水深清澈貌。《詩·鄭風·溱洧》：“溱與洧，瀏其清矣。”毛傳：“瀏，深貌。”《説文·水部》：“瀏，流清貌。”

〔12〕心期：謂兩相期許。南朝梁任昉《郭生方至》詩：“客心幸自弭，中道遇心期。”

〔13〕松筠：松與竹。比喻節操堅貞。《古文苑》卷九南齊王融《奉和南海王殿下咏秋胡妻》詩：“日月共爲照，松筠俱以貞。”

〔14〕紫塞：指北方邊塞。晉崔豹《古今注·都邑》：“秦築長城，土色皆紫，漢塞亦然，故稱紫塞焉。”

〔15〕珠玉穢：珠玉，喻儀態之美；穢，骯臟。《世説新語·容止》：“驃騎王武子（濟），是衛玠之舅，儁爽有風姿，見玠輒嘆曰：‘珠玉在側，覺我形穢。’”

〔16〕癯（qú）：瘦。《集韻·虞韻》：“臞，《説文》：‘少肉也。’或作癯。”

〔17〕鑄局：指陶冶人的胸襟器量。顔光禄：南朝宋顔延之。字延年。臨沂人。少時孤貧好讀書，文章之美，冠絶當時，與謝靈運齊名。孝建中加金紫光禄大夫，故稱顔光禄。

〔18〕庾蘭成：即庾信，南北朝時新野人。幼時俊邁聰敏，有天竺僧呼信爲蘭成，因以爲小字。

〔19〕詩筒：《唐語林》：“白居易爲杭州刺史，與吴興守錢徽、吴郡守李穰酬唱，多以竹筒盛詩往來，謂之詩筒。”

〔20〕險韻：以生僻字（難押韻）爲詩韻，猶言“劇韻”。蘇軾《再和》詩：“衰年壯觀空驚目，險韻清詩苦鬬斯。”賡：連續。

〔21〕杖履：履，也作“屨”（jù）。《禮記·曲禮上》：“侍坐於君子，君子欠伸，撰杖屨，視日蚤莫（早暮），侍坐者請出矣。”古禮五十歲老人取扶

杖；又古人入室，須先脱鞋於室外，爲尊敬長輩，長者可入室而後脱鞋。後因以“杖屨”爲敬老之詞，亦用來指老人出游。杜甫《祠南夕望》：“興來猶杖屨，目斷更雲沙。”李俊民《和河上修橋》：“日日相陪杖屨游，往來林下亦風流。”

〔22〕永夜：長夜。唐駱賓王《别李嶠得勝字》：“寒更承永夜，涼景向秋澄。”屏營：驚惶失措貌。《晉書·庾亮傳》：“憂惶屏營，不知所厝。”

寒香《輓彭念堂次倬雲韻》：“連朝長太息，朋輩失芳型。震霆撼岱岳，巉巖不峥嶸。我交大彭子，賤貧喜其貞。相賞松石意，願結漚鷺盟。各有四方志，連山中忽陘。人生天地間，海水逐飄苹。有作必共質，一往有深情。他人我之鑒，對鑑本分明。終以室家累，竟爾戕其生。余勖以聞道，每晤竭其誠。虚名不可處，天乃忌其盈。四壁存遺照，未見影隨形。一錢囊屢空，千卷篋徒贏。昂藏七尺軀〔1〕，顛倒二竪嬰〔2〕。一朝隨怛化〔3〕，大志遂不成。即使身長在，未必厠簪纓〔4〕。可知九原下〔5〕，慎勿鳴不平。高篇日三復，風雪擁柴荆。”《竹雞嘆竝引》云：“家蓄竹雞〔6〕，一朝失去，已旬日矣。忽爲親串家童子所獲送歸，詢知因竊粟至獲，不禁爲之感嘆。走筆成此，庶幾微物〔7〕，亦足以昭誡。云：爾雖名雞不司曉，爾不竹食非鳳鳥。惟爾嘑聲異衆禽，長鳴能使飛螘少〔8〕。百錢買爾蓄諸籠，爾日觸樊勢亦雄〔9〕。餌以清泉兼精糳〔10〕，一朝失去籠全空。業已旬日相暌隔〔11〕，人忽送爾仍歸宅。問其何以得致之，云爾竊粟因遭獲。嗚呼！稻粱纍人累至此，古來豈少明哲士。自從貪餌入網羅，何况微禽不如是。古人刀劍户牖皆有銘，竹雞儘可志丁寧。”《戊寅元日風雪中黄梅石書藏見過口占》：“圍鑪儘可頻談舊，坐榻何須更賀春。如此太平風雪裏，漢陽剛得兩閒人。”《題易徵君廬墓圖》：“草舍淒涼傍墓門，酸風苦雨暗銷魂。三年久隔人間世，淚濕松楸有舊痕。”

【注釋】

〔1〕昂藏：高峻，魁偉。《水經注》卷九《淇水》："水出壺關東沾臺下，石壁崇高，昂藏隱天。"或借指人氣度高朗。晉陸機《陸士衡集》卷十《晉西平將軍孝侯周處碑》："汪洋廷闕之傍，昂藏寮宷之上。"

〔2〕二豎：病魔。《左傳》成公十年："公夢疾爲二豎子，曰：'彼良醫也，懼傷我，焉逃之？'其一曰：'居肓之上，膏之下，若我何？'"後因稱病魔爲二豎。

〔3〕怛化：怛，驚動；化，指人將死。《莊子・大宗師》："俄而子來有病，喘喘然將死，其妻子環而泣之。子犁往問之，曰：'叱！避，無怛化。'"意謂人將死，不要去驚動他。後亦稱死亡爲怛化。

〔4〕簪纓：簪、纓，古代達官貴人的冠飾，用以固冠着頭。後因用於做官者之稱。厠：置身，參加。

〔5〕九原：本山名，在山西新絳縣北，春秋時爲晉國卿大夫的墓地。《禮記・檀弓下》："是全要領以從先大夫於九京也。"鄭玄注："晉卿大夫之墓地在九原，'京'蓋字之誤，當作'原'。"後泛稱墓地爲九原。

〔6〕竹雞：鳥名。雉科，生江南山地，好啼，喜居竹林。肉供食用。

〔7〕庶幾：也許可以。表示希望或推測之詞。《莊子・人間世》："醫門多疾，願以所聞思其則，庶幾其國有瘳乎！"

〔8〕飛螘：《爾雅・釋蟲》："螱，飛螘。"宋羅願《爾雅翼・釋蟲・螱》："螘之有翅者。蓋柱中白螘之所化也。白螘……往往變化生羽，遇天晏温，群隊而出，飛亦不能高。尋則脱翼，藉藉在地而死矣。"

〔9〕觸樊：抵觸藩籬。《易・大壯》："羝羊觸藩，不能退，不能遂，無攸利。"

〔10〕精鑿（zuò）：舂過的精米。《廣雅・釋詁四》："鑿，舂也。"

〔11〕睽（kuí）：同"暌"，離，乖離。《莊子・天運》："三皇之知，上悖日月之明，下睽山川之精，中墮四海之施。"漢揚雄《法言・重黎》："守失其微，天下孤睽。"注："睽猶乖離也。"

彭念堂作《漢口考》一篇，吴鶴關書其後云：“地輿中，山石難遷，平蕪易改，勢使然歟！夏沔漢三口入江故道，幾無可考，正坐此耳。倘非有巍然之大别，雖千舉舌何益？噫！今之漢口，非古之漢口，吾不慮夫千百年後，今之漢口又莫可知邪。嘗思擬一私誌，就正大方，老懶而輟。觀此文輕若列眉[1]，夏口明則沔口漢口亦明矣，豈非快事！”

鶴關有《丙辰九日醵飲寧我室同鶴艇寒香芳草湘浦各賦五言》詩云[2]：“秋气肅已高，秋風淒以栗[3]。不謂火雲消[4]，遽爾逢佳日。老懶守孤蓬，閉門艱一出。同儕四五人[5]，來問維摩疾[6]。飲竟或高歌，嘲弄及文術。緬彼高山游，有似浮雲溢。浮雲聚散多，寧静斯專壹。就我檐前花，擘彼隣園橘。興來還摛筆[7]，勿謂無所述。”《十日又醵飲》云：“昨日天气清，今朝薄風雨。依然一室中，獨坐生愁苦。素交達飲情，攜錢到蓬户。非惟酒餉謀，取足論今古。還開桑落尊[8]，長設淮南腐[9]。芋栗與蝦魚，飣餖聊一舉[10]。銜杯各有態，妍極起靈府[11]。得意忘言初[12]，陶陶相爾汝[13]。有似柴桑交[14]，賓至亦無迕。不然但飲酒，飲酒亦何取。所以容膝區，與世常撐拄[15]。”《送段寒香赴滇南幕》：“吟秋指孟冬，觴咏相爲樂。聞君有遠行，筆研都蕭索[16]。洞庭渾地紀[17]，滇黔隱天崿[18]。古稱萬里程，今兹爲一蹵。昨者聞王師，深仁濟方略。篠簩慕干羽[19]，道途如平削。馬首即南雲[20]，清風動蓮幕[21]。清風動蓮幕，回頭見衡霍[22]。十月繁霜候，楚澤多寒林。不省長途客，能知居者心。低眉在草莽，習與市井深。日暮道傍人，戈戟懷森森。巃嵸非險隘[23]，碧落有商參。不如一卷書，遠去孤雲岑。風横山陽笛[24]，月照啓期琴[25]。就彼猿與鶴[26]，一唱滄浪吟[27]。”

【注釋】

〔1〕列眉：《戰國策・燕策二》：“吾必不聽衆口與讒言，吾信汝也，猶列眉也。”鮑彪注：“列眉，言無可疑。”後以“列眉”表示所見極其真切明白，像人的眉毛那樣顯而易見。

〔2〕醵（jù）飲：凑錢飲酒。《禮記・禮器》：“周禮其猶醵與？”鄭玄注：

“合錢飲酒爲醵。”

〔3〕栗，張氏底本作“溧”，疑誤。今依周氏校本作“栗”。通“慄”，因寒或恐懼而發抖。《漢書》卷六十六《楊惲傳》：“下流之人，衆毁所歸，不寒而栗。”

〔4〕火雲：盛夏熾熱的赤雲。唐岑參《岑嘉州集》卷一《送祁樂歸河東》：“五月火雲屯，氣燒天地紅。”

〔5〕同儕（chái）：同輩。《左傳》僖公二十三年：“晉鄭同儕。”杜預注：“儕，等也。”

〔6〕維摩：佛名。即“維摩詰”，與釋迦同時人，身體有病，居家學道，號稱維摩居士，脩行極高。佛弟子舍利弗、彌勒、文殊師利等來問疾，維摩詰與之講説大乘教義，頗有辯論。維摩是梵語的音譯，義譯爲净名。净，清净無垢之謂；名，名聲遠播之謂。後因以“維摩”爲居士的代稱。唐代王維曾以維摩居士自況。

〔7〕摛（chī）筆：摛，舒展。同“摛翰”，謂執筆爲文。

〔8〕桑落：酒名。《水經注・河水》：“河東郡民有姓劉名墮者，宿擅工釀，採挹河流，釀成芳酎，懸食同枯枝之年，排於桑落之辰，故酒得其名矣。”

〔9〕淮南腐：指豆腐。宋祝穆《古今事文類聚後集》卷二十二：“豆腐，世傳豆腐本淮南王術。”引朱子《豆腐》詩云：“種豆豆苗稀，力竭心已腐。早知淮南術，安坐獲泉布？”

〔10〕飣飣：食品堆叠貌。韓愈《南山》詩：“或如臨食案，肴核紛飣飣。”

〔11〕靈府：古人指心。《莊子・德充符》：“不可入於靈府。”成玄英疏：“靈府者，精神之宅也，所謂心也。”

〔12〕忘言：陶潛《飲酒》詩：“此中有真意，欲辨已忘言。”意謂因感受到某種自然意趣，而忘了再去辨析。《文選》李善注：“言者，所以在意也，得意而忘言。”後借指忘情於世事，孟浩然《寄趙正字》詩：“物情今已見，從此願忘言。”

〔13〕陶（yáo）陶：和樂貌。《詩・王風・君子陽陽》：“君子陶陶……其

樂只且。”

〔14〕柴桑交：柴桑，晉陶潛隱居處。潛性嗜酒，每與友人聚，但求酣醉。友人顔延之曾送錢二萬，潛將其盡數付與酒家。

〔15〕撐：抵拒，撑住。也作“撑”。《水滸全傳》第八十九回：“宿太尉一行人馬，冒雪撑風，迤邐前進。”

〔16〕筆研：即筆硯。借指書寫、著作之事。《後漢書·班超傳》：“久勞苦，嘗輟業投筆嘆曰：‘大丈夫無他志略，猶當效傅介子、張騫立功異域，以取封侯，安能久事筆研間乎？’”

〔17〕地紀：維繫大地的繩索。古人認爲天圓地方，故神話傳説天有九柱支撑，使天不得塌；地有大繩維繫四角，使地有定位。

〔18〕天崿：崿，山崖。謂支撑天的高山。

〔19〕篠簀（xiǎo jīng）：篠、簀都是一種細竹，可以造箭。干羽：干楯和羽扇。都是古代舞者所執的舞具。武舞執干，文舞執羽。

〔20〕南雲：陸機《思親賦》：“指南雲以寄欽，望歸風而效誠。”又陸雲《九愍》：“眷南雲以興悲，蒙東雨而涕零。”後常以南雲、歸風、東雨等用爲思親和懷念故鄉之詞。

〔21〕蓮幕：幕府。南齊庾杲之任王儉衛軍長史，因當時有人把儉府譬爲蓮花池，所以蕭緬給儉的信説：“盛府元僚，實難其選。庾景行（杲之字）泛淥水，依芙蓉，何其麗也！”後把幕府稱爲“蓮幕”。見《南史·庾杲之傳》。

〔22〕衡霍：山名。《爾雅·釋山》：“霍山爲南岳。”邢昺疏：“衡山一名霍，言萬物霍然大也。衡之與霍，一山而有二名也。本衡山一名霍山，漢武帝移岳神於天柱，又名天柱亦爲霍，故漢以來衡霍别耳。”

〔23〕蠶叢：本人名，即蜀王的先祖，教民事蠶桑。後世遂以蠶叢爲蜀國之名。

〔24〕山陽笛：魏晉之際向秀與嵇康、吕安友善。後嵇、吕二人爲司馬昭所殺，秀經過山陽舊居時，聞鄰人笛聲，感懷亡友，於是作《思舊賦》。後即以“山陽笛”爲懷念故友的典故。

〔25〕啓期：榮啓期，春秋時隱士。或省作“榮期”。孔子游於太山，見榮

啓期行乎郕之野，鹿裘帶索，鼓琴而歌。孔子問曰："先生所以樂，何也？"啓期對曰有三樂，又曰："貧者士之常也，死者人之終也，處常得終，當何憂哉？"孔子曰："善乎！能自寬者也。"故事見《列子·天瑞》。《淮南子·主術訓》："榮啓期一彈，而孔子三日樂感於和。"

〔26〕猿與鶴：《藝文類聚》卷九十引《抱朴子》："周穆王南征，一軍盡化，君子爲猿爲鶴，小人爲蟲爲沙。"後用以借指戰死的將士。

〔27〕滄浪吟：《孟子·離婁上》："有孺子歌曰：'滄浪之水清兮，可以濯我纓；滄浪之水濁兮，可以濯我足。'孔子曰：'小子聽之，清斯濯纓，濁斯濯足矣，自取之也。'夫人必自侮，然後人侮之；家必自毁，而後人毁之；國必自伐，而後人伐之。《太甲》曰：'天作孽，猶可違；自作孽，不可活。'此之謂也。"滄浪之水，即漢水，見前注。孟子這裏引用表述的，即著名的"自取之論"。謂人先自爲可侮慢之行，故被人侮慢之；家先自爲可毁壞之道，故被人毁之；國先自爲可誅伐之政，故被人伐之。

元白門著有《嶺雲集》，筆多清矯，惜已散佚。《白馬篇》："白馬何矯矯，健兒何翩翩。生長在幽并〔1〕，慷慨志昂然。學書記姓氏，學劍只一身。乃學萬人敵〔2〕，名隸孤兒軍〔3〕。時清無征戍，宿衛直紫宸〔4〕。日日騎駿馬，校獵馳平原〔5〕。大雪被山徑，猛虎飢垂涎。咆哮風慘悽，烝徒不敢前〔6〕。健兒翻身逝〔7〕，去疾如飛鳶。須臾格鬥死，流血濺衣鮮。從容整旋轡，仰首復開弦。餓鴟時一班〔8〕，雕鶚忽然顛〔9〕。羽檄昨夜至〔10〕，徵師出玉門。壯心聞踊躍，豪氣倍騰騫〔11〕。莝稿飽厩馬〔12〕，腰左佩龍淵〔13〕。丈八烏蛇矛，盤旋若電奔。邊風連地起，旌旗亂翩翻。長驅朝陷陣，黑夜斫營還。一戰摧休屠〔14〕，再戰擒右賢〔15〕。馳突燕支下〔16〕，飲馬敕勒川〔17〕。男兒重功名，安顧昔所親。一心思報國，遑言身命全。"《美女篇》："青樓有美女，飄摇凌風翔。雕甍接畫棟〔18〕，高出浮雲傍。簾挂珊瑚鈎，宛在清露揚。明眸復皓齒，白雲艷朝陽。芳蘭作上服，芙蓉爲下裳。鬒髮間翡翠〔19〕，瓊佩兼珠璫〔20〕。結束俱煜爚〔21〕，舉止獨相羊。夷光何足比〔22〕，窈窕世無雙。樓前風日美，桃李争芬芳。玳梁宿雙燕[23]，池上多鴛鴦[24]。俯仰景物佳，嘆息惟空房。垂楊蔭紫騮[25]，白面誰家郎。四目遠相覿[26]，兩情各傍皇。郎意託東風，相致願不忘。贈以紅羅段，兼之千金黄。黄金價固重，紅羅絲更長。還君金與羅，行露久相防[27]。”《咏古六首》：“龍門擅著述[28]，麟經繼厥軌[29]。敗畔事何如[30]，乃敢爲陳理。從井以救人[31]，實爲愚而已。矧彼非故交，特爲人才起。大河有狂瀾，砥柱峙其裏[32]。但知行道心，寧憂蠶室毁[33]。紛紛輕薄兒[34]，能不愧于死。”司馬子長“男兒貴讀書，讀書致用耳。讀書不爲用，不如紈袴子。動言聖與賢[35]，寧識飢欲死[36]。滄海無停波，白日無留晷。輕肥者誰歟[37]，揚揚頗自喜。笑殺東方生，詼諧而已矣。”東方曼倩“矯矯嚴子陵[38]，辭榮若敝屣[39]。故人劉文叔[40]，時來作天子。亂既不與治，治亦不與理。一犁富春山，獨釣桐江水[41]。遥遥千載下，高風滿人耳。富貴不可求，功名安可已。惜哉抱負才，未覩將何以。”嚴子陵“緬彼謝安石[42]，風流兼儒雅。好尚變習俗，夷吾説江左[43]。當時淝水師[44]，存亡關空社。兒輩本能辦，欣喜何妨者。當局意從容，過境情斯寫[45]。所以小草譏，不免顔終赭。”謝安石“唐室光再造[46]，郭令公偉然[47]。一身繫中外，安危二十年。憶昔被罪戾，性命如絲縣。不遇李太白[48]，身死何有焉。知己豈不貴，英雄空自憐。斯人苟未歿，何只爲執鞭。”郭子儀“霹靂響中天，宇宙皆震驚。黄鐘及大吕[49]，瑣細不足聽。少陵起唐代[50]，大義特精誠[51]。發爲詞章學，麟炳若日星[52]。遥遥三百後[53]，乃復得斯人。老去衣食拙，途窮友生憑[54]。三復斯人咏[55]，遥傷終古情。”杜子美《擬子夜歌》：“寶髻卸鸞釵，纏綿意無盡。遲遲解羅衣，含羞對明鏡。月落南塘秋，蓮花各竝頭[56]。思歡同止水，何事不長流。寶鼎金博山[57]，中焚沈水烟。芳心不肯盡，欲斷復回旋。願郎化爲髻，妾願化作簪。朝朝復暮暮，只在簪中心。”《聞客談隆中》詩：“襄陽去漢陽，相隔一千里。平生少游歷，聞客談亦喜。漫唱襄陽樂，細陳隆中美。迆迆方山麓[58]，瀰瀰襄江水。漸入漸幽深，兩山互表裏。削壁如削鐵，去天不盈咫。中有數頃田，鳴泉清且泚[59]。木末挂孤亭，虚祠吟山鬼〔60〕。千千梨花明，萬萬叢蘭委〔61〕。緬想抱膝時〔62〕，悲歌古冶子〔63〕。遥遥空谷心，誰與繼芳軌。”《寄懷字水前輩》：“貧士江頭真可憐，出門五里如登天。明知荆州去不遠，故人空有夢相牽。朝來野鶴下林薄〔64〕，羡爾飛飛向寥廓。爲我殷勤寄寸心，孤吟日望晴川閣。”《送督學胡少宗伯還京》：“三載瞻依近〔65〕，千秋道法新。禮容爲弟子，德不愧天民。至教原無倦，憐才況是真。他時將盛事，傳語後之人。”“紅樹雲中出，蒼山馬上看。高霜清朔野，初日過邯鄲。雨雪冬來廣，關河北去寒。寸心隨驥尾，到處遶雕鞍。”《楊花》：“何處飛來訝許同〔66〕，武昌城外白濛濛。三更殘月移青瑣〔67〕，一縷芳魂夢緑熊〔68〕。跨鳳舊方傳煉雪，倒龍新製琢翔風。人間信有春如海，迷漫樓台蜃市中。”《春游曲》：“春在前郗第幾家，小橋流水玉環斜〔69〕。高樓日暮笙歌合，遥望墙東一樹花。”《題鄭圃北曲詞後》：“鳥嚦花落客閒愁，重見雲英憶舊游〔70〕。借得鴛鴦身上綫，細穿紅豆譜梁州〔71〕。”《送人之湖南》：“溶溶春水碧如藍〔72〕，五兩風輕客向南〔73〕。别後相思何處寄，衡雲湘雨柳毵毵〔74〕。”《新柳》：“小橋流水弄春柔，十二紅欄雨乍收。最愛不遮離别眼，隔林回首見朱樓。”《遲婕園前輩》：“惻惻輕寒麥秀翻，斷雲疏雨嫩晴天。遥知倚杖斜陽外，渡口閒呼放鴨船。”《秋柳》句如：“永豐南角荒園裏，何必飄零始信秋。”《題瞝城蓮净女士畫菊》句〔75〕：“想應人比黄花瘦，簾卷西風入畫來。”諸作皆可傳世。

【注釋】

〔1〕幽、并：州名。幽，即今河北北部、遼寧大部及朝鮮大同江流域；并，即今山西大部和内蒙古、河北的一部。又爲太原的别稱。這裏泛指北方。

〔2〕學萬人敵：故事見《史記·項羽本紀》。

〔3〕孤兒軍：西漢武帝時選戰死軍士的子孫養於羽林，官教以弓矢、劍、矛、戈、戟等五兵，稱爲羽林孤兒。東漢沿置。羽林，即皇帝的禁衛軍。

〔4〕紫宸：殿名。唐宋時皇帝接見大臣及外國使者朝見的内朝正殿。

〔5〕校獵：用木欄遮阻，獵取禽獸。《漢書·司馬相如傳》：“背秋涉冬，

天子校獵。”顔師古注：“校獵者，以木相貫穿，總爲闌校，遮止禽獸，而獵取之。”

〔6〕烝徒：衆徒。《詩·大雅·棫樸》：“淠彼涇舟，烝徒楫之。”鄭玄箋：“烝，衆也。”

〔7〕逝：往，去。《論語·子罕》：“子在川上曰：‘逝者如斯夫，不舍晝夜。’”

〔8〕鴟（chī）：鷂鷹，老鷹。《玉篇·鳥部》：“鴟，鳶屬。”

〔9〕鶚（è）：魚鷹。雕屬。《本草綱目·禽部》：“鶚，雕類也，似鷹而土黄色，深目，好峙……能翱翔水上，捕食魚。江表人呼爲食魚鷹。”

〔10〕羽檄：羽書。《漢書·高帝紀下》：“吾以羽檄徵天下兵。”顔師古注：“檄者，以木簡爲書，長尺二寸，用徵召也。其有急事，則加以鳥羽插之，示速疾書。”

〔11〕騰騫：飛升，飛騰。比喻發跡。李白《書情贈蔡舍人雄》：“層飈振六翮，不日思騰騫。”

〔12〕莝（cuò）稿：莝，鍘草；稿，稻麥的杆子。指鍘碎的馬飼料。

〔13〕龍淵：楚寶劍名。相傳爲歐冶子與干將共作三劍之一。《越絶書·越絶外傳記寶劍》：“歐冶子、干將鑿茨山泄其溪，取鐵英作鐵劍三枚：一曰龍淵，二曰泰阿，三曰工市。”《清一統志》：“浙江省龍泉縣南有水，曰龍淵，唐時避高祖諱改曰龍泉，宋又改曰劍池湖，相傳歐冶子嘗鑄劍於此。”

〔14〕休屠：匈奴屬王之號。《漢書·地理志下》：“武威郡，故匈奴休屠王地。”

〔15〕右賢：即“右賢王”。漢時匈奴族對其貴族的封號。

〔16〕燕支：山名。即“焉支山”。在甘肅山丹縣東南。古屬匈奴族。漢使驃騎將軍霍去病將萬騎出隴西，過焉支山，即此。

〔17〕敕勒：我國古代北方民族名，亦稱鐵勒。北朝樂府詩有《敕勒歌》：“敕勒川，陰山下，天似穹廬，籠蓋四野。天蒼蒼，野茫茫，風吹草低見牛羊。”見《樂府詩集·新歌謡辭》。

〔18〕甍（méng）：屋脊。《釋名·釋宫室》：“室脊曰甍。甍，蒙也，在

上覆蒙屋也。”

〔19〕鬒（zhěn）髮：黑髮。翡翠：美石作的首飾。呈翠緑色，玻璃光澤。

〔20〕珠璫：一種以珠作的耳飾。梁元帝《樹名》詩：“柳葉生眉上，珠璫摇鬌垂。”

〔21〕煜爚：光耀貌。煜，光耀。《説文》：“煜，熠也。”爚，火光。賈誼《弔屈原賦》：“彌融爚以隱處兮。”

〔22〕夷光：即西施，春秋越國的美女。明陳耀文《天中記》卷二十一：“越謀滅吴，有美女二人，一名夷光，二名脩明，即西施、鄭旦之别名，以貢於吴。”

〔23〕玳梁：即玳瑁梁。飾有玳瑁斑文圖案的屋梁。唐沈佺期《古意呈補闕喬知之》：“盧家少婦鬱金堂，海燕雙棲玳瑁梁。”或省作“玳梁”。宋之問《宴安樂公主宅》：“玳梁翻賀燕。”

〔24〕鴛鴦，張氏底本多寫作“鴛央”，徑改。

〔25〕紫騮：良馬名。又叫“棗騮”。唐楊炯《紫騮馬》詩：“俠客重周游，金鞭控紫騮。”

〔26〕覿（dí）：見，相見。《易・困》：“三歲不覿。”

〔27〕行露：道上的露水。比喻路途的强暴行爲。《詩・召南・行露》：“豈不夙夜，謂行多露。”意謂女子早夜獨行，恐有强暴侵凌之患，這裏是表述女子自守貞潔的志向。

〔28〕龍門：指司馬遷。《史記・太史公自序》：“太史公有子曰遷，遷生龍門，耕牧河山之陽。”

〔29〕麟經：《春秋》的别稱。已見前注。厥：猶“其”。《尚書・禹貢》：“厥土黑墳。”

〔30〕“敗畔事何如”句：指司馬遷替李陵戰敗投降辯解，得罪下獄，受宫刑事。畔，古同“叛”。或疑作“釁”。

〔31〕從井以救人：謂作事無益於人，而徒陷於己的行爲。《論語・雍也》：“仁者，雖告之曰：‘井有仁焉。’其從之也？”朱熹注：“劉聘君曰：‘有仁之仁當作人’，今從之。從，謂隨之於井而救之也，蓋身在井上，乃可以救井中之

人；若從之於井，則不復能救之矣。此理甚明，人所易曉，仁者雖切於救人而不私其身，然不應如此之愚也。”

〔32〕砥柱：即砥柱山，黄河急流中的石山，在河南省三門峽市，以山在水中若柱，故名。又名三門山。今因修三門峽水庫，山已不見。《尚書・禹貢》作“厎柱”。

〔33〕蠶室：漢代宫刑獄名。《漢書・武帝紀》：“處宫刑幽於蠶室。”《後漢書・光武帝紀》：“詔死罪繫囚，皆一切募下蠶室。”李賢等注：“蠶室，宫刑獄名，宫刑者畏風，須暖，作窨室蓄火，如蠶室，因以名焉。”

〔34〕輕薄兒：舉止輕薄之人。《後漢書・順陽懷侯劉嘉傳》：“（李寶）勸嘉且觀成敗。光武聞之，告禹曰：‘孝孫素謹善，當是長安輕薄兒誤之耳。’”

〔35〕“動言聖與賢”句：漢武帝初即位，徵天下方正賢良文學材力之士，東方朔上書“文辭不遜，高自稱譽”。事見《漢書・東方朔傳》。

〔36〕“寧識飢欲死”句：《漢書・東方朔傳》：“臣朔生亦言，死亦言，朱儒長三尺餘，奉一囊粟，錢二百四十。臣朔長九尺餘，亦奉一囊粟，錢二百四十。朱儒飽欲死，臣朔飢欲死。臣言可用，幸異其禮；不可用，罷之，無令但索長安米。帝大笑，因使待詔金馬門。”

〔37〕輕肥：輕裘肥馬。《論語・雍也》：“（公西）赤之適齊也，乘肥馬，衣輕裘。”後泛指輕車肥馬。杜甫《秋興》八首之三：“同學少年多不賤，五陵衣馬自輕肥。”

〔38〕嚴子陵：後漢嚴光。字子陵。會稽餘姚人。少時與光武帝（劉秀）同游學，有高名。劉秀稱帝，光改名换姓隱遁。秀曾召光至京，授與諫議大夫，光不受，隱於浙江富春山。

〔39〕敝屣：破鞋。比喻廢物，或不足珍惜的東西。《陳書・高祖紀上》：“居之如馭朽索，去之如脱敝屣。”屣，或作“蹝”。《孟子・盡心上》：“舜視棄天下，猶棄敝蹝也。”

〔40〕劉文叔：後漢光武帝劉秀字文叔，漢高祖九世孫。25年即位，在位三十三年。

〔41〕桐江：在浙江桐廬縣境。後人名嚴子陵釣處爲嚴陵瀨，在桐廬縣南。

〔42〕謝安石：東晉謝安，字安石，陳郡陽夏（今河南太康）人，政治家。孝武帝時位至宰相，忠心輔晉，時人比之王導。

〔43〕夷吾：管仲的名號。春秋時齊國人，輔佐齊桓公建立霸業。這裹似以王導比管仲。元帝初鎮建康時，吴人不附，王導進計勸帝“賓禮故老，存問風俗”，以結人心。又勸帝廣擇賢能，以建立大業。時人比之管夷吾。據《晉書・王導傳》，桓彝初過江，見朝廷微弱，憂懼不樂。往見導，還，謂顗曰：“向見管夷吾，無復憂矣。”謝安爲王導所器重。

〔44〕淝水師：苻堅於383年率百萬大軍侵晉。謝安爲征討大都督，使弟謝石、兄子謝玄等率軍大敗苻堅於淝水。史稱淝水之戰。東晉得以轉危爲安。

〔45〕過境情斯寫：寫，通“瀉”。宣瀉。謂謝安既取得淝水之戰的勝利，當捷報至時，故作安然無喜色，下棋如故。客問之，從容答道：“小兒輩遂已破賊。”而時過境遷，則喜形於色，以至返入内室時，因心喜過甚，竟將屐齒弄折了。

〔46〕唐室光再造：再造，再生。《舊唐書・郭子儀傳》：“肅宗勞之曰：‘雖吾之家國，實由卿（指郭子儀）再造。’”

〔47〕郭令公：郭子儀，唐大將，華州鄭縣（今陝西華縣）人，寬厚待人，德高望重，世稱郭汾陽，亦稱郭令公。安禄山叛亂時，任朔方節度使，在河北擊敗史思明。肅宗即位後，他又配合回紇兵收復長安、洛陽，升任中書令。爲唐室復興的功臣。

〔48〕“不遇李太白”句：郭子儀在并州時曾犯法，適李白游并州，奇其人，救之得免。見《新唐書・李白傳》。

〔49〕黄鐘、大吕：古代樂律名。《周禮・春官・大司樂》：“乃奏黄鐘，歌大吕，舞雲門，以祀天神。”

〔50〕少陵：即杜甫，字子美，被稱爲“詩聖”。詩中嘗自稱“少陵野老”。祖籍襄陽，後遷居鞏縣（今屬河南）。

〔51〕精誠：真誠。《莊子・漁父》：“真者，精誠之至也，不精不誠，不能動人。”

〔52〕麟炳：光明顯赫。麟，古通“燐”。《文選・揚雄〈劇秦美新〉》：

“炳炳麟麟，豈不懿哉！”

〔53〕遥遥三百後：指自南朝沈約與周顒等開創四聲、八病之説（要求作品區别四聲，避免八病），古體詩歌轉向律詩以來的約三百年。

〔54〕途窮友生憑：杜甫自華州棄官，客秦州，負薪採橡栗自給。後流落劍南，遇舊友嚴武，表爲參謀、檢校工部員外郎。

〔55〕三復：再三反復。

〔56〕蓮花各竝頭：竝頭蓮，荷花的一種。陳淏子《花鏡》卷五：“（竝頭蓮）紅白俱有，一干兩花。”詩文中常用以喻恩愛夫妻。

〔57〕博山：古器物的表面雕刻有重叠山形的裝飾。這裏指的是博山爐。鮑照《擬行路難》詩之二：“洛陽名工鑄爲金博山，千斲復萬鏤。”

〔58〕迆迆：斜行延伸。方山：指漢皋山，在襄陽西北十里。又稱萬山、蔓山。

〔59〕泚（cǐ）：清澈。《説文·水部》：“泚，清也。”

〔60〕山鬼：《楚辭·屈原〈九歌〉》中的篇名。

〔61〕委：累積，堆積。《公羊傳》桓公十四年：“御廩者何？粢盛委之所藏也。”揚雄《甘泉賦》：“瑞穰穰兮委如山。”

〔62〕抱膝：手抱膝而坐，有所思貌。相傳諸葛亮未出山時，“每晨夜從容，常抱膝長嘯”。

〔63〕悲歌古冶子：指諸葛亮在隆中時愛吟“二桃殺三士”詩句。古冶子爲春秋時齊國力士，與力士公孫捷、田開疆抗雄，晏嬰設計，爲食二桃，三人先後皆自殺。

〔64〕林薄：草木叢雜處。《楚辭·九章·涉江》：“露申辛夷，死林薄兮。”王逸注：“叢木曰林，草木交錯曰薄。”

〔65〕瞻依：景仰而親近之。《詩·小雅·小弁》：“靡瞻匪父，靡依匪母。”朱熹注：“瞻者，尊而仰之；依者，親而依之。”

〔66〕訝許同：語出杜甫《野人送朱櫻》詩：“數迴細寫愁仍破，萬顆勾圓訝許同。”訝，驚訝。許，許多。

〔67〕青瑣：古代宮門上的一種裝飾。《漢書·元后傳》：“赤墀青瑣。”

顔師古注："青瑣者，刻爲連環文，而青塗之也。"後亦借指宫門。

〔68〕芳魂：謂美人的魂魄。宋吴師道《子昂蘭竹圖》詩："湘娥清淚未曾消，楚客芳魂不可招。"一曰花之精。緑熊：即緑熊席。以黑熊皮製作而成。劉歆《西京雜記》一："趙飛燕女弟居昭陽殿……玉几玉牀，白象牙簟，緑熊席。席毛長二尺餘，人眠而擁毛自蔽，望之不能見。坐則没膝其中。雜熏諸香，一坐此席，餘香百日不歇。"

〔69〕玉環：指皎而圓的月亮。白居易《和櫛沐寄道友》："高星粲金粟，落月沉玉環。"

〔70〕雲英：唐仙女名。傳説裴航過藍橋驛，娶爲妻，後夫婦俱入玉峰爲仙人。

〔71〕梁州：詞調名。即《涼州令》，宋以後稱《梁州令》。

〔72〕溶溶：水盛貌。《楚辭・劉向〈九嘆・逢紛〉》："揚流波之潢潢兮，體溶溶而東回。"

〔73〕五兩：古代測風器。以雞毛五兩（或八兩）繫在高竿頂上，測風的方向。《文選・郭璞〈江賦〉》："覘五兩之動静。"李善注："《兵書》曰：'凡候風法，以雞羽重八兩，建五丈旗，取羽係其巔，立軍營中。'許慎《淮南子》注曰：'綄，候風也，楚人謂之五兩也。綄，音桓。'"

〔74〕毿毿（sān）：枝葉細長貌。唐孟浩然《高陽池送朱二》詩："澄波澹澹芙蓉發，緑岸毿毿楊柳垂。"

〔75〕疁城：地名。在江蘇嘉定縣南門外。詳見清王鳴盛《蛾術編》卷下《説地・疁城》。

彭湘懷《自跋畫寄友》云："余舊居九真龍霓之間〔1〕，南距郡城八十里。其峰巒林木，雖未深密，撫松坐石，頗足領略野意，開拓塵胸。今年就養老母，移家西關，以疏略襟期〔2〕。入諠雜境地，所謂被獮猴以衣冠〔3〕，求其洽情，何可得也？暇日，誦阮亭'夕陽雲木秀，秋雨石泉清'之句〔4〕，悄然起故山之思。因鍵户謝客，畫五日得此幀奉寄。清玩之餘，其亦有以慰我乎！"又云："張君澄園，持素紙索作《江漢圖》，勉强應之，殊未洽意，久有别作以易之語。昨在友人所見文衡山《深山策蹇》小幅，淋漓老健，無意筆墨，而生气盎然。愛玩之餘，因橅一通[5]，奉之左右，以酬夙許。然而猶吾大夫崔子也[6]，奈何！”又云：“柴丈畫以墨勝[7]，爲文、沈後諸家所不及[8]，愈濃愈深，愈濃愈厚，秃筆斷硯，皆可隨手拈弄，卻又有一段雅秀之气，不失文人本色處，余最服膺[9]。蓋學者餘暇，陶淑性情之具，原不必規規某家某體[10]，其中有一我在，斯乃貴耳！此幅大概與柴丈近，故言及之。本無意倣龔，亦不敢倣龔也。”段寒香云：“此數語即可盡古今詩文名世之由。”按：閲諸《跋》，方知念堂詩古文外，復工山水，瓣香半千高士[11]，得逸品也。又《風字硯銘》云：“風水相遭，五嶽動摇。”又《銘》云：“筆落紙，風行水。”《拂子銘》云：“能不湼，安用拂？”真能措詞于簡古[12]。

念堂《人耕謡》：“月暈左角角蟲厄，兩耳不動倚闌立。布穀朝朝屋頭鳴，農家老小抱牛泣。牛不起，春復深，五人肩一犁，共爲一牛耕。一日未能終兩畝，汗血如水霑衣襟。老農錯認牛不速，叱聲將起鞭輙縮。人力已疲田未治，晚來哀哀向闌哭。嗟田父，苦復苦，身負軛，欲誰語。豈知富兒不解事，猶乞牛肉作牛脯。”

李廷梓，字煌柱。事父孝養，父歿，喪葬盡禮。生母張，被出，久無音耗。服闋[13]，乃徒步徧訪于湖南江右，十年，始得之彝陵尼舍。迎歸奉養，十八年，乃卒。念堂爲賦《尋母謡》云：“嬌兒墮地呱呱哭，哭聲未歇遭母出。臨别含悽摩兒頂，十步五步屢回矚。春花生樹頭，秋葉落樹根。兒長不見母，灑淚辭里門[14]。東浮三江南七澤[15]，十載悠悠空白雲[16]。心鍊鐵石衣裹土，西陵乃獲慈親身。銅山圮，鐘聲起，母與兒，合千里。母既衰耄[17]，兒已壯齒，負母歸家補兒嬉，母悦兒還淚如水。噫吁嘻，羊跪乳，烏反哺，人間乃有李孝子。”

【注釋】

〔1〕九真：即漢陽九真山。見前注。

〔2〕襟期：抱負。杜甫《醉時歌》："日糴太倉五升米，時赴鄭老同襟期。"

〔3〕獮猴："獮"同"獼"，即沐猴。《史記·項羽本紀》："人言楚人沐猴而冠，果然。"本指獼猴戴帽，徒具人形。借指變些花樣，取悦老母。

〔4〕阮亭：清王士禛之號。

〔5〕橅：同"模"。規範。這裏謂臨摹。

〔6〕大夫：舊時對裱糊修補等手工藝者的尊稱。《京本通俗小説·碾玉觀音·上》："啓請婆婆，過對門裱褙鋪裏請璩大夫來説話。"

〔7〕柴丈：即龔賢，清初畫家。一名豈賢，字半千，號野遺，晚又號柴丈人，江蘇崑山人。工山水，善用墨，爲"金陵八家"之一。

〔8〕文、沈：文徵明、沈周，皆明代畫家。文字徵明，號衡山居士，以字行。沈字啓南，號石田，晚號白石翁。均長洲（今江蘇吴縣）人。以畫山水見長，筆墨蒼潤沉雄，景物蓊鬱深邃。兼工花鳥、人物，老筆紛披，而有神采，名重當時，其影響所及，形成"吴門派"。文徵明是沈周的學生，後與沈周、唐寅、仇英合稱"明四家"。

〔9〕服膺：衷心信服，而牢記胸中。《禮記·中庸》："得一善，則拳拳服膺而弗失之矣。"

〔10〕規規：淺陋，拘泥貌。《莊子·秋水》："子乃規規然求之以察，索之以辯。"

〔11〕半千：五百。取五百年出一聖賢之意。

〔12〕簡古：簡潔古樸。陸游《跋花間集》："故歷唐季、五代，詩愈卑，而倚聲者輒簡古可愛。"

〔13〕服闋：古喪禮，父母死後服喪三年，期滿除服，稱爲"服闋"。

〔14〕里門：鄉里之門。古制聚族列里而居，里有里門。後常用"里門"作爲家鄉的代稱。

〔15〕三江：三條江的合稱。《尚書·禹貢》："三江既入，震澤厎定。"關於三江的具體所指，説法很多：或爲吴江（一作松江）、錢塘江、浦陽江；或爲岷江、松江、浙江；或爲松江、婁江、東江；或爲北江、中江、南江。

〔16〕白雲，壬午底本作“白雪”。雪，不協韻，當是“雲”之誤。

〔17〕耄：老。《禮記·曲禮上》：“八十、九十曰耄。”又《鹽鐵論·孝養》：“七十曰耄。”

吴鶴關，後移居漢陽之西郭，有《西郭草堂落成》詩：“漢城西郭事烟霞，三畝初成一畝家。不是數弓營不足[1]，讓他新月上梅花。”《月湖即事》：“澂湖一片翠微微[2]，誰把漁竿上釣磯。驚起白漚閒不得，雪花無際鏡中飛。”

鶴關喜篆刻，知六法[3]。其《自題畫》云：“湖中一片月，照此湖中樓。樓上有伊人[4]，羅衣風正秋。”《題屏山》云：“烟江日落風急，流水谿橋自斜。明月一鈎未上，伴人惟有梅花。”

鶴關《秋海棠行》：“海棠花，照窗紅，枝枝葉葉蕩秋風。看花不肯繩牀卧[5]，月來花影自西東。横塘麗人麗無匹[6]，曾共花枝鬥顔色。花貌瓊英爍爍光[7]，羅襟綺袖傷心碧[8]。昨日花開麗人好，今朝花謝愁人老。花開花謝十二時[9]，請郎居莫同花枝。賣青田兩凍[10]，印獨藴空靈[11]。冠席珍韋弦[12]，終擬伴閒身。來舟去馬八千里，泐字鐫名四五春[13]。溢價轉傷逢識者[14]，結心一似望伊人。烏油匣敞丹砂冷，雙璧居然竟入秦。”《三月三日黄池即事》：“甕撥梨花撲鼻聞[15]，無端赤鑄又離群[16]。漲生谿面水三尺，青到樹頭春十分。簫鼓賽歸巫若鬼，杜蘭芬處女如雲。畫橈一繫東風岸[17]，柳絮漫天悵鄂君。”《移居西郭三年重至後湖納涼》：“移家西郭謝炎氛，不見三年大澤雲。爲有故人酤濁酒，一來亭上接同群。柳楊近水都全起，菱芰充盤已半醺[18]。非是琅玕留客處[19]，劇談微論總無分。”《斷炊》詩：“湖田松色自蒼蒼，客路逢年亦遘荒[20]。不問吹簫向吴市[21]，幾曾乞食困柴桑。塵生短甑書盈几，人坐閒階月似霜。孤鶴海天飛未得，白雲深鎖舊茅堂。”《戲作乞米二絶》：“軟滲沙隄倩杖扶[22]，緑楊迎醉過平湖。有時大吐胸中物，瀝盡方知一粒無。”“一日江頭醉一觴，陶然軟飽便休糧[23]。樓中丹火由他熟，只覓西隣煮石方[24]。”《倣游仙體·題石天外蓬萊圖》：

“王母宫中浩劫春，弱波清淺未生塵。昨將仙籍從頭檢，不度人間骨重人。”“艷艷妝成出綺窗，笙歌簇擁緑雲幢。女曹欲覓長生訣，洞裏仙人總是雙。”“一座蓬山水四潮，松楸萬歲不曾凋。只緣世上知音少，雲裏空吹碧玉簫[25]。”“强飲麻姑酒一杯[26]，髻花腰劍望蓬萊。殷勤玉女前頭問，早晚榆花開未開。”《别情》：“烟郗水郭人將去，雨户風檐客不來。無限别情銷不得，榴花零亂徧蒼苔。”《送遠》：“日暮江頭打馬行，連天風雪倍關情。無心最是隋隄柳[27]，折盡長條今又生。”《紅橋紀游》：“湘簾四幅鴨闌縣[28]，一帶銀霞獲水仙。珠翠暗香籠不住，靈風送與下風船[29]。”“嘈雜琵琶緩緩歌，高陽伴侣有經過。主人臘月長安去，可得清尊醉綺羅。”“十里桃花岸兩傍，漁歌清入武陵鄉。前灣記着紅門寺，最怕迷人是夕陽。”“奚囊暫挂小奚奴[30]，更欲青簾倒一壺[31]。君未醉來奴已醉，玉山隤處要人扶。”

鶴關又有《書龍事》詩云：“庚辰五月終，神龍降大澤。金鱗潛幽光，土花蝕靈色[32]。道旁蜡矚眎，牛犬驅相逆。詎知雲雨姿，不久泥蟠阨[33]。一夜霹靂聲，虚空曉無跡。”按：乾隆初年，有龍墮于漢口居仁坊中路污水蕩中，鱗甲閃爍，蟠屈不得伸者旬日。蟲聚蠅集，腥聞滿野。居民恐懼，張蘆蓬以衛之，竝設醮壇，焚香禱祝。一夕雷雨大作，不知所往。吴秋水别駕紹滃[34]，言其尊人方由先生所目睹者。考庚辰爲康熙三十九年，後庚辰爲乾隆二十五年，此詩康熙間事也。

【注釋】

〔1〕弓：古時丈量地畝的工具和計算單位。五尺爲一弓，即一步。三百六十弓爲一里，二百四十平方弓爲一畝。

〔2〕微微：幽静貌。《文選·張衡〈南都賦〉》：“章陵鬱以青葱，清廟肅以微微。”注：“微微，幽静貌。”

〔3〕六法：南朝齊謝赫《古畫品録》稱畫有六法：一、氣韻生動；二、骨法用筆；三、應物象形；四、隨類賦彩；五、經營位置；六、傳移模寫。本爲評論人物畫的六項標準，後逐漸應用於山水、花鳥等畫科，成爲繪畫的總

法則。

〔4〕伊人：此人。即意中的那個人。《詩·秦風·蒹葭》："所謂伊人，在水一方。"鄭玄箋："伊，當作繄。繄，猶是也。"

〔5〕繩牀：交椅。因其式樣來自西域，故又叫胡牀。詳見唐李匡乂《資暇録》卷下《承牀》。

〔6〕横塘：地名。在江蘇南京市西南。

〔7〕爍爍：星光閃耀貌。《古文苑》卷八漢李陵《録别》詩："爍爍三星列，拳拳月初生。"

〔8〕傷心碧：李白《菩薩蠻》："平林漠漠煙如織，寒山一帶傷心碧。"傷心，在這裏作副詞用，猶"極""很"。

〔9〕十二時：指一日。因古時分一日爲十二時，即夜半、雞鳴、平旦、日出、食時、隅中、日中、日昳、晡時、日入、黄昏、人定。見《左傳》昭公五年"故有十時"杜預注。漢代亦分一日爲十二時，以干支爲紀。見清趙翼《陔餘叢考》卷三十四。後世又分十二時爲二十四時。

〔10〕青田：青田石，又叫凍石。晶瑩潤澤，可作印章和工藝品，産於浙江青田縣，有白、灰、褐、緑、黄數種，其瑩萃而微透明如冰凍者，稱青田凍。

〔11〕空靈：超逸有靈性，不留跡象。清沈德潛《古詩源》卷七《陸機》："士衡詩亦大家……遂開出排偶一家，西京以來，空靈矯健之氣，不復存矣。"

〔12〕韋弦：皮繩和弓弦。比喻緩急，後又用來比喻受人規勸。《三國志·魏書·劉廙傳》："且韋弦非能言之物，而聖賢引以自匡。"《文選·任昉〈王文憲集序〉》："夷雅之體，無待韋弦。"李善注："韋，皮繩，喻緩也；弦，弓弦，喻急也。西門豹之性急，故佩韋以自緩，董安於之心緩，故佩弦以自急。"

〔13〕沏：雕刻。引申爲書寫。

〔14〕溢：同"鎰"。古代計量單位。二十兩爲溢。

〔15〕梨花：梨花春。酒名。唐時杭人釀酒，趁梨花開放之時，因名梨花春。白居易《杭州春望》詩："紅袖織綾誇柿蒂，青旗沽酒趁梨花。"

〔16〕赤鑄：銅錢。《隋書·食貨志》："百姓私鑄"，"鄴中用錢，有赤熟、

赤青、細眉、赤生之異”。

〔17〕畫：畫舫。裝飾華麗的游船。橈：船槳。

〔18〕芰（jì）：植物名，即“菱”。《國語・楚語上》：“屈到嗜芰。”韋昭注：“芰，菱也。”

〔19〕琅玕：翠竹的美稱。杜甫《鄭駙馬宅宴洞中》：“主家陰洞細煙霧，留客夏簟青琅玕。”

〔20〕遘（gòu）：遇，遭遇。《梁書・張稷傳》：“稷所生母遘疾歷時，稷始年十一，夜不解衣而養。”

〔21〕吹簫向吴市：春秋時，伍子胥曾於吴市吹簫乞食，後常引以爲行乞的典故。

〔22〕倩：借助。

〔23〕陶：喜悦，自樂貌。《禮記・檀弓下》：“人喜則斯陶，陶斯咏。”

〔24〕煮石：晉葛洪《神仙傳》記有白石先生，常煮白石爲糧。又記焦先常食白石，以分與人，熟煮如芋食之。又記晉武帝時董威輦煮石，千日不食。後常用煮石作爲道教徒修煉的典故。

〔25〕碧玉簫：曲牌名。

〔26〕麻姑酒：麻姑，古代神話中的仙女。葛洪《神仙傳》説她爲建昌人，修道牟州東南的餘姑山，年十八九，能擲米成珠。自言曾見東海三次變爲桑田，蓬萊之水也淺於舊時，或許又將變爲平地。傳説三月三日西王母壽辰，她在降珠河畔以靈芝釀酒，爲王母孃孃祝壽。

〔27〕隋隄：隋煬帝開通濟渠，沿河築隄植柳，世稱隋隄。見《清一統志》。又《揚州府志》謂即今運河隄。

〔28〕湘簾：斑竹編織的簾子。元趙孟頫《松雪齋集》卷五《即事三絶》詩之一：“湘簾疎織浪紋稀，白苧新裁暑氣微。”鴨闌：闌，同“欄”。三國時，吴建昌侯所作的鬬鴨欄。《三國志・吴書・陸遜傳》：“時建昌侯慮於堂前作鬬鴨欄，頗施小巧。”這裏喻指考究、名貴的欄杆。

〔29〕靈風：神異之風。

〔30〕奚囊：李商隱《李賀小傳》：“每旦日出，與諸公游，恒從小奚奴，

騎距驢，背一古破錦囊，遇有所得，即書投囊中。”後因稱詩囊爲奚囊。

〔31〕青簾：酒簾，酒旗。《廣韻・鹽韻》：“簾，青簾。酒家望子。”

〔32〕土花：苔蘚。唐李賀《歌詩編》卷二《金銅仙人辭漢歌》：“畫欄桂樹懸秋香，三十六宫土花壁。”

〔33〕阸：同“厄”，限，阻塞。

〔34〕别駕：官名。漢制，爲州刺史的佐吏。因隨刺史出巡時另乘傳車，故稱别駕。宋改置諸州通判，以職守相同，故通判也有别駕之稱。見《文獻通考・職官・總論州佐》。

王櫟門兼工隸書，尤惓惓于朋友。黄心盦謂其倡酬贈答之詩，多纏綿悱惻之音是也。其記沈蘆山事甚奇：“蘆山，吴人，明經，游楚，館于周君沂塘，以文字稱莫逆交。沂塘性揮霍，不支，他匿，蘆山竟自經，遺書謂以平昔不能諫阻之故。嗚呼！蘆山居皋比〔1〕，塵事了無干涉，乃以友道自咎，視古之輕生俠客，不多讓也〔2〕。今厝于漢陽西郊接引精舍之傍〔3〕，一棺荒寄，家未知聞，廓落天涯，旅魂安託？每一興念，不禁愴然淚下也。見幾雖不早〔4〕，一死豈徒然。想藉孤魂往，仍依知己前。荒郊稽旅櫬，故里望歸船。老眼空含淚，遺文亦可憐。”

櫟門女，適黄而寡，守節養姑，數十年無懈色。元白門爲賦《節孝行》，小引云：“《節孝行》十解，爲黄節婦作。婦，漢陽人，詩人王櫟門女。”詩曰：“滔滔江漢流，上有青松枝。青松無改色，天地生容輝〔5〕。黄氏有節女，大義真無虧。家世太原郡，作相夫子宜。十三能織素，十四學裁衣。十六誦詩書，十七當于歸〔6〕。陽春二三月，東風發華滋。花花自相倚，葉葉動相偎。狂風天外至，吹折庭前枝。無端期再週〔7〕，沈痛惜分離。絶粒朝復朝，蕉葉消玉肌。鄰舍爲感傷，親戚皆慘悽。妾有堂上姑，兩鬢垂銀絲。姑老誰當養，姑病誰當治。收淚强食飲，所悲身無兒。雖無親生兒，猶子堪繼之〔8〕。竭力勤教養，朝夕寧相違。脱卻耳邊璫，鬻卻嫁時袿。即今年四十，一半恒苦悲。人生持大節，終古以爲期。”櫟門生四子，第三子靄，字應祥，青年好學，不幸早逝。妻勞氏，矢死守節，孝事堂上姑，撫嗣子名立成人，卒以暗淚喪明，先姑歿。

吴澹止《白杜鵑花》詩：“喚不歸來血已枯，青山彳亍客提壺[9]。分明枝上三更月，莫漫樓東一斛珠。金屋那能藏小玉，使君何必問羅敷[10]。而今毋論神仙事，獨洗穠華謝彼姝[11]。”《和巴蓮舫自新野至襄陽道中作》：“西風颯颯雁行行，僕僕歸途黯自傷[12]。幾户晚烟山脚起，一鞭殘照馬蹏忙。苑荒烏噪前朝柏，龍去雲埋舊日岡，卻有詩情何處託，來朝憑弔孟襄陽[13]。”

按：鶴關爲漢上寓公，其風心雅興，直接五家。同時玉坡、練塘、寒香諸君，觴咏倡酬，澹止繼起，居與蓮舫寸田尺宅齋比隣。文酒聲歌，迭主壇墠[14]。同時元白門筆尤超越，領袖詩盟，四方名士，萃集一時，可謂盛矣。鶴關、玉坡、澹止，皆終老于漢。練塘、寒香、白門，又世居其地，近已少識其姓氏。所有著述，亦莫覯閲[15]，僅就見聞，爲録什一[16]，以存其人焉。

黄鶴鳴，字凌江，乾隆辛巳進士，官宜昌教授，與弟子雲明經從龍，皆以時文名。詩不多作，而凌江絶句，頗有風神。嘗見其《朱蘭田招入緑梅花社不赴》一絶云：“雪月横塘見一枝，東風吹縐碧琉璃。湘花湘草休相妒，不借幽芳入楚詞。”

【注釋】

〔1〕皋比：本指虎皮。《左傳》莊公十年：“蒙皋比而先犯之。”杜預注：“皋比，虎皮。”因古代學師的坐席，常蒙之以虎皮，故稱講席爲皋比。《宋史·張載傳》：“嘗坐虎皮講《易》，京師聽從者甚衆。”

〔2〕讓：謙讓，遜讓。《尚書·堯典》：“允恭克讓。”注：“推賢尚善曰讓。”

〔3〕厝：淺埋以待改葬，或停棺待葬。《三國志·蜀書·二主妃子傳》：“園陵將成，安厝有期。”

〔4〕見幾（jī）：事前觀察事物細微的動向。《易·繫辭下》：“幾者動之

微，吉之先見者也。君子見幾而作，不俟終日。”

〔5〕容輝：儀容丰采。《文選·古詩十九首》：“獨宿累長夜，夢想見容輝。”

〔6〕于歸：《詩·周南·桃夭》：“之子于歸，宜其室家。”毛傳：“于，往也。”朱熹注：“婦人謂嫁曰歸。”後稱女子出嫁爲于歸。

〔7〕週：反復。

〔8〕猶子：侄子。《禮記·檀弓上》：“兄弟之子，猶子也。”

〔9〕彳亍（chì chù）：小步走，欲行又止貌。《文選·潘岳〈射雉賦〉》：“彳亍中輟，馥焉中鏑。”

〔10〕羅敷：人名。《樂府詩集·卷二十八·陌上桑》：“秦氏有好女，自名爲羅敷。”崔豹《古今注·音樂》：“秦氏，邯鄲人，有女名羅敷，爲邑人千乘王仁妻。王仁後爲越王家令，羅敷出采桑於陌上，趙主登臺見而悦之，因飲酒欲奪焉。羅敷乃彈箏，作《陌上》歌以自明焉。”後來“羅敷”之名常用爲美貌而有節操的女子的通稱。

〔11〕穠華：繁盛的花朵。《玉篇·禾部》：“穠，花木繁盛貌。”白居易《和夢游春》詩：“秀色似可餐，穠華如可掬。”後詩文中多作爲公主的代稱。唐蘇頲《授裴君士太子少詹事制》：“外以凝正，中惟雅實，地稱垂棘之寶，門降穠華之貴。”

〔12〕僕僕：勞頓；煩擾。謂旅途勞頓。

〔13〕孟襄陽：孟浩然。襄陽人，以詩著稱，爲李白、王維等稱道。少隱居鹿門山，四十歲始游京師，試進士不第。張九齡出鎮荆州，曾任從事。開元末病卒。

〔14〕壇墠：祭祀場所。《禮記·祭法》：“設廟祧壇墠而祭之。”這裏指詩壇。

〔15〕覯（gòu）：同“遘”。遇見。《詩·豳風·九罭》：“我覯之子，衮衣繡裳。”

〔16〕什一：十分之一。《史記·越王勾踐世家》：“（范蠡）候時轉物，逐什一之利。”

戴喻讓，字思任，號景皋，家漢口，乾隆辛酉舉人，素有文名，由房縣教諭，補惠民知縣[1]。有《聽鸝堂》《春草吟》《春聲堂》諸集。古體詩，能別出新意。《擬古新婦怨》云："憶郎策馬行，志不在兒女。分手路三千，妾齡方十五。爾日貌如花[2]，未解别離苦。去年春蘭開，今年秋草腐。相思莫能來，孤燈彈淚雨。昨淚尚如珠，今淚已成血。不識妾心悲，但看妾顔色。"《古意》云："燈花不照檠[3]，目光不照面。驕陽不終朝，驟雨不達旦。日與太虚游[4]，何能設恩怨。洗盞勸更酌，須令後人羨。臣以一呼來，吏以五斗豢。處士謫仙人，遂登高士傳。"

王彭澤，字五柳，嗜丹青，善醫理，懸壺漢口市中[5]，貧者仍不索值。有《尺木堂詩稿》。《隄決》云："十五年一歸，歸借僧房寓。款洽鮮友朋[6]，周恤絶親故。生理仗硯田[7]，豐歉杳無據。奴子怨恒飢，數數辭予去。六月長隄决，波濤直到户。出入無舟資，日倚庭前樹。我窮尚一身，吁嗟彼黎庶。老幼共一筏，旦夕逐漚鷺。况復雨翻盆，瀰漫天黑霧。易米典青氈，間貰隣家酤[8]。持杯偶當窗，目豁心益懼。援溺今何人[9]，鉅細關天數。不若縱酩酊，昏昏失其處。"《捕虎行》云："黑雲壓雨風悽悽，倀鬼一聲天低迷[10]。棘門高插白日閉[11]，嫗捫兒口禁兒嗁。長官請牒來捕虎，偏向人家索酒脯。東隣賣牛西典衣，小拂其意加捶楚[12]。猛虎雖猛有時没，明日移家傍虎窟。長官聞之心怒嗔，不請捕虎請捕人。"

常芝仙云："王五柳，不知何許人，爲漢上寓公。少時曾見《尺木堂詩刻》數十番。市隱漢皋，縱情詩酒，破書百卷，矮屋三間外，身無長物。一老僕執炊，染惡癘疾[13]，蹣跚瘋穢，五柳不以爲嫌也。偶于除夕大書聯句懸户外云："不改其樂，大有可觀。"有無名子，竊增寫六字于上云："王先生，不改其樂；老麻風，大有可觀。"相傳爲笑。

【注釋】

〔1〕惠民：縣名。在山東北部。

〔2〕爾日：當日。《南齊書・蕭寶夤傳》："寶夤涕泣稱：'爾日不知何人逼使上車。'"

〔3〕檠：燈架。

〔4〕太虛：《莊子・知北游》："是以不過乎崑崙，不游乎太虛。"成玄英疏："崑崙是高遠之山，太虛是深玄之理。"

〔5〕懸壺：《後漢書・費長房傳》："市中有老翁賣藥，懸一壺於肆頭。"後因稱行醫賣藥爲懸壺。元張昱《抽逸詩》："賣藥不二價，懸壺無姓名。"

〔6〕款洽：親切，融洽。《隋書・長孫平傳》："高祖龍潛時，與平情好款洽，及爲丞相，恩禮彌厚。"

〔7〕硯田：硯臺。文人恃文墨爲生計，故謂硯臺爲硯田，古人詩文中多有之。

〔8〕醅：酒。張氏壬午底本作"酟"（tiān），今依周氏校本作"醅"。

〔9〕援溺：救助苦難之人。《孟子・離婁上》："天下溺，援之以道。"

〔10〕倀鬼：舊時迷信傳説被老虎咬死的人變成的鬼，又引虎吃人。見《正字通》。成語"爲虎作倀"即從此來。

〔11〕棘門：古代帝王出行，在止宿處插戟爲門，稱棘門。棘，通"戟"。又古時宮門插戟，故亦指宮門。見《戰國策・楚策四》。

〔12〕捶楚：杖擊。指杖刑。《晉書・劉隗傳》："捶楚之下，無求不得，囚人畏痛，飾辭應之。"

〔13〕惡癘（lì）疾：癘，通"癩"。麻瘋病。見《黄帝内經太素・諸風數類》。

朱在鎮，字定山，號蘭田，漢口名布衣也。善書工詩，嘗游金陵，與諸名士賦鳥夢，限四支韻，援筆先成，衆爲擱筆，一時傳賞。詩云："何處尋幽境，空林借一枝。喜無風夜穩，將有月時宜。草滿黄陵廟[1]，春深白帝祠[2]。物情渾類此，造化可憐兒。"又《繡球花》二絶，句云：

“冰壺擊碎砌玲瓏[3]，辛苦東皇費盡功[4]。折向玉盤盛不穩，水晶簾外月朦朦。”“十八花飛穀雨收，何曾一破素秋愁[5]。從今嫁與東風去，箇箇團圞到白頭。”措詞新穎，大解人頤。

《隨園詩話》[6]：漢陽戴喻讓，詩有奇气，出吾鄉陳星齋先生兆崙門下[7]。其《臨漳曲》云：“暮雲深，英雄逝[8]。水天橫，歌臺廢[9]，玉龍金鳳已千年[10]，古瓦還鐫銅雀字。賣履分香兒女情[11]，讀書射獵書生气。看君橫槊對東風，老年欲作喬家壻[12]。”末二句，老瞞在九泉[13]，亦當笑倒。又《咏雪》云：“未添庾嶺三分白[14]，預借章臺一月花[15]。”

趙湘，字秋屏，上舍生[16]，少美丰儀，詩才清雋。句如《秋蛩》云：“亂催寒夜雨，急趁晚花風。”《即事》云：“地苦霜逾白，天寒火不紅。”《秋日客南郡》云：“晚鐘沿郭寺，細雨集林雅[17]。自古悲秋地，遥縣老母心。”又：“攀蘿猿叫秋烟重，背嶺人耕落日寒。”皆耐吟諷。早卒，妻某氏，自盡棺側以殉。

按：《縣志》云：“詩人趙秋屏，子名湘。”俟考。

【注釋】

〔1〕黄陵廟：廟名。在湖北宜昌縣西。

〔2〕白帝祠：即重慶市奉節縣白帝城祠。

〔3〕冰壺：本爲容冰的玉壺，引申爲心如冰清之喻。《文選·鮑照〈白頭吟〉》：“直如朱絲繩，清如玉壺冰。”李周翰注：“玉壺冰，取其潔净也。”姚崇《冰壺誡》：“冰壺者，清潔之至也，君子對之，不忘乎清。”

〔4〕東皇：司春之神。杜甫《幽人》詩：“風帆倚翠蓋，暮把東皇衣。”注：“東皇，乃東方青帝也。”

〔5〕素秋：指秋季。古代五行説，以金配秋，其色白，故稱素秋。《文選·張華〈勵志〉》：“星火既夕，忽焉素秋。”秋至則草木凋零，因又以素秋喻晚暮。

〔6〕《隨園詩話》：清代袁枚撰。引文見該書卷九。

〔7〕兆崙：清錢塘人，字星齋，號勾山，雍正進士，乾隆初舉鴻博，官至通政使。其詩文樸質恬静而有古風，宗師士大夫奉爲文章宗匠。曾自言書法第一，文次之。有《紫竹山房集》。

〔8〕英雄逝：指魏武帝曹操。袁枚引作“霸橋逝”。

〔9〕歌臺：指銅雀臺。建安十五年爲曹操所築。故址在臨漳縣（秦置鄴縣，三國魏建鄴都，晉改臨漳縣。今屬河北省。）西南，故鄴都城内的西北隅。雀，亦作“爵”。《三國志·魏書·武帝紀》：“建安十五年冬，作銅爵臺。”因臺頂鑄有大銅雀，故名。

〔10〕玉龍、金鳳：銅雀臺正面臨漳河，左有玉龍臺，右有金鳳臺，各高十丈，上横二橋相通，金碧交輝。

〔11〕賣履分香：曹操遺令：“餘香可分與諸夫人。諸舍中無所爲，學作履組賣也。”諸舍中，指衆妾。見陸機《吊魏武帝文并序》。後因用分香賣履謂人臨死時舍不得丢下妻子兒女。

〔12〕欲作喬家壻：相傳曹操造銅雀臺成，宴於臺上，命曹植作一賦，名《銅雀臺賦》，其中説道：“立雙臺於左右兮，有玉龍與金鳳。攬二喬於東南兮，樂朝夕之與共。”今傳曹子建《登臺賦》當即《銅雀臺賦》。

〔13〕老瞞：曹操小名叫阿瞞。

〔14〕庾嶺：即大庾嶺。五嶺之一。在江西與廣東交界處，爲通粤要道。相傳漢武帝時，有位庾將軍曾築城嶺下，故名。唐張九齡督所屬開鑿新道，多植紅白梅樹，故又有梅嶺之稱。

〔15〕章臺：臺名。戰國時建，在陝西長安縣故城西南隅。《史記·廉頗藺相如列傳》記秦王坐章臺見藺相如，相如奉璧奏秦王，即此臺。一月花：指梅花。

〔16〕上舍生：太學生之一。宋熙寧四年定三舍法，分太學爲上舍、内舍、外舍。初入學爲外舍，人數不限；外舍升内舍，二百人；内舍升上舍，一百人。見《宋史·選舉志一》。

〔17〕雅：通“鴉”。烏鴉。

漢上寫真名手，以曾秋田爲第一。繼其後者，當首推閔貞。貞字正齋，其祖自廣濟遷漢。幼孤，思親不置，因刻苦習傳神之藝[1]，數年遂妙絶一時。敬繪父母像，縣于所居之畫藏，朝夕焚香，率婦竝拜，每飯必祭，數十年如一日，人呼爲閔孝子。又呼爲閔獃子，以其悠悠忽忽，非狂非痴故也。晚工粗筆山水，點墨成趣。嗜牛脯，大啖兼人。求畫者不得，恒潛煮牛肉，倍加品料，邀至家，坐談間，聞牛脯香，則垂涎以問。因留飯，故遲遲言未熟，且出素紙硯墨乞畫，必欣然揮毫，灑灑數幅，若至得意處，并忘牛肉之熟與否矣。交游甚廣，乾隆丁卯，薄游京師[2]，時後藏班禪頞爾得尼來朝[3]，如意館供奉奉詔圖其形[4]，無得其仿佛者，金大司空舉貞赴嵩祝寺貌之，甫一點晴，其隨行之第巴班第等，皆驚嘆爲神。畫畢，荷白金文綺之賜，名益著。聞所居在大通巷，後歸築小樓，題曰“看山讀畫樓”。晝則賓朋滿坐，徵逐嬉游[5]。夜則命僕磨墨，樓中高燒銀燭，四壁皆燈，果盒茗壺畢具，倚胡牀假寐，俟醒，即起振筆以畫，精神覺勃然盈紙矣。

路錞，字鳴于，號梅峰。少佐兄釗豫閩諸邑幕，諳達利弊，由例捐鹽大使[6]，官浙江，擢平湖縣，遷海防同知，卒于官。時中丞阮公元爲之銘曰：“悃愊無華安静吏[7]，月計有餘民乃治。不緣飾以媚世[8]，不逸惰以廢事。安得如君置有位，君德有餘蔭後嗣。歸葬漢南視銘字。”

【注釋】

〔1〕傳神：用圖畫或文字描繪人物，將其神情姿態生動逼真地表達出來。《世説新語·巧藝》：“顧長康（愷之）畫人，或數年不點目精。人問其故，顧曰：‘四體妍蚩，本無關於妙處，傳神寫照，正在阿堵中。’”傳統上常把傳神作爲肖像畫的代稱，又叫寫真、傳真、寫照。這裏指畫肖像畫。

〔2〕薄游：爲薄禄而宦游於外，常用爲謙辭。

〔3〕班禪頞爾得尼：西藏喇嘛教格魯派（黄教）的兩大活佛之一（另一爲達賴喇嘛）。康熙五十二年，清政府册封班禪五世羅桑意希爲班禪頞爾得尼。此後歷世班禪頞爾得尼轉世，必經中央政府册封，成爲定制。

〔4〕供奉：官名。即在宫廷爲皇帝服務的官員。這裏指在如意館（專供繪畫處）供職的人。

〔5〕徵逐：朋友間相互邀請過從宴飲。韓愈《柳子厚墓誌銘》："酒食游戲相徵逐。"

〔6〕大使：元明清時，事務官稱大使。

〔7〕悃（kǔn）愊：至誠。《漢書·劉向傳》："發憤悃愊，信有憂國之心。"

〔8〕緣飾：猶文飾。《漢書·公孫弘傳》："習文法吏事，緣飾以儒術。"顔師古注："緣飾者，譬之於衣加純緣（鑲邊飾）者。"

朱蘭田《送春》云："芳草緑婆娑，輕風蕩綺羅。雲丰回太乙[1]，又送一春過。送春過，奈若何。來日苦短，去日苦多。高堂明鏡雙鬢皤[2]，黄金難買朱顔酡[3]。一尊酒盡歌復歌，吾將歸隱南山阿。"《送楊大已軍》云："握手班荆日[4]，朱樓大道邊。竹西歌吹起[5]，同上汎湖船。吴楚分歧後，幽燕匹馬旋。壯夫頭白盡，相對各潸然。"《庚午送春》云："好笑白頭人，今年又送春。送春春自去，何處着閒身。杜宇因思蜀[6]，桃花也避秦[7]。成都桑八百[8]，先問武陵津[9]。"《送李嘯邨之竹西》云："青春日日老，不奈李生何。一葉輕如許，新詩載又多。過江尋舊雨[10]，把酒咏庭莎[11]。勝地成嘉會，衰顔惜未酡。太息論文友，相逢自甲辰。三年曾此别，思殺眼中人。明月揚州路，黄花楚地春。又來歌水調，字字性情真。"《醉過家芳谷舊居》云："畏暑久不出，方秋乃獨行。繞林桐子落，當路石橋成。忽見水流處，益深春去情。摇摇幾衰柳，低覆舊柴荆。"《戊辰十月八日五十九初度》云："老年艱禮數，避客上高樓。歲歲當兹日，梅花笑白頭。一尊聊獨酌，吾道自千秋。世事浮雲耳，人生戒遠謀。我家隔江水，遥見鳳凰山。兒女應相望，老夫猶未還。何當今日是，莫謂此時閒。明發烟波去，生涯合閉關。"《歲暮同人燕集分賦》云："會聚良非偶，天涯且歲時。嚼梅蘇病骨[12]，吹雪冷吟髭[13]。故態狂奴作，高情野鶴知[14]。平生一尊酒，慎勿負前期。”《送戴斗瞻還浙西》云：“一湖花岸西，高唱白銅鞮[15]。風雅共三載，送君心苦悽。冷吟斑竹淚，同聽鷓鴣啼[16]。何日山陰櫂[17]，相尋過剡谿[18]。”《苦雨》之一云：“苦雨吟多澀，危樓小一層。遠林飛片葉，衰鬢倚枯藤。欲往又安適，所思今弗能。無端兩行淚，夜夜滴秋鐙[19]。”《竹窗》云：“東風腸斷玉鈎斜[20]，十里春鐙隔絳紗[21]。亞字墻高三丈六，紫簫吹出水紅花。”《別興》云：“門前柏樹烏頭白，隴上柔桑雉子斑。我自戀君君戀我，那堪山外更多山。”《元日渡江》云：“五色雲開七里江，梅花水面櫂雙雙。多時不聽樓中笛，今日猶聞昔日腔。”句如《送人之金陵》：“我亦金陵舊游客，船頭明月坐吹簫。”《寄家書》：“傷心五尺烏綾帊，隻字全無淚萬行。”《客至》：“風雪打門來遠客，躊躇晚飯一雙魚。”《山塘》：“十五女郎雙盪槳，青錢抛去買紅菱[22]。”

按：蘭田流寓漢上，性躭歌咏，意遠思深。掉頭天外，無一點塵腐气入于筆端。所著《蘭田集》，未見刊本。舊于友人處，録其手書字幅，稿存篋中久矣。今爲檢紀，半付蟫蝕，無可補綴，能不悵悵！

蘭田又有《伯牙臺》詩云：“太息子期去，臺荒蔓草生。誰彈流水曲，想見古人情。野曠孤亭得，江空一鶴横。竹邊松徑路，深羨歲寒盟。”

【注釋】

〔1〕雲丰：神名。《廣雅·釋天》：“雲師謂之豐隆。”《淮南子·天文訓》：“季春三月，豐隆乃出，以將其雨。”則以豐隆爲雷師。太乙：同“太一”。《易緯乾鑿度》：“太乙取其數，以行九宫。”鄭玄注：“太乙，北辰神名也。”《爾雅·釋天》：“北極謂之北辰。”郭璞注：“北極天之中，以正四時。”郝懿行義疏：“《天官書》謂之太一，馬融謂之太極，《文耀鈎》謂之中宫大帝……”《楚辭·九歌·東皇太一》注：“太一，神名，天之尊神，祠在楚東，以配東帝故雲東皇。”

〔2〕皤（pó）：白。《易·賁》：“六四，賁如皤白。”疏：“皤是素白之

色。”

〔3〕酡（tuó）：酒後臉紅。《楚辭·招魂》：“美人既醉，朱顔酡些。”

〔4〕班荆：鋪荆於地而坐。春秋時，伍舉與聲子遇於鄭郊，二人班荆道舊，言談如故。事見《左傳》襄公二十六年。後以朋友途中相遇，共敘舊情，謂班荆道故。

〔5〕竹西：亭名。杜牧《題揚州禪智寺》詩：“誰知竹西路，歌吹是揚州。”後人因築竹西亭，又稱歌吹亭，在揚州府甘泉縣（今江蘇揚州）北。見《嘉慶一統志·揚州府·古跡》。

〔6〕杜宇：本古蜀帝名，傳説化爲杜鵑，後世因稱杜鵑爲杜宇。見常璩《華陽國志·蜀志》。

〔7〕“桃花”句：陶潛《桃花源記》虛構了一個與世隔絶的樂土，言一漁人得入其中，見秦時避世亂者聚居其間，人人豐衣足食，恬然自樂。後以桃花源喻指避世隱居之處。

〔8〕“成都”句：諸葛亮臨終表後主之語。見《諸葛亮集·自表後主》。

〔9〕“先問”句：陶潛《桃花源記》稱晉太元中武陵郡漁人入桃花源，得見洞中居民安居樂業的生活情景。後復往，已不知其路。津：渡口。這裏指途徑。

〔10〕舊雨：喻故交。元劉將孫《養吾齋集》卷二《樵川再病》詩：“新知何脉脉，舊雨何悠悠。”

〔11〕庭莎：庭中的莎草。元稹《遣病》詩之九：“庭莎病看長，林果閑知數。”

〔12〕嚼梅：咀嚼梅花。《花史》：“鐵脚道人常嚼梅花滿口，和雪咽之曰：‘吾欲寒香沁入肺腑。’”

〔13〕吟髭（zī）：髭，嘴上鬚。謂詩人嘴上之鬚。杜荀鶴《亂後再逢汪處士》詩：“笑我於身苦，吟髭白數莖。”

〔14〕野鶴：鶴性孤高，喜居林野，有如隱士超然塵外，故常以野鶴喻隱士。

〔15〕白銅鞮：樂曲名，鞮，亦作“蹄”。《樂府解題》：“都邑二十四曲，有白銅鞮歌，亦曰襄陽白銅鞮。”又《樂府詩集·清商曲辭·襄陽白銅蹄》：

“《古今樂録》曰：‘襄陽白銅蹄者，梁武西下所制也。’沈約又作其和云：‘襄陽白銅蹄，聖德應乾來。’天監初舞十六人，後八人。”

〔16〕鷓鴣啼：鷓鴣，鳥名，生南方。《本草綱目·鷓鴣》：“時珍曰：鷓鴣性畏霜露，早晚稀出，夜栖以木葉蔽身。多對啼，今俗謂其鳴曰：‘行不得也哥哥。’”李嘉祐《題前溪館》詩：“今日始知風土異，潯陽南去鷓鴣啼。”

〔17〕山陰：即今浙江紹興市，春秋時爲越王勾踐之都。秦置縣，以邑在山之陰而名。

〔18〕剡谿：水名。即曹娥江的上游，在浙江嵊縣南。

〔19〕秋鐙：秋夜之燈。劉禹錫《送曹璩歸越中》：“數間茅屋閑臨水，一盞秋燈夜讀書。”

〔20〕玉鈎：彎月。南朝宋鮑照《翫月城西門廨中》詩：“蛾眉蔽珠櫳，玉鈎隔瑣窗。”李賀《七夕》詩：“天上分金鏡，人間望玉鈎。”

〔21〕春鐙：春夜之燈。王維《十五夜游》詩：“由來月明如白日，共道春燈勝百花。”

〔22〕紅菱：紅顔色的菱角。《紅樓夢》第三十七回：“裡面裝的是紅菱和雞豆兩樣鮮菓。”

王櫟門《九日集琴臺分得重陽二字韻》云：“高臺供眺望，杖履喜相從。曲岸横孤艇，虚窗入遠峰。杯浮花影亂，秋散柳烟重。莫惜高山奏，知音此日逢。”“故態仍然在，非關藉酒狂。良時愜幽賞，高望空斜陽。斷雁寒偏急，遥山晚更蒼。興酣忘竟日，扶醉折萸房〔1〕。”《後二日江桐崖招同江北海家兄敉若冒雨集琴臺用北海九日韻》云：“勝地日堪涉，相招冒雨登。水天渾一色，烟樹不分層。情到難辭醉，談深屢翦鐙。伯倫如可作〔2〕，荷鍤我猶能〔3〕。”“休嫌屐齒折，選勝屬吾曹。岸隱湖逾闊，雲垂天不高。塵談隨意得，拇戰敢辭勞。明日黄花下，還來擘蟹螯。”

尚錦堂，字香雪，諸生，能詩，有《東游草》，書畫奇崛可喜。家貧甚，不以介懷，飲酒賦詩自若也。年五十餘而卒，諸子無以自存。吴格齋壽平弔以詩云："研破豪殘漢水邊，可憐貧病損長年。我來壁上看遺墨，搔首蒼茫竟問天。"又《題香雪畫梅》云："五十餘年老秀才，風流偏占百花魁。想應放筆仍高唱，消受禪堂酒一杯。"畫蓋作于香佛閣也。香雪有《野橋》一律云："邨落人家少，平沙野水遥。垂揚三折坂，斷港一横橋。夕照紅看背，落痕緑上腰。尋詩何處客，拄杖影蕭蕭。"詩中有畫。

【注釋】

〔1〕萸：茱萸，植物名。多生長於川谷，有濃烈香味。古代風俗，於陰曆九月九日重陽節，佩茱萸囊以去邪辟惡。或有茱萸會。晉周處《風土記》："以重陽相會，登山飲菊花酒，謂之登高會，又云茱萸會。"

〔2〕伯倫：晉劉伶的字。伶，沛國（今安徽宿縣西北）人，相貌醜陋，放任恣肆，與阮籍、嵇康友善。尤嗜酒，常乘鹿車，攜一壺酒，使人荷鍤隨之，曰："死便埋我。"

〔3〕鍤，張氏壬午底本作"插"，應係誤刻。

常芝仙，先籍蕪湖，遷徙漢上，閲三世矣。少英敏，耽情文史，長工書畫，晉唐宋元諸大家之法，無不神領意造。精于賞鑒，能歷指其瑕疵，以定真贋。即古人復起，亦應解頤[1]。作詩專寫性靈[2]，有一片天籟之趣。閉户閒吟，不妄交接，雖處塵海中，無一點纖塵可緇其素[3]。余嘗謂客邸朋游：若陸秀三之驚才恣肆，常芝仙之矯立不阿，學問品詣，皆當兼爲師友，余亦何幸得此良朋！

芝仙少與儀徵許鐵耕嵩、江右張素舸潯、湖南僧寄塵衡麓游。鐵耕善畫，素舸工文，寄塵擅書法，又皆能詩者也。戊辰己巳間，余始獲交芝仙，時穀原贅漢，以是三人談詩論畫，往來甚密。庚午中元，偕步郭公隄上，夕陽在山，雲彩絢眩，變幻不可端倪，呼舟汎湖，叩舷互倡。復登卉木林僧舍，涼月浮空，秋聲出樹，頓覺胸次超然，二鼓始返。翌日，余賦五言四首紀其事。芝仙作《卉木林納涼圖》横卷，筆力遒勁，烟雲欲飛，而佛屋鐙青，階級參錯，荒山蟠木，夜影微茫，一老衲子陪三客坐于林月下啜茗，清談之狀，一一畢具。縠原見之，爲之擱筆。芝仙嘗云："端莊雜流麗，剛健含婀娜，坡公論書，盡于斯矣。"此殆以書法作畫也。芝仙復題此圖云："何處停橈好，湖西古木稠。殘霞橫水面，圓月涌山頭。地僻涼偏早，夜深人與幽。露蟬聲不斷，催起一林秋。"此又詩中有畫矣。

【注釋】

〔1〕解頤：開顔歡笑。頤，面頰。《漢書·匡衡傳》："匡説詩，解人頤。"顔師古注引如淳曰："使人笑不能止也。"宋周密《齊東野語》卷六《解頤》："'匡説詩，解人頤'，蓋言其善於講誦，能使人喜而至於解頤也。至今俗諺以人喜過甚者，云'兜不上下頦'，即其意也。"

〔2〕性靈：性情和靈感。"性靈"一詞見於顔之推《顔氏家訓·文章》："夫文章者……至於陶冶性靈，從容諷諫，入其滋味，亦樂事也。"後世所謂"性靈説"，主要是清代袁枚的論詩主張，即主張作詩以直抒性情爲高，反對格調的限制，以及傳統的温柔敦厚的詩教。據説其主張源於楊萬里和袁宏道，融二家説并加以发揮。

〔3〕緇（zī）：黑色。《論語·陽貨》："不曰白乎？涅而不緇。"或用來比喻污染、污垢。

芝仙《送鮑筠莊歸里》云："廿年攀杖履，和靄气如春。接物長存厚，吟詩老更淳。人争艷桃李，我自愛松筠。一笑採芝去，誰堪步後塵。"又《胡城東書來訊狀作此代柬》云："垂問芝仙狀，依然一冷人。已甘閒歲月，那復論屈伸。肝膽猶如鐵，須眉漸變銀。七年千里夢，老大各傷神。"讀此可見其爲人。

余與芝仙孤傲性同，不趨炎熱，是以交情彌至。自飢驅入蜀，闊別八載，音書時達，竝郵寄字幅畫册。迨出峽東下，歡然道故，如一日也。余以貧故，託跡塵囂，殊不耐煩俗，暇輒過容膝居坐談一晌，以豁胸襟。惟自問碌碌無寸長足取，回視芝仙之多才多藝，相距縣絶，深慚形穢。而芝仙獨以余至爲喜，無頻數嫌，或看花酌月，必邀與偕游。嘗同劉繡峰少府錫蘊及余，雨後緩步月湖隄上，賦詩云："湖隄同散步，烟靄望漫漫。雨過迷離色，風來料峭寒。雛鵝浮碧水，嫩柳覆朱欄。此景堪圖畫，詩題有范寬[1]。"余和云："踴青逢令節是日花朝，平野望迷漫。花事穠多變[2]，漚盟澹不寒。釀春山外雨，鬥鴨水邊欄。留我兩閒客，江天放眼寬。"

【注釋】

〔1〕范寬：北宋初著名畫家，名中正，字仲立，華原（今陝西耀縣東南）人。因性情豁達，人稱范寬。善畫山水。初師從李成、荆浩，既而嘆曰："師人不如師造化。"遂卜居終南太華山，臨景寫生，自成一家。嘗危坐終日，縱目四顧，以求其趣。爲人風儀峭古，舉止疏野。嗜酒落魄，不拘於世。見宋郭若虚《圖畫見聞誌》卷四、《宣和畫譜》卷十一等。

〔2〕穠：花木繁盛貌。《玉篇·禾部》："穠，花木盛也。"《詩·召南·何彼穠矣》："何彼穠矣，唐棣之華。"或泛指盛美、艷麗。唐元稹《山枇杷》："穠姿秀色人皆愛，怨眉羞容我偏別。"

漢口叢談卷四

宋王明清《揮麈録》[1]：安州舉子吴某[2]，自漢口販米至漢陽，而郡遣縣令陳當至漢口和糴[3]。吴袖刺謁當，規欲免糴，且言遠離鄉里時，蔡丞相持正確[4]，作《車蓋亭》十詩，舟中有本，繢以寫呈。既歸舟，以詩送之。當方盤量不暇讀，姑置懷袖。吴處厚晚置酒秋興亭[5]，遣介急召當[6]，當自漢口馳往。既解帶，處厚問："懷中何書？"當曰："適安州舉人遺蔡丞相近詩也。"處厚亟請取讀，篇篇稱善而已，蓋已貯于心矣。明日，于公宇冬青堂箋注上之。按：冬青堂，漢陽軍廳事也。處厚與蔡確不合，史稱蔡確在安州嘗游車蓋亭[7]，賦詩十首，用郝處俊上元間諫高宗欲傳位武后事[8]，指斥東朝臺諫[9]，遂言確怨望，范祖禹亦言之[10]，因貶確嶺嶠[11]。殆即吴處厚所箋注者，先發之以報怨也。

正德辛未，流盜劉六等攻漢陽城[12]，火掠漢口。時通判徐弼市買竹木[13]，倚城瞰江爲梁以守。見盜舟十三鼓浪而來，颶風忽作，七舟不得進，五舟爲風所溺，惟一舟直抵城東樓下。此一舟併六舟之人，人皆驍悍，金衣削髮[14]，自江邊發矢如雨，樓棟受矢如蝟[15]，守者深避之。乃命登樓頂高處，以覘盜虚實，復自樓中飛下矢石以御。已而士兵至，與盜戰于城下，盜矢盡，揚沙撲面，風反沙撲盜，因以藥矢長槍環攻之。盜潰，乘勝追逐，戮死沈江相半。七舟在洲外，後奔瓜洲[16]，爲邊軍所敗。

【注釋】

〔1〕《揮麈録》：宋代重要筆記。南宋王明清撰。明清字仲言，汝陰（今安徽阜陽）人。書分前、後、三、餘四録共二十卷，凡四百五十則，爲有關宋

代政事、制度之類的札記，被當世的《建炎以來繫年要録》《高宗實録》等書所采用。

〔2〕安州：治所在今湖北鍾祥市地。

〔3〕和糴：官府收購民糧供軍用，名義上雙方協商交易，謂和糴。實則往往按户强派并迫交，其亂甚於賦税。《魏書·食貨志》："收内郡兵資，與民和糴，積爲邊備。"《新唐書·食貨志三》："憲宗即位之初，有司以歲豐熟，請畿内和糴。當時府縣配户督限，甚於賦税，號爲和糴，其實害民。"

〔4〕蔡丞相持正確：蔡確，字持正，泉州晉江人。北宋奸臣。官尚書右僕射兼中書侍郎，以丞相之職，屢興羅織之獄。

〔5〕吴處厚：邵武（今福建邵武縣）人，嘉祐進士，元祐中知掌漢陽軍。蔡確曾從處厚學賦，後二人不和。如《揮麈録》文中所記，元祐元年，會蔡確作《車蓋亭》詩，詩中有用郝處俊上元間諫高宗欲傳位武后事，被吴處厚抓住把柄彈劾，貶官嶺南。處厚著有《青箱雜記》。

〔6〕介：爲賓主傳話的人。古時介有規制。如《禮記·聘義》："聘禮，上公七介，侯伯五介，子男三介。所以明貴賤也。"後也指聯繫、接洽。

〔7〕車蓋亭：亭名。在今安陸市西北十五公里涢水西岸，燕羽山北麓，下爲青龍潭。亭如車蓋，鑿石而成，頂部周邊六米，造型奇特。魏文帝曾於此留下"西北有浮雲，亭亭如車蓋"的詩句。故名。李白常與好友元丹丘在此下棋，故又名太白亭。宋丞相蔡確貶安州，有《夏日登車蓋亭》絶句："紙屏石枕竹方牀，手倦抛書午夢長。睡起莞然成獨笑，數聲漁笛在滄浪。"其中借用《楚辭·漁父》詩句委婉表達了不滿情緒。

〔8〕郝處俊：唐安州安陸人，襲父爵爲甑山縣公，官至中書侍郎。上元三年，高宗李治因患風疹病欲遜位於武后，被郝處俊諫止。

〔9〕臺諫：唐宋臺諫爲兩官，各有專責。臺有侍御史、殿中侍御史、監察御史，主事糾彈；諫有左右諫議大夫、拾遺、司諫、補闕、正言等，掌侍從規諫。後世建置有不同，但職責仍存。明代給事中兼諫議之職，稱給諫，御史則稱臺諫。清代合二爲一，可通稱臺諫。

〔10〕范祖禹：字淳甫，北宋成都華陽（今四川雙流縣）人，范鎮從孫，嘉

祐八年進士，歷官右諫議大夫、翰林學士，爲當世名臣。曾参加編修《資治通鑒》。

〔11〕嶺嶠：五嶺的别名。

〔12〕劉六：劉寵。文安（今屬河北）人。明正德四年，劉六與劉七（宸）、齊彦名等在京師附近發動起義，轉戰河北、山東、河南、山西等地，有衆十餘萬。後南下進入湖北，不久，劉六在黄州（今湖北黄岡市）溺死。劉七、齊彦名沿江東下，正德七年，至通州（今江蘇南通），戰敗覆没。

〔13〕通判：官名。宋代始於州府設置通判，與知府知州共理政事。明代只設於各府，分掌糧運、督捕及農田水利等事務，權力已略小於宋代。清代亦設於府，但州亦有設，稱州判。徐弼：明漳浦人，字良佐，成化舉人，知海陽縣，修復陷潮大隄。以事忤宦奸劉瑾，勒致仕。瑾敗，復起判漢陽，有政績。

〔14〕金衣：以金屬製作的鎧甲。王昌齡《從軍行》："黄沙百戰穿金甲。"

〔15〕蝟："猬"的異體字。此句謂樓棟受箭矢之多，有如刺猬之毛刺叢密。

〔16〕瓜洲：江蘇江都縣南之瓜洲鎮，地當運河入江之口。洲，亦作"州"。

漢陽魏晉封賞延著有《竹中記》一卷〔1〕，載明末張獻忠寇掠武漢，及左良玉擁兵坐視事。自襄樊抵家，大半目睹，非妄言者，因全紀之。詩不甚佳，故爲删存。

自序曰：僕壬午冬，自樊城返櫂，偶有聞見，感而筆之，屬郡邑再逢兵賊〔2〕，烽下蘆中，漫成一帙〔3〕。夫古人喪亂之中，每考鑒諷切，以備得失之林。僕則私誌所遭，固未敢附于茲義。間有咏言，患難中心血，不忍棄去，實未足道。而楚禍之甚，蓋十得一二云。

舟次樊城，同舟有劉賈者，起嘆四三，密語予曰："城气不佳，襄樊禍必再見矣。"余曰："子知天道耶？"對曰："非敢知也。往庚辰負販茲土〔4〕，偶識一道流，數肴核供之。辛巳春正〔5〕，忽相謂曰：'來日當與君别，今假一宿可乎？’允之。與共寢，夜半以足觸余起，登一小樓，見兩城上，藴薄交加，磽杇殷深，非烟非雲，似黯似沈。驚問其故，曰：‘此爲覆軍之气，此气白晝亦然，君不能察也；内有號聲，君不聞也；披髮流血之狀，君不見也。其兆一月耳。’復爲指示，何方兵來城内，某門殺戮最慘，某門差減。余乃長跽〔6〕，求趨避地。則曰：‘感君契洽，故爾投情，微君請，不相謀耶！鄖陽太歲所在〔7〕，速移可免也。’因長嘆曰：‘天下事可知已。’固問之，終不答。後余徙鄖。十餘日，而襄樊破陷，骨如稭積〔8〕。而士民有幸處某門以免者。賊攻鄖，數敗以去，皆如向者之言。後余往來物色，卒不復見此人矣。今之城气，實有類是，先生當慎行李〔9〕，余從此逝也。”予聞而謹謝。

【注釋】

〔1〕魏晉封：字賞延，漢陽人，崇禎九年舉人，工古文詞，性豪爽。張獻忠陷武昌，魏氏作《戰城南》《哀江南》等詞，草《討獻賊檄》。年三十二卒。見後文。

〔2〕屬：副詞。適值，恰逢。

〔3〕漫成：謂任意寫成，未刻意求工。

〔4〕庚辰：崇禎十三年。

〔5〕辛巳春正：辛巳，崇禎十四年。春正，即正月。

〔6〕跽（jì）：跪着。雙膝着地，股不着脚跟，上身挺直地跪着爲跽。

〔7〕太歲：古天文學中假設的星名。與歲星（木星）相應。古人認爲歲星十二年一周天（實爲 11.86 年），因將黄道分爲十二等分，以歲星所在的部分，作爲歲名。但歲星運行的方向是自西向東，與將黄道分爲十二支的方向正相反，爲避免不方便，假設太歲是與歲星實際運行相反的方向運動，以每年太歲所在的部分來紀年。如太歲在寅叫攝提格。又更配以十歲陽，組成六十干支，用以紀年。方士術數以太歲所在方位爲凶方。

〔8〕稭（jiē）積：稭，“秸”的異體。謂屍骨如倒地的秸杆一樣紛亂堆積。

〔9〕行李：行旅。漢蔡琰《胡笳十八拍》：“追思往日兮行李難。”

予初欲取道閿鄉省大父〔1〕，方赴春官試，聞前説心戰。時將軍左良玉鎮樊，樊民皆舟居，兵市居。民亦有市居者，悉屠酤之逐末藝人也〔2〕，不則，游手者耳。予將一謁將軍，人言將軍無揖客，不果往。其副將皆晤焉，竝止予行，予卜于關公祠，復得歸夢，意遂决矣。

襄樊控制上游，自古慎擇其人。史稱于禁既降〔3〕，而關公威震華夏。宋陳亮欲建行宫〔4〕，以爲進取中原之階，亦形勝然也。時闖賊已屠葉〔5〕，焚舞陽〔6〕，予頗有意謀其父老，圖要害，畫長利，以與大帥裁擇。坐計偕期迫〔7〕，不暇諮詢，深以爲惜。

有畫舸，亦有戰艦；有鶴焰〔8〕，亦有狼烽；有歌鐘之晝沈〔9〕，亦有銅焦之夜警〔10〕。翠眉上食〔11〕，鬥蜨舞不過千人〔12〕；鐵衣枕戈，介馬馳奚止萬輩〔13〕，誰謂將軍全不辨賊哉！返櫂感成二絶云："魚腸何處動星文〔14〕，懷古深迷草舍雲〔15〕。石陣果然生鬼物〔16〕，不妨弢冑醉將軍。""宋世陳郎好上書〔17〕，都襄一策號狂夫。那知慣作騎塵道〔18〕，王气蒼茫定有無。"

是夜風怒極寒，不知下流已大雪也。疾駛二百里，見素光盈尺，自刀山劍林中出，幾若另一國土。

舟泊承天今安陸府〔19〕，有野老來茗話云：興陵内哭聲隱隱凡三日，廼此老親聞者〔20〕。

隤岸三十尺，棺出其腹〔21〕，駭問舟子，曰："高陵所變也。三年前，猶距水數里。"余感而爲詩，以示化者〔22〕。"秦王侈葬埋，驅神造堅崱〔23〕。老瞞七十二，自疑使人惑〔24〕。豈知機主心〔25〕，不及河伯力。河伯本不仁，朝暮澌無惻〔26〕。作句寄陰房〔27〕，多謝長幽默〔28〕。古之道契人，以君爲太息。"

【注釋】

〔1〕閿（wén）鄉：地名。漢爲湖縣，屬京兆尹。北周明帝二年置閿鄉郡，隋開皇間改爲閿鄉縣。宋以後屬陝州。1954 年并入靈寶縣。

〔2〕逐末藝人：古以農桑爲本業，商賈爲末業，以經商爲“逐末”。藝人，指有才藝或手藝的人。

〔3〕史：指《三國志·魏志·于禁傳》。于禁，三國魏鉅平（今山東泰安西南）人，曹操大將，每戰爲前鋒，然在樊城爲關羽所敗，七軍皆没，遂降蜀。孫權敗關羽，于禁入吴。後曹吴交好，禁復歸魏。曹丕令于禁謁曹操墓，先於墓壁繪禁投降關羽像，禁憂慙而死。

〔4〕陳亮欲建行宫：南宋孝宗時，陳亮曾“詣闕上書”，有“作行宫於武昌，以示不敢寧居之意”的建言。陳亮，婺州永康人，才氣超邁，議論風生，好言兵，曾四次上書力主恢復中原。又上《中興五論》，爲政主張“義利雙行，王霸并用”，喜用世，然未得一試。光宗時策進士擢第一，未官而卒。

〔5〕葉（yè，舊讀 shè）：古邑名。春秋楚地。《左傳》成公十五年：“楚公子申遷許于葉。”故城在今河南葉縣南。

〔6〕舞陽：戰國時魏邑，漢置縣。漢封樊噲，魏封司馬懿，竝爲舞陽侯，均在此邑。故城在今河南舞陽縣西。

〔7〕計偕：本指應徵召之人偕計吏同行。後也稱舉人赴會試爲計偕。宋劉敞《公是集》卷十一《酬林國華先輩》詩：“奉詔選計偕，至者皆比肩。”

〔8〕鶴焰：鶴，指“控鶴”，宿衛近侍之稱。唐武則天始置控鶴監，以寵愛之人居之。宋有控鶴營。《新五代史》卷十六：“控鶴，親兵也。”焰，指勢焰。

〔9〕歌鐘之晝沈：白日歌鐘之聲緊密。《左傳》襄公十一年“歌鐘二肆”孔穎達疏：“言歌鐘者，歌必先金奏，故鐘以歌名之。《晉語》孔晁注云：‘歌鐘以節歌也。’”

〔10〕銅焦：即刁斗。古時軍中炊器，多爲銅制，亦可用來敲擊造勢。《史記·李將軍列傳》：“不擊刁斗以自衛。”《集解》引孟康曰：“銅作鐎器，受一斗。晝炊飲食，夜擊持行，名曰刁斗。”

〔11〕翠眉：用螺黛（一種青黑色礦物顔料）畫的眉。晉崔豹《古今注》下：“魏宫人好畫長眉。今多作翠眉警鶴髻。”這裏指美女。

〔12〕鬥蜨舞：謂女子步伐蹁躚如蝶舞。

〔13〕介馬：介，披甲。謂披甲之戰馬。《左傳》成公二年："不介馬二馳之。"

〔14〕魚腸：古寶劍名。星文：劍上有星狀紋理。詳見沈括《夢溪筆談·器用》。

〔15〕"懷古"句：西漢末年，馮異從光武進軍河北，晨夜草舍，飢寒交迫，異爲衆進豆粥麥飯。爲偏將軍，凡與諸將相逢，輒避道謙讓。論功行賞，異獨屏立樹下，衆呼爲大樹將軍。此謂君臣同心。

〔16〕石陣：諸葛亮臨終前在夔州建魚腹石陣，令司馬懿大惧。明鄺露《赤雅》卷一《巴人》："懷楚石陣臨溪陰，風慘人如聞鬼哭。"

〔17〕宋世陳郎好上書：陳東，北宋末年鎮江丹陽（今屬江蘇）人，字少陽，徽宗時入太學，曾前後五次上書，力主抗金。宣和七年上書請誅蔡京六人，以謝天下。次年金兵迫汴京，欽宗罷免主戰的李綱，對金求和，陳東率太學生并京城居民十餘萬人，伏闕上書，要求堅決抵抗。

〔18〕慣作騎塵道：謂慣於虚張聲勢讓人看。

〔19〕承天：明興獻王朱祐杬封於安陸，其子朱厚熜繼承帝位，嘉靖十年改安陸州爲承天府。今湖北鍾祥市地。

〔20〕興陵：明世宗朱厚熜之父興獻王的陵墓，在鍾祥市境。

〔21〕棺出其腹：腹，岸腹。謂明世宗之父興獻王之墓，因隤岸，棺材露出。

〔22〕化者：死者。《孟子·公孫丑下》："且比化者，無使土親膚。"集注："化者，死者也。"

〔23〕崱（zè）：山峰高聳貌。杜甫《封西嶽賦》："就登陟，駢素虬，超崱屴。"此句謂秦始皇驅使刑徒七十餘萬人建造驪山墓，大得像一座高山。

〔24〕老瞞七十二：曹操小字阿瞞。相傳他恐死後被人盜墓，爲自己建疑冢七十二處。

〔25〕機主心：巧詐之心。此句謂人算不如天算，費盡心機也徒然。大自然之力無可抗拒。

〔26〕朝暮澌（sī）無惻：澌，流動的水。惻，傷痛。謂河水早晚冲刷，河

伯無情，一點也不會痛心。

〔27〕陰房：幽深之室。謂鬼魂所居處。杜甫《玉華宫》："陰房鬼火青。"

〔28〕幽默：静寂無聲。《楚辭·九章·懷沙》："孔静幽默。"李白《鳴皋山送岑徵君》："魂獨處此幽默兮，愀空山而愁人。"

十二月朔，予得返里，將束裝東下。數日，有傳賊已圍襄入樊，左將軍棄樊以避其鋭者，予未之信也。十六日昧爽[1]，兵突至漢口鎮，鎮人不及逃。而郡城人素恇懦，已聞風空國矣。士甚强，馬甚壯，戟門甚尊嚴[2]，鐘鼓幃帳，雖稍見奪于賊，猶甚麗也。而仇于鎮人，亦甚勇。于是居其居，因薪之；食其食，因糞之[3]；財其財；婦其婦女；而男則築以刀環而逐之[4]。越二日監軍道皖城王楊基與大將軍舊，迎之，駐于武昌城外金沙洲，洲人受其荼毒與漢口鎮同。二鎮故竝饒貨財，甲于全楚，不數日蕩然矣。感作《叫天歌》："朝見麥禾生，暮見麥成塵。莫問麥生死，問麥騎怒嗔一解。擔擔遇騎馬，和租避溝下。騎蹋左拇指，叩頭謝萬死二解。大家買告身[5]，中家買小艇。貧女難自匿，破壁見花影。右手持刀入，左手捉科飲三解[6]。醉語漢口客，不久當飲漢口酒，聞道量珠不用斗。賊若犯樊城，我來保漢口四解。"

癸未正月朔[7]，賊陷承天府，巡撫宋一鶴[8]、留守司沈某[9]、鍾祥縣知縣蕭漢死之[10]。沈，武人，有梗概，偶佚其名。宋公留心辦賊，而未有遠略，鞍馬暴露，往來絡繹，郡縣苦之。兵有肆掠地方者，公必直兵，以故爲百姓所不附。城破，公自飲刃，手柔不能深入，顧其健兒曰："養爾正爲今日。"健兒不能仰視，跪而剚之，遂自殺。著有《竽楚奏疏》行于世。蕭被賊執，欲官之。從容言曰："守臣無降理，失守無生理。"賊知不可奪，縶伺甚密。公不食不卧，求死不得，題其壁曰："蕭漢死所。"越數日，守者稍懈，得自縊。賊亦撫屍哭曰："真忠臣也。"命諸賊羅拜，乃厚殮之。

報至，省城戒嚴，時左兵頗横，有謂其爲賊前驅者，城中洶懼。内閣賀公逢聖以蜚語告左將軍[11]，將軍泣下，乃斬不戢者以狥[12]，人心少安。然城門未酉而閉，必巳而啓矣。

【注釋】

〔1〕昧爽：黎明，天未全亮之時。《尚書·太甲上》："先王昧爽丕顯，坐以待旦。"《荀子·哀公》："君昧爽而櫛冠，平明而聽朝。"

〔2〕戟門：亦作"棘門"。古代宫門立戟。唐制，官、階、勳俱三品以上官員，亦得立戟於家門。因稱貴顯之家爲"戟門"。

〔3〕糞：掃除，棄除。

〔4〕築：擊，捅。《廣雅·釋古一》："築，刺也。"

〔5〕告身：古代授官的憑證，類似今之任命狀。

〔6〕捉科飲：捉，促使。科，取。謂强迫置辦飲食。

〔7〕癸未：崇禎十六年。

〔8〕宋一鶴：宛平（今北京西南）人。據《明史紀事本末》卷七十八載，崇禎十六年正月，李自成圍承天府，知府迎戰，巡撫宋一鶴亦下城巷戰，將士勸其走，一鶴不聽，格鬥死。與此文説略異。

〔9〕沈某：魏氏謂"偶佚其名"，據《明史》當爲沈壽崇，宣城（今安徽宣城）人，崇禎初武進士，因忤巡按遭劾罷，未行而城破被殺。

〔10〕蕭漢：字雲濤，南豐人，崇禎十年進士，知鍾祥縣，有賢聲。起義軍攻破縣城，禁止傷害蕭漢，將其幽於寺中，令諸僧好生看管。蕭漢自經死。

〔11〕内閣賀公逢聖：内閣，明初廢丞相，選大學士輔政，參預機務，稱内閣。賀逢聖，字克繇，江夏人，萬曆四十四年殿試第二，官至禮部尚書，兼文淵閣大學士，入輔政，後告歸在家。義軍破武昌，賀沉墩子湖（今紫陽湖）。

〔12〕戢：收斂。《詩·小雅·鴛鴦》："鴛鴦在梁，戢其左翼。"狥：同"徇"，宣示，示衆。《史記·司馬穰苴列傳》："遂斬莊賈以徇三軍。"

十五日，賊已破漢川縣，吾郡距百二十里，不知也，惟左鎮知之。十六日，擄兩岸船幾盡。先是小民不能自置舟者，輒挈室託于糧艘，凡數千家，以糧艘可恃也，至是概掠之。一卒登舟，百人請命，刀聲人語，魚亂水飛，可憐哉！十八日，全師東下，檣颿蔽江，酸泣之音，十里相接，兩郡方幸得少甦息。而余固知其以懼往也，以賊遺地方也。

按：左鎮跋扈，擁兵自雄，鼓鐘姬妾，備極侈華，而棄樊棄鄂，忍使流賊長驅直進。不有奇謀異策，先爲防守，徒著士强馬壯之名，已難反躬自問。乃縱軍恣横，魚肉楚民，竟甚于流賊，其罪可擢髮數哉[1]！魏君記之，微言三四，皆屬身親耳目，殆非虚誣。迨後詩人歌咏，或深爲惋惜，或長爲寄恨。僅以九江樓船東下責之，蓋均得于傳聞耳。

二十一日，予攜家避于九真山前之宗莊，莊爲先外大父别業。二十二日，賊馬入山，舅氏李愚公先生被劫，蓋即破漢川之游騎也。是夜命家弟扶母徙寄附山，山距莊十里，險，難爲步；風，難爲炬。前躓後窣[2]，及旦始達。予方獨留宗莊，以待擔者。賊至，土人指賊向小門入，門堅不可猝拔，得從大門逸。又道逢之，抽刃復内，僅而獲免。是日風沙障天，踉蹌行亂山中，噤如不息者[3]。顧見吾母，頭搶地，若不欲生，然後一慟幾絶也。噫吁嘻！深淵薄冰，豈非不孝之尤者哉？

余意賊且長驅入郡耳，是夜火光亘數十里，賊忽逸去。予仍返故廬，遲數日而居人漸集矣。又數日而守若令之艤舟湖上者[4]，以次如城矣。山河不異，官市恬然，雜樹鶯花，春光如舊。不知夫息馬郢中者之可朝發夕至也，殺人浠上者之將燔黄鶴而睇晴川也。時闖賊置兵于荆，勢亦盛也。黄陂縣有歐陽生者，殺僞令，上其功，請兵防守，監軍道王抑不許[5]，生復爲賊黨所捕殺，然亦不更置令矣。賊連陷蘄水、蘄州、黄州，殺戮甚慘。遇士紳則先斷其右手，命曰“斫文”。每驅婦女壞城，鞭楚備至，率争先免須臾死。指斷血流，不移時，萬堞俱墮矣。

【注釋】

〔1〕擢髮:《史記・范雎列傳》:“范雎曰:‘汝罪有幾?’(須賈)曰:‘擢賈之髮，以續賈之罪，尚未足。’”後因以“擢髮難數”比喻罪惡極多。

擢，拔。

〔2〕躓（zhì）：被絆倒。窣（sū）：猝出。引申爲縱躍。

〔3〕噤：閉口不言。《説文·口部》："噤，口閉也。"

〔4〕守若令之艤（yǐ）舟：守、令，泛指地方官。艤，附船着岸。若，或者。

〔5〕監軍：官名。春秋時齊景公使穰苴將兵，以莊賈監軍，爲"監軍"名稱之始。漢晉皆有監軍使者，省稱監軍。隋以御史監軍事，唐以宦官監軍，明亦用御史監軍。清已不設。《明史·職官志》："監軍道因事不常設。"

賊劫某御史家，自門達寢皆有藏，衆駭其多。一賊曰："爲我輩累此輩。"一賊曰："爲此輩生我輩。"嘻！二賊亦黠矣，可爲士大夫發一怍也〔1〕。

神降于箕〔2〕，某氏謹事有年矣。三月晦日禱之。示曰："陽極于餘〔3〕，陰盈其魄，雖底城邑〔4〕，無有斬獲。君子知幾〔5〕，三日而復。馬月南禍〔6〕，空我北國。雁聲嗷嗷，凶威大魘〔7〕。"

賊于四月十六日至漢口，十七日登城已空無人矣。日鼓吹野掠，夕歸漢口營。十八日省兵陳于江，夜二鼓，舟中發伏郎機，鉛子落賊營，賊驚，宵遁。十九日，監軍率兵渡江，收賊餘燼，名爲洗巢，然賊去才二十里，不躡也。

先是左兵既下楚藩〔8〕，諸宗及紳士商民，頗爲守備，招募幾數萬人，亡賴者咸就衣食〔9〕，實皆無所可用。至是監軍以賊退爲諸軍功，賊所殺屍，就取首級。民有老病不能行，蒙賊免者，兵不免之。有市人嚴某避于鄉，聞賊已去，父子歸視其室，兵至肆掠，子受重創，而割其父頭冒賞。子號白父冤，監軍取頭視之，見其貌獰多髭，曰："乃父相爾爾〔10〕，那能不作賊。"置不問。

李節女，新寧令李國祚之女也〔11〕。父貧且老，雖聞賊警，無以爲舟。女不解衣帶者旬日，夜則私有鍼工，父母不知也。十七日，倉皇出走，賊遇欲污之。女且卻且走，身被數創，尋至馬家湖邊〔12〕，終不可犯，遂遇害。賊既去，得其屍于湖中，表裏縫密，爪痕透掌，膚色如生。字隱曰：“海水群飛，士二其行。湖水澹澹[13]，之子澄清。視刃視飴，見衣見心。”

按：“字隱”或晉封别號。《志》作“有字”。玩其詞意，斷非女作。

【注釋】

〔1〕怍：慚愧，内疚。《論語·憲問》：“其言之不怍，則爲之也難。”《莊子·讓王》：“行修於内者，無位而不怍。”

〔2〕神降于箕：箕，簸箕，揚米去糠的器具。用箕請神，是一種迷信。

〔3〕陽，張氏壬午底本作“楊”，譌。

〔4〕底：抵達，終極。

〔5〕幾：事物發生前的跡兆、徵象。《易·繫辭下》：“幾者，動之微，吉之先見者也。君子見幾而作，不俟終日。”

〔6〕馬月：即夏曆五月。舊指夏曆以寅（虎）爲正月，卯（兔）爲二月，辰（龍）爲三月，巳（蛇）爲四月，午（馬）爲五月。

〔7〕蹙：迫促，緊迫。《詩·小雅·小明》：“曷云其還，政事愈蹙。”

〔8〕楚藩：明楚王封地。其先爲太祖第六子，洪武三年封。這裏特指楚王府所在地武昌。

〔9〕亡（wú）賴：無賴。

〔10〕爾爾：如此，這樣。

〔11〕新寧：三國吴置縣，故城在今湖南常寧縣西北。

〔12〕馬家湖：在漢陽墨水湖右側。

〔13〕澹澹：或作“淡淡”“澹淡”。水波起伏動盪貌。《文選·宋玉〈高唐賦〉》：“水澹澹而盤紆兮，洪波淫淫之溶滴。”又：“徙靡澹淡，隨波闇藹。”

予三月中收一僕，自言關中人[1]，王姓，大鏞名也。殺人避仇，匿于左軍小校，知左無戰心，因歸而投予，意甚堅。若有所信服者，殊不解也。十六日，勸予速避，自任居守。迨次日，賊至民逃，鏞一身難支矣，始奔人山。迷陷大澤，爲賊偵迫。鏞貌魁岸，手一戈，十餘賊莫近也。有頃，賊大集，知不可脱，乃嘆曰："棄家而官，棄官而僕，今日之死，忠乎孝乎？"遂格鬥而死。

李么婦，某宅婢也，爲數賊所挾，驅至梅子山一别墅[2]，賊力犯不可得。臨以刃，婦伸頸就之，突起抓賊面流血，乃怒殺之。

時監軍王已膺巡撫江北之命，爲藩府紳士所留。兵巡道李乾德，擢鄖陽總制[3]，取路荆岳往赴，而王躓代兵巡職，坐鎮壽昌[4]。五月五日，兵巡樓飲觀龍舟，舟中人忽登岸大噪劫殺，即獻賊也。兵巡隨難民遠竄，賊入縣城。報至，省垣戒嚴。北撫以南非汛地，辭欲西渡江，楚藩及賀相公以下[5]，屢勉留之，至二十八日，北撫堅辭。賀公流涕長跽不可得，乃聽登舟。而賊于二十九日五鼓攻大東門。先三日，有發某某通逆謀者，馮漸卿雲路以告賀公，公不决，密問北撫，北撫大笑，斥爲妄言。以是某某懼誅，謀益急。時賊猶徘徊馬橋[6]，而城人速之，故夜馳城，兵雖不善戰，堞中頗饒守具，且無他可畫，不得不效死者。北撫屯兵江干，而所借鄖標牟參將等營俱犀鋭[7]，利速戰。北撫戒之曰："爾等皆我資以鎮江北者，毋妄動，士馬物故[8]，余不任其責。"于是諸軍作河上逍遥，賊得肆意掘城矣。予偶返郡城，登樓望火，有没而逃者告余狀。哀之，作《戰城南》："戰城南，轉城東。城頭射東角，官船問東風。東風仗火湖水熱，城東城南燎天紅。欲戰不戰客兵笑，客兵自有主人翁。謂司鼓，莫辭搣[9]，吾儕母妻幼兒在城中。鼓聲死，礮聲放，主人翁，駐河上。"

【注釋】

〔1〕關中：以陝西省中部而言，東爲函谷關，南爲武關，西爲散關，北爲蕭關，位四關之中，故名。

〔2〕梅子山：漢陽府城西三里，山多梅，北臨月湖。

〔3〕李乾德：明將，崇禎十六年任右僉都御史，後爲張獻忠餘部李定國等

所殺。見《明史·張獻忠傳》。總制：總督嘗稱總制，嘉靖十九年，因避“制”字諱，改爲總督。

〔4〕壽昌：即武昌縣（今鄂州市），宋曾於此置壽昌軍，故稱。

〔5〕賀相公：賀逢聖。已見前注。

〔6〕馬橋：地名。即馬橋鋪，在湖北咸寧縣治東南二十里。

〔7〕鄖標：鄖，鄖陽府。標，清軍編制名稱，相當於今天的團。

〔8〕物故：死，亡故。《荀子·君道》：“人主不能不有游觀安燕之時，則不能不有疾病物故之變。”《漢書·蘇建傳附蘇武》“前以降及物故”注：“物故謂死也，言其同於鬼物而故也。”

〔9〕搣（rǒng）：推，拒。

五月三十日未刻，大雷雨，城上人不能仰視，至有寒而仆者。雨止，各城巷口，有白衣一二人，呼曰：“賊已從某門入！”於是婦女竝出走，而守者内顧，賊登其瑕，遂不守。自王府至庶民，殺戮以數十萬計。而官于茲土者，俱有舟，隨北撫溯流而上，惟徐長史一人死焉〔1〕。執都司使朱鼎祚〔2〕，不屈，斷其左右手，縱之。血刀三日，三日後封刀。而被驅于江者，又十餘萬人。火七日不絶，王府及百官司、黄鶴樓皆火焉。楚王老矣，賊不加刃，溺于河以死。賀公被執，賊猶稱爲先生，公閉目不語，舁出，死于登子湖〔3〕。孫明銓執至洪山，罵賊而死。馮雲路以先發逆謀，死極慘。貢其志聞變，冠帶北面自縊死。孫明鏞、劉康、汪陛延、周秉銓、徐堪赴水死。其餘蕙蘭摧折，瑶璐委塵〔4〕，莫能悉數。宗室之在逃者，爲仇人暨諸無賴窮索以與賊，或殺或溺，又亡慮數十人，然無一人屈膝求免者。漢陽官民還定彌月〔5〕，至是又一鬨而散。

仲節女，浙之湖州人，隨父賈于楚。有殊色，城破，從群婦出某門，賊止之。有頃〔6〕，令索婦女。首執仲，仲剺面披髮〔7〕，大詬罵賊。賊復具馬，命二賊挾上馬還，墜傷頞，終不肯往。賊脅以刃，曰：“身往何如頭往？”仲曰：“頭也。”遂取其頭。而令再索，得一婦，亦涕泣不肯往。群婦慮及己，擁之付賊。竟馳去。嗚呼！此婦又何不幸歟！

【注釋】

〔1〕徐長史：徐學顏。《明史紀事本末》卷七十七：“適承天、德安潰兵俱東下，楚王盡募之爲軍鋒，以長史徐學顏領之，號楚府兵。”後城破被殺。

〔2〕都司使：武官名。朱鼎祚，《明季北略》卷十九作“朱士鼎”。

〔3〕舁（yú）：抬。登子湖：登，一作“墩”。王葆心《再續漢口叢談》卷二：“墩子湖一名南湖，賀文忠死於湖中橋下。有吊公詩，稱公死於滋陽湖，是以橋名湖矣。”即今武昌紫陽湖。

〔4〕蕙蘭、瑶璐：比喻賢才。

〔5〕彌月：整月。唐韋應物《韋江州集》卷五《答貢士黎逢》詩：“彌月曠不接，公門但驅馳。”

〔6〕頃，底本譌作“傾”。

〔7〕剺（lí）面：割面。古少數民族的風俗，割面流血，表示忠誠哀痛，稱爲剺面。杜甫《哀王孫》詩：“花門剺面請雪耻。”亦作“棃面”。《後漢書·耿弇傳附耿秉》：“匈奴聞秉卒，舉國號哭，或至棃面流血。”注：“棃即‘剺’字，古通用也。”

賊改武昌府爲天授府，江夏縣爲上江縣，自稱西王。設僞官，以李時榮爲巡撫，謝鳳洲爲天授府知府〔1〕，沈會霖被執以爲漢陽府知府，以燕厥中爲漢陽縣知縣，餘置官有差。未幾，時榮死，鳳洲代爲巡撫。

四月之亂，避者咸便舟，吾郡乃多舟矣。六月中，賊分道要掠之，凡得舟數萬，所殺稱是。予家雖陸居，而糇糧盡載二舟〔2〕，又泊最僻處，至是亦擄去。予至此日，不能再食云。

賊大索紳衿〔3〕，禍且不測。里中先輩數人流涕曰：“吾何惜迂其身以紓難〔4〕，盍姑往以覼所爲。”于是賴沈會霖保持之，皆得放回。沈故安陸人，機警有膽智，善騎射。先是曾陷賊營彌歲，賊愛其才欲留之，以計得出。壬午領鄉薦第一〔5〕，賊有謀士潘獨鰲者〔6〕，舊善沈，時爲諜，于省擒而斃之，沈力也。城破，沈有老母在，故不得去。獻賊見而恚之，曰：“若固背吾義，又殺吾潘某者，不可赦也。”左右固請得免，遂使守漢。漢之人士，賴沈護救良多。謝鳳洲亦庚午舉人〔7〕，自受僞命即已逆施，及代李時榮，益恣威福，每撻辱親故，如不相識者。沈告以賊不堪恃，不顧也。沈尋以奇計脱其母，因逸去，不知所之。有言府胥秦某實使去者，賊執訊之，辭不遜，乃竝秦妻子沈之江。

僞提學試士，士往試者，亦十二三，其高等即授僞官，亦有稍稍知筆墨者，趨若鶩焉。

沈會霖之去也，賊更命彭永觀來，而僞縣燕厥中益無忌憚。燕素無行，里中無賴子也。方春，欲因亂傾某家，諸士攻之，爲學師所扑〔8〕。時學師潛住湖間，燕百計覓獲，鞭楚極毒。又閭中富人子以危法，借賊威以恫喝不如意者。

【注釋】

〔1〕李時榮：黄岡諸生。謝鳳洲：江夏舉人。

〔2〕糇糧：糇，或作“餱”，乾糧。《詩·大雅·公劉》“廼裹餱糧”釋文：“餱，音侯，食也。字或作糇。”糇糧，泛指糧食。

〔3〕紳衿（jīn）：紳，一種士大夫用以束腰的大帶，後稱出仕有地位的人爲紳；衿，青衿，生員服式，後稱學者爲衿。紳衿，泛指鄉紳和學者等有身份地位的人。

〔4〕紓（shū）難：解除禍患或災難。《左傳》莊公三十年：“鬬穀於菟爲令尹，自毁其家，以紓楚國之難。”

〔5〕壬午：崇禎十五年。領鄉薦：唐制，應進士試者，由州縣地方官薦舉，因謂之鄉薦。後稱鄉試中式者曰領鄉薦。

〔6〕潘獨鰲：應山縣人，諸生，是張獻忠的謀士。

〔7〕庚午：崇禎三年。

〔8〕扑：古有“扑作教刑”之説，即扑爲懲戒學生的教具。此爲“擊打”之意。

僞教授龍貫示曰[1]："西王以七月十五日幸學，諸生其先期齊集。考古天子幸辟雍儀注，以不負西王[2]，'矢其文德，洽此四國'[3]，至意毋忽。"

左將軍雖逗遛潯江[4]，賊尚憚之。鄖總李公乾德保岳州[5]，兵甚盛，有山陽老羆之倚[6]。闖置僞防禦于荆，公屢誘敗之，賊亦心懾，數遣突騎無隻返者。賊兵皆統于假子四將，頗有可圖，予命家弟渡江偵之，見省城不過數賊首，機關未有警備[7]，精騎亦無多也。

王石嶺會篇[8]、熊次侯伯龍[9]、朱開子天慶時過從余[10]，竝言賊可圖狀。從叔枚寧曰："世豈無要聶[11]，此一劍之事耳。"予即沮其論[12]，恐語泄也。後病瘍足數日，候諸子不至，獨酌長嘆。時七月十五日，因作《起義討賊檄文》云：

"逆賊張獻忠者，榆林逋戍[13]，秦隴無良[14]。始舞角于河中[15]，爰猖牙于關内[16]。焰逞襄樊之變，毒窮黄蘄之間。比以姦撫[17]，包藏禍心；而俾怨民，搆成隙志[18]。金根晚出[19]，玉葉風飛[20]。戕億計之蒼生，殞四朝之黄耇[21]。舳艫盡水[22]，載罪猶沈；鈎戟齊山[23]，磔凶莫殫。而方肆譃殿上，如狙駭衣冠[24]；敢藉寢門[25]，似蔡居山藻[26]。誘婁衿以僞職[27]，劫傭販以淫威。豈意猘遂依温[28]，犬不吠跖[29]。輿言及此，能不填膺！走也枕靈姑銔而涕零[30]，望瑲琅根而血繼[31]。土風可操，空戴南冠[32]；非種當鋤[33]，寧孤左袒[34]。嗟乎！吴也，越也，猶存共濟之心[35]；叔兮，伯兮，忍負如充之耳[36]。爰申昭告，用播同盟。無後義旗，率先仁路。方今援剿雲集，王于興師；尚其赴忾雷奔，我能復楚。凡百君子，無恩黄三賊子之恩[37]；兆億健兒，當義南八男兒之義[38]。城借一以必克[39]，户雖三而可興[40]。則王气黯然，公孫應斬落星處；而屈指定計，楊么合擒八日中矣[41]。"

【注釋】

〔1〕龍貫：湖北黄岡人。

〔2〕西王：指張獻忠。他在成都建立政權，稱大西國王，年號大順。

〔3〕矢其文德，洽此四國：《詩・大雅・江漢》裏的一句。矢，施佈；洽，協和；四國，四方諸侯之國。意指文德施佈澤及海内。

〔4〕潯江：潯陽江。指九江地區。

〔5〕岳州：隋開皇九年改巴州爲岳州，治所在巴陵（今岳陽市）。民國廢府，改岳陽縣。今爲岳陽市。

〔6〕老羆：《北史・王羆列傳》："比曉，（韓）軌衆已乘梯入城。羆尚卧未起，聞閤外洶洶有聲，便袒身露髻徒跣，持一白棒，大呼而出，謂曰：'老羆當道卧，貉子那得過！'敵見驚退。"這裏指有左良玉的軍隊可恃。

〔7〕機，底本譌作"譏"。

〔8〕王石嶺會篇：王會篇，字治徵，崇禎丙子舉人，任武昌教授。見後文。

〔9〕熊次侯伯龍：熊伯龍，字次侯，漢陽人，順治進士。

〔10〕朱開子天慶：工書詩。詳見後文。

〔11〕要聶：要，要離，春秋時吴國刺客。聶，聶政，戰國時韓國刺客。

〔12〕沮：止，阻止。《詩・小雅・巧言》："君子如怒，亂庶遄沮。"《墨子・尚同中》："賞譽不足以勸善，而刑罰不足以沮暴。"

〔13〕榆林：明衛、府名，治所在榆林堡（今陝西榆林）。逋戍：逋，逃亡；戍，守邊的士卒。謂潰逃的戍卒。

〔14〕秦隴：舊指陝西中部至甘肅東部地帶。張獻忠是陝西延安柳樹澗人，故云。

〔15〕舞角：謂張牙舞爪。河中：秦漢河東郡，唐改河中府，明改府爲蒲州，即今永濟縣治。

〔16〕狺（yín）牙：謂狗張嘴狂吠。狺，犬吠聲。《集韻・諄韻》："狺，犬吠聲。"《楚辭・宋玉〈九辯〉》："猛犬狺狺而迎吠兮，關梁閉而不通。"或指攻擊的言論。白居易《與楊虞卿書》："又信狺狺吠聲，唯恐中傷之不獲。"

〔17〕比以姦撫：謂親近勾結姦詐的巡撫等高級官員。比，勾結。《論語・爲政》："君子周而不比，小人比而不周。"

〔18〕隙志：雪仇的志願。

〔19〕金根：古代貴族用的一種以黄金裝飾的豪車。《後漢書·輿服志》："金根之色。"注："秦改曰金根。"又引《乘輿馬賦》注："金根，以金爲飾。"

〔20〕玉葉：帝王子孫。《白孔六帖》："金枝玉葉，帝王之子孫。"

〔21〕四朝：當指明末神、光、喜、思四朝。黄耇（gǒu）：黄，黄髮；耇，老壽。指老人。《詩·小雅·南山有臺》："樂只君子，遐不黄耇。"朱熹集傳："黄，老人髮白復黄也；耇，老人面凍梨色如浮垢也。"明朱善《詩解頤》卷二《南山有臺》："黄耇，猶眉壽也。"這裏指明朝王公貴族的遺老。

〔22〕舳（zhú）艫：舳，船尾持舵處；艫，船頭刺棹處。舳艫，謂船多，前後相銜接。

〔23〕鉤戟：古代兵器。鉤戟齊山，形容兵器極多。

〔24〕狙（jū）：猿猴之類。一説嚙人犬，見《説文》。

〔25〕藉寢門：藉，凌辱。古禮天子五門，最内之門曰寢門。

〔26〕蔡居山藻：蔡，占卜用的大龜。藻，藻草。

〔27〕婪衿：婪，貪婪。衿，秀才，學子。謂貪婪的秀才學子。

〔28〕猢遂依温：猢，猢猻。温，温存有禮。謂猢猻也學着斯文有禮。

〔29〕犬不吠跖：吠，狗叫聲。跖，柳下跖，古代巨盜。意指狗不咬壞人，反而咬好人。

〔30〕靈姑銔：《左傳》昭公十年孔穎達疏："靈姑銔，齊侯旍旗之名，蓋是交龍之旂。當時爲之名，其義不可知也。"

〔31〕望瑲（qiāng）琅根而血繼：瑲，玉相擊聲。琅，玉石。此句借指王孫公子相繼死亡。

〔32〕南冠：春秋時楚人冠名。《國語·周語中》："陳靈公與孔寧儀行父南冠以如夏氏。"注："南冠，楚冠也。"此句謂枉爲楚人。

〔33〕非種當鋤：西漢吕后掌權，重用孃家人，劉章作《耕田歌》，謂"非其種者，鋤而去之"。

〔34〕左袒：袒露左臂。漢初吕后專政，太尉周勃謀誅諸吕，行令軍中曰：

"爲吕氏右袒，爲劉氏左袒。"全軍皆左袒。事見《史記·吕氏本紀》。後因稱偏護某一方爲左袒。

〔35〕吴也，越也，猶存共濟之心：《孫子·九地》："夫吴人與越人相惡也，當其同舟而濟，遇風，其相救也如左右手。"

〔36〕叔兮，伯兮，忍負如充之耳：《詩·邶風·旄丘》："叔兮伯兮，褎如充耳。"鄭玄箋："充耳，塞耳也。言衛之諸臣顔色褎然，如見，塞耳無聞知也。"

〔37〕黄三：指幼兒，小兒。隋代稱男女三歲以下爲黄。唐代民始生曰黄。見《舊唐書·職官志·户部》。

〔38〕南八：安禄山之亂，張巡、南霽雲共守睢陽，城陷，敵人"以刃脅降，巡不屈。又降霽雲，未應。巡呼曰：'南八，男兒死爾，不可爲不義屈！'霽雲笑曰：'欲將有爲也。公知我者，敢不死！'亦不肯降"。因南霽雲在家排行第八，故稱南八。事見《新唐書·張巡傳》。

〔39〕城借一以必克：《左傳》成公二年："請收合餘燼，背城借一。"杜預注："欲於城下，復借一戰。"這裏即借其意，謂背城决一死戰。

〔40〕户雖三而可興：《史記·項羽本紀》："楚雖三户，亡秦必楚。"這裏謂楚軍民有决心有能力消滅張獻忠的起義軍。

〔41〕楊么合擒八日中：楊么，南宋初年洞庭湖地區農民起義領袖，後爲岳飛擊破。岳飛曾對張浚説："已有定晝，都督能少留，不八日可破賊。"意謂很快可以破敵。這裏即用其意。

熊次侯見而謬賞之〔1〕，且曰："郡人劫于積威，無勇可賈，吾輩但行其筆誅耳。無事效杜征南勒石〔2〕，一高山，一深谷，祈後世名也。"熊復援筆成《諭僞官檄》，詞更古藻，義聲振于簡外云。

"蓋聞志士修名，垂節義之事；哲人守命，達順逆之機。是以天水阻兵〔3〕，班生著諷〔4〕；清河拒賊〔5〕，李愕乞師〔6〕。功則巍乎，忠之至也。爾僞官等，曾厠儒服〔7〕，豈昧舊聞？自治亂相尋，亦奸宄時有。漢則黄巾赤眉之慘〔8〕，唐極仙芝巢甫之雄〔9〕。及我大明，復有和尚、千斤、劉六、劉七[10]，此皆盗之劇者，蓋亦興也勃然，然而好殺、絶天、宣淫、滅類[11]。偶爾張威螳臂，咸出萬死之餘；一當稱制龍蟠[12]，必無十年之運。緑林夢醒，而人嘆白頭；赭服身分[13]，而魂慙青史。適以動明王之憂患，徒以成大將之功名。在古速亡，撫今知弊。乃爾等卑者迷于見利，高者自謂識時，挾此兩端，遂成千錯。夫我皇上，親賢遠佞，既無清君側之名；蠲賦省刑，豈有罪萬方之失？特六師暫稽于邊土，故八伐稍頓于域中[14]。而死賊張獻忠者，狗盗迫于飢寒，鴟張成于將相[15]。昔飲襄陽之水，所不忍言；今食武昌之魚，殆亦有故。此匹夫能鬥之虎，亦女子可當之熊。兹者天岳一軍[16]，凶徒五衄[17]，固其效也。某等慟楚國之亡，其君無罪；察歲星之在[18]，我武惟揚[19]。已通謀于五路諸侯，更布心于百爾君子。蓋改過者《春秋》所大，而脅從者帝王弗誅。爾父死之，爾母死之，戴天之義謂何？身請爲臣，妻請爲妾，沼吴之情安在[20]？浠上積山高之骨，豈昔暴而今仁？漢南絶野渡之舟，實内貪而外狡。衣冠展其戲謔，懼秦國之坑將興[21]；筦庫侈其金錢，恐洛口之倉易盡[22]。嗚呼！使慶緒以歸朝而弑父[23]，雖子儀可以無功[24]；若弘正能誓衆以尊王[25]，即李絳何難請賞[26]。唐將嘆朝廷之喜負，坐失狼封[27]；蠻夷畏中國之有人，矧兹鼠竊[28]！”

【注釋】

〔1〕熊次侯：熊伯龍，字次侯，晚號鍾陵，漢陽人，順治進士，累官國史院編修、内閣學士，兼禮部侍郎。有《貽穀堂詩文集》。

〔2〕杜征南：杜預。字元凱，魏晉時京兆杜陵人。博學，注《左傳》傳於世，自謂有“《左傳》癖”。多謀略，世稱杜武庫。繼羊祜都督荆州諸軍事、鎮南大將軍，鎮襄陽。發民工興修水利，灌良田萬餘頃，時人稱杜父。晉太康元年率兵滅吴，以功封當陽縣侯。杜預勒石故事，見《晉書·杜預傳》。

〔3〕天水：古郡名。漢置，治平襄，在今甘肅通渭縣西北。後漢移治冀縣（今甘谷縣東南）。

〔4〕班生著諷：班生，即班彪，漢扶風安陵人，字叔皮。王莽末年，隗囂

據天水，自稱西州上將軍，班彪時年二十餘，爲避難而從之。隗囂請班彪試論興廢事，班彪對以周室之廢興與漢殊異，漢危自上，而傷不及下，百姓思仰漢德。并著《王命論》，諷以“王者興祚，非詐力所致”，欲以感之，囂不以爲然。於是彪避地河西以事東漢，爲河西大將軍竇融畫策，“總河西以拒隗囂”。後隗囂被漢軍擊敗，憂憤而死，而班彪成爲漢室中興的功臣。

〔5〕清河：指唐清河郡（在今河北清河縣）。

〔6〕李崿乞師：安禄山叛亂，崿客清河，爲乞師於平原太守顔真卿，一郡獲全。

〔7〕厠：厠身，亦作“側身”，置身。儒服：舊時讀書人穿的一種服裝。此句謂儒者當遵崇孔子教誨，不應“犯上作亂”。

〔8〕黄巾、赤眉：指東漢末張角和西漢末樊崇領導的黄巾、赤眉農民大起義。黄巾軍規模較大。

〔9〕仙芝、巢、甫：王仙芝、黄巢、裘甫，都是唐朝農民起義軍領袖。

〔10〕和尚：石龍，即石和尚，明代荆襄流民起義領袖，成化元年，擁劉通爲漢王。千斤：劉通，明代荆襄流民起義領袖，河南西華人，有勇力，人稱劉千斤。劉六、劉七：明代中葉領導中原地區農民大起義的領袖，參見卷一注。

〔11〕絶天：謂傷害天理，滅絶天倫。滅類：指無辜殘殺同類，或曰反人類。

〔12〕龍蟠：比喻帝王都城形勢雄壯。《六朝事迹》，諸葛亮論金陵地形曰：“鐘阜龍蟠，石城虎踞，真帝王之宅。”這裏指帝業。

〔13〕赭服：古代囚犯所穿的赤褐色的衣服，亦即爲罪人的代稱。

〔14〕八伐：《尚書·牧誓》有“四伐、五伐、六伐、七伐”。此稱“八伐”，表示堅决鎮壓。

〔15〕鴟（chī）張：鴟鳥張翼（意欲攫取獵物）。比喻凶惡、張狂。《晉書·戴邈傳》：“寇羯飲馬於長江，凶狡鴟張於萬里，遂使神州蕭條，鞠爲茂草。”

〔16〕天岳一軍：當指李乾德的官軍。前文謂李乾德鎮守岳州，屢誘敗張獻忠的部隊。

〔17〕衄（nǜ）：挫敗。《文選・曹子建〈求自試表〉》："流聞東軍失備，師徒小衄。"注："衄，猶挫折也。"陳子昂《爲副大總管蘇將軍謝罪表》："遂以貔貅之師，衄於犬羊之衆。"

〔18〕察歲星之在：歲星，即木星。古人以觀歲星所在推測人間興廢禍福事。《漢書・天文志》："歲星所在國不可伐，可以伐（罰）人。"又《史記・天官書》"揆歲星順逆"張守節正義引《天官占》云："歲星者，東方木之精，蒼帝之象也……其所居國，人主有福，不可以搖動。"

〔19〕我武惟揚：指商湯正義征伐，威武發揚，除去殘暴者。

〔20〕沼吴：沼，水池。沼吴，猶言滅吴。指春秋時越王勾踐滅吴雪恥之事。《左傳》哀公元年："越十年生聚，而十年教訓，二十年之外，吴其爲沼乎！"注："謂吴宫室廢壞，當爲污池。"

〔21〕"衣冠"二句：衣冠戲謔，指漢高祖未得天下時素恶儒士，曾溺儒冠，以示輕視；秦國之坑，指秦始皇焚書坑儒之事。此句謂農民軍不重儒士，將重興"焚書坑儒"之灾。

〔22〕洛口之倉：在河南鞏縣西南，隋煬帝所建，又名興洛倉。大業十二年李密投瓦崗軍，次年攻克興洛倉，開倉賑饑。

〔23〕慶緒：安禄山次子。禄山叛亂稱帝，封晉王。至德二載春殺禄山，自立爲帝。後爲史思明所殺。

〔24〕子儀：郭子儀，討平安禄山叛亂的名將。詳見卷三注。

〔25〕弘正：盧弘正。唐武宗會昌末，出爲徐州刺史、武寧軍節度使等。"弘正在鎮期間，皆去其首惡，喻之忠義，訖於受代，軍旅無譁"。見《舊唐書》。《新唐書》作"弘止"。弘，張氏底本作"宏"，應係避清高宗諱，徑改。

〔26〕李絳：唐贊皇（今屬河北省）人。文宗時爲山南道節度使，封趙郡公。後爲亂兵所殺。

〔27〕狼封：霍去病因伐匈奴有大功封於狼居胥山，後封功臣常稱"狼封"。

〔28〕矧（shěn）：況且。鼠竊：小偷。如"鼠竊狗盗"。

八月朔，朱開子曰[1]：“吾欲以二檄爲徐夫人匕首[2]，試取僞官縷血[3]，誰同往者？”熊子欣然。而家弟病新起，與共登城，城中頗聞官兵消息，守甚嚴，諸子辨色始入。以間自人叢中投僞官案，既啓械視之，口噤心悸，不視事者三日，而左將軍前鋒至矣。時鄖院李遷偏沅總制去岳[4]，賊以破岳，據之。諸領兵復省會者，屯瓦礫場，更不可得賊矣。孑遺之民，稍稍再掠之，或被以名曰：此從賊者。是又一亂也。

歲在協洽[5]，律中應鐘[6]。魏子弔乎鄂渚[7]，水咽林號，風酸霧苦，晝見宵燐，人聞鬼語。餘息百一，游魂什五，黯然疚懷，泫其寢處[8]。乃作《哀江南》之辭。辭曰：“嗚呼，悲夫！白星次野[9]，黑雲壓城。湖沸魚吻，山裂鳥驚。心凜折旗，膽落飛硼[10]。劍焉其光半已，敗者之鼓無聲。骨相屬而藉狽[11]，血各染以嘅猩[12]。濁流既投兮魚鱉見，腐肉不去兮烏鳶争。爾則金虎摧隤[13]，銅駝揮斥[14]。文武道盡[15]，全灰禮部之書[16]；仁義學成，誰揀相公之簨[17]。長史志一劍以答恩[18]，將軍斷雙手而何惜[19]？承華檐而毁芳貞[20]，窺宫井而牽明嫿[21]。蹇朱顔之幽冤[22]，奚虜辱之弗擇。嗚呼悲夫！楚之搆禍何斯極也？方其席熙恬[23]，履盛泰[24]，衣南服[25]，雄吴會[26]，景陳子建旍之讜言[27]，聽孫郎怒鐘之未艾[28]，詎號澤于襄樊，恃長江之如帶[29]！乃其君之疑譎，俗之已汰[30]，豢豕獄繁[31]，王孫亡賴，蓋天道之必讎，豈人爲之可丐？是以鐘拂然而莫索[32]，缶自起而窺簾[33]。巨人之頭在淵者五[34]，塒雞之卵僅晨而三[35]。黄鶴踐乎妖夢，白雲示其兵占者矣。方今大寇鬱塞[36]，官軍丁零。矢一加而不散，風千里以猶腥。魂兮恍惚，生者竛竮[37]。冀翦此而後朝食[38]，或鄙辭之動辰聽[39]。豈比辛于弔古之文[40]，齊悲于思舊之銘者乎[41]！”

【注釋】

〔1〕朱開子：朱天慶。見後文。

〔2〕徐夫人匕首：鋒利匕首。《史記・刺客列傳》：“於是太子豫求天下之利匕首，得趙人徐夫人匕首。”司馬貞索隱：“徐，姓；夫人，名。謂男子

也。”

〔3〕縷血：《史記・刺客列傳》：“得趙人徐夫人匕首，取之百金，使工以藥淬之，以試人，血濡縷，人無不立死者。”裴駰集解：“言以匕首試人，人血出，足以霑濡絲縷，便立死也。”

〔4〕鄖院李：明將李乾德。原鎮鄖陽府。見前注。

〔5〕歲在協洽：歲，太歲。協洽，地支未的别稱，爲歲陰之名。《爾雅・釋天》：“太歲在未曰協洽。”郝懿行義疏：“未者，《説文》云：‘味也，六月，滋味也。’《釋名》云：‘未，味也。日中則昃，向幽味也。’協洽者，《占經》引李巡云：‘言陰陽化生，萬物和合。協，和也；洽，合也。’孫炎云：‘物生和洽，含英秀也。’”這裏指癸未年，崇禎十六年。

〔6〕律中應鐘：古樂分爲十二律（即十二調）。陽律六：黄鐘、太簇、姑洗、蕤賓、夷則、亡射；陰律六：大吕、夾鐘、中吕、林鐘、南吕、應鐘。自《吕氏春秋》開始將律與曆附會，以每一律應一個月。應鐘爲第十二律，應十月。

〔7〕魏子：魏晉封。鄂渚：地名。《楚辭・九章・涉江》：“乘鄂渚而反顧兮。”注：“鄂渚，地名。”宋洪興祖補注：“楚子熊渠封中子紅於鄂，鄂州武昌地是也。”其地在黄鵠山上游三百步長江中。隋置鄂州，即因鄂渚得名。後常稱鄂州爲鄂渚。

〔8〕泫（xuàn）：水珠下滴。這裏指傷感流泪。

〔9〕白星：金星的别名。《漢書・天文志》：“太白，兵象也。”舊時稱太白見則有戰亂。次野：我國古代把天空星宿分爲十二次，配屬於各諸侯國，以星辰的變異來比附州國的吉凶。

〔10〕弸（péng）：强勁的弓。漢揚雄《太玄經・止》：“絶弸破車，終不偃。”

〔11〕藉狽：藉，鋪墊。《世説新語・賢媛》：“正值李梳頭，髮委藉地。”狽，傳説中的獸名。藉狽，義同“狼藉”，謂交横雜亂貌。

〔12〕嘑猩：猶嘑猿。

〔13〕金虎摧隤：金虎，謂小人。《文選・張衡〈東京賦〉》：“始於宫鄰，

卒於金虎。”唐劉良注：“言周之末年，不能行政，政多邪僻……小人在位，與君子爲隣，堅若金，惡若虎。卒以此亡。”李善注：“應劭《漢官儀》曰：不制之臣，相與比周。比周者，宮鄰金虎。宮鄰金虎，言小人在位，比周相進，與君爲鄰，貪求之德堅若金，讒謗之言惡若虎也。”摧隤，挫敗。此句謂那些僞官必以此敗。

〔14〕銅駝：爲“銅駝荆棘”之省。銅駝，銅鑄的駱駝，置於宮門外。《晉書·索靖傳》：“靖有先識遠量，知天下將亂，指洛陽宮門銅駝，嘆曰：‘會見汝在荆棘中耳！’”後因以銅駝荆棘指社會變亂殘破現象。金元好問《遺山集》卷八《寄欽止李兄》詩：“銅駝荆棘千年後，金馬衣冠一夢中。”

〔15〕文武道盡：文武，指周文王、周武王。《禮記·中庸》：“仲尼祖述堯舜，憲章文武。”謂儒家文化所尊崇的周文王、周武王治國之道全拋棄了。

〔16〕全灰禮部之書：灰，燒盡，毁滅。《後漢書·杜篤傳》：“燔康居，灰珍奇。”禮部之書，《史記·禮書》張守節正義：“天地位，日月明，四時序，陰陽和，風雨節，群品滋茂，萬物宰制，君臣朝庭尊卑貴賤有序，咸謂之禮。五經六籍，咸謂之書。”禮部之書，指有關禮制方面的書。此句謂全不要禮法。

〔17〕相公之襞（bì）：古代稱宰相爲“相公”。襞，衣服上的褶子，這裏借指衣服。

〔18〕長史志一劍：《鶡冠子·世兵》：“曹子以一劍任，劫桓公壇位之上，顔色不變。”曹子，《史記》謂曹沫，春秋時魯國人，以勇力事魯莊公。桓公與莊公盟於壇上，曹沫執短劍劫齊桓公，桓公乃盡歸魯之侵地。“志一劍”，語本於此。長史，官名。明親王府、郡王府置長史，理府事。這裏所言，據《明史紀事本末·張獻忠之亂》載：“長史徐學顔與賊格鬥，斷左臂，右手持刀不仆，賊支解之。”未知指此人否。

〔19〕將軍斷雙手：指都司朱士鼎。事見《明季北略》卷十九。

〔20〕華檐：指壯麗的宮室。芳貞：有賢德的人。

〔21〕明嫿：嫻雅美好。《文選·嵇康〈琴賦〉》：“輕行浮彈，明嫿睽慧。”李善注：“《説文》曰：‘嫿，静好也。’”

〔22〕蹇：語助詞。幽冤：很深的冤仇。

〔23〕熙恬：恬，疑爲“怡”之誤。熙怡，猶“嬉怡”，和悦貌。漢蔡邕《蔡中郎集》卷一《故太尉喬公廟碑》：“凡見公容貌，聞公聲音，莫不熙怡悦懌，思樂模則。”南朝宋鮑照《鮑氏集》卷八《擬行路難》：“爲此令人多悲悒，君當縱意自熙怡。”

〔24〕盛泰：指昌盛安泰之世。

〔25〕南服：南方。周制，以各方土地距離國都遠近分爲五服，因而南方叫南服。南朝宋顔延之《登巴陵城樓作》：“江漢分楚望，衡巫典南服。”

〔26〕吴會（kuài）：東漢時分秦之會稽郡爲吴、會稽二郡，合稱吴會。或因秦會稽郡治吴縣（今蘇州市），郡縣連稱爲吴會。

〔27〕陳子建斿之讜言：斿，同“旒”，古代旗幟的邊飾，天子十二旒，諸侯九旒。這裏借指旌旗。讜言，正直之言。陳子，即陳子昂，唐梓州射洪（今四川中部）人，進士，官右拾遺，上書論政，言語切直。有《禡牙文》曰：“旄頭首建，羽飾前列，夷貊咸威，將士聽誓……使兵不血刃，戎夏來同，以昭我天子之德，允神之功，豈非正直克明哉！”主張討伐叛逆，宜先施之以德。

〔28〕孫郎怒鐘之未艾：孫郎，原指孫策，此指孫權。吴主孫權曾“拔刀斫前奏案”，示決心破曹。怒鐘，《尸子》：“鐘鼓之聲，怒而擊之，則武。”

〔29〕長江之如帶：謂長江狹窄不足恃。語出《南史・陳後主紀》：“隋文帝詔僕射高熲曰：‘我爲百姓父母，豈可限一衣帶水不拯之乎？’”

〔30〕汰：“汏”的俗字。通“泰”，驕奢。《禮記・檀弓上》：“汏哉叔氏，專以禮許人。”釋文：“汏，本又作‘大’，音泰，自矜大。”《荀子・仲尼》：“閨門之内，般樂奢汏。”楊倞注：“汏，侈也。”

〔31〕豢豕獄繁：謂養猪造酒本爲满足日常生活的需求，卻因人們没有節制，而致酗酒生事，獄訟日繁。《史記・樂書》：“夫豢豕爲酒，非以爲禍也；而獄訟益煩，則酒之流生禍也。”張守節正義：“此言禮須節也。豢，養也。言前王豢犬豕及作酒之事，本以爲禮祀神祇，設賓客，和親族，禮賢能，而實非爲民作禍灾也。”“民得豢酒，無復節限，卒至沈酗鬭争殺傷，而刑獄益生煩多，則是酒之流害生其祸也。”

〔32〕鐘拂然而莫索：鐘，黄鐘，古樂十二律之一，音調最洪大響亮。比喻君子。《楚辭・卜居》："黄鐘毁棄。" 洪興祖補注："黄鐘，樂器，喻禮樂之士。" 拂然，怒貌。莫索，即"索莫"，消沉貌。《文心雕龍・風骨》："思不環周，索莫乏氣。" 此句謂君子不能在位，正氣不得申張。

〔33〕缶自起而窺簾：缶，瓦缶，或作"瓦釜"，也是一種樂器。借指庸下之人。《楚辭・卜居》："瓦釜雷鳴。" 洪興祖補注："五臣云：瓦釜，喻庸下之人。" 窺簾，李師道詩："鳴屋鳩渴雨，窺簾燕哺雛。" 謂鳩常侵佔他鳥之巢，居然窺看燕子母子之情。這裏指起義軍破壞他人家庭幸福。

〔34〕巨人之頭在淵者五：巨人，形體巨大之人。《荀子・正論》："脯巨人而炙嬰兒。" 這裏借指成年人。淵，深潭。《淮南子・原道訓》："潛於淵，宗族殘滅。" 五，泛指多數。此句意指殺傷很慘。

〔35〕塒雞之卵僅晨而三：塒，雞窩。《太平廣記》卷一百零一《雞卵》："以鼎烹雞卵，方燃火於其下，忽聞鼎中有聲極微如人言者，迫而聽之，乃群卵呼觀世音菩薩也。聲甚悽咽，似有所訴。" 三，亦指多數。此句謂戰爭禍亂，人之命運有如雞卵。

〔36〕寇：賊寇，敵軍。鬱塞：擁塞。《吕氏春秋・達鬱》："爲其敢直言而决鬱塞也。"

〔37〕竮竮（líng pīng）：同"伶俜"。獨立，孤立貌。蘇軾《芙蓉城》詩："遶樓飛步高竛竮，仙風鏘然韻流鈴。"

〔38〕朝食：早餐。《左傳》成公二年："余姑翦滅此而朝食。" 這裏借其意，謂滅之而後再吃早餐。有鄙視之意。

〔39〕辰聽：《論語・爲政》："子曰：爲政以德，譬如北辰。" 古以天子爲辰。

〔40〕弔古之文：唐李華作《弔古戰場文》，描寫古戰場凄慘景象及戰爭之害。

〔41〕思舊之銘：魏晉向秀與嵇康友善，康被殺，向秀作《思舊賦》以寄哀思。

獲僞官彭永觀、彭永倜、燕厥中、甘六、席仲瑛等誅之。謝鳳洲先病故，土人仍斬其頭，餘脅從悉從輕典[1]。而北撫仍以原官涖任矣[2]。

《縣志》：魏晉封，字賞延，工舉業，兼善詩歌，崇禎丙子舉人[3]。獻賊破武昌，作《戰城南》《哀江南》詞，以寫其憤。復草《討賊檄》，計圖起義，以母老未果。弟晉疆，字甸曾，少豁達，好經世之學，康熙己酉舉人[4]，任黔陽教諭[5]。吴逆亂[6]，委督軍需，轉輸無誤。上官方以能薦，旋病卒。按：《哀江南》詞，《志》所採《楚文粹》者，絶似一篇駢體文，與此不同，豈爲後人所改作歟？兹存其原稿焉。《竹中記》後，復附《酉除集》一卷，乃甲申至戊子五年中詩也[7]。《易水寒》云："田光死早[8]，漸離死遲[9]，合以從荆事可必。光既老，武陽少[10]，高郎筑聲天下妙[11]。竪子往不返[12]，雙瞳一霍築聲短[13]。霍雙瞳，燕臺空。"《羝羊乳》云[14]："既不能降，又不能死。入虎穴，生虎子，靡哉李陵奚寧爾[15]。羝不能乳，雁不能語，漢天子自神武。漢臣既能不降，又能不死。"《乙酉除夕雜咏》其六云："空負頭上巾[16]，願厝火積薪[17]。欣然卧其上，請焚莫及晨。忽夢卷中士[18]，乃言是前身。幸無待焦爤，盍究我汝因。畦中秫可熟[19]，門外柳無塵。今夕醉不死，明年酒復陳。"

按：同時又有謝淳培，字應候，江夏人，著籍漢陽。天啓甲子舉人[20]，好學能文。癸未五月[21]，獻賊逼會城，受當事命城守，朝夕盤詰維謹，城陷被執，不屈死。

【注釋】

〔1〕輕典：謂寬大的法律。《周禮·秋官·大司寇》："制新國，用輕典。"這裏指寬大處理。

〔2〕北撫：指監軍王某。見前文。

〔3〕崇禎丙子：崇禎九年。

〔4〕康熙己酉：康熙八年。

〔5〕黔陽：縣名。清屬湖南沅州府。

〔6〕吴逆亂：指吴三桂之亂。康熙十二年，朝廷削藩，吴三桂舉兵反叛，自稱周王，康熙十七年，在衡州（今湖南衡陽市）稱帝，不久病死。

〔7〕甲申至戊子：明崇禎十七年至清順治五年。

〔8〕易水：水名。田光：戰國時燕國人。燕太子丹謀殺秦始皇，田光薦舉荆軻，并自殺用以激勵其行。

〔9〕漸離：即高漸離。擅長擊筑，與荆軻有交，參與刺殺秦始皇。秦朝建立時，變姓名潛逃被發覺，秦始皇因其善擊筑不予殺害。後爲秦始皇擊筑時，在筑内暗藏鉛塊行刺，不中被殺。

〔10〕武陽少：秦武陽。荆軻刺秦始皇時，他是其助手，及見秦始皇時“色變振恐”。

〔11〕高郎筑聲天下妙：筑，古樂器名，似琴，有弦，用竹擊之，因以爲名。秦朝建立，高漸離變姓名，爲人庸保，主人“家堂上客擊筑”，高漸離議論“有善有不善”，主人使擊筑，漸離更容貌而前，“舉坐客皆驚，下與抗禮，以爲上客”。

〔12〕豎子：荆軻將刺秦始皇，臨别時説，“往而不返者豎子也”。豎子，指没出息的傢伙。

〔13〕雙瞳一霍：秦始皇得高漸離，知其“善擊筑”，不殺害，“矐（huò）其目，使擊筑”。霍，熏瞎眼睛。《史記》作“矐”。

〔14〕羝羊乳：羝，公羊。“羝不當産乳”，《漢書·蘇武傳》單于命蘇武：“羝乳乃得歸。”表示不會放他歸漢。

〔15〕靡哉李陵奚寧爾：靡，倒下。李陵，字少卿，隴西成紀（今甘肅秦安）人。驍勇善戰，武帝時，爲騎都尉，擊匈奴，陷重圍，苦戰無救兵，戰敗被俘，遂投降，單于以女妻陵，後病死在匈奴。奚寧爾，爲什麽。

〔16〕頭上巾：儒者的服飾。

〔17〕厝火積薪：厝，放置。《漢書·賈誼傳》：“夫抱火厝之積薪之下，而寢其上，火未及燃，因謂之安。”比喻潛伏着極大的危機而不知。

〔18〕卷中士：指讀書人。

〔19〕秫：即黏高粱，可以釀酒。蕭統《陶淵明傳》："公田悉令吏種秫，曰：'吾常得醉於酒足矣。'"陶淵明極嗜酒。

〔20〕天啓甲子：天啓四年。

〔21〕癸未：崇禎十六年。

朱天慶，字開子，生而穎異，工書善詩。姊適胡[1]，年十九而寡。茹貧守節[2]，撫孤甥如己子。獻賊之亂，負母携姊而逃，遇賊刃受創，猶左右翼蔽。母姊獲免，孤甥被掠。母姊日夕對泣，乃不避烽火，走九江，穿重壘，求得之。壬辰歲大祲[3]，率郡邑士，請蠲本年田租，觸當事怒，欲置之法。開子厲聲曰："我死租可除，賢于生矣。"其生平抗節如此，亦豪士也。順治甲午[4]，以明經授知縣職，未任卒。王士謙，少有至性[5]，獻賊陷城，欲刃其父，謙以身蔽之，被數創，忍死不釋，賊感動而去。父歿，與兄士乾廬墓三年[6]。居恒澹泊，吟嘯自適。順治丁酉[7]，舉于鄉，授任邱令[8]，未任卒。江油然，字元白，諸生，貌魁岸，多膂力，喜談方略，諳兵制。崇禎中，寇氛日熾，油然結鄉勇，勵以大義爲悍御計，值左帥部校惠登相有潰卒由豫入境[9]，焚掠縱横，油然率數百人相持于後襄河，凡六七日，卒莫能進，從他道去。事平，撫按褒其功，授以職，辭不就。

《縣志》：王會篇，字治徵。崇禎丙子舉人[10]，任武昌教授。獻賊將至，或勸遁去。慨然曰："官無尊卑，食其禄者死耳。"城破，遣子澹由濠出。闔門三十餘口，同時殉難。又，熊任氏，舉人熊鳴盛妻，江夏待詔家相女[11]。夫歿，孀居教子。癸未[12]，獻賊破武昌，氏適避亂季女家，聞賊至，死之，女亦從死。以子伯龍貴贈淑人，後晋贈一品。按此二則，《記》中未及[13]。且言王熊朱三子，時相過從。則王之不死，熊未喪母可知。豈王會篇又屬一人？抑壬癸以後[14]，洊亂相仍[15]，熊母死烈，王子死忠，或在獻賊逆亂之後，而《志》誤書歟？

又，羅喻氏，羅漢鼎妻。左兵侵掠，氏挾二子避月宫橋水邊[16]，被劫，加以刃，血流被面而死。周江氏，生員周諏母，癸未被左兵掠獲，大駡不屈，被殺。按：當時左帥縱兵不法，直與流賊等，談之真堪髮指！

【注釋】

〔1〕適：舊指女子出嫁。晉潘岳《寡婦賦·序》："少喪父母，適人而所天又殞。"

〔2〕茹貧：茹，吃。《詩·大雅·烝民》："人亦有言，柔則茹之，剛則吐之。"茹貧，謂安於貧窮。

〔3〕壬辰：順治九年。祲：舊指陰陽相侵的災禍之氣。《左傳》昭公十五年："吾見赤黑之祲，非祭祥也，喪氛也。"

〔4〕順治甲午：順治十一年。

〔5〕至性：性情淳厚。嵇康《與山巨源絶交書》："（阮嗣宗）至性過人，與物無傷。"

〔6〕廬墓：古人於父母或老師死後，服喪期間在墓旁築小屋居住，守護墳墓，稱"廬墓"。

〔7〕順治丁酉：順治十四年。

〔8〕任邱：縣名，北齊置。故城在河北任邱縣南。

〔9〕惠登相：陝西清澗縣人，别號"過天星"。原是起義軍頭領，爲崇禎八年起義軍"滎陽大會"時的十三家之一，常和羅汝才一起協同作戰。後投降明朝，編入左良玉的部隊，曾鎮守鄖陽。

〔10〕崇禎丙子：崇禎九年。

〔11〕待詔：明清翰林院屬官有待詔，秩九品，爲低級事務官，掌校對章疏文史等。

〔12〕癸未：指崇禎十六年。

〔13〕《記》：指《竹中記》。

〔14〕壬癸：指壬午、癸未。即崇禎十五、十六年。

〔15〕洊亂：洊，再次。《易·震》："洊雷震，君子以恐懼脩省。"洊亂，謂連年戰亂。

〔16〕月宫橋：在漢口黄陂街瞿家巷上首。今已不存。見民國九年《夏口縣志・建置志》。

《滔天録》[1]：張獻忠破武昌，據楚府，設五府六郡，開科取士。其僞制曰[2]："未識天命，敢抗大兵者，我已替天剿殺。草野賢才，應合進用，所在教官[3]，束帛敦請[4]。"題爲："道得衆則得國。"[5]取士三十人。狀元爲漢陽陳珏，住河泊所。陳生而有紅斑，若元字者，在左肩。年已六十，始中僞科。賊敗後，憤不能拒，終身不面西云。

《道聽録》[6]：萬曆中，礦使四出[7]，而使楚者爲陳奉[8]。奉市井無賴，最無行者也。所至，土人皆持瓦礫御之，勝者，方不敢入其境；不勝，則入據之。久之，爪牙漸多，亦無御者。遂開府于武昌，歷巡郡縣。其出也，車馬供帳，擬于王者。奉危冠、翔魚獰龍服，佩使者綬，八座牽輓幾二十餘人[9]，若天子步輦狀[10]，稱曰千歲。得淫奴家婦女，與同坐卧。采倡爲鬟婢[11]，所之皆呼爲千歲國太[12]。蒼頭盧兒[13]，鞭撻郵吏，重者死。每至郡邑，索厚賂，未遂左右意，猶不免考掠。不肖長令争博其歡，市井險滑少年俱行金錢竄籍中，或主奏記，或主謀議，或主出入，寘名甚多。又于各郡邑布列徵税官，雖小市亦有五七人。其曹，朝爲傭屠，夕即冠進賢冠[14]，建高車黄蓋[15]，出入里閈，直入郡縣堂閣，稍與抗，即告之奉，上疏以抗旨逮。謀取富民貲，輒告其冢墓地生金可采[16]。富民懼掘伐，傾家以賂税官始罷。或言懷寶器及非法御用物，匿不報，當罪。其有讎者，有小睚眦者[17]，即籍其家資數目報奉。奉遣人逮之，咸又竭資行賄祈免。以是三楚富家殆盡[18]。括十進一于奉，奉又十僅上一。諸税官緣引日益多，民坊酒食，皆不敢索值。强淫民間子女，占歌舞妓，民皆怨恨入骨。壬寅奉居武昌舊帥侯邸[19]，大作威福，金錢日至無算。奉大喜，浸無他志，而民不堪剥刻，共起燔其居，奉急從後垣走入藩府，獲免，因縛其左右數百人投之大江。漢陽人聞之，亦相聚縛其使如武昌，每投一人，兩岸居民皆拊掌大笑爲樂，三四日不盡。得奉之姪，不復投，命其四據若犬行入水死[20]。諸郡悉攘臂起，縛税使殺之，不可計數，官不能禁。

【注釋】

〔1〕《滔天録》：魏晉封作。

〔2〕制：皇帝的詔命。《史記·秦始皇本紀》："命爲制，令爲詔。"

〔3〕教官：舊時指掌管學校的官員。明清府學置教授、州學置學正、縣學置教諭、訓導，通稱教官。也叫學官。

〔4〕束帛敦請：束帛，古帛五匹爲一束。每匹從兩端卷起，共爲十端。這裹泛指禮物。敦請，謂聘請。

〔5〕道得衆則得國：語見《禮記·大學》："道得衆則得國，失衆則失國。是故君子先慎乎德……德者，本也。"

〔6〕《道聽録》：蘄州陳愚谷著。見王葆心《續漢口叢談》卷三。

〔7〕礦使：明萬曆中，神宗派宦官到各地任曠監、税監，這些礦使如餓虎出籠，所到之處，瘋狂搜刮民脂民膏。

〔8〕陳奉：宦官。萬曆中官御馬監奉御，徵荆州店税，兼採興國州礦洞丹沙，鞭笞官吏，勒索曠銀，剽劫行旅，商民莫不恨之入骨。

〔9〕八座：東漢以來，習稱尚書令、僕射等高級官員爲八座。

〔10〕步輦（niǎn）：輦本爲車，殷周時用以載物。後去輪，改以人力荷擡而行的一種載人工具，類似轎子，稱步輦。《韻會·遇韻》"步"下曰："後世稱輦曰步輦，謂人荷而行，不駕馬。"後專稱皇帝、皇后所乘肩輿爲輦。

〔11〕倡：舊稱歌舞藝人爲倡。《史記·滑稽列傳》："優旃者，秦倡，侏儒也。"或通"娼"，指妓女。

〔12〕國太：原指帝王的母親。這裹是對陳奉的鬟婢的諛稱。

〔13〕蒼頭盧兒：蒼頭，古代私家的奴隸。盧兒，戰國韓地良犬叫盧狗，借指爲陳奉跑腿的人。

〔14〕進賢冠：古冠名。《後漢書·輿服志下》："進賢冠，古緇布冠也，文儒者之服也。"

〔15〕高車：古代一種高車蓋可以立乘的車。黄蓋：黄色車蓋。《三才圖

會·黄蓋圖考》："漢乘輿黄屋左纛。黄蓋者，車蓋也，後世爲黄蓋，乃其遺制也。"謂極顯貴者所乘。

〔16〕生金：金礦石。《資治通鑑》卷二百三十四《唐德宗貞元九年》："各賫生金、丹沙，詣韋皋。"

〔17〕睚眦：怒目而視。引申爲怨忿。《戰國策·韓二》："夫賢者以感忿睚眦之意，而親信窮僻之人。"或寫作"睚眥"。《史記·范雎列傳》："一飯之德必償，睚眥之怨必報。"

〔18〕三楚：秦漢時楚地分東楚、西楚、南楚。

〔19〕壬寅：萬曆三十年。

〔20〕四摅：摅，即踞。謂兩手兩膝着地似犬行狀。

《縣志》：康熙二十七年戊辰六月，督標裁兵〔1〕，夏逢龍鼓噪聚衆作亂〔2〕，巡撫柯永昇自盡〔3〕，遂陷武、漢等郡。提督徐治都奏六月擊敗賊二萬人于應城〔4〕。七月初十日，南陽總兵史孔華討夏逆〔5〕，賊據漢陽，我師越北城而入，賊開南門遁武昌。十五日，賊乘舟來犯鮎魚港大營〔6〕，官兵擊走之。十八日，武昌僞官獻城，縛送軍師妖僧大元〔7〕。二十日，黄州生員宜畏生擒逢龍，磔于軍門。

《漫志》：逢龍小名包子。先是民間有"包子不過三口"之謡。三口者，不出三江口也〔8〕，果于黄郡擒之。

彭心錦《歸颿六首》小序云："丁卯春〔9〕，薄游江南，明年六月，聞楚裁卒背叛，蹂躪四郡〔10〕。有旨命振武將軍帥各路提鎮會剿〔11〕，余隨戰艘而上，過九江蘄黄，一路民盡流離，野火燒郉，積屍横岸，罹賊害者，慘不勝述。觸目寓感，遂成六律。""去路春方麗，歸舟秋已分。思家難縮地〔12〕，仗劍學從軍。鼙鼓連朝起，兵聲徹夜聞。萬金書不至，愁斷楚天雲。""炎威驅未了，烽火又頻驚。才報軍樊口，復聞駐鄂城。有天迷戰壘，無計問歸程。願得新秋雨，西征洗甲兵。""此際仍平世，風聲訝是兵。陰房餘鼠竄，衰柳亂蟬鳴。未戰屍流岸，將宵鬼聚營。古來師旅出，雞犬不相驚。”“人是逃亡賸，城經戰伐空。舊知誰在眼，破屋任飄風。烟起烏林黑[13]，燒增赤鼻紅[14]。攝衣聞慨慷，千古見臧洪[15]。”“勁旅方才出，游魂已不支。捐生憐陸泳[16]，紿賊仗周崎[17]。亂荻藏奔馬，昏沙撲死屍。鐃歌雖奏凱[18]，滿目尚流離。”“江漢歌周雅[19]，山河拱帝京。隤風當再振[20]，野日好重明。疲敝須加惠，招來莫壓城。中流思濟者，仗策媿書生。”

【注釋】

〔1〕督標：清代各省招募漢人，編爲緑旗軍，由總督所統轄者爲督標。

〔2〕夏逢龍：天門縣人。喜使氣大言，以施與排解紛争，人呼爲夏包子。康熙間曾爲湖北撫標新兵，時因裁兵嘩變，群推逢龍爲首領，稱總統兵馬大元帥，據武昌。尋被清兵擊敗，走黄州，被殺。

〔3〕柯永昇：清漢軍鑲紅旗人。康熙間，官湖廣巡撫，纔到任，亂兵攻入府衙，自縊死。

〔4〕提督：官名。清代於重要省份設置提督，掌軍務，統轄諸鎮，爲一省最高級武官。凡不設提督之省，皆由巡撫兼任。徐治都：康熙間爲湖廣彝陵總兵，擊敗楊來嘉、夏逢龍，授鎮平將軍。

〔5〕總兵：官名。明代始設，省稱總兵官爲總兵，副總兵官爲副將。清代因之，省置提督，下分設總兵、副將等職。總兵所轄的軍隊稱鎮，副將所轄者稱協，故有總鎮、協鎮之稱。總兵爲緑營兵高級武官，受提督或巡撫節制，下有副將、參將、游擊、都司、守備、千總、把總等職。

〔6〕鲇魚港：在舊武昌城文昌門外。舊置巡司，亦名鲇魚套。

〔7〕元，《東華録》卷十四作“原”。

〔8〕三江口：在湖北黄岡縣西三十里。

〔9〕丁卯：康熙二十六年。

〔10〕四郡：指夏逢龍兵變所過之黄州、武昌、漢陽、德安四府。

〔11〕提鎮：提督及總兵。

〔12〕縮地：舊稱術士能將地域縮小。《神仙傳·壺公》：“費長房有神術，

能縮地脈。”

〔13〕烏林：地名。即今湖北洪湖市東北角長江北岸之鄔林磯。江對面爲赤壁山，孫權劉備聯軍大敗曹兵處。

〔14〕赤鼻：赤鼻山在黄岡（今黄岡市），蘇軾誤認爲三國孫劉敗曹之赤壁。

〔15〕臧洪：漢末廣陵射陽（今江蘇寶應東）人，字子源，爲廣陵太守張超功曹。董卓專權，他説張超聯合兖州、豫州等各郡合力討卓，歃盟之日，辭氣慷慨。後歸袁紹，紹薦爲青州刺史，又轉東郡。曹操圍張超於雍丘，洪赤足奔號，求紹發兵解救，不許。洪悲憤與紹絶，後被袁紹殺害。

〔16〕捐生憐陸泳：陸泳其人及捐生事不詳。未知是否即宋末陸秀夫負王蹈海赴難之事。

〔17〕紿（dài）：欺騙。《穀梁傳》僖公元年：“惡公子之紿。”周崎：晉邵陵人，爲湘州從事。王敦之難，周崎爲譙王承請兵，被魏乂擒執。乂謂崎曰：爲我語城中，外援已絶，汝得免死。崎佯許之，至城下大呼曰：王敦已敗于湖，努力堅守，賊今散矣。乂殺之。

〔18〕鐃歌：軍樂。行軍時，馬上奏之。又謂之騎吹。或通謂之鼓吹。詳見《隋書·音樂志》上、《晉書·音樂志》下之《漢鼓吹鐃歌十八曲》。

〔19〕周雅：指《詩經》之大、小《雅》。《白孔六帖》：“昔周宣王之代，國人歌方叔之功，列於周雅。”

〔20〕隤風：隤，敗壞。《文選·司馬遷〈報任少卿書〉》：“李陵既生降，隤其家聲。”注引師古曰：“隤，墜也。”隤風，謂敗壞的風俗。

又大安寺鐘銘：“宋嘉熙四年孟珙鑄〔1〕。”今移江夏鐵佛寺中。鐘上層，珙結銜，後布捨姓名，大半剥落。按：嘉熙四年，珙于漢口置屯二十，以養新兵。其鐘之鑄于李家洲，正屬管内。今洲已湮没，鐘之移置未審何時。銘序脱落，不可句讀。其末云：“波心潮出箇家風，般般無欠欠金鐘。净心竭力功圓滿，喝得金烏離海東〔2〕。嘉熙庚子七月中元〔3〕，漢東孟珙撰〔4〕。”

宋黄幹《申京湖置制司辦糴米》略云[5]：照得本軍于二三月間，欲旱之際，嘗出郡帑，糴到米六千石。已而不雨，種不入土，細民嗷嗷，本軍又逐急節次收糴，得米一萬四千石。然所糴之米，盡是長江上流諸處客米，其糴于漢口者無幾也。以六千石，準備十個月軍糧，以一萬四千石，準備賑糴人户。本軍城下，并漢口共三千家，除能自食者約千家，尚有二千餘家，皆貧乏糴食之人。

蘄州顧景星[6]，字黄公，康熙辛亥舉博學鴻詞[7]，放歸，著有《白茆堂集》。嘗爲徐参議作《漢口義塚碑文》云[8]：“《月令》孟冬‘掩骼埋胔’[9]，所以息蓄沴[10]，達陽气也。漢制因之[11]。刺史守令之賢者，賑恤、訟獄而外，視兹爲重。宋富鄭公知青州[12]，大旱，飢民死者爲大塚葬，自爲文以祭。康熙辛亥，知備参議江寧徐初入楚境[13]，歲適告凶，多方賑救，所活不下數萬人，老弱疾病不起者，量給薪藁。遠方饑殍，或屍浮江上；多年淺土，或狐搰虎跑[14]，公申命地方悉行收瘞[15]。而蘄則耆善某某，僧某某，聞聲興作，募築叢塚，收骨千有餘具。漢口近爲沔陽流民占寓，魚、渡爲業，小舟鳧雁，點點江面。操楫雖多，覆溺不少，公因造快船于沿江險闊處，專伺風決赴救，買田以贍水手，買地以備掩埋。舊日窮困無力，棄置風雨草莽，及楬櫫以待無人收葬者[16]，而今皆得黄壤七尺，青蒿一叢。嗚呼！秦獄之虫，苦酒頓消，螞蟻之墳，春風亂聚。誰謂死者之無知哉？使上之人，寬賦詳刑，哀矜勿喜[17]，民得養生送死無憾，物勿夭札[18]，水旱不興，豈非堯舜之盛治，有司之奉職哉！是用鐫石，以彰公德，垂永久。其義田若干畝，塚地若干丈，費價若干兩，勒諸碑陰。”

【注釋】

〔1〕嘉熙：南宋理宗年號。孟珙：字璞玉，枣陽人，通經學、佛學，南宋名將。祖上從岳飛軍抗金有戰功。珙少從父在軍中，以功授承信郎，累官京西鈐轄，駐襄陽，統忠順軍，端平初與元將夾攻金人於蔡州，遂滅金。後任荆湖制置大使，屢拒元師，坐鎮荆襄，以復中原爲任，重視教育，開辦書院，功勳

卓著。後病死於江陵府。

〔2〕金烏：神話中謂太陽有三足烏，因用爲太陽的别稱。

〔3〕嘉熙庚子：嘉熙四年。中元：農曆七月十五日爲中元節。

〔4〕漢東：郡名。隋大業時置，治所在湖北隨州。孟珙枣陽人，在漢水之東，古屬漢東郡，故稱。

〔5〕黄幹：字直卿，福建閩縣人，師事朱熹，勤於講學。曾知漢陽軍，倜儻有謀，有政聲。官至直學士，著述甚豐，有《經解文集》《五經講義》等。見《宋史》本傳。

〔6〕顧景星：湖北蘄州人，字赤方，號黄公，明貢生，博學有才氣。康熙時薦舉鴻博，以病辭。有《白茆堂集》《詩書集論》等著作。

〔7〕博學鴻詞：科舉考試的一種名目，爲制科的一種。臨時設置，對象不分已仕未仕，由内外大臣舉薦，定期在朝廷考試。唐開元中鄭昉、陶翰曾以博學弘詞及第。宋紹聖元年曾置弘詞科。紹興三年改爲博學弘詞科，至宋末。康熙十八年、乾隆二年兩次舉辦博學鴻詞科，三年又補試一次。

〔8〕《漢口義塚碑文》：民國九年《夏口縣志·藝文一》載有碑文全文。

〔9〕孟冬，《月令》作“孟春”。掩骼埋胔（zì）：《禮記·月令》：（孟春之月）“掩骼埋胔。”鄭玄注：“骨枯曰骼，肉腐曰胔。”

〔10〕蓄沴（lì）：淤積的有害之氣。沴，沴氣，災害不祥之氣。《漢書·五行志中之上》：“氣相傷謂之沴。”

〔11〕漢制因之：見《西漢會要》卷二十“恤死事”條。

〔12〕富鄭公：富弼。字彦國，洛陽人，宰相，北宋名臣。曾兩度出使契丹，力拒契丹王庭的割地要求。後因反對王安石變法罷官。因封於鄭，故稱。

〔13〕江寧：府名。五代南唐昇元元年改金陵府置。明爲應天府，清初復改江寧府。治所今爲南京市。

〔14〕狐搰（hú）：搰，掘，掘出。《國語·吴語》：“夫諺曰：‘狐埋之，而狐搰之。’是以無成功。”

〔15〕瘞（yì）：掩埋，埋葬。

〔16〕楬櫫：作標記的木樁。引申爲標記。

〔17〕矜：憐憫。《尚書·泰誓上》：“天矜于民，民之所欲，天必從之。”

〔18〕夭札：遭疫病而早死。《左傳》昭公四年：“癘疾不降，民不夭札。”杜預注：“短折爲夭，夭死爲札。”

鄧州彭而述[1]，號禹峰，崇禎庚辰進士[2]，國朝官廣西布政使[3]。《漢口備水火二災引》其略云：漢口居人稠密，二水奔湍，祝融風濤，其灾非他處可比。新安程子雲，偕其宗人楚巒，倡捐蘆席千萬，遇火灾，則給被灾之户，搆舍栖息。造巨艘二，放乎中流，每日挽救渡生。有合于春秋儆事興材[4]，候疆視途之制云[5]。

明正德時，有李道士住武當山，日惟噉麥麩，人因呼之李麩子，言吉凶多中。嘉靖間，荆永定郡王禮聘至蘄州，問長生訣。對曰：“修身齊家，千古聖賢事業，長生之妙訣也。”賜金帛，不受。辭歸至漢口，卧舟中，忽亡去。王後以事幾廢，思道士言，改悔前非，卒稱賢王，謚端穆。

彭念堂《李世鰲傳》略云：世鰲字宇載，漢陽人，萬曆壬午舉人[6]，爲學一本實踐，不事浮飾。江夏郭文毅正域[7]，雅推服之。初知四川安縣，以能擢守太倉州。州繁劇，號難治，多横强魚肉鄉民。有武弁，恃閹宦勢，奪寡嫂産，誣及帷簿[8]，因私人以屬鰲。鰲佯諾，庭訊時，亟數其罪，寘于法，豪滑皆斂跡。久之，與文毅門户罷歸。解纜時，一道士求附舟，鰲納之。行數日，群盗來劫，不知其無有也。舟人惶懼失措，道人徐起，出袖中雙鈸，圓徑五寸許，繫以銅索，迭爲收放，勢如電光，刺二人于水，餘乃散。其夕，道士曰：吾公部民，感公廉，所以報也，長揖竟去。

按：此文寫得聲色可畏，宦游囊重者，讀之，能無駭然？

歙吴美堂，業鹺漢口，富而好奇。得一研[9]，寶甚。嘗持之溺水，比得救，仍持以起。有關東安阿三者，亦以富俠名，聞吴硯，遣賓客厚餽欲得之，吴不應。因託借觀，復以重價酬，亦不可。乃張盛筵，出六美姬，指一殊色善琴者求换。吴佯曰：“君明當出研，俟余賦詩與别可也。”安大悦。吴歸，覓一健者從，及研出，故爲欹戲撫摩間，遽授健者持走，安追之不及，因大笑，掉臂去。黄岡吴德芝爲賦《研不换妾行》云：“莫笑鴝眼石〔10〕，不换蛾眉人。我石患難曾同身，蛾眉雖好來方新，得新捐故何辜恩。九賓設次險一擲〔11〕，誰知趙璧竟不失〔12〕。君仍巫山尋雨雲〔13〕，我自南宫拜袍笏〔14〕。高人嗜好各癖癡，一事風流兩得之。”

【注釋】

〔1〕鄧州：春秋時鄧侯國地，秦爲穰邑，漢置穰縣，隋改置鄧州，歷代因之。明清屬南陽府。民國改爲鄧縣。彭而述：崇禎間進士，官陽曲縣令。入清，歷官貴州巡撫、雲南布政使。詩文皆雄奇峭拔。有《讀史亭詩文集》。

〔2〕崇禎庚辰：崇禎十三年。

〔3〕布政使：官名。明洪武九年，撤銷行中書省，除南北兩京外，分全國爲十三承宣布政使司，每司設左、右布政使各一人，爲一省最高行政長官。清康熙六年以後，每省設布政使一員，不分左右。

〔4〕儆：同“警”。

〔5〕候：指候人。周代整治道路及迎送賓客的小官。《周禮·夏官·候人》：“各掌其方之道治與其禁令，以設候人。”

〔6〕萬曆壬午：萬曆十年。

〔7〕郭文毅正域：郭正域，字文毅，江夏人，萬曆十一年進士，尤精通禮學，官禮部侍郎，爲當世名臣。

〔8〕帷簿：帷，帳幔。簿，簾子。二者皆用以障隔内外視綫。古人常以“帷簿不修”謂家門淫亂之辭。

〔9〕研：通“硯”。《後漢書·班超傳》：“安能久事筆研間乎？”

〔10〕鴝眼石：鴝眼，鴝鵒眼的省稱。石上有圓形斑點，大如五銖錢，小如芥子，外有暈至千餘重者，謂之鴝鵒眼。爲硯石珍品。宋蘇易簡《文房四譜》卷三《硯譜》：“端溪石爲硯至妙，山絶頂者尤潤，如豬肝色者佳。其貯水處有白、赤、黄色點者，世謂之上上鸜鵒眼。”

〔11〕“九賓”句：指藺相如奉璧至秦并完璧歸趙的故事。詳見《史記·藺相如列傳》。

〔12〕趙璧竟不失：即“完璧歸趙”。

〔13〕巫山尋雨雲：楚懷王游高唐，夢遇巫山女神，女神自稱：“旦爲行雲，暮爲行雨，朝朝暮暮，陽臺之下。”指男女間風情事。

〔14〕南宫：古時尚書省、禮部稱南宫。袍笏：朝服與朝笏。天子以至大夫、士人所用。此句謂参加禮部會試，走爲官出仕之路。

按：吴德芝，工詩文，以明經終老。有《賣古畫買棺一絶》云：“賣將古畫買蝸兜，黄土青山好自由。莫笑詩人窮徹骨，也誇死具亦風流。”自注：“蝸兜，棺名。”其襟懷曠達如此。《集》中古文，得力韓、蘇。如《四十八寨記》，可補野乘之闕；《書天主教事》，可警世之愚夫愚婦；《書杜和尚事》，色色生動，絶似壯悔堂得意之作〔1〕。録之以資談助。

《黄州四十八寨記》曰：明正德間，河北盗劉六、劉七、齊彦名等蹂躪吴、楚、蘄、黄，濒江之民皆入山依險結壘，以相保聚，而寨以名焉。迨張獻忠、羅汝才諸賊猖獗〔2〕，城郭破壞，殘民逃入山野，立寨者益多。自黄岡馬家潭，次弟入山，爲寨者四十有八。今知名者四十有四，界黄岡、麻城、羅田三邑之地。然民初倚寨爲固，以藏財賄。而奸民利之，因與賊通諜報，鄉導舉火内應，屠戮之以分其財，兼以報怨，而寨之受禍烈矣。又每寨必推一人主之，而奸黠不馴者，藉端生事，害與賊等。寨之在黄岡者凡二十，曰：馬家潭寨，張家寨，金盆寨，波金寨，白雲山寨，何家山寨，蛟蟲山寨，天馬山寨，淋山河寨，城山寨，願期山寨，石人寨，大崎山、小崎山兩寨，劉家岩寨，桃黄寨，桃花洞寨，沙畈、松湖兩水寨。在麻城者六，曰：石子寨、觀音寨、得勝寨、五蚪寨、東義洲寨、蘇石岩寨。在羅田者十有八，曰：天堂寨、周家山寨、里木岩寨、銀山寨、古蒙寨、尖棚寨、石柱寨、雪牙山寨、豪猪山寨、八龍寨、獅古火寨、光山寨、觀音山寨、大羅寨、仁守寨、雁門寨、涂家寨、揚旗寨。天堂山者，元末徐壽輝僭號地也[3]，後併于陳友諒[4]，實爲天險。明興，其地廢。明末復立寨，聚十餘萬人固守，賊不能攻。未幾，而疫死殆盡，無一歸者。當其時，郡城既破，城内外虚無人，賊方踞回龍山。黄岡新令孫自一抵任，無所歸。縣學生王光叔奉之爲大崎山主，易明甫、楊維尚、陳于藻等踞白雲山，遥相犄角，兵卒精練，與賊血戰。黄岡民尚有孑遺者，亦諸寨力也。賊陷梅家湖，縣令率鄉勇往救，殁于陣。而國朝定鼎矣，英王在九江傳檄山中，諸寨皆解散[5]，獨大崎、白雲兩寨不下。總兵楊廷機，副將綫某，先後討平之。王光叔就擒，易明甫自歸，事聞得寬旨，尋以不薙髮[6]，朝命誅之，而宥其妻子[7]。楊維尚來降，皆得旨安插本縣爲民，惟陳于藻隱匿不出，而諸寨已歸民伍[8]。康熙甲寅歲，吴三桂逆據湖南[9]，麻城鮑世榮、周鐵爪、僧頓徹等乘釁倡亂，踞東山。東山者，龜峰諸寨之總名也[10]。黄岡人何士榮、陳于藻、杜純甫、鄒君升等應之，踞大小崎，勢頗熾。時大兵在荆岳間，當事議請兵不及，黄州守于成龍率鄉勇三百人[11]，黄協把總吴國禮、杜保率城守兵八十餘人，同武進士張文先、生員黄右生、練長陳君木等[12]，追至黄土岡[13]，力戰破之。國禮中火槍死，後贈官，蔭其子[14]。陳于藻來降。擒何士榮，捕斬醜類[15]，鮑世榮、僧頓徹等皆伏誅。斬殺過當，多横死，然自此大創，不復反矣。加以康熙數十年生聚教訓，田地開闢，四十八寨僅有敗瓦隤垣耳。康熙戊辰夏五月，督標裁兵，夏逢龍造逆，破武、漢、黄、德四郡。不兩月，提標中軍郭忠孝、振武將軍瓦岳合攻之[16]，逢龍敗于京口，其黨胡耀乾已反正，閉武昌城門弗納。逢龍潛走黄岡入東山，將圖距險再舉。至白雲山，方事嘯聚，生員易維恭等計縛之[17]，獻于瓦將軍，訊實，磔于黄東門外之五里墩，亂平。嗣後，野無風鶴，山盡田疇。經今五十年，不獨諸寨之地跡不可追尋，并其名目，亦不能盡識。蓋天下之平也久矣。雍正乙卯歲天中月記[18]。

【注釋】

〔1〕壯悔堂：清侯方域書齋名。這裏指侯方域。侯氏河南商丘人，字朝宗，號雪苑，工詩，古文學韓歐，有才名。孔尚任《桃花扇》即以侯方域與李香君的戀愛故事爲題材創作的。侯氏在明末與方以智、冒襄、陳貞慧竝稱爲四公子。入清應鄉試中副榜。著有《壯悔堂文集》《四憶堂詩集》。

〔2〕羅汝才：明末延安人，别號曹操，明末農民起義首領，多謀略。先從張獻忠，轉戰四川、湖廣、河南，因與獻忠不合，轉從李自成，但又不完全接受李自成的領導，後爲李自成所殺。

〔3〕徐壽輝：元末紅巾軍領袖。湖北羅田縣人，又名真一，布販出身。至正十一年，與彭瑩玉、鄒普勝等利用白蓮教，組織農民起義，有衆數十萬，被擁立爲帝，建都蘄水，國號天完，年號治平。後被陳友諒殺害於采石磯。《明史》有傳。

〔4〕陳友諒：元末沔陽人，漁民出身，曾爲縣吏，參加徐壽輝紅巾軍起義，爲部將，後殺壽輝自立。至正二十三年，敗於朱元璋，死於九江口。

〔5〕英王：《清史稿·世祖本紀一》："英親王阿濟格討流寇餘黨。"《孝感縣志·沿革》（光緒版）："國朝順治二年四月，靖遠大將軍英王帥師逐賊，德安諸郡縣望風歸誠，名隸屬悉仍舊制。"

〔6〕薙髪：剃髮，滿人習俗。薙，剃除。《周禮·秋官·薙氏》鄭玄注："薙讀如鬀小兒頭之鬀。"

〔7〕宥：赦罪，寬免。《易·解》："君子以赦過宥罪。"

〔8〕民伍：伍，古代户籍編制名，五户爲伍。《管子·立政》："十家爲什，伍家爲伍，什伍皆有長焉。"歸民伍，謂歸順編入基層户籍。

〔9〕吴三桂：字長白，高郵人，武舉出身，明末任遼東總兵，封西平伯，駐防山海關。後引清兵入關，攻克北京，擊敗李自成。後又破川、陝等地農民軍，殺南明永曆帝，鎮雲南。康熙十二年舉兵反清，稱周王。十七年在湖南衡州稱帝，不久病死。

〔10〕龜峰：湖北麻城龜山。

〔11〕于成龍：字北溟，清山西永寧（今離石）人。順治十八年由副貢授廣西羅城知縣，累官知府、直隸巡撫、兩江總督，皆有廉名。

〔12〕練長：地主武裝頭領。

〔13〕黄土岡：在麻城縣北四十五里。

〔14〕贈官，蔭其子：舊制，凡官員有勛勞於國家，或死於公事者，得蔭其子孫入官，謂之官蔭。尚有恩蔭、難蔭、特蔭等。

〔15〕醜類：猶言“惡類”。指惡人、壞人。《左傳》文公十八年：“醜類惡物，頑嚚不友。”杜預注：“醜亦惡也。”

〔16〕中軍：清代緑營兵制，分督、撫、提等標，各標的統領官叫中軍。瓦岳，疑爲“瓦岱”之誤。《東華録》卷十四：“賊竊據武昌城，命都統瓦岱爲振武將軍，率兵討之。”《清史稿·聖祖本紀二》同。這裏均作“瓦岱”。

〔17〕易維恭，《聖武記》作“易惟聖”。《黄州府志》《江夏志》作“陳王謝”。《漢陽志》作“宜畏生”，《安陸志》亦同。

〔18〕天中月：農曆五月。《淵鑒類函·歲時部·五月五日》引《提要録》曰：“五月五日午時爲天中節。”此唐宋以來的習俗，即今之端午節。

《書天主教事》曰：西洋國天主教，前未之有也。明季，其國人利瑪竇、湯若望、南懷仁先後來中國，人多信之。其術長于推步象緯[1]，使之治曆，頗有奇驗。又善作奇技淫巧，及燒煉金銀法，故不耕織而衣食自裕，浸假延蔓各直省郡邑。建立大廟曰天主堂，宏麗深邃，人不敢窺，而各以一西人主之。細民願歸之者，必先自斧其祖先神主及五祀神位[2]，而後主者受之，名曰喫教人。按：一名與白銀四兩，榜其門以赤紙，上畫一長圈，中列十字架、刀錐鈎槊等器。或曰：其所奉神以磔死，故門畫磔器也。每月朔望，男女齊集堂中，閤門誦經，及暮始散。有疾病，不得如常醫藥，必其教中人來施鍼灸，婦女亦倮體受治。死時，主者遣人來殮，盡驅死者血屬，無一人在前，方扃門行殮。殮畢，以膏藥二紙掩屍目，後裹以紅布囊，曰衣胞，紉其項以入棺[3]。或曰：借殮事以剜死人睛，作煉銀藥，生前與銀四兩，正爲此也，故死時不使聞知。及不聽其殮法者，謂之“叛教”，即令多人至其家，凌辱百計，權四兩之子母而索之[4]。窮民惑于此，每墮其術中，而士大夫之嗜利無耻者，皆幾其煉術可得，相與尊信之，稱之曰西儒。而其主如所在地方，必與其長吏相結，厚餽遺，有事則官長徇庇之，以故其教益張。所刻《口鐸》一書[5]，其言謂萬物主于天，而天又主于天主，一概圜邱方澤[6]、光岳祀典[7]、宗廟祖考，皆極其唾駡，而惟一心致敬天主。又言自無始以來，倘非有天主操持焉，則天久騫崩[8]，地久翻覆矣。又言天主之神，則生于漢哀帝十四年[9]，其説之狂悖如此。工繪畫，雖刻本亦奇絶。一幀中烟雲人物，備諸變態，而尋其理，皆世俗横陳圖也。又能制物爲倮婦人，肌膚、骸骨、耳目、齒舌、陰竅，無一不具。初折疊如衣物，以气吹之，則柔軟温暖如美人，可擁以交接如人道[10]。其巧而喪心如此。康熙中，吾邑令劉公澤溥深惡之，議毁其廟，逐其人，胥史有從其教者，懲以重典。不旬日，而上官下檄，反責以多事，蓋錢可通神也。雍正二年，浙江制府滿公[11]，上言其惡，朝廷納之。禮部議覆，奉旨西洋人留京辦事人員外，其散處直隸各省者，應通行各該督撫，轉飭各地方官[12]，查明果係精通天文及有技能者，起送至京效用，餘俱遣至隩門安插[13]。其從前曾經内務府給有印票者，盡行查送内務府銷燬。其所造天主堂，令皆改爲公所。凡誤入其教者，嚴爲禁諭，令其改行。如有仍前聚衆誦經者，從重治罪。地方官若不實心禁飭，或容隱不報，如之。三月吾楚制撫軍檄來黄，盡逐其人，以其堂爲義學公所[14]。百年污穢，一旦洗濯，因喜書其事。

【注釋】

〔1〕推步：推算天文曆法之學。意謂日月星辰轉運於天，如人之行步，可以推算。《後漢書・馮緄傳》：“緄弟允……善推步之術。”注：“推步，謂究

日月五星之度，昏旦節氣之差。”象緯：指日、月、五星（金、木、水、火、土五大行星）。

〔2〕五祀：古代祭禮名。説法不一。《白虎通·五祀》：“謂門、户、井、竈、中溜也。”《國語·魯語》謂禘、郊、宗、祖、報。《周禮·春官·大宗伯》及鄭玄注等則有不同解釋。

〔3〕紉：結，束。

〔4〕子母：謂本錢與利息。本爲母，息爲子。

〔5〕《口鐸》：《口鐸日鈔》，明末儒家天主教徒李九標編著。是爲隨時與教外人士辯難而準備的，成爲明末清初時天主教徒必讀之書。

〔6〕圜邱：圓形之丘，天子祭天之壇。圓形以像天。方澤：即地壇。《廣雅·釋天》：“圓丘大壇，祭天也；方澤大折，祭地也。”

〔7〕光岳：即三光（日、月、星）五岳。指天地。《文獻通考·自序》：“光岳既分，風氣日漓。”

〔8〕騫崩：虧損；崩塌。《詩·小雅·天保》：“如南山之壽，不騫不崩。”朱熹集傳：“騫，虧也。”

〔9〕天主之神：指耶穌。漢哀帝十四年：漢哀帝在位僅六年，無十四年，其説誤。

〔10〕人道：謂男女交合。《詩·大雅·生民》“履帝武敏歆”鄭玄箋：“如有人道感己者。”孔穎達疏：“如人夫妻交接之道。”

〔11〕制府滿公：滿保。滿洲正黄旗人，康熙進士，累官至浙閩總督。制府，猶制置使。

〔12〕飭（chì）：古“敕”字。命令；告誡。《史記·五帝本紀·堯》：“信飭百官，衆功皆興。”飭，《集解》引徐廣曰：“古‘敕’字。”

〔13〕隩門：即澳門。

〔14〕義學：以公費或捐資建學校，免費教授貧民子弟。宋洪邁《容齋隨筆·人物以義爲名》：“人物以義爲名者，其别最多，與衆共之曰義。義倉、義社、義田、義學、義役、義井之類，是也。”

《書杜和尚事》曰：靖州天柱縣[1]，邊苗地也。有一徑，方四十里，可達黔中[2]，郵遞甚便。而叢篝荊杞[3]，彌亘山谷，諸苗穴之，以肆剽掠。有行僧杜和尚者，能詩歌，語天下事如指掌，明末高人爲僧者也，勇武絶倫，熟游其地，欲闢此徑。募積多貲，具鋤斧，雇健夫百餘人，力事斬伐，月餘成坦道十餘里。諸苗群阻之，杜持鐵杖，可五六十斤，獨戰，斃苗三酋，餘皆披靡散。凡三月，竟成康莊。當事擬旌之，笑卻去，遂結庵中途，獨居以護送來往數年矣。一日晌後，有異僧負裝挂木椷大刀入庵[4]。釋任呼杜具湯沐，聲甚厲，杜訝之，方事水火，俯首竈前，僧入其厨，睨地有鐵火叉，一足踩之，即一足踏杜頸。杜一手起僧迸擲墻上，頞破。僧起奪火叉，挺木函刀來砍，杜急拾木片八寸許，左右革避，應削且盡，因奪門出。僧疾追走二三里，時黄昏，杜望山走，渡小木橋，因猿挂橋下。僧過橋追之，杜從下曳其足，僧墜沮洳中[5]。杜下奪其刀，問來故，不應。杜欲殺之，亦不應。固詰之，乃曰："知爾武勇，欲降爾相幹一事，今不諧，殺耳！復何問？"杜嘆曰："吾老矣，天下大事，亦久灰心，况他勾當耶！然爾敢忤我，亦有膽識者。"攜手歸庵，具湯沐飲食。詰朝别去[6]。杜後語人：吾黄岡人，先人邱墓在黄，今年暮，思歸正首邱[7]。言之輒嘆息泣下，後不知所終。康熙戊子，靖州人遇吾友皮孝廉日升，問杜已歸黄否，皮固不知，因告余以其詳。余聞而異之，因書其事，將訪諸吾邑之杜氏云。

【注釋】

〔1〕靖州：州名。宋末置。清爲直隸州，轄會同、通道、綏寧三縣，屬湖南省，民國改爲靖縣。天柱縣：清代屬貴州鎮遠府。

〔2〕黔中：地名。戰國時楚地，後入秦。始皇時置郡，故城在今湖南沅陵縣西，轄境甚廣，包括今湖南西部、貴州東北部。漢改爲武陵郡。

〔3〕篝：細竹名。

〔4〕木楲（jiān）：木篋。《廣雅·釋器》："匧謂之楲。"

〔5〕沮洳：低濕地。《詩·魏風·汾沮洳》："彼汾沮洳，言采其莫。"

〔6〕詰朝：明晨。《左傳》僖公二十八年："詰朝相見。"杜預注："詰朝，平旦。"崔述《漳南俠士傳》："如能相報，詰朝當待汝。"

〔7〕首邱：邱，狐穴所在之土丘。傳説狐死時，頭猶向着巢穴。《禮記·檀弓》上："禮，不忘其本。古之人有言曰：狐死正丘首，仁也。"疏："丘是狐窟穴根本之處，雖狼狽而死，意猶嚮此丘。"因稱不忘故土爲首丘。或人死後歸葬故土爲歸正首丘。

江紹蓮《聞見間言》曰："外舅吴曾庚公[1]，歙豐南人，言其族兄扆晉公者，奇士也，富而任俠，武藝絶群，尤精劍術。嘗客漢口，一日有老人攜少女造門，請較藝。公接之，視其女，年十四五，髫鬢垂肩[2]，神清若雪，異焉。問姓名不告，曰第比劍耳[3]。因約郎官湖上，克期去。及期公往，女已先在，捧劍立。繡裳文衣，非劍裝也。公語易服，曰不必。語次，白光一閃，已及公頂。急出劍敵之，一劍又起，但聞颯颯有聲，白光團繞，女隱躍光中不可見，而鋒芒駭疾。公愈退，劍愈逼。時觀者千人，咸木立神悚，無敢諠。公大懼，奮躍出八九步外，曰：'神伎也！止，止，毋過迫。'女乃止，視公微笑曰：'君能敵我，亦大不易。無怪師云爲及門高足也。'公異其言，詳詰來蹤。則授女術者，即公師也，嘗道公能，故來一校耳。然終不通姓氏，公留之，不可。贐以金[4]，不受，竟去。後公他伎悉以傳人，惟不言劍。"

按：紹蓮字扆聯，又字依濂，歙之橙里人，貢生。好學，癖吟咏，又善搜羅奇聞異事。著《聞見間言》數卷。

又，"李拗枝，不知何許人，康熙間，乞食漢口。一飽外，盡飯飢者。賈翁某，覺其異，頻呼而餉之，割門外舍與棲止。李旦游都市，夕歸宿，有年矣。隣有孝子，母病篤，醫藥無效。或謂李非常人，盍求之。孝子晨潔衣冠，跪請李所，李卧不顧。孝子請益力，李笑曰：'君真癡矣哉！我乞人，奚能爲？顧君念良摯，宜爲計。越三日，岳陽樓有烹牛脯者，取以啖母可也。’孝子以岳州隔千里，難三日至，再請焉。李怒曰：‘事急求吾，而不用吾命，曾有爲人子而憚勞若是哉？’擊以杖而逐之。孝子迫母疾，姑買舟行，挂飄風迅如矢，三日竟抵岳陽樓下。登岸物色，適二丐踞地共食，窺之，牛脯也。喜極，乞其餘，吝不與，奪而走。丐追焉，孝子以母疾思肉告。丐曰：‘爾其詭我哉？既爾[5]，且將去，但屬李拗枝毋多饒舌也。’孝子聞而驚問拗枝何如人，丐忽不見。比歸，出肉療母，頓瘥[6]。往謝李，李已病，越數日死矣。賈翁憐而瘞之。後十餘年，有客從蜀來，以書達謝，兼致雙履。啓緘，乃拗枝名。而履則翁子婦向施爲拗枝殮物，始識爲仙。其死也，殆爲人所覺，故幻去云。”

【注釋】

〔1〕外舅：妻之父，即岳父。《爾雅·釋親》：“妻之父爲外舅，妻之母爲外姑。”

〔2〕鬋（jiǎn）鬢：下垂的鬢髮。

〔3〕第：但，只。

〔4〕贐（jìn）：以錢財贈與行者。《孟子·公孫丑下》：“行者必以贐，辭曰餽贐，子何爲不受？”

〔5〕既爾：既，已經。爾，如此。謂已經這樣了。

〔6〕瘥（chài）：病癒。

《縣志》：李奥機，服氣者流[1]，不知何處人。寓漢陽，初不著名。順治末，有黄孝子者母病，問禱于乩[2]，言求李奥機可如意，旦日當出朝宗門遇之[3]，竝述其形狀。翌晨，果遇奥機，如乩指呼救。李愕然曰：“誰爲爾言我姓名？”時冬雪盛，率孝子至大别山岩中，覓草一莖若蘭者，曰：“服此可延壽一紀[4]。”黄母頓痊。自此供奉李者盈集。而李惟終日趺坐，閉目不言笑。嘗月餘不食，气蒸蒸自若也。康熙丁丑，張真人祭武當，過漢口見李，舉手曰：“道兄清福！”努目不答，噉死鼠腐蛇如故，人見之，皆嘔吐。真人笑曰：“伊所食乃碧蓮耳！”康熙五十六年夏，忽不知所往。按：《漫志》云，拗枝疑即奥機，傳聞異詞，故同有孝子求醫事，而歧其説也。蓋聲相近或誤呼耳！

仙爹，不傳其姓氏，順治初，僑居漢口之由義坊。言未來事，輒奇驗。一旦指某處當火，急持杯水周行十餘家。後果火，而所行處得無恙。解孝廉乾濬子以痘殤，瘞尼庵側，尋復甦，里人陳姓收育之。解未之知，嘗以無子爲憂。仙爹慰之曰：“汝子已長成矣。”初以爲誕，康熙己酉，解遇小兒于途，訝其貌，而詰其細，因聞于官，得歸。時有作《絳紅袍傳奇》以紀其事。于是仙爹名益著，人競供給之。卒，葬大别山腰。表曰“仙爹墓”云[5]。

僧二，曰字東白，乃儒家龔氏子也。髫年即薙髮于漢陽城西蘭若。初不知書，後忽徹悟，凡《五燈》、三乘之奥[6]，悉能會意。駐錫江夏靈湖寺[7]，大倡宗風。久之，仍歸漢口。晚善詩歌，有《栲栳集》傳梓。《尋梅》云：“清曉帶殘夢，尋梅獨往還。風聲横北雁，日脚下南山。古木蒼烟外，孤亭峭壁間。明明不是雪，猶隔水潺潺。”句如：“囊空詩思苦，郵暮旅魂消。”“花從今日見，春自舊年催。”“客路孤郵晚，僧鐘落日斜。”“郵春飛木葉，漁笛散江烟。”“鳥依厨寄食，雲傍石生衣。”“隨水桃花終不返，黏泥柳絮更難飛。”“好雨過門催臘去，和風入幕報春還。”皆可誦也。

按：東白名蕙旦，住栲栳山寺，故以名集。蔣東衍魯傳，漢陽人，布衣，自號六經日用居士，著有《願學堂藏稿》。《贈東白和尚》有“野客無機事，僧閒洽古情。疏簾度花影，淡月落鐘聲”之句。又有釋圓昊，字旦庵，一字辰山，住西庵，有《口頭語詩集》。月影兄，雲游白下，歸住黄安。《今來漢鎮過訪》云：“握手驚相問，棲遲何處山。昔聞游白下，今喜住黄安。衣袖雲全染，須眉雪半殘。石洋湖上月，别後作君看。”他如《烏石山寺》：“月孤常伴石，雲老不辭松。”《冬寒》：“月落山形瘦，冰凝水面肥。”《秋日》：

“烟籠疏樹合，雲挾遠山飛。”《春日偶作》：“竹瘦含烟少，園空受月多。”均有佳致。

【注釋】

〔1〕服氣：道家修養法。即所謂吐納。道家文獻有《服論》，專論服氣斷穀法。《晉書·張忠傳》：“恬靜寡欲，清虚服氣，餐芝餌石，修導養之法。”也作“食氣”。

〔2〕乩（jī）：問卜。舊時求神降示祸福的一種迷信活動。即在地上設一个沙盤，上面支一个架子，架子上弔一根木棍儿，兩人扶着架子使棍儿在沙盤上畫出字句來，其内容作爲神的啓示。或稱“扶乩”。這裏泛指求神問卜。

〔3〕旦日：明日。

〔4〕一紀：十二年。歲星（木星）繞太陽一周約需十二年，因而古人稱十二年爲一紀。《國語·晉語四》：“文公在狄十二年，狐偃曰：‘蓄力一紀，可以遠矣。’”也有以十年或三十年爲一紀等好幾種説法。

〔5〕表：褒揚死者之德行於其墳前墓碑上。

〔6〕《五燈》：即《五燈會元》。宋釋普濟撰。此書將釋道源《景德傳燈録》、李遵勖《天聖廣燈録》、釋惟白《建中靖國續燈録》、釋悟明《聯燈會要》、釋正受《嘉泰普燈録》五書摘要合編而成，故稱《五燈會元》。三乘：佛教以車乘喻佛法。學者接受的能力不一，分三種情況，稱三乘。即聲聞乘、緣覺乘、菩薩乘。另外，道家也有三乘。

〔7〕駐錫：僧人出行，常以錫杖相隨，因稱僧之住止爲駐錫。

余昔有《漢口水》詩，小序云：“丙辰五月〔1〕，孝感縣教匪滋事〔2〕，明將軍亮率兵剿殺〔3〕，賊退據胡家皆，負嵎不下，至六月二十九日，始得殲除。先是邑令捕獲賊目楊偉、鄭自清等九名，訊從襄陽人周義詳爲師，相期糾衆下應，約于午日同起也。孝感距漢口不及百里，半日可至，居人皇皇莫定〔4〕，群争先僱舟，將挈家遠避，每舟價數十百金不吝。一夕，江水驟發，後湖漫汗，波浪掀㵃〔5〕，賊不敢渡，賴是以安。

余謂此湖神默佑，當立祠以祀。迨寧居行樂，無有念之者，可慨也！”詩曰：“宵警莫聞早梟食[6]，胡家砦裏縱花賊。倉皇競佩赤靈符[7]，欲上鷁舟少飛翼[8]。馮夷振怒鞭鳴鼉[9]，吹風蹈浪翻江波。一夜湖田水盈丈，倒横天塹驚群魔。漢口人家百萬户，高檣大艑集商賈[10]。朝朝聽報捷書飛，那有夢魂駭桴鼓[11]，維時襄樊煽妖氛，連山嘯聚肆剽焚。净埽欃槍才匝月[12]，千里争看飛將軍。寧居行樂誰家子，買醉青樓博盧雉[13]。可憶曩時湖神功，一椽不見供虔祀[14]。”

黄春谷大令有《明將軍破賊歌》，序云：“教匪蔓延，突發孝感。明將軍亮，一鼓破之。事歷數期，而漢陽之人，日誦其德不衰也。予聞之，數乃爲歌以美之。”歌曰：“西南殺气何紛紛，崑岡火炎玉不分[15]。黄鄖之間虎口出，伊誰所賜明將軍。妖氛突起雲夢澤，萬姓號呼望棨戟。大别山南日欲斜，將軍下馬渾無策。明發宜城取次沽，暮行擊踘朝投壺。幾回申令戒休息，親占庚吉宜前驅[16]。伺者日多民日汹，將軍按兵色不動。僚佐硜硜數勸行[17]，將軍飲酒如泉涌。停師三日日在丁，曉風吹霧天冥冥。欻焉擐甲上馬去[18]，麾旌倏爍如流星[19]。倉皇發賊蒲騷口[20]，賊口咸噤詎能走[21]。平地俄成縱獵場，風毛雨血空群醜。將軍躍馬歸漢津，五千甲士遺三人。平明蹩躠又返二[22]，士民驚睨疑通神。訇然蒲伏向馬拜[23]，將軍威福誰不賴。不見荆襄大道邊，至今骸骨相掮蓋[24]。滔滔漢水流無窮，此邦千載稱英風。安能迅速埽餘孽，都似將軍一戰功。”

【注釋】

〔1〕丙辰：嘉慶元年。

〔2〕孝感縣教匪：指孝感白蓮教教徒起義事。（光緒）《孝感縣志》卷八《兵事》載：嘉慶元年，聞家大塘、胡家砦，楚金貴、魯維志等起義，與官兵相持月餘。六月將軍明亮統兵至孝感鎮壓，起義失敗。

〔3〕明將軍亮：明亮，清满洲鑲黄旗人，李榮保之孫，姓富察氏，號寅齋。從征烏什回、緬甸、金川、甘肅撒拉爾回部等皆有功。歷官伊犁領隊大臣、武

英殿大學士、太子太保，封三等襄勇侯。謚文襄。

〔4〕皇皇：同“惶惶”。心不安貌。《孟子·滕文公下》：“孔子三月無君，則皇皇如也。”

〔5〕掀豗（huī）：喧鬧。這裏指風捲波濤發出轟鳴聲。

〔6〕梟食：食梟肉羹湯。指鏟除邪惡。《史記·孝武本紀》：“祠黄帝用一梟破鏡。”裴駰集解引孟康曰：“欲絶其類。”又引如淳曰：“五月五日爲梟羹以賜百官。以惡鳥，故食之。”

〔7〕赤靈符：道教謂能使刀枪不入的符籙。司馬彪《續漢書》引《抱朴子》：“五月五日作赤靈符著心前。”

〔8〕鷁舟：船頭畫着鷁鳥的船。或泛指船。

〔9〕馮夷：河神名。《莊子·大宗師》：“馮夷得之，以游大川。”曹植《洛神賦》：“馮夷鳴鼓，女娲清歌。”鼉（tuó）：亦名鼉龍。即揚子鱷。體長五六尺至丈餘，四足，力猛能毁隄岸。鳴聲如鼓，傳聞鼉鳴聲應更，如初更一鳴，二更再鳴，故稱鳴鼉。見陸佃《埤雅·釋魚》。

〔10〕艑：一種大船。唐虞世南《北堂書鈔》卷一百三十八《荆州土地紀》：“湘州七郡，大艑所出，皆受萬斛。”

〔11〕桴鼓：枹鼓。桴通“枹”。即鼓槌和鼓。指戰鼓或警鼓。漢劉向《説苑·脩文》：“被甲攖胄，立于桴鼓之間，士卒莫不勇者。”

〔12〕欃（chán）槍：彗星的别稱。《爾雅·釋天》：“彗星爲欃槍。”亦作“攙槍”。即天欃和天槍的合稱。古人以這兩種星爲妖星，出現即有兵燹。匝（zā）：滿，環繞一周。《史記·高祖本紀》：“圍宛城三匝。”

〔13〕盧雉：古人賭博的勝采。樗蒲戲法，其骰五枚，上黑下白，黑者刻二爲犢，白者刻二爲雉，一擲五子皆黑爲盧，二雉三黑爲雉，是爲最勝采。詳見唐李肇《國史補》下。

〔14〕椽：椽子。也代指房屋間數。陸游《夜雨》之二：“寒雨連三夕，幽居只數椽。”

〔15〕崑岡：傳説中的産玉之山。《尚書·胤征》：“火炎崑岡，玉石俱焚。”

〔16〕庚：道路。《左傳》成公十八年："今將崇諸侯之姦，而披其地，以塞夷庚。"杜預注："夷庚，吴晉往來之要道。"疏："夷，平也。《詩·序》云：'由庚，萬物得由其道。'是以庚爲道也。"

〔17〕硜硜（kēng）：固執。《論語·子路》："言必信，行必果。硜硜然，小人哉！"

〔18〕欻（xū）：忽然。張衡《西京賦》："神山崔巍，欻從背見。"擐：穿，貫。

〔19〕麾旄：麾，古代用以指揮軍隊的旗幟。旄，古時旗杆頭上的一種飾物，以旄牛尾製成。《爾雅·釋天》："注旄首曰旌。"麾旄用以指揮精進士卒。倏（shū）：原謂犬疾行，引申爲疾速。

〔20〕蒲騷：地名。春秋鄖邑。舊址在今湖北應城縣西北。《左傳》桓公十一年："鄖人軍于蒲騷。"

〔21〕噤：閉；閉口不言。《楚辭·劉向〈九嘆·思古〉》："口噤閉而不言。"

〔22〕蹩躠：跛行；用力向前貌。《莊子·馬蹄》："及至聖人，蹩躠爲仁。"疏："蹩躠，用力之貌。"

〔23〕訇（hōng）：形容大聲。李白《夢游天姥吟留别》："洞天石扇，訇然中開。"蒲伏：同"匍匐"。

〔24〕搘（zhī）：柱脚。引申爲支撑，拄。《爾雅·釋言》："搘，柱也。"注："相搘柱。"

黄默谷燡照，罷廣東佛山同知歸[1]，旅居漢口。工詩畫，甲辰吟社[2]，常與主盟。曩爲夏芳原寫唐王建"中庭地白樹棲雅"一絶詩意于聽秋閣[3]。歲己巳[4]，曾與汪均之正鋆，過烟鬟閣，芳原出示此幀，畫法于蒼渾中得清潤之致，均之題跋于後而返。

是歲上巳雨中[5]，芳原招同心盦、穀原及予子濤修禊于烟鬟閣，出所藏書畫，共爲賞玩。如梅花道人墨竹卷[6]，苦瓜和尚寫唐人詩意册幅，舊搨西嶽華山碑，及周秦銅器。心盦作詩紀事，余賦《夢横塘》詞，穀原畫烟鬟閣修禊圖，濤制駢體文一篇以記。觴咏竟日，備極清娛。

心盦詩云："年年禊日多艷陽，今年風雨太披猖。故人治具開西窗，喚客飛觴抵流觴[7]。風聲雨聲時拉雜，似與嘯咏相低昂。石湖詩陣何堂堂[8]，八叉捷有雛鳳皇[9]。誰與詩妙畫亦妙，主夏太常客癡黄。此客此主堪頡頏[10]，疏狂笑我空拍張。芒寒色正森壁壘，敢以短兵當長槍。頻年許觀清閟藏[11]，酒酣今始窺琳琅。平頭奴子擎履箱[12]，坐客如坐虹月航。梅花道人苦瓜釋，就中連璧尤難量[13]。初遣神游如篔簹[14]，風枝雨葉都清揚。繼披册擬生盛唐[15]，詩情畫意俱混茫。故應阿長苦瓜一字清湘阿長推擅長。鄭重怕污寒具手[16]，什襲更請加豹囊[17]。還君寶物滋暗傷，清愁欲袚翻難降。誰能好事入骨髓，魚鹽市上多彼傖[18]。但知酒邊倚名倡[19]，但知花底喚諸郎。干卿何事底風雅[20]，嗜古病哂深膏肓。嗟嗟俗見真如盲，君但酷好安其常。風流故態只君在，巍然不啻餘靈光[21]。仿佛琴臺修禊事，廿年風雨感難忘。謂昔年儲玉琴招集伯牙臺修禊也。"

余詞云："風初吹煖，雨又凝寒，漢南春已輕擲。上巳天涯，惹幾度、感殊今昔。賞帖閒情，檢書清福，愛君消得。更吟朋酒侶，禊事偕修，都留住、花間屐。相看玉躞金題[22]，有香芸細制[23]，避了蟫蝕。供養烟雲，誰識是，勝他錢癖[24]。那須問、歌鶯撲蜨，舊夢江南路空憶。但願年年，弦詩讀畫，鎮常如今日[25]。"

【注釋】

〔1〕同知：官名。宋代於樞密院未設樞密使的情況下，其主官稱知樞密院事，其佐官稱同知樞密院事。明清時同知是知府、知州的佐官。

〔2〕甲辰：乾隆四十九年。

〔3〕雅，原詩作"鴉"。雅，古同"鴉"。

〔4〕己巳：嘉慶十四年。

〔5〕上巳：農曆每月上旬的巳日。三月上巳是古代節日。是日有踏青洗濯的習俗。漢以前上巳必取巳日，而不一定是三月三日。魏晉以後習用三月三，

而不一定是巳日。《後漢書·禮儀志上》："是月上巳，官民皆潔於東流水上，曰洗濯袚除，去宿垢疢，爲大潔。"

〔6〕梅花道人：元吴鎮。字仲圭，浙江嘉興人。工文詞，長於畫山水竹石，與黄公望、王蒙、倪瓚竝稱爲元末四大家。

〔7〕飛觴：舉杯。流觴：古人每逢三月上旬的巳日，集會於環曲的渠旁，在上流放置酒杯，任其順流而下，停在誰的面前，誰即取飲，叫作"流觴"。

〔8〕石湖詩陣：宋范成大自號石湖居士，有《石湖集》。"詩陣"謂相與吟咏的詩人很多。堂堂：高大貌。

〔9〕八叉：唐温庭筠才思敏捷，每入試，押官韻作賦，凡八叉手而八韻成。故名。見《全唐詩話》。雛鳳皇：小鳳。比喻佳子弟。這裏美喻范鍇之子濤。

〔10〕頡頏：鳥飛上下貌。《詩·邶風·燕燕》："燕燕于飛，頡之頏之。"毛傳："飛而上曰頡，飛而下曰頏。"引申爲不相上下或相抗衡。《晉書·文苑傳序》："藩夏連輝，頡頏名輩。"

〔11〕清閟藏：書名。明張應文著，其子潤色完成。書名取倪瓚清閟閣之意。内容論古玩、賞鑒諸事。

〔12〕平頭奴子擎履箱：語出南朝梁武帝《河中之水歌》："珊瑚挂鏡爛生光，平頭奴子擎履箱。"平頭，光頭。履箱，藏履之箱。

〔13〕連璧：兩玉并聯。比喻雙美的人或事物。《莊子·列禦寇》："以日月爲連璧，星辰爲璣珠。"

〔14〕篔簹：竹名。其節長，皮薄，竿高。陝西洋縣西北十里谷中多此竹，因名篔簹谷。漢楊孚《異物志》："篔簹生水邊，長數丈，圍一尺五六寸，一節相去六七尺，或相去一丈。廬陵界有之。"宋代畫家文同，曾築披雲寺於篔簹谷中。文同字與可，工詩文書畫，尤善畫竹。蘇軾有《文與可畫篔簹谷偃竹記》。

〔15〕盛唐：唐代自開元至大曆約六十年間，爲唐詩最盛時期，史稱盛唐。

〔16〕怕污寒具手：寒具，即饊子，古人寒食節所用。《續晉陽秋》："桓靈寶（桓玄）好蓄法書名畫，客至，嘗出而觀，客食寒具，油污其畫，後遂不

設寒具。”蘇軾《二王書》：“怪君何處得此本，上有桓公寒具油。”

〔17〕什襲：亦作“十襲”。重重包裹，謂鄭重珍藏。豹囊：豹皮珍貴，用以爲囊，喻珍藏之意。

〔18〕傖：粗野、鄙賤之徒。又魏晉時江東人罵楚人爲傖父。

〔19〕倡：通“娼”。妓女。

〔20〕干卿何事：南唐馮延巳有“風乍起吹皺一池春水”之句，元宗戲延巳曰：“吹皺一池春水，干卿何事？”

〔21〕不啻：不止，不但。《尚書·多士》：“爾不啻不有爾土。”

〔22〕玉躞金題：書卷的玉質軸心。宋米芾《書史》：“隋唐藏書，皆金題玉躞。”注：“躞，軸心也，以玉爲之。”

〔23〕香芸：也叫“芸香”。草本植物。根部木質，故或稱芸草，或稱芸香樹。花葉有强烈香氣味，可驅除蠹蟲，或入藥。梁簡文帝《大法頌》：“芸香馥蘭，緑字摛章。”

〔24〕錢癖：愛錢成癖。《晉書·杜預傳》：“（和）嶠有錢癖。”

〔25〕鎮：常，長久。唐李商隱《獨居有懷》：“蠟花長遞淚，箏柱鎮移心。”《唐詩紀事》卷四褚亮《燭花》：“莫言春稍晚，自有鎮開花。”

《新齊諧》[1]：黄燡照罷官後，主講韶州書院，嘗書“忠恕”二大字，勒石講堂，款落“新安後學黄某敬書”。忽一日，夢黑衣者二人，執鐙至，曰：“奉命召汝。”即隨往，至一處，歷階而升，聞呼曰，“止！”黄即定立。黑衣人分左右侍，中似隔一層白雲，聞有人曰：“汝爲大清官員，何以生今反古？款落新安，宜速改正。”黄驚醒，急將“新安”改刻“歙縣”二字。越數日，復夢如前，雲中人語曰：“汝改書勒石固善，但亦知‘忠恕’二字之義，當作何讀法，須于古帖中求之。”黄醒，檢閲《十七帖》[2]，見“忠恕”二字，行草乃“中心如一”四字，恍然大悟。復將立石毁去，重摹易泐[3]，今尚存也。

王櫟門詩：“一片石，共生死。以妾换，資笑耳。美色悦君無十年，研壽文字綿萬千。”小序云：緑肪，飲牛主人所珍硯也。恐以風波不棄，悦以麗人不移，視南宫之癖[4]，真有過無不及也。出册索題短歌以贈。按：此定亦爲吴美堂作也。

《因果録》：漢上一諸生，素著才名，屢試不第。友有爲請乩者，叩之，判云："此生應得科名，以少時館于某家[5]，與一婢私狎，業已削籍，尚欲叩問功名耶？"生悚然警懼。因輯《戒淫功過格》，廣採注案，募資刊施，修身力學。至康熙丙子科[6]，仍中式。人以爲改過之報云。

又，山西賈客某，自維揚溯舟上漢[7]。路與舟婦通，啖水手以重利[8]，推其夫于急流中，佯呼救不及。尸亦無獲。竟納舟婦爲妾，甚嬖之[9]。後賈以資捐納知府[10]，箍選楚省某郡[11]，攜眷涉江，風猝毁舟，雇人拯救，舟婦僕婢皆得生，而妻及子女悉溺。求其尸，惟妻屍不得，招魂設奠而去。先是舟人之墜水也，遇救未死，流落安慶[12]，爲人傭。久之，以捕魚爲業，操舟江上。一日見一婦附版飄流，拯之，莫識爲賈妻也。訊離毁舟處已三百餘里，遂留宿漁舟。久與相狎，若夫婦焉。蓋賈妻恨其夫之溺愛于舟婦，故亦安居，不言其由來也。未幾，賈以賕罷[13]，籍其家[14]，不得歸，奴僕星散，僅偕舟婦及小童流寓安慶。欲覓僕嫗爲役，舟夫及賈妻往投，相見始各大驚，未明言。是夕，賈與舟婦悔恨，同縊。舟子賈婦即于是夜遁去。

【注釋】

〔1〕《新齊諧》：即《子不語》。筆記小説集，清袁枚編著。二十四卷，續編十卷，所記多怪異之事。

〔2〕《十七帖》：法帖名。晉王羲之所書信札集，因開頭有"十七日"字，故名。唐張彦遠《法書要録》十《右軍書記》："十七帖，長一丈二尺，即貞觀中内本也。一百七行，九百四十二字，是烜赫著名帖也。"

〔3〕泐：通"勒"。雕刻。

〔4〕南宫之癖：宋代米芾，世稱米南宫，家藏古帖，有晉人法書，故名其齋爲寶晉齋。因其極喜金石古玩，尤嗜奇石，故被用來稱有如"米南宫之癖"。

〔5〕館：書塾。這裏指教書。

〔6〕康熙丙子：康熙三十五年。

〔7〕維揚：揚州府的别稱。

〔8〕啖（dàn）：利誘。《史記·穰侯列傳》："秦割齊以啖晉楚。"

〔9〕嬖：寵愛。《史記·周本紀》："幽王嬖愛褒姒。"

〔10〕捐納：舊時政府准許士民捐資納粟得以授官的政策。最初是出於補充軍餉或興辦大型工程的需要，秦代已有之。後歷代有沿襲而逐漸泛濫，至清中期尤盛，致官職成爲商品。

〔11〕筮：古人外出做官，臨行先占卦問吉凶，叫"筮仕"。

〔12〕安慶：清代爲安徽省治所。

〔13〕賕：賄賂。《史記·優孟列傳》："身死家室富，又恐受賕枉法。"

〔14〕籍：抄家，没收入官。

又，僧戒顯曰：漢口僧號宏戒，專化人放生。一日遇屠者，肩擐一犬，僧苦勸買放，堅執不允。乃云："子與此犬殆夙世冤業，吾不能救解也。"合掌作禮而退。是夜屠人宰犬，手舉下鍋，忽沸水濺心，肉爛，七日洞穿而死。漢口人皆感動，遂醵金建放生庵焉。余往來漢上，時寓于此。按：庵址相傳爲今同知署。

按：習俗奢淫，最是壞人心術。常見昔時精求食品，恣意殺生。今則炊烟時斷，兒女嗁飢矣。又見昔時日漁美色[1]，嬌艷充房，今則墻茨莫埽[2]，行露難辭矣[3]。蓋窮奢爲造物所不容，極欲犯陰條之大罪[4]，富商巨賈，每每以此傾覆。况中人之産亦相效尤乎？[5]其不身喪名裂，貽笑于人者鮮矣。至于貪口腹而殺生，實傷天地之和，牛犬之肉，更非所宜，余嘗勸人莫食矣。若此屠者，殊不足責，某生因乩判而知懼，改過修身，功名雖削而復。可見天道待人甚厚，苟能遷善，即得轉移。某賈忍心悖理，警以毁舟，猶存昧妄，卒致賕敗，目睹妻之隨人來傭，雖悔而縊死，亦晚矣。我知九原下[6]，尚不識受若何苦惱也，哀哉！

庚午四月二十日戌刻[7]，四官殿左近之藥肆，不戒于火，隨風蔓延，上至朱文公祠，其中大小横街夾巷，二三十處，前後上下，圍將八九里，悉被其災。時風勢不猛，而倏忽旋轉，四方不定，黑焰迷天，火光五六處，相距或半里，或里許，亦不知其火從何處飛來，以致商賈眷徙賄遷[8]，甚至轉移數處，仍不獲免者，二十二日侵晨始熄。此漢口之異殃也。時汪稼門尚書志伊總督兩湖[9]，聞報急登黄鶴樓瞭望徹夜，黎明即率兵弁飛楫渡江，止于後湖茶肆，指麾撲救。漢素有奸民乘火掠物者，遂手書"搶火者斬"四大字于牌，傳示上下，奸民斂蹟，且反從撲救矣。危坐達旦，見火熄始返，復令有司多方撫恤，至今輿誦不休。

二十一日辰刻，余赴後湖探望，黑煙亘漫，中露火光數處，屋墻崩裂，救撲諠呼，人聲與火聲拉雜難聞。茶市之後，平野一片，逃難者紛紜擾攘，鋪户貨物，宅眷箱籠，堆貯幾徧。婦女老幼，各相坐守。忽見火然蘆席一副，風卷入雲，自南而北，約半里之遥，竟墮于後湖紙坊所移紙堆上，霎時飛焰燎原，勢不可遏，紙堆倏成灰燼，且累及左右遷移之貨物者。吁！此殆天數歟！既遷而置于曠野，猶不免其焚焉。

范蓮賓至渥，歙之獅塘人。家素封[10]，援例授州司馬職[11]，後中落，不屑依人生活，常隻身往來鄖襄之間，販鮮鬻果以自給。詩文書畫琴弈而外，音樂演劇，刺繡雕塑，無不能之。膂力近千斤，手技能卻五六十人。客漢口時，曾脱某相國小阮某公子于平康之厄，群不逞拳棒交舉，蓮賓負某公子揭樓瓦飛身直下，冲突重圍而出，無少傷，洵異士也[12]。嘉慶初，卒于沙市。

【注釋】

〔1〕漁：漁獵。這裏指用不合法手段去謀求。

〔2〕墻茨莫埽：茨，蒺藜。《詩·鄘風·墻有茨》："墻有茨，不可埽也；中冓之言，不可道也。所可道也，言之醜也。"欲掃除墻上的蒺藜，又怕壞墻毀家。《詩序》以爲此詩係刺衛惠公母宣姜淫亂。後世因用以比喻閨門淫亂。

〔3〕行露難辭：語見《詩·召南·行露》。行，道路。露，露水。詩以行多露，託以女子早晚行或有侵淩强暴之患。然南國之女遵召伯之教、文王之化，

以禮自守，不爲强暴所污。因自述其志，以絶其淫穢之人。

〔4〕陰條：舊指陰曹地府的法規。

〔5〕效尤：尤，錯誤。明知是錯誤的而仿效之。《左傳》莊公二十一年："鄭伯效尤，其亦將有咎。"《宋書·鄧琬傳》："（檄文）反道效尤，蔑我皇德。"

〔6〕九原：與"九泉"同。墓地。

〔7〕庚午：嘉慶十五年。

〔8〕眷徙賄遷：眷，家眷。賄，財物。謂轉移家眷和財物。

〔9〕尚書：自隋唐始，朝廷核心機關分爲三省，尚書省是其中之一。六部尚書遂等於國務大臣。總督：清代正式以總督爲地方最高長官，轄一省或二三省，總理軍民要政，官爲正二品，加尚書銜者爲從一品。

〔10〕素封：無官爵封邑而同樣擁有財富的人。《史記·貨殖列傳》："今有無秩禄之奉，爵邑之入，而樂與之比者，命曰'素封'。"正義："古不仕之人自有園田收養之給，其利比於封君，故曰'素封'也。"

〔11〕州司馬：知州的佐官。自隋唐始州府佐吏均有司馬一人。明、清亦稱府同知爲"司馬"。

〔12〕洵：誠然；實在。《詩·鄭風·有女同車》："彼美孟姜，洵美且都。"鄭玄箋："洵，信也。"

漢口叢談卷五

前人漢口詩，頗屬寥寥。唐劉長卿《自夏口至鸚鵡洲望岳陽》云[1]：“汀洲無浪復無烟[2]，楚客相思益渺然。漢口夕陽斜度鳥，洞庭秋水遠連天。孤城背嶺寒吹角[3]，獨戍臨江夜泊船。賈誼上書憂漢室[4]，長沙謫去古今憐[5]。”杜牧《漢水》云[6]：“溶溶漾漾白漚飛，緑净春深好染衣[7]。南去北來人自老，夕陽長送釣船歸。”“漢江一帶碧流長，兩岸春風起緑楊。借問膠舟何處渡，欲停蘭棹祀昭王[8]。”羅隱《憶夏口》云[9]：“漢陽渡口蘭爲舟，漢陽城下多酒樓。當年不得盡一醉，别夢有時還重游。襟帶可憐吞楚塞，風烟只好狎江漚[10]。月明更想曾行處，吹笛橋邊木葉秋。”宋王十朋《泊舟漢口》云[11]：“身雖到漢口，家尚在天涯。”明袁中道《由草市至漢口小河舟中》云[12]：“陵谷十年變，川原未可分。長湖百里水，中有楚王墳。”“日暮黑雲生，且依龍口住。小舟裾作颿，笑語過湖去。”[13]吴士良《舟阻漢口》云[14]：“朝發武昌城，信宿漢江口[15]。明月雖可親，依依數株柳。”潘之恒《涓口》云[16]：“漢口至涓口，晨昏兩見星。開篷荒霧白，繫纜斷烟青。”此皆載之邑乘者。

黄鶴樓傍斗姥閣左壁有《鄂州雜詩碑》[17]，宋熙寧二年六月所刊。自宋之問《漢口》詩外[18]，李白《贈漢陽輔録事》有“漢口雙魚白錦鱗”句[19]，白居易有《上江夏主人》詩[20]，一本作《行次夏口先寄李大夫》。王貞白有《曉泊漢陽渡》詩[21]。杜牧《夏口》詩外，又有《送王侍御赴夏口座主幕》詩[22]，王維《送康太守》詩有“鐃吹發夏口”句[23]。按宋之問詩：“漢廣不分天，舟移杳若仙。秋虹映晚日，江鶴弄晴烟。積水浮冠蓋，遥風逐管弦。嬉游不可極，留恨此山川。”[24]

【注釋】

〔1〕劉長卿：唐詩人，字文房，河間（今屬河北）人，開元進士，性剛直。官監察御史、鄂岳觀察使，終隨州刺史，世稱劉隨州。詩多寫政治失意感嘆，亦善寫自然景物，著有《劉隨州詩集》。本詩篇名，《劉隨州詩集》作“自夏口至鸚鵡洲夕望岳陽寄元中丞”。《唐詩別裁·校記》引《讀全唐詩札記》云：“中丞當是湖南觀察。”

〔2〕汀洲：指鸚鵡洲。洲在明末逐漸沉没，已見前注。現在漢陽攔江隄外的鸚鵡洲，係乾隆年間新淤的一洲，曾名“補得州”，嘉慶間將補得洲改名鸚鵡洲。汀，底本譌作“汙”。

〔3〕孤城：這裏指夏口城。即三國時孫權所築夏口城，唐宋時爲鄂州治，明清爲武昌府城。今爲武漢市武昌區所在地。寒吹角：淒冷的號角聲。

〔4〕賈誼：漢文帝時杰出的政治家、文學家，洛陽人。官太中大夫，曾多次上書陳政事，言時弊，影響很大。但爲周勃、灌嬰等貴族大臣排斥，貶爲長沙王太傅，世稱賈長沙。有《賈長沙集》。

〔5〕“長沙謫去”句：作者以賈誼貶長沙自比。

〔6〕杜牧：字牧之，杜佑之孫，京兆（今陝西西安）人。太和二年進士，官殿中侍御史，曾知黄州。性剛直敢言，有奇節。尤工於詩，情致豪邁，人稱“小杜”，以别於杜甫。著有《樊川文集》。

〔7〕溶溶漾漾：波光浮動貌。本詩篇名《漢水》，宋洪邁《萬首唐人絶句》卷二十五作《漢江》。緑，洪邁《萬首唐人絶句》作“渌”。

〔8〕膠舟、昭王：《太平御覽》卷八十五引晉皇甫謐《帝王世紀》曰：“（周）昭王在位五十一年，以德衰南征，及濟於漢，船人惡之，乃膠船進王。王御船至中流，膠液解，王及祭公俱没水而崩。”杜牧此詩篇名，洪邁《萬首唐人絶句》卷五十三引作《漢江》。何處渡，唐胡曾《咏史詩》卷上、洪邁《萬首唐人絶句》卷五十三、宋潘自牧《記纂淵海》卷七等各本均引作“何處没”。

〔9〕羅隱：唐詩人，原名横，字昭諫，新城（五代時改名新登，今屬浙江省桐廬）人，十試進士不第，遂改名。朱温篡唐，以諫議大夫召，不應。唐僖

宗光啓三年吴越王錢鏐表爲錢塘令。後曾遷諫議大夫、給事中。所作諷刺詩，揭露社會矛盾深刻。著有《羅昭諫集》。

〔10〕狎：親近。范鍇引此詩所用版本是據康熙四十六年編《御定全唐詩》，與唐人韋縠《才調集》卷八所引相近。然韋氏本"當年"作"芳年"。而羅隱《羅昭諫集》卷三《憶夏口》詩"吞楚塞"作"吞塞雁"；"風烟只好狎江漚"句作"風烟好是泠江鷗"。

〔11〕王十朋：字龜齡，浙江樂清人，紹興二十七年進士第一，官龍圖閣學士。著有《梅溪集》。

〔12〕袁中道：字小修，湖北公安人，萬曆進士，官南京禮部郎中。與兄宗道、宏道并稱"三袁"，爲"公安派"代表作家之一。詩文反對摹擬，崇尚真實自然。好游覧，酷愛山水。著有《珂雪齋集》。草市：在江陵縣城東。王釀《沙市竹枝詞》："沙市江邊草市河，開船擊鼓又鳴鑼。"

〔13〕長湖：在湖北江陵、荆門兩縣間，同附近諸湖交織成水網，可以調節洪水。龍口：在湖北長江北岸洪湖縣境。

〔14〕吴士良：唐代元和間人，工詩，善行書。《舟阻漢口》，《古今圖書集成·漢陽府·藝文三》有載。

〔15〕信宿：連宿兩夜。

〔16〕潘之恒：歙縣人，字景昇，僑寓金陵，工詩，明嘉靖間官中書舍人。著作甚豐，有《黄海》《亘史鈔》《名山注》《涉江詩選》《鸞嘯集》等書。

〔17〕斗姥閣：原是黄鶴樓旁名閣之一，今已不存。《鄂州雜詩碑》：《湖北通志》有載，説與此同。《湖北金石存佚考》曰："計共五層，共録詩三十九首。亦稱《北榭碑》。"見王葆心《續漢口叢談》卷三。

〔18〕宋之問：字延清，一字少連，唐汾州（今山西汾陽）人，一説弘農（河南靈寳）人。偉儀觀，善詞章，上元進士。武后時官尚方監丞，史載有諂事張易之和太平公主之説，中宗時爲修文館學士。詩與沈佺期齊名，原集散佚，明人輯有《宋之問集》。

〔19〕李白《贈漢陽輔録事》："鸚鵡洲横漢陽渡，水引寒煙没江樹。南浦登樓不見君，君今罷官在何處。漢口雙魚白錦鱗，令傳尺素報情人。其中字數

無多少，只是相思秋復春。”原詩二首，此其一。見《李太白全集》卷十一。雙魚白錦鱗：書信。王琦注引楊升庵曰：“古樂府：‘尺素如殘雪，結成雙鯉魚。要知心裏事，看取腹中書。’據此詩，古人尺素結爲鯉魚形，即緘也。”

〔20〕白居易《上江夏主人》詩，一本作《行次夏口先寄李大夫》：“連山斷處大江流，紅旆逶迤鎮上游。幕下翱翔秦御史，軍前奔走漢諸侯。曾陪劍履昇鸞殿，欲謁旌幢入鶴樓。假著緋袍君莫笑，恩深始得向忠州。”見《白居易集》卷十七。

〔21〕王貞白：字有道，唐信州永豐人，乾寧二年進士，工詩。詔爲翰林學士，調校書郎，不久，退居田里。手編所爲詩三百篇，命曰《靈溪集》。其《曉泊漢陽渡》曰：“落月臨古渡，武昌城未開。殘燈明市井，曉色辨樓台。雲自蒼梧去，水從嶓冢來。芳洲號鸚鵡，用記禰生才。”《唐才子傳》有傳。

〔22〕杜牧《送王侍御赴夏口座主幕》詩：“君爲珠履三千客，我是青衿七十徒。禮數全優知隗始，討論常見念回愚。黄鶴樓前春水闊，一杯還憶故人無。”

〔23〕王維《送康太守》：“城下滄江水，江邊黄鶴樓。朱欄將粉堞，江水映悠悠。鐃吹發夏口，使君居上頭。郭門隱楓岸，候吏趨蘆洲。何異臨川郡，還來（一作‘勞’）康樂侯。”載《王右丞集》卷三。

〔24〕宋之問此詩，應即范鍇上文所説“《漢口》詩”。原題“漢江宴别”，《文苑英華》卷二百八十六有載。宋之問尚有《漢江》詩：“嶺外音書斷，經冬復立春。近鄉情更怯，不敢問來人。”范鍇未提及，今録於此。

宋姜夔〔1〕，字堯章，鄱陽人。姊家居九真山下〔2〕，夔嘗省之，愛郎官大别山水〔3〕，客居久之。晚寓苕谿上〔4〕，與白石洞天爲隣，因號白石道人。其《别沔鄂親友》詩〔5〕：“佳人魯山下，日弄清漢波〔6〕。”注：楊大昌正之。“英英白龍孫〔7〕，眉目古人氣。”注：鄭仁舉次臯。“詩人辛國士〔8〕，句法似阿駒。”〔9〕注：辛泌剋清。“單侯出機杼〔10〕，豈是劍舞得。”注：單煒炳文。“有子殊可人，特未見此老。”注：蔡迨武伯堅吾子〔11〕。又《春日書懷四首》〔12〕：“九真何蒼蒼，乃在清漢尾。衡茅依草木[13]，念遠獨伯姊。春來衆芳滋，春去衆芳萎。兄弟各天涯，啼鴂見料理[14]。漢江出巨魚，風雷入驅使。安得挾我鞆[15]，西征二千里。”又“垂楊大别寺，春草郎官湖。家巷有石友[16]，合并不待呼。瘦藤倚花樹，花片藉玉壺。老鄭談絶妙，辛楊句敷腴[17]。平生子姚子，貌古心甚儒。時邀野僧語，間與琴工俱。酒闌興未了，左轉城南隅。大江圍楚碧，烟水入玄虚[18]。流落不自恨，惟嗟故人疏。一月三見夢，夢中相與娱。日日潮風起，悵望武昌魚。”按：子姚子，謂姚克剛。《縣志》：鄭仁舉隱居郎官湖上，不求聞達，善言名理。楊大昌居魯山下。辛泌善詩，卜築滄浪之曲[19]，頗參禪理。皆與白石相契。又《白石道人歌曲·探春慢》詞序云：“予自孩幼，從先人宦于古沔，女須因嫁焉[20]。中去復來，幾二十年。豈惟姊弟之愛，沔之父老兒女子，亦莫不予愛也。丙午冬，千岩老人約予過苕霅[21]，歲晚，乘濤載雪而下。顧念依依，殆不能去，作此曲别鄭次皋、辛克清、姚剛中諸君。”“衰草愁烟[22]，亂鴉送日，風沙回旋平野。拂雪金鞭[23]，欺寒茸帽，還記章臺走馬[24]。誰念漂零久，漫贏得[25]、幽懷難寫。故人清沔相逢，小窗閒共情話。長恨離多會少。重訪問竹西[26]，珠泪盈把。雁磧波平[27]，漁汀人散，老去不堪游冶[28]。無奈苕谿月，又唤我、扁舟東下。甚日歸來[29]，梅花零亂春夜。”又《浣溪沙》小序云：“予女須家沔之山陽，左白湖，右雲夢，春水方生，浸數千里。冬寒沙露，衰草入雲。丙午之秋[30]，予與安甥或蕩舟采菱，或舉火罝兔[31]，或觀魚簺下[32]，山行野吟，自適其適，憑虚悵望，因賦此闋。”“著酒行行滿袂風。草枯霜鶻落晴空。銷魂都在夕陽中。恨入四弦人欲老，夢尋千驛路難通[33]。當時何似莫匆匆。”又《清波引》小序云：“予久客古沔，滄浪之烟雨，鸚鵡之草樹，頭陀[34]、黄鶴之偉觀，郎官、大别之幽處，無一日不在心目間。勝友二三，極意吟賞。朅來湘浦[35]，歲晚淒然，步繞園梅，摛筆以賦[36]。”“冷雲迷浦。倩誰唤、玉妃起舞[37]。歲華如許。野梅弄眉嫵[38]。屐齒印蒼蘚[39]，漸爲尋花來去。自隨秋雁南來，望江國、渺何處。新詩漫與[40]。好風景、長是暗度。故人知否。抱幽恨難語。何時共漁艇，莫負滄浪烟雨。况有清夜啼猿，怨人良苦。”歷吟諸作，其惓惓于漢沔間深矣〔41〕。

【注釋】

〔1〕姜夔：南宋著名詞人、音樂家。其詞精深華妙，尤善自度新腔，音節文采并冠絶一時。《白石道人歌曲》中之《自度曲》注有旁譜，琴曲《古怨》中并注明指法，是現存的一部詞和樂譜的合集。詩格高秀，爲范成大、楊萬里所喜愛。姜夔曾請於朝，欲正頌臺樂律，以議不合而罷。因紹興間秦檜當國，遂隱於箬坑之丁山，参政張燾屢荐不起，一生不仕。高宗賜進士宸翰，爲之建御書閣。有《七絃琴圖説》《白石詞集》等。

〔2〕九真山：在湖北舊漢陽縣治西南九十里。九峰相向，勢如游龍，故名。或説有九仙女煉丹於此，因名。唐代咸通年間賜名仙潛山。《輿地紀勝》謂即五藏山，上有煉丹壇、九真廟，又有九泉，水甚清澈，爲全郡祖山。明董穀《九真山記》謂“九真山者，實惟一郡之鎮”。史載九真山還有九仙女飛升石、煉丹井、九仙觀、承天院、東嶽觀等古蹟。参見卷一注。

〔3〕郎官：郎官湖。在漢陽縣城内東南隅，原名南湖。李白遷夜郎，遇故人尚書郎張謂出使夏口，與沔洲牧杜公、漢陽宰王公觴於江城之南湖。張公請李白題名。於是李白作《泛沔州城南郎官湖詩并序》。其序曰：“乾元歲秋八月，白遷於夜郎，遇故人尚書郎張謂出使夏口，沔州牧杜公、漢陽宰王公觴於江城之南湖，樂天下之再平也。方夜水月如練，清光可掬，張公殊有勝慨，四望超然，乃顧白曰：此湖古來賢豪游者非一，而枉踐佳境，寂寥無聞，夫子可爲我標之佳名，以傳不朽？白因舉酒酹水，號之曰郎官湖，亦猶鄭圃之有僕射陂也。席上文士輔翼岑静以爲知言，乃命賦詩紀事，刻石湖側，將與大别山共相磨滅焉。”其詩曰：“張公多逸興，共泛沔城隅。當時秋月好，不減武昌都。四座醉清光，爲歡古來無。郎官愛此水，應號郎官湖。風流若未泯，名與此山俱。”又曰：“南湖秋月白，王宰夜相邀。錦帳郎官醉，羅衣舞女嬌。”郎官湖與漢陽縣學泮池相并。湖之北岸有太白祠。湖上有郎官亭，宋咸淳間改名清光亭。湖於明正德以後漸涸，清初時已不存。

〔4〕苕谿：浙江吴興縣的别稱，因境内苕谿得名。

〔5〕《别沔鄂親友》：宋陳思編、元陳世隆補《兩宋名賢小集》卷二百七十作《奉别沔鄂親友》，下題“以‘長歌意無極，好爲老夫聽’爲韻”。此爲杜甫詩句。陳思爲宋理宗時人。

〔6〕清漢：指漢水。漢水清，故稱。

〔7〕英英：俊美貌。晉潘岳《夏侯常侍誄》：“英英夫子，灼灼其儁。”白龍孫：謂優秀傑出者。

〔8〕國士：國家棟梁之材。

〔9〕阿駒：喻指英俊少年。

〔10〕機杼：織布機與梭子。以織錦比喻寫作詩文的編排構思。

〔11〕蔡迨：南宋紹熙間許昌人，字肩吾，蔡文忠公齊之孫，文詞字畫皆過人，流落川蜀。陸游荐與吏部侍郎韓元吉，元吉薦於朝，迨議論從容，有故家典則，從銓部得桂陽令。赴任行至吴門，暴死舟中。與蔡仍號爲“二蔡”。見《渭南文集》卷二十八。

〔12〕《春日書懷四首》：范鍇衹録兩首，還有兩首云：“武昌十萬家，落日紫煙低。亭亭頭陁塔，高處白鳥棲。白鳥忽飛去，春山空四圍。南樓有佳人，再召且再辭。閉門課文史，攖物深天機。斯人不可致，白鳥會來歸。”“春雲驛路暗，游子眇歸程。永懷故山下，風雨悲松庭。翁仲不解語，幽鳥時時鳴。人家插垂柳，客裏又清明。”見《兩宋名賢小集》。

〔13〕衡茅：簡陋之屋。横木爲門，茅草爲瓦。

〔14〕鴂（jué）：即伯勞鳥，善鳴。《玉臺新咏·東飛伯勞歌》：“東飛伯勞西飛燕，黄姑織女時相見。”喻指離别的親人或朋友。

〔15〕輈：車轅。《説文》：“輈，轅也。”《左傳》隱公十一年：“潁考叔挾輈以走。”

〔16〕石友：謂情誼堅如金石之友。

〔17〕老鄭：鄭仁舉。辛楊：辛泌、楊大昌。

〔18〕玄虚，清人避康熙諱作“元虚”，今改正。

〔19〕名理：魏晉時把辨析事理叫名理。滄浪之曲：滄浪指漢水，曲即

曲阿。

〔20〕女須：即女嬃。《離騷》："女嬃之嬋媛兮，申申其詈予。"王逸注："女嬃，屈原姊也……賈侍中（逵）説楚人謂姊爲嬃。"

〔21〕千岩老人：蕭德藻。字東夫，三山（一作閩清）人，尤工詩，紹興進士，官烏程令，居屏山，自號千岩老人。嘗知峽州，姜夔師從德藻學詩，又爲其侄女婿。德藻有《千岩擇稿》。苕霅：二水名，即苕溪和霅溪，在浙江吴興縣境。

〔22〕衰草愁烟：喻荒涼景象。

〔23〕金鞭：金飾的馬鞭。《樂府詩集·傅縡〈天馬引〉》："本珍白玉鐙，因飾黄金鞭。"李白《贈辛判官詩》："夫子紅顏我少年，章臺走馬著金鞭。"楊炯《紫騮馬》："俠客重周游，金鞭控紫騮。"

〔24〕章臺走馬：漢長安章臺下街名。《漢書·張敞傳》："時罷朝會，過走馬章臺街。"舊時常用爲妓院等地的代稱。

〔25〕漫贏得：空取得。漫：空，徒。

〔26〕竹西：亭名。在江蘇揚州。杜牧《題揚州禪智寺》詩："誰知竹西路，歌吹是揚州。"後人以此名亭。歐陽修、蘇軾、梅堯臣等皆有詩。

〔27〕雁磧：落雁的沙灘。

〔28〕游冶：同"冶游""野游"。舊多指狎妓。

〔29〕甚日：何日。《探春慢》詞，《全宋詞》有載，見中華書局本第三册2179頁。

〔30〕丙午：南宋孝宗淳熙十三年。

〔31〕罝（jū）兔：用網捕兔。

〔32〕簺（sài）下：用竹木編成的斷水捕魚的工具，底部沉入水中。

〔33〕路，中華書局本《全宋詞》第三册 2174 頁作"意"。

〔34〕頭陀：古寺名，遺址在古黄鶴樓下。《文選》載有王簡棲《頭陀寺碑文》。

〔35〕朅（qiè）：離去。朅來，猶去來。

〔36〕摛（chī）筆：猶言舒筆，謂作詩文。

〔37〕倩誰喚、玉妃起舞：倩，央求。玉妃，喻梅花。皮日休《竹次野梅》："蔦拂蘿捎一樹梅，玉妃無侶獨裴回。"

〔38〕眉嫵：眉樣美好。

〔39〕屐齒印蒼蘚：屐，木屐，木底有齒的鞋子，古人游山多用之。蒼蘚，録色苔蘚。

〔40〕漫與：謂乘興賦詩。

〔41〕惓惓：同"拳拳"。懇切貌。

宋陳藏一曰[1]："白石道人气貌若不勝衣[2]，而筆力足以扛百斛之鼎[3]。家無立錐，而一飯未嘗無食客。圖史翰墨之藏，汗牛充棟。襟期灑落如晉宋間人[4]，意到語工，不期于高遠而自高遠。"《鶴林玉露》曰[5]："姜堯章學詩于蕭千岩，琢句精工。楊誠齋大爲稱賞[6]，謂其家嗣伯子曰[7]：'吾與汝勿如也。'"按白石《自叙》云："余識千岩于瀟湘之上，東來識誠齋、石湖[8]，嘗試論兹事，而諸公咸謂其與我合也。"千岩愛其詩詞，妻以兄子。白石詩，精潔蕭散[9]，譬諸古琴，音韻清越。至其詩餘[10]，清虚騷雅，爲南渡後第一手。宜梁内翰愛其詩似唐人，謂長短句妙天下也。復工書，石湖以爲翰墨人品，皆似晉宋之雅士。當世名公鉅儒，莫不折節願交。海内知己，亦不爲少矣。然猶不免窶困無聊[11]，布衣終老。没後葬武林之西馬塍[12]。蘇召叟挽之云[13]："幸是小紅方嫁了，不然啼損馬塍花[14]。"知不足齋鮑氏刊有陶南邨手鈔《白石道人集》[15]，釐定詩二卷、詞四卷，鮑録飲携以見貽。余少失學，長以貧故，飢驅楚、蜀，幾三十載矣，每于山轎水舲[16]，燈窗邸舍，輒手此編，長吟短諷，爲之神往。少抒逆旅之懷，而漂零之感，又不禁爲道人慨嘆也。嘉慶己卯[17]，自蜀東下，留漢上數月，過月湖滄浪館，十年重到，黯然若夢，因賦《疏影》一解云："窗開四面。占一湖媠嫿[18]，欄繞屏轉。幾抹嵐低，淡寫眉痕，時向鏡波凝盼。問誰新築滄浪館，悵石帚[19]、唱斟人遠。奈挂颿、萬里歸來，此日頓明雙眼。回首長隄翠柳，正千縷百縷，摇動風軟。便有飛飛，歌燕吟鶯，可解客愁深淺。呼移小艇空濛裏〔20〕，好去覓、舊時鷗伴。只怕伊、嘆我飄零，十載鬢絲驚换。”迨返里門，爲陳抱之題白石道人遺像〔21〕，調寄《翠樓吟》云：“弱不勝衣，清堪鑒影，蕭然晉宋風趣。須眉千古在，又何用商量金鑄。新聲時度。正句妙雲飛，韻嬌花語。消魂處。小紅低唱，玉簫親付〔22〕。記取。衡麓游踪，甚黄精粥噉〔23〕，負他仙遇。菟裘仍未了〔24〕，嘆貧累一身無主。才名多誤。剩畫軸叉懸〔25〕，瓣香爐炷〔26〕。西塍路。翠禽啼斷，碎烟零雨。”

又按：單煒，字炳文，沅陵人〔27〕，博學能文。得二王筆法，字畫遒勁，合古法度，于考法書尤精。武舉得官，仕至路分〔28〕，著聲江湖間，名士大夫多與之游，自號定齋居士。與堯章投分最稔〔29〕，亦韻士也〔30〕。《香祖筆記》〔31〕：“同時黄岩老亦號白石，亦學詩于千岩，時稱雙白石云〔32〕。”

【注釋】

〔1〕陳藏一：陳郁，字仲文，號藏一，臨川人，宋代文藝評論家，推崇姜夔。理宗朝官緝熙殿應制，又充東宫講堂掌書。其子世崇《隨隱漫録》中載，度宗曾贊陳郁，有“文窺西漢，詩到盛唐”之語。著有《藏一話腴》。

〔2〕若不勝衣：《荀子・非相》：“葉公子高，微小短瘠，行若將不勝其衣然。”宋周必大《文忠集》附録卷一：“夫貧賤之交弱不勝衣，其氣常足以蓋天下之豪。”

〔3〕扛百斛之鼎：《史記・項羽本紀》：“籍長八尺餘，力能扛鼎。”斛，量器，十斗爲斛。百斛，極言其重。喻詩文氣勢功力非凡。

〔4〕襟期灑落：襟期，抱負。灑落，灑脱。如晉宋間人：如晉之陶淵明、宋之謝靈運一類的人物。

〔5〕《鶴林玉露》：南宋羅大經撰。大經字景綸，廬陵（今江西吉安）人，生平事迹不詳。但據《四庫全書提要》考證，謂其曾登第，官於嶺南。應是宋

末人。書共十六卷，内容體例在詩話語録之間，詳於議論而略於考證。

〔6〕楊誠齋：楊萬里，南宋杰出詩人。字廷秀，江西吉水人，紹興進士，正直敢言。官零陵丞時，張浚貶永，萬里請見，浚勉以正心誠意之學，因榜其堂曰“誠齋”。在廣東任常平使者平茶鹽盜，孝宗稱爲仁者之勇。淳熙中爲侍讀官，王淮爲相問人才，即疏荐朱熹、袁樞等六十人，被次第擢用。光宗時官江東轉運副使，入對策，言朋黨之禍。寧宗時官寶謨閣學士，韓侂胄召之不起。詩與尤袤、范成大、陸游齊名，世稱“南宋四大家”。有《誠齋集》。大爲稱賞：姜夔有《送江東集歸誠齋》詩云：“翰墨場中老斫輪，真能一筆掃千軍。年年花月無虛日，處處江山怕見君。箭在的中非爾力，風行水上自成文。先生只可三千首，回視江東日暮雲。”誠齋大爲稱賞，報以詩云：“尤蕭范陸四詩翁，此後誰當第一功。新拜南湖爲上將，更差白石作先鋒。”

〔7〕冢嗣、伯子：均爲嫡長子的意思。

〔8〕石湖：范成大，南宋詩壇四大家之一。字致能，號石湖居士，吴郡人，紹興進士，官至參知政事。使金途中所作七十二首絶句，多有感傷，充満愛國熱情。其田園詩清新朴素，亦真實深刻反映民間疾苦。晚年退居故鄉石湖。有《石湖詩集》。

〔9〕蕭散：蕭灑無拘束。《顔氏家訓·雜藝》：“王逸少風流才士，蕭散名人。”

〔10〕詩餘：詞的别名，又名長短句。

〔11〕窶（jù）困無聊：窶，貧寒。生活窮困，無所依賴。

〔12〕武林：舊時杭州的别稱，以武林山得名。西馬塍：地名。在杭州之西。有東、西馬塍，吴越時爲蓄馬之所，故名。其地土細宜種花，居民多種花爲計。姜夔曾賦詩於此。今有馬塍廟。

〔13〕蘇召叟：蘇泂，字召叟，紹興時山陰人。著有《泠然齋集》，陳振孫《書録解題》著録爲十二卷，但久亡佚。清人從《永樂大典》中輯出詩八百餘篇，編爲八卷。并從詩中考證出，蘇泂少時從其祖游宦入蜀，及長落拓走四方。其詩學從陸游，與辛棄疾、劉過、王柟、周文璞、姜夔、葛天民等名士多唱和，詩風自出清新，在江湖詩派中可謂卓然特出。

〔14〕小紅：原爲范成大的婢女，有才色，因姜夔喜歡，便贈與姜夔。馬塍花：合歡花的别稱。《韻府》引《本草》："合歡花，一名馬塍花。"

〔15〕知不足齋鮑氏：知不足齋，清乾隆中鮑廷博的書齋名。鮑氏輯有《知不足齋叢書》。陶南邨手鈔《白石道人集》：《白石道人詩集歌曲·綴言》題"似陶南邨從宋本録存"。

〔16〕山轎水舲（líng）：山行乘轎，水行乘船。轎，古作"橋"，過山用的交通工具。舲，有窗户的船，泛指船。

〔17〕嘉慶己卯：嘉慶二十四年。

〔18〕婉嫿：静好貌。宋玉《神女賦》："既婉嫿於幽静兮，又婆娑乎人間。"

〔19〕石帚：姜夔之號。

〔20〕空濛：細雨迷茫貌。

〔21〕陳抱之：陳經，字抱之，清烏程人。官主事，嗜金石，工隸書。

〔22〕小紅低唱，玉簫親付：姜夔因喜愛小紅，作《過垂虹》詩云："自作新詞韻最嬌，小紅低唱我吹簫。曲終過盡松陵路，回首烟波十四橋。"於是范成大將婢女小紅贈與姜夔。

〔23〕黄精：中草藥名。嵇康《與山巨源絶交書》："又聞道士遺言，餌术黄精，令人久壽，意甚信之。"古人認爲久服可以輕身延年。

〔24〕菟裘：原爲古地名，春秋魯邑。《左傳》隱公十一年："使營菟裘，吾將老焉。"後稱告老退隱的居處爲"菟裘"。

〔25〕叉懸：交叉地挂着。

〔26〕瓣香：猶一炷香。舊時用作對人的敬詞，即焚香敬禮的意思。亦表示師承關係，如師承某人，稱瓣香某人。宋陳師道《觀兖文忠公家六一堂圖書》詩："向來一瓣香，敬爲曾南豐。"

〔27〕沅陵：縣名，漢置，屬武陵郡，唐宋爲辰州治。在湖南省西部。

〔28〕路分：武官名。宋代各路設都監之職，都監之副稱路分，統領兵馬，負責轉運等事務。後改稱副總管。宋代的路有輕重遠近之差，待遇亦有别。

〔29〕投分：意氣相合。稔（rěn）：熟悉，相知。

〔30〕韻士：風雅之士。

〔31〕《香祖筆記》：清王士禛撰，十二卷。

〔32〕雙白石：宋陳思編、元陳世隆補《兩宋名賢小集》卷二百七十《白石道人詩》曰："姜夔字堯章，鄱陽人。工聲律，慶元三年進樂書，乞正雅樂，詔令太常與議，嫉之不果行。居苕溪，與白石洞天爲鄰，轉庵潘檉號之曰白石道人。又畀以詩云：'世間官职似摴蒱，采到枯松亦大夫。白石道人新拜號，斷無繳駁任稱呼。'時夔與黄景説齊名，景説亦號白石，人稱'雙白石'。"《鶴林玉露・丙編・姜白石》："時黄岩老亦號白石，亦學詩於千岩，詩亦工，時人號'雙白石'云。"《香祖筆記》語本此。

宋陸游《劍南詩鈔・舟中偶書》云："老子西游萬里回〔1〕，江行長夏亦佳哉。晝眠初起報茶熟，宿酒半醒聞雨來。漢口船開催叠鼓〔2〕，淮南飄落亞高桅〔3〕。四方本是丈夫事，白首自憐心未灰。"

明徐楨卿《迪功集・將發夏口》云〔4〕："鸚鵡洲邊生暮烟，旅人南望思依然。盡道巴陵湖水闊〔5〕，秋風莫渡漢陽川〔6〕。"

邢昉《石臼集・離漢口》云〔7〕："旅舟泊漢水，荏苒至寒節。朝看楚雲興，暮觀楚雲滅。此地雖破殘，井衖稍成列。銀鱗日充市，食鮮每豐潔。客心復何苦，遇物轉悽切。兹辰忽返櫂，脈脈情内熱〔8〕。風土漸相諳，山川屢回折。故鄉豈不懷，信美亦愴别。未逢漢陰老〔9〕，令我憂思惙〔10〕。"

國朝查慎行《敬業堂集・漢口》云〔11〕："巨鎮水陸衝，彈丸壓楚境〔12〕。南行控巴蜀〔13〕，西去連鄢郢。人言雜五方，商賈富兼并。紛紛隸名藩，一一旗號整。騈騈驢尾接〔14〕，得得馬蹄騁。儩儩人摩肩〔15〕，蹙蹙豚縮頸〔16〕。群雞叫咿喔，巨犬力頑獷〔17〕。魚蝦腥就岸，藥料香過嶺。黄蒲包官鹽〔18〕，青箬籠苦茗〔19〕。東西水關固，上下樓閣迥〔20〕。市聲朝諠諠，烟色晝瞑瞑。一气十萬家，焉能辨廬井〔21〕。兩江合流處，相峙足成鼎。舟車此輻輳，翻覺城郭冷。黄沙撲面來，卻扇不可屏。稍喜漢江清，浣紗人見影。"

潘耒《遂初堂集・漢口》云[22]："漢口通江水市斜，兵塵過後轉繁華。朱甍十里山光掩[23]，畫艦千檣水道遮[24]。北貨南珍藏作窟[25]，吴商蜀客到如家。笑余物外無營者，也泊空灘宿浪花。"
吴淇云[26]："雄鎮曾聞夏口名，河山百戰未全更。競流漢水趨江水，夾岸吴城對楚城。十里飄檣依市立，萬家鐙火徹宵明。梁園思客偏多感[27]，直北蒼茫是汴京。"

【注釋】

〔1〕老子：自稱詞，猶"老夫"。

〔2〕疊鼓：輕擊鼓。《文選・謝朓〈鼓吹曲〉》："凝笳翼高蓋，疊鼓送華輈。"李善注："小擊鼓謂之疊。"

〔3〕淮南：路名。宋至道十五路之一，包括東至海，南迄長江，西達湖北東部，北逾淮河的廣大地區，治所在揚州。

〔4〕徐楨卿：明代著名文學家。《明史》本傳"楨"作"禎"。字昌谷，一字昌國，吴縣人，弘治進士，官國子監博士。少與唐寅、祝允明、文徵明齊名，稱"吴中四才子"。後又與李夢陽等并稱"前七子"。部分作品關注時事，隱寓諷刺。著有《迪功集》。

〔5〕巴陵湖水闊：巴陵，舊縣名，治所在今湖南岳陽。湖水，這裏指洞庭湖。

〔6〕漢陽川：指漢水。

〔7〕邢昉：字孟貞，一字石湖，高淳人，明末諸生。入清，棄舉子業，築室石臼湖濱，沽酒自給，人稱高淳老布衣。五言詩學韋應物，清真古淡，風格高遠，堪稱逸品。清初王士禛《漁洋詩話》卷上曰："余最許石湖邢昉，五言詩以爲韋、柳門庭中人，悵未及友其人。"著有《石臼集》。

〔8〕内熱：内心焦灼。

〔9〕漢陰老：《獨異志》："漢陰丈人抱瓮入井，負水灌園。有人教其爲桔槔，用力寡而利用多。丈人曰：'吾寧自倦敗，不可以機爲用，有傷真性。'"後以漢陰丈人抱瓮灌園的故事，比喻純樸的生活。

〔10〕惙（chuò）：憂愁貌。《詩・召南・草蟲》："未見君子，憂心惙惙。"

〔11〕查慎行：清初海寧人，少受學於黄宗羲，精於《周易》，尤工詩。康熙時以舉人特賜進士，官編修。著有《敬業堂集》。

〔12〕彈丸壓楚境：彈丸，原謂地域狹小，這裏指地勢重要。

〔13〕巴、蜀：古國名。巴在今四川東部，蜀在今四川西部。泛指重慶、成都地區。

〔14〕駢駢：衆多而盛貌。

〔15〕俜俜（pīng）：夾持。

〔16〕蹙蹙：緊縮，局促。

〔17〕獷：凶悍，猛惡。

〔18〕蒲：水生植物，莖可以製席，或編織鹽包袋。官鹽：明清制以鹽若干斤爲一引，每引納税若干；引與税之輕重，各地不同。銷鹽的地域稱引地，經營鹽業者爲引商。凡已納引税的鹽爲官鹽，有專賣權。

〔19〕青箬籠苦茗：青色竹皮簍包裝的茶葉。

〔20〕迥（jiǒng）：遠。

〔21〕廬井：古井田制八家共一井，故稱。泛指房屋，田舍。

〔22〕潘耒：字次耕，號稼堂，吴江人，康熙十八年以布衣舉博學鴻詞，授翰林院检討。纂修《明史》，以母憂歸，不復出。其學受業於顧炎武，然顧氏韻學欲復古人之遺，潘耒韻學則務窮後世之變。又從徐枋、戴笠游。故其學淹洽，無所不通，如曆日、算數、宗乘、道藏，悉有神會。著有《遂初堂詩文集》《類音》等。

〔23〕朱甍（méng）：紅色屋脊。

〔24〕畫艗（yì）：船的别稱。因船頭上畫鷁形，故稱船爲"畫艗"。艗，本作"鷁"。

〔25〕窟：人或物聚集處稱爲窟。

〔26〕吴淇：字伯其，睢州人，順治十五年進士，官同知。

〔27〕梁園：在今河南開封市東南。漢梁孝王（劉武）創建，爲游賞與筵客

之所，當時名士司馬相如、枚乘、鄒陽等皆爲座上客。

潛江朱悔人載震《同石城公牛潛子秋日漢上》云[1]："瀲波秋柳帶明霞，茅屋參差野老家。江轉危磯奔駭浪，郁隣小市綴疏花。河魚入饌偏堪飽，濁酒能酣不用賒。贏得山公清興在[2]，停驂閒數後棲鴉。"

江都趙柳江有成《抵漢口》云[3]："孤征窮水驛，今到漢江頭。澤國舟爲市，人家竹起樓。烽烟消鄂渚，士女習巴謳[4]。始信湖湘美，山銜萬井稠。"

江都許鶴坪錫齡《晚渡漢口》云："霧消纔見日，風定恰移舟。波影連三楚，人烟劃二州[5]。亂山臨岸斷，灌木隔江稠。回首陽邏地，蒼茫正拍浮[6]。"

進賢饒蔚宗守樸《漢口夜泊》云[7]："蕭蕭孤棹客裝輕，乘興維舟漢水明。地勝高樓留夜月，江空細浪作秋聲。平鋪草色鳧漚集，亂織煙光舴艋横。把酒總添鄉思切，春風回首灌嬰城[8]。"

休寧戴景韓文柱《春歸日得楚白侄漢口書》云："骨肉傷心後，天涯淚暗揮。家貧歸不易，别久事全非。買竹春燒筍，逢花晝典衣。晴川高閣上，誰與對斜暉。"

王蘭泉昶《蒲褐山房詩話》[9]："嘉定王元勳字叔華，乾隆戊戌進士[10]，官徐州教授，著有《易圃詩鈔》。"《漢江秋望》云："波光天影兩空明，雲外迢遥過雁聲。颿帶夕陽歸夏口，山連秋色到樊城。銅鞮誰唱當時曲[11]，鐵鎖空餘弔古情[12]。欲訪滄浪漁父蹟，濯纓閑對漢江清[13]。"

【注釋】

〔1〕朱悔人載震：朱載震，字悔人，潛江人，康熙四十二年授石泉縣令，卓有循聲。師事王又旦，有詩名。著有《東浦詩集》。

〔2〕山公：即山簡。西晉山濤之子，字季倫，河内懷人，性温雅，仕爲征南將軍都督荆湘，鎮襄陽，每至習家池，必大醉而歸。《方輿勝覽》卷三十二：

“時人歌之曰：‘山公何所詣，往至高陽池。日暮倒載歸，酩酊無所知。’”高陽池即習家池。後漢習郁在峴山南建大魚池，依范蠡養魚法，在池中築一釣臺，後世稱習家池。臨終之時，郁囑儿女必葬己於魚池附近。習郁爲東晉習鑿齒之先人。習鑿齒著有《漢晉春秋》，推蜀國爲正統，而貶曹魏，頗著名。

〔3〕江都：縣名，屬江蘇省。

〔4〕巴謳：即《下里》《巴人》，民間通俗的歌曲。

〔5〕二州：指荆州和揚州。

〔6〕拍浮：漂浮酒船中。謂拍浮詩酒。《晉書》卷四十九：“（畢卓曰）右手持酒杯，左手持蟹螯，拍浮酒船中，便足了一生矣。”蘇軾《莫笑銀杯小答喬太傅》：“萬斛船中着美酒，與君一生長拍浮。”

〔7〕進賢：縣名。在江西省中部。

〔8〕灌嬰城：即豫章城，遺址在江西南昌，爲西漢開國功臣灌嬰所築。這裏指南昌城。

〔9〕王蘭泉昶：王昶，清代著名學者、文學家。字德甫，號蘭泉，又號述庵，江蘇青浦人（今屬上海市），乾隆進士，官刑部右侍郎。著有《春融堂詩文集》，辑有《明詞綜》《國朝詞綜》《湖海詩傳》《金石萃編》等大書。

〔10〕乾隆戊戌：乾隆四十三年。

〔11〕銅鞮：曲名。李白《襄陽歌》：“襄陽小兒齊拍手，攔街争唱白銅鞮。”

〔12〕鐵鎖：《晉書・王濬傳》：晉伐吴，吴人於江險磧要害處，以鐵鎖鏈横江截之，以拒晉之舟師。時謂之鐵鎖横江。

〔13〕滄浪、濯纓：《楚辭・漁父》：“歌曰：‘滄浪之水清兮，可以濯我纓；滄浪之水濁兮，可以濯我足。’”孔孟引此歌以闡述自取之論，已見前注。王夫之《楚辭通釋》曰：“君子遇有道則行吾志，無道則全吾身。”此亦是自取之意。

又，江都江昱，字賓谷，號松泉，諸生。《漢上喜李嘯邨聞涿至自潯陽》云：“蕭蕭木脱晚秋天，鐙影高樓枕手眠。春雨獨聽三楚雁，東風忽到九江船。詩篇作計寧長策[1]，行李隨身是夙緣。苹聚他鄉休感慨，題襟贏得緑尊前[2]。”

《隨園詩話》："賓谷《在漢上寄書屬家人山莊栽樹》云：‘老去菟裘身後家，他年都要此中來。’何言之親切而有味也。《漢上喜晤汪丈》云：‘他鄉執手感前盟，白髪垂肩閲變更。問舊可堪皆後輩，抱書猶記拜先生。漸成安土如秦贅[3]，别後添丁盡楚聲。客況中平誰復道，一尊寒雨故人情。’”

吴縣沈泰字蘆山。《和王櫟門春雨排悶詩韻》云："一從元夕到花朝，迢遞陰霾過寂寥。封屐泥丸行處懶，扶筇芳徑坐來消[4]。孤檠夢醒迷鄉路[5]，一縷香濃篆綺寮[6]。又是天涯寒食近，凄清深巷聽餳簫[7]。”"駘宕春光一半過[8]，杏花無力已辭柯。濛濛窗靄鶯聲急，瑟瑟簾波燕語多[9]。夢亦長貧安冷澹，身奚久客自蹉跎。百年能幾分陰惜，不待當前唤奈何。"

黄承吉，字謙牧，號春谷，家歙之西潭渡邨，入籍江都。丁巳領解[10]，後成進士，出宰粤西。引告歸，客漢上久。論詩以精彩骨力之辨，甚嚴，有《夢陔草堂集》。其《烟波詞八首》之末云："紅塵冪冪市如雷[11]，獨有野人心不猜[12]。雲夢採將香蕈至[13]，江陵網得鯽魚來。通津十里住鹽艘，怪底河中水不流。解道人間估客樂，來朝相别下揚州。"此二首謂漢口也。

雲夢許兆椿字秋巖，與弟兆棠字召邨，一字石泉，先後入詞館[14]。召邨早卒，秋巖官至漕運總督，有《秋水閣詩鈔》。《漢口舟中和召邨作》云："五湖汎宅計猶賒[15]，擊楫同登漢上槎[16]。世味漸諳知老大，鄉園欲近問桑麻。隔邨樹杪馳飆影，逼水隄根動浪花。無限心情同着眼，可憐倚櫂聽慈雅。"[17]

【注釋】

〔1〕作計：構思，打算。

〔2〕緑尊：酒樽。

〔3〕秦贅：晉文公重耳入贅秦國後曾漸漸在秦國安居下來。詩人借以比喻寓公。

〔4〕筇（qióng）：筇竹可以作杖，因稱杖爲筇。黄庭堅《次韻德孺新居病起》詩：“稍喜过從近，扶筇不駕車。”

〔5〕孤檠：指燈。

〔6〕寮：小窗。

〔7〕餳（xíng）簫：賣糖人吹的簫。

〔8〕駘宕：同“駘蕩”，放蕩舒暢。《晉書》卷五十五《夏侯湛傳》：“莊周駘蕩以放言。”明胡夢發《黄鶴樓賦》：“至若風光駘蕩，杜若蘭薰。”

〔9〕瑟瑟：碧緑色。白居易《暮江吟》：“一道殘陽鋪水中，半江瑟瑟半江紅。”

〔10〕丁巳：清仁宗嘉慶二年。領解：科舉制，鄉試中試者稱領解。

〔11〕冪冪：深濃貌。韓愈《叉魚招張功曹》：“蓋江煙冪冪，拂棹影寥寥。”

〔12〕野人：謙詞，舊指没有爵禄的平民。或指鄉野之人。

〔13〕葿（qǐ）：即“水蕨”。一年生草本，葉叢生，可供食用、藥用。《説文·草部》：“葿，菜之美者，雲夢之葿。”段玉裁《説文解字注》：“《吕氏春秋》‘雲夢之芹’，許作‘葿’。字異，音義則同。”

〔14〕詞館：詞臣的官署，如翰林院之類。

〔15〕汎宅：汎同“泛”。謂以船爲家。《新唐書》卷一百九十六《張志和傳》：“顔真卿爲湖州刺史，志和來謁，真卿以舟敝漏請更之。志和曰：‘愿爲浮家泛宅，往來苕霅間。’辯捷類如此。”元吴師道《敬鄉録》卷五：“方勺，字仁聲，著《泊宅編》十卷……泊宅在烏程，相傳張志和浮家泛宅之所，因號泊宅翁。蓋志和亦金華人，而寓吴興者，二人志操出處略同。”

〔16〕擊楫：東晉祖逖有濟世之志，擊楫中流。宋李燾《六朝通鑑博議》卷三《東晉論》：“臣嘗論晉元帝恭儉之主，而無撥亂之才，王導醇謹之臣，而無經世之略，故其能中興於江左，而不能中興於天下者……在晉之臣，獨一祖逖，擊楫中流，鋭而欲逞，導又不資之以尺寸之刃、斗升之糧。”

〔17〕聽慈雅：雅，古同“鴉”。相傳烏能反哺其母，故稱慈鴉。指懷念母親。

武陵楊湘岩瑞〔1〕，貢生，司教安仁〔2〕。《漢口》詩云：“大别山前水倒流，令人惆悵憶孫劉〔3〕。書生竟有吞吴計〔4〕，天意何曾爲蜀謀〔5〕。楊柳旌旗江上酒，仙人黄鶴水邊樓。也知興廢尋常事，獨有閒情狎水漚。”湘巖妻趙月華孝英，一字玉畦；妾魏芳貞，皆能詩，善作小楷。何卓齋熾，九江人，久客漢皋，魚鹽混跡，曾預甲辰詩會。余舊于鮑筠莊兆瑞寓館，録其《社日憶燕三絶》云：“記得當年傍母飛，呢喃絮語影相依。如何自解成巢日，零落空山不復歸。”“浮生聚散豈能無，春去秋來亦可娛。長别何堪當老大，再難營壘待新雛。”“空梁寂漠負芳辰，啓户搴簾枉費神。三十三年春夢醒，眼前誰慰白頭人。”苦語酸辛，託之社燕〔6〕，不堪多讀。

【注釋】

〔1〕武陵：舊郡名。治所在今湖南常德市。

〔2〕安仁：縣名，在湖南省衡陽市東部的永樂江流域。歷史上多屬衡州府管轄，1952年劃歸郴州市，在郴州市轄區最北端。

〔3〕孫劉：孫權、劉備。大别山（魯山）、夏口，三國時曾爲重要戰場。

〔4〕書生竟有吞吴計：書生，指杜預。史載杜預博學多通，朝野號曰“杜武庫”，自謂有“《左傳》癖”，著有《春秋左傳集解》《春秋釋例》《春秋長歷》《盟會圖》等書。杜預善用兵而身不能武，故謂之書生。晉武帝欲伐吴，猶豫未定。時杜預爲鎮南大將軍、都督荆州諸軍事，屢次表呈滅吴方略。太康元年，杜預陳兵江陵，以奇計直下孫吴，“吴之州郡皆望風歸命”。軍中歌之曰：“以計代戰一當萬。”

〔5〕“天意”句：此對照上文而言，謂杜預一介書生竟能一舉滅吴，而諸葛亮以雄才大略著稱海内，征戰多年，留下多少故事，大業卻終不能成功，自古以來，多少人曾爲之嘆息。孔明失敗的原因究竟是什麽呢？天意本來如此。

〔6〕社燕：燕子是候鳥，春社時來，秋社時去，故謂之社燕。

仁和姚士銘[1]，字朝宗，號達蓬山樵，著有《楚南游草》，未刻，稿藏蔣蔣邨參軍處。《小滿日漢口舟中對雨》云："今朝逢小滿，好雨及時傾。著水開圓影，飛空作碎聲。雲迷江夏樹，烟鎖漢陽城。待到昏黄候，天清月更明。"《舟發漢口鎮》云："漢口雨餘天，關開競放船。霞光横遠嶂，日影炫晴川。颿正因風順，舟輕得路先。篷窗頻眺望，菜麥繡平田。"

方岩夫軫，一字東山，歙西靈金邨人，諸生，品高神雅，學博文工，家有藏書，復少游于程瑶田先生易田之門[2]，又爲晞原先生長子[3]，師友淵源，家庭授受，與世俗迥别。而愛才心切，善與人交，大有庇寒廣厦之風[4]。以先業在漢，時來寓館，雖處囂塵中，閉户操觚[5]，吟聲不輟。嘉慶丙寅[6]，余獲訂交，相與考研經史，討論往還，無十日違也。丁卯冬，天嚴寒，君寢未興，聞窗外雪聲大作，驚曰："范叔得無寒乎？"急遣人貽以羊裘。庚午，余爲兒子濤納婦，賃屋維艱，君聞之，指所居後宅，修飾畢具，招留棲止歲餘。時君業已僨[7]，猶眷注于友朋如此。是秋，君歸歙，折柳河梁[8]，依依忍别。各賦五言古三首，竝約後當延余授經于東山讀書堂。次年冬，余赴巴山，轉徙入蜀，音問遂隔。甲戌季冬[9]，余客犍爲[10]，忽聞兇耗，不禁涕下霑襟。嗚呼！四海茫茫，知心有幾？喪我良朋，能無悲慟？除夕前五日，鐙下作輓詩四首，有"考研經史分鐙火，嘯傲江山遣歲華[11]""江邊記賃梁鴻廡[12]，雪裏曾貽范叔袍""鳥道蠶叢愁間隔[13]，素車白馬哭蹉跎[14]""碪敲哀響飛空院謂如君少寡[15]，雁帶酸聲入曉天謂令弟牧夫起謙"之句，皆紀今昔情事。又句："如何一别紛如雨，忽動牙弦頓輟嗟[16]。""想到交情千古泪，蜀鵑啼血助悲號[17]。""九原若問栖枝意，雪虐霜饕不改柯[18]。"心盦曰："真聲聲酸咏也。"

汪均之云："予嘗言如岩夫者，補天地之不足，平豪傑之不平，培生民之元气者也。"其推重如此。

【注釋】

〔1〕仁和：縣名。明、清爲杭州府治所。

〔2〕程瑶田：字易田，一字易疇，歙人，乾隆三十五年舉人，官太倉州學正。著名經學家，詩、書法、篆刻皆妙。著述甚豐。

〔3〕晞原：清姚鼐《惜抱軒文集·方晞原傳》："方根矩，歙人，晞原其字也。爲歙諸生，工爲文。"

〔4〕"大有"句：杜甫《茅屋爲秋風所破歌》："安得廣厦千萬間，大庇天下寒士俱歡顔。"借杜甫詩句，謂關心寒士。

〔5〕操觚：執簡。謂作文。

〔6〕嘉慶丙寅：嘉慶十一年。

〔7〕僨（fèn）：覆敗。

〔8〕折柳河梁：《三輔黄圖·橋》："霸橋在長安東，跨水作橋，漢人至此橋，折柳贈别。"後以"折柳"爲贈别或送别的代稱。

〔9〕甲戌：嘉慶十九年。

〔10〕犍爲：縣名。在今四川省樂山市東南部。犍，底本譌作"楗"。

〔11〕嘯傲：謂歌咏言行曠達自得，放縱無檢束。陶潛《飲酒》："嘯傲東軒下，聊復得此生。"

〔12〕梁鴻廡：《後漢書·梁鴻傳》："（鴻）遂至吴，依大家皋伯通，居廡下，爲人賃舂。"廡，堂之周廊。此處借比方岩夫騰讓後宅之事。

〔13〕蠶叢：蜀主稱蠶叢，因指蜀地。李白《送友人入蜀》："且説蠶叢路，崎嶇不易行。"

〔14〕素車白馬：多用於奔喪禮。亦用於亡國降服禮，或敬神罪己之禮。《後漢書·范式傳》載：范式與張劭爲友，劭卒，式往奔喪，未至柩已發，至壙將窆，柩不肯進。"遂停柩移時，乃見有素車白馬，號哭而來"。式撫柩而行，柩遂進。宋王益之《兩漢年紀》卷一："沛公先諸侯至霸上，使人約降子嬰。子嬰素車白馬，繫頸以組，封皇帝璽符節，降軹道旁。"《晉書》卷四十二："皓乃備亡國之禮，素車白馬，肉袒面縛，銜璧牽羊。"惠棟《九經古義》卷三引

《尸子》曰："湯之救旱也，素車白馬，布衣身，嬰白茅，以身爲牲。"

〔15〕如君：妾的别稱。《儒林外史》十一："商量要娶一个如君。"

〔16〕牙弦：伯牙善琴，因用以代琴，亦寓相知之義。宋李覯《送陳次公茂材》："牙弦一鼓時，鍾子耳必傾。"

〔17〕蜀鵑啼血：相傳蜀後主杜宇，死後化爲杜鵑，又稱子規，啼聲甚苦，嘴上帶血。後用以表達思念甚切。唐李山甫《聞子規》："斷腸思故國，啼血濺芳枝。"《格致鏡原》卷七十八引《寰宇記》曰："蜀之後主名杜宇，號望帝，讓位鼈靈，望帝自逃。後欲復位不得，死化爲鵑，每春月間晝夜悲鳴。蜀人聞之曰：我望帝魂也。"又引《禽經注》曰："杜宇啼苦，則自懸於樹，自呼曰謝豹。"又引《酉陽雜俎》曰："杜鵑知陽，相推而鳴，先鳴者吐血死，初鳴時先聽者主離别。"

〔18〕雪虐霜饕：謂霜雪摧殘。元陳鎰《午溪集》卷六《次韻枯梅》："苔封蘚蝕百年身，雪虐霜饕數点春。留得此花参太極，看來生意是深仁。"

岩夫《述懷》詩："馥馥幽蘭輝，濯濯青蓮蕊。各自抱素心，馨香欣密邇。雖云細草質，可以喻君子。流澤延春崖，芳蕤被秋水〔1〕。終朝誰采采，惠風扇桑梓〔2〕。驅車遠行役，朔气揚沙塵。魯連誰從游〔3〕，劇孟誰與隣〔4〕。撫劍增慨忼，倏忽五十春。寧將息高足，長揖要路津。舊巘良可懷〔5〕，慨然思隱淪。征蓬無定轍，歲月何駸駸。舉世多賢豪，遑惜乏知音。奇文盈篋笥，字字當南金〔6〕。卓哉一世英，緬懷千載心。引領發羈思，寤寐感所欽。何由寄芳躅，朝市與林藪。何由慰素心，琴書與美酒。開徑延松菊，策杖追良友。豈無壯遠懷，息機甘隴畝。高風誰企及，拭目瞻山斗〔7〕。"又《寄心盦》云："相逢無子野〔8〕，何處聽鳴琴。夜月江皋冷，秋風淮水深。幾年思遠道，極目仰高岑。天際碧雲盡，空餘千里心。""阮籍能豪飲〔9〕，陶潛愧折腰。鶴身無俗骨，芝草本仙苗。笑傲尋風月，興懷賦葛蕭〔10〕。溯洄不可接，秋水正迢遥。"
岩夫題余《苕谿漁隱圖》云："夕照澹疏林，幽興忽不已。孤櫂汎烟波，緣谿釣秋水。秋水清且廣，夕鳥下汀沙。一竿收未穩，風起亂苕花。相將棄塵慮[11]，歸櫂江湖去。只有捕魚人，深識桃源處[12]。二月湖水生，八月湖水平。漁翁了無事，日日結漚盟。”諸作深得《騷》《選》之旨[13]。

【注釋】

〔1〕蕤（ruí）：草木花朵下垂貌。

〔2〕桑梓：《詩・小雅・小弁》：“維桑與梓，必恭敬止。”桑和梓是古代宅旁常栽的樹木。後用作家園的代稱。宋楊簡《慈湖詩傳》卷十三：“朱曰：桑梓以遺子孫，給蠶食，具器用者也。”宋衛湜《禮記集説》卷十一：“去父母之邦，有桑梓之戀。”

〔3〕魯連：即魯仲連，戰國齊國的高士，奇偉倜儻，常爲人排難解紛。曾游於趙國，秦兵圍趙甚急，仲連片言退秦兵。齊王欲爵之，不受。

〔4〕劇孟：洛陽人，西漢初著名的游俠。漢文帝時，吴楚反，周亚夫至河南，得劇孟，喜曰：吴楚舉大事而不求劇孟，吾知其無能爲矣。孟母死遠方，送喪者千乘。及劇孟死，家無十金之財。

〔5〕舊巘（yǎn）：故山，謂故鄉。巘，山峰。

〔6〕南金：比喻南方優秀杰出的人才。晉薛兼等五人，“初入洛，司空張華見而奇之，曰：‘皆南金也。’”這裏借指著作。

〔7〕山斗：泰山、北斗。比喻所尊崇敬仰的人物。

〔8〕子野：師曠，春秋時晉國樂師，字子野，生而目盲，善彈琴，辨音能力極强。晉平公鑄大鐘，衆樂工皆認爲音律準確，獨師曠不以爲然，其判斷後爲師涓證實，成爲美談。

〔9〕阮籍：三國魏文學家、思想家，字嗣宗，陳留尉氏（今開封市）人。工五言詩，《咏懷》八十餘首，表達憂時心境，多所諷刺，寄興深遠，風格獨特，後世稱爲“正始之音”。能長嘯，善彈琴，因懼被禍，遂縱酒談玄，曠達不拘禮俗，爲竹林七賢之一。曾爲步兵校尉，時人稱爲“江東步兵”。後人輯有《阮步兵集》。

〔10〕葛蕭：《詩・王風・采葛》：“彼采葛兮，一日不見，如三月兮。彼

採蕭兮，一日不見，如三秋兮。彼采艾兮，一日不見，如三歲兮。”宋李樗等《毛詩集解》卷九：“李曰：此詩大抵言讒人之可畏，而以葛蕭艾爲之喻……‘一日不見，如三月兮’，言其不見君，則惧讒人乘間以入也。”

〔11〕塵慮：俗念，即關於世俗生活的種種思慮。宋邵伯温《易學辨惑》：“林下數月，使塵慮消散。”

〔12〕桃源：桃花源。陶淵明《桃花源記》虛構的一個理想社會。後常用來指避世隱居的地方。

〔13〕《騷》《選》：《離騷》《文選》。

吴澹止《懷程浩亭》詩：“歲云徂矣雨雪霏〔1〕，懷游子兮胡不歸。登高臺兮遠望違，江水寒兮漚鷺飛。流水嗚嗚直東去，寒風蕭蕭白日暮。行客無非江上停，今夜停舟在何處。”浩亭名瀚，歙人，籍霍邱，諸生，温雅冲邃〔2〕，内介而外和，于人無所臧否〔3〕。詩文清麗。初來江漢，館于洪氏，當時蟫藻閣、紅薇山館倡和之盛〔4〕，亦常與吟集。黄心盦題其《紅蕉緑桂圖》，《序》云：“嘉慶丙寅〔5〕，喜晤浩亭。追維疇曩〔6〕，僅我兩人。頑健如昔，因賦《金縷曲》一解寄慨。”詞有“低徊二十年前事。剪寒鐙、夜長讀畫，小窗花碎。玉軟香温圍錦繡，高會神仙此地。渾老盡、美人名士”之句。今心盦逝世，而浩亭年已七十，精神矍鑠，猶客漢上，引年尚齒〔7〕，具見前輩古風。

林琴庵棲鳳，字桐岡，儀徵人。飭躬端穆，物我無忤，和靄春風之气，溢于眉宇〔8〕。極嗜吟咏，愛才若渴。至于風月江山〔9〕，登臨觴會，興益佳。客漢數年。余時館于吴氏之攬茝山房，與君齋咫尺，故往來甚密，酬倡亦夥，《新雨聯吟》《落枝倡和》之刻，琴庵之力居多。《同人琴園看桂》云：“秋色美無度，平湖共放船。香飆催桂粟〔10〕，疏柳散邨烟。越陌紛車馬，開尊命管弦。琴臺留古蹟，花底啓芳筵。”“山水曾無恙，知音客自遐。壁詩多我輩，鴻雪各天涯〔11〕。痛飲漉巾酒〔12〕，貪看招隱花。扶顛判深夜，莫問夕陽斜。”讀此詩，即可見此老興復不淺。

【注釋】

〔1〕徂：過去。霏：雨雪紛飛貌。

〔2〕冲邃：高深。晉釋道恒《釋駁論并序》："佛法冲邃。"《晉書·郗鑒傳》："惟公道德冲邃，體識弘遠，忠亮雅正。"郭湜《高力士傳》："（上）謂高公曰：'朕觀崔圓器宇冲邃，理識宏通。'"

〔3〕臧否（pǐ）：評論人的好壞。漢張衡《西京賦》："街談巷議，彈射臧否。"

〔4〕蟫藻閣：巴慰祖的寓齋。紅薇山館：彭堇門的寓齋。

〔5〕嘉慶丙寅：清嘉慶十一年。

〔6〕疇曩：從前，以往。宋宋敏求《唐大詔令集》卷七十六《九嵕山卜陵詔》："還如疇曩居止相望，不亦善乎？"元吴師道《敬鄉録》卷十二："豈但一洗疇曩之愧而止哉？"

〔7〕引年：官吏年老告退。尚齒：謂尊敬老年人。齒顯示着年齡，故云。

〔8〕眉宇：指面貌、容顏。面之有眉，猶屋之有宇。

〔9〕風月：清風明月，謂美好的自然景色。也指男女戀情。《梁書》卷二十五《徐勉傳》："今夕止可談風月，不宜及公事。"

〔10〕催桂粟：指桂花散發芳香。

〔11〕鴻雪：即"雪泥鴻爪"。比喻往事遺留的痕迹。蘇軾《和子由澠池懷舊》："人生到處知何似，應似飛鴻踏雪泥。泥上偶然留指爪，鴻飛那復計東西。"蘇軾謂人生行踪本是飄泊無定，坎坷艱難，要學雁無遺踪之意，水無留影之心，人生往事得失，不復計較。

〔12〕漉巾酒：陶潛在家，每酒熟，即以頭上葛巾漉酒，復裹之。見《獨異志》。

琴庵《同人梅子山納涼》云〔1〕："六月江流平，漢漲遲不起。沿洄度月湖〔2〕，清淺碧何爾〔3〕。赤日鬱炎蒸，尋涼隔湖水。舍舟躡雲梯，振衣上梅子。遠公若先知〔4〕，瀹茗早相俟。真香滌塵煩，微言參妙旨。寓目倚南窗，千飄逐雲駛。悠揚大别雲，峭蒨卉木林〔5〕。隱淪往棲息，惟此岩壑深。虛亭蔭竹樹，白日長陰陰。引領陟絶巘，豁然開我襟。松風弄清濤，澗水鳴幽琴。身心寄閒逸，遑念違華簪[6]。前賢蹟云杳，高契安可尋。裴回獨延佇，明月來孤岑。”又己巳上元後一日[7]，招集梅子山看梅，同用楊鐵崖《花游曲》韻[8]，邀同心盦、白舫登黄鶴樓，愒飲崇府山之靄園[9]；同心盦、穀原、白舫小舫喬梓[10]、竹軒、湘嵐兩僧，天都庵納涼小飲，白樓看月，皆首唱賦詩，同人屬和。自琴庵返里，花宴吟尊，久歸寂漠。余亦奔走巴蜀，十餘年來，音書杳隔。迨余重客漢皋，晤吴月岩承誥，言近得林丈書訊及起居云：“頃聞林丈年逾七十，步履如常，頤養天和，家居怡悦。”因知人之渾厚和平者，方可受人間晚福也。

【注釋】

〔1〕梅子山：在漢陽縣治西三里，舊多梅，北臨月湖。今已成鬧市。

〔2〕沿洄：順流而下爲沿，逆流而上爲洄。

〔3〕清淺：水清且淺。這裏借用林逋《咏梅》“疏影横斜水清淺”詩句的意境，謂月湖池水清淺。

〔4〕遠公：東晉著名高僧慧遠。姓賈氏，雁門樓煩人，隨道安南游，見廬山清静，後居廬山三十餘年。東林寺是其傳道之所，對中國佛學理論有重要貢獻。門前手植銀杏一棵，至今尚存。孟浩然《晚泊潯陽望廬山》：“嘗讀遠公傳，永懷塵外踪。”

〔5〕峭蒨：山石峻峭青葱貌。《楚辭·九章·悲回風》“上高巖之峭岸兮”王逸注：“峭，山石之峻峭也。”《玉篇·艸部》：“蒨，青葱之貌。”左太冲《招隱詩》：“峭蒨青葱間，竹柏得其真。”乾隆皇帝《御製輝淵榭詩》：“玉壺冰榭枕横川，峭蒨叢中落石泉。”又《御製小有天園記》：“（黄山松樹子）夭矯盘拏高下，雜出於石笋峭蒨間。”亦指文筆峻峭。

〔6〕遑念：没有時間念及。遑，閒暇。《史記》卷二十六：“戰國并爭，在於彊國禽敵救急解紛而已，豈遑念斯哉？”華簪：古人用簪將冠别在頭髮上，華簪爲精美講究的簪子，貴官所用，故常用來指顯貴的官職。唐盧綸《九日奉

陪侍郎登白樓》："茱萸一朵映華簪。"

〔7〕己巳：嘉慶十四年。

〔8〕楊鐵崖：楊維禎，字廉夫，號鐵崖，山陰人，泰定四年進士，元代著名文學家。初官天台尹，改官數次，後擢江西儒學提舉，未及上任而兵亂，遂不復仕，放浪於詩酒。避地富春山，徙錢塘，張士誠累招不赴。明初命修禮樂書，不久稱病辭歸。其詩風奇詭，文字多藻飾，世稱"鐵崖體"。著有《東維子文集》《鐵崖先生古樂府》等。《花游曲》是其作品。

〔9〕崇府山之靄園：在武昌府城内將臺驛東北，因山而構。明永樂二年，楚昭王第五庶子朱孟熐被封爲崇陽靖簡王，建王府於此，因名崇府山。明末王府被毁，乾隆五十八年，有文人劉氏，在王府基址上修建草堂、亭園，爲隱居之所。當時學使吴白華題門額爲"靄園"，俗稱"劉家花園"。咸豐初，毁於兵火。

〔10〕喬梓：舊時稱父子爲喬梓。《廣東通志》卷三十九："趙必象，東莞人，咸淳元年進士，父崇詘同科，時稱喬梓聯輝。"這裏范鍇白舫與小舫亦是父子關係。

時梅子山僧，出示王櫟門手書《月湖》一絶云："沙禽拍拍如相引，芳草都無跡可迷。昨夜西風散疏柳，一痕低露郭公隄。"風調絶佳。又《秋日過朝陽庵用壁間韻》，有"湖水漸如冬日涸，山峰猶作夏雲看"之句。又《吴小韓陪王明府集朝陽精舍》句："不勞飛旆西園集[1]，已是清尊北海傾[2]。"余恐日久佚去，故録之。

黄心盦，名承增，歙人，偉貌修髯，交游甚廣，工作詩詞，文思斐然。嘗往來于燕北、汴梁、三湘、吴下，所至公卿倒屣[3]，争相延致，爲江湖上客。而操觚染翰之士，亦無不願交于心盦也。兩游漢口，皆與題襟雅集，雖參末座，已有慘緑少年之異[4]。丙寅[5]，復自淮上來，僑寓痘姥祠，僕僕半生，鳥將飛倦，遂有終焉之意。值余重客漢上，因通縞紵[6]。自後吟尊花社，酬倡曰增，頓著黄范之目，每推敲過市，人咸指而視之，似以爲兩異人耳。然余寡學尠能[7]，拘于孤傲，痴呆木訥，樗散早成[8]。而心盦則具應世之才，高談雄辨，四座俱傾，大有意气公然籠罩人之概，乃忝齊名，殊可愧也。心盦偶語及漢口曩日前輩風流，渺不可再，輒撫腕嗟嘆。余曰："四美二難不可兼得[9]，人固知之，而中寓盛衰之感，人莫知也。數十年來，君閱歷已深，矧擅文筆，曷不紀之？"心盦頷笑四三，遂有《漢口漫志》之作，中載生平交游，倡和居多，得二十三卷，未竣而卒，悲夫！先以無子，在漢續娶徐氏，生女二，子一，名錫疇，纔七歲。

【注釋】

〔1〕西園：魏曹操建，在鄴縣舊治北。曹植與王、劉、徐、陳、阮、應皆以文學顯，時人號稱建安七才子，常宴游賦詩於此。此後題咏者甚多。曹植有詩曰："公子敬愛客，終宴不知疲。清夜游西園，飛蓋相追隨。明月澄清影，列宿正参差。秋蘭被長坂，朱華冒緑池。潛魚躍清波，好鳥鳴高枝。神飇接丹轂，輕輦隨風移。飄飄放志意，千秋長若斯。"唐胡曾有詩云："月満西園夜未央，金風不動鄴天涼。高情公子多秋興，更領詩人入醉鄉。"

〔2〕北海：孔融官北海相，好客。嘗說："坐上客恒滿，尊中酒不空，吾無憂矣。"孔融，漢末文學家，字文舉，曲阜人，爲人剛直敢言，散文簡洁犀利，敢於嘲諷，後触怒曹操被殺。

〔3〕倒屣：屣，鞋子。《三國志·魏志·王粲傳》："時（蔡）邕才學顯著，貴重朝廷，常車騎填巷，賓客盈坐。聞粲在門，倒屣迎之。粲至，年既幼弱，容狀短小，一坐盡驚。邕曰：'此王公孫也，有異才，吾不如也。'"後用以形容對來客的歡迎非常熱情。《魏書》卷五十二："每聞儒士在門，常倒屣出迎。"《隋書》卷五十七："皆分庭致禮，倒屣相接。"

〔4〕慘緑少年：唐張固《幽閒鼓吹》：唐潘炎拜禮部侍郎，會同列，其妻垂簾視之，問："末坐慘緑少年何人也？"答曰："補缺杜黄裳。"夫人曰："此人全别，必是有名卿相。"杜後仕至宰相。

〔5〕丙寅：嘉慶十一年。

〔6〕縞紵：縞帶與紵衣。《左傳》襄公二十九年："（吴公子札）聘於鄭，

見子産，如舊相識，與之縞帶，子産獻紵衣焉。”後用以比喻友誼深厚，或朋友間相互餽贈。這裏指友人相互往來。

〔7〕尠：同“鮮”。少。

〔8〕樗（chū）散：樗木即臭椿，爲散置無用之材，比喻庸才，不受重用。

〔9〕四美二難：四美：良辰、美景、賞心、樂事。二難：賢主、嘉賓。意謂難以兼備。王勃《滕王閣序》：“四美具，二難并。”明高棅《賞菊詩序》：“昔人以四美二難爲不能以兼備。”鄭善夫《游北山記》：“自余結髮游名山川，四美二難往往不相值。”

《漫志》：歲在甲辰〔1〕，王蓬心宸司馬、宜昌徐袖東觀海司馬、武昌顧牧原駉司馬、漢陽家伯氏默谷燡照前任廣州司馬，皆以書畫詩文，迭主壇墠，文采風流，照耀江漢。又得徐敏庵刺史荀龍、畢花薑明府懷圖〔2〕，儲玉琴、魯星邨兩明經爲寓公〔3〕，倡予和汝振雅提風。同時，騷客詞人、書家畫手，莫不争自礪淬羽翼附庸〔4〕。下至名優妙伎，胥各售其所長，更莫悉數。上以佐鼓吹休明之盛，下以樂禮教富庶之風。漢上人文，自當蔚然興起矣。

又明年乙巳，修禊于紅薇山館，爲巴蓮舫、彭堇門主集。山館，堇門之寓齋也。同會者，爲吴澹止、元白門、汪艾塘、何卓齋、江春甸在川昆季、江杲樓、汪心冶、許楠屏、胡城東、程浩亭、家鹿峰及余伯兄冰漁、仲兄赤城，即席以唐常建《三日尋李九莊》詩分韻〔5〕。記楠屏得“人”字，有“座中今舊雨〔6〕，畫裏淺深春”之句，足稱探驪得珠〔7〕。是日南烹北饌，京檔吴伶〔8〕，復有老清客周仲昭〔9〕、陶天齡輩，兼十番法部〔10〕，皆極一時之選。自辰迄亥，文酒笙歌，盡歡而罷。鹺務中如此風雅領袖，藉以歌咏太平，真是不可多覯。蓋漢上鹺業，乃淮商舟運歲額，分售湖之南北。司其事者，半皆《史記》所謂張湯與賈人田甲錢通注；亦《漢書》羅裒“爲平陵石氏持錢”者也〔11〕。昔風淳厚，事寓仁慈。以此例分，桑梓更益。條單所有，恤貧周急，惠及窮黎寒畯〔12〕，正復不少；加諸賑歉援灾，争先首舉；東南財賦，亦得藉以栽培，絶無毁炭雪中，積花錦上之念存于方寸。是以世享豐腴，代傳書禮，天心善善[13]，十倍于人。其報施之厚，自絲縷不爽也。今則反是，漸形衰薄，何哉？

【注釋】

〔1〕甲辰：乾隆四十九年。

〔2〕明府：唐以後多專用稱縣令。

〔3〕明經：清代貢生的别稱。

〔4〕礪淬：磨煉兵刃。引申爲刻苦進修。王安石《除翰林學士謝表》："敢不磨礪淬濯已衰之心。"元吴澄《江西秋闈分韻》："猗歟際休明，光垢勇礪淬。"或作淬礪。劉勰《新論》："越劍性利，非淬礪而不銛。"

〔5〕常建：唐代著名詩人，長安（今西安）人，開元進士，曾官盱眙尉。喜漫游，其詩常以山林、寺觀爲題材，用字精煉，風格清新，多爲五言。著有《常建集》。

〔6〕舊雨：比喻老朋友，語出杜甫《秋述》。今雨則比喻新交。

〔7〕探驪得珠：見《莊子·列禦寇》。後常用來比喻做文章或做事能抓住要害。宋王庭珪《盧溪文集》卷五《和周通判永豐破賊》："探驪得珠何崛奇，更欲盡採珊瑚枝。"卞永譽《式古堂書畫彙考》卷五："譬之探驪得珠，餘皆鱗爪也。"

〔8〕京檔吴伶：京調和蘇州演員。

〔9〕老清客：舊時在富貴人家幫閑凑趣的人。

〔10〕十番法部：即十部樂曲，唐代宫廷宴樂。此處泛指戲班。

〔11〕張湯、田甲：事見《史記·酷吏列傳》。羅裒"爲平陵石氏持錢"：見《漢書·貨殖列傳》。指官商勾結，牟取暴利。

〔12〕窮黎寒畯：窮黎，窮苦的平民百姓。寒畯，貧窮的讀書人。朱軾《史傳三編》卷十《汲黯》："論曰：汲黯立朝，天子嚴敬比於師保，自王公戚屬近幸，莫敢以非禮干。及賑救窮黎，開釋無辜，汲汲然惟恐後。"宋熊克《中興小紀》卷十九："沈與求曰：皇祐初有官人沈文通第一，仁宗曰：朕不欲以貴胄

先天下寒畯，遂以馮京爲第一，文通爲第二。”

〔13〕天心善善：天心，指上天之心。前一“善”，動詞，意謂施善、善待；後一“善”，指有善行的人。意爲天道善待那些有善行的人。

又，元焕樞，字子政，號白門。其先避讎，改氏危，後始復姓。淹雅多能[1]，爲楚材冠冕。授經于巴蓮舫寓齋，以詩文書畫相雄長。予贈白門句云：“微之廊廟功名晚[2]，漫叟文章山水多[3]。”十年以往，白門墓木已拱[4]，蓮舫旋亦淹逝，壇坫一空，遂使山川減色。而白門遺集世少，元中郎恐等付雲烟過眼耳。嘗題余《豆花秋柳幀子》句云：“涼雨半窗邨店酒，夕陽三徑野人家[5]。”清幽似畫。

按：許楠屏焕，以孝廉作鳳陽廣文[6]，官冷署閒，益得肆力于著述。今老尚健飯。胡城東長庚工古篆，得鐘鼎筆法，妙絶天下，自錢十蘭坫後[7]，罕見其匹，余于常芝仙容膝居見之，著有《木雁居士集》。巴蓮舫慰祖好學多藝，工隸書，兼善技勇，業鹾漢上，愛才好客，四方著名之士道經漢口者，無不相推僑札之好[8]，一時題襟雅集，仿之天津查氏[9]、邗江馬氏[10]。蓮舫逝世，風流歇絶，已數十載。宜心庵《漫志》思緬幽深，感慨係之也。

【注釋】

〔1〕淹雅：博大而高雅。《史記・進表》：“臣等學慙淹雅，才謝宏通。”《晉書》卷七十七《陸玩傳》：“玩字士瑶，器量淹雅，弱冠有美名。”又《何充傳》：“充風韻淹雅，又義見稱。”《湖廣通志》卷四十一：“(杜詩)居官手不釋卷，博洽淹雅。”引申爲以洽博高雅著稱。《四庫全書總目》卷七陳弘緒《江城名蹟二卷》：“弘緒文章淹雅在明末，號能復古，故作是書。”

〔2〕微之：元稹，字微之，唐代著名詩人，洛陽人，貞元進士，與白居易友善，世稱“元白”。官監察御史，後拜相，最終暴卒於武昌軍節度使任所。廊廟：猶言廟堂，指朝廷。《史記》卷七十九：“今君相秦，計不下席，謀不出廊廟，坐制诸侯，利施三川，以實宜陽。”《晉書》卷五十：“既廊廟多賢才，而

野人亦不失爲君子，此先王之弘也。”宋張虙《月令解》卷二：“《月令》有寢廟，有大廟。寢廟，祖宗之廟也。大廟，爲天子所居，而有廟稱，如今稱廊廟，稱廟堂，無嫌也。方慤解云：以其或享神於此，故謂之廟。案：廟者，穆然而深也，不必享神之所始稱廟。《爾雅》云：室有東西廂曰廟。大廟有室而無寢。”

〔3〕漫叟：元結，唐代著名文學家。字次山，雒陽人，天寶進士，官金吾將軍，自號漫郎。平安史之亂有功，擢山南西道節度參謀。代宗時辞官侍親，客居武昌樊山，更號聱叟，授著作郎。久之，拜道州刺史，爲民營房舍，給田，免徭役，遷容管經略使，甚有時譽。作《大唐中興頌》，刻於浯溪。

〔4〕墓木已拱：《左傳》僖公三十二年：“中壽，爾墓之木拱矣！”後用爲慨嘆人逝世已久之詞，或謂墓塚已建而行將就木之意。《晉書·封孚傳》：“孚曰：‘行年七十，墓木已拱，惟求死所耳。’竟不謝。”

〔5〕三徑：舊指歸隱後所住田園。西漢末年，王莽專權，兖州刺史蔣詡稱病去官，隱居鄉里，在院里闢三徑，唯與求仲、羊仲往來。後用三徑指家園。《晉書·陶潛傳》：“（潛）復爲鎮軍建威參軍，謂親朋曰：‘聊欲絃歌以爲三徑之資可乎？’執事者聞之，以爲彭澤令。”熊廷弼《首春東園雜咏十首》之八：“且除亂草開三徑，更植幽花别四時。”

〔6〕廣文：唐天寶九年國子監始開廣文舘，設博士、助教等职。鄭虔曾任廣文博士，時人視爲冷官。杜甫《醉時歌贈廣文舘學士鄭虔》：“諸公衮衮登臺省，廣文先生官獨冷。甲第紛紛厭粱肉，廣文先生飯不足。”明清兩代的儒學教官，處境與廣文博士相似，亦是清冷之官，因而被用作别稱。

〔7〕錢十蘭坫：錢坫，字獻之，號十蘭，嘉定人，著名學者錢大昕之侄，乾隆三十九年副貢生，官州判。精訓詁、文字之學和歷史地理學，常與洪亮吉、孫星衍等討論學問，書法工小篆。晚年右手病殘，左手寫字，極精妙。著有《詩音表》《爾雅釋義》《説文斠詮》《新斠注地理志》等。

〔8〕僑札之好：春秋時鄭子産（名僑）與吴季札初見即友好，後用以比喻朋友推心締交。《藝文類聚》卷八十一引《晉陽秋》曰：“吴陸抗與晉羊祜推僑札之好，抗嘗遺祜酒，祜飲之不疑，抗有疾，祜饋之藥，抗亦推心而服之。”

〔9〕天津查氏：查爲仁，字心谷，號蓮坡居士。居天津水西莊，築板屋曰花影庵，貯書萬餘卷。往來名士多過從。能詩。著有《蔗齋未定稿》等。

〔10〕邗江馬氏：馬日琯，字秋玉，安徽祁門人，原籍江蘇江都，清代著名藏書家。所藏書甲大江南北，四庫館開，進書七百七十六種。好結客，有園亭名小玲瓏山館及街南老屋，四方名士多過從，觴咏無虚日。著有《沙河逸老集》。

又，嘉慶丁卯〔1〕，有“新雨聯吟”之集，自春迄冬，凡四十集。倡酬前後，凡二十餘人。雖無珍錯之筵〔2〕，管弦之盛，亦極一時風雅也。方巖夫軫序云：“心盦以丙寅中夏，與余遇于漢皋，見其所存篇什率盈篋，其已梓行者，則有《淮上題襟集》《吴下朋箋小録》《大梁偶成倡和詩鈔》。其餘篇簡繁雜，類同束筍〔3〕，未遑檢治矣。今歲上春，陰雨連旬，心盦得詩十首，且復徵和，遂連彙成帙，即以付梓。後有所作，悉附益之，目曰《新雨聯吟》。嗟乎！半生羈旅，萍水堪親，翹首停雲〔4〕，思心莫慰。今兹新雨，安忍置諸。故投分則隨地可以追歡〔5〕，攄情則倚吟不勝感舊〔6〕，異日心盦之舊雨睹此，其必有聆風而興感者矣。是編成，余爲述其命篇之意如此。”
又，丙寅〔7〕，余由淮客漢，與岩夫倡和成集，汪均之鋆序之。略云：“嗚呼！交道至今，尚可言耶？世間讀書男子，安得輕財而尚義，多能而愛才，盡如岩夫其人；倜儻雄偉，不忘舊誼如心盦其人耶？然則是册也，其第可以詩論耶〔8〕？予又安得無言耶？”

【注釋】

〔1〕嘉慶丁卯：嘉慶十二年。

〔2〕珍錯：“山珍海錯”的縮寫，指珍異食品。宋韓元吉《南澗甲乙稿》卷一：“薦醽醁于樽俎，剥珍錯之螺貝。”《湖廣通志》卷一百二：“方物所宜，珍錯迭獻。”

〔3〕束筍：謂詩卷積累很多，如成束的竹筍。宋晁補之《雞肋集》卷十五：

“詩誇東筍密，髮嘆耨苗稀。”

〔4〕停雲：陶潛《停雲詩序》：“停雲，思親友也。”明吴之鯨《武林梵志》卷五：“須把老懷傾瀉盡，毋勞别後賦停雲。”

〔5〕投分（fèn）：意氣相合。謂相知。《晉書》卷五十五《潘岳傳》：“投分寄石友，白首同所歸。”《舊唐書》卷一百六十九《鄭注傳》：“及延坐與語，機辯縱衡，盡中其意，遂延于内室，促膝投分，恨相見之晚。”

〔6〕攄（shū）情：抒發情意。班固《西都賦》：“願賓攄懷舊之蓄念，發思古之幽情。”

〔7〕丙寅：嘉慶十一年。

〔8〕第：但，衹。

又，岩夫尊甫晞原先生矩，親賢好學，專力詩文。少嘗游于江慎修、方樸山、劉海峰諸前輩之門[1]，獲聞緒論[2]，是以學醇無雜，而于交游，死生如一，能任其急難。著有《以齋集》。《題王櫟門燕來巢圖兼以志别》云：“先生真大隱，卜築臨廛市。瑩然玉雪姿，高風追古始。機心久已忘，矧迺機事爾。安得如棲燕，結巢傍君子。”朱文正公珪主丙午江南鄉試時[3]，自決必能以第一人取晞原，而晞原時已不赴試，後又四年，卒。性和易寡怨，尤有古學者風。

又，程執齋紹允，博學工詩，爲宣五先生之孫，孝子旨泉之子也。吴鶴關《黄山紀日序》略云：“康熙壬辰歲八月壬子朔有三日甲寅[4]，邦治載筆墨，自漢口登舟啓行，與程宣五約爲黄山游。”又程家歙西之竇邨，鶴關《竇邨》詩有“翠蘿石上横吹笛，紅樹林中坐釣魚”之句。宣五病，旨泉刲臂肉和藥以進[5]，事具鶴關詩後，汪均之作《傳》。執齋時來漢上，性敦友誼，卒于丙子之春。余輓以聯，句云：“定交逾二十年，憶昔拭芙蓉斷鍔[6]，瑩鸊鵜膏[7]，頓令青苹長價[8]，雖朅來聚散頻經，總數見能鮮，况真庇寒士俱歡顔，我亦在萬間厦裏；其源出三百首，即今聽謝豹哀鳴[9]，浣薔薇露，難禁紅雨傷神[10]，念此是性情所寄，觀每變愈上，應不死名山傳盛業，魂堪招兩卷詩中。”起句謂昔見予《古劍篇》，謬賞而訂交也。結謂在漢以自定詩稿兩卷，屬予選校，旋病歸里，未幾逝世，故云。

按：執齋古貌古心，雖託蹟市囂，而愛才躭咏，亦慎于交接。與余漢上往來，必留談半日，恒不忍遽去者。自余壬申遠赴巴山，復入蜀數載，忽驚訃至，嗟悼屢日。令嗣芥坪泰生機警多才識，與心盦及余交，在紀群間甚密也。辛巳，心盦歿于四月。及秋，芥坪以病卒于漢口寓齋，時年五十，僅享中壽，惜哉！

【注釋】

〔1〕江慎修：江永，字慎修，清康熙乾隆時婺源人，貢生，音韻學家，兼通《三禮》，哓樂律，治經以考據見長，開皖派之風氣，著有《古韻標準》《律吕闡微》《禮書綱目》《推步法解》等，著述甚豐。方樸山：方楘如，字若文，號樸山藥房，浙江淳安人，康熙進士，知豐潤縣，通經學，工詩古文詞，與方舟、方苞時稱“三方”，著有《集虚齋集》等。劉海峰：劉大櫆，字才甫，號海峰，安徽桐城人，貢生，官教諭，工古文，爲清代重要散文流派“桐城派”代表作家之一，有《海峰集》。

〔2〕緒論：本指首篇統述全書大旨的文字。這裏謂吸取各家學術精髓。《四庫全書提要·易漢學》：“是編乃追考漢儒易學，掇拾緒論，以見大凡。”

〔3〕朱文正公珪：朱珪，字石君，號南厓，祖籍蕭山，父輩遷爲大興人。乾隆十二年進士，選庶吉士，授編修，累遷侍讀學士。乾隆三十二年補湖北按察使。嘉慶五年，兼署吏部尚書。十年，拜體仁閣大學士，管理工部事。其政聲卓著，爲清代名臣。丙午：乾隆五十一年。

〔4〕康熙壬辰歲：康熙五十一年。

〔5〕刲臂肉和藥：舊時宣揚的愚孝行爲，割下自己的臂肉或股肉和藥爲父母親人治病，也叫割股。《金史》卷一百三十：“雷婦師氏，夫亡，孝養舅姑，姑病，刲臂肉飼之，姑即愈。”或割臂以血寫佛經祈佛佑使病愈。《宋史》卷二百九十六《查道傳》：“又刲臂血寫佛經，母疾尋愈。”

〔6〕芙蓉斷鍔：芙蓉，利劍名。鍔，劍刃。吴均《和蕭洗馬子顯古意六

首》："蓮花穿劍鍔，秋月掩刀環。"

〔7〕鸊鵜膏：鸊鵜，水鳥名。鸊鵜膏，用以塗刀劍防銹。宋吴曾《能改齋漫録》卷六《鸊鵜膏》："《爾雅注》：'鸊鵜似鳧而小，膏可瑩刀。'《續英華詩》有：'馬銜苜蓿葉，劍瑩鸊鵜膏。'故杜子美《贈太常張卿均詩》云：'健筆凌鸚鵡，銛鋒瑩鸊鵜。'"

〔8〕青苹：劍名。《抱朴子·博喻》作"青萍"。《舊唐書》卷一百七十四："贊曰：公之智决，利若青萍，破虜誅叛，摧枯建瓴，功成北闕，骨葬南溟。"《太平寰宇記》卷八十四《劍州》："時太子少師王鐸扈從至廟，親覩皇帝（僖宗）解劍授神，因題詩云：'盛唐明主解青萍，欲振新封濟順名。夜雨龍抛三尺匣，春雲鳳入九重城。'"

〔9〕謝豹：師曠撰、張華注《禽經》："江介曰子規啼苦則倒懸於樹，自呼曰'謝豹'。"

〔10〕紅雨：比喻落花。李賀《將進酒》："况是青春日將暮，桃花亂落如紅雨。"

錢塘胡戟門晉，以軍功補新灘巡檢[1]，調涖仁義司。時淮之南北，頻歲水澇，逃荒者以什百計[2]，乞食武、漢間。内有無賴子，恃飢民之名，率婦女横逆[3]，漢口市廛不勝其擾。大府慮成群滋事，檄飭盡驅出境。戟門陰念驅此仳離[4]，又以鄰國爲壑[5]，聞江南春稔，莫若計其人口，給貲俾歸就食。因出俸餘[6]，室人徐氏亦脱釵珥付質庫[7]，好義者咸捐助。乃爲買江船，具糗糧悉諭登舟[8]，歡呼東下。程浩亭有詩紀之云："有丹起死不爲難，難在貧醫肉肯剜[9]。百四十人齊得活，一時謳頌徧江干。"

吴芍圃勺，一字灌雲，倜儻好義。邗江有貧女年十四五，隨其父母來漢，投所親不遇，斷炊鬻女，誤入狹邪[10]。灌雲聞之，急告戟門，斷贖身券，其價項已半付旅債。灌雲慨然資助，免墮烟花，且復給費使歸，真盛舉也。

【注釋】

〔1〕巡檢：明清時，凡鎮市、關隘，大抵設巡檢分治，爲縣令的屬官。民國九年《夏口縣志·職官志》：胡晉於嘉慶十二年任仁義司巡檢。

〔2〕什百：十倍百倍。

〔3〕横逆：横暴不順理。

〔4〕仳離：猶言别離。舊時特指婦女被遺棄而離去。

〔5〕以鄰國爲壑：拿鄰國當大水坑。見《孟子·告子下》。後用以比喻把困難灾禍轉給别人。

〔6〕俸餘：俸禄所餘。

〔7〕室人：代指妻妾。質庫：當鋪。

〔8〕糗糧：乾糧。

〔9〕貧醫肉肯剜：成語“剜肉醫瘡”，這裏比喻想一切辦法幫助人解决困難。

〔10〕狹邪：舊時稱娼妓家爲“狹邪”。

曹震亭學詩，字以南，歙人，年十二作《黄山賦》數千言，以進士出宰，未幾告歸。嘗語人曰：“惻隱之心，不必擇人而發，擇地而施，即眼前凍餒之人，隨分隨量以濟之，便爲天地補缺陷，爲君相廣仁恩，聖賢胞與〔1〕，仙佛慈悲，俱不外是也。豪華温厚之家，縱歌舞，拓寺院，能省一席之金錢，節一椽之土木，便可拯飢寒于溝壑，完骨肉之流離。至于英杰窮途，才人落魄，扶一人之危困，可爲濟渡億萬人之根基，如謫仙救郭汾陽〔2〕，張髯助李衛公〔3〕，慧眼熱腸，古今獨絶。”

黄赤城承煜客漢日久，曾與“巴氏吟宴”之集。嘗有《謝暖寒會招飲啓竝小序》云：“《開天遺事》載長安富人王元寶〔4〕，每大雪之際，則命僕夫埽雪開徑，迎揖賓客飲宴，爲暖寒之會。予意當時之士，必有贈言，今寥寥無聞，爲補謝啓一通。予且有慨于後來猗頓、白圭之徒〔5〕，但能居奇挾貲，作守錢奴耳。不則，艾豭、婁豬〔6〕，甘貽其耻。若王元寶之豪舉韻事，蓋未易載也。噫！投轄留歡〔7〕，不媿陳遵名下士；傾財結客，居然郭解一流人〔8〕。當六花舞瑞之時〔9〕，開三徑迎賓之路。閉門高卧，竟無車轍到貧家；折柬消寒[10]，遂有紀綱來陋巷[11]。而且屏開雲母[12]，座叠氍毹[13]。促席飛觴[14]，水陸盡珍羞之美；分曹射覆[15]，笑談皆韋布之徒[16]。飢來驅我去，覺古人如陶徵士乞食爲勞[17]；諸家憶所歷，即時賢如杜陵翁負薪不免[18]。愧某非操觚之彦[19]，惟君誠貨殖之雄，分暖噓寒，克蘇肌骨，伸箋呵管，敢布腹心。晉公子受飧返璧[20]，禮慚未答于微時；韓淮陰一飯千金[21]，恩願必酬于異日。”

【注釋】

〔1〕胞與：宋張載《西銘》：“民吾同胞，物吾與也”的略語。謂愛人民大衆如同愛同胞手足一樣。與“黨與”相對。元劉鶚《惟實集》卷一：“含宏之量，胞與之懷。”清刁包《易酌》卷三：“然非以大公至正之道處之，雖人人響應，亦黨與之私，而非胞與之公矣。”

〔2〕謫仙救郭汾陽：《新唐書・李白傳》：“（李）白游并州，見郭子儀，奇之。子儀嘗犯法，白爲救免。”郭子儀封汾陽郡王，因稱郭汾陽。

〔3〕張髯助李衛公：《新唐書・李德裕傳》：“（李德裕）少力於學，既冠，卓犖有大節，不喜與諸生試有司，以蔭補校書郎，河東張弘靖闢爲掌書記。”李德裕卒封衛國公。張髯即張弘靖。

〔4〕《開天遺事》：《開元天寶遺事》的簡稱，五代王仁裕作。其中載有王元寶大雪之際，“迎賓客飲宴，爲暖寒之會”之事。

〔5〕猗頓、白圭之徒：都是春秋戰國時期的著名商人。後常用以稱比富商。猗頓，漢孔鮒《孔叢子》卷中：“枚産魏人問子順曰：臣匱於財，聞猗頓善殖貨，欲學之然，先生同國也，當知其術，愿以告我。答曰：然知之，猗頓魯之窮士也，耕則常飢，桑則常寒，聞陶朱公富，往而問術焉。朱公告之曰：子欲速富，當畜五㹀。於是乃适西河，大畜牛羊於猗氏，故曰猗頓。”猗氏，縣名，屬河中府，本令狐後，以猗頓易其名。宋陸佃《埤雅》卷十引《抱朴子》曰：“玄蟬絜飢，不羡蜣螂穢飽，故（顔）回之簞瓢，有以輕猗頓之富也。”白圭，《史記・貨殖列傳》：“白圭，周人也，當魏文侯時，李克務盡地力，而白圭樂觀時變，故人棄我取，人取我與。”按《索隱》，李克當作“李悝”。

〔6〕艾豭、婁豬：《左傳》定公十四年：“既定爾婁豬，盍歸吾艾豭。”婁豬，母豬。艾豭，老公豬。這裏指亂搞男女關係。

〔7〕投轄：事見《漢書·陳遵傳》：“陳遵，字孟公，杜陵人也。遵耆酒（師古曰：耆讀曰嗜），每大飲，賓客滿堂，輒關門，取客車轄投井中，雖有急終不得去。”後用以形容主人殷勤留客。蘇軾《杜介熙熙堂》：“遥想閉門投轄飲，鵾絃鐵撥響如雷。”宋王楙《野客叢書》卷十三《陳遵投轄》曰：“大抵觀史當逆其意，不可泥其文。如《陳遵傳》云：‘每大飲酒，賓客滿堂，輒關門，取客車轄投井中，雖有急終不得去。’如《傳》所云，則遵閉門投轄率以爲常，何其不近人情？如此每閉門不放客出可也，何至每以其轄投井中耶？蓋投轄事一時偶然耳，非謂其常如是也。遵間嘗因醉中留客不住，遂取客車轄投於井中，史家紀此一事以見遵平時好留客如此。後人不考其意，遂謂常取人車轄投井中。如李方叔詩：‘可笑陳孟公，好客常投轄。’何不曉事如此？”

〔8〕郭解：漢初著名的游俠，軹人，元朔二年徙於茂陵。其父以任俠於漢文帝時被誅死，至郭解被族誅。事見《漢書·郭解傳》。宋王益之《西漢年紀》卷十三：“軹人郭解，關東大俠也，亦在徙中。”考異：“元朔二年用主父偃説，徙郡國豪傑於茂陵，此乃徙解之時也。解入關，關中賢豪知與不知，聞聲爭交驩。”《明一統志》卷二十八：“郭解，軹人，始以游俠睚眦殺人，後折節爲儉，以德報怨，厚施而薄望，振人之命，不矜其功。”宋吕祖謙《大事記解題》卷十二“漢孝武皇帝元朔三年族誅郭解”解題曰：“游俠始於王政之不行，而盛於戰國之末。雖以始皇之暴，隳名城，殺豪傑，不能少殺其勢。田横之死，自殺者至五百人，私義之勝亦極矣。文景以來，累加誅揃，然其鋒猶未衰也。至於武帝，勢平文勝，禁網日密，自郭解之誅，而天下無大俠矣。”

〔9〕六花：雪花六角，故稱雪花爲六花。宋楊億《次韻和盛博士雪霽之什》：“六花新霽白皚皚，爽氣颼颼拂面來。”清范家相《三家詩拾遺》卷八：“天將雪六花，先散爲英毛。”

〔10〕折柬：裁紙寫信。或作“折簡”。宋何薳《春渚紀聞》卷一《姚麟奏對》：“姚麟爲殿帥，王荆公當軸，一日折簡召麟，麟不即往。荆公因奏事白之裕陵，裕陵詢之麟，對曰：‘臣職掌禁旅，宰相非時以片紙召臣，臣不知其意，

故不敢擅往。’裕陵是之。”清人姜宸英有詩咏此事云：“枯藤雙倚退食餘，折柬相召一事無。”見清王士禛《居易録》卷九引。

〔11〕紀綱：指僕人。《聊齋志異·長清僧》：“夫人遣紀綱至，多所饋遺。”

〔12〕屏開雲母：指雲母屏風。《漢書》卷九十九中《王莽傳》：“後常翳雲母屏，面非親近莫得見也。”《後漢書》卷六十三《鄭弘傳》：“置雲母屏風，分隔其間。”注：“以雲母飾屏風也。”杜甫《酬薛判官詩》：“志在麒麟閣，無心雲母屏。”

〔13〕氍毹：毛絨或毛麻織的地毯。《玉臺新咏·隴西行》：“請客北堂上，坐客氈氍毹。”

〔14〕促席飛觴：促席，謂座位貼近。左思《蜀都賦》：“合樽促席，引满相發。”飛觴，舉杯飲酒。柳宗元《祭崔君敏文》：“華蠋飛觴，高歌屢舞。”促席飛觴，形容飲酒的塲面熱烈。明方孝孺《遜志齋集》卷二十《祭鄭仲舒太常》：“促席飛觴，會一時之英傑；揮毫作賦，掃千古之遺篇。”

〔15〕分曹射覆：曹，成對。分曹，分批。射覆，酒令的一種，即用相連字句寓物爲謎讓人猜度。唐李商隱《李義山詩集》卷上《無題二首》：“隔座送鈎春酒暖，分曹射覆蠟燈紅。”射覆原爲猜測覆蓋之物的一種游戲，見《漢書·東方朔傳》。後演變成爲一種酒令。

〔16〕韋布：韋帶布衣。舊指未出仕或隱居山野者的粗陋服飾。或引申指隱居山野之人。《宋史》卷三百八十六《黄祖舜傳》：“(祖舜)出通判泉州，將行，言抱道懷德之士，不應试干禄，老於韋布。”《四庫全書總目》卷五十八：“末秩諸生韋布及山樵市隱，名姓無徵。”

〔17〕陶徵士：陶潛。舊稱不應朝廷徵聘之士爲徵士。義熙末朝廷徵陶潛爲著作郎，不就，後稱陶潛爲陶徵士。宋黄伯思《東觀餘論》卷下有《跋陶徵士集後》。元吴師道《敬鄉録》卷三《重陽》：“東籬陶徵士，得酒更何求。”

〔18〕杜陵翁：杜甫。杜陵爲杜甫故里，故稱。黄庭堅《慈雲寺》：“安得雄文壓勝境，九原唤起杜陵翁。”宋黄希原本、黄鶴補注《補注杜詩》卷十三《復陰》：“君不見夔子之國杜陵翁，牙齒半落左耳聾。”補注：“洙曰：夔州

古夔子國也，杜陵子美故里也。”負薪：指負薪之憂。舊時自稱有病往往曰有負薪之憂，而不直曰有病。或作負薪之疾、負薪之病、采薪之憂。或指賤役之苦。

〔19〕操觚：謂作文。觚，古人寫字用的木簡。晉陸機《文賦》：“或操觚以率爾，或含毫而邈然。”元辛文房《唐才子傳》卷一：“（王）勃欣然對客，操觚頃刻而就，文不加點，滿座大驚。”彦：指才德杰出之士。

〔20〕受飧返璧：飧，晚餐，引申爲熟食。《孟子·滕文公上》：“饔飧而治。”注：“饔飧，熟食也。朝曰饔，夕曰飧。”受飧，謂接受食物。返璧，退回璧，表示不貪得。晉公子重耳流落至曹，曹共公“乃饋盤飧，寘璧焉。公子受飧反璧”。事見《左傳》僖公二十三年。

〔21〕一飯千金：原指韓信潦倒飢餓時得一漂婦所救，後報之千金。事見《史記·淮陰侯列傳》。後用來謂受人点滴之恩而厚報。

方岩夫作《梅花水仙盟》詞，曰：“黄山谷《水仙》詩〔1〕：‘山礬是弟梅是兄〔2〕’，夫山礬何物？不值與二君作奴耳。廼敢列鼎足而叙雁行，擬人不以其倫，此老未免荒謬。予因黜山礬而進兩君于室，使重聯伯仲，以洩我不平，而爲之作盟文。”其辭曰：“天地日月上下，臘雪在前，春風在後，罔不證盟。我凌冰，君負雪，此日幽芳人共説。君調鼎，我息機。異時隱顯心莫違。”

巴蓮舫慰祖，風雅好交，爲漢上鹽鹺中第一，著有《蟬藻閣集》，不及一見，令人企想，僅記《春柳四首》，句云：“翠眉畫入張郎筆〔3〕，青眼窺來衛玠車〔4〕。”“最消魂處絲絲雨，聊遣愁時淡淡風。”“嬌淚滴乾疏雨後，清詞唱罷曉風前。”皆婉約可誦。

洪石農先生範，居歙之桂林邨。善篆隸，工六法〔5〕，屢困秋闈，棄爲書記之士。福郡王愛其才藝，待以重客。嘗從征後藏，出塞一二萬里，所歷西番各部，山川險要，戰守形勢，悉繪以圖，上相籌邊，可資指畫。磨盾草檄，倚馬賦詩〔6〕，又其餘事也。以縣尹微僚，立功絶域，旋擢松潘同知，洊守同州，引内諱歸〔7〕，服闋〔8〕，補山東曹州府，陞任運河河庫道。余嘗謂叙功不愧勤勞之實，居官無慚清慎之名，惟先生有焉。

陝西同州府爲唐白太傅宦游地[9]，郡有白樓。石農先生書畫，角署印文曰“白樓過客”。其和易近人處，亦似香山。自同州丁艱回里[10]，道出漢口，值炎威熾甚，小住數月。其行館與余寓攬茝山房，僅一垣隔，杜門卻軌，日以翰墨自娱。間于雨後輕涼，隨一奚童[11]，小步後湖緑陰隄畔，布襪青鞋，依然寒素。見者不知其珥孔翠[12]，列朱旛[13]，曾爲二千石也[14]。復喜與寒士交，余因得識韓[15]，居相近，往來過從無間。先生或時設酒果，招方岩夫、常芝仙暨余談詩論畫，甚相得也。偶言及黄穀原擅于畫法，先生翌日即渡江訪之，其愛才如此。

【注釋】

〔1〕黄山谷：黄庭堅，字魯直，號山谷道人，分寧（今江西修水）人，治平進士，北宋著名詩人、書法家。作詩提倡“無一字無來處”“點鐵成金”，成就極高，爲江西詩派創始人，著有《山谷集》等。書法主要取法顔真卿和懷素，擅行、草，用筆縱横奇險，以側險成勢，自成一體。

〔2〕山礬：花名。《正字通》：“俗名椗花。黄庭堅曰：‘江南野中椗花，土人採葉燒灰，染紙爲黝，不借礬而成，因易名爲山礬。’”

〔3〕翠眉：用黛色描飾的眉毛。張郎：即張敞，字子高，河東平陽人，漢宣帝時官京兆尹，以切諫著稱。請纓平渤海盜，官冀州刺史，有政績，爲漢代名宦。《漢書・張敞傳》：“（敞）又爲婦畫眉，長安中傳張京兆眉憮（嫵）。有司以奏敞，上問之，對曰：‘臣聞閨房之内，夫婦之私有過於畫眉者。’上愛其能，弗備責也，然終不得大位。”後以畫眉用爲夫妻恩愛的典故。

〔4〕衛玠車：《晉書・衛玠傳》：“（玠）總角乘羊車入市，見者皆以爲玉人，觀之者傾都。”衛玠，河東安邑人，衛瓘之孫，字叔寶，五歲風姿玉美，有玉人之稱。及長，好談玄理，名士莫不推服，累官太子洗馬，爲晉中興名士。後避亂移家建鄴，人士聞其名，觀者如堵。年二十七卒。

〔5〕六法：南齊謝赫撰《古畫品録》，稱畫有六法，兼善者難。六法者：一、氣韻生動；二、骨法用筆；三、應物象形；四、隨類賦彩；五、經營位置；

六、傳移模寫。見唐張彦遠《歷代名畫記一》。《四庫全書提要》謂“所言六法，畫家宗之，至今實千載不能易也”。

〔6〕倚馬：原謂倚馬前作文。語出《世説新語·文學》：桓温北征，令袁宏倚馬前作露布文，手不綴筆，俄成七紙。後用以比喻文思敏捷。李白《與韓荆州書》：“請日試萬言，倚馬可待。”明周祈《名義考》卷八《曹李敏捷》：“曹子建七步成詩，李太白自言倚馬可待，世稱敏捷者無如二子。史育《除夕詩》五步而成，柳公權《賜邊衣詩》三步而成，是又過於子建矣。桓温北征鮮卑，唤袁宏倚馬前作露布文，手不綴筆，太白借用其事，不然何爲文乃言倚馬耶？”露布，古代傳遞軍情捷報的一種公告文書。

〔7〕内諱：舊謂國内家内惡事醜事須加以避諱者。元戴表元《剡源文集》卷十《賈母滑氏夫人詩序》：“古者内諱不出門，外言不入閫，婦人女子而以名字聞於人難矣。”

〔8〕服闋：古喪禮父母死後子女守喪三年，期滿除服，稱“服闋”。闋爲終了之意。

〔9〕白太傅：即白居易，以官稱名。唐孫光憲《白太傅墓誌》：“白太傅與元相國友善，以詩道著名，時號元白。”

〔10〕丁艱：舊稱遭父母之喪。也叫丁憂。即父母去世，子女在家守喪三年。父喪稱“丁外艱”，母喪稱“丁内艱”。

〔11〕奚童：僕童。《宋史》卷三百六十四《韓世忠傳》：“(世忠)自此杜門謝客，絶口不言兵，時跨驢攜酒，從一二奚童，縱游西湖以自樂。”

〔12〕珥孔翠：珥，插。孔翠，清代武官的帽飾。《清史稿·輿服二》：“二等侍衛戴雀翎。”胡渭《禹貢錐指》卷六：“象犀孔翠之屬，皆出嶺南。”

〔13〕朱旛：舊時儀仗中表示等級身份的一種旗幟。唐盧綸《送信州姚使君》：“朱旛徐轉候群官，猨鳥無聲郡宇寬。”《江南通志》卷三十九載：“御史虞仲卿墓在無錫縣朱山，王莽逼爲司徒，不從，死之，葬此。光武即位，以朱旛表其墓，因名朱山。”

〔14〕二千石：漢代自九卿郎將至郡守的俸禄都是二千石，但實分三等而有差。東漢二千石則實得二千石。後因稱郎將、郡守、知府一級的官員爲

二千石。

〔15〕識韓：初次相識的敬辭。語出李白《與韓荆州書》："白聞天下談士相聚而言曰：'生不用萬户侯，但願一識韓荆州。'何令人之景慕一至於此耶！"韓荆州，韓朝宗，長安人，開元時屢遷荆州長史，喜識拔後進，爲時所重。

余少未習書，迄今爲憾。或與朋儔酬咏，每一援筆，輒覺愧汗交流。而于書畫，又有癖好，家貧無力購藏，然遇價少减者，雖典衣負貸不吝。半生浪蹟江湖間，聞有擅書畫詩文能事之士，不揣弇陋[1]，必爲傾心交識。石農先生言曩在都中琉璃廠[2]，得古宣紙一幅，暇畫山水，差可人意。惜幀首破損，庋置篋笥久矣。余聞請閲，半晌檢出，蒼老渾厚中復具秀潤之趣，乾濕筆都有法，蓋仿麓臺而得其神者[3]。余見之，驚喜欲狂，揖而乞之，急付裝潢，什襲藏弆[4]，爲墨寶云。

方岩夫招同曹問林、黄心盦出游漢陽郊墅，因雨阻不果，移席洪石農先生寓館，聽説書者周在谿説《紅樓夢》野史數則。是集也，觥籌履舄[5]，雅極纏綿，各賦十絶句紀事。心盦詩云："流紅未可付春漪[6]，合築香泥葬玉肌。傳得女郎情態好，教人一倍惜花枝。""杏子櫻桃且慢肥，柳絮榆莢莫輕飛。欲將暮雨瀟瀟曲，翻作花開緩緩歸。"余作云："葬花人獨荷香鋤，聽説紅樓一卷書。試問阿誰能遣此，傷春那不渺愁余。""秋賦槐黄看拾才，待君秘籍校蘭臺[7]。也須先解文園渴[8]，銀燭金尊醉百杯。"時岩夫將歸江南赴試，故云。"漫唱玲瓏四犯詞[9]，不争日暮漢宫詩[10]。姓名倘入江湖集，腸斷江湖酒醒時。"先生讀至此首，再四吟諷，曰："大有遺韻繞梁[11]，不僅風調佳也。"嗣問林、岩夫、心盦相繼徂謝，先生遠涖山左，余猶旅食漢口，老作江湖之客，回首前歡，宛如昨夢，能不黯然。

曹問林侍墀字曙階，歙貢生，性純和，好學嗜詩，爲岩夫外舅。嘗館于鮑筠莊漢上寓齋，賓主倡酬，殆無虚日，"新雨聯吟""落枝倡和"之集，兩翁皆與詩會，興不少衰。

【注釋】

〔1〕弇陋：弇謂不知名者，陋謂醜陋者。常用爲自謙之詞。明鄧元錫《禮記編繹小序》："余不揣弇陋，攄所見而序之。"

〔2〕琉璃廠：原爲燒殿瓦之用，主要燒有黄碧二種。清代以來爲北京售賣古舊書及書畫紙張的集中場所。《欽定日下舊聞考》卷三十七："今琉璃廠在正陽門外。而近得遼時墓碑，稱其地爲燕京東門外之海王村。"

〔3〕麓臺：王原祁，字茂京，號麓臺，江蘇太倉人，襟懷高曠，性廉洁，康熙九年進士，工詩善文，又工山水畫，時稱藝林三絶。其作品如《仿米家雲山圖》《富春山色圖》《熱河勝景圖》《西湖圖》等，均被列爲上品。曾充書畫譜館總裁，累官給事中、户部左侍郎。著有《雨窗漫筆》。

〔4〕什襲：把物品重重地包裹起來。有鄭重珍藏之意。宋羅泌《路史》卷四十三《孔子生日》："珍藏什襲，皈之敬之。"弆（jǔ）：收藏。底本譌作"弃"。

〔5〕觥籌履舄：形容宴飲熱鬧盡歡。觥籌，謂酒杯和酒籌交錯揮舞。元辛文房《唐才子傳》卷二："盛時往往文會，群賢畢集，觥籌亂飛。"履舄都是鞋，謂鞋子錯雜。《史記·淳于髡列傳》："履舄交錯，杯盤狼藉。"古人席地而坐，賓客入室則脱鞋就席，賓客衆多，則觥籌亂飛，履舄錯雜。

〔6〕流紅：舊傳唐僖宗時于祐於御溝得紅葉，上題有詩句，即所謂"紅葉題詩"的故事。宋祝穆《古今事文類聚後集》卷十三《紅葉題詩》："唐僖宗時有于祐晚步禁衢流，一紅葉上有二句云：'殷勤謝紅葉，好去到人間。'祐復題云：'曾聞葉上題紅怨，葉上題詩寄阿誰。'祐後娶一宫人韓氏，於祐篋中見一紅葉，驚曰：'此吾所作，吾水中亦得紅葉。'即祐所題詩。於是相對感泣曰：'事豈偶然，莫非前定也？'"熙寧中劉斧撰《青鎖高議》亦記有此事，題作《流紅記》。春漪：春水泛起的鱗波。隋展子虔《春游圖卷》："春漪吹鱗動輕瀾，桃蹊李徑葩未殘。"

〔7〕秘籍校蘭臺：蘭臺，漢代宫廷藏書校書處。指到宫廷當校書官。

〔8〕解文園渴：文園，即孝文園，漢文帝陵園。司馬相如曾爲孝文園令，

後人因稱之爲文園。杜牧《爲人題贈》詩：“文園終病渴，休咏白頭吟。”渴，消渴症，即今糖尿病，司馬相如患有此症。李商隱《漢宫詩》曰：“青雀西飛竟未回，君王猶在集靈臺。侍臣最有相如渴，不賜金莖露一杯。”前人解讀此詩爲譏漢武帝求仙之事，謂青雀杳然不回，神仙無可致之理，君王不悟，猶徘徊臺上。若真有神仙之術，侍臣相如正苦消渴，何不以一杯露賜之，以解其渴？

〔9〕玲瓏四犯：詞調名。創自宋人周邦彦，見《清真集》。雙調，九十九字，前後兩段，各九句五仄韻。宋人方千里、楊澤民、陳允平等均有和詞。

〔10〕日暮漢宫詩：唐韓翃《寒食即事》詩：“春城無處不飛花，寒食東風御柳斜。日暮漢宫傳蠟燭，輕煙散入五侯家。”寒食節爲禁火日，故傳蠟燭至五侯家。宋俞德鄰《佩韋齋輯聞》卷一曰：“唐人詩‘日暮漢宫傳蠟燭，輕煙散入五侯家’，不過爲節物之戲玩耳。”五侯家，唐王維《不遇咏》：“百人會中身不預，五侯門前心不能。身投河朔飲君酒，家在茂陵平安否。”清趙殿成箋注：“五侯門，《漢書》王氏方盛，賓客滿門，五侯兄弟爭名，其客各有所厚，不得左右，唯樓護盡入其門，咸得其驩心。”或指五等諸侯及九州方伯之家，泛指重要的官宦人家。

〔11〕繞梁：《列子·湯問》：“昔韓娥東之齊匱糧，過雍門，鬻歌假食。既去而餘音繞梁欐，三日不絶。”後用以形容歌聲優美動聽，令人久而不忘。宋陳暘《樂書》卷一百六十一《歌中》：“餘響繞梁者，韓娥也；動梁塵者，虞公也；動草木者，王母也；音傳林藪者，馮乘之老人也；響傳九陌者，廬陵之永新也；變國俗者，綿駒也；化河右者，高唐也。由此觀之，詩之所至，歌亦至焉。”又楚莊王之琴名繞梁。陳暘《樂書》卷一百十九《琴琵下》：“黄帝之清角，齊桓之號鍾，楚莊之繞梁，相如之緑綺，蔡邕之焦尾，以至玉牀、響泉、韻磬、清英、怡神之類，名號之别也。”

鮑筠莊兆瑞，字輯玉，歙人。以鹺業客漢，雅好詩咏，每于春季花時，必高會吟朋，觴歌竟日。嘗得銅雀瓦研〔1〕，邀同人賦詩，余作長歌以紀。筠莊于同人中，最爲年高，温和真率，有長者風，每遇寒素〔2〕，絶無驕吝色。

洪旂林檀，字少弓，業鹺漢上閱世矣，遂著邑籍。近移家居仁坊，新築亭館，軒窗窈窕，樓閣深沈，頗饒花木之趣，主人名之曰“誰園”，蓋寓達觀意也。辛巳春初，積雪乍霽，折柬相邀，同程浩亭、常芝仙登問青閣賞雪。璚霙璐霰[3]，紛飛于梅香竹影間，釀玉弦絲，歌郎一曲，迨夜分始散。芝仙賦詩，余與旂林和之。余詩云：“訪戴誰園路[4]，同雲望杳漫。雪深迷徑曲，梅瘦傲春寒。燈影明高閣，歌聲繞畫欄。勝游良不易，莫卻酒杯寬。”

錢塘金虞，字長孺，以舉人任孝感縣，薦舉博學鴻詞，著有《小樹軒詩集》八卷。殿撰甡字雨叔[5]，其弟也。《漢口》云：“津樹曉蒼蒼，雲開見漢陽。朱樓三十里，一半洞庭商。”

【注釋】

〔1〕銅雀瓦研：《三國志·魏書·武帝紀》載：建安十五年“冬，作銅雀臺”。曹操作銅雀臺，左右有金虎、冰井二臺，三臺相去各六十步，每臺有屋一百餘間。三臺建道樓相連，中央鑄大銅雀，高一丈五尺，置之樓頂。曹植作有《銅雀臺賦》。舊址在今河北臨漳西南古鄴城的西北隅，現臺基大部已爲漳水冲毀。“瓦研”即“瓦硯”，銅雀臺之瓦背平可研墨，故名。

〔2〕寒素：家世清貧。《晉書》卷七十七：“所辟皆寒素有行之士。”

〔3〕璚（qióng）霙璐霰：璚，赤玉。霙，雪花。璐，美玉。霰，雪粒如米。

〔4〕訪戴：用王子猷雪夜訪戴逵中途折返的故事。見《世説新語·任誕》。

〔5〕殿撰甡：明、清翰林院修撰爲狀元專就之官，故亦稱狀元爲殿撰。甡，即金甡，金虞之弟。

仁和陸飛《篠飲齋稿》，《七月十三日夜同櫟門香林漢渚納涼分得應字》云：“何處消殘暑，江空霽色澂。船移秋湍駛，市遠夜涼增。明月沈魚網，紅蕖亂水鐙時僧人作“盂蘭會”[1]，于湖中放鐙。便同河朔飲[2]，酣醉也相應。”《霖雨嘆》云：“歲行在巳客在楚[3]，自春入夏恒雨苦[4]。竹壚土銼烟不起，屐繫鞋丁斷難著。瓜壺易大滋味劣，酒盞不空懷抱惡。三更月黑啼鬼車[5]，當晝雲陰諠豹脚[6]。漏天竟日酣歌鐘，甕盎盆罌苦搜索。卑陂漸没高埦湮，蜀江漢水兩沄沄[7]。街衢宛轉置略彴[8]，牀榻虚明漾釣綸。繞隄豈止一萬户，參差席片紛魚鱗。提攜遷徙復何在，屋脊半露波濤翻。富人多在高隄住，桀棟連雲不知數[9]。天都庵竝觀音閣，盡是尋常行樂處。才見江邊霽影開，已聞絲管入雲哀。禿襟小袖乘涼出，酒舫鐙船看水來。"

餘姚周喬齡號耐士，嘉慶己未進士，曾刊有《楚游草》。《漢皋》云："日午層陰散，春光麗漢皋。麥依欹岸上，松與遠峰高。解佩緣誠幻，題襟興尚豪。郢中多雅調[10]，莊舄亦風騷[11]。"

【注釋】

〔1〕盂蘭會：一種佛教儀式。每逢夏曆七月十五日中元節延請僧尼結盂蘭盆會，設百味食品，誦經施食，供養十方佛僧，仰佛僧的恩光，以解脱餓鬼倒懸之苦。盂蘭盆是梵語 Ullambana 的音譯，意譯爲"救倒懸"。盆是盛物的器皿。有《盂蘭盆經》説，目連以其母死後極苦，如處倒懸，求佛救度，佛令在夏季僧衆安居終了之日，備百味供奉僧衆，可使母解脱。於是梁武帝時創設了盂蘭盆會。活動内容後世有所豐富改變。

〔2〕河朔飲：盛夏避暑之飲。白居易原本、宋孔傳續撰《白孔六帖》卷四："袁紹河朔飲，每至夏大飲，云以避一時之暑，故號河朔飲。"宋歐陽修《愁熱》："妄意擬尋河朔飲，狂歌爛醉太平年。"强至《祠部集》卷十《苦熱》："直欲跳身藏玉壺，河朔飲盃空酩酊。"

〔3〕歲行在巳：道光元年。

〔4〕苦，底本誤作"若"。

〔5〕鬼車：鳥名，即鵂鶹，又稱鵂鶹，鴟鴞科，似猫頭鷹而小，喜夜游。舊又稱夜游女、九頭鳥，謂其聲甚哀，如力車鳴，能攝人魂。宋湯仲友《弔葛嶺賈秋壑故君》："木綿庵外尤愁絶，月黑夜深聞鬼車。"清陳元龍《格致鏡原》卷八十一《鵂鶹》引《本草》云："鵂鶹一名鬼車，一名車載板，一名九

頭鳥。”又引《田家雜占》云：“鬼車鳥即是九頭虫，夜聽其聲出入以卜晴雨，自北而南謂之出窠，主雨，自南而北謂之歸窠，主晴。”

〔6〕豹脚：蚊蟲之一種，因脚有花紋而名。

〔7〕蜀江：指長江，因從蜀地流出，故稱。沄沄：水流洶湧貌。

〔8〕略彴（zhuó）：小木橋。蘇軾《同王勝之游蔣山》：“略彴横秋水，浮圖插暮烟。”明焦竑《俗書刊誤》卷五：“《爾雅》：‘石杠曰略彴。’《説文》：‘水上横木所以渡者。’”

〔9〕桀棟連雲：桀，突出，高起。桀棟，高起的房屋。宋鄭獬《鄖溪集》卷十五《安州重修學記》：“孫君去環梁桀棟，散而爲粟廩馬厩，吏胥之舍不復有遺札矣。”這里謂高高的房屋連接雲霄。

〔10〕郢中多雅調：《文選·宋玉〈對楚王問〉》：“客有歌於郢中者，其始曰《下里》《巴人》，國中屬而和者數千人……其爲《陽春》《白雪》，國中屬而和者數十人。”李周翰注：“《陽春》《白雪》，高曲名也。”

〔11〕莊舄亦風騷：莊舄，戰國時越人，仕楚執珪，不忘故國，吟唱越國的歌寄託鄉情。《史記》卷七十《張儀列傳》：“陳軫適至秦，惠王曰：‘子去寡人之楚，亦思寡人不？’陳軫對曰：‘王聞夫越人莊舄乎？’王曰：‘不聞。’曰：‘越人莊舄仕楚執珪，有頃而病。楚王曰：“舄故越之鄙細人也，今仕楚執珪，貴富矣，亦思越不？”中謝對曰：“凡人之思故，在其病也。彼思越則越聲，不思越則楚聲。”使人往聽之，猶尚越聲也。今臣雖棄逐之楚，豈能無秦聲哉！’”王粲《登樓賦》：“莊舄顯而越吟。”《湖廣通志》卷七十三《流寓志》：“楚爲魚稻之鄉，加以山水清曠，是以四方之客問奇攬勝，卜居著籍者，後先相望焉。夫莊舄鼓琴，王粲作賦，他鄉吾土之感，誰實忘之？”

曾賓谷先生燠〔1〕，官兩淮運使時，愛才下士，宏奬風流，照映江左〔2〕。嗣按察湖北，則詳慎獄刑，殷勤民瘼〔3〕，政暇亦不輟吟眺。嘗屬黄穀原製《招鶴亭圖》，汪均之作序。黄心盦約余賦詩，即用先生集中《寓鶴篇》原韻。余詩有“惟公春霽顔常怡，幨帷行處宣猷爲〔4〕。謝埭風高思政績〔5〕，庾樓月白鑒心期〔6〕。出處原無分此彼，古賢易地皆然耳。好將鐘鼓樂平泉[7]，且緩巖岑尋甪里[8]。清簟疏簾愛静幽，隱囊紗帽暇休止”之句[9]。先生所作《漢陽柳枝詞》甚佳，余與心盦亦有和作。余詩云：“年年吹緑上枝新，漸弄輕陰漢水濱[10]。洞口桃花無一樹，費他摇曳獨句春。”“妖韶幾樹倚斜暉[11]，曾送郎行尚未歸。昨夜春風樓外望，水香露影冷侵衣。”“烟波灣裏緑侵門，水繞農家别有邨。妒煞一奩明似鏡，曉妝長與鬥眉痕。”“楚王臺榭久荒蕪，烟鎖千條傍月湖。猶作細腰宫女樣[12]，幾番眠起不勝扶。”

【注釋】

〔1〕曾賓谷：曾燠，字庶蕃，號賓谷，江西南城人，乾隆進士，工詩文，官兩淮鹽運使，以貴州巡撫乞養歸卒。著有《賞雨茅屋詩集》《江西詩徵》等。

〔2〕江左：古地區名。魏禧《日録雜説》：“江東稱江左，江西稱江右，蓋自江北視之，江東在左，江西在右耳。”

〔3〕民瘼（mò）：瘼，疾病。《詩・小雅・四月》：“亂離瘼矣，爰其適歸。”傳：“瘼，病。”引申爲疾苦。民瘼，民間疾苦。《後漢書》卷七十六《循吏傳序》：“廣求民瘼，觀納風謡，故能内外匪懈，百姓寬息。”

〔4〕幨帷：車帷。元熊忠《古今韻會舉要・平聲下》：“以帷障車旁如裳，爲容飾，其上有蓋，四旁垂而下，謂之幨。”漢劉向《續古列女傳》卷八《班婕妤》：“生廣屋蔭兮幨帷。”《欽定康濟録》卷四上：“去幨帷使百姓見其容。”引申爲車駕。唐王勃《滕王閣詩并序》：“幨帷暫駐十旬，休假勝友如雲，千里逢迎，高朋满座。”明王一中《崇禎處州府志序》：“届期幨帷北上，而諸邑之報亦復參差。”這裏即指車駕。

〔5〕謝埭（dài）：埭，用以堵水的土壩。《晉書・謝玄傳》：“玄患水道險澀，糧運艱難，用督護聞人奭謀，堰吕梁水，樹栅，立七埭爲派，擁二岸之流，以利運漕。”

〔6〕庾樓：即庾公樓，又稱南樓。唐元稹《憑李忠州寄書樂天》：“傷心最是江頭月，莫把書將上庾樓。”釋貫休《禪月集》卷二十三《山居》：“明月清風宗炳社，夕陽秋色庾公樓。”宋陳元靚《歲時廣記》卷三《登南樓》：

“《晉史·庾亮傳》：亮鎮武昌，諸佐史殷浩之徒秋夜乘月共登南樓。俄而亮至，諸人將起避之。亮徐曰：‘諸君少住，老子於此興復不淺。’便據胡牀與浩等談咏竟夕，其坦率如此。陶侃曰：‘亮非惟風流，兼有爲政之實也。’老杜詩云：‘月靜庾公樓。’”

〔7〕平泉：平泉莊，唐李德裕别墅，在洛陽縣南二十里。水石清麗，多怪石，以醒酒石尤奇，泉上有橋。李德裕有《平泉樹石記》。後爲玉泉寺。李德裕，官歷六朝，三朝宰相。

〔8〕甪（lù）里：甪，“角”字的變體和异讀。漢初隱士有甪里先生，爲“四皓”之一。《漢書》卷七十二《王貢两龔鮑傳》：“漢興，有園公、綺里季、夏黄公、甪里先生。此四人者，當秦之世避而入商雒深山，以待天下之定也。自高祖聞而召之不至，其後吕后用留侯計，使皇太子卑辭束帛致禮，安車迎而致之。四人既至，從太子見高祖，客而敬焉。太子得以爲重。”宋羅泌《路史》卷三十五《辨四皓》：“揚雄曰：美行園公、綺里季、夏黄公、甪里先生，代之所謂四皓者……遭秦苛政避地商之蓝田山中，漢高招之，以皇帝善嫚士不至。”《明一統志》卷八：“甪里邨，在（太湖）洞庭山，甪里先生故鄉也。高啓詩：‘我來甪里邨，如入商顏山。紫芝日已老，黄鵠何時還。’一云軹人。”甪里先生作有《紫芝歌》。

〔9〕隱囊紗帽：語見王維詩：“不學城東游俠兒，隱囊紗帽坐談棊。”隱囊，古代車上或坐榻上供人倚憑的軟囊，高約一尺。《駢雅》卷四：“隱囊，車中絥也。”《南史》卷十二：“請後主倚隱囊，置張貴妃於膝上。”《資治通鑑·陳紀》胡三省注：“隱囊者，爲囊實以細軟，置諸坐側，坐倦則側身曲肱以隱之。”明高濂《遵生八牋》卷八《起居安樂牋》：“隱囊，榻上置二墩，以布青白斗花爲之，高一尺許，内以綿花裝實，縫完，旁繫二帶，以作提手。榻上睡起，以兩肘倚墩小坐，似覺安逸，古之制也。”明楊慎《丹鉛餘録·總録》卷八《隱囊》：“晉以後士大夫尚清談，喜宴佚，始作麈尾、隱囊之制。今不可見，而其名後學亦罕知。《顔氏家訓》云：梁朝全盛之時，貴游子弟駕長簷車，跟高齒屐，坐棊子方褥，憑班絲隱囊。”

〔10〕輕陰：輕蔭。新緑少蔭，故云。梁簡文帝《如影詩》：“畫花斜色

去，夜樹有輕陰。”《晉書》卷三十三：“史臣曰：所謂高蟬處乎輕陰，不知螳蜋襲其後也。”

〔11〕妖韶：妖媚，艷麗。唐李商隱《西溪》：“色染妖韶柳，光含窈窕羅。”

〔12〕細腰：纖細的腰身。俗以細腰爲美。《韓非子·二柄》：“楚靈王好細腰，而國中多餓人。”這裹喻枝條美好。

金手山學蓮，吳縣人。詩文敏贍，久困棘闈〔1〕，偕江右陶香泉本忠，館于賓谷先生幕中，均以翰墨見重。時過漢上，與余爲莫逆交。二君皆工長短句，以是詩會外，復增詞社，郵筒倡和，淺斟低唱之興〔2〕，亦不減柳屯田也〔3〕。嗣賓谷先生調涖粵中，香泉來寓痘姥祠，手山寓于常芝仙書齋，酒歌花咏，昕夕歡聚者閲月〔4〕。手山將歸廣陵〔5〕，黄穀原作《漢江送别圖》以贈，余賦《南浦》一闋題後云：“晴雪破江梅，正春初，引動吟懷如此。何事放蘭橈，悤悤又、新惹别離情味。從今最是，二分明月閒愁繫。只恐軟紅塵欲染，腸斷玉簫聲裹。回思篷雨鞭霜〔6〕，嘆年年、供作枕中游記〔7〕。相看各魂銷，征衫上、多半酒香花淚。輕颿挂矣。緑波南浦空凝睇〔8〕。縱有丹青工點筆，難寫夢痕千里。”手山登艫之前一日〔9〕，過余攬茝山房，挑鐙話别，不覺吞聲而哭，其篤于友道如此。次年得尺素一通〔10〕，竝録示近作詩餘十數首。後余旅食犍爲，九鑽巴火〔11〕，迢遥吳蜀，音問久違，停雲落月之思〔12〕，時縈夢寐也。

陶香泉字定生，南城拔貢。庚午僑寓漢口〔13〕，以乏嗣謍置妾，因致旅困無聊，一日出示《湖上晚歸感賦》二律，余于鐙下和答，竝解其憂云：“野寮茶罷暮烟霏〔14〕，緩踏晴沙軟路歸。一抹殘陽紅上閣，滿隄新柳緑侵衣。鶯花到眼年年恨，客旅驚心事事非。莫唱江南腸斷曲，有人水驛更依依謂手山東歸。”“詩瓢酒榼半肩幽〔15〕，料理明朝郭外游〔16〕。入世空裁鸚鵡賦〔17〕，尋春且典鷫鸘裘〔18〕。醉將花月新聞補〔19〕，名擬江湖小集留。笑我不才甘自棄，尚多牢落起閑愁〔20〕。”未幾，香泉赴施南譚太守之招〔21〕，居歲餘，從太守來省垣，復得歡聚兩月。又受沔陽之聘，主講書院，别余去。辛未冬，余溯巴東，舟泊仙桃鎮，作詩《寄懷》云：“晚泊仙桃鎮，收颿對落暉。年豐郵米賤，水淺市魚稀。客路江湖遠，吟朋咫尺違。那堪同况瘁〔22〕，歲宴未能歸。”從此睽隔〔23〕，倏經一紀〔24〕，前游回憶，不禁深離索之思矣〔25〕。

【注釋】

〔1〕棘闈：科舉試院的别稱。或作“棘圍”。唐五代試士，用棘圍試院，以防止放榜時諠鬧，後又用以防止傳遞夾帶。於是便稱試院爲棘圍或棘闈。宋李昴英《文溪集》卷十三《再用觀入試韻》：“棘闈投卷姑應之，桂籍題名先定矣。”元王實甫《西厢記》一本一折：“將棘圍守暖，把鐵硯磨穿。”

〔2〕淺斟低唱：慢慢地飲酒，聽人曼聲歌唱。宋柳永《樂章集·鶴衝天》詞：“忍把浮名，换了淺斟低唱。”潘永因編《宋稗類鈔》卷十五《豪曠》：“但能銷金帳下，淺斟低唱，飲羊羔美酒耳。”

〔3〕柳屯田：即柳永。原名三變，崇安（今屬福建）人，字耆卿。景祐元年進士，官至屯田員外郎，故世稱柳屯田。爲北宋著名詞人，長於抒寫羈旅行役之情。清黄任《西湖雜詩》：“荷花十里桂三秋，南渡衣冠足卧游。爭唱柳屯田好句，汴州原不及杭州。”（見《西湖志纂》卷十二）

〔4〕昕（xīn）夕：猶朝夕。昕，黎明。《説文·日部》：“昕，旦明也，日將出也。”唐李華《李遐叔文集》卷一《楊騎曹集序》：“與余鄰居，昕夕相望。”《明史》卷二百三十七《馮應京傳》：“乃於獄中著書，昕夕無倦。”

〔5〕廣陵：今江蘇揚州市。

〔6〕篷雨：飄泊旅途中之雨。宋李曾伯《可齋雜稿》卷二十九《又和八窗叔見寄》：“炊烟冷落犁荒壠，篷雨廉纖纜斷磯。”清吴雯《蓮洋詩鈔》卷三《賦得江鳴夜雨懸》：“一夜短篷雨，何人江上眠。”鞭霜：羈旅路途凜冽之霜。篷雨鞭霜，指飄泊在外飽受風雨霜雪之苦。

〔7〕枕中游記：指“黄粱美夢”故事。

〔8〕南浦：地名，在武昌府城南三里，因在城郭之南而名。又因屈原詩句而名聞天下，常被用來表達離别之情。《離騷》：“送美人兮南浦。”江淹《别

賦》："春草碧色，春水緑波。送君南浦，傷如之何。"周王褒《送劉中書葬詩》："昔别傷南浦，今歸去北邙。"《明一統志》卷五十九："南浦，在府城南三里，《離騷經》：'送美人兮南浦。'宋寇準詩：'春風入垂楊，烟波漲南浦。落日動離魂，江花泣微雨。'"《大清一統志》卷二百五十八："南浦，在江夏縣南三里，一名新開港。《寰宇記》：'《離騷》云：送美人兮南浦。'其源出景首山，西入江，春冬涸竭，秋夏泛漲，商旅往來皆於浦停泊。在郭之南，故名。《名勝志》有趙陀石在其内，長十丈許，高半之。"

〔9〕登艫：登船。劉宋鮑照《還都道中作》："登艫眺淮甸。"唐孟浩然《下灨石》："登艫目自閑。"

〔10〕尺素：素，生絹，古人寫文章或書信用一尺長左右的絹白，故名。漢蔡邕《飲馬長城窟行》："客從遠方來，遺我雙鯉魚。呼兒烹鯉魚，中有尺素書。"這裏指書信。

〔11〕九鑽巴火：借用杜甫"九鑽巴噀火"詩句，謂自己在四川生活了九年。據宋人趙子櫟《杜工部年譜》，大曆三年正月，杜甫過荆州至松滋，有《秋日荆南述懷三十韻》，句曰："九鑽巴噀火，三蟄楚祠雷。"其寓意是謂自己在成都、東川及夔州等地九遇清明，意即待了九年。鑽即"鑽木取火"，《論語·陽貨》有"鑽燧改火"，杜甫用其意。古人鑽木取火，按五行取木，而各時不同。即所謂春用榆柳，夏取棗杏，季夏取桑柘，秋取柞楢，冬取槐檀。一年一輪回，因而又代表着時間。明楊慎《丹鉛總録》曰："先王取火法五行：榆柳色青以象木，棗杏色赤以象火，桑柘色黄以象土，槐檀色白以象金，柞楢色玄以象水。蓋各指其時之方色取義。"宋黄庭堅《山谷集》卷十九《與王觀復書三首》："其曰'九鑽巴噀火，三蟄楚祠雷'，則往來两川九年，在夔府三年可知也。"巴噀火，語用後漢欒巴噀酒救蜀火的故事。唐虞世南撰、明陳禹謨補注《北堂書鈔》卷一百五十一"欒巴噀酒"條下引《神仙傳》曰："欒巴，蜀人，徵尚書郎，大朝得酒，不飲，西南噀之。詔問巴，巴曰：'臣本縣成都大火，臣以酒爲雨救之。'帝驛問，咸云雨從北來，有酒氣。"

〔12〕停雲落月：停雲，晉陶潛《陶淵明集》卷一有《停雲》詩四首，自序稱："停雲，思親友也。"落月，杜甫《夢李白》詩，句有："落月滿屋梁，猶

疑照顏色。”宋洪邁《容齋四筆》卷三《李杜往來詩》曰：“李太白杜子美在布衣時同游梁宋，爲詩酒會心之友。以杜集考之，其稱太白及懷贈之篇甚多。”停雲與落月，均被用來表思念之情。

〔13〕庚午：嘉慶十五年。

〔14〕野寮：郊外茶館。（乾隆）《欽定熱河志》卷三十八《敞晴齋即目辛巳》：“憩倦因之坐野寮。”

〔15〕詩瓢酒榼：詩瓢，計有功《唐詩紀事》卷五十：“（唐）球居蜀之味江山，方外之士也。爲詩拈稿爲圓，納之大瓢中。後臨病，投瓢於江，曰：‘斯文苟不沉没，得者方知吾苦心爾。’至新渠有識者曰：‘唐山人瓢也。’”酒榼，盛酒的器具。白居易《效陶潛體詩》：“牀頭殘酒榼，欲盡味彌淳。”詩瓢酒榼，謂詩酒之事。清朱彝尊《曝書亭集》卷三十八《王鶴尹詩序》：“而君獨澹然於荣利，好爲山水游，詩瓢酒榼，肆志娱衍。”

〔16〕郭外游：唐王維《王右丞集》卷八有《涼州郊外游望》，句曰：“野老才三户，邊村少四鄰。”明陸深《儼山集》卷五《送王憲副廷吉赴蜀》：“出郭已可愛，何况郊外游。”

〔17〕空裁鸚鵡賦：裁，作。鸚鵡賦，即後漢禰衡所作《鸚鵡賦》。范曄《後漢書》載，衡字正平，平原人，少有才辯，而尚氣傲。曹操欲見之，不肯往，操懷忿，而念其才名，不殺，送與劉表。衡又侮慢劉表，表不能容，以江夏太守黄祖性急，故送衡於祖。黄祖長子射爲章陵太守，與衡尤善，大會賓客，人有献鸚鵡者，射請衡賦之。衡攬筆立就，辭彩甚麗。後被黄祖殺之，時年二十六。衡恃才氣傲，剛入世便招殺身之禍，後世多有慨嘆。

〔18〕鷫鸘裘：鷫鸘，也作“鷫鷞”，水鳥，雁的一種。宋羅愿《爾雅翼·釋鳥五》：“鷫鷞，水鳥，蓋雁屬也。高誘注《淮南子》云：‘長脛，緑色，其形似雁。’”鷫鷞裘，鷫鷞羽所飾之裘。舊題劉歆《西京雜記》二：“司馬相如初與卓文君還成都，居貧愁懣，以所著鷫鷞裘就市人陽昌貫酒，與文君爲歡。”宋吴仁傑《两漢刊誤補遺》卷七《鷫一》：“《西京雜記》司馬相如以所服鷫鷞裘市酒，蓋用水鳥緑羽爲飾，如鷸冠之比。”明陸粲《送汪僉事之湖南》：“驄馬長鳴飲碧流，花銀鏤帶鷫鷞裘。行人大別山頭望，雲外雙旌下鄂

州。”（見《御選明詩》卷一百八）

〔19〕花月新聞：花月，指陳後主創作的名曲《春江花月夜》。新聞，新近聽到的，或指新知。清陳維崧《陳檢討四六》卷十《董舜民蒼梧詞序》：“花月新聞，依稀故事。”注：“《補注樂志》：‘《春江花月夜》《玉樹後庭花》，竝陳後主作。《隋紀》煬帝咏《春江花月夜》。’”

〔20〕牢落：無所寄託。清吴玉搢《别雅》卷二：“牢落、遼落、廖落，寥落也。《文選・司馬相如〈上林賦〉》‘牢落陸離’，陸機《文賦》：‘心牢落而無偶’，嵇康《琴賦》‘牢落凌厲’，《注》皆云‘猶遼落也’。昌黎《華山女》詩‘坐下廖落’，今本多作‘寥落如明星’。皆與寥落同。”

〔21〕施南：施南府，即今湖北恩施地區。清代施南府轄縣六：恩施、宣恩、來鳳、咸豐、利川、建始。

〔22〕同況瘁：境況同，亦憔悴。

〔23〕暌隔：分離。唐令狐德棻等《周書》卷十一《晉蕩公護》：“舉朝慶悦，大赦天下，護與母暌隔多年，一旦聚集，凡所資奉，窮極華盛。”宋戴溪《續吕氏家塾讀詩記》卷三：“禮節繁多，其意暌隔。”

〔24〕一紀：古人以十年或十二年爲“一紀”，或以三十年爲“一紀”。倏：疾走貌。

〔25〕離索：“離群索居”的略語。《禮記・檀弓上》：“吾離群而索居，亦已久矣。”鄭玄注：“群，謂同門朋友也；索，猶散也。”《魏書》卷十八：“廣娶則家道離索。”柳宗元《郊居歲首》：“屏居負山郭，歲暮驚離索。”

臨洮陸秀三孝廉芝田〔1〕，詩文瑰麗雄偉，硬語盤空〔2〕，時有驚人之句。嘗館于素方伯署，與長洲顧劍峰日新〔3〕，每過漢上，必偕余暨芝仙尊酒論文〔4〕，清談半日。漢口有王氏女，色麗而性慧，鍼繡絶工，復解書數〔5〕，因所遇不淑〔6〕，得風痰疾〔7〕，遂大歸母家〔8〕，醫藥數稔〔9〕，已愈十之七八，年二十餘矣。母以老病，二子皆不肖〔10〕，願以給侍文人〔11〕。秀三聞媒妁言，欣然請往，相之大悦，脱玉珮以贈，諏吉輿迎〔12〕。定情之夕，熊兩溟士鵬、劍峰、芝仙、縠原、王子若應綬，咸賦詩貽賀，女亦解誦〔13〕，依依筆研間，若有所喜者。余爲製《八寶妝》一闋贈之，云："渴解文園〔14〕，一甌瓊液，邂逅漢臯仙子。迎得七香車乍降〔15〕，不礙盈盈江水。分明人在鳳樓，吹緩秦簫〔16〕，華燈雙照銀屏底。今夜合教妒煞，風姨月姊。從此寫韻軒開，聽詩讀畫，銷魂真箇誰似。可知否、弦歌絳帳〔17〕，更添了、十分春事。恰初放、芙蓉竝蒂。綺窗凝睇嫣然媚。待譜就新聲，尊前看作簪花字〔18〕。"時秀三主講勺庭書院〔19〕，故有弦歌句。居未匝月，風疾復作，晝則啓奩開鏡，顧影自憐；夕則痁語不眠〔20〕，笑啼都有。秀三不堪其擾，召其母而告之，母泣曰："此女惡業〔21〕，殆種自前生，不知今世伊于何底〔22〕？"嗚咽呼輿載之，女乃袨飾〔23〕，微笑搴簾，偕母登輿而去。余爲嗟嘆久之，真不識是何因果也。秀三許其母云："若度爲女道士，當措庵居費。"然仍處母家，作鍼繡無恙。己卯夏，余自蜀歸滯漢，事隔十年，偶值王氏隣人，詢知王媪病故，女爲其兄舟載他往，不知鬻于何所。嗚呼！紅顏薄命，自古有之，然未有若此女之甚者也。倘天不使其染風疾，定早幽抑死矣。秀三聞之，又將何以爲情？

【注釋】

〔1〕臨洮：縣名，即今甘肅省臨洮縣，在甘肅東部，以濱臨洮水而名。陸秀三：清嘉慶時人，字芝田。

〔2〕硬語：語言生硬，後多指豪邁脱俗直白之語。韓愈《薦士》："横空盤硬語，妥帖力排奡。"宋胡仔《漁隱叢話前集》卷五引王安石云："詩人各有所得。清水出芙蓉，天然去雕飾，此李白所得也；或看翡翠蘭苕上，未掣鯨魚碧海中，此老杜所得也；横空盤硬語，妥帖力排奡，此韓愈所得也。"宋衛涇《後樂集》卷十八《徑山蒙庵佛智禪師塔銘》："硬語直指人心。"宋陳棣《蒙隱集》卷二："硬語盤空若混成。"（乾隆）《欽定南巡盛典》卷一《虎邱寺和蘇軾韻》："硬語出横盤，有似魚腸猛。"

〔3〕長洲：今江蘇吴縣。

〔4〕尊酒論文：語見杜甫《春日憶李白》："何時一尊酒，重與細論文。"

宋吴芾《湖山集》卷十《和許守游春》："尊酒論文未厭頻。"

〔5〕書數：古代小學課目之名稱。即文字書寫和計算。六藝中有禮、樂、射、御、書、數。

〔6〕所遇不淑：不淑，不善。謂遭遇不善或不幸。《詩·王風·中谷有蓷》："遇人之不淑矣。"箋："淑，善也。"柳宗元《懲咎賦》："哀吾黨之不淑兮，遭任遇之卒迫。"宋楊簡《慈湖詩傳》卷二《召南》："從不淑，禍不可訟也。"

〔7〕風痰疾：喘氣病。金張從正《儒門事親》卷六《風痰》："常仲明之子自四歲得風痰疾，至十五歲轉甚，每月發一两次，發必頭痛，痛則擊數百拳，出黄緑涎一两盞。方已比年，發益頻，目見黑花，發作昏不知人，三四日方省。諸醫皆用南星半夏化痰之藥，終無一效。偶遇戴人於㶏水之南鄉，戴人以雙解散發汗，次以苦劑吐痰，病去八九，續以分劑平調，自春至秋，如此數次，方獲全瘥。"

〔8〕大歸：妻子被丈夫休棄回孃家稱大歸。明梁寅《詩演義》卷二《邶風·燕燕》："莊姜無子，以陳女戴嬀之子完爲己子。莊公卒，而完立，嬖人之子州吁弑之，戴嬀乃大歸于陳，莊姜送之，而作此詩也。"

〔9〕稔：穀物熟。古時穀物一年一熟，因稱年爲稔。

〔10〕不肖：品行不端，或品行不端的人。《子夏易傳》卷一："君子辨賢不肖而上下定之，則民無覬倖之望也。"宋胡瑗《周易口義》卷五《坤卦》："賢者進之，不肖者黜之，使君子在上，而小人削跡。"古時子不似父或不孝之子亦稱不肖。《孟子·萬章上》："丹朱之不肖，舜之子亦不肖。"《説文》："肖，骨肉相似也。不似其先，故曰不肖也。"

〔11〕給侍：陪侍，侍從。宋吕大臨《横渠先生行狀》："童子必使洒掃應對，給侍長者。"明胡廣等《書經大全》卷十《冏命》："侍，給侍左右者。"

〔12〕諏吉：諏，詢問。選擇吉日。元貢師泰《玩齋集》卷九《杭州新城碑》："平章乃諏吉日，戎服上馬。"

〔13〕解誦：解讀吟誦。宋釋覺範《石門文字禪》卷十二《字韻宿東安》："解誦東坡北歸曲，此身安處是吾鄉。"劉子翬《屏山集》卷十三《觀二劉

題壁》："山僧好事亦可喜，解誦鳥啼春意深。"明徐伯齡《蟫精雋》卷十五《十宫詞》："有人解誦西京賦，添得樓臺火後多。"這裏指通曉詩文。

〔14〕渴解文園：指漢司馬相如。見前注。

〔15〕七香車：用多種香料塗飾的車子。《隋書》卷十《禮儀五》："犢車，案魏武書贈楊彪七香車二乘，用牛駕之，蓋犢車也。"

〔16〕秦簫：《列仙傳》載，秦穆公時，有簫史，善吹簫，穆公女弄玉愛之，遂結爲夫妻。簫史教弄玉吹簫，作鳳凰鳴，而作鳳凰臺，吹其上。一旦，夫妻隨風仙去。後世遂以秦簫爲美談。杜甫《玉臺觀》："遂有馮夷來擊鼓，始知嬴女善吹簫。"宋釋惠洪《冷齋夜話》卷三載宋神宗《秦國大長公主挽詞》："春風空魯舘，明月斷秦簫。"

〔17〕弦歌絳帳：宋祝穆《古今事文類聚前集》卷二十三《前施絳帳》載，後漢馬融爲儒，教授諸生，常有千數，坐高堂，施絳紗帳，前授生徒，後列女樂。又《續集》卷十一《施絳帳》謂馬融"善鼓琴，好吹笛，達生任性，不拘儒者之節"。

〔18〕簪花字：一種書體。其字體娟秀工整，又稱簪花格。清陳鼎《東林列傳》卷十八《姜逢元傳》："逢元少時夢斗魁贈詩，中有金殿簪花字，自謂殿試必第一。既而不驗，至是將去會皇太子行冠禮，逢元充三加官簪花殿中。逢元乃嘆曰：'然則吾之終此官，豈人事哉？'"

〔19〕勺庭書院：原爲《康熙字典》纂修官薄有德的讀書藏書之所，後改建爲書院。原址在今武漢市武昌區民主路小學。勺，底本譌作"匀"。

〔20〕痁（shān）：病。《禮記·曾子問》："且君子行禮，不以人之親痁患。"鄭玄注："痁，病也。以人之父母行禮，而恐惧其有患害也。"或指瘧疾。蘇軾《東坡全集》卷十一《泛舟城南會者五人分韻賦詩得人皆苦炎字四首》："人間寒熱無窮事，自笑疎頑不受痁。"

〔21〕惡業：非正當的行業或事。《史記·貨殖列傳》："博戲，惡業也，而桓發用之富。行賈，丈夫賤行也，而雍樂成以饒。"又佛家語以乖理或不善之行謂之惡業，凡身、口、意三者作下的事均謂之業，亦稱"羯磨"。佛家認爲，業一旦造成，會有善惡報應。

〔22〕伊于何底：伊，助詞。于，往。底，至，定。不知如何定或何時止的意思。原作“伊于胡底”。《詩·小雅·小旻》：“謀之其臧，則具是違。謀之不臧，則具是依。我視謀猶，伊于胡底。”鄭玄箋：“于，往；底，至也。”朱熹集傳：“底，至也。言小人同而不和，其慮深矣。然於謀之善者則違之，其不善者則從之，亦何能有所定乎？”後或作“伊于何底”。清徐文靖《管城碩記》卷十六《楚辭集注三》：“反啓武庚以作亂，叛于成王，其罪伊于何底？”又徐文靖《禹貢會箋·凡例》：“今仍因之譌以傳譌，伊于何底。”

〔23〕袨飾：盛妝。明孫繼皐《宗伯集》卷九《華母陳孺人墓誌銘》：“生平無袨飾，無私藏。”

壬申之冬，秀三將赴都中，以余旅食巴東，紆道舟溯宜昌，抵歸州度歲[1]。癸酉人日[2]，鼓櫂訪余巴山之東西瀼水間樓[3]，因留下榻，攜酒山游，翦鐙夜話[4]，暢聚十日。余有“鄂渚探春經歲別[5]，巴山話雨故人情”之句[6]。秀三言秭歸爲屈子之鄉，屈子降生于孟陬庚寅[7]，今正月二十有二日，正值庚寅，百年罕遇，若爲我輩而定者，當偕同人祝于祠下。余以塵牽，未及踐約，因寄桂蕊一器[8]，聊作清供[9]。并賦《湘月》詞以紀云：“叢祠烟雨[10]。問靈均尚有，姊歸邨路。迤邐迎春風漸暖，正值庚寅初度[11]。玉劍摩雲，珠旗拂月，仿佛神容與[12]。才人千古，壽宮誰是能賦。[13]想見茳影臨谿[14]，桂花釃酒[15]，百草陳庭廡。載得漚朋兼鷺友，一舸揚波如鶩。舞可傳芭[16]，歌真繼雅，莫誦招魂句。峽山夢淺，幾番江上延佇。”

【注釋】

〔1〕歸州：唐武德二年分夔州之秭歸、巴東兩縣置，治秭歸。清不轄縣。1912年改爲歸州縣，1914年改爲秭歸縣。

〔2〕人日：農曆正月初七日。《北齊書·魏收傳》：“魏帝宴伯僚，問何故名人日，皆莫能知。收對曰：‘晉議郎董勳《答問禮俗》云：正月一日爲雞，二日爲狗……七日爲人。’”

〔3〕瀼（ráng）水：在今重慶市奉節縣（古夔州地）。有大瀼水、東瀼水。杜甫在夔時曾租屋寄寓瀼西，有《暮春題瀼西新賃瀼草屋》詩。劉禹錫《竹枝詞》之三亦有詩句曰："江上春來新雨晴，瀼西春水縠文生。"後因泛稱夔州爲瀼西。

〔4〕翦鐙：剪去燈花。唐李商隱《夜雨寄北》："君問歸期未有期，巴山夜雨漲秋池。何當共剪西牕燭，却話巴山夜雨時。"此詩寫行役異鄉、懷歸感嘆，後多用剪燈寓寄懷歸之情。陸游《劍南詩稿》卷四十二《小雨初霽》："剪燈院落晨猶冷，賣酒樓臺晚晓晴。"

〔5〕探春：早春。唐孟郊《长安早春》："探春不爲桑，探春不爲麥。日日出西園，秖望花柳色。"宋元絳《送君貺宣徽太尉歸雒》："去國正逢梁苑雪，探春先得雒城花。"又唐宋時習俗，都城士女在元宵節收燈後，到郊外宴游，叫探春宴。五代王仁裕《開元天寶遺事·探春》："都人士女每至正月半後各乘車跨馬供帳於園圃或郊野中，爲探春之宴。"清代又有探春茶，即芽茶。探春宴、探春茶，均取早春之意。

〔6〕巴山話雨：語用李商隱詩句"卻話巴山夜雨時"。

〔7〕孟陬（zōu）：農曆正月。《離騷》："攝提貞于孟陬兮，惟庚寅吾以降。"注："孟，始也。貞，正也。于，於也。正月爲陬。"

〔8〕桂蕊：桂花。古人常用作清供品。唐李適《侍宴安樂公主山莊應制》："前池錦石蓮花艷，後嶺香爐桂蕊秋。"沈佺期《峽山賦》："禪堂枕江，桂蕊熏户，蓮花映牕。"

〔9〕清供：清雅的供品。如花卉、泉水、香、茶、果蔬、糕点等。元移剌迪《留題惠山》："泉香茗細僧清供，竹密花深鳥亂啼。"（見《無錫縣志》卷四）明曹學佺《蜀中廣記》卷十九《彭水縣》："山勢壁立，泉從石竇中流出，寺僧以甕接之，爲朝夕清供。"《浙江通志》卷一百零二《石菖蒲》："山家清供，吴興多石菖蒲，可栽爲盆玩。"又清苦危坐亦可喻爲清供。清黄宗羲《明儒學案》卷四十三《瓊山趙考古先生謙》："嘗雪夜與門人柴廣敬劇談，既乏酒飲，又無火炙，映雪危坐，以爲清供。"

〔10〕叢祠：荒野叢林中的神廟。《史記·陳涉世家》："又間令吴廣之次

近所旁叢祠中，夜篝火。”集解引張晏曰：“叢，鬼所憑焉。”索隱：“高誘注《戰國策》云：‘叢祠，神祠也。叢，樹也。’”

〔11〕初度：出生的年時，後指人的生日。《離騷》：“皇覽揆余初度兮，肇錫余以嘉名。”王逸注：“言父伯庸觀我始生年時。”

〔12〕容與：自得舒緩貌。《離騷》：“遵赤水而容與。”《漢書·禮樂志》：“澹容與，獻嘉觴。”顏師古注：“澹，安也。容與，言閑舒也。”《史記索隱》卷二十六《司馬相如列傳》：“容與，郭璞曰：言自得。”明朱善《詩解頤》卷一《總論》：“故衮衣繡裳，舒徐容與於東山之下。”

〔13〕壽宮：供神之所。《楚辭·雲中君》：“蹇將澹兮壽宮，與日月兮齊光。”明陳第音義：“蹇，詞也。澹，安也。壽宮，供神之所。”《史記·孝武本紀》：“大赦天下，置壽宮神君。”

〔14〕茳（jiāng）：茳蘺，香草名。《文選·司馬長卿〈子虛賦〉》：“茳蘺蘪蕪，諸柘巴苴。”注：“張揖曰：‘茳蘺，香草也。’郭璞曰：‘茳蘺，似水薺。’”

〔15〕釃（shī）酒：濾酒去其糟，造酒。《詩·小雅·伐木》：“伐木許許，釃酒有藇。”《後漢書》卷二十四《馬援傳》：“援乃擊牛釃酒，勞饗軍士。”

〔16〕舞可傳芭：舞者執香草，相互傳遞。語出《楚辭·九歌·禮魂》：“傳芭兮代舞。”漢王逸注：“芭，巫所持香草名也。代，更也。言祠祀作樂而歌，巫持芭而舞，訖以復傳與他人更用之也。”

秀三《祝屈左徒生日文》云〔1〕：“嘉慶十八年，歲在昭陽作噩〔2〕，月在畢陬〔3〕，二十有二日庚寅，臨洮陸芝田，謹以酒漿果餌之儀，香草奇卉之品，追維靈均覽揆吉日〔4〕，與其友某某暨屈子五十世孫奉祠生屈士進等〔5〕，上壽于左徒清烈公之廟，曰：士有共時則忌，異代則憐，故韓非恨不竝世〔6〕，相如思得同年〔7〕。然離之輒憶〔8〕，即之復捐〔9〕，日近前而弗御〔10〕，遥聞聲而慨焉。洎乎蘭陵以聖人誹譽〔11〕，長沙以才子播遷〔12〕。達人貴德，有《惜逝》之賦〔13〕；厲人憐王，有《成相》之篇〔14〕。彼遇合者有由致[15]，吾烏知其所以然？溯修江以選憤[16]，頫峻岊以蘊冤[17]。堯懸十日[18]，不足以銷恨骨；禹平九海[19]，不足以種愁田。泉石磝而嗚咽[20]，禽鳥悕而喟嘆[21]。天與嶺兮如削，水與峽兮相連。日慘慘兮絶壁[22]，猿嗷嗷兮深山[23]。念靈均之耿介，值季世之披猖[24]。豈露才而揚己[25]，將履潔而行芳[26]。蘭可恃兮更化[27]；椒專佞兮方張[28]。附耳星中[29]，辯士笑而舌在；細腰宫裏[30]，美人泣而眉長[31]。靈則唏噓抱石[32]，徘徊褰裳[33]。顧龍門而不見[34]，託魚腹以永藏[35]。守彭咸之遺則[36]，逐鴟夷于鴻茫。嗟乎！同姓無可去之義[37]，亡國無可挽之術。始則商於不入[38]，繼則武關不出[39]。蟬忘鵲兮陳軫[40]，虎語狐兮昭卹[41]。湛盧大去于窒皇[42]，太吕不聞于寧室[43]。然而三户復楚[44]，亡愈于存；六里負王[45]，得不償失。卒使嬴與羋兮同盡[46]，縱與衡兮共畢[47]。惟二十五卷楚賦之離憂[48]，繼七十四人《小雅》之怨嫉[49]。蓀不寤兮悲回風[50]，荃不察兮思往日[51]。腸九回而慕懷[52]，肱三折而知疾[53]。欲乘霞而出世遠游[54]，但畫壁而問天吒咄[55]。谷哭豁欷，風吟雨泣。英英如九天之雲下垂[56]，峨峨如八表之水倒立[57]。所以炳丹穴而不朽[58]，繼素王而長述[59]。吾生後君千七百載，讀君騷辭，愛君葩采[60]。潔若瑶華[61]，香若芳茝[62]。箕子明夷[63]，龍逢葅醢[64]。義重于山，憂深于海。哀哀湘纍[65]，幽憂以死；嗟嗟賈生，痛弔知己。我畔牢愁[66]，又窮至此。唾珠玉而文成[67]，泣瓊瑰而夢啓[68]。道何去而何從，時一此而一彼。厥徂無愠[69]，厥來弗驕。居無可卜[70]，魂焉用招[71]？齊生死于羊胛[72]，浮天地若匏瓢[73]。履君故山，訪君舊井。秭歸城在，朝雲峰近[74]。蘭臺之館華蕪[75]，玉米之田粟穎[76]。鄉號三閭[77]，磧有女嬃[78]。屈公之沱，子姓斯廬[79]。墓田宛在[80]，祠宇新除[81]。棺見前和[82]，像設故居。依依戀古，眇眇愁余。香焚蕙佩，堅摧玉琚[83]。立言立德[84]，誰毁誰譽。是仲尼子弓之流也[85]，豈宋玉景差之徒歟[86]？攝提肇歲[87]，孟陬紀月[88]。吉躅庚寅[89]，靈降于屈。爰偕我友，升君堂閾[90]。遺像則姊弟友于[91]，明德則曾孫貽厥[92]。書留千禩之錦心[93]，人少百年之華髮[94]。于是珠囊麗影[95]，玉燭蚤春[96]。蘋洲落日[97]，羅韊如神[98]。敬援卯君補生日之例[99]，敢學庚子拜經書之辰[100]。月姊歸寧兮[101]，花滿廣寒之窼[102]；水仙流韻兮，霞開碧落之垠[103]。芭待舞而樂洽[104]，橘有頌而馨醇。嗚比竹于湘浦[105]，歌鼓枻于漁津。進禮會鼓之煜爚[106]，陳詩雜坐之鱗繽[107]。靈其折玉樹以容裔[108]，翳華芝以翺翔[109]。雲爲車兮天爲蓋，水爲珮兮霓爲裳。入修門[110]，躋高堂。酌桂酒，挹蘭漿。憺偃蹇[111]，神樂康。入不語兮出不辭，晝冥冥兮欲雨；倏而來兮忽而逝，爛昭昭兮未央。昔之子居仁義[112]，孫況文章[113]。虞卿感憤[114]，莊休佯狂[115]。功伐則樂望諸[116]，道德則田子方[117]。談天者八十一海洲之說[118]，宣夜者三百六星宿之行。莫不同時竝立，異地相望。人有所短，君兼其長。神既與天地兮比壽，吾願附日月兮末光。大雅扶輪于億日[119]，小山承蓋于千霜[120]。再拜稽首，神降厥祥。豈獨繡絲偶沈于角黍，亦欲朱弓長挂于扶桑。跡與神兮契闊[121]，心悦君兮慨忼。”按：歸州居首峽之險，山崖峻削，人物哆嗝[122]。秀三此舉足以移風易俗，真是千古韻事。余愛其文，故録之。

【注釋】

〔1〕屈左徒：屈原，名平，字原，又名正則，字靈均，中國最早的偉大詩人。官左徒、三閭大夫，博古通今。春秋時以楚國最爲强大，屈原本有遠大政治抱負，勸懷王明法度，用賢能，内修政治，外抗强秦，遭内部貴族讒害，被頃襄王長期流放，後見國家將亡，悲憤投江。《漢書・藝文志》著録屈原流傳下的詩作有二十五篇，重要的如《離騷》《九歌》《九章》等。

〔2〕昭陽作噩：歲時名，即癸酉年。古人以太歲在癸叫昭陽，即癸年；以太歲在酉稱作噩，即酉年。《爾雅・釋天》：“太歲在癸曰昭陽。”又曰：“太歲在酉曰作噩。”清郝懿行義疏：“癸者，《説文》云：‘冬時水土平，可揆度

也。'《釋名》云：'癸，揆也。揆度而生，乃出土也。'昭陽者,《天文篇》云：'亥在癸曰昭陽。'高注言：'陽氣始萌，萬物含生，故曰昭陽。'"又説："酉者,《説文》云：'就也。'《釋名》云：'秀也。秀者物皆成也。'作噩者,《釋文》云'噩本或作咢',《史記索隱》引李巡云作鄂，皆物芒枝起之貌。《占經》引李巡云：'在酉言萬物墜落，故曰作鄂。'"

〔3〕畢陬：以月陽配月陰的月名，即農曆得甲的正月。也稱畢聚。《爾雅・釋天》："月在甲曰畢。"又曰："正月爲陬。"邢昺疏："正月得甲則曰畢陬。"郝懿行義疏："月陽猶歲陽也。《史記・曆書》云'月名畢聚。'索隱曰：'聚音陬。'是則正月得甲爲畢陬也。"

〔4〕覽揆：觀度，鑒度。《離騷》："皇覽揆余于初度兮，肇錫余以嘉名。"注："覽，觀也；揆，度也。"晉潘岳《西征賦》："皇覽揆余之忠誠。"明俞汝楫編《禮部志稿》卷七十二《進士題名記》："未嘗呈覽揆之事體，似有未安。"亦爲生日的代稱。清胡鳴玉《訂譌雜録》卷四《覽揆初度》："詞人以生辰爲覽揆，爲初度，本之《離騷》曰：'皇覽揆余于初度兮，肇錫余以嘉名。名余曰正則兮，字余曰靈均。'皇即原父伯庸，覽者視其狀貌，揆者度其將來，初度猶言初時日月星辰，各以度成時也。言皇考於己初生時覽其狀貌不凡，揆其將來必異，因賜以嘉名也。"

〔5〕奉祠生：指主祭人員。《欽定大清會典》卷三十二："先賢先儒建有专祠者，每代擇適裔一人，由督撫學政咨部給執照充奉祠生。"

〔6〕韓非：戰國末韓國人，哲學家，善刑名法律之學，爲法家主要代表人物。曾説韓王變法圖强，不見用，疾憤作《孤憤》《説難》等十餘萬言。秦王政讀之，嘆曰："朕得與此人游，死不恨矣。"遂邀請韩非出使秦國。韓非至秦不久，便遭李斯、姚賈讒害，自殺於獄中。

〔7〕相如：司馬相如，漢初蜀郡成都人，字長卿，慕藺相如之爲人，改名相如。作《子虛賦》，武帝讀而善之，嘆曰："朕獨不得與此人同時哉！"相如善文詞，不慕官爵，爲官不喜與公卿交通。作賦往往大量鋪陳，然後於末尾對奢侈淫靡予以諷諫。後病免在家。

〔8〕憶：思念。《廣韻・職韻》："憶，念也。"賈島《寄山中王参》：

“别來千餘日，日日憶不歇。”

〔9〕捐：拋棄。《説文·手部》：“捐，棄也。”韓愈《進學解》：“貪多務得，細大不捐。”

〔10〕弗御：御，用。《楚辭·九章·涉江》：“腥臊并御。”弗御，不用。宋范成大《吴郡志》卷二十七：“(魏憲)親喪三年，弗御酒肉。”

〔11〕蘭陵：楚國邑名。這裏指荀子。荀子趙國人，爲避讒而適楚，春申君以爲蘭陵令。春申君死，荀卿亦廢，遂家蘭陵（今山東蒼山縣西南）而終。

〔12〕長沙：這裏指賈誼，曾爲長沙王太傅，世稱賈長沙。也稱賈生，雒陽人，西漢傑出的政論家、辭賦家，爲漢文帝所信用。因力主改革，爲周勃、灌嬰等所讒，出爲長沙王太傅，過湘水，作賦弔屈原且自傷悼。

〔13〕《惜逝》：即《惜誓》,《楚辭》的篇名。作者不詳，或指爲賈誼作。内容擬《離騷》語氣抒發悲情，嘆楚懷王背棄信約不用己。朱熹謂：“自屈原賦《離騷》，而南國宗之，名章繼作，通號‘楚辭’，大抵皆祖原意，而《離騷》深遠矣。”

〔14〕《成相》:《荀子》的篇名。共三首，每首均冠以“請成相”三字，是一種三言、四言、七言互用的韻文。内容主要是論君臣治亂之事，間雜一些歷史故事。因其詞託於楚而作，故朱熹著《楚辭集注》，將其收入其中。

〔15〕遇合：相逢而投合或契合。陸游《陸氏南唐書》卷十《江文蔚列傳》：“南唐建國以來，憲度草創，言事遇合，即隨材進用，不復設禮部貢舉。”引申爲得到賞識。清厲鶚《東城雜記》卷上《沈正叔》：“沈大亨，字正叔……不善舉場之文，以故艱於遇合。”

〔16〕選：遣，放逐。《説文·辵部》：“選，遣也。從辵、巽。巽遣之，巽亦聲。”《左傳》昭公元年：“秦后子有寵於桓，如二君於景。其母曰：‘弗去，懼選。’癸卯，鍼適晉。”

〔17〕峻岊（jié）：岊，山峰。《廣韻·屑韻》：“岊，山峰。”峻岊，高峻的山峰。唐王勃《王子安集》卷十五《梓州郪縣兜率寺浮圖碑》：“峨峨峻岊，奕奕崇標。”

〔18〕堯懸十日：古代神話傳説堯時有十個太陽并出，曬枯禾苗，堯命后羿

射落九日。

〔19〕禹平九海：指夏禹治九州之水、開墾田地的偉大功業。

〔20〕磽（qiāo）：堅石不平。《集韻・效韻》：“磽，石不平。”

〔21〕悕（xī）：悲傷。《公羊傳》成公十六年：“在招丘悕矣。”何休注：“悕，悲也。”

〔22〕慘慘：憂戚傷痛貌。《詩・小雅・正月》：“憂心慘慘，念國之爲虐。”毛傳：“慘慘，猶戚戚也。”歐陽修《詩本義》卷七：“大夫既憂國之將亡，又自傷將及於禍之辭也。”

〔23〕噭噭（jiào）：象聲詞。猿啼聲。南朝宋謝靈運《登石門最高頂》：“活活夕流駛，噭噭夜猨啼。”

〔24〕季世：衰世，末世。《左傳》昭公三年：“叔向曰：‘齊其何如？’晏子曰：‘此季世也。吾弗知，齊其爲陳氏矣。’”披猖：猖狂。亦作“昌披”“昌被”。《離騷》：“何桀紂之昌被兮，夫唯捷徑以窘步。”朱熹集注：“昌，一作猖，一作倡。被，一作披。”韓愈《昌黎集》卷二《此日足可惜一首贈張籍》：“紛紛百家起，詭怪相披猖。”

〔25〕豈露才而揚己：難道是爲表露才能而顯示自己嗎？陳江總《修心賦》：“豈降志而辱身，不露才而揚己？”唐孟翺《謙受益賦》：“若露才而揚己，寧韜光而自潛。”

〔26〕履潔：操履廉潔。梁蕭統《昭明太子集》卷五《文選序》：“楚人屈原，含忠履潔。”宋李燾《續資治通鑑長編》卷三百：“(满）中行所履潔廉，不涉吏議。”《明史・黄紱傳》：“紱歷官四十餘年，性卞急不能容物，然操履潔白，所至有建樹。”這裏指屈原行爲忠潔高尚，後世曾封屈原爲忠潔侯。宋人劉爚《雲莊集》卷二載有《三閭大夫忠潔侯屈公》祝文一則。

〔27〕蘭可恃：《離騷》：“蘭芷變而不芳兮，荃蕙化而爲茅。”“余以蘭爲可恃兮，羌無實而容長。”朱熹集注：“此即上章蘭芷變而不芳之意。容長，謂徒有外好耳。”更化：變化，改變。

〔28〕椒專佞：《離騷》：“椒專佞以慢慆兮，樧又欲充夫佩幃。”明陳第音義：“樧，茱萸也，似椒而非，以喻似賢而非者。幃，香囊也，以喻親近。言

椒亦芳烈之物，而今變爲邪穢，榝本惡物，反引以充香囊。此輩但知求進，又何能敬守其芬芳之節乎？”方張：正張狂。

〔29〕附耳星：畢宿大星旁的小星名。比喻讒臣。《史記·天官書》：“其大星旁小星爲附耳，附耳摇動，有讒亂臣在側。”正義：“附耳一星屬畢。”《晉書·天文志上》：“畢八星，主邊兵，主弋獵。其大星曰天高，一曰邊將，主四夷之尉也。星明大，則遠夷來貢，天下安；失色，則邊兵亂。附耳一星，在畢下，主聽得失，伺愆邪，察不祥，星盛，則國微，有盜賊，邊候驚，外國反；移動，佞讒行。月入畢，多雨。”

〔30〕細腰宫：楚王宫。舊址在巫山縣治東北（一説西北）一里，今已不存。《韓非子·二柄》：“楚靈王好細腰，而國中多餓人。”陸游《入蜀記》卷四：“二十四日早抵巫山縣……此盆舊以種蓮，余洗滌乃見字云：‘游楚故離宫。’俗謂之細腰宫。有一池，亦當時宫中燕游之地，今湮没略盡矣。三面皆荒山，南望江山奇麗。”《明一統志》卷七十：“楚宫，在巫山縣治西北，楚襄王所游之地，遺址尚存。宋黄庭堅石刻所謂細腰宫是也。”《四川通志》卷二十九中《楚王宫》：“在夔州府巫山縣東北一里，楚襄王所游地，黄庭堅謂即細腰宫。前有一池，今湮没略盡。”王安石《巫峽》：“神女音容詎可求，青山回抱楚宫樓。朝朝暮暮空雲雨，不盡襄王萬古愁。”

〔31〕美人：指楚王。《離騷》：“惟草木之零落兮，恐美人之迟暮不撫。”注：“美人喻君也。”《楚辭·九章·抽思》：“結微情以陳詞兮，矯以遺夫美人。”又《思美人》：“思美人兮，擥涕而竚眙。”

〔32〕唏嘘：通“欷歔”。哀嘆，抽咽。遼釋行均《龍龕手鑑·欠部》：“欷，欷歔，悲啼貌。”《楚辭·九章·悲回風》：“曾欷歔之嗟嗟兮，獨隱伏而思慮。涕泣交而淒淒兮，思不眠以至曙。”元戴表元《剡源文集》卷十四：“噫嗚唏嘘，悲動路人。”抱石：指屈原抱石沉江。

〔33〕褰裳：提起衣裙。《詩·褰裳》：“子惠思我，褰裳涉溱。”鄭玄箋：“揭衣渡溱水往告難也。”《楚辭·九章·懷沙》：“憚褰裳而濡足。”

〔34〕龍門：楚郢都城門名。《楚辭·哀郢》：“過夏首而西浮兮，顧龍門而不見。”王逸注：“龍門，楚東門。望而不見，自傷日以遠也。”朱熹集注：

"夏首，夏水口也。龍門，楚都南關三門，一名龍門，一名修門。回望而不見都門，則其悲愈甚矣。"

〔35〕託魚腹以永藏：謂屈原將葬身魚腹而永逝。《史記·屈原賈生列傳》："（屈原曰）寧赴常流而葬乎江魚腹中耳！"

〔36〕彭咸：商代賢大夫。《離騷》："願依彭咸之遺則。"王逸注："彭咸，殷賢大夫，諫其君不聽，自投水而死。"

〔37〕同姓：《離騷》："帝高陽之苗裔兮。"王逸注："至楚武王生子瑕，受屈爲卿，故云苗裔。自述與君共祖，見恩深而義厚也。"朱熹《楚辭集注·離騷》："屈原名平，與楚同姓，仕於懷王，爲三閭大夫。三閭之職，掌王族三姓，曰昭、屈、景。《戰國策》：'楚有昭奚恤。'《元和姓纂》云：'楚武王子瑕食采於屈，因氏焉。屈重、屈蕩、屈建、屈平，并其後。'又云：'景氏有景差，至漢皆徙關中。'"楚尚有昭陽、昭睢，皆稱賢能。

〔38〕商於（wū）：地區名。今陝西商南縣、河南淅川縣及內鄉縣一帶。秦使張儀説楚懷王，願以商於之地六百里還楚，使絶齊交。《史記·屈原賈生列傳》："屈平既絀，秦欲伐齊，齊與楚從親，惠王患之，乃令張儀詳去秦，厚币委質事楚，曰：'秦甚憎齊，齊與楚從親，楚誠能絶齊，秦願獻商於之地六百里。'楚懷王貪而信張儀，遂絶齊。"

〔39〕武關：在今陝西丹鳳縣東南，戰國時秦置，爲秦的南關，通南陽郡，亦是楚入秦的要隘，古爲重險。楚懷王三十年，秦昭襄王誘約楚懷王於此，然後伏兵閉上關門，擄懷王求割地。秦二世三年，劉邦自武關入秦。《戰國策》："蘇秦説楚威王曰：'秦一軍出武關，一軍下黔中，則鄢郢動矣。'"

〔40〕蟬忘鵲兮陳軫：蟬忘鵲，係用"螳螂捕蟬，不知黃雀在後"的故事。陳軫，戰國時的楚國大夫、説士。《史記·楚世家》載：秦使張儀見楚王，楚王以爲復得商於之地，群臣皆賀，獨陳軫弔曰："秦之所爲重王者以王之有齊也，今地未可得，而齊交先絶，是楚孤也，必見欺於張儀。"楚王不聽，果然上當。懷王怒，將興師伐秦。陳軫又諫曰："伐秦非計也。今王已絶於齊而責欺於秦，是吾合秦齊之交，而來天下之兵也，國必大傷矣。"王又不聽，發兵攻秦，遂致大敗。自此以後，諸侯共擊楚。

〔41〕虎語狐兮昭卹：昭卹，即昭奚卹，楚國大將、賢大夫。《戰國策》卷十四載：楚宣王問群臣曰："吾聞北方之畏昭奚卹也，果誠何如？"群臣莫對。而江乙因嫉恨昭奚卹，就講了一個"狐假虎威"的故事，然後説："今王之地方五千里，帶甲百萬，而專屬之昭奚卹，故北方之畏奚卹也，其實畏王之甲兵，猶百獸之畏虎也。"宋人黄震説："此乃小臣離間之言。"漢劉向《新序》卷一載：秦欲伐楚，使使者往觀楚之寶器。楚王問令尹子西，能否將和氏璧、隨侯珠展示下？子西對曰："不知。"王召昭奚卹問之，對曰："此欲觀吾國得失而圖之，不在寶器，在賢臣，珠玉玩好之物非寶貴者。"於是王令昭奚卹應對。昭奚卹令置壇數座，請使者上面東之壇（古以面東之位爲尊），然後請令尹子西、太宗子敖、葉公子高、司馬子反依次上其他壇坐定。最後昭奚卹自居西面之壇，稱曰："客欲觀楚國之寶器，楚國之所寶者，賢臣也。理百姓，實倉廩，使民各得其所，令尹子西在此；奉珪璧使諸侯，解忿悁之難，交两國之歡，使無兵革之憂，太宗子敖在此；守封疆，謹境界，不侵鄰國，鄰國亦不見侵，葉公子高在此；理師旅，整兵戎，以當彊敵，提枹鼓以動百萬之衆，所使皆趨湯火，蹈白刃，出萬死不顧一生之難，司馬子反在此；懷霸王之餘議，攝治亂之遺風，昭奚卹在此。唯大國之所觀。"秦使者懼然無以對，返言於秦王，謂："楚多賢臣，未可謀也。"遂不伐楚。劉向曰："《詩》云：'濟濟多士，文王以寧。'斯之謂也。"

〔42〕湛盧大去于窒皇：湛盧，古劍名，傳爲越王元常（一作允常）令歐冶子所造。盧爲黑，湛盧謂湛湛然黑色。又傳湛盧之劍遇無道之主便能自動離去。漢袁康《越絶書》卷十一載："歐冶乃因天之精神，悉其伎巧，造爲大刑三、小刑二：一曰湛盧、二曰純鈎、三曰勝邪、四曰魚腸、五曰巨闕。吴王闔廬之時，得其勝邪、魚腸、湛盧。闔廬無道，子女死，殺生以送之（即用人陪葬），湛盧之劍去之，如水行秦過楚，楚王卧而寤得吴王湛盧之劍，將首魁漂而存焉。秦王聞而求，不得，興師擊楚。"漢趙煜《吴越春秋》卷二載：楚昭王卧而寤得吴王湛盧之劍，不知其故，召風湖子問之。風湖子對曰："臣聞吴王得越所獻寶劍三枚：一曰魚腸，二曰磐郢，三曰湛盧。魚腸之劍已用殺吴王僚也，磐郢以送其死女，今湛盧入楚也。"昭王曰："湛盧所以去者何也？"對曰："臣聞越

王元常使歐冶子造劍五枚，以示薛燭（秦人善相劍者），燭對曰：‘魚腸劍逆理不順，不可服也，臣以殺君子以殺父，故闔閭以殺王僚。一名磐郢，亦曰豪曹，不法之物，無益於人，故以送死。一名湛盧，五金之英，太陽之精，寄氣託靈，出之有神，服之有感，可以折衝拒敵，然人君有逆理之謀，其劍即出，故去無道，以就有道。今吴王無道，殺君謀楚，故湛盧入楚。’昭王大悦，遂以爲寶。”大去，一去不返。《春秋》莊公四年：“紀侯大去其國。”注：“大去者，不及之辭。”窒皇，寢門闕，即墓門闕。《左傳》宣公十四年：“楚子聞之（宋殺申舟），投袂而起，屨及于窒皇，劍及于寢門之外。”宋魏了翁《春秋左傳要義》卷十一曰：“窒（一作絰）皇近於門外，當是寢門闕也。知此絰皇亦是冢前闕也。餘書無絰皇之名，蓋唯楚有此號也。”本書這裏當是以窒皇代指楚國。

〔43〕太吕：大吕，古樂律名。陰律叫吕。十二律中之陰律爲：大吕、夾鐘、中吕（或稱小吕）、林鐘、南吕、應鐘。《周禮・春官・大司樂》：“乃奏黄鐘，歌大吕，舞雲門，以祀天神。”鄭玄注：“以黄鍾之鐘、大吕之聲爲均者，黄鐘陽聲之首，大吕爲之合奏之，以祀天神，尊之也。”又《樂師》：“大師掌六律六同，以合陰陽之聲，陽聲黄鐘、大簇、姑洗、蕤賓、夷則、無射；陰聲大吕、應鐘、南吕、函鐘、小吕、夾鐘，皆文之以五聲宫、商、角、徵、羽，皆播之以八音金、石、土、革、絲、木、匏、竹。”

〔44〕三户：即楚國的昭屈景三大貴族。《史記・項羽本紀》：“楚雖三户，亡秦必楚也。”漢王逸《楚辭章句》卷一：“屈原與楚同姓，仕於懷王，爲三閭大夫。三閭之職，掌王族三姓，曰昭屈景。”

〔45〕六里負王：《史記・屈原賈生列傳》：楚懷王信了張儀，“使使如秦受地，張儀詐之曰：‘儀與王約六里，不聞六百里。’楚使怒，去歸告懷王，懷王怒，大興師伐秦，秦發兵擊之，大破楚師於丹淅，斬首八萬，虜楚將屈匄，遂取楚之漢中地”。

〔46〕嬴與芈：秦姓嬴，楚姓芈。指秦國與楚國。芈，底本譌作“芉”。

〔47〕縱與衡：指戰國時蘇秦的合縱説和張儀的連横説。

〔48〕二十五卷楚賦：指屈原所留下的二十五篇楚賦作品。

〔49〕七十四人：《史記・司馬相如列傳》“揜群雅”唐司馬貞索隱：“揜，

捕也。張揖曰：‘《詩·小雅》材七十四人，《大雅》之材三十一人，故曰群雅也。’”

〔50〕悲回風：《楚辭·九章》中的篇名，屈原作。蓀：同“荃”，香草名，寓意指君。已見於《離騷》。《楚辭》中的蓀、荃二字常互用。

〔51〕思往日：《楚辭·九章》有《惜往日》的篇名。前人認爲《惜往日》和《悲回風》，均是屈原臨絶之音，故文辭多顛倒重複，尤憤懣而極悲哀。

〔52〕腸九回：形容愁多騰湧，有如腸轉。白居易《長相思》：“思君春日遲，一日腸九回。”宋梅堯臣《依韻和原甫昭君辭》：“情語既不通，豈止腸九回。”宋徐經孫《病中有感》：“醫已肱三折，愁來腸九回。”

〔53〕肱三折：比喻閱歷多而有經驗。肱，胳膊。語見《左傳》定公十三年：“三折肱，知爲良醫。”黄庭堅《次韻廖明略陪吴明府白雲宴集》：“醫是肱三折，官當歲九遷。”又《贈送張叔和》：“我肱三折得此醫，自覺兩踵生光輝。”宋任淵注：“言涉世既久，始信此理，自覺入道有漸也。”屈原《九章》作“九折臂而成醫”。

〔54〕遠游：《楚辭》中的篇名，屈原作。屈原既放逐，悲嘆之餘，眇觀宇宙，陋世俗之卑狹，悼年壽之苦短，於是作此篇，欲制鍊形魂，浮游八極。

〔55〕畫壁而問天：《楚辭》中有《天問》篇，屈原作。屈原在放逐中，彷徨山澤，見楚先王廟及公卿祠堂，壁畫天地山川神靈，及古賢聖怪物行事，因書其壁，呵而問之，以瀉憤懣和愁思。楚人見而惜之。後人多不解其意，以爲怪妄，或務以多識異聞爲功。唐柳宗元始質以義理。見朱熹《楚辭集注》。

〔56〕英英：同“泱泱”，雲起貌。《詩·小雅·白華》：“英英白雲，露彼菅茅。”毛傳：“英英，白雲貌。”唐陸德明釋文：“英，如字，《韓詩》作‘泱泱’同。”潘岳《射雉賦》：“天泱泱以垂雲。”明宋濂《碧崖亭序》：“巖之雲兮，英英其升。”

〔57〕八表：指八方以外極遠的地方。陶潛《停雲》詩：“八表同昏，平路伊阻。”《晉書》卷六十七《温嶠傳》：“功格宇宙，勳著八表。”《梁書》卷二十五《徐勉傳》：“可以光被八表，施諸百代。”

〔58〕丹穴：地名。在南方極遠處。古人以爲日落之處，鳳凰所棲之地。

《爾雅·釋地》："岠齊州以南戴日爲丹穴，北戴斗極爲空桐，東至日所出爲太平，西至日所入爲太蒙。"清郝懿行義疏："《列子·湯問篇》云：'不知距齊州幾千萬里。'《御覽》三十六引舍人云：'自中州以南日光所照，故曰丹穴。'《莊子·讓王篇》云：'逃乎丹穴。'《淮南·氾論篇》注：'丹穴，南方當日下之地。'"《晉成公綏集·天地賦》："東至暘谷，西極泰濛，南暨丹穴，北盡空桐。"隋李密《移郡縣書》："普天之下，率土之濱，蟠木距於流沙，瀚海窮於丹穴。"唐張説《鄭國夫人神道碑》："驪泉多龍，丹穴多鳳。"宋江少虞《事實類苑》卷六十三《鳳凰》："古詩謂'鳳凰生于丹穴'，即南方也。蓋此禽出塵寰之外。"

〔59〕素王：有帝王之德而未居其位的人。儒家以孔子立素王，於是專以素王稱孔子。《莊子·天道》："以此處上，帝王天子之德也；以此處下，玄聖、素王之道也。"注："有其道爲天下所歸而無其爵者，所謂素王自貴也。"漢王充《論衡·定賢》："孔子不王，素王之業在《春秋》。"宋魏了翁《春秋左傳要義》卷首："賈逵《春秋序》云：'孔子覽史記，就是非之説，立素王之法。'鄭玄《六藝論》云：'孔子既西狩獲麟，自號素王，爲後世受命之君，制明王之法。'盧欽《公羊序》云：'孔子自因魯史記而修《春秋》，制素王之道。'是先儒皆言孔子立素王也。"

〔60〕葩采：葩，草木的花。漢張衡《思玄賦》："天地烟煴，百卉含葩。"葩采，花朵艷麗。宋陳耆卿《赤城志》卷三十九《芝草》："紹熙五年二月生於臨海縣獄柱間，七葉三層，葩采可愛，李龜朋爲之記。"引申指詞藻華美。

〔61〕瑶華：傳説中的仙花，食之可長壽。《楚辭·大司命》："折疏麻兮瑶華，將以遺兮離居。"王逸注："瑶華，玉華也。"宋洪興祖補注："瑶華，麻花也。其色白，故比於瑶。此花香，服食可致長壽。"

〔62〕茝：即白芷，一種香草。《楚辭·九章·悲回風》："蘭茝幽而獨芳。"注："茝，一作芷。"宋胡瑗《洪範口義》卷上："夫君之貌爲人所觀仰，則必端嚴恭莊，而後民望而畏之，故行步有佩玉之聲，登車有和鑾之節，錯衡養目，蘭茝養鼻。"宋陳振孫《直齋書録解題》卷十五《校定楚辭十卷》下引黄伯思《序》曰："屈宋諸《騷》皆書楚語，作楚聲，紀楚地，名楚物，故

可謂之楚辭。若些、只、羌、誶、蹇、紛、侘傺者，楚語也；悲壯頓挫，或韻或否者，楚聲也；沅、湘、江、澧、修門、夏首者，楚地也；蘭、茝、荃、藥、蕙、若、芷、蘅者，楚物也。”

〔63〕箕子明夷：箕子，商紂王的叔父（《明一統志》謂庶兄），名胥餘，官太師，封於箕（今山西太谷東北）。紂王暴虐，比干、箕子强諫，紂王殺比干，囚箕子。箕子乃佯狂爲奴。周武王殺紂王，封比干之墓，釋箕子之囚，封於朝鮮。史載箕子在朝鮮興禮義、農桑等八條之教。明夷，《周易》的卦名，離下坤上。夷爲傷之意。此卦謂闇主在上，朝政晦暗不明，賢士在下不得志，易遭讒害。後用以比喻主闇於上，賢士紛紛退避的亂世。宋李石《方舟集》卷二十《明夷》：“明夷者，明之傷也。箕子、文王得明夷，蒙難爲賢聖；叔孫得之，殺身敗族。”

〔64〕龍逢菹醢（jū hǎi）：龍逢，又稱關龍逢，夏桀時的賢臣，因諫被殺。菹醢，一種酷刑，即把人剁成肉醬。宋楊萬里《誠齋易傳》卷十四：“古之人於其上之不善，有拯而不隨者，有先隨而後拯者，有先拯而後隨者，有不拯而隨者，有不拯而隨其心不然者。龍逢、比干拯而不隨也。”

〔65〕湘纍：指屈原。《漢書・揚雄傳》：“《反離騷》：‘因江潭而往記兮，欽弔楚之湘纍。’”顔師古注：“李奇曰：‘諸不以罪死曰纍，荀息、仇牧皆是也。屈原赴湘死，故曰湘纍也。’”

〔66〕畔牢愁：《楚辭》篇名，漢揚雄作。《漢書・揚雄傳》：“又旁《離騷》作重一篇，名曰《廣騷》；又旁《惜誦》以下至《懷沙》一卷，名曰《畔牢愁》。”顔師古注：“李奇曰：‘畔，離也；牢，聊也。與君相離，愁而無聊也。’”

〔67〕唾珠玉：用以稱贊他人吐詞優美。《後漢書・趙壹傳》：“咳唾自成珠。”李白《妾薄命》：“咳唾落九天，隨風生珠玉。”黄庭堅《古詩五十一首・筇竹》：“道人手種兩三竹，使君忽來唾珠玉。”或作“唾玉”。元方回《桐江續集》卷三《湖口寄方去言》：“和篇勤唾玉，枉教妙鉤銀。”

〔68〕泣瓊瑰：《詩・秦風・渭陽》：“何以贈之，瓊瑰玉佩。”毛傳：“瓊瑰，石而次玉。”孔穎達疏：“瓊者，玉之美名，非玉名也。瑰是美石之名也。

以佩玉之制，唯天子用純，諸侯以下則玉石雜用。此贈晉侯，故知瓊瑰是美石次玉。”《左傳》成公十七年：“聲伯夢涉洹，或與己瓊瑰，食之，泣而爲瓊瑰，盈其懷。”杜預注：“瓊，玉。瑰，珠也。淚下化爲珠玉。”明王立道《具茨詩集》卷一《輓陳茶丘》：“夙期書竹帛，奄見泣瓊瑰。”

〔69〕慍：怨恨，憤怒。《詩·邶風·柏舟》：“憂心悄悄，慍于羣小。”

〔70〕居無可卜：《楚辭》有《卜居》的篇名，屈原作。朱熹集注：“屈原哀憫當世之人，習安邪佞，違背正直，故陽爲不知二者之是非可否，而將假蓍龜以决之，遂爲此詞，發其取舍之端，以警世俗。”

〔71〕魂焉用招：宋玉有《招魂》篇。朱熹集注：“宋玉哀閔屈原無罪放逐，恐其魂魄離散而不復還，遂因國俗，託帝命，假巫語以招之。”

〔72〕羊胛：《新唐書·回鶻傳》：“骨利幹處瀚海北……又北度海，則晝長夜短。日入烹羊胛，熟，東方已明。蓋近日出處也。”後用烹羊胛熟形容時間短暫。歐陽修《謝人寄牡丹》詩：“邇來不覺三十年，歲月纔如熟羊胛。”宋吴泳《鶴林集》卷三十二《答胡彦肯書》：“歲序匆匆，又熟羊胛矣。”

〔73〕匏瓢：《莊子·逍遥游》：“魏王貽我大匏之種，我樹之而成實五石……剖之以爲瓢，則匏落無所容。”匏，同“瓠”。

〔74〕朝雲峰：巫山十二峰之三。宋王子韶《朝雲峰巫山十二峰之三》詩：“山頭行雲自朝朝，陽臺暮色連雲霄。朝來暮去變雲雨，送老行客無回橈。”宋人吴世延、元人趙孟頫均有巫山十二峰詩。

〔75〕蘭臺：楚王避暑行宫。舊址在今湖北鍾祥縣。宋玉《風賦》：“楚襄王游於蘭臺之宫。”梁劉勰《時序》：“韓魏力政，燕趙任權，五蠹六蝨嚴於秦令，惟齊楚兩國頗有文學。齊開莊衢之第，楚廣蘭臺之宫，孟軻賓館，荀卿宰邑，故稷下扇其清風，蘭陵鬱其茂俗，鄒子以談天飛譽，騶奭以雕龍馳響，屈平聯藻於日月，宋玉交彩於風雲。觀其艷説，則籠罩雅頌。”唐張九齡《陽臺山》：“楚國兹故都，蘭臺有餘址。傳聞襄王世，仍立巫山祀。”《大清一統志》卷二百六十五：“蘭臺，在鍾祥縣治東，《輿地紀勝》楚王與宋玉游蘭臺，即此。”

〔76〕穎：帶芒的稻麥穗。《詩·大雅·生民》：“實堅實好，實穎實栗。”

疏："穎是禾穗之挺。"言禾穗成熟垂重。

〔77〕三閭：姓。《元和姓纂·五·談》："楚屈原爲三閭大夫，因氏焉。"

〔78〕碪有女嬃：碪，搗衣石。女嬃，屈原姊。楚人謂女曰嬃。《離騷》："女嬃之嬋媛兮，申申其詈予。"朱熹集注："女嬃，屈原姊也。"《水經注》卷三十四："（秭歸）縣北一百六十里有屈原故宅，累石爲室基，名其地曰樂平里。宅之東北六十里有女嬃廟，搗衣石猶存。"《湖廣通志》卷二十五："女嬃廟，祀屈原姊，嬃其名也。在三閭鄉屈原沱東北，即原故宅，去州百里，唐元和中始立。"

〔79〕子姓：指子孫。《詩·周南·麟之趾》"振振公姓"唐孔穎達疏："子姓，子孫也。蓋子不可以父之字爲姓，孫則以王父之字爲姓，姓之所別自孫始，故子姓即子孫。"明梁寅《詩演義》卷一："公姓者，公之孫也，孫者子之所生，故《禮》稱子孫曰子姓。"

〔80〕墓田：墓地之田。《晉書·滕脩傳》："帝嘉其意，賜墓田一頃。"又《嵇紹傳》："進爵爲侯，賜墓田一頃。"

〔81〕除：修治。《左傳》昭公十三年："將爲子除館於西河，其若之何？"

〔82〕前和：棺材兩頭的木板爲和。前和，即棺的前頭，俗稱前和頭。《吕氏春秋·開春論》："惠公曰：昔王季歷葬於渦山之尾，欒水齧其墓，見棺之前和。"漢高誘注："棺頭曰和。"宋鮑彪《戰國策校注》卷七《襄王》："見棺之前和。"校注："和，棺兩頭木。"章太炎《新方言·釋器》："今浙江猶謂棺之前端曰前和頭。"

〔83〕琚：佩玉。《説文》："琚，瓊琚。"《詩·衛風·木瓜》："投我以木瓜，報之以瓊琚。"曹植《洛神賦》："披羅衣之璀粲兮，珥瑶碧之華琚。"

〔84〕立言立德：《左傳》襄公二十四年："太上有立德，其次有立功，其次有立言，雖久不廢，此之謂不朽。"

〔85〕子弓：《漢書》謂馯臂子弓。唐人楊倞謂仲弓。仲弓名冉雍，孔子弟子，魯國人，孔子曾稱贊他德行最好。《荀子·非相》："蓋帝堯長，帝舜短，文王長，周公短，仲尼長，子弓短。"楊倞注："子弓，蓋仲弓也。言子者，著其爲師也。《漢書·儒林傳》：'馯臂字子弓，江東人，受《易》者也。'然

馯臂傳《易》之外，更無所聞，荀卿子論説常與仲尼相配，必非馯臂也。馯音寒。”朱熹《楚辭後語》：“（荀卿）學於孔氏門人馯臂子弓者。”又《論語釋文》引王弼注謂：“朱張字子弓，荀卿以比孔子者。”此子弓爲周人，隱逸不仕。以上三説未定。

〔86〕宋玉景差：均是屈原的弟子，楚國人。宋玉仕頃襄王爲大夫，《漢書・藝文志》著録宋玉賦十六篇，著名的如《九辯》《招魂》等。景差亦仕頃襄王爲大夫，善爲賦，《楚辭》中之《大招》或題景差所作。差，底本作“瑳”，今改。

〔87〕攝提：攝提格的簡稱，指寅年。《離騷》：“攝提貞于孟陬兮，惟庚寅吾以降。”古人以太歲在天宫運轉的方向紀年，太歲指向寅宫（斗牛之間）之年稱攝提格，省稱攝提。《爾雅・釋天》：“太歲在寅曰攝提格。”清郝懿行義疏：“按：攝提，星名，屬東方亢宿，分指四時，從寅起也。”格，起。

〔88〕孟陬：農曆正月。孟爲開始，陬爲正月。《離騷》“攝提貞于孟陬兮”王逸注：“孟，始也。貞，正也。于，於也。正月爲陬。”《爾雅・釋天》：“正月爲陬。”

〔89〕吉蠲（juān）：選擇吉日。《詩・小雅・天保》：“吉蠲爲饎，是用孝享。”傳：“吉，善；蠲，絜也。”箋：“謂將祭祀也。”朱熹集傳：“吉，言諏日擇士之善。蠲，言齋戒滌濯之潔。饎，酒食也。享，獻也。”

〔90〕閥：閥閲，舊時指官宦世家門第。《後漢書》卷二十六《韋彪傳》：“士宜以才行爲先，不可純以閥閲。”

〔91〕友于：《尚書・君陳》：“惟孝友于兄弟。”“于”爲介詞，因古人常“友于”連用以稱兄弟情誼，遂成熟語。《後漢書》卷六十四《史弼傳》：“陛下隆於友于，不忍遏絶。”也用以指兄弟。曹植《求通親親表》：“今之否隔，友于同憂。”

〔92〕曾孫：子子孫孫。《詩・周頌・維天之命》：“駿惠我文王，曾孫篤之。”箋：“曾，猶重也，自孫之子而下，事先祖皆稱曾孫。”貽厥：亦指子孫。《尚書・五子之歌》：“有典有則，貽厥子孫。”

〔93〕千禩：千年。禩，同“祀”，商代稱年爲祀。《尚書・伊訓》：“惟元

祀，十有二月，乙丑，伊尹祠于先王。”唐陸德明釋文：“祀，年也。夏曰歲，商曰祀，周曰年，唐虞曰載。”唐温大雅《大唐創業起居注》卷三：“遂使跡已陳於千祼。”柳宗元《弔屈原文》：“後先生蓋千祀兮，余再逐而浮湘。”錦心：即“錦心繡口”之省，謂构思巧妙，措詞華麗。柳宗元《乞巧文》：“駢四儷六，錦心繡口。”

〔94〕華髪：花白的頭髪。也指老人。《墨子·修身》：“華髪隳顛而猶弗舍者，其唯聖人乎！”漢蔡邕《蔡中郎集》卷七《薦邊文禮書》：“博選清英，華髪舊德，并爲元龜。”

〔95〕珠囊：飾珠之囊。《唐實録》：“以千秋節，賜四品已上金鏡珠囊縑綵。”《洛陽伽藍記》：“四海晏清，八荒率職，珠囊紀慶，玉燭調辰。”

〔96〕玉燭：四季和諧。謂人君德美如玉，可致四時祥和。《爾雅·釋天》：“四氣和謂之玉燭。”清郝懿行義疏：“玉燭者，《釋文》引李巡云：‘人君德美如玉，而明若燭。’”魏何晏《瑞頌》：“通政辰修，玉燭告祥，和風播烈，景星揚光。”

〔97〕蘋洲：長有蘋草之洲。白居易《想東游五十韻》：“餘芳認蘭澤，遺咏思蘋洲。”宋羅隱《秋日泊平望驛寄太常裴郎中》：“蘋洲重到窅難期，徙倚郵亭憶往時。”

〔98〕羅襪：絲質的襪子。漢張衡《南都賦》：“脩袖繚繞而满庭，羅襪躡蹀而客舆。”曹植《洛神賦》：“凌波微步，羅襪生塵。”注：“（李）善曰：襪，足衣也。”駱賓王《咏塵》：“凌波起羅襪，含風染素衣。”

〔99〕卯君：卯年出生的人。蘇軾《以檀香觀音爲子由生日壽》：“繚繞無窮合復分，東坡持是壽卯君。”趙次公注：“卯君，子由也。子由己卯生，故云。”

〔100〕庚子拜經書：《南齊書》卷五十四《臧荣緒傳》載：“荣緒惇愛五經，謂人曰：‘昔吕尚奉丹書，武王致齋降位，李釋教誡，竝有禮敬之儀，因甄明至道。’乃著《拜五經序論》，常以宣尼生庚子日，陳五經拜之，自號被褐先生。”清人臧庸慕臧荣緒之爲人，於每年除夕陳所讀書而拜，自號拜經，著有《拜經日記》，設有拜經堂。宣尼生庚子日，指孔子生日。

〔101〕歸寧：多指女子回孃家省親。《詩・周南・葛覃》："害澣害否，歸寧父母。"晉陸機《思歸賦》："冀王事之暇豫，庶歸寧之有時。"

〔102〕竁（cuì）：洞窟。廣寒竁，即月窟，古人謂月的歸宿處，在西方，後用以指西極之國。《文選・顔延之〈宋郊祀歌〉之一》："月竁來賓，日際奉土。"注："濟曰：竁，窟也。月竁，西極。"梁簡文帝《對蜀父老問》："月竁來庭，風丘款塞。"

〔103〕碧落：碧空，天空。唐許渾《送張厚澗東修謁》："青山有雪松當澗，碧落無雲鶴生龍。"白居易《长恨歌》："上窮碧落下黄泉，两處茫茫皆不見。"

〔104〕芭：《楚辭・九歌・禮魂》："成禮兮會鼓，傳芭兮代舞。"王逸注："芭，巫所持香草名也。"

〔105〕比竹：笙竽之類的編管樂器。《莊子・齊物論》："子游曰：'地籟則衆竅是已，人籟則比竹是已。'"竹，竹製的律管，排比而成。

〔106〕煜爚：火光熾盛貌。《慧琳音義》卷三十九："煜爚，《廣雅》云：'煜爚，火光熾也。'《埤蒼》云：'盛皃也。'"李鏡遠《咏日》："徘徊匝花樹，煜爚满春池。"

〔107〕陳詩：古代的一種采風制度，即陳獻民間詩歌，以觀民風。《禮記・王制》："命大師陳詩，以觀民風。"鄭玄注："陳詩，謂采其詩而視之。"繽：衆多。

〔108〕容裔：同"容與"，高低起伏貌。《文選・張衡〈東京賦〉》："建辰旒之太常，紛焱悠以容裔。"注："容裔，高低之貌。"曹植《洛神賦》："六龍儼其齊首，載雲車之容裔。"唐劉良注："容裔，行貌。"

〔109〕華芝：華蓋。《文選・揚雄〈甘泉賦〉》："於是乘輿廼登夫鳳皇兮而翳華芝。"李善注："韋昭曰：鳳皇爲車飾也，翳，隱也。服虔曰：華芝，華蓋也。善曰：言以華盖自翳也。"

〔110〕修門：楚都南關三門之一。已見前文"龍門"注。

〔111〕憺：安然。《楚辭・九歌・東君》："羌聲色兮娱人，觀者憺兮忘歸。"王逸注："憺，安也。"偃蹇：夭嬌美好貌。《楚辭・九歌・東皇太一》：

“靈偃蹇兮姣服。”朱熹集傳：“偃蹇，美貌。”

〔112〕子居：楊朱。字子居。又稱楊子、陽子、陽生。戰國時魏國人，晚於墨子，早於孟子。其説重在愛己，不拔一毛以利人，與墨子的“兼愛”説相反，被儒家斥爲異端，著述不傳。

〔113〕孫況：荀子名况，時人尊稱爲荀卿。漢人因避宣帝諱，改荀爲孫，故有孫卿、孫況之稱。

〔114〕虞卿：戰國時的游説之士。《史記·平原君虞卿列傳》：“虞卿者，游説之士也。躡蹻檐簦説趙孝成王，一見，賜黄金百鎰，白璧一雙；再見，爲趙上卿，故號爲虞卿。”主張趙王聯楚、魏，合縱抗秦，王不聽。後因救魏相魏齊，困於梁，失相位。窮愁著述，作《虞氏春秋》。已佚。

〔115〕莊休：即莊子。字子休，戰國時宋國蒙人，曾爲漆園吏。他對現實有所不滿和揭露，與當時統治階層亦采取不合作態度。據説楚威王重其名，厚币迎之，許以爲相，不就。著述十餘萬言，主張清静無爲，獨尊老子而斥儒墨。

〔116〕樂望諸：樂毅。戰國時的名將，好研習兵法，燕昭王拜爲亞卿，爲上將，聯趙楚韓魏伐齊，破七十餘城，封昌國君。昭王死後，惠王中齊反間計，樂毅奔趙國，封於觀津，號望諸君。而齊得以大破燕軍，盡得失地。

〔117〕田子方：戰國時魏人，名無擇，與段干木齊名，魏文侯曾師事之。傳説他有高尚的節操，懂得仕與不仕的本分。詳見《史記·魏世家》。

〔118〕談天：即“談天衍”。戰國時齊國人騶衍善論辯宇宙之事，齊人稱爲“談天衍”。《史記·荀卿列傳》：“騶衍之術迂大而閎辯；奭也文具難施；淳于髡久與處，時有得善言。故齊人頌曰：‘談天衍，雕龍奭，炙轂過髡。’”劉宋裴駰集解：“劉向《别録》曰：‘騶衍之所言五德終始，天地廣大，盡言天事，故曰談天。’”後世閑居者聚衆高談闊論，所謂“談天”者，即源於此。

〔119〕大雅：才德高尚，或才德高尚者。班固《西都賦》：“又有承明金馬，著作之庭，大雅宏達，於兹爲群。”李善注：“大雅謂有大雅之才者。”扶輪：扶翼車輪。謂在側輔佐之意。唐高彦休《闕史序》：“皇朝濟濟多士，聲名文物之盛，两漢纔足以扶輪捧轂而已。”

〔120〕小山：指後世子孫。承蓋：承蒙恩惠。千霜：猶千秋。

〔121〕契闊：離合。《詩·邶風·擊鼓》："死生契闊，與子成説。"

〔122〕哆嗚：《淮南子·修務訓》注："哆，讀大口之哆；嗚，讀楚蕪之蔿。皆醜貌。"

顧劍峰，長洲貢生〔1〕。詩文閎肆，稿盈一二尺許，喜談論古今，口若縣河。館于秦觀察署〔2〕，時渡江來漢，偕作山水游。余曾題其《藏書塢圖·探芳訊》詞云〔3〕："啓軒牖。愛竹月低流，松風緩奏。正謝情陶思〔4〕，紛入散花手〔5〕。青衫落拓才名著〔6〕，説甚因吟瘦。且年年、縱覽江山，徧題亭堠〔7〕。豪气尚如舊。記曲顧房箏〔8〕，醉尋旗酒。問訊天涯，同折漢南柳。清弦獨抱知音感，料理詩千首。曾賓谷先生許刊其《寸心樓詩集》。伴琴書、一塢白雲相守。"己卯自蜀歸里〔9〕，聞劍峰頸患疽疾，因偕老友施北硯國祁放舟吴江訪之〔10〕。時疾初愈，十年重晤，歡然留飲，竟日而返。庚辰冬，復作楚游，道出吴淞，款門重過〔11〕，則疽疾復發，招入寢室，握手問訊。別又經年，未知消息，能無天末吴雲之感〔12〕？

天門熊兩溟，少貧力學，工古文辭，詩品峻潔，五言出入陶、謝、韋、柳間〔13〕，著有《鵠山小隱詩文集》，以名進士願就冷曹〔14〕，官武昌教授，嘗來漢上，多主常芝仙家，必邀余銜杯暢叙，抵掌傾談，詩文外，不屑挂齒也。

【注釋】

〔1〕長洲：舊縣名。治所與吴縣同，在今江蘇省蘇州市。

〔2〕觀察：清代對道員的尊稱。

〔3〕《探芳訊》：詞牌名。

〔4〕謝情陶思：謝，謝靈運；陶，陶淵明。二人都以善寫田園詩著稱。

〔5〕散花手：散花本爲供佛而散佈花朵，以示敬意。這裏借喻寫作高手。

〔6〕青衫：唐代低級官員服青色。白居易《琵琶行》："江州司馬青衫

濕。”隋唐州府佐吏有司馬一人，位在長吏之下。這裏以青衫代指小吏。

〔7〕亭堠：亭子和土堡。堠，古代瞭望敵情的土堡，如斥堠、烽堠。《三國志·吴書·孫韶傳》：“常以警疆埸遠斥堠爲務。”

〔8〕曲顧：東吴周瑜善審音律，曰：“曲有誤，周郎顧。”房箏：撥弦樂器。

〔9〕己卯：清嘉慶二十四年。

〔10〕施北硯：名國祁，字非熊，號北硯，諸生，烏程人。工詩詞古文。

〔11〕款門：即叩門、敲門。《吕氏春秋·愛士》：“廣門之官夜款門而謁。”

〔12〕天末吴雲之感：天末，天邊。吴雲，指江蘇一帶的雲山。有懷念家鄉遠友之意。

〔13〕陶、謝、韋、柳：即陶淵明、謝靈運、韋應物、柳宗元。

〔14〕冷曹：職位不重要、清閒冷落的官。

王子若，太倉州諸生[1]，善六法，尤工篆刻，庚午僑寓武昌。嘗學詩于顧劍峰，翩翩年少，文酒興豪。辛未秋暮，招同熊兩溟、蔣静夫、顧劍峰、戚蘭莊、常芝仙、黄穀原、秦芝庭，大集于仙棗亭[2]。余以將溯巴山，束裝就道，未及赴。舟中作《金菊對芙蓉》詞以寄意云：“夢合菭岑[3]，蹟聯萍水[4]，最憐知己天涯。更娱情讀畫，逸興弦詩。人生聚散摶沙似[5]，多君勸、莫負良時。朝來折簡，相呼酒伴，且典秋衣。偏我獨爲塵羈。又行裝倥偬，忽賦將離。枉烟飄繫恨，水驛縈思。傳杯想見高歌起，應招得、鶴舞雲飛。推篷試看，白漚紅葉，也笑愆期[6]。”

【注釋】

〔1〕太倉州：明弘治間置，治鎮洋縣。1912年改縣。在江蘇省蘇州市東北部，今爲市。

〔2〕仙棗亭：在武昌蛇山上，原爲黄鶴樓群體建築之一。

〔3〕菭岑：同“苔岑”。郭璞《贈温嶠》：“人亦有言，松竹有林。及爾臭

味，異苔同岑。”臭味，猶意氣。舊指意氣相投的朋友。

〔4〕苹水：即萍水。萍生水中，飄泊不定，常用以比喻人的偶然相遇。

〔5〕摶沙：握沙成團。喻易散。蘇軾《二公再和亦再答之》：“親友如摶沙，放手還復散。”

〔6〕愆期：誤期。《易·歸妹》：“歸妹愆期，遲歸有時。”《詩·衛風·氓》：“匪我愆期，子無良媒。”

吴縣黄穀原，山水蒼秀，得宋元人秘法，復喜閉户吟諷，不以示人。薄宦楚鄂[1]，性情疏散，頗得隨遇而安之趣。贅于漢口周氏。庚午漢口大火[2]，周氏被灾，余時賃方岩夫屋，因相招，同居歲餘。辛未，余遣兒子挈眷歸里，穀原始他徙。余亦奔走巴蜀，然音書時達也。後湖茶肆簾名第五泉者，主人李叟酷嗜書畫，所藏若徐青藤、八大山人、高淡游、查二瞻及青谿、石谿之畫[3]，皆屬真蹟，時縣于茶室之傍。穀原《獨步後湖愒第五泉茶市》詩云：“散步不知遠，頻來第五泉。品茶貪野趣，讀畫憶高賢。緑暗庭前樹，涼生雨後天。無人同領略，惆悵夕陽邊。”又《三元殿雨後獨坐》云：“雨霽蒼苔滑，悠然愒石傍。樹中飛鳥過，衣上落花香。半抹夕陽墮，一聲清磬長。此間有詩意，朝市兩相忘。”熊兩溟《鵠山小隱詩集·雜咏》云：“夕陽下漢口，樓閣動繁弦。夜市鐙千樹，春江月萬船。酒殘金易盡，花落玉難全。壯士如鴻鵠，高歌鰕䱂篇[4]。”《江上遲張乙舟不至》云：“夕陽空水合，沙鳥一行飛。颿影樹邊出，漁鐙烟際歸。美人在夏口，明月澹清暉。江上且高枕，夢君還叩扉。”

【注釋】

〔1〕薄宦：謂官職卑微，仕途不甚得意。《宋書·陶潛傳》：“潛弱年薄宦，不潔去就之迹，自以曾祖晉世宰輔，耻復居身後代，自高祖（劉裕）王業漸隆，不復肯仕。”

〔2〕庚午：嘉慶十五年。

〔3〕徐青藤：徐渭，字文長，號青藤，明代浙江山陰人。其天才超逸，詩文書畫皆工，而其畫影響最大，尤擅畫芭蕉。八大山人：朱耷（dā），字人屋，號個山，後以號八大山人行，明代著名畫家。善畫山水花鳥竹石，筆情恣縱，不拘成法。查二瞻：查士標，字二瞻，號梅壑，潮州海陽縣人，明諸生，流寓揚州。工書，尤善山水畫。年八十四卒。有《種書堂遺稿》。青谿：明程正揆，湖北孝感人，崇禎進士，號清谿道人，善畫山水。石谿：髡殘，字白秃，一字介丘，號石谿，又號殘道者、庵住行人。清僧，武陵劉氏子，住金陵牛首山。工畫山水，好寫奇僻奥景，題識内容多寓興亡之事。

〔4〕鰕䱇篇：《樂府・相和歌辭》篇名。曹植擬《長歌行》爲《鰕䱇》。曰："鰕䱇游潢潦，不知江海流。"喻小人不識君子大志。䱇，同鱔，通常指黄鱔。

仁和蔣蔣邨烔[1]，少負文譽，綜覽群籍，勤于考證，由訓導推陞德安府經歷[2]。壬午之春，以公來省，及夏返櫂，過漢訪余旅舍。因偕逭暑于天寶庵[3]，尊酒論文，清談半日。别後賦詩寄余，有"兩年重作漢皋游，何意扁舟與君遇。贈我新詞錦不如，玉盤錯落珊瑚珠。示我叢談備掌故[4]，鈎抉經史窮根株。貌癯如鶴气如虎[5]，健鼎龍文百夫舉[6]。男兒身手老無用，閉户酸吟雜風雨"之句。又，《雨泊漢口有感》云："沔漢流通萬里潮，孤篷泊處雨瀟瀟。雲連赤壁波濤壯[7]，路出烏林虎豹驕[8]。百戰江山餘涕淚，三分事業付漁樵[9]。沈沙折戟何須問[10]，且倒東風濁酒瓢。"

按：漢口地擅江山，勝隣樓閣，是以四方名士，每泊舟于斯者，無不流連吟眺，以攄胸襟。兹録古今人漢口詩，兼及近時寓公過客，皆余所相識者。若倡酬莫接，縞紵未通[11]，則不敢繁紀，閲者幸勿哂其挂漏[12]。

【注釋】

〔1〕仁和：縣名。宋太平興國三年始置。治所今屬杭州市。

〔2〕訓導：學官名。明、清於府設教授，州設學正，縣設教諭，掌教育所

屬生員。其副職皆稱訓導。德安府：唐置安州，宋宣和初始置德安府，明清因之。舊治在今湖北安陸市。經歷：官名。明、清時布政使司、按察使司均設經歷，掌出納文書。

〔3〕天寶庵：在今漢口崇仁路附近，尚有天寶巷之名。

〔4〕叢談：指所著《漢口叢談》。

〔5〕癯（qú）：清瘦。漢應劭《風俗通》卷七《太尉汝南陳蕃》："昔子夏心戰則癯。"

〔6〕健鼎龍文：龍文，龍形的花紋。《文選・班固〈两都賦寶鼎詩〉》："寶鼎見兮色紛緼，焕其炳兮被龍文。"注："《東觀漢記》曰：'永平六年，廬江太守獻寶鼎，出王雒山。'《漢書》曰：'武帝爲人祠后土營旁，得鼎，有黄雲焉。公卿大夫議尊寶鼎，有司曰：今鼎至甘泉，光潤龍變，承休無疆也。'"

〔7〕赤壁：三國時的古戰場。今人多説是湖北蒲圻縣境内的赤壁。

〔8〕烏林：在今湖北洪湖市之烏林磯，與江南赤壁相望。

〔9〕"三分"句：三分事業，指魏蜀吴三分天下，鼎立而峙。付漁樵，《三國演義》第一回卷首："白髪漁樵江渚上，慣看秋月春風，一壺濁酒喜相逢。古今多少事，都付笑談中。"

〔10〕沈沙折戟：折戟，折斷之戟。杜牧《赤壁》詩："折戟沈沙鐵未銷，自將磨洗認前朝。"

〔11〕縞紵：《左傳》襄公二十九年："（吴季札）聘於鄭，見子産，如舊相識。與之縞帶，子産獻紵衣焉。"後因以"縞紵"指深厚的友誼。

〔12〕挂漏："挂一漏萬"的略語。

王櫟門《喜李嘯邨重來漢口即次元韻》云："相逢真意外，猶作夢中猜。不畏狂瀾險，多因舊雨來。别家臨老慣，異地見花開。莫擬山陰櫂[1]，春江自溯洄。"《鴻來山館爲吴鶴關先生賦》："叫雲因失侶[2]，哀感卧幽窗。聊藉三間屋，憑陵萬里江[3]。稻粱謀易足，燕雀笑難降。終夜挑鐙坐，婆娑影下雙。"《汪松心重來漢上小集草堂分賦》："一從蘭櫂歇，復聚草堂前。不但分離久，爲歡各暮年。秋聲在雜樹，雁影落空天。明日期重醉，囊中尚有錢。”《酒樓觀傀儡》[4]：“乘閒意不在壺觴，傀儡看他亦上場。色相不堪窮假借，提攜儼自列冠裳。本無生气偏饒舌，那有憂愁强結腸。粉飾由來沿習久，偃師應笑怒君王[5]。”《喜李復堂至漢上》：“别君猶共卧江船，此後惟牽夢裏緣。忽聽叩門相見喜，挑鐙重話已三年。”又，《葉碧田留飲小樓》句：“隔岸山如人蘊藉[6]，遠江樓對水空明。”《陪陳香林集水心雲影亭》句：“平湖晴射波浮檻，比户人歡麥在場。”

【注釋】

〔1〕山陰櫂：見《世説新語》所載王子猷雪夜訪戴逵的故事。

〔2〕叫雲：指鴻雁在雲中鳴叫。

〔3〕憑陵：進逼，侵凌。《左傳》襄公二十五年：“今陳忘周之德……介恃楚衆，以憑陵我敝邑。”李白《大鵬賦》：“燀赫乎宇宙，憑陵乎崑崙。”

〔4〕傀儡：指皮影戲。

〔5〕偃師：傳説周穆王時的巧匠。所製木人，能歌善舞。《列子·湯問》：“道有獻工人名偃師……技將終，倡者（木偶）瞬其目而招王之左右侍妾。王大怒，立誅偃師。”後因稱耍木偶的藝人爲偃師。

〔6〕蘊藉：含蓄寬容。《史記·義縱傳》：“補上黨郡中令。治敢行，少蘊藉。”《後漢書·第五倫傳》：“然少蘊藉，不修威儀，亦以此見輕。”

丹徒包雲舫遐裕，以業鹺客漢。性慷慨能急人難，故手致數萬金，亦時得時失。營别業于漢陽東門外，水閣風亭，芰荷香溢，頗占納涼之趣。包山司馬祥高，其胞姪也，磊落好交，嘗得朱氏舊圃，壘湖石構亭臺爲觴咏地，名曰“怡園”，題贈成卷。

〔丹徒包包山司馬祥高[1]，行年十七，高才博學，工詩善書，業鹺漢口，風雅愛客。嘗慕顧玉山之風，得朱氏舊圃，擴而新之，題曰“怡園”。湖山石峭，花竹徑紆，泉瀑交流，松桂夾道，亭館池沼，結構都非塵境[2]，緑波山房最爲疏敞，圖書彝鼎，錯陳其間，爲漢上勝地。一時往來士大夫，莫不樂與訂交。如黄陂吴畬恬杰、黄梅喻公甫溥、陳秋舫沅、大雲澐昆季、歙縣徐韞齋堪、周菊存仲墀、南州裘慎甫行恕[3]、長洲詹湘亭應甲[4]、路莊南華、海寧陳景華在文、漢陽葉東卿志詵[5]、汪均之、常芝仙、黄穀原，文酒流連，皆有倡和之作。至若春秋佳日，時時宴賞于怡園中者，則與歙縣洪旃林檀、巴菊農樹蕃、漢陽姚小山必遠、絳州傅華堂樅、錢塘黄芳谷至棠諸君爲多。諸君亦同業鹺務，英俊豪邁[6]，文采風流，與包山更倡迭和，照耀壇坫，題襟之雅，重見于兹。余庚辰重客漢上[7]，與包山一見如平生歡，不時招飲怡園，贈答篇什，率盈篋笥，幾忘羈旅在異鄉云。

【注釋】

〔1〕自“丹徒包包山司馬祥高”起至“晴川黄鶴對披襟”止一段文字，壬午本缺，據王夔武所校石印本卷五之第十七至五十四頁增補。

〔2〕塵境：佛教以色、聲、香、味、觸、法爲六塵，因稱現實世界是“塵境”。

〔3〕裘慎甫：名行恕，字慎甫，江西新建人，舉人。嘉慶間知漢陽縣七載，有政績。漢陽縣志自劉嗣孔乾隆十三年修纂後，歷七十餘年未有續修。行恕重加增輯，歷數月而書成，嘉慶二十三年刻印面世。共分三十四類。其設目與劉志略存異同。漢口爲淮鹽集散地，劉志僅記本地行銷綱引，全省及其他銷量總數無從稽考，故此志特列鹽法一門。秩官類，從乾隆元年以後，凡文武官員俱細載其籍貫、任事年月等。將劉志的名宦、良吏合爲一編，細加考覈，削重補漏，詳實登載。又增藝文志一門，分上下兩卷，碑記賦序等篇，采擷無遺。詩章附於古蹟，照舊全録。使數十年來典章文物著述不致散逸。其爲官事蹟詳見民國九年《夏口縣志·附循吏傳》。

〔4〕詹湘亭：字應甲，江蘇長州人。工散曲，有《中秋閨中望月雙調新水令》一套，嘉慶間，校訂明朱應辰《淮海新聲》刊行於世。

〔5〕葉東卿：字志詵，即葉名琛之父。

〔6〕英俊：才智杰出的人物。《史記·淮陰侯列傳》：“秦之綱絶而維弛，

山東大擾，異姓并起，英俊烏集。”

〔7〕庚辰：嘉慶二十五年。

怡園著有十二景之目：曰亭北春紅、廊西秋碧、仄徑竹深、澄池荷静、薇架花香、蓉屏月影、小山叢桂、曲磴古梅、懸岩瀑布、巉石洞天、平臺歌舞、高閣琴書。包山屬江都張某繪畫册十二幅，一時題者甚多。其《自叙》云：“原夫河陽别館[1]，夙擅清華[2]；庾信小園[3]，不求爽塏[4]。而乃烟雲繚繞，莫辨東西；樓閣參差，别有天地。蓋以丘壑美，則結構無多，實占林泉之勝；町畦新，則蹊徑迴别，不徒山水之奇。余以鹾務，久留漢口，有朱氏園者，無飛閣重臺之瑰麗，有洞房幽室之便安。長可百弓[5]，寬容十笏[6]。余得而修葺之，題曰‘怡園’。一石之安，必權其高下；一木之植，恒量其淺深。繚以周廊，增之廣厦。鑿深池以蓄水，澄澈晶瑩；累危石以成山，嵯峨壁削。環林縈映，芳草平敷。層構躡虚[7]，交錯如星羅棋布；異卉争致，繁艷如雲蔚霞蒸。仄徑將窮，忽逢歧路；重門别啓，頓駭奇觀。車馬無諠，琴書自樂。晏平仲湫隘之宅[8]，雖近市而不覺塵囂；潘安仁拙陋之居[9]，即面城而何妨嘯咏。先是余畫有《樂志圖》，題者溢卷。自問宦情之甚淡，預期别墅之必營。今得此園，恰符所願。幽閒莫比，俯仰如神，洵可以陶我性情，遣此歲月也已。况乎園中之勝，可供筆底之談，如花風廿四之更新[10]，有巫雲十二之奇幻[11]。若夫臺陰送艷，檻角凝香，姿態横生，冶容可掬，則有亭北春紅也。疏雨時聞，夕陽欲下，書成緑字[12]，弦到青琴[13]，則有廊西秋碧也。望美人兮何許，慕君子其可懷，碧浸簾櫳，青浮幾榻，則有仄徑竹深也。渌水澄波，浩渺朱華[14]，翠蓋鮮明，雨急珠跳，露濃玉泣，則有澄池荷静也。屋角曼延，墻陰交互，花濃雪滚，風轉香團，則有薇架花香也。不須涉采，時欲高搴，蟾魄迷離，露花藴釀，則有蓉屏月影也。凉月婆娑，行雲澹蕩，對岩阿之寂寞，思招隱其何年，則有小山叢桂也。老幹森森，疏花點點，折一枝以誰贈，渺千古之長懷，則有曲磴古梅也。幽邃窈窕，威夷峥嶸[15]，根結于虚，不憂顛墜，路小若塞，無礙傍行，則有巉石洞天也。泠泠不已，潺潺時聞，雨後潛聽，清如戛玉[16]，山中静坐，碎若敲琴，則有懸巖瀑布也。何來避世衣冠，不假隨身竿木，寫悲歡情態，供主客喧嘩，則有平臺歌舞也。玉軸紛披[17]，牙籤狼藉[18]，羽陵蠹簡[19]，藏十萬卷而有餘，禹穴奇書[20]，歷千百年而尚在，則有高閣琴書也。不勞點綴，可以棲遲。敢叨吏隱之名，聊息客游之駕。余生平所得，墨寶頗多，而顔魯公三表稿墨蹟，實爲人間所未見，今命工刻石，藏庋于中。寶光燭天，健筆震地，洵絶無而僅有，爲此園之大觀。藏焉休焉，觀斯止矣。每當春秋佳日，風月良辰，花木扶疏，軒窗明媚，或臨流揮翰，瀟灑自如；或倚樹長吟，徘徊莫定。借山林以消塵坌[21]，親泉石而豁性靈。居洵稱閑，樂豈宜獨。相與命儔嘯侶，送抱推襟。枕石漱流兮，豈無狂士；登山臨水兮，大有騷人。約隊偕來，分曹竝進。莫不綃紈綷縩[22]，絲竹駢羅。人望若仙，客稱離垢。裴晉公晚居緑野[23]，志切經綸；仲長統雅慕田園[24]，已忘軒冕。僕何人斯，擬之往哲。但能踵蘭亭之幽雅[25]，已堪游目騁懷；何須效梓澤之奢華[26]，僅供蕩心悦魄。託詩詞以寄興，冀酬唱之有人。如入畫圖，覺吾廬之可愛；無愆風雨，請君轍之暫過。”其題亭北春紅云：“賞春春正好，亭北燦紅葩。艷色濃香逞，雕闌繡幄遮。花非衿富貴，人自尚繁華。式宴簪裾集[27]，流杯醉紫霞。”又絶句云：“艷色最宜涵曉露，濃香正好趁微風。花南宴賞遥相看，魏紫姚黄晝幛中。”廊西秋碧云：“梧桐高百尺，散作一庭陰。碧引涼生榻，風篩月滿襟。石坪閑對弈，岩磴静調琴。動我秋懷好，題詩寫素心。”“幾番涼雨作新秋，樹樹梧桐翠欲流。小倚石闌斜點筆，緑陰如蓋壓窗幽。”仄徑竹深云：“修竹墻東路，通幽一徑微。緑陰遮户牖，碧色浸苔磯。月寫玲瓏影，涼生絺綌衣。夜深留客坐，瀹茗話依依。”“仄徑通幽路不窮，萬竿青翠入雲中。北窗高卧涼生榻，消受秋湘一枕風。”澄池荷静云：“逭暑荷池上，香清暑亦收。嫩含初日麗，嬌倚晚風柔。睡鳥波心泛，文魚水面浮。紅衣摇曳處，誰蕩采蓮舟。”“十二紅闌水一泓，藕花摇曳晚風輕。納涼招客碧筒飲，笑指香從鏡面生。”薇架花香云：

"緑陰滿庭樹，花事到薔薇。翠簇鋪成障，紅舒展作帷。誰將金買笑，未許刺牽衣。無限鈎春意，依依向夕暉。""密覆重陰一架花，深紅淺白燦朝霞。香風引動蜂成陣，張幔山亭向客夸。"蓉屏月影云："歲晚得芙蓉，芳情淡復濃。繞池排畫幛，臨水作秋容。最好霜前看，偏宜月下逢。静姿兼媚態，都付影重重。""蜀錦屏開繞曲廊，枝枝逞艷拒繁霜。可憐隔水亭亭態〔28〕，愛向瑶臺月下妝〔29〕。"小山叢桂云："秋暖蒸寒馥，中庭月正圓。繁敷盈碧巘，叢植蔽青天。招飲堪娱老，淹留不計年〔30〕。風來香萬斛，高咏小山篇。""廣寒仙種墜塵寰〔31〕，親手栽培遍小山。最是年年秋皎潔，香飄金粟落杯間。"曲磴古梅云："冷蕊逢春曉，横斜曲磴傍。美人立苔石，高士卧山莊。江笛吹煙散，梨雲入夢香〔32〕。一枝折誰贈，詩興問何郎。""百折層巒路欲迷，老梅砢礌半山谿。暗香疏影空千古〔33〕，不許詩人再品題。"懸岩瀑布云："蓊鬱蒼岩秀〔34〕，峥嶸瀑布懸。一條奔樹杪，百道迸階前。晴雪飛空際，風琴奏古弦。水簾明入望，幽絶此林泉。""百道飛泉隱密林，一條匹練挂危岑。潺潺自有天然韻，絶似松風澗水琴。"巉石洞天云："洞天題白石，巉削界晴空。仙境欹斜轉，靈巖窈窕通。掉頭林樹合，放眼畫圖工。别有樓台好，烟雲吐納中。""巉峰高插碧雲寒，洞口桃花仔細看。不用漁郎更相引，壺中天地本來寬。"平臺歌舞云："張宴群仙會，平臺面面開。衣冠優孟樣〔35〕，竿木滑稽才。銀燭金樽樂，繁弦急管催。月高鐙影亂，曲罷玉山頽〔36〕。""曲欄回護與階齊，妙舞蹁躚翠袖低。一曲繞梁人盡醉，不知簾外月平西。"高閣琴書云："萬卷藏高閣，琴書樂有餘。未能金穴探，聊擬玉山居。昔代桐音古，前賢墨寶儲。湖山遥可挹，登眺日無虚。""高樓乘興日登臨，雨潤琴書愜素心〔37〕。放眼江山皆入畫，晴川黄鶴對披襟。"〕

【注釋】

〔1〕河陽别館：河陽，舊縣名，屬河内郡，故地在今孟州西。别館，别墅。晉人潘岳，字安仁，以美姿儀、辭藻絶麗著稱於世，曾作河陽令，仕途不甚得

志，乃作《閒居賦》，“築室種樹，逍遥自得”。因得罪中書令孫秀，被誅。見《晉書·潘岳傳》。

〔2〕清華：清美華麗。多用來形容文詞或景物。《晉書·左貴嬪傳》：“帝每游華林，輒回輦過之，言及文義，辭對清華，左右侍聽，莫不稱美。”《文選·謝叔源〈游西池詩〉》：“景昊鳴禽集，水木湛清華。”

〔3〕庾信小園：庾信，字子山，北周南陽新野人，善官體詩，文章綺麗。初仕南朝梁，後仕北周，官至驃騎大將軍，開府儀同三司。然常有故土之念，其《哀江南賦》極著名。又有《小園賦》曰：“余有數畝弊廬，寂寞人外，聊以擬伏臘，聊以避風霜。”故杜甫《咏懷古蹟》贊曰：“庾信平生最蕭瑟，暮年詩賦動江關。”秦漢時夏天的伏日、冬天的臘日，合稱伏臘。

〔4〕爽塏（kǎi）：高朗乾燥。《左傳》昭公三年：“景公欲更晏子之宅，曰：‘子之宅近市，湫隘囂塵，不可以居，請更諸爽塏者。’”湫隘，低下狹小。

〔5〕弓：舊時丈量土地的工具和計算單位。五尺爲弓，即一步。三百六十弓爲一里。二百四十方弓爲一畝。

〔6〕十笏：笏，笏板。謂容十笏之距離。《禮記·玉藻》：“笏度，二尺有六寸，其中博三寸，其殺六分而去一。”《隋唐嘉話》：“維摩居士（王維）石室，以手板縱横量之，得十笏。”

〔7〕躡虚：足履太虚。《文選·孫綽〈游天臺山賦〉》：“王喬控鶴以衝天，應真飛錫以躡虚。”

〔8〕晏平仲：晏嬰，字平仲。

〔9〕潘安仁拙陋之居：潘岳《閒居賦》：“於是退而閒居於洛之涘。”“幾陋身之不保，尚奚擬於明哲，仰衆妙而絶思，終優游以養拙。”

〔10〕花風廿四：即“二十四番花信風”。古人認爲是應花期而來的風。簡稱“花信風”。見程大昌《演繁露》卷一《花信風》。

〔11〕巫雲十二：巫山秀峰連綿，著名的有十二峰，雲雨變幻，景色奇特。

〔12〕緑字：相傳《河圖》之字緑色，故云“緑圖”。《墨子·非攻下》：“河出《緑圖》，地出《乘黄》。”

〔13〕青琴：古神女名。《漢書·司馬相如傳》載《上林賦》："若夫青琴、宓妃之徒，絶殊離俗。"顔師古注引伏儼曰："青琴，古神女也。"

〔14〕朱華：紅花。曹植《曹子建集》卷五《公宴》詩："秋蘭被長坂，朱華冒緑池。"這裏指荷花。

〔15〕威夷峥嶸：威夷，險阻。《文選·潘安仁（岳）·〈西征賦〉》："登崤坂之威夷，仰崇嶺之嵯峨。"峥嶸，高峻貌。

〔16〕戛玉：敲擊玉片。形容聲音清脆動聽。唐崔致遠《桂苑筆耕集》卷二十《石峰》："點酥寒影妝新雪，戛玉清音噴細泉。"戛，物相擊。

〔17〕玉軸：以玉飾的書畫軸。

〔18〕牙籤：以象牙製作的圖書標籤。《舊唐書·經籍志下》："其集賢院御書：經庫皆鈿白牙軸，黄縹帶，紅牙籤；史書庫鈿青牙軸，縹帶，緑牙籤；子庫皆雕紫檀軸，紫帶，碧牙籤；集庫皆緑牙軸，朱帶，白牙籤，以分别之。"韓愈《送諸葛覺往隨州讀書》詩："鄴侯家多書，插架三萬軸，一一懸牙籤，新若手未觸。"

〔19〕羽陵：古地名。《穆天子傳》卷二："觴天子于羽陵之上。"《藝文類聚》卷五十五引隋江總《皇太子太學講碑》："紫臺秘典，緑帙奇文，羽陵蠹迹，嵩山落簡，外史所掌，廣内所司。"蠹簡：蠹虫所蝕之書簡。謂古舊之書簡。陸游《秋興》詩："一編蠹簡青燈下，恰似吴僧夜講時。"

〔20〕禹穴奇書：浙江紹興縣之會稽山有穴，傳説爲夏禹葬地。《史記·太史公自序》："二十而南游江淮，上會稽，探禹穴。"集解引張晏："禹巡狩至會稽而崩，因葬焉。上有孔穴，民間云禹入此穴。"一説爲禹藏書之處。見《嘉慶一統志》卷二百九十四《紹興府·古蹟》。

〔21〕塵坌（bèn）：灰塵污染。引申爲塵俗之氣所玷污。《儀禮·聘禮》"宰夫内拂几三"漢鄭玄注："内拂几，不欲塵坌尊者。"

〔22〕綃紈綷縩：綃，生絲織成的薄綢、薄紗。紈，細絹。綷縩，衣服摩擦聲。潘岳《藉田賦》："天子乃御玉輦，蔭華蓋，衝牙錚鎗，綃紈綷縩。"

〔23〕裴晉公晚居緑野：裴晉公，裴度，聞喜人，唐貞元初進士，憲宗時因平蔡州刺史吴元濟有功，封晉國公。緑野，緑野堂，裴度在洛陽的别墅。裴度

功高持正，不爲朝臣所喜，幾起幾落。文宗時徙東都留守，建緑野堂，常與白居易、劉禹錫等於此作詩酒之會，以示淡泊之意。

〔24〕仲長統雅慕田園：仲長統，東漢山陽高平人，字公理，敢直言，官至尚書郎。每論時事，常發憤嘆息，又語默無常，時人視爲狂生。後稱疾不仕。《後漢書·仲長統傳》載："每州郡命召，輒稱疾不就。""欲卜居清曠，以樂其志。"

〔25〕蘭亭：在今浙江紹興西，東晉王羲之和孫綽、孫統等四十一人，曾集宴於此。王羲之書有著名的《蘭亭序》。

〔26〕梓澤：地名。《晉書·石崇傳》："崇有别館在河陽之金谷，一名梓澤，送者傾都，帳飲於此焉。"石崇字季倫，青州人，勇而有謀，以伐吴有功，封安陽鄉侯，官散騎常侍、侍中，好學不倦，武帝器重之。因參劾輔政楊駿失利，出爲荆州刺史。石崇雖穎悟有才氣，卻任俠無行檢，在荆州劫遠使商客，致富不貲，建别館於河陽，與貴戚王愷等比富，奢靡相尚。後因妓女緑珠得罪權貴孫秀，與潘岳同被誅。唐王勃《王子安集》卷五《滕王閣詩序》："蘭亭已矣，梓澤丘墟。"

〔27〕式宴：會宴安樂。《文選·張衡〈東京賦〉》："上下通情，式宴且盤。"薛綜注："上謂君，下謂臣。式，用也。盤，樂也。言君情通達於下，臣情達於上，故能國家安而君臣歡樂也。《毛詩》曰：嘉賓式宴以樂也。"式，或説爲語助，無義。

〔28〕亭亭：孤峻貌。《後漢書》卷六十下《蔡邕傳》："和液暢兮神氣寧，情志泊兮心亭亭。"注："亭亭，孤峻之貌。"劉琨《答盧諶詩》："亭亭孤幹，獨生無伴。"

〔29〕瑶臺：古代神話中的神仙居處。見晉王嘉《拾遺記》卷十《崑崙山》。李白《清平調》："若非群玉山頭見，會向瑶臺月下逢。"

〔30〕淹留：停留；滯留。《離騷》："時繽紛其變易兮，又何可以淹留？"朱熹集傳："繽紛，亂也。不可淹留，宜速去也。"

〔31〕廣寒：古人稱月宫爲"廣寒宫"。舊題漢郭憲《洞冥記》："冬至後月養魄於廣寒宫。"柳宗元《龍城録·明皇夢游廣寒宫》："頃見一大宫府，榜

曰：廣寒清虚之府。”

〔32〕梨雲：梨花雪白繁茂似雲，故稱。黄庚《春夢》詩：“夢入中洲看秦畫，春風吹亂玉梨雲。”

〔33〕暗香疏影：宋林逋《梅花》：“疏影横斜水清淺，暗香浮動月黄昏。”

〔34〕蓊薈（wěng yì）：草木茂盛貌。《六韜·龍韜·奇兵》：“深草蓊薈者，所以逃遁也。深谷險阻者，所以止車禦騎也。隘塞山林者，所以少擊衆也。”

〔35〕優孟：春秋楚國的藝人，多辯，善諧，常以談笑諷諫。楚相孫叔敖死，其子貧困無依，優孟穿着孫叔敖的衣冠，在楚莊王面前裝扮孫叔敖的樣子，抵掌談語，莊王很感動，叔敖之子遂得封。莊王愛馬，馬病肥死，欲以大夫禮下葬，令群臣喪之。左右力諫不可，莊王曰：“有敢以馬諫者，罪至死。”優孟以諧詞諷諫，終使莊王回心轉意。見《史記·滑稽列傳》。

〔36〕玉山頹：形容酒醉癱軟在地之貌。《世説新語·容止》：“嵇叔夜之爲人也，岩岩若孤松之獨立；其醉也，傀俄若玉山之將崩。”

〔37〕素心：本心，素願。李白《贈從弟南平太守之遥》之二：“素心愛美酒，不是顧專城。”

包山善書法，購藏碑帖甚多。嘗得顔平原手書三表稿墨蹟〔1〕：一爲《謝晉王曹王侍讀贈華州刺史表》，一爲《謝兼御史大夫表》，一爲《讓憲部尚書表》。考之唐文，俱經載入，筆力遒勁，自非後人所能摹擬。長洲吴雪鋒國寳書法魯公，善雙鈎，精鏤碑版。己巳冬〔2〕，僑寓武昌，包山延至怡園，鈎泐成册。吴以病歸，未幾逝世。越三載，吴弟子董素愚昌來楚，始爲上石。董授受有師法，形神氣韻，絲毫不失，識者謂高出《争坐位帖》上。包山《自跋》云：“宋葉夢得少藴《避暑録話》載顔魯公真蹟〔3〕，宣和間〔4〕，存者猶可數十本。其最著者《論坐位書》，在永興安師文家；《祭姪季明文》《病妻乞鹿脯帖》，在李觀察士衡家；《乞米帖》在天章閣待制王質家〔5〕；《寒食帖》在錢穆甫家。其餘《蔡明遠帖》《盧八倉曹帖》《送劉太真序》等，不知在誰氏，皆有石本。《坐位帖》安氏初析居，分爲二，人多見其前段。師文後乃并得之，相繼入内府，世間無復遺矣。宣和迄今，又七百餘年，墨蹟更所罕見。嘉慶戊寅仲夏，獲此本於漢臯，誠爲希世之寶。第卷後無跋，接處有花奴半印。或不僅此三表，宋南渡後，購收古今名物，多曹勳[6]、龍大淵鑒定，二人目力苦短，往往剪去前人題語。元明二代亦竟無題識，或近世牟利之徒，截留跋語，以續贋本，圖售重值。此表之跋爲其遺割，亦未可知。至墨蹟濃淡，勾改塗抹處，要非後世所能假摹，識者自能鑒之。此稿未見刻本，遲速有時，海内嗜奇之士，必以先覩爲快，因摹勒上石。廬山既有真面目，固不在跋之有無矣。"其精鑒如此。包山嘗書《金剛經》小楷全部，又臨潁上本《蘭亭麻姑仙壇記》，剛健中具有秀潤之致，同人力勸上石，附於魯公三表後。

又嘗得岳武穆手書前、後《出師表》，裝潢兩手卷，尾跋云："紹興丙申奉命西征[7]，過南陽，避雨武侯祠，秉燭看壁間詩文，讀至前、後《出師表》，不覺淚如雨下，是夜竟不成眠。來日雨尚不息，道士出長卷索書，生平最愛米元章筆勁力遒[8]，故用其法爲此二表，聊釋鬱悶耳。秋八月岳飛并識。"讀之，其忠君愛國之心，凜凜如在。包山亦將泐石行世。

【注釋】

〔1〕顏平原：唐顏真卿，字清臣，琅邪臨沂人，開元進士，唐代著名書法家，官監察御史，性剛正，因忤楊國忠出爲平原太守，故稱。後爲刑部尚書，封魯郡公，世稱顏魯公。有《顏魯公文集》。

〔2〕己巳：清嘉慶十四年。

〔3〕葉夢得：宋代吴縣人，字少藴，號石林，紹聖進士，官户部尚書，數次上書議論時政。詩詞筆力雄厚。著有《避暑録話》《石林詩話》《石林燕語》等。

〔4〕宣和：宋徽宗年號。

〔5〕王質：山東莘縣人，字子野，宋仁宗時官蘇州通判，累擢天章閣待制，知陝州。

〔6〕曹勳：字公顯，陽翟（今河南禹縣）人，官至昭信軍節度，著有《北狩見聞録》等。

〔7〕紹興丙申：紹興爲宋高宗趙構年號，但紹興無丙申，疑爲丙辰（1136年）之誤。

〔8〕米元章：米芾，字元章，北宋太原人，徙居襄陽，號鹿門居士、襄陽漫士。累官禮部員外郎，知淮陽軍，世稱米南宫。因行事多違世俗，人稱米顛。書畫成就極高。書法得王獻之筆意，而絶妙入神，與蘇軾、黄庭堅、蔡襄并稱四大家。畫山水人物，遠宗王洽，近師董源，而自成一家。又喜好奇石，人謂元章拜石。因名氣極大，世稱米襄陽。著有《書史》《畫史》《硯史》等。湖北襄陽市有米公祠。

包山詩不多作，而饒有佳句。《山游》云："寒雲墮荒野，朔風啓積陰。初日早出谷，連嶂露嶇嶔[1]。雍容閒餘步，徑峴氣蕭森[2]。俯仰發長嘯，聊以豁塵襟。昔時桃李花，今來霜露侵。馳暉猶奔箭，轉睫不可尋。美人感遲暮，踊踟多苦心。願言策高足[3]，毋爲坐消沈。"《搗衣篇》云："纖雲四卷月如練，蕭颯風催檐鐵戰。攬衣寂静下庭階，蟋蟀喧秋人不見。井梧摇落井泉乾，轆轤千尺腸俱寒。搗衣搗衣聲不止，聲聲應入羈人耳。回頭空幙秋氣涼，爲君添制錦衣裳。别來瘦損難意量，密密緘愁鍼線長。衣在妾邊君應單，搗衣容易寄衣難。覆衣滅燭上牀去，夢中忽到遼陽路。"《觀鬭蟋蟀有感》云："渺爾寒蛩力[4]，居然賈勇前[5]。兩雄争壁壘，衆目定媸妍[6]。得意長鳴翅，輸心暫息肩[7]。半間堂裏客，經注亦堪憐。"《舟泊小孤山》云："巍然如海島，孤立出江間。樓閣參差起，峰巒曲折攀。振衣開眼界，回首渺塵寰。此日舟停處，盟漚興自閒。"《秋砧》云："何處秋砧急，更深度畫墻。紛紛催落葉，漠漠動寒霜。搗入鄉心碎，驚回旅夢長。朱樓歌舞處，誰識斷人腸。"《江鷗》云："浩蕩長江外，忘機不識愁[8]。破烟飛拍拍，逐浪狎悠悠。沙渚留踪跡，浮沉任去留。夕陽烟水闊，萬里獨神游。”《桃花夫人廟》云：“隄畔桃花發幾枝，香風吹入息嬀祠[9]。祠邊古月明如舊，曾照三年不語時。”《渡江》云：“一江春水碧溶溶，兩岸青山列畫中。乘興挂帆争晚渡，夕陽低映入疏篷。”《寒鴉》云：“秋風蕭颯起層陰，烏鵲投林噪夕曛。只爲銜寒覓棲止，亂翻紅葉落紛紛。”《雁來紅》云：“秋來百卉半闌珊[10]，爲報霜風晝掩關。聽到雁聲雲外起，一時花放盡紅顔。”他如：“斜日一簾茶正熟，落花滿地燕初來。”“眼底江山皆畫本，雲中雞犬自人家。”皆清婉可誦。

包山長子學齋良俊，豪邁有父風，胞姪硯農良丞，年少翩翩，喜交游，善長短句。己卯，余自蜀下漢，曾以新詞一卷見示，余賦《瑶花》一解題後，竝送其赴廣陵云：“峽山雲棧[11]，萬里橋邊，嘆年年漂泊。么弦獨撫[12]，曾未有、相與句烹詞琢。惡谿蠻洞[13]，只消受、雨風昏瞀[14]。待片颿、東下岷江，幾度夢驚郵角[15]。漢皋春去悤悤，且暫解征塵，重問吟約。初投縞紵，喜同調、好按紅牙商榷[16]。新聲一卷[17]，又誰料、中懷離索。卻便宜、烟月揚州，唱徧家家簾幙。”蓋余客韃爲七年，僅與丹徒嚴麗生孝廉學淦[18]，巴蜀郵筒，倚聲酬唱[19]，迢迢千里，竟未一面爲悵，故遇同調，不禁依依也。

【注釋】

〔1〕嶇嶔（qīn）：山高險峻貌。《文選·王子淵（褒）〈洞簫賦〉》：“徒觀其旁山側兮，則嶇嶔巋崎。”注：“嶇嶔、巋崎皆山險峻之貌。”

〔2〕徑峴：小而高的山嶺。徑或作陘，音近通用。《文選·謝靈運〈從斤竹澗越嶺溪行詩〉》：“逶迤傍隈隩，苕遞陟陘峴。”

〔3〕高足：捷足。喻指良馬。《古詩十九首》：“何不策高足，先據要路津。”李白《魯中送二從弟赴舉之西京》：“平衢騁高足，逸翰凌長風。”

〔4〕寒蛩（qióng）：蟋蟀。得寒則鳴，故稱。晉崔豹《古今注》卷中：“蟋蟀，一名吟蛩，一名蛩。秋初生，得寒則鳴。”南朝宋鮑照《擬古八首》之七：“秋蛩挾户吟，寒婦晨夜織。”元丘士元《秋夜感懷》：“寒蛩切切，塞雁

哀哀。”

〔5〕賈勇：或作“賈餘”，即“餘勇可賈”之意，表示還有餘力可以使出來。《左傳》成公二年：“齊高固入晉師，桀石以投人，禽之，而乘其車，繫桑本焉，以徇齊壘。曰：‘欲勇者，賈余餘勇。’”《樂府詩集》卷十九南朝何承天《宋鼓吹鐃歌·雍離》：“歸德戒後夫，賈勇尚先鳴。”韓愈《鬬雞聯句》：“連軒尚賈餘，清厲比歸凱。”

〔6〕媸妍：媸，醜惡；妍，美好。唐劉知幾《史通·史官建置》：“向使世無竹帛，時闕史官……則善惡不分，妍媸永滅者矣。”

〔7〕輸心：表示真心。杜甫《莫相疑行》：“晚將末契託年少，當面輸心背面笑。”息肩：使肩膀得以休息。喻卸除責任或勞役重擔。《左傳》襄公二年：“鄭成公疾，子駟請息肩於晉。”

〔8〕忘機：忘卻計較，無巧詐心機。指甘於恬淡，與世無爭。李白《下終南山過斛斯山人宿置酒》：“我醉君復樂，陶然共忘機。”

〔9〕息嬀（guī）：春秋時息侯的夫人，嬀姓。楚文王滅息，虜息嬀歸，生堵敖及成王。息嬀以國亡夫死之痛，不與文王通言語。見《左傳》莊公十四年。《清詩別裁》卷十二載鄧漢儀《題息夫人廟》：“千古艱難惟一死，傷心豈獨息夫人。”漢劉向《列女傳》謂息嬀夫婦皆自殺，後人立祠紀念她，説與《左傳》異。

〔10〕闌珊：衰落，殘盡。白居易《咏懷》：“白髮滿頭歸得也，詩情酒興漸闌珊。”

〔11〕峽山雲棧：指長江三峽和入蜀棧道。因范鍇曾客居四川，故云。

〔12〕么弦：么同“幺”。幺弦爲琵琶的第四絃。因其最細，故稱。見清凌廷堪《燕樂考原》卷五《羽聲七調》。唐劉禹錫《劉夢得集》卷二十三《澈上人文集》：“世之言詩僧，多出江左……如幺絃孤韻，瞥入人耳，非大樂之音。”宋辛棄疾《賀新郎》：“愁爲情，幺絃訴。”或泛指短絃、小絃。

〔13〕惡谿蠻洞：指西南地區少數民族所居高寒山地。

〔14〕昏瞀（mào）：迷惘困惑。《尚書·益稷》“下民昏墊”漢孔安國傳：“言天下民昏瞀墊溺皆困水災。”王安石《臨川集》卷六十《乞罷政事表》一：

“惟亮天工，必用强明，乃能協濟，豈容昏瞀，可以叨居。”

〔15〕郵角：郵亭的角聲。古代傳遞文書、供應食宿和車馬的驛站稱郵亭。《墨子·雜守》：“築郵亭者圜之。”《漢書·薛宣傳》：“過其縣，橋梁郵亭不修。”顔師古注：“郵，行書之舍，亦如今之驛及行道館舍也。”

〔16〕紅牙：樂器名。調節樂曲板眼的拍板或牙板。多以檀木製成，色紅，故名。辛棄疾《满江紅·建康史帥致道席上賦》：“佳麗地，文章伯；紅牙拍。”或泛指以檀木做的樂器。

〔17〕新聲：新作的樂曲。《國語·晉語八》：“平公説新聲。”《韓非子·十過》：“昔者衛靈公將之晉，至濮水之上，夜分而聞鼓新聲者而説之。”或指新詞。

〔18〕嚴麗生：范鍇所著《苕谿漁隱詞》一書有麗生嚴學淦序，應是其人。

〔19〕倚聲：即填詞。填詞多依據前人詞調，而詞調是依歌聲的節奏而作的，故稱倚聲。《新唐書·劉禹錫傳》：“乃依其聲，作《竹枝辭》十餘篇。”

許叔翹，工詩文，膂力過人，復精槍法，秋闈屢躓[1]。值教匪爲逆，從軍大府，畫攻守策，團練鄉勇，兩敗賊衆，授職不受而退，亦奇士也。芝仙贈詩云：“汪倫嘗説項[2]，覿面落花時[3]。汪均之曾向余稱賞君不置，君來漢時值三月。屢畫諸侯策，閒吟八卷詩。君著有《蔬園詩集》八卷。英豪堪自賞，風雅亦我師。垂老抛長劍，蔬園隱最宜。”又題其詩後云：“鶴髮飄飄志不灰，丈夫安肯事毛錐。集中有“一劍當胸不著書”之句。腰懸三尺光芒在，曾向淮黄殺賊來[4]。”“談兵説劍气縱横，落葉飛花琢句清。倚馬揮毫看草檄，旁人休認魯諸生[5]。”

叔翹酬芝仙詩云：“當塗故國舊居隣[6]，君先籍當塗。按：懷遠古當塗國，太平府之當塗乃僑置也。江漢浮家水抱門。詞客有靈鸚鵡賦，美人遠嫁明妃邨[7]。袖翻碧月逢常建[8]，酒近青山戀許渾[9]。計日挂颿洞庭去[10]，妒君雲夢已先吞[11]。”

【注釋】

〔1〕躓（zhì）：被絆倒。引申爲失利。

〔2〕汪倫嘗説項：汪倫，李白《贈汪倫》詩：“桃花潭水三千尺，不及汪倫送我情。”這裏指汪均之，切汪姓。説項：即“逢人説項”。項，指唐人項斯。唐楊敬之《贈項斯》詩：“平生不解藏人善，到處逢人説項斯。”後以説某人的好話爲説項。

〔3〕覿（dí）：相見。《易·困》：“三歲不覿。”覿面，《韻會小補》：“於君謂之覿，於卿謂之面。”後泛指會面。《傳燈録》卷七：“覿面相呈，更無餘事。”

〔4〕淮黄：指鄂東、皖西一帶地區。古爲淮南之地。

〔5〕魯諸生：古代魯國的儒士們。指許叔翹能文能武，非一般儒生可比。

〔6〕當塗：地名。在安徽省。漢始置縣，屬九江郡，以江北濠州有塗山而名。晉成帝時，江北流民大批南渡，乃僑立當塗縣，在于湖、宣城兩縣間。

〔7〕明妃：王昭君。漢南郡秭歸人，名嬙，字昭君，以字行。宫女。漢元帝令其入匈奴，以結和親。事見《漢書·元帝紀》。晉人避司馬昭諱，改稱明君。後世又稱明妃。南朝梁江淹《恨賦》：“若夫明妃去時，仰天太息……望君王兮何期，終蕪絶兮異域。”唐杜牧《題木蘭廟》詩：“幾度思歸還把酒，拂雲堆上祝明妃。”

〔8〕常建：唐代著名詩人。其《潭州留别》詩云：“賢達不相識，偶然交已深。宿帆謁郡佐，悵别依禪林。湘水流入海，楚雲千里心。望君杉松夜，山月清猿吟。”

〔9〕許渾：唐代著名詩人。其《丁卯集》卷上有《京口閑寄京浴友人》詩句曰：“一樽酒盡青山暮，千里書回碧樹秋。”

〔10〕洞庭：洞庭湖。在湖南省北部，方八百里。范仲淹《岳陽樓記》：“予觀夫巴陵勝狀，在洞庭一湖。銜遠山，吞長江，浩浩湯湯，横無際涯。”然而《禹貢》《爾雅》《職方》等古書皆對洞庭湖無記載。

〔11〕雲夢：雲夢澤。古十藪之一。亦名巴丘湖。在湖北省中南部，今江漢平原大約是其地。東至蘄州，西抵枝江，南括石首，北納安陸，方九百里，

面積數萬平方公里。跨江南北，古人或謂江北地爲雲，江南地爲夢。或合稱雲夢澤。《尚書·禹貢》“雲土夢作乂”蔡傳：“雲夢方八九百里，跨江南北，華容、枝江、江夏、安陸皆其地也。”《爾雅·釋地》：“楚有雲夢。”晉郭璞注：“今南郡華容縣東南巴丘湖是也。”郝懿行義疏：“司馬相如《子虛賦》云：‘楚有七澤，一曰雲夢。雲夢者，方九百里。’是雲夢實一藪也。經傳或分言者，省文從便耳。”按：司馬相如作《子虛賦》，借描述雲夢澤和楚國之富，從而諷諫畋獵淫樂之事。文末有句曰“吞若雲夢者八九”，其“吞”字在形容雲夢澤浩瀚極富。許叔翹這裏應是用其意。

吴雪鋒書法顔魯公，又善雙鈎，精鏤碑版。包山擬以魯公墨蹟，鈎泐上石，因延于怡園，居數月，忽以事歸吴，未幾逝世，惜哉！芝仙有詩贈之云：“吴門吴季子[1]，清癯鶴標格[2]。家無二頃田，四壁但書籍。昔游梁趙間[3]，公卿迓虚席。今來江漢上，乃作依劉客[4]。篆隸追斯邈[5]，筆端森劍戟。真書撫魯公，雄健攝精魄。餘技更通神，雙鈎妙無跡。操刀鏤碑版，海内聲譽赫。我亦愛臨池，逢君心莫逆。小巫見大巫，靈通借誘掖[6]。君才尚如此，而我復誰惜。相看兩鬢斑，且遂烟霞癖。不必問升沈，與君浮大白。”

《漫志》：“袁真來别駕，隨園先生嗣君也[7]，與余别于袁浦十數年矣[8]。漢上握手，時從談宴，嘗云：“久耳月湖名，停橈之次日，即步探隄邊春色，真山真水，直欲駕虎阜、平山而上[9]，殆洪谷子得意筆也[10]。”其欣賞如此。予《月湖柳枝詞》有云：“問誰下馬先攀取，要算袁絲是解人[11]。”蓋指真來也。

【注釋】

〔1〕吴門吴季子：春秋時吴公子季札，吴王壽夢之季子。壽夢欲傳以位，堅辭不受。封於延陵，因稱延陵季子。魯襄公二十九年歷聘於魯、齊、鄭、衛、晉等多國，其時以博聞著稱。這裏指吴雪峰，切吴姓吴地，借名人以美言之。

〔2〕鶴標格：像仙鶴一樣的體态、風度。

〔3〕梁趙間：古梁國和趙國之地。今河南、河北一帶地區。

〔4〕依劉客：本指東漢末年王粲避亂往荆州依劉表事。後借指依附有勢力的人。

〔5〕斯邈：李斯、程邈。史載篆書和隸書分别爲二人所創。

〔6〕誘掖：引導扶助。《詩·陳風·衡門》序：“《衡門》誘僖公也。愿而無立志，故作是詩以誘掖其君也。”孔穎達疏：“誘謂在前導之，掖謂在傍扶之。”

〔7〕隨園先生：清袁枚。著有《隨園詩話》十六卷又《補遺》十卷，多記時人事。世有隨園先生、隨園老人等尊稱。

〔8〕袁浦：袁水之浦。舊爲袁州治所在地。今爲江西省宜春市。

〔9〕虎阜、平山：指蘇州的虎丘和揚州的平山堂。平山堂爲歐陽修於慶曆八年所建，登堂可望見江南諸山，故以平山爲名。在瘦西湖北之蜀岡上。

〔10〕洪谷子：清人金俊。字惟一，號洪谷子。杭州人。工畫山水，傳説遇異人而得有奇術。又精醫理，知針灸。年八十三趺坐而逝。見《墨香居畫識》七。

〔11〕袁絲：袁盎。西漢楚人，字絲。文帝時名重於朝。這裹指袁真來，切袁姓。

丹陽丁義門以誠，號雲峰。工山水，少時獲見元明各家墨跡不少，是以下筆丘壑，多有深致。又善寫真，韻形兼勝。年六十餘，目力不衰。寓漢上大王廟僧舍〔1〕，幾二十載。好事者無不乞其傳神，以爲珍寶，雖闤閣中亦聞名延寫，呼爲丁先生云。壬午九月，八十稱觴，芝仙賦詩以祝云：“雲峰先生老畫叟，古貌古心古鼎卣〔2〕。倦看金焦兩眼青〔3〕，雲夢還來吞八九〔4〕。花宫安硯興翛然〔5〕，懶去熱場事奔走。擅長家學虎頭痴〔6〕，尊甫先生著名傳神。下筆貌難避妍醜。千丘萬壑滿胸中，六法直向倪黄取〔7〕。大幅小幅寫縱横，問誰筆墨同不朽。烟雲供養葆精神，富貴浮雲幻蒼狗〔8〕。廿年滯蹟漢江濱，坎壈纏身亦常有〔9〕。世人遭之必攢眉〔10〕，先生晏如開笑口〔11〕。今逢八秩綺筵開〔12〕，同人登堂奉觴酒。

紫蟹黄花正及時，花下何妨飲一斗。芝仙採得金芝來[13]，願翁餐衍彭聃壽[14]。”

【注釋】

〔1〕大王廟：原在今漢口王家巷附近。

〔2〕卣（yǒu）：禮器，中型酒尊。

〔3〕金焦：金山和焦山。在江蘇鎮江市江中，二山對峙，皆有名。

〔4〕雲夢還來吞八九：語出司馬相如《子虛賦》“吞若雲夢者八九”。參見前文“雲夢”注。

〔5〕翛然：無拘束，自在。

〔6〕虎頭痴：虎頭，晉顧愷之小字。晉人稱愷之有才絶、畫絶、痴絶。陸游《劍南詩稿》卷二十一《秋光》：“早信爲農勝覓禄，一生虚作虎頭痴。”

〔7〕倪黄：倪瓚、黄公望。皆元代著名畫家。

〔8〕幻蒼狗：即“白雲蒼狗”。杜甫《可嘆》：“天上浮雲如白衣，斯須改變如蒼狗。”比如世事變幻無常。

〔9〕坎壈（lǎn）：坎坷不平。比喻事不順，或不得志。壈或作廩。《楚辭·宋玉〈九辯〉》：“坎廩兮，貧士失職而志不平。”《楚辭·劉向〈九嘆·怨思〉》：“志坎壈而不違。”

〔10〕攢眉：蹙眉，皺眉。憂愁不快貌。《樂府詩集》卷五十九蔡琰《胡笳十八拍》之五：“攢眉向月兮撫雅琴，五拍泠泠兮意彌深。”

〔11〕晏如：安然。《漢書·諸侯王表》：“高后女主攝位，而海内晏如。”陶潛《五柳先生傳》：“短褐穿結，單瓢屢空，晏如也。”

〔12〕八秩：八十歲。十年爲一秩。白居易《喜老自嘲》：“行開第八秩，可謂盡天年。”

〔13〕金芝：仙草名。《漢書·宣帝紀》：“金芝九莖，産于函德殿銅池中。”《抱朴子·仙藥》：“金芝生於金石之中，以秋取治食，令人身光壽萬歲。”

〔14〕彭聃壽：彭祖和老聃，傳説中的長壽者。彭祖八百歲；老聃百六十

歲，或謂二百餘歲。晉嵇紹《贈石季倫》："遠希彭聃壽，虚心處冲默。"

潛江寧雙梧孝廉熙朝，字柑堂。少苦學，工文，尤溺于詩。性樸實無華，喜交游，庚辰計偕缺資斧〔1〕，乃附舟東下，吟覽吴越山水。時有故交漢上劉碩夫邦彦官姚江，書招下榻署齋。因裒途中詩〔2〕，題曰《庚辰游草》，爲付梓人。《漢江解纜》云："卧聽隣舟語，起看江水生。催颿挂初日，夾岸應鳴鉦。黄鶴回頭渺，青山拱手迎。年年吴越夢，今喜遂南征。"
同里蔣嗜山履泰、芝坪坦昆季，皆余總角至好也〔3〕。以先業在天門之岳口，故伯仲互相往來吴楚，與雙梧稱莫逆交。辛巳季冬，雙梧來漢，介嗜山尺素，訪余客舍，因留小住半月，地近卑諠，歲將殘暮，廛市中兩人每夕篝鐙高論，尊酒狂吟，比隣聞之，咸爲駭怪。雙梧題余詩稿云："江漢三千里，巴歈七八年。諸侯争埽榻〔4〕，餘子漫隨鞭〔5〕。此集凡三變，成名豈偶然。請從蘭畹譜〔6〕，竝向國門懸〔7〕。君刻有《苕谿漁隱詞稿》，故云。"
詹湘亭明府，時宰漢陽，扢雅揚風〔8〕，爲士林推重。雙梧與之有舊，投刺一謁外，餘不屑往也。嗜山喜購古本書，以及名家書畫，藏于蠹書鼾硯之樓，非識者不以出示。芝坪警敏機變，練達多才，善與人交，不渝終始。曩余旅困犍爲，山川間阻，得以家書時達，皆芝坪之力也。

【注釋】

〔1〕庚辰：清嘉慶二十五年。計偕：指舉人赴會試。《史記・儒林列傳》：（公孫弘奏曰）"郡國縣道邑有好文學，敬長上，肅政教，順鄉里，出入不悖所聞者，令相長丞上屬所二千石，二千石謹察可者，當與計偕，詣太常，得受業如弟子。"本謂應徵召之人偕計吏同行，後也指舉人赴會試爲計偕。宋劉敞《酬林國華先輩》："奉詔選計偕，至者皆比肩。"資斧：本指利斧。後稱旅費、盤纏爲"資斧"。《易・旅》："旅于處，得其資斧，我心不快。"注："斧所以斫除荆棘，以安其舍者也。"宋人程頤《易傳》據此解"資斧"爲資財器用之

意，後世多依從，解爲行旅之資費。

〔2〕裒（póu）：辑集。

〔3〕總角：古時少年男女束發爲兩結，狀如角，故稱。這裏指少年時期。

〔4〕埽榻：即掃榻，“埽”“掃”古同。掃除榻塵，表示對嘉賓的敬重和歡迎。本於陳蕃爲徐穉下榻的故事。陸游《寄題徐載叔東莊詩》：“南臺中丞掃榻見，北門學生倒屣迎。”

〔5〕隨鞭：謂景仰追隨。

〔6〕蘭畹：植蘭之園圃。《離騷》：“余既滋蘭之九畹兮，又樹蕙之百畝。”《説文》：“畹，田三十畝也。”因而謂蘭圃爲蘭畹。江淹《金燈草賦》：“是以移馥蘭畹，徙色曲池。”宋之問《袁侍御席餞永昌獨孤少府序》：“竹林以清氣娱賓，蘭畹以芳心受客。”

〔7〕國門懸：《史記・吕不韋列傳》：“吕不韋乃使其客人人著所聞，集論以爲八覽、六論、十二記，二十餘萬言。以爲備天地萬物古今之事，號曰《吕氏春秋》。布咸陽市門，懸千金其上，延諸侯游士賓客，有能增損一字者，予千金。”

〔8〕扢（qì）雅揚風：扢，奮舞貌。揚，發揚。謂提倡詩歌，鼓勵創作。

《怡園十二景畫册》，題者甚衆。余最愛漢陽馮芝軒國恩諸作，流麗可誦。其咏《亭北春紅》云：“玉欄干外淺深紅，姚魏同時拜下風〔1〕。香遠莫愁簾幕隔，色嬌原在綺羅叢。芳華絶世春無價，讌賞經旬酒不空。欲賦清平慚未稱〔2〕，騷壇還讓主人翁。”《廊西秋碧》云：“西風蕭瑟動園林，吹老梧桐秋漸深。待月忽驚新漏影，繞廊猶是舊成陰。涼生金井青浮檻，露浥珠簾翠濕襟。對此詩懷轉寥廓，幾番倚樹發高吟。”《仄徑竹深》云：“一林修竹徑參差，簌簌聲中解籜時〔3〕。長願對君祛俗態，也堪留客賦新詩。繁陰匝地全忘暑，濃影摇風半覆池。雨後萬竿青玉立，此間佳趣幾人知。”《澄池荷静》云：“池中三十六鴛鴦，蓮葉田田深護藏〔4〕。緑水近依名士幕，紅衣如對美人妝。花從静處看逾艷，境到幽時覺倍香。折得碧筒招客飲〔5〕，臨風不惜盡千觴。”《薇架花香》云：“一架濃香滿院春，嫣然含笑似迎人。光凝蛺蜨窺叢見，頩染胭脂着色匀。不慣禁風偏嫋娜，偶然帶雨亦精神。錦袍往事豪華甚，誰是當筵賦手新。”《蓉屏月影》云：“群英逐漸萎秋霜，尚有芙蓉獨自芳。九叠屏遮花爛熳，一輪月照夜昏黄。徘徊似顧風前影，明艷如窺鏡裏妝。也是人間好顔色，不隨桃李媚春光。”《小山叢桂》云：“小山秋色似淮南，碉户巖阿取次探[6]。老幹拂雲斡矗矗[7]，天香經雨散馣馣[8]。欲供清賞枝攀一，爲集幽人徑闢三[9]。我亦平泉莊上客[10]，薌林風景性尤躭[11]。”《曲磴古梅》云：“不合時宜不傲時，年年老樹發新枝。此花幾世能修到，明月前身未可知。磴側多成松竹伴，春來獨具雪霜姿。古心古貌憑誰寫，應乞華光作導師。”《巉石洞天》云：“摩天峭壁石巉巉，洞府清幽隔翠巖。自是高人甘小隱，由來仙境異塵凡。斑斕滿徑封蒼蘚，偃蹇當門植古杉[12]。聞有瑯環新著述[13]，叩扃願得一開函。”《懸巖瀑布》云：“泠泠瀉出一泓清，界破青山大有情。風急亂翻珠錯落，崖高碎滴玉瑽琤[14]。聲如水樂松間奏，景憶匡廬月下行[15]。顧我詞源曾似此，奔流倒峽使人驚。”《平臺歌舞》云：“平臺罨畫隱林巒[16]，選舞徵歌興未闌。紅粉兩行花影亂，霓裳一曲月華寒[17]。君能顧誤同公瑾[18]，人羡風流比謝安[19]。指點東山尋樂地[20]，心隨魚鳥共盤桓[21]。”《高閣琴書》云：“君家高閣即名山[22]，富有千秋在此間。不比儒生事章句，却欣風雅許追攀。銀鈎珍重遺文古，緑綺清調永晝閒[23]。試啓雲窗窮遠目，隔江蒼翠擁烟鬟。”芝軒少時，酷嗜吟咏，曩余館吴氏攬茝山房，曾以詩卷商榷，近與江都胡子安元、儀徵許墨卿源淦、丹徒唐仲遠舒及兒子濤同下榻怡園，酒邊花下，吟興甚豪，亦一不易才也。

【注釋】

〔1〕姚魏：即“姚黄魏紫”。洛陽兩種名貴的牡丹花品種。姚黄爲千葉黄花，爲宋代姚氏民家所育；魏紫爲千葉肉紅花，爲五代時宰相魏仁溥家所育。見歐陽修《洛陽牡丹記·花釋名》。歐陽修有詩曰：“伊川洛浦尋芳遍，魏紫姚黄照眼明。”

〔2〕《清平》：指李白的《清平調》。唐開元中，天下清平無事，禁中牡丹花開艷好，玄宗命李白作《清平調》詞三章，令梨園弟子略撫絲竹以促歌，并自調玉笛以倚曲。後被用爲詞調。

〔3〕解籜（tuò）：笋葉脱落。陸游《東湖新竹》："解籜時聞聲簌簌。"

〔4〕田田：蓮葉浮水上相連貌。古樂府《江南曲》："江南可採蓮，蓮葉何田田。"姚合《杭州郡齋南亭》："田田池上葉，長是使君衣。"

〔5〕碧筒：卷荷葉爲筒飲酒。《正字通・竹部》："筒，唐人《碧筒梧詩》，言卷荷葉爲筒飲酒也。"《琵琶記・聽女迎親》："金縷唱，碧筒勸。"

〔6〕磵户：居山澗邊的人家。王勃《咏風》詩："驅烟尋磵户，卷霧出山楹。"司空圖《磵户》詩："磵户芳烟接水郫，亂來歸得道仍存。"

〔7〕矗矗：高峻貌。司馬相如《上林賦》："於是乎崇山矗矗，巃嵸崔巍。"

〔8〕馣馣（ān）：香氣。《廣雅・釋訓》："馣馣，香也。"司馬相如《上林賦》："晻薆咇茀。"唐李善注："《説文》曰：'馣馤，香氣奄藹也。'馣與晻，馤與薆，音義同。"

〔9〕徑闢三：見前"三徑"注。

〔10〕平泉：平泉莊。唐代宰相李德裕别墅，在洛陽。白居易《長慶集》卷六有《醉游平泉》詩。

〔11〕薌林：宋代園林名。南宋向子諲因忤秦檜意，辭官家居，號其宅曰薌林。朱熹《朱文公集》卷五有《過樟木鎮晚晴》詩，句曰："朝晴遣我看薌林，頃刻浮雲萬里陰。"

〔12〕偃蹇：高聳。《離騷》："望瑶臺之偃蹇兮，見有娀之佚女。"漢枚乘《七發》："旌旗偃蹇。"

〔13〕瑯環：指"瑯嬛福地"，傳説中的神仙洞府，内多奇書。見元伊世珍《琅嬛記》。

〔14〕瑽琤：玉石相擊聲。宋袁褧《楓窗小牘》："劍珮瑽琤，交暎左右。"

〔15〕匡廬：江西廬山。南朝宋釋慧遠《廬山記略》："有匡裕先生者，出

自殷周之際……受道於仙人，共游此山，遂托室崖岫，即岩成館，故時人謂其所止爲神仙之廬，因以名山焉。”

〔16〕罨（yǎn）畫：雜色的彩畫。元稹《劉阮妻》：“芙蓉脂肉緑雲鬟，罨畫樓臺青黛山。”

〔17〕霓裳：唐樂曲名。即《霓裳羽衣曲》。傳自西涼，名《婆羅門》，開元中河西節度使楊敬述獻。經玄宗潤色，於天寶十三載改爲《霓裳羽衣曲》。唐時樂曲末尾多促速，唯此曲近末，引聲益緩。楊貴妃尤善《霓裳羽衣舞》。時宫中多奏此曲。

〔18〕公瑾：三國周瑜，字公瑾。《三國志·吴書·周瑜傳》：“瑜少精意於音樂，雖三爵之後，其有闕誤，瑜必知之，知之必顧，故時人謡曰：‘曲有誤，周郎顧。’”後世或以“顧誤”謂精通音律。

〔19〕謝安：東晉政治家，陽夏（今河南太康）人，字安石。少有重名，累辟不應。每出游，必攜妓以從。年四十方出仕，桓温請爲司馬。簡文帝死，桓温欲篡位，謝安不從，使温謀終不成。後出爲尚書僕射，加後將軍，一心輔晉。

〔20〕東山：《晉書·謝安傳》：謝安曾辭官隱居會稽東山，後又出山做了大官。因稱失勢後復起爲“東山再起”。

〔21〕盤桓：徘徊，逗留不進貌。《易·屯》：“初九，盤桓，利居貞。”疏：“盤桓，不進之貌。”陶潛《歸去來辭》：“景翳翳以將入，撫孤松而盤桓。”

〔22〕名山：《漢書·司馬遷傳》：“僕誠已著此書，藏之名山，傳之其人，通邑大都。”後因借指以著作留傳後世。

〔23〕緑綺：古琴名。晉傅玄《琴賦序》：“楚莊王有鳴琴曰繞梁，司馬相如有琴曰緑綺。”或泛指琴。李白《聽蜀僧濬彈琴》：“蜀僧抱緑綺，西下峨眉峰。”

胡曉嵐德明，一字東海老人，江都人，僑寓漢口。余向識之於鮑筠莊客館，醇謹渾厚，有儒者風，善書法，夙爲常芝仙所推重。今年垂八十，興復不衰，臨池揮灑，逸趣横生。有時邀客弈棋，局終，掀髯大笑，不以勝敗攖心[1]。平居敦篤善行[2]，老而彌切。江漢相距一水，往來帆檣如織，每遇暴風，往往有沈溺之患，雖有官設救生船隻，江面遼闊，不能徧及。老人心焉憫之，於施救事宜，籌之已久。會太守沈公亦以此勸募地方，老人聞之曰："是可以成吾志矣。"因命其子示謀之同志之士，創議於晴川閣設局置船，爲救生會所。自癸未迄今，僅三載，賴以救活者甚衆，此善之大者。他如修橋梁，振貧乏，施藥餌，見善靡弗爲，爲之靡弗力。又嘗手書《梓潼帝君陰騭文》[3]，泐石於晴川閣，俾登眺者讀之，油然而生爲善之念。其生平行事類如此。宜其晚年精神矍鑠，蘭玉森立[4]，所謂"積善之家，必有餘慶"也[5]。

丹徒唐仲遠舒，英雋豪邁，倜儻不羈，少受業於荆溪周保緒濟[6]，以事來漢，包山延之怡園。機性警敏，人咸推其有幹練才，詩筆矯健，其《幽居》云："幽居遠塵市，入山春滿林。白雲遠吾目，鳥聲閒吾心。塵沙飛濛濛，安能沾我襟。鴻鵠遠羅弋，翩翩來江濱。胡不振六翮[7]，直上青雲岑。"善長短句，與硯農倡和最多。《虞美人·咏柳影》云："非烟非霧春無主，不盡消魂樹。送君遲到月黄昏。又是滿庭難埽别離痕。參差不定明還滅，欲贈何堪折。者番情緒已成空[8]。燕子怪他頻翦恰重重。"

【注釋】

〔1〕攖心：觸犯、擾亂心境。

〔2〕平居：平時，平素。《戰國策·齊五》："此夫差平居而謀王，强大而喜先天下之禍也。"杜甫《秋興》之四："魚龍寂寞秋江冷，故國平居有所思。"注："言故國平時之事也。"

〔3〕《梓潼帝君陰騭文》：梓潼帝君，道教神名。見清錢大昕《十駕齋養新録》卷十九。陰騭文，舊時勸人布施陰德之文。

〔4〕蘭玉："芝蘭玉樹"的略語。用以比喻優秀的子弟。見《世説新語·言語》。

〔5〕"積善之家"句：《易·坤》："積善之家必有餘慶，積不善之家必有餘殃。"餘慶即餘福，謂澤及後人。

〔6〕周保緒：周濟，清荆溪人，字保緒，號止庵。嘉慶進士，官淮安府教授，著有《晉略》《味雋齋詞》等。

〔7〕六翮：健羽。《戰國策·楚四》："奮其六翮而凌清風，飄搖乎高翔。"《韓詩外傳》卷六："夫鴻鵠一舉千里，所恃者六翮爾。"

〔8〕者番：這番，這回。

巴樹蕃，字碩民，一字鞠農，歙人。理禺筴客漢久〔1〕，廣交游，自搢紳以及閭巷無不知其名者，尤能急人之急，以故有小孟嘗之目〔2〕。涉獵書史，躭詩，遇人詩中有佳句，則低徊諷誦，一往情深。記其《咏明妃》一絶云〔3〕："青塚猶懸漢月明，千秋埋骨不埋名。試看圖畫功臣閣〔4〕，秋雨秋風滿渭城〔5〕。"《棲霞嶺》云〔6〕："寃成三字孰批鱗〔7〕，不醉黄龍恨不伸〔8〕。北塞肯容歸二帝〔9〕，西湖甘舍葬孤臣〔10〕。功頽一旦金淪汴，論定千秋鐵鑄秦〔11〕。嶺上南枝休涕淚〔12〕，冬青杜宇更悲辛。"俱沈鬱頓挫可誦。

洪旃林誰園蓄孔雀，雌雄各一，伏卵成雛，年得數群，如《禽譜》所云："三年後金翠徧體，翎長三四尺。"春日對客開屏，宛轉就人而舞。此禽本羅江野生之物〔13〕，今養於家園中，伏雛成隊，馴擾如家雞，亦異事也。年來更闢荷池，寬盈十丈，築方墩建亭其上，榜曰"得月"，界以柳隄，渡以卍橋，較前更增軒敞。旃林《園居雜咏》有"神游太古羲皇上〔14〕，人在蒼茫雲水間""希有堪誇雙孔雀，伏雛成隊伴幽棲"之句，蓋紀實也。

甯鶴軒廷楫，字濟川，潛江諸生，雙梧孝廉之尊甫也〔15〕。雙梧嘗誦其《後湖》一絶云："四圍軟翠漾湖光，暑後無風天亦涼。最好茶樓深夜坐，月明如水憶瀟湘。"風韻絶佳。

【注釋】

〔1〕理禺筴：根據成年男女食鹽者的口數而立册。此處指治鹽業。

〔2〕小孟嘗：戰國齊公子孟嘗君田文門下食客很多，其中有不少家境貧困者。這裏是用以對巴樹蕃的稱譽。

〔3〕明妃：即王昭君。已見前注。漢元帝把她遠嫁給匈奴呼韓邪單于，以結和親。

〔4〕功臣閣：麒麟閣。漢武帝時造，在未央宫内。見《漢書》卷五十四《蘇建傳》。一説蕭何造。《三輔黄圖・閣》："麒麟閣，蕭何造，以藏秘書，處賢才也。"漢宣帝時曾繪霍光等十一功臣圖像於閣，以表彰其功。

〔5〕渭城：秦孝公所都之咸陽，漢武帝置渭城縣，故城在今陝西省咸陽縣東。

〔6〕棲霞嶺：在浙江杭州市葛嶺西。嶺下有岳飛墓。

〔7〕三字：即"三字獄"。《宋史・岳飛傳》：岳飛被誣下獄，"韓世忠不平，詣檜詰其實，檜曰：'飛子雲與張憲書雖不明，其事體莫須有。'世忠曰：'"莫須有"三字，何以服天下？'"批鱗：即"批逆鱗"。傳説龍之喉下有逆鱗徑尺，有觸之者必怒而殺人。人主亦有逆鱗，舊時用批鱗比喻臣子敢於直諫觸犯君王。見《韓非子・説難》。

〔8〕黄龍：黄龍府。治所在今吉林農安縣。岳飛抗金，有"直抵黄龍府，與諸君痛飲爾"的豪言壯語。

〔9〕二帝：宋靖康二年，金人攻下汴京，擄徽宗、欽宗二帝而去。

〔10〕孤臣：失勢無援之臣。指岳飛。

〔11〕鐵鑄秦：世人痛恨秦檜奸賊，在岳飛墓前樹秦檜跪像，以鐵鑄成。

〔12〕南枝：南向的樹枝。多用作思念故鄉的代詞。《古詩十九首》之一："胡馬依北風，越鳥巢南枝。"杜甫《元日寄韋氏妹》："春城回北斗，郢樹發南枝。"

〔13〕羅江：舊縣名。唐置，在四川省綿陽市西南。縣城瀕臨涪江支流。

〔14〕羲皇：伏羲氏。古人想象伏羲以前太古的人，無憂無慮，生活閑適。

〔15〕尊甫：對他人父親的尊稱。《釋名・釋親屬》："父，甫也。甫，始

也，始生己也。”

歸安孫秋濤枚[1]，好學能文，屢傷詘𢇍[2]。以貧故，幕游楚北，飢驅僕僕，率無寧歲。與余同里，交三十年矣。嘗記其漢口別余及張苧邨云：“相見倍相憐，深情勝昔年。與君俱逆旅，此別轉悽然。落日明流水，長風送去船。登臨空有約，孤負好晴川。時約游晴川閣未果。”又《丙子春日重至後湖有感》云：“映隄拂面柳絲斜，不見黄花地上花。估客那知興廢事，討春依舊鬥繁華[3]。”《泊漢口望大别山作》云：“浪游幾度此經過，可奈留無十日何。獨倚篷窗看大别，空教添得别愁多。時將至襄陽。”

閔秋舫文哲，初名大綸，舊爲吴興著族。其先世宦游山左，明季遷徙漢上。秋舫長身修髯，貌頗偉，性傲岸不拘，嗜作韻語，不事鈎深抉幽[4]。嘗手録古今人詩數十册，操觚染翰，兀兀窮年[5]，雖炊烟欲斷，悉置不問。復愛書畫，時過骨董家詢視，遇有佳者，典衣購之不吝。更好觀人弈，常備酒果以招弈者，弈者殫思苦心，以争劫殺，而秋舫則起伏相忘，勝敗不關，局罷，掀髯大笑。漢上春時燈市甚盛，好事者巧製燈謎懸于户外，設文房各物以酬中者。秋舫尤酷嗜之，聞有燈謎處無不到。更闌人散[6]，猶獨立徘徊若不忍去者，歸必紙筆攜滿袖，恒欣欣然有喜色。人笑其痴，因自號五痴居士。曩倩人寫小影[7]，作荒山古木，一人孤行狀，題曰《古道獨行圖》，乞人題咏甚多，其風趣如此。著有《五痴山人稿》。《後湖茶社遠眺》云：“小步初離市，湖天望渺冥。雲來秋水白，雨過遠山青。逭暑呼佳茗，尋詩倚曲欞[8]。幽情羡漁者，歌槳度前汀。”又《絶句》云：“蕉窗兀坐静無譁，風裊爐烟故故斜。一枕清涼消午夢，自烹活水試新茶。”句如：“有水皆通閣，無山不對窗。”“買花償古硯，得畫典春衣。”“搜書如訪舊，覓句欲翻新。”“時光冷暖無難料，花事榮枯總不齊。”“得句常嫌敲字苦，遣情翻爲種花忙。”皆脱口成佳句也。

【注釋】

〔1〕歸安：舊縣名。宋太平興國七年分烏程縣東南境置。明清爲湖州府治。1912年又與烏程縣合併爲吴興縣。

〔2〕毷氉：煩悶。唐李肇《國史補》下："（舉子）不捷而醉飽，謂之打毷氉。"

〔3〕討春：探春，尋春。唐陸龜蒙《甫里集》卷八詩題："闔閭城北有賣花翁，討春之士，往往造焉，因招襲美。"

〔4〕鈎深抉幽：謂考證探求精微深意。

〔5〕兀兀：用心勞苦貌。韓愈《進學解》："焚膏油以繼晷，恒兀兀以窮年，先生之業，可謂勤矣。"

〔6〕更闌：更深夜盡。唐方干《元英詩集》卷一《元日》："晨雞兩遍報更闌，刁斗無聲曉露乾。"

〔7〕倩：請，請求。漢劉向《烈女傳》卷三《魯漆室女》："鄰人女奔隨人亡，其家倩吾兄行追之。"

〔8〕曲欞：闌干或窗户上的雕花格子。

傅華堂樅，一字楓船，行十三，晉之故絳人〔1〕。年甫十齡，即失怙恃〔2〕，依孀嫂□氏撫育成立。幼聰慧，讀書善悟，及長，達事理，與同鄉巨族尉氏葭莩親〔3〕，聞其能，聘司淮南禺筴。尉氏有業在漢，積久多叢脞。華堂至，釐剔積弊，業爲之復振。鹺綱重任恤〔4〕，華堂遇事贊成，處一切交游，傾肝膽，重氣誼，人咸稱其長者。其事嫂甚敬，禮義不稍愆〔5〕，不冠不見，每事必咨，有馬伏波〔6〕、張禹玉之風〔7〕。念嫂氏撫育之恩，常思所以報之者，先舉一子，即請其命名，立爲後。將請旌以表其志，并命其子爲請褒封。常遠游，别嫂有句云："含淚理行篋，恩勤憶昔時。回看雙鬢白，圖報莫教遲。"其至性纏綿，有流露於不自知者矣。

姚小山必遠〔8〕，原籍皖江〔9〕，爲桐城四姓之一〔10〕。先世以都閫遠宦安龍〔11〕，漢鎮地當孔道〔12〕，遂遷家於楚。父與兄相繼業淮鹺。小山幼慧，展卷過目即成誦。試童子，屢冠前列，不得志於司衡[13]，因投筆筮仕於兩淮[14]，直指器其才[15]，極引重。有忌之者沮其用，去而席世業。善持籌，每歲額運，逾楚省之半。然能勇退，不自滿也。爲人尚誼氣，重然諾，柔不茹，剛不吐[16]。有以患難告者必拯之，有以困苦告者必賙之，雖巨金不吝。遇公私事之糾棼者，入手即迎刃而解。排難解紛，人依賴之。性尤豪邁，曠達不羈，歌場酒盞無虚日，然不以廢事。游讌之暇，間爲歌詩，皆本於性靈，每有吟咏，多膾炙人口。如《游姑蘇咏虎阜》云[17]："海涌山前水咽流，鐵花巖下暫遲留。樓臺春鎖千年恨，窟室魂銷一劍愁[18]。空有禪心來問石[19]，更無明月去浮舟[20]。玉凫金虎深惆悵[21]，回首麋城怨未休[22]。"《五人墓》云[23]："繞市行呼氣薄霄，頓教緹騎逆氛消[24]。五人死義酬忠介[25]，一鷺生祠祀豎刁[26]。忍使諸名埋宿草，還同流水咽胥潮[27]。最憐風雨瀟瀟夜，血污游魂不可招。"他如《過馬當山》句云[28]："不因世態爲牛後[29]，又逐風帆過馬當。"窺見一班[30]，可得全豹矣。

【注釋】

〔1〕絳：山西古邑名。春秋時晉之絳邑地，後更曰翼。漢爲絳縣。隋開皇間改翼城。即今翼城縣。

〔2〕怙恃：依靠，憑恃。《詩經·小雅·蓼莪》："無父何怙，無母何恃。"後以"怙恃"爲父母的代稱。

〔3〕葭莩：蘆葦中的薄膜，比喻人際關係疏遠淡薄。《漢書》卷五十三《中山靖王傳》："今群臣非有葭莩之親，鴻毛之重，群居黨議，朋友相爲。"

〔4〕任恤：誠信於友道曰任，賑憂貧曰恤。《周禮·地官·閭胥》："書其敬敏任恤者。"又《大司徒》："二曰六行：孝友睦婣任恤。"鄭玄注："任，信於友道；恤，振憂貧者。"

〔5〕諐（qiān）：古"愆"字。過失。

〔6〕馬伏波：東漢馬援。扶風茂陵人，字文淵。少有大志。其兄長馬況死後，對嫂子非常敬重，不整肅衣冠不入家門。新莽末爲新成（漢中）大尹，最

後歸附光武帝，建武十七年拜伏波將軍。封新息侯。據《後漢書·馬援傳》載，馬援在外征戰，凡攻伐城池、治郡縣等要務，總是一一條奏，光武帝亦無不從之。

〔7〕張禹玉：其人和事蹟不詳。

〔8〕姚小山：名必遠。民國九年《夏口縣志·人物志二》載："姚必遠官浙江杭嘉湖道。"

〔9〕皖江：桐城。一曰皖江、皖桐。春秋時爲楚之附庸桐國。漢置樅陽縣。唐至德二載改爲桐城縣。今爲安徽省桐城市。

〔10〕桐城四姓：即姚（鼐）、方（苞）、劉（大櫆）、戴（鈞衡）四姓，以"桐城文派"而著名。

〔11〕都閫（kǔn）：官名。亦稱都司，即都指揮使司，掌一方之軍政，權位甚重。至清代都司僅爲四品武官。

〔12〕孔道：大道，大路。漢揚雄《太玄經·羡》："孔道之夷，何不尊也？"《漢書·西域傳》："（婼羌國）辟在西南，不當孔道。"這裏指地當要冲。

〔13〕司衡：司命和權衡。李白《與韓荊州書》："君侯爲文章之司命，人物之權衡。"本爲星名，這裏指甄别選拔人才的官員。

〔14〕兩淮：宋代置淮南東路、淮南西路，稱爲两淮。

〔15〕直指：官名。朝廷直接派往地方處理事務的官員。

〔16〕柔不茹，剛不吐：茹，吃。謂不欺軟怕硬。《詩·大雅·烝民》："人亦有言，柔則茹之，剛則吐之。維仲山甫，柔亦不茹，剛亦不吐。"朱熹集傳："茹，納也。不茹柔，故不侮矜寡。不吐剛，故不畏强禦。"

〔17〕虎阜：蘇州虎丘。

〔18〕窟室：掘地爲室。謂春秋時公子光使專諸殺吴王僚之事。《史記·刺客列傳》載，伍子胥知公子光之欲殺吴王僚，乃進專諸於公子光。"光伏甲士於窟室中，而具酒請王僚……酒既酣，公子光詳（佯）爲足疾，入窟室中，使專諸置匕首魚炙之腹中而進之。既至王前，專諸擘魚，因以匕首刺王僚，王僚立死。左右亦殺專諸"。公子光乃自立爲王，是爲吴王闔閭。

〔19〕問石：即“頑石點頭”。傳説道生法師入虎丘山，聚石爲徒，講《涅槃經》，説到闡提有佛性處，衆石點頭。後用以形容道理講得透徹，使人心服。

〔20〕浮舟：即晉王徽之乘輕舟“雪夜訪戴”的故事。見《世説新語·任誕》。

〔21〕玉鳧金虎：指雲岩寺中的古器物。

〔22〕麋城：蘇州城。伍子胥諫吴王説：“臣今見麋鹿游姑蘇臺也。”隱喻亡國之象。

〔23〕五人墓：在蘇州虎丘附近。明代蘇州發生過一起民衆奮起痛打魏忠賢鷹犬一校尉的暴動。爲首者是蘇州五個市民顔佩韋、馬杰、楊念如、沈陽、周文元。事後五人自首入獄，被殺害。蘇州民衆將他們合葬在虎丘旁，崇禎間名士張溥作《五人墓碑記》，表示紀念。

〔24〕緹騎：抓捕犯人的禁衛官役。因衣服橘紅色，騎着馬，故稱。如漢代的執金吾、明代的錦衣衛校尉等。或用爲衙役的通稱。緹，橘紅色。騎，底本作“綺”，應譌。

〔25〕忠介：周順昌的追謚。周氏明末吴縣人，因斥魏忠賢，被捕下獄，受酷刑死。崇禎初賜謚忠介。

〔26〕一鷺生祠祀豎刁：一鷺即江蘇巡撫毛一鷺，魏忠賢的乾兒子，爲魏忠賢建生祠。豎刁，春秋時齊人，自宫以近齊桓公，利言卑辭，桓公極寵幸，桓公死，與易牙、開方等致齊國大亂。

〔27〕胥潮：伍子胥在吴國不受信任，被賜死，悲憤地囑咐將他的頭挂在南門上，以便看越國來滅吴。傳此後江潮起，潮頭上就有乘着素車白馬的伍子胥。

〔28〕馬當山：在今江西省彭澤縣東北，長江南岸。山形似馬，横枕長江，爲江流險要處。王勃曾於此乘舟遇風一夜達南昌。李白《横江詞》之二：“海潮南去過尋陽，牛渚由來險馬當。”

〔29〕牛後：即取“寧爲雞頭，無爲牛後”之意，比喻從屬地位。

〔30〕班：古同“斑”。

漢口叢談卷六

楚北爲大江形勝之區，都邑錯峙，山川鬱盤，而漢口一鎮，尤稱雄傑。前臨襄河，面峙古大別山，東西三十里有奇，路衢四達[1]，市廛櫛比，舳艫銜接，烟雲相連，商賈所集，難覯之貨列隧[2]，無價之寶羅肆，適口則味擅錯珍[3]，娱耳則音兼秦趙[4]。當夫良辰令節，士女嬉敖[5]，靚妝袨服[6]，便娟傻紹者[7]，曜野映雲。于是貴游公子[8]，旅食詞人，或跌宕文酒，或流連聲色，清歌妙舞，至更殘而方響猶繁[9]，墜珥遺簪[10]，迨月落而歡情未歇，蕩魂傷精，一醉累月，直欲空北部之胭脂[11]，壓南朝之金粉也[12]。

漢口青樓，有官私之别。上路以義和軒巷[13]，下路以青蓮樓爲著名[14]。義和軒巷近已闃寂[15]，皆散處于巷之後街間，暗室低樓，鄭聲齊語[16]，琵琶一曲，鐙火留髡[17]，所謂宜夜不宜晝也。初開競醉之筵，竟作迷香之洞[18]。彼誇錢樹[19]，此艷金鍋[20]。脂粉濃妝，觥籌雜沓，遂有流連荒亡之事矣[21]。

仁和陸筱飲飛[22]，昔館于漢上胡氏，居近狹邪[23]，嘗有《漢皋夜市》詩云："江頭夜市散初更，醉帽欹斜白袷輕[24]。茉莉芝蘭香滿路，一街鐙火賣花聲。""夢醒猶聞隔院歌，香銷酒冷奈愁何。高樓夜半涼如水，啼煞檐前紡綫婆[25]。"

所謂官者，門前晚懸大鐙，内則五六人，或八九人，歌韻悠揚，箏琶雜弄，以動游人之聽，客至則杯盤狼藉，嬉笑喧呼，不忌也。私則閉門寂静，或一二人，或三四人，而居後街幽巷間。每至傍晚，有游手務閒者，名曰打槍，暗伺客過，辨色而起，躡鞭來問，必盛稱某家有絶妙佳麗，可以愒足[26]，聞者艷之[27]，隨其紆徑而往，款門以入，一一出見，合則留，不合則去，略爲賞給打槍者，雖歷叩數扉，引走不倦。如有惬意，則香杯交飲，玉體横陳，一入其彀，鲜有不爲花迷月醉矣。

【注釋】

〔1〕衢：四通八達之路。《爾雅·釋宫》："四達謂之衢。"四出交錯亦謂之衢。《山海經·中山經》："其枝五衢。"晉郭璞注："言樹枝交錯相重五出，有象衢路也。"

〔2〕列隧：摆满街道上。隧，道路。《詩·大雅·桑柔》："大風有隧，有空大谷。"傳："隧，道也。"

〔3〕錯珍："海錯山珍"之省。指美味佳肴。《尚書·禹貢》："厥貢鹽絺，海物惟錯。"蘇軾《丁公默送蝤蛑》："蠻珍海錯聞名久，怪雨腥風入坐寒。"也作"山珍海錯"。

〔4〕秦趙：指秦腔以及由秦腔影響産生的其他劇種，如晉劇、豫劇、河北梆子等，這些劇種的産生地古爲趙國地。

〔5〕嬉敖：嬉游。敖同"遨"。《説文·放部》："敖，出游也。"後多作"遨"。

〔6〕靚妝袨服：美麗的妝飾。《文選·左思〈蜀都賦〉》："都人士女，袨服靚妝。"注："蘇林曰：'袨服，謂盛服也。'張揖曰：'靚，謂粉白黛黑也。'"

〔7〕便（pián）娟偠紹：體態輕盈美好貌。張衡《南都賦》："致飾程蠱，偠紹便娟。"注："便娟，則蟬蜎也。"《楚辭·大招》："豐肉微骨，體便娟只。"朱熹集傳："便娟，好貌。便，猶安也。"偠紹，《西京賦》作"要紹"，注曰："謂娟嬋作姿容也。"

〔8〕貴游公子：原指没有官職的貴族子弟。《周禮·地官·師氏》："掌國中失之事以教國子弟，凡國之貴游子弟學焉。"鄭玄注："王公之子弟游無官司者。"後泛指貴族富家子弟。《抱朴子·博喻》："是以六藝備則卑鄙化爲君子，衆譽集則孤陋邈乎貴游。"

〔9〕方響：古打擊樂器。以十六枚金屬片組成，其制上圓下方，大小相同，

厚薄不一，分兩排懸挂，以小銅鎚敲打，發出的音質不同，屬磬類，始創於南朝梁。隋唐燕樂中常用，南宋時尤盛行，後失傳。白居易《偶飲》："千聲方響敲相續，一曲雲和戛未終。"杜牧有《方響》詩。

〔10〕墜珥遺簪：丢失的珥和簪。比喻故舊。原作"遺簪墜屨"。漢韓嬰《韓詩外傳》九載：孔子遇一婦人在哭，問其故，答曰因丢失簪子。孔子弟子曰："刈蓍薪而亡蓍簪，有何悲焉？"婦人曰："非傷亡簪也，蓋不忘故也。"又漢賈誼《新書・諭誠》載：楚昭王與吴人戰，楚軍敗，昭王逃跑中失屨（丢了鞋子），又折回去拾起來。左右問："王何曾惜一踦屨？"昭王曰："楚國雖貧，豈愛一踦屨哉？思與偕反也。"這裏均表示不忘故舊。《史記・滑稽列傳》："前有墮珥，後有遺簪。"墮與墜義近。

〔11〕北部之胭脂：胭脂，本或作燕脂，一種顔料，多用於女子的妝飾。五代馬縞《中華古今注・燕脂》："蓋起自紂，以紅藍花汁凝作燕脂。以燕國所生，故曰燕脂。塗之作桃花粧。"後多作胭脂。因胭脂起於北部，故曰北部胭脂，指北地的美女。

〔12〕南朝之金粉：金指花鈿，一種首飾，即花釵。南朝梁沈約《麗人賦》："陸離羽佩，雜錯花鈿。"粉指鉛粉，亦婦女妝飾用品。《中華古今注・粉》："自三代以鉛爲粉。秦穆公女弄玉，有容德，感仙人簫史，爲燒水銀作粉與塗，亦名飛雪丹。"後因以金粉代指美女。元王實甫《西厢記》二本一折："香消了六朝金粉，清減了三楚精神。"《桃花扇・聽稗》："學金粉南朝模樣。"

〔13〕義和軒巷：在今硚口區。

〔14〕青蓮樓：今江漢區長盛街仍有青蓮巷之名。

〔15〕闃（qù）寂：寂静。南朝梁何遜《何水部集・行經孫氏陵》："闃寂今如此，望望沾人衣。"

〔16〕鄭聲齊語：不雅的樂和話語。這裏指叙談兒女私情。鄭聲，鄭國的俗樂，舊認爲是淫靡之音。《論語・衛靈公》："樂則韶舞，放鄭聲，遠佞人；鄭聲淫，佞人殆。"齊語，非君子之言。《孟子・萬章上》："此非君子之言，齊東野人之語也。"

〔17〕留髡：《史記·滑稽列傳》(淳于髡曰)："日暮酒闌，合尊促坐，男女同席，履舄交錯，杯盤狼藉，堂上燭滅，主人留髡而送客，羅襦襟解，微聞薌澤，當此之時，髡心最歡，能飲一石。"後或指妓女留客。

〔18〕迷香之洞：名妓史鳳待客之最上等處所。《雲仙雜記》："史鳳，宜城妓也，待客有差等，最上者有迷香洞，神雞枕，鎖蓮燈。"

〔19〕錢樹："搖錢樹"之省。這裏指妓女。《醒世恒言》卷三："把你當個搖錢之樹(指花魁女)，等閒也不輕放你出去。"

〔20〕金鍋："銷金鍋"之省。指杭州西湖。宋周密《武林舊事》卷三："西湖天下景，朝昏晴雨，四時總宜，杭人亦無時而不游，而春游特盛焉……日糜金錢，靡有既極，故杭諺有銷金鍋兒之號。"

〔21〕流連荒亡：沉溺於酒色田獵。《孟子·梁惠王下》："從獸無厭謂之荒，樂酒無厭謂之亡。先王無流連之樂、荒亡之行。"

〔22〕仁和：舊縣名。北宋太平興国三年改錢塘縣置，治今杭州市地。見《太平寰宇記》卷九十三《杭州》。

〔23〕狹邪：也作狹斜。狹窄彎曲的里巷。《樂府詩集》卷二十三南朝梁顧野王《長安道詩》："渭橋縱觀罷，安能訪狹邪？"又卷三十五有《長安有狹斜行詩》。後多用於指妓女居住的地方。南朝陳陳叔寶《陳後主集·楊叛兒曲》："日昏歡宴罷，相將歸狹斜。"

〔24〕白祫(jiá)：白色夾衣。《世說新語·雅量》"顧和始爲揚州從事"注引(裴啓)《語林》："周侯(顗)飲酒已醉，着白祫，憑兩人來詣丞相(王導)。"唐李商隱《春雨》："帳卧新春白祫衣，白門寥落意多違。"

〔25〕紡綫婆：蟲名。似蚱蜢而身肥大，體長一寸七八分，秋季入夜則鳴，象紡綫聲，故名。也叫紡綫孃，或稱聒聒兒、絡緯、莎雞、梭雞。

〔26〕愒足：休憩，歇脚。

〔27〕艷：羡慕。

送駕墩[1]，在新安會館後[2]，爲歪妓所聚之處[3]。又有米廠亦然。席篷作屋，竹片爲牀，賣笑倚門，招摇論價，人而禽獸，即眼前地獄也。

方雨郇如川《漢口冶游》詩云："畫地爲牢也占春，桃花泥涴逐流塵[4]。此間便現泥犁相[5]，那得金剛不壞身[6]。"其寄慨也深矣。

陳小翠，不知何許人也。兒時爲無賴子攜以鬻于漢上之陳娼家，名曰小翠，女蓄之，教以歌彈，幼姣艷奪目。有湘南客見之，謂是兒楚楚可憐，若秋海棠，恐向西風嗟薄命也。及笄[7]，容采溢發，技擅琵琶，車馬盈門，籍中名著[8]。然于酒闌人散，每獨臨風悵悒，若有不勝悲者，傍亦莫解其意。江右某生者，從父賈于漢，偶作狹邪游，見翠而悦之，翠亦心相契洽，久之，語生曰："墮入風塵，妾之命也，蒙君愛我，願以終身相託。"生許之。翠曰："君既許妾，妾身已屬君矣，幸早爲計，拔我于汙泥中也。"乃誓不見客。時生先聘有室，未娶，畏父遷延不敢告。戚黨有知者，憫翠之情，緩達其父，以獨子故，亦不呵譴，計于娶婦後納翠。而陳娼强翠倚門[9]，不可，則日凌迫之，且加詈撻詬辱。翠復急不能自脱，生又無可如何。陳娼昕夕鴞鳴不已[10]，翠遂整飾衣裳，一旦自經死，年僅十七。先夕招生至，款接如故，但曰妾不負君也。生未喻其言，至是大慟，時嘉慶甲子八月六日也。生父聞之，亦爲悼惜，屬厚殯葬焉。生徧乞能詩者弔之，裒集成卷[11]，題曰《泣花吟》。江右唐夢仙秀才薦馨爲之作傳。程耕雲常集吟朋攜酒赴大别山麓小翠殯宫處弔之以詩曰："雨散雲收十七齡，芳魂何處悵零丁。春風燕子憐關盼[12]，夜月桃花弔小青[13]。香粉猶存人已遠，畫樓依舊日長扃[14]。防他架上紅鸚鵡，唤到琵琶不可聽。"又有《訪舊》詩云："温風開遍女兒花，香徑無人問狹邪。記得第三橋畔路，枇杷門是泰孃家[15]。"風調絶佳，殆亦爲翠作也。

【注釋】

〔1〕送駕墩：後訛爲宋家墩。

〔2〕新安會館：安徽會館。今江漢區夾街還有新安市場，應是其遺址。

〔3〕歪妓：泛指私娼。

〔4〕涴（wò）：污染。韓愈《合江亭》詩："願書巖上石，勿使泥塵

洈。”

〔5〕泥犁相：梵語。也作泥黎，或作泥棃迦。意爲地獄界。在此境界中，一切皆無，爲十界中最惡劣的境界。

〔6〕金剛不壞身：指佛身。《寶積經》："如來身者，即是金剛之身、不壞之身、堅固之身。"

〔7〕及笄：笄，簪。古代女子十五加笄，以示成年。及笄，謂初到成年之時。

〔8〕籍中：籍，簿册。籍中，樂户的名録。後用爲妓女登記名録，叫樂籍中人。

〔9〕倚門："倚門賣笑"省，指妓女生涯。元王實甫《西厢記》三本一折："你看人似桃李春風墻外枝，賣俏倚門兒。"娼，底本譌爲"倡"，下一處亦是。

〔10〕昕夕：早晚。

〔11〕裒（póu）：匯集，編輯。

〔12〕關盼：人名。即關盼盼。白居易《燕子樓三首并序》："徐州故張尚書有愛妓，曰盼盼，善歌舞……尚書既没，歸葬東洛……盼盼念舊愛而不嫁，居是樓十餘年。"

〔13〕小青：人名。即馮玄玄。字小青，傳爲明末杭州人，能詩，善音律，年十六嫁馮千秋爲妾，因同姓，故但稱曰小青。因受大婦欺凌，遷居孤山，後憂鬱而死。見清邱煒《菽園贅談》。今西湖孤山有小青墓。

〔14〕扃（jiōng）：關閉。

〔15〕泰孃：唐代民間歌妓。其歌舞技藝名聞京師。事見劉禹錫《泰孃歌・序》。

吴格齋《閒情麗品》[1]：漢上徐校書蘭沚[2]，秀曼都雅[3]，善筆札，手作小箋，皆有思致。所居剪雲樓，植觀音柳數株，高出檐牙[4]，每凭欄凝望，瀟然作出塵想。予與游數載，贈詩有云："柳眉不是尋常樣，分得慈雲一段春。"後棄家入道，年才二十也。丁巳予北上，路傍見觀音柳，感作云："暗記昔年游冶處，一枝斜拂剪雲樓。"爲之唏噓累日。

又辛酉九月六日，楚闈揭曉[5]，先一夕，鄂城同人邀爲慶榜宴[6]。予謂得失固聽之天，榜則何可預慶也？去之漢陽，諸友又爲相邀，因避就玉英校書惕談焉。玉英知爲榜期，亦以相言，予笑却之。夜分賣試録者至[7]，見予被落，悵然久之，目熒熒欲涕。蓋玉英與予相識數載，故盼望甚殷也。嗟夫！我未成名君未嫁，豈獨羅江東嘆息耶[8]？因感其意，賦一律云："高樓更永夢初成，手把新題問姓名[9]。自笑頭顱猶故我，只將蕉萃對芳卿[10]。青衫未必終淪落，玉箸相看轉縱橫[11]。從此鍾陵還醉别，秋風那不憶雲英。"先予《訪舊·意難忘》詞有[12]"不堪湖海留連，嘆消磨匣劍[13]，斷損囊弦[14]。雲英重見處，回首各凄然"句。又《雨夜留飲·百字令》有[15]："紅粉憐伊，青衫嘆我[16]，總是風流譜"句。悉屬失意之讖語，亦知人生得喪，非偶然也。

【注釋】

〔1〕吴格齋：嘉慶中通城人。著有《格齋詩話》《閒情麗品》等。

〔2〕徐校書：妓女蘭沚。校書，唐人韋皋鎮西川，有樂妓薛濤出入幕府，韋曾請給以校書省秘書郎的官銜，雖未得允許，但世人多以校書稱薛濤。王建《寄蜀中薛濤校書》："萬里橋邊女校書，枇杷門巷閉門居。"一説爲唐胡曾作。後便稱妓女爲校書。

〔3〕都雅：形態舉止大方優雅。

〔4〕檐牙：屋檐翹出如牙。俗稱飛檐。杜牧《阿房宫賦》："檐牙高啄。"

〔5〕楚闈：湖北考場。闈，科舉時代的試院。

〔6〕鄂城：指湖北省城。清代湖北省城在江夏，即今武漢市武昌區的老城區一帶。

〔7〕試録：明清科舉舊制，鄉會試完畢，録舉子籍貫名次和文章好的，刊刻進呈，叫作試録。

〔8〕羅江東：羅隱。字昭諫，唐末餘杭人，自號江東生。《唐詩紀事》卷

六十九："鍾陵妓雲英，隱舊見之，一日譏隱猶未第，隱嘲之曰：'鍾陵醉别十餘春，重見雲英掌上身。我未成名君未嫁，可能俱是不如人。'"

〔9〕新題：新刻的題名録。科舉時代，刻同榜人的姓名、年歲、籍貫，匯集成册，叫作題名録。

〔10〕蕉萃：同憔悴。

〔11〕玉箸：眼泪。李白《閨情》："玉箸日夜流，雙雙落朱顔。"

〔12〕意難忘：詞牌名。

〔13〕匣劍：匣中放着寶劍。比喻劍氣無法遮住。

〔14〕囊弦：袋中裝着弦琴。比喻琴心無法藏起。

〔15〕百字令：詞牌名。又名念奴嬌、大江東去、壺中天慢。

〔16〕青衫：《唐書·儀衛志》："凡五路（輅），皆有副，駕士皆平幘，大口絝衫，從路色，玉路（車飾）服青衫。"後多指讀書人不得意的自呼。白居易《琵琶行》："座中泣下誰最多，江州司馬青衫濕。"

又乙巳春，鄂郡友人余輝譜云亡，丙午秋徐蘭沚校書入道，余自此絶跡漢上矣。己未冬再至，撫景蕭條，不勝隣笛車鈴之感[1]，作詩云："一醉巴陵酒[2]，于今十五年。卻從湘浦路[3]，來趁洞庭船[4]。宿草猶如此[5]，飛花何處邊。寒風吹颯颯，回首重悽然。"

又壬戌五月之初，與漢上同人買醉于玉香樓，聞有善琵琶者，召之佐酒，至則色藝俱絶，而意態摧抑，若有不能爲懷者。酒邊問訊，自述酸楚之甚，舉座不歡者久之。嗟乎！雨暗湘流，雲迷紫塞[6]，天荒地老[7]，無處埋愁，何必潯陽江頭[8]，感楓葉荻花，始青衫泪濕哉[9]？飲後命紙，綴爲長篇，凡六百五十八言曰《續琵琶行》云[10]："炎風刮地火雲起[11]，晴街月色明于水。漢皋旅客奈愁何，呼朋買醉聽清歌。選花偶過宜春院[12]，紅燭高燒開綺宴[13]。聞道琵琶第一聲，頻遣雅鬟約相見。須臾抱得四弦來[14]，綽約花枝照人艷。雲璈檀板且慢敲[15]，先聽轉軸弦聲交。安弦一一宫商合，未彈莫使歌聲雜。一弦高發一弦低，疏雨斜風來颯颯。劈挑推却指如飛[16]，清濁之間妙入微。鶴鳴古樹露初冷，雁叫沙汀雪作圍。忽然清角變徵羽[17]，音凄調急促弦柱。羈客城南欲斷魂，樓頭少婦淚如雨。此時人聲間絲聲，聲聲掩抑最有情。有情卻被無情斷，寡鵠孤鸞飛失伴[18]。鶯簧宛轉化啼蝯，摇摇華燭光清亂。曲罷餘音住又留，長隄别後回星眸。滿座肅然都改容，似聞蛩語吟高秋。我見丰姿已心異，訝是平生不得志。又聞琵琶怨以悽，抑鬱心中如許事。把杯促坐訊芳蹤，憐君狼藉委東風。自言大隄有舊族[19]，鄉風慣倡銅鞮曲[20]。藍田玉美價連城[21]，秀水珠明换十斛[22]。嬌小曾邀阿嬰憐[23]，娉婷自許藏金屋[24]。盈盈十五字東隣[25]，猶待春風與拘束。忽地篝火起狐鳴[26]，蛾賊潢池盜弄兵[27]。夜裏刀槍臨漢水，朝來烟火照襄城。焚掠可憐留焦土，殺人不許有哭聲。親舊走散眷屬死，伊誰提攜惜輕盈。流轉關河莫自主，自分弱質飼狼虎[28]。陌路忽見故鄉人，爲道高門留稚女。只言堂上簇金錢[29]，那識樓頭學歌舞。紅樓誤入劇心傷，桃花命薄儘輕狂。買笑不少纏頭錦[30]，知音難覓有情郎。秋月春花昏復曉，章臺折柳來京兆[31]。卻扇一顧肯留香[32]，爲織金籠護嬌鳥。芳洲正宿紫鴛央，緣淺誰料賦斷腸。泣血只應同杜宇，分明那得拜姑嫜[33]。訂得佳期春又誤，蕉萃妝成誰與訴。夜長枕畔暗啼紅[34]，雙槳空懷桃葉渡[35]。信手彈來那自知，傷情豈計鍾期遇[36]。聽罷此語重凄然，天涯何處不堪憐。長沙秋色悲知己，洛水春光損少年[37]。暗把離憂尋舊譜，淪落飄零羞自語。青衫紅粉古今愁，與君同是傷心侣。傷心本來是琵琶，况當漂泊尚無家。莫將長恨翻新曲，宵來作作動風沙[38]。徘徊惆悵月照席，大别山頭啼亂雅。”予年來落拓無成，意氣隤唐之甚，買酒聽歌，借以自放，往往見之筆墨，亦升庵所謂“老顛欲裂風景”[39]，聊以耗壯心耳，朋輩乃以爲詬。嗚呼！碧海青天，羈愁莫訴，美人香草，騷士寓言，又誰知之?

【注釋】

〔1〕隣笛車鈴：表懷舊之情。鄰笛，晉向子期（秀）《思舊賦序》：“余與嵇康吕安居止接近，其人并有不羈之才，然嵇志遠而疎，吕心曠而放……余逝

將西邁，經其舊廬……鄰人有吹笛者，發聲寥亮，追思曩昔游宴之好，感音而嘆。”後以鄰笛借喻懷舊。車鈴，舊題晉王嘉《拾遺記》卷七《魏》：“文帝所愛美人姓薛，名靈芸，常山人也……帝以文車十乘迎之……前有雜寶爲龍鳳，銜百子鈴，鏘鏘和鳴，響於林野。”唐司空曙《和耿拾遺元日觀早朝》：“門響雙魚鑰，車喧百子鈴。”

〔2〕巴陵酒：巴陵，郡名，南朝宋置，唐乾元初改爲岳州，郡治今湖南岳陽市。李白《陪倫郎叔游洞庭醉後作》：“巴陵無限酒，醉殺洞庭秋。”

〔3〕湘浦：湘水之濱。劉禹錫《感懷》：“自笑不如湘浦雁，飛來卻是北歸時。”

〔4〕洞庭船：李頻《湘中送友人》：“去雁遠冲雲夢雪，離人獨上洞庭船。”

〔5〕宿草：隔年的草。《禮記·檀弓上》：“朋友之墓，有宿草而不哭焉。”鄭玄注：“宿草，謂陳根也。”孔穎達疏：“宿草，陳根也，草經一年則根陳也。”後喻指墓地，或用作喪逝的典故。南朝梁王僧孺《從子永寧令謙誄》：“宿草行没，宰樹方攢。”宿草、宰樹皆墓地景物。

〔6〕紫塞：北方邊塞。晉崔豹《古今注·都邑》：“秦築長城，土色皆赤，漢塞亦然，故稱紫塞焉。”南朝宋鮑照《鮑氏集·蕪城賦》：“南馳蒼梧漲海，北走紫塞雁門。”

〔7〕天荒地老：謂歷時非常久遠。唐李賀《歌詩編》卷二《致酒行》：“吾聞馬周昔作新豐客，天荒地老無人識。”

〔8〕潯陽江：江西九江市以北的一段長江。白居易《琵琶行》：“潯陽江頭夜送客，楓葉荻花秋瑟瑟。”因晉設尋陽郡，隋改爲九江，唐天寶元年改爲潯陽，故有潯陽江之名。

〔9〕青衫泪濕：白居易《琵琶行》：“座中泣下誰最多，江州司馬青衫濕。”青衫，低級官吏服飾。

〔10〕《續琵琶行》：白居易有《琵琶行》，故這裏稱續作。

〔11〕火雲：俗稱火燒雲，多出現在夏秋日落時。

〔12〕選花：選妓。舊稱妓爲風花、烟花。宜春院：唐代長安宮内歌妓居

住的院子。開元二年置，在東宫内，與承恩殿宜秋院并列。見唐崔令欽《教坊記》。後或用作妓院的代稱。

〔13〕綺宴：奢華的酒筵。

〔14〕四弦：琵琶。本作“批把”，或作“枇杷”。漢應劭《風俗通義》卷六《聲音》：“批把，此近世樂家所作，不知誰也。以手批把，因以爲名。長三尺五寸，法天地人與五行。四絃，象四時。”

〔15〕雲璈檀板：雲璈，古樂器名。也叫雲鑼。《元史·禮樂志五》：“雲璈，制以銅，爲小鑼十三，同一木架，下有長柄，左手持，而右手以小槌擊之。”檀板，檀木制的拍板，也叫綽板，俗稱鼓板。黄庭堅《阮郎歸詞》：“歌停檀板舞停鸞，高陽飲興闌。”

〔16〕劈挑推却：彈奏琵琶的手法。劈，分開；挑，撥動；推，向前；却，向後。

〔17〕清角變徵羽：謂音律變化玄妙。清角，古代五音之一。《韓非子·十過》：“（晉）平公提觴而起爲師曠壽，反而問曰：‘音莫悲於清徵乎？’師曠曰：‘不如清角。’”《文選·傅毅〈舞賦〉》：“揚激徵，騁清角。”注：“激徵、清角，皆雅曲名。”《晉書·律曆志上》：“清角之調，以姑洗爲宫。”自注：“即是笛體中翕聲。於正聲爲角，於下徵爲羽。清角之調乃以爲宫，而哨吹令清，故曰清角。”

〔18〕寡鵠孤鸞：借比寡婦鰥夫。

〔19〕大隄：樂府曲名。《大隄曲》出於《襄陽樂》，多歌咏襄陽一帶商業的繁榮。李白《大隄曲》：“漢水臨襄陽，花開大隄暖。”舊族：這裏指老的歌唱人家。

〔20〕銅鞮曲：樂府曲名。即《襄陽蹋銅蹄》，多寫追憶襄陽行樂之事。《隋書·樂志》：“梁武帝之在雍鎮，有童謡云：‘襄陽白銅蹄，反縛揚州兒。’識者言白銅蹄，謂金蹄，爲馬也。及義師之興，實以鐵騎，揚州之士，皆面縛，果如謡。故即位之後，更造新聲，帝自爲之詞三曲。”

〔21〕藍田玉：《長安志》：“藍田在長安東南三十里。其山産玉，亦名玉山。”這裏借藍田玉比喻姿容美。

〔22〕斛：量器名。十斗爲一斛。南宋末年改爲五斗，兩斛爲一石。

〔23〕阿瓕：謂母。瓕亦作“祢”。李商隱《李義山文集》卷四《李賀小傳》：“阿祢老且病，賀不願去。”注：“呼母聲也。”《唐文粹》卷九十九作“阿瓕”。《康熙字典》：“李賀稱母曰阿瓕。”

〔24〕藏金屋：漢班固《漢武故事》：（帝曰）“若得阿嬌作婦，當作金屋貯之也。”後多以“金屋藏嬌”稱納妾或有外寵。

〔25〕字：舊稱女子許嫁爲字。字即表字。《禮記·曲禮上》：“女子許嫁，笄而字。”女子未許嫁則稱待字。

〔26〕篝火起狐鳴：謂陳勝夜置篝火，作狐鳴，以發動戍卒起義之事。《史記·陳涉世家》：“夜篝火，狐鳴，呼曰：‘大楚興，陳勝王。’”篝火，用竹籠罩火，使隱約可見。後用篝火狐鳴指密謀起事。

〔27〕蛾（yǐ）賊：舊時把起義的農民軍比作蛾賊。《後漢書·皇甫規傳》：“張角等皆著黄巾爲標幟，時人謂之黄巾，亦名爲蛾賊。”潢池盗弄兵：《漢書·龔遂傳》：“海瀕遐遠，不沾聖化，其民困於飢寒而吏不恤，故使陛下赤子，盗弄陛下之兵於潢池中耳。”潢池，池塘。弄兵，戲耍兵器。蛾，古同“蟻”。

〔28〕自分（fèn）：自料，料想。分，意料之詞。《漢書·李廣蘇建傳》：“自分已死久矣。”

〔29〕簸金錢：擲錢爲賭戲。唐王建《宫詞》之九十三：“暫向玉花階上坐，簸錢贏得兩三籌。”

〔30〕纏頭：古時歌舞藝人把錦帛纏在頭上爲妝飾，舞畢，客以羅錦爲贈，稱爲纏頭。後或作爲贈送妓女財物的通稱。白居易《琵琶引》：“五陵少年爭纏頭，一曲紅綃不知數。”

〔31〕章臺折柳：史載唐人韓翃有寵姬柳氏，逢安史亂，二人離散，柳氏出家爲尼。韓入平盧節度使侯希逸幕府爲書記，數歲，韓使人寄詩於柳氏曰：“章臺柳，章臺柳，昔日青青今在否。縱使長條似舊垂，也應攀折他人手。”柳答曰：“楊柳枝，芳菲節，可恨年年贈離別。一葉隨風息報秋，縱使君來豈堪折。”後柳氏爲蕃將沙吒利所劫，翃依虞侯許俊之計奪回，而得團圓。見《唐

詩紀事》卷三十等。章臺，在長安。後以章臺柳爲妓女的别稱。

〔32〕卻扇：古婚禮，行禮時新孃以扇遮面，拜後去扇，叫卻扇。後指男女成婚。北周庾信《庾子山集》卷八《爲梁上黄侯世子與新婦書》：“分杯帳裏，卻扇牀前。”也作披扇。南朝宋劉義慶《世説新語・假譎》：温嶠娶姑女，“既婚，交禮，女以手披紗扇”。

〔33〕姑嫜：公婆。或作“姑章”。三國魏陳琳《飲馬長城窟行》：“善事新姑章，時時念我故夫子。”杜甫《新婚别》：“妾身未分别，何以拜姑嫜？”

〔34〕啼紅：舊題晉王嘉《拾遺記・魏》：“文帝所愛美人……升車就路之時，以玉唾壺承泪，壺則紅色。”“及至京師，壺中泪凝如血。”後因稱婦人的眼泪爲紅泪。

〔35〕桃葉渡：地名，在今南京市秦淮河口。《古今樂録》：“晉王獻之愛妾名桃葉，其妹曰桃根，獻之嘗臨渡歌以送之，後人因名渡曰桃葉。”

〔36〕鍾期：鍾子期。《列子・湯問》：“伯牙善鼓琴，鍾子期善聽。”今漢陽區琴臺傳爲兩人相遇處。鍾家村也因子期的舊居而得名。

〔37〕洛水春光損少年：曹植《洛神賦》：“恨人神之道殊兮，怨盛年之莫當。”注：“盛年，謂少壯之時，不能得當君王之意。”這裏大抵用其意。

〔38〕作作：謂光芒四射。《史記・天官書》：“作作有芒。”

〔39〕升庵：楊慎。明代四川新都人，字用修，號升庵，正德六年進士第一，嘉靖間充經筵講官，著作極富，爲明代第一。老顛欲裂風景：《升庵全集・答重慶太守劉嵩陽書》：“走豈能執鞭古人，亦聊以耗壯心，遣餘年，若所謂老顛欲裂風景，不自洗磨者，良亦有之？”

嘉善徐岳季方《見聞録》[1]：“飛瓊，廣陵何氏女，隨母長於蜀中，入王府，習梨園，色既殊人，音復出衆，王甚嬖之[2]。國初爲大帥所得，仍隸樂籍[3]，一都閫狎之[4]，千金買去，大帥持其短，復索千金，諸當事又挾之更重費，都閫旋以缺庫帑下獄，無所償。飛瓊曰：‘以妾之故至此，若惜小節而守此，將終陷主於獄底也。’徑辭去，至漢口，密處一室。至中秋月朗，游人雜沓，飛瓊撩鬢凭欄，喉囀一聲，響傳九陌，觀者雲集。明晨，巨商貴客，車馬闐門[5]，大聲高價，數月間，遂以所得纏頭清缺額[6]，都閫出，遣人來迎。飛瓊曰：‘妾本烟花賤質，主以私昵[7]，動虧國課，致陷縲紲[8]，故蒙垢忍耻，復以聲色事人，免主幽縶。既潔之，復蹈穢濁，尚何面目偷生，以重主君之辱邪！’遂自經。”

又陳生虛谷，楚郢貧士，客游廣陵，無所依託，以授經積資，娶室蔡氏，因家焉。未幾，蔡氏死，中饋乏人[9]，躬親井臼。一日晨起汲水，見錦囊若沈若浮，提之甚重，負以入室，啓視之，一女郎尚有微息，負之行室中，霍然一吐，遂張目凝睇，悲不自勝。慰解再四，曰：“妾金陵張氏婉蘭也，徽商某以千金買我爲妾，主母妒，置之别室，不令主人近。主人今春往漢口，近將歸，主母醉妾以醇醪，沈於河，不知君子從何救至於此，再生之恩，何以爲報？”然生室淺陋，不能藏，因商於居停[10]。適居停與其主母爲内戚，謂陳生曰：“我甚憐此女之慧而不得其所，今又如此，事可圖也。”因往見其主母，寒温畢，問曰：“某姬何在？”其主母失色支吾。居停曰：“毋誑我，我已盡悉，及早善處，猶可掩蓋，倘再遲，一到公庭，事有不可言者。”其主母跪問計，曰：“陳生楚人，適斷弦[11]，若能資以千金，竝出婉蘭衣飾嫁之，令其西歸，永無後患耳。”其主母一一如之，復厚贈焉，陳生即與婉蘭諧伉儷，挾以歸楚。

國朝釀花使者《花間笑語》：“石秀芸，漢江名妓也，嫣然嫵媚，足可銷魂。有江南職道胡雲生擁巨資在楚貿易，偶爾游春於月湖，畫船簫鼓，見一麗人，爲之心醉，詢舟子，對曰：‘此名妓石秀芸也，一顧千金，尚難留宿。’從此餐食頓廢，懨懨一息，口喚‘秀芸’。衆賓訪翠[12]，胡心動，稍進飲食。衆聳慂往訪，鮮衣華服而去，妓不納，復挽素知交往説，方允一見，然已費千金，胡不解風情，而妓專利其資。同人勾串半月，方得一寢，詭言願爲侍妾，胡欣然同居，金盡遂去，而門前縣胡字號招牌，出入仍用候補道[13]，自偁胡太太，以避地棍滋擾。胡戚汪如玉者，素有房術[14]，妓知之，而難近，廣費金銀，方得一宿，竟陰脱而卒。胡仍往經理其喪。”

【注釋】

〔1〕嘉善：今浙江嘉善縣。明宣德五年析嘉興縣地置。

〔2〕嬖（bì）：寵愛。《説文・女部》：“嬖，便嬖，愛也。”《史記・周本紀》：“幽王嬖愛褒姒。”

〔3〕樂籍：這裏指妓院。古時官妓隸屬樂部支配，所以也編入樂籍。後常用爲妓女登記名册的通稱。元關漢卿《謝天香》二：“妾身樂籍在教坊，量妾身則是箇妓女排場。”

〔4〕狎：親近，昵愛。

〔5〕闐門：充滿門庭。《史記・汲黯鄭當時列傳・贊》：“始翟公爲廷尉，賓客闐門。及廢，門外可設雀羅。”

〔6〕清缺額：謂清還亏空的欠款。

〔7〕私妮：私人所親愛者。與“私昵”同。《尚書・説命中》：“官不及私昵，唯其能。”

〔8〕縲絏：拘繫罪犯用的大繩索。絏，或作“紲”。《論語・公冶長》：“子謂公冶長可妻也，雖在縲紲中，非其罪也。”引申爲牢獄。

〔9〕中饋：指婦女在家主持飲食等事。《易・家人》：“无攸遂，在中饋。”漢張衡《同聲歌》：“綢繆主中饋，奉禮助烝嘗。”後引申指妻子。

〔10〕居停：原指棲止、歇足之處。唐盧仝《玉川子集》卷一《月蝕》詩：“月蝕烏宫十三度，鳥爲居停主人不覺察。”後將寄寓之所和寄寓之所的主人皆稱作居停。後多作爲東家的代稱。

〔11〕斷弦：舊以琴瑟比喻夫妻，因稱妻死爲斷弦。

〔12〕訪翠：語見《桃花扇・第五齣・訪翠》，原指訪秦淮歌家。這裏指訪妓。

〔13〕候補道：古時没有職位的閑官，經吏部入選後，前往各指定衙門報到，聽候補缺授官。

〔14〕房術：房中術。《博物志・方士》：“左慈修房中之術，可以終命。”

黄心盦三游漢口，皆有題裣之會[1]。常語及昔年漢上鹽鹺盛時，競重風雅，四方往來名士，無不流連文酒，竝築梵宫琳宇，上下五六處，爲公燕所。鏡檻晶窗，洞房杳窱[2]，咸具竹石花藥之勝。且半臨後湖，可舒遠覜。白雲漾空，緑陰如幄，斜陽返映，影動于琉璃屏户間，宛若身在畫中。每當雅集，相與覃研詩詞，品論書畫。時或舞扇歌裙[3]，淺斟低唱，大有觴咏昇平之樂。前輩風流，猶可想見。數十載來，已成《廣陵散》絶[4]。盈虧之悵，其何能已？爰作《漢口漫志》，未竣而卒。

心盦《漫志》，昔假讀之，大半歷叙生平游轍所至之事。若有關于漢口者，寥寥數則，蓋書作于漢口而名耳。其二十一卷，薈載漢上紅樓妙伎獨多[5]，余曾草録一册存篋。今心盦已殁，雜著稿本，散佚殆盡，惟此詩詞尚存數十首，因附記三十八則于後，亦北里烟花[6]，《板橋雜記》所不廢也[7]。

【注釋】

〔1〕題裣：題襟。裣、襟古今字。唐人温庭筠、段成式、余知古爲詩唱和，有《漢上題襟集》十卷。見《唐書·藝文志》。後凡以詩唱和曰“題襟之會”。

〔2〕杳窱（yǎo tiǎo）：幽深貌。亦作“杳窕”。漢班固《西都賦》：“步甬道以縈紆，又杳窱而不見陽。”

〔3〕舞扇歌裙：歌舞者的裝束和道具。或比喻作歌舞。亦作“舞衫歌扇”。南朝陳徐陵《徐孝穆集》卷一《雜曲》詩：“舞衫回袖勝春風，歌扇當牕似秋月。”

〔4〕《廣陵散》絶：《晉書·嵇康傳》：“康將刑東市，顧視日影，索琴彈之，曰：‘昔袁孝尼嘗從吾學《廣陵散》，吾每靳固之，《廣陵散》於今絶矣。’”《廣陵散》，樂曲名。絶，滅絶，不能傳於後世。

〔5〕紅樓妙伎：紅樓，華美的樓房，舊常指富家女子的住處。韋莊《長安春》詩：“長安春色本無主，古來盡屬紅樓女。”

〔6〕北里烟花：唐代長安平康里，因在城北，故稱“北里”。其地爲妓院所

在，故用爲妓院的代稱。

〔7〕《板橋雜記》：清人余懷著，專記明末南京妓院軼聞。詳見前注。

甲辰春，旅寓漢口，薄游平康〔1〕，作《江漢尋芳録》，品評僅二十四姝，人各有傳，傳系以詩。一時名宿争爲序跋題詞，裒然成帙。舊游如夢，忽忽二十餘年。丁卯暮春，過韻卿寓樓，仿佛繡生校書妝閣。“釣花”其軒名也，因作《釣花軒感舊》一絶云：“小杜三生憶杜秋〔2〕，曲欄閒凭不勝愁。雪泥鴻爪分明在〔3〕，認得當時舊酒樓。”錢塘顧伴槃澍次韻云：“老去吴霜點鬢秋〔4〕，渡江我亦欲言愁。又指三月看花眼，燕子來時月滿樓。”范白舫和云：“廿年鏡擁鬢霜秋，賦得風懷爾許愁。明月定知當日事，滿身花影獨憑樓。”方巖夫和云：“花開花落幾經秋，牽得新愁又舊愁。山鳥不啼春自老，暗風吹絮上妝樓。”繡生龔姓，其假女玉兒幼工弦索〔5〕，余曾仿迦陵體作《玉奴弦索行》以贈之〔6〕。江湖載酒〔7〕，歷碌多年，《尋芳録》鈔本〔8〕，散佚已久，詩亦無從追記。
繡生曾貽薝花玫瑰花毬，余以詩調之云：“私把花毬贈所歡，買珠辛苦砌來難。請君識取團圞様〔9〕，長在流蘇帳裏看〔10〕。”“明珠四角繫宵深，押鬢香從夢裏尋〔11〕。流轉莫教傷妾意，徘徊不定是郎心。”

【注釋】

〔1〕平康：見前“北里烟花”注，指妓院所在地。

〔2〕小杜：杜牧。以别於杜甫，故稱。杜秋：即杜秋孃。事見杜牧《杜秋孃詩序》。

〔3〕雪泥鴻爪：比喻往事遺留的痕蹟。蘇軾《和子由澠池懷舊》：“人生到處知何似，應是飛鴻踏雪泥。泥上偶然留指爪，鴻飛那復計東西。”

〔4〕吴霜：吴地的霜。借指吴地。金陵古屬吴國。

〔5〕假女：取他人之女爲女。即養女。弦索：本指弦樂器上的弦。唐元稹《長慶集》卷二十四《連昌宫詞》：“夜半月高弦索鳴，賀老琵琶定場屋。”金元以來把以弦樂器如琵琶、三弦等伴奏演出的戲曲或曲藝也稱爲弦索，多指北

曲。如金董解元《西厢記》，又稱《弦索西厢記》。也指弦樂器。如《聊齋志異·書癡》："授以弦索，限五日工一曲。"這裏當是指弦樂器。

〔6〕迦陵體：陳維崧，字其年，明末清初時江蘇宜興人，以詩、詞、駢文著稱於世。因號迦陵，其詞稱"迦陵詞"。著述甚多，有《湖海樓詩集》《迦陵文集》等。其弟宗石編其詞爲《迦陵詞》三十卷，録其詞作達一千六百二十餘首。

〔7〕載酒：指載酒游學。語出《漢書·揚雄傳贊》："（雄）家素貧，耆酒，人希至其門。時有好事者載酒肴從游學。"後世傳爲游學高名的典故。

〔8〕《尋芳録》：即黄心盦《江漢尋芳録》。

〔9〕讖取：預取。讖，一種預言，用隱語來預决吉凶。

〔10〕流蘇：下垂的繐子，用五彩羽毛或絲綫制成，古代用作車馬、帳幕的垂飾物。張衡《東京賦》："駙承華之蒲梢，飛流蘇之騷殺。"注："流蘇，五采毛雜之以爲馬飾而垂之。"

〔11〕押鬢：押，通"壓"，抑制。押鬢，即壓鬢、壓髮，壓住鬢髮。

金軒即夕，余同徐錦石司馬〔1〕、温恭亭秀才〔2〕、李藹華上舍作云〔3〕："肯把雲英借客看〔4〕，翠裘添襲怯輕寒〔5〕。勝常欲道還休道，韇笑非難卻是難。花影半窗張子野〔6〕，舼船一櫂杜平安〔7〕。莫嫌此室才如斗，容得春愁海樣寬。""綺語難除復有云〔8〕，欲將一粲博紅裙。耳明已遣聆弦索，思澀虚勞望雨雲〔9〕。佩贈神皋珠作串〔10〕，行來仙島玉成群〔11〕。繡筵解道曾相識〔12〕，翠袂如何倏又分〔13〕。"
金軒後即夕，余有《贈莊亭二首》之一云："迷香仙洞絶纖埃，連夕尊罍盡醉陪。粉陣合偕吟陣合，心花開逐筆花開。劇憐此客仍懷璞〔14〕，豈有佳人不愛才。一讀新詩轉惆悵，唾壺擊碎爲君來〔15〕。"後即夕之明日，余又有《次莊亭夜雨感懷韻兼訊金軒妝閣》云："大隄南轉小街斜，門掩枇杷幔掩紗。難繫春情憑翠帶，重尋香徑踏楊花。晴絲乍裊紅紅院〔16〕，暮色深藏黑黑家〔17〕。記得芳隣茶社近，不教迷卻路三叉。""欲换吴綿費酌斟〔18〕，春寒惻惻院深深〔19〕。酒邀綰帶杯同把[20]，盟許分香客再尋。人羡雙禽仍共命，誰云一刻止千金。紅樓鐘動休催别，眼意心期兩不禁。”按：綰帶杯，即古之合巹杯[21]，見李長吉詩[22]。

【注釋】

〔1〕司馬：古官名，歷代職位不同。明清稱府同知爲司馬。

〔2〕秀才：明清用以稱府、州、縣學的生員。

〔3〕上舍：古代稱上等的館舍。清代以上舍爲監生的别稱。

〔4〕雲英：傳説中的唐仙女名。長慶中秀才裴航游鄂渚，還都途中同舟有樊夫人，裴航見其美色，投以詩。樊答曰：“一飲瓊漿百感生，玄霜搗盡見雲英。藍橋便是神仙宅，何必崎嶇上玉京。”裴航後經藍橋驛，果遇雲英，娶爲妻。後裴航夫婦俱入玉峰成仙。見《太平廣記》卷五十。

〔5〕襲：古人衣一套曰一襲。《史記・趙世家》：“賜相國衣二襲。”加衣亦曰襲。《禮記・内則》：“在父母姑舅之所……寒不敢襲，癢不敢搔。”鄭玄注：“襲，重衣。”

〔6〕花影半窗張子野：張先，字子野，北宋烏程（浙江吴興縣）人，以詞著稱。因善在詞中用“影”字，人稱爲“張三影郎中”。有《安陸詞》，又名《張子野詞》。

〔7〕觥船一棹杜平安：杜平安，字壽域（一作壽棫），京兆（今西安）人。本名杜安世，以押韻之故，改作杜平安。觥，飲酒器皿。杜安世有《喜鶯遷》詞曰：“花不盡，柳無窮，應與我心同。觥船一棹百分空，何處不相逢。”

〔8〕綺（qǐ）語：過度美飾之詞。這裏指描寫男女私情的詩文。

〔9〕雨雲：同“雲雨”。指男女歡合。戰國時楚襄王與宋玉同游於雲夢之臺，望高唐觀，其上有朝雲，王問何謂朝雲？玉曰：昔懷王游高唐，怠而晝寢，夢見一婦人，曰：“妾巫山之女也，爲高唐之客，聞君游高唐，願薦枕席。”王因幸之。婦人去而辭曰：“妾在巫山之陽，高丘之阻，旦爲朝雲，暮爲行雨，朝朝暮暮，陽臺之下。”見宋玉《高唐賦序》。後因以雲雨比喻男女歡合。

〔10〕佩贈神皋珠作串：指周人鄭交甫適楚於漢皋逢江妃之二女得佩珠之故

事。見後文注。

〔11〕玉成群：美麗的女子成群。玉指玉人，謂美麗的女子。

〔12〕繡筵：精美的筵席。解道：明白，知道。

〔13〕翠袂：翠緑色的衣袖。

〔14〕劇憐此客仍懷璞：劇，甚。璞，玉石未琢者。甚憐此客有才德而未施展出來。

〔15〕唾壺擊碎：舊時用爲激賞詩文之詞。《世説新語·豪爽》："王處仲每酒後，輒咏'老驥伏櫪，志在千里。烈士暮年，壯心不已。'以如意打唾壺，壺口盡缺。"

〔16〕乍裊：乍，忽然。裊，繚繞上升。

〔17〕黑黑家：指黑籍之家。

〔18〕吴綿：出於吴地的綿。此處指綿被子。

〔19〕惻惻：猶"切切"。

〔20〕綰（wǎn）帶杯：繫着帶子的杯子。

〔21〕合卺（jǐn）杯：將瓠子剖開爲兩瓢，叫卺。舊時婚禮上男女各持一瓢飲交杯酒，叫合卺。因稱結婚爲"合卺"。《禮記·昏義》："共牢而食，合卺而酳，所以合體，同尊卑，以親之也。"

〔22〕李長吉：唐著名詩人李賀，字長吉，河南昌谷人。著有《昌谷集》。

余曩作《粲花詞》,《小序》有云："明月前身，見此粲者〔1〕。今夕不飲，于意云何？事僅記于兩宵，詩漫成夫廿首。知我罪我，不妨同付黄粱〔2〕；無情有情，尚欲贈之紅豆〔3〕。"玆摘録數首云："待拈新句擬清揚，不定芳姿費品量。但覺神光有離合，對君如對十三行〔4〕。"注："謂美生也。'神光離合',《洛神賦》句〔5〕。""阿姊輕揉小妹扶，怕人窺玉掩流蘇。憑誰爲倩傳神手，都人奉心西子圖〔6〕。"注："愛生、繡生爲美生治心痛。""嬌喘微蘇一晌偎，炊羹許我託金杯。誰知博得紅兒笑〔7〕，僥倖蒹葭倚玉來〔8〕。"注："余勸美生加餐。""强起當筵一再歌，倚嬌無力抱雲和〔9〕。座中我是江南客，淚比青衫濕更多〔10〕。"

注："美生力疾度曲。""花能蠲忿月無愁[11]，姊愛春來妹愛秋。唱到閨情十二月，有人鐙下只搔頭。"注："愛生三弦，小愛生四弦，合唱《十二月閨情》，甚妙。""新試仙裾百裥齊[12]，眼明最是縷金泥[13]。金衣公子如相妒[14]，隔著垂楊不住啼。"注："美生喜著金泥裙子。""大隄經過莫徐徐，不肯臨流歇畫輿。恐被冶游人笑道，如何春日有芙蕖。"注："美生乘輿過月湖隄。""水邊孤嶼雪漫漫，記得花時共倚欄。梅子似卿還似我，自從如豆已含酸。"注："三生同游梅子山"。""塗雅滿壁句難猜[15]，故惹佳人繞徑來。若果詩才如魏野[16]，定應紅袖拂塵埃。"注："小愒朝陽庵，美生讀壁上惡詩，一笑。""謝公哀樂將何寫[17]，陶令閒情有賦傳[18]。願借星旛障春住[19]，好花長在月長圓。"注："此指錦石使君也[20]。"

【注釋】

〔1〕粲者：指心仪的美麗女子。

〔2〕黃粱：指"黃粱美夢"的故事。

〔3〕紅豆：相思木所結之子。大小如豌豆而微扁，色鮮紅，或半紅半黑。古人常用來象徵愛情或相思。王維《相思》詩："紅豆生南國，秋來發幾枝。勸君多採擷，此物最相思。"

〔4〕十三行：晉書法家王獻之書《洛神賦》真迹，南宋時高宗得九行，賈似道復得四行，共十三行，共二百五十字。今傳有玉版十三行和柳跋十三行兩種版本。

〔5〕《洛神賦》：曹植作。其《序》稱："感宋玉對楚王神女之事，遂作斯賦。"這是一篇抒情的辭賦，描寫美麗多情的女神形象，細緻生動。宋玉作有《神女賦》。

〔6〕都人奉心西子圖：奉心即捧心。西子即西施，古代越國美女。據《莊子・天運》，西施因患心痛病，常捧心皺眉，東鄰的醜女看見了覺得很美，於是回家後也學西施捧心而矉，結果把看到她的人都嚇跑了。後有"東施效矉"之說。

〔7〕紅兒：唐代鄜州李孝恭歌伎名，美貌而善爲音聲。與羅虬交往，爲虬所殺。後虬追悔，作《比紅兒》絶句百首，歷數古來美女爲比，謂皆不及紅兒之美。事見五代王定保《唐摭言》卷十。陸游《夜酌》詩有句韻此事："比紅有句狂猶在，染白無方老已成。"

〔8〕蒹葭倚玉：蒹葭，没有抽穗的蘆葦。玉，玉樹。《世説新語·容止》載：魏明帝使後弟毛曾與夏侯玄共坐，時人謂"蒹葭倚玉樹"。蒹葭，指毛曾。玉樹，指夏侯玄。謂二人品貌極不相稱。

〔9〕雲和：山名，以盛産琴瑟之材而著稱，古人因以爲琴瑟等樂器的代稱。《周禮·春官·大司樂》："孤竹之管，雲和之琴瑟。"鄭玄注："雲和、空桑、龍門皆山名。"唐王昌齡《西宫春怨》："斜抱雲和深見月，朦朧樹色隱昭陽。"李白《寄遠》之一："遥知玉窗裹，纖手弄雲和。"

〔10〕淚比青衫濕更多：語用白居易《琵琶引》"座中泣下誰最多，江州司馬青衫濕"之句。

〔11〕蠲忿：消除忿怒。三國魏嵇康《養生論》："合歡蠲忿，萱草忘憂。"晉崔豹《古今注》卷下《問答釋義》："欲蠲人之忿，則贈之青堂，青堂一名合懽，合懽則忘忿。"

〔12〕襇（jiǎn）：裙幅的褶子。宋吕渭老《聖求詞·千秋歲》："腕約金條瘦，裙兒細襇如眉皺。"

〔13〕金泥：古人封印秘籍及詔書用的金粉膠。用水銀和金粉制成。《後漢書·祭祀志》："检用金縷五周，以水銀和金以爲泥。"這裹用以比喻金絲綫縫製極好。

〔14〕金衣公子：黄鶯的别名。五代後周王仁裕《開元天寶遺事》卷上："明皇每於禁苑中見黄鶯，常呼之爲金衣公子。"

〔15〕塗雅：即"塗鴉"。唐盧仝《玉川子集》卷一《示添丁》詩："忽來案上翻墨汁，塗抹詩書如老鴉。"後因以比喻書法拙劣。多用作自謙詞。

〔16〕魏野：字仲先，北宋初蜀人，好吟咏，居陝州東郊，自築草堂，彈琴賦詩其中，號草堂居士。野作詩精苦，有唐人風格，多警策句，其詩名遠揚契丹。著有《草堂集》十卷，行於世。

〔17〕謝公哀樂將何寫：謝公，東晉謝安。字安石，陽夏人，少有重名，而無處世意，累辟不就，高卧東山，放情丘壑。每游賞，必以妓女從之。《晉書》卷七十九《謝安傳》："既累辟不就，簡文帝時爲相，曰：'安石既與人同樂，必不得不與人同憂，召之必至。'時安弟萬爲西中郎將，總藩任之重，安雖處衡門，其名猶出萬之右，自然有公輔之望……及萬黜廢，安石始有仕進志，時年已四十餘矣。"

〔18〕陶令閒情有賦傳：陶令，指陶淵明，曾作彭澤令。撰有《閒情賦》傳於世，是一篇描寫自己熱烈愛慕一位心儀女性之情的作品，風格獨特。

〔19〕星旛：旛，旌旗的總稱。上繪有星的，稱星旛。顯貴之官的標志。

〔20〕使君：漢時稱刺史爲使君。《玉臺新咏》卷一《日出東南隅行》："使君從南來，五馬立踟躕。"漢以後用以對州郡長官的尊稱。

余嘗乞烟鬟閣主人寫虞美人花于紈扇贈美生〔1〕，因調《虞美人》詞云："香魂化作紅心草。一捻腰支小。誰調脂盝寫輕羅〔2〕。想見英雄，兒女最情多。楚歌莫向尊前唱。生恐花惆悵。稱名更怕有人嗔。只合稱他小字，滿園春。"注："《虞美人》别名。"

記偕孫藺園飲集金軒，因次《莊亭留别愛生三首》韻云："青鳥連朝問訊頻〔3〕，猥勞妝閣憶閒身。得偕縱酒樓頭客，再訪迷香洞裏人。情怨替吟春雨夜，冶游難忘月湖辰。粲花只作空花想，錯被流傳似感甄〔4〕。"注："美生、愛生、繡生，時倩藺園問余近况。""指似飛卿録别詩〔5〕，烏絲醉墨灑臨歧〔6〕。帆乘趄趄偏能快〔7〕，人到江潭定不遲。紅點浥綃空裹淚〔8〕，翠痕蔫桂懶描眉〔9〕。欲將近日崔徽樣〔10〕，寫倩南鴻寄所思。"注："莊亭時赴湘潭。""宫體剛同賦玉臺〔11〕，西崑離袂竟齊催〔12〕。懊儂欲擬新歌贈，妮我真如舊雨來〔13〕。淥水盟存應璧合，白頭志在肯心灰。嶺南路共江南遠，并與緘書第一回。"注："錦石、藹華、莊亭同日啓行，美生妮我特甚。莊亭將之粵東，約愛生于十月相晤。藹華之江南，先與繡生有同心之訂。"

佩荃女史〔14〕，諸姓，乳名小金，風流自賞，金軒、三珠閣之匹，弦索尤工。余于酒邊曾作五、六、七言三絶句贈之云："豈無膏與沐[15]，顔色爲誰好。不遇擷芳人，焉知是香草。""玉人姿貌如何，彩鳳鴉隨恨多[16]。若品蓮臺仙會，個儂定占巍科[17]。""三弦凄絶四弦柔，衮遍梁州又石州[18]。仿佛粲花當日事，羅兒重會小紅樓。"注：玉人謂黄陂玉，彩鳳謂賽漢口，此漢上青樓之最著名者。今玉已作徐孃老去[19]，鳳則隨某青衣脱籍[20]。美生羅姓，與愛生、繡生近皆流落。佩荃舉止，酷似美生，故云。"

【注釋】

〔1〕烟鬟閣主人：即夏芳原之勳，本書有多處提到，如卷三云："夏永，字石癯，號松期老人，我友芳原之助之大父也。喜歌咏，愛交游，晚自江右來楚，愛晴川山水之勝，因家漢上，買田終老，築烟鬟閣，與四方往來諸名士，酬唱其中，著《烟鬟閣詩草》。"

〔2〕脂盝：盛胭脂、水粉的梳妝盒。

〔3〕青鳥：舊稱傳信的使者。李商隱《無題》："蓬山此去無多路，青鳥殷勤爲探看。"

〔4〕感甄：指《洛神賦》。原名《感甄賦》，後經明帝改名《洛神賦》。見《文選》李善注。

〔5〕飛卿：温飛卿，即温庭筠。本名岐，字飛卿，唐太原人。少負才名，屢試進士不第，官止國子助教。然文思敏捷，精通音律，工詩詞，詞的成就較高，内容多寫婦女閨情。詩與李商隱齊名，世稱"温李"。有《金奩集》《花間集》等。

〔6〕烏絲：明方以智《通雅·器用》："烏絲，箋之畫欄者也。"也有紅色的，叫朱絲欄。

〔7〕趏趠（pò zhào）：即"舶趠"，風名。吴中梅雨後的東南季風。蘇軾《舶趠風·引》："吴中梅雨既過，颯然清風彌旬，歲歲如此，湖人謂之舶趠風。是時海舶初回，云此風自海上與舶俱至云耳。"

〔8〕浥（yì）：濕潤。綃：薄綢，薄紗。

〔9〕蔫（yān）：花艸枯萎，顔色不鮮。

〔10〕崔徽：唐歌妓。與裴敬中愛戀。裴氏以興元幕使河中，與徽相從者累月。敬中還，徽不能從，情懷怨抑。後數月，東川幕白知退將自河中歸，徽託丘夏寫肖像寄敬中，謂知退曰："爲妾謂敬中，崔徽一旦不及卷中人，徽且爲卿死矣。"後抱恨病死。元稹爲作《崔徽歌》。見元稹《崔徽歌》注。

〔11〕宫體：南朝梁宫廷中形成的一種詩風。作者以梁簡文帝爲首，大都描繪聲色和宫中日常瑣事，是當時南朝統治階層荒靡生活的反映。玉臺：指南朝陳徐陵所輯《玉臺新咏》的艷情宫體詩。

〔12〕西崑：西崑體的簡稱。北宋楊億、劉筠、錢惟演等作詩宗法李商隱，追求詞藻，堆砌典故的一種文風，作有《西崑酬唱集》，故稱西崑體。亦簡稱崑體。

〔13〕妮：女孩子。此處謂親近，同"昵"。

〔14〕女史：古代女官名。後也用作對女性的美稱。

〔15〕膏與沐：婦女潤髮用的油脂。《詩・衛風・伯兮》："自伯之東，首如飛蓬。豈無膏沐，誰適爲容。"阮籍《咏懷》詩之二："膏沐爲誰施，其雨怨朝陽。"

〔16〕彩鳳鴉隨：指女子下嫁給了才貌極不相配的人。明湯顯祖《紫釵記・哭收釵燕》："那裡有彩鳳去隨鴉，老鸛戲彈牙。"

〔17〕個儂：猶"渠儂"，他，他們。巍科：高科。

〔18〕衮遍梁州又石州：衮，同"滚"，旋轉之意。衮遍，即滚遍，旋轉遍。這裏爲反復遍唱之意。梁州，樂曲名，本作涼州，西涼所獻，後多誤作梁州，或二者兼用；石州，樂府商調曲名，唐初天下皆歌之。李商隱《代贈》詩之二："東南日出照高樓，樓上離人唱石州。"

〔19〕徐孃：《南史・后妃傳下》："徐孃雖老，猶尚多情。"原指梁元帝妃徐氏，後因指尚有風韻的老婦人。

〔20〕青衣：古時地位低下者所穿的服裝。又傳統戲曲脚色行當中，扮演青年或中年婦女的也稱青衣。脱籍：古時妓女名隸樂籍，從良嫁人或不再爲妓，取得主管官員批准，把樂籍中的名字除掉，稱爲"脱籍"，也叫"落籍"。

佩荃將有委身某公子之議，同人即席罷酒停琴，作《留春曲》寓意。余賦云："絮毬成陣飛絲楊，輥將春去何倀倀[1]。穿簾撲鏡欲無影，趁拍不禁舞山香[2]。愁春堂堂歸舊鄉[3]，停笙罷瑟閒曲房[4]。臨風斂衽禮東皇[5]，邀住飛光頻勸觴[6]。丁香漫展同心紫[7]，紅藥休輕瀉鉛水[8]。連天步障碧愔愔[9]，不放蒼靈駕東指[10]。緑蕉劈作雲藍箋[11]，翦翠琱紅吐心蕊。留春刻意春肯留，酹酒蘼蕪唤花起[12]。"

緑情女史，亦籍中矯矯者。余有《酒邊詞》云："叢荒石竹眠麝香，小樓雖小春能藏。冰弦許彈牧犢子[13]，碧玉不嫁汝南王[14]。""香絲垂垂青踠地[15]，緑窗乍綰抛家髻[16]。水精簾下目初成[17]，霽曉秋江比明媚。""紅薇月午重倚嬌[18]，留儂不留蠟珠飄[19]。錦鞋欲賦無才思[20]，但憶雙文書恨字[21]。"

【注釋】

〔1〕輥：車轂匀整貌。《説文·車部》："輥，轂齊等皃。《周禮》曰：'望其轂，欲其輥。'"段玉裁注："輥者，轂匀整之皃也。"倀倀：迷茫不知所措貌。

〔2〕趁：追逐。拍：拍捉。

〔3〕堂堂：公然地。唐薛能《春日使府寓懷》："青春背我堂堂去，白髮欺人故故生。"

〔4〕曲房：幽隱的内室或密室。漢枚乘《七發》："往來游讌，縱恣于曲房隱間之中。"晉陸機《擬明月何皎皎》："涼風繞曲房，寒蟬鳴高柳。"

〔5〕斂衽：提起衣襟札于腰帶。表示禮敬之意。《戰國策·楚策一》："一國之衆，見君莫不斂衽而拜。"章太炎《检論》卷四："(戴)震始入四庫館，諸儒皆震竦之，願斂衽爲弟子，天下視文士漸輕。"元代以後稱女子的拜禮爲斂衽。東皇：天神名。屈原《九歌》中的首篇，即《東皇太一》。所謂太一，即天神之最尊貴者。《史記·封禪書》："天神貴者太一。"司馬貞索隱："宋均云：'天一、太一，北極神之别名。'"朱熹《楚辭集注·東皇太一》："太一，

神名，天之尊神，祠在楚東，以配東帝，故云東皇。”

〔6〕飛光：指日月之光。南朝梁沈約《宿東園》詩：“飛光忽我遒，寧止歲云暮。”

〔7〕丁香：即丁香花，或叫紫丁香。其植物產於我國，屬木犀科灌木。南唐李璟《浣溪沙》詞：“青鳥不傳雲外信，丁香空結雨中愁。”

〔8〕紅欒：花名。即芍欒。南齊謝朓《直中書省》：“紅欒當階翻，蒼苔依砌上。”瀉鉛水：流出像鉛水一樣的水珠。

〔9〕步障：用來障蔽外部視綫或遮蔽風塵的一種屏幕。《世説新語・汰侈》：“君夫（王愷）作紫絲布步障、碧綾裏四十里，石崇作錦步障五十里以敵之。”

〔10〕蒼靈：春神，即青帝。《北史・孝閔帝紀》：“上協蒼靈之慶，下昭后祇之錫。”《文選・顏延年〈三月三日曲水詩序〉》：“春官聯事，蒼靈奉塗。”李善注：“蒼靈，青帝也。”駕東指：指北斗星之斗柄東指。

〔11〕雲藍箋：紙名。唐段成式造。如花箋、錦箋之類。《全唐詩》卷五百八十四段成式《寄温飛卿牋紙・序》：“子在九江造雲藍紙，既乏左伯之法，全無張永之功，輒送五十板。”

〔12〕蘼蕪：香草名。《楚辭》作“芷蘺”，同物異名。《爾雅》作“蘪蕪”。《玉臺新咏》卷一《古詩》之一：“上山采蘼蕪，下山逢故夫。”

〔13〕冰弦：即“冰弦玉柱”，筝之美稱。清洪昇《長生殿・舞盤》：“冰弦玉柱聲嘹亮，鸞笙衆管音飄蕩。”牧犢子：戰國齊人，處士，又作犢木子、犢沐子。年五十無妻，出游於野，見雄雌雉相隨而行，有感而作《雉朝飛操》曲以自傷。見崔豹《古今注・音樂》。此處牧犢子，指《牧犢歌》，曲牌名。

〔14〕碧玉不嫁汝南王：碧玉是梁汝南王的愛妾，汝南王爲她作《碧玉歌》。梁元帝蕭繹作《采蓮曲》説：“碧玉小家女，來嫁汝南王。”見《樂府詩集》卷四十五《吴聲曲辭・碧玉歌》。

〔15〕踠地：踠，屈曲。班固《東都賦》：“馬踠餘足，士怒未渫（泄）。”注：“踠，屈也。”踠地，謂在地上盤曲。

〔16〕乍綰：忽然繫挂住。

〔17〕目初成：《楚辭·九歌·少司命》："滿堂兮美人，忽獨與余兮目成。"目成，指眉目傳情。初，始。

〔18〕月午：月至午夜。謂半夜。唐李賀《歌詩編》卷二《感諷》之三："月午樹無影，一山唯白曉。"

〔19〕蠟珠：猶蠟泪。蠟燭燃燒時滴下的蠟油。

〔20〕錦鞋：杜安世《菩薩蠻》："花明月暗朦朧霧，此時欲往郎邊去，剗襪下香階，手携金縷鞋。"此處錦鞋，即指金縷鞋。又章孝標《拓枝詩》："移步錦鞾空綽約，迎風繡帽動飄飖。"此處錦鞋，指錦鞾亦通。

〔21〕雙文：唐女崔鶯鶯之字。元稹有《贈雙文》詩。又有《雜憶》詩五首，每首皆有"憶得雙文"語。據明方諸生《古本西厢記考》引宋王銍《傳奇辯正》云："其詩多言雙文，意謂二鶯字爲雙文也。"

吴孅頗知筆札，爲孫藹園所眷。余贈以詩，有"歌成暮雨知芳姓，書就簪花識小名"之句[1]。又題其《紅袖添香圖》云："有美一人嬌如玉，十三解唱大隄曲[2]。十四鵾弦撥即工[3]，十五移家漢之澳。漢江姊妹多娉婷[4]，平居艷質誇傾城[5]。見卿盡欲紅妝洗，從此吴孃獨擅名。銅街西弄枇杷下[6]，誰繫章臺紫騮馬[7]。但聽蘇門鸞鳳音[8]，便開北里鴛央社[9]。罷唱烏鹽卻緑醅[10]，夜披湘帙肯深陪[11]。銀虬莫問丁東歇[12]，寶鴨還添篤耨來[13]。袖紅映頰如酣酒，眉妒遠山腰妒柳。欲寫嬌花伴讀圖，因煩痴虎傳神手[14]。芳名藉甚郢中姝[15]，端恐風流畫不如[16]。我挾題詩要一見，果然名下洵無虚。乍離乍合光難揣，雜卉雜花疇得擬。仿佛衡皋感洛妃[17]，錯疑神女逢江水。更憶迦陵麗句工，書聲亦在粉墻東。展看莫漫輕題咏，姍笑須防女侍中。"

【注釋】

〔1〕簪花：書體之一。唐張彦遠《法書要録》卷二《袁昂古今書評》："衛恒書如插花美女，舞笑鏡臺。"後稱書法秀麗工整者爲簪花格。

〔2〕大隄曲：樂府曲名。與《雍州曲》同出自《襄陽樂》。梁簡文帝所作

《雍州曲》有以《大隄》爲題的，爲唐人《大隄曲》《大隄行》所本。雍州即襄陽。

〔3〕鵾弦：用鵾雞筋做的琵琶弦。唐段成式《酉陽雜俎》卷六《樂》："古琵琶絃用鵾雞筋。"蘇軾《杜介熙熙堂》："遥想閉門投轄飲，鵾弦鐵撥響如雷。"

〔4〕娉婷：體態婀娜美好貌。《樂府詩集》卷四十四《春歌》之十五："娉婷揚袖舞，阿那曲身輕。"

〔5〕平居：平時，平素。《戰國策・齊策五》："此夫差平居而謀王，强大而喜先天下之禍也。"

〔6〕銅街西弄枇杷下：銅街，即古洛陽之銅駝街。《水經注》卷十六《穀水》："渠水又枝分夾路南出，逕太尉、司徒兩坊間，謂之銅駝街。"後泛指鬧市。枇杷下，唐王建《寄蜀中薛濤校書》："萬里橋邊女校書，枇杷花下閉門居。"（一説胡曾作）後以枇杷門巷爲妓家的别稱。

〔7〕章臺：漢長安章臺下街名。舊時用爲妓家之地的代稱。《漢書・張敞傳》："然敞無威儀，時罷朝會，過走馬章臺街，使御吏驅，自以便面拊馬。"

〔8〕蘇門鸞鳳音：《晉書・阮籍傳》："籍嘗於蘇門山遇孫登，與商略終古及棲神導氣之術，登皆不應，籍因長嘯而退。至半嶺，聞有聲若鸞鳳之音，響乎巖谷，乃登之嘯也。遂歸著《大人先生傳》。"

〔9〕北里鴛央社：北里，唐長安城北平康里，妓院所在地，已見前注。鴛央社，即"鴛鴦社"，即鴛鴦會，男女相集之宴會。《元史・燕鐵木兒傳》："一日宴趙世延家，男女列坐，名鴛鴦會。"

〔10〕烏鹽：曲名。又稱《鹽角兒》。宋江休復《江鄰幾雜志》："梅聖俞説曲名鹽角兒令者，始教坊家人市鹽，於紙角子中得一曲譜，翻之，遂以名焉。"

〔11〕湘帙：湘竹編的書套。宋林逋《林和靖集》卷三《和酬周啓明賢良見寄》："治世誰能弔屈平，且披湘帙散幽經。"這裏指書籍。

〔12〕銀虬：銀箭，即刻漏之箭，古代計時器的部件。因刻有虬紋，故稱。丁東：象聲詞，形容滴漏聲。

〔13〕寶鴨：鴨形香爐。或稱銀鴨。李白《襄陽歌》："誰能憂彼身後事，金鳧銀鴨葬死灰。"篤耨：香料名。即篤耨香，亦名瓠香，有白黑二種。出自柬埔寨國（漢爲扶南，唐爲真臘，明萬曆後改爲柬埔寨）。陸游《劍南詩稿》卷七十四《書枕屏》："西域兜羅被，南番篤耨香。"《本草·篤耨香》集解："（李）時珍曰：'篤耨香出真臘國，樹之脂也。'"

〔14〕痴虎：即顧愷之。晉晉陵無錫人，字長康，小字虎頭，以善畫著稱。每畫人成，或數年不點睛，曰："傳神寫照，正在阿堵中。"人稱其三絕：才絕、畫絕、癡絕。故有"痴虎"之説。後或爲畫家的代稱。

〔15〕郢中姝：楚國的美女。

〔16〕端恐：真恐。

〔17〕衡皋感洛妃：衡，同"蘅"。《洛神賦》："爾迺稅駕乎蘅皋，秣駟乎芝田。"注："蘅，杜蘅也。"蘅皋，長有杜蘅的澤畔。洛妃，洛水女神。即宓妃，伏羲女，溺死於洛水，遂爲洛水之神。

戊辰初夏，余與同人偶過平康〔1〕，見有窈孃者，色頗明艷。私詢其蹤跡，始知家荆州之沙市，其先人乃余昔日書畫交也。白蓮逆匪之亂，轉徙逃竄，失陷風塵，聞之悵悒累日。越月，適檢得其祖手筆，以示之，輒據地大慟。後歸馮子都〔2〕，不得已，而脱火坑，殊有雅鳳相隨之恨。曾口占一律以紀云："欲將妾恨比蘼蕪，此恨茫茫恐未如。慟哭水雲離亂後，驚心骨肉死生餘。青箱篋裹留殘本〔3〕，華屋沙頭夢故居〔4〕。我亦蔡邕琴酒客〔5〕，不知誰是李尚書。"後與白舫述其事，白舫爲之嗟嘆，因和作云："羞將漂泊話天涯，夢斷香銷兩鬢斜。已是蟲沙留幻影〔6〕，那禁風雨妒飛花。分明絳蠟知心事，輾轉紅樓是妾家。吟到曲江鶯囀句，不勝清怨訴琵琶。"注："用趙賽濤嫁周生事，見《列朝詩集》〔7〕。"讀之擊節〔8〕，相對憮然〔9〕。

余又有《惆悵》詩云："雨雨風風可自存，弄珠人去謄庭軒〔10〕。絲將蘿附元難必，鳳竟雅隨忍遽論。人説小桃工薄命，我憐楊柳最銷魂。可能不撒胡蔴飯〔11〕，但諷仙經鑰洞門〔12〕。"此過某麗姝舊居而作。微雨樓頭，簸錢堂下，與窈孃又未可竝論矣。

鳳娟姣好自珍，爲陶香泉所愛，寒夜余過鳳娟桐華塢，見香泉《寄鳳》長短句，因賦《祝英臺近》一闋以贈云：“轉香街，穿夜市，曲巷枕河岸。春色深深，繡户掩雙扇。頓教挐阮天台[13]，茜紗窗裏，許平視、芙蓉嬌面。佷人顫。半晌才道勝常，帶笑忍嬌喘。小剔銀缸[14]，開篋檢詞翰。倩儂讀到篇終，相思兩字，悄不覺、暈潮紅臉。”

鳳娟新病，香泉適來相看，惘然。余爲填《南歌子》云：“瘦覺香羅褪，寒教繡被添。玉人扶病更堪憐。宛似露欹風颭[15]，小紅蓮。巫峽山平嶂[16]，藍橋水忽淹[17]。玉郎休悵不成眠。猶勝一燈如豆，夜如年。”

白舫填《鷓鴣天·紀事》云：“緩蹋霜濃曲巷邊。那禁人病耐寒眠。難逢月姊分靈藥[18]，莫遣風姨颭護旛[19]。心欲訴，意如綿。無多絮語枕函前。留郎不住虛鴛帳，愁對孤鐙夜似年。”

鳳娟病起，余亦作《鷓鴣天·寄示香泉》云：“甦得亭亭倩女魂[20]。褪寬一尺楚腰裙[21]。傷多石黛消眉嫵，睡久苔花叠枕痕。尋保護，替温存。惜花願作七星旛[22]。巡檐漫索梅花笑，人比梅花瘦幾分。”

【注釋】

〔1〕平康：唐代長安平康里，爲妓女聚居之地。

〔2〕歸：古時謂女子出嫁爲歸。《詩·召南·江有汜》：“之子歸。”鄭玄箋：“婦人謂嫁曰歸。”

〔3〕青箱：指世傳家學。《宋書·王準之傳》：“彪之博聞多識，練悉朝儀，自是家世相傳，并諳江左舊事，緘之青箱，世人謂之王氏青箱學。”

〔4〕沙頭：湖北沙市原名沙頭市。

〔5〕蔡邕：字伯喈，陳留圉（今河南杞縣南）人。《後漢書》稱其“少博學，師事太傅胡廣，好辭章數術天文，妙操音律”。善鼓琴，亦善畫，書法工篆、隸。好閒居翫古，不交當世，上召其鼓琴，中途稱疾而返。仕途因上書論朝政闕失，屢遭陷害。董卓秉政，重其才學，强令入朝，厚相遇待，每集讌，輒令邕鼓琴贊事。官拜左中郎將，故人稱中郎。卓敗，邕死獄中。後人輯有

《蔡中郎集》。

〔6〕蟲沙：蟲與沙。謂微不足道。比喻戰死的將士和因戰亂而死的民衆。《抱朴子》："周穆王南征，三軍之衆，一朝盡化。君子爲猿爲鶴，小人爲蟲沙。"韓愈《送區弘南歸》："穆昔南征軍不歸，蟲沙猿鶴伏以飛。"

〔7〕《列朝詩集》：清錢謙益編著，八十一卷。錢氏仿元好問編《中州集》的做法，歷時三年，選録有明一代二百七十八年間的詩歌作品，以詩繫人，以人繫傳，共入選詩人一千六百餘家，每个作者都寫了小傳，入選作品多爲代表作。是研究明代文學的重要文獻。

〔8〕擊節：用手或拍板調節樂曲。左思《蜀都賦》："巴姬彈弦，漢女擊節。"《晉書·謝尚傳》："（王）導令坐者，撫掌擊節，（謝）尚俯仰其中，傍若無人。"也指拍節表示激賞。

〔9〕憮然：茫然，悵然。《方言》："憮，哀也。"《三國志·魏書·鄧艾傳》："憮然不樂。"

〔10〕弄珠：謂周人鄭交甫至楚於漢皋遇江妃之二女得佩珠的神話故事。《文選·郭景純〈江賦〉》"感交甫之喪佩"注引《韓詩内傳》："鄭交甫遵彼漢皋臺下，遇二女，與言曰：'願請子之珮。'二女與交甫，交甫受而懷之，超然而去，十步循而探之，即亡矣，回顧二女，亦即亡矣。"亦見《列仙傳》。

〔11〕胡蔴飯：謂東漢剡縣劉晨阮肇入天台山採藥迷路遇仙女的故事。南朝梁吴均《續齊諧記》："永平中，劉晨、阮肇入天台山採藥，見二女，顔容絶妙，便喚劉、阮姓名，因邀至家，設胡蔴飯與共食之。"傳説半年後劉阮二人回到家里，子孫已過七代。後重入天台尋二女，竟踪蹟渺然。後世詩文雜劇常咏此事。

〔12〕仙經：泛指道教經典。鮑照《代淮南王》："淮南王好長生，服食煉氣讀仙經。"

〔13〕挈阮天台：見上注。

〔14〕銀釭：銀燈。南朝梁蕭繹《梁元帝集·草名》詩："金錢買含笑，銀釭影梳頭。"明李禎《剪燈餘話·連理樹記》："銀釭芳焰滅，自脱翠花鈿。"

〔15〕颭：風吹物動。《説文新附·風部》："颭，風吹浪動也。"《正字

通·風部》："颱，凡風動物與物受風摇曳者皆謂之颱。"

〔16〕巫峽山平嶂：巫峽，長江三峽之一，綿延四十公里。所謂巫山十二峰，皆并列江邊，勢如屏障。其中以神女峰最奇。

〔17〕藍橋：橋名。在陝西藍田縣東南之藍溪上。傳説其地有仙窟，爲唐裴航遇仙女雲英處。見《太平廣記》卷五十。白居易《藍橋驛見元九》詩："藍橋春雪君歸日，秦嶺秋風我去時。"參見前注。

〔18〕月姊：即嫦娥。神話傳説中的月神，亦是美女典型。故事流傳很早，有多種版本。初見於《山海經·大荒西經》，作"常羲"，稱帝俊之妻；《詩·大雅·生民》"時維后稷"疏引《大戴禮·帝繫篇》作"常儀"，謂爲帝嚳下妃娵訾之女；《淮南子·覽冥訓》、張衡《靈憲》作"姮娥"，稱爲后羿之妻，竊食不死之靈藥以奔月。長沙馬王堆漢墓帛畫裏就有"嫦娥奔月"的圖案。

〔19〕風姨：神話傳説中的風神。亦作"封姨"。唐鄭還古《博异志》記崔玄微春夜遇諸女共飲，封十八姨爲風神。後世詩文常以封姨爲風的代稱。范成大《石湖集》卷二十三《嘲風》詩："紛紅駭緑聚飄零，癡騃封姨没性靈。"

〔20〕倩女魂：即"倩女離魂"。傳説唐代張鎰有女倩孃與王宙相愛，張鎰答應婚配。後鎰又以女許婚他人，女聞後抑鬱，魂魄離體與王宙結合爲夫婦。五年後，魂與體合。已見前注。

〔21〕楚腰：即"細腰"。纖細的腰身。《韓非子·二柄》："楚靈王好細腰，而國中多餓人。"

〔22〕七星旛：旗名。《左傳》桓公二年："三辰旂旗。"孔穎達疏引《穆天子傳》曰："天子葬盛姬，建日月七星，蓋畫北斗七星也。"

釣花軒之比隣，有三珠閣，軒窗明瑟[1]，略似秦淮水榭[2]。三珠者，芳芷、芳蘭、芳蘋也。姊妹行，均知筆墨事。時金手山、陶香泉過江愒坐，必邀余與白舫作詩酒之會。以是名益著，倡和詩詞亦多。芳原作隸書顏榜其閣，手山書同人詩詞八幅縣于閣中。一時文讌流連，較釣花軒更盛矣。余嘗贈以詩，有"閉關肯設神雞枕[3]，刺繡俱裁孔雀衫。澹情雅與梅偕韻，絮語翻嫌燕太喃[4]。群玉府應標邃館，藐姑仙合署芳銜[5]。願作錦鞋思倍苦，化爲彩蜨夢才甘”之句[6]。白舫調《三姝媚》詞絶佳。詞云：“瑶臺初罷宴。甚飄泊紅塵，頓逢三粲[7]。解佩懷珠[8]，也似曾游戲，愛尋仙伴。試照菱花[9]，渾不省、此身荒幻。惟有湘汀，搴芷紉蘭，尚留名唤。更向吹笙幽院。看繡榻移尊，粉匳安硯。酒約詩盟，肯付伊、領略夙緣文翰。悔煞悤悤，輕放卻、挂颿江面。還是相牽人事，銀河夢淺。手山將赴江南，故云。”

余約手山作詞會于三珠閣，以雪阻未來。爲賦《琴調相思引代柬竝示白舫》云[10]：“誰向尊前識曲真，算除范叔少知音[11]。得君同調，花月要三分。已約匳窗閒倚翠[12]，好呵筠管待題襟[13]。一番夜雪，偏隔渡江雲。”白舫和云：“客館衾寒結夢遲。隔窗香逗早梅枝。折花郵寄，好與訴相思。風雪新添江上畫，冰紈待寫酒邊詞[14]。小槽雙鳳，閒了按歌時。”

【注釋】

〔1〕明瑟：瑩净鮮明。《水經注·濟水》：“池上有客亭，左右楸同，負日俯仰，目對魚鳥，水目明瑟。”

〔2〕秦淮：河名。有二源。東源出句容縣華山，南流；南源出溧水縣東廬山，西北流，二源會於方山，西流經南京市，横貫城中，北入長江。相傳秦時自方山開鑿，亦曰淮，故名。舊時南京之歌樓舞館，駢列兩岸，河上水榭衆多，畫舫游艇，紛集其間，歷代爲金陵著名游覽勝地。但自南宋以來已大部淤塞。

〔3〕神雞枕：《華夷考》載：偶武孟得一瓦枕，枕之，聞其中鳴鼓，一更至五更，聞雞三唱而曉。武孟破之，其中有機局，識者謂諸葛亮雞鳴枕。

〔4〕燕太喃：喃，低語聲。指燕鳴聲。

〔5〕藐姑仙：傳説中的女神，居於藐姑射之山，故名。《莊子·逍遥游》：“藐姑射之山有神人居焉，肌膚若冰雪，淖約若處子，不食五穀，吸風飲露，乘雲氣，御飛龍，而游乎四海之外。”後因泛指美女。

〔6〕蜨夢：蜨，同“蝶”。《莊子·齊物論》：“昔者莊周夢爲胡蝶，栩栩然胡蝶也，自喻適志與！”

〔7〕三粲：《詩·唐風·綢繆》："今夕何夕，見此粲者。"唐孔穎達疏："女三爲粲。粲，美物也……然粲者，衆女之美稱也。"後用爲美女的通稱。這裏指芳芷、芳蘭、芳蘋三人。

〔8〕解佩懷珠：見上文"弄珠"注。

〔9〕菱花：菱花鏡。古代銅鏡中，凡六角形的或背面刻有菱花的，稱菱花鏡。或説映日則發光影如菱花，因名。後詩文中常以菱花爲鏡的代稱。李白《代美人愁鏡》："狂風吹卻妾心斷，玉筯并墮菱花前。"

〔10〕相思引：詞牌名。《詞譜》："此調有兩體，四十六字者押平聲韻，四十九字者押仄聲韻。"

〔11〕范叔少知音：魏人范雎從中大夫須賈出使到齊國，因須賈懷疑范雎泄漏了國家機密，將他毒打幾乎致死。後得脱逃往秦國，受到重用。此處諧音借指范鍇。

〔12〕蜃窗：有蜃形紋飾的窗子。《周禮·春官·鬯人》："凡山川四方用蜃。"鄭玄注："蜃，畫爲蜃形。"

〔13〕筠管：竹管。指毛筆。宋林逋《林和靖集》卷四《清河茂才以良筆及詩爲惠次韻奉答》詩："郊翰秋勁愈於錘，筠管温温上玉輝。"

〔14〕冰紈：潔白而透明的絹。因色澤鮮潔如冰，故名。《漢書·地理志下·齊地》："其俗彌侈，織作冰紈綺繡純麗之物。"

雪晴數日，手山渡江來漢，留三珠閣，不出見客。白舫聞之，以前調戲簡手山云〔1〕："珠箔山屏護曲軒〔2〕，阿誰留取避塵諠。漁郎除卻，那識武陵源〔3〕。試問香添鑪睡鴨，幾回夢繞帳飛鴛。澹雲微雨，一枕小游仙。"此詞屬對既工，措辭復雅，真是詞壇妙手。手山歸舟，寄白舫《點絳唇》詞云："漢上春深，別來痴語無同調。解將花笑君自號花笑廎詞人。爲護芳心好。一霎歡懷，一霎離懷惱。楚天曉。飛來燕子，似語人歸早。"顧伴檠刺史詩云："白舫詞人白石仙〔4〕，焚香讀罷海棠顛。米家山色空濛裏〔5〕，羨煞相宜湖上船。"注：白舫見示花笑廎詞，逼真南宋人風調。《集》中《湖樓坐雨·步蟾宫》詞，有"水雲連處盡模糊，寫一幀米家山色”之句，爲人傳誦。詹湘亭明府應甲[6]，題白舫《苕谿漁隱圖》《百字令》詞有“笠澤書成[7]，鱸鄉夢穩[8]，漚鷺真知己。鶯湖南去，此中大有人耳”之句。其爲諸名流傾倒如此。

余以畏寒枯坐寄漚閒館[9]，有憶三珠閣成《高陽臺》一解云：“鴛甃濃霜[10]，雁鐙低焰，夜長添炷熏鑪。静悄花房，斷無人叩銅鋪。者回端正窺春面[11]，算只有、窗外銀蜍。耿分明，璧月前身，瓊樹三株。小叢最小尤矜貴，稱千金買笑，十斛量珠。軟護豐貂，頩痕嬌褪黄初。仙源尚阻漁郎櫂，似凝冰泮重湖。采蘋花，悔不秋江，化作輕鳧。”

香泉歸計未成，同人觴于三珠閣。是日沍陰微雪[12]，文宴甚歡。念手山隔江莫渡，因賦《綺羅香》寄之云：“慢舞梨雲，先抛銀礮，寒襲翠裘添暮。雪意商量，瑞葉待飄還住。能泥客[13]、只有西樓，况停櫂、免傷南浦[14]。鎮相攜、被酒旗亭，莫愁醉尉灞陵路。盟漚偏悵星散，目極江潮野艇，不成飛渡。憑暖闌干，愁聚箇儂眉嫵。傳錦字[15]、空説重來，撚玉蘂[16]、倩誰將去。慰消黯、更約朋尊[17]，擁壚長夜語。”

余又有《三珠閣紀感·相見歡》詞云：“何緣得遇雲英，訂三生。多感不嫌遲暮，締芳盟。留無計，非無意，拂深情。卻恐郵亭一夜，負卿卿[18]。”許許州秀才汝器見之，嘆曰：“髯翁真深于情者[19]！”其後阿蘋歸某公子，未及一載，不克終于小星[20]，仍落烟花，可勝嘆哉！

【注釋】

〔1〕簡：通“柬”。信札、名帖。

〔2〕珠箔：即“珠簾”。珍珠綴成或飾有珍珠的簾子。白居易《長恨歌》：“攬衣推枕起徘徊，珠箔銀屏邐迤開。”

〔3〕武陵源：語本陶淵明《桃花源記》，謂漁郎入世外桃源的故事。

〔4〕白石仙：南宋詞人姜夔，號白石道人。

〔5〕米家山：宋代書法家米芾及其子友仁，皆善畫山水，所作皆清秀脱俗，自成一派，畫家稱所畫山水爲米家山。

〔6〕明府：漢魏以來稱郡守爲明府。“明”有賢明之意。唐以後多專用以稱

縣令。

〔7〕笠澤：水名，即松江（今吴淞江）。一名松陵。唐人陸龜蒙曾隱居於此。

〔8〕鱸鄉：亭名。在江蘇吴江縣東長橋上。亭旁原繪有越范蠡、晉張翰、唐陸龜蒙三人畫像，蘇軾有《戲書吴江三賢畫像》詩，故名三高亭，且更爲之塑像。南宋紹興中林肇爲縣令，作亭江上，因宋人陳堯佐《題松陵》詩中有“秋風斜日鱸魚鄉”之句，乃以“鱸鄉”名亭。宋龔明之《中吴紀聞》卷三：“越上將軍范蠡、江東步兵張翰、贈右補闕陸龜蒙，各畫其像於吴江鱸鄉亭之旁。”

〔9〕枯坐：乾坐，空坐。明莊元臣《叔苴子内編》卷一：“躁者終日枯坐，衹名爲動，不名爲静。”

〔10〕甃：以磚砌井。《易·井》：“井甃無咎。”《周易集解》卷六引《干寶》：“以瓴甓井曰甃。”段玉裁《説文解字注·瓦部》：“甃，用磚爲井垣。”或以磚砌物皆稱甃。白居易《官舍内新鑿小池》詩：“中底鋪白沙，四隅甃青石。”

〔11〕者：與“這”通。《增韻》：“凡稱此個爲者個。”

〔12〕冱陰：天氣陰晦凝結，積凍不開。《昭明太子集·蕭綱（簡文帝）〈序〉》：“玄冥戒節，冱陰在歲。”

〔13〕泥：軟纏。唐元稹《長慶集》卷九《遣悲懷》詩之一：“顧我無衣搜盡篋，泥他沽酒拔金釵。”泥客，纏留客人不讓走。

〔14〕南浦：面南的水邊。《楚辭·九歌·河伯》：“子交手兮東行，送美人兮南浦。”後多用來泛指送别的地方。《文選·江淹〈别賦〉》：“送君南浦，傷如之何？”張銑注：“南浦，送别之處。”

〔15〕錦字：前秦秦州刺史竇滔被徙流沙，其妻蘇氏思之，織錦爲回文旋圖詩贈滔，共三百四十字，詞甚凄惋。後稱妻寄夫之書信爲錦字。杜甫《江月》：“誰家挑錦字，燭滅翠眉嚬。”

〔16〕撚：執，以手指捏持。漢服虔《通俗文》：“手捏曰撚。”玉蘂：花名。相傳唐玄宗女唐昌公主曾在唐昌觀中手植此花。唐人極重此花，唐詩中歌

咏甚多。宋人周必大有《玉蘂辨證》一卷。

〔17〕朋尊：兩尊酒。《詩·豳風·七月》："朋酒斯饗。"朱熹集傳："兩尊曰朋。"

〔18〕卿卿：男女間的愛稱。《世説新語·惑溺》："王安豐（戎）婦常卿安豐，安豐曰：'婦人卿婿，於禮爲不敬，後勿復爾。'婦曰：'親卿愛卿，是以卿卿，我不卿卿，誰當卿卿？'"後人常常二字聯用，爲一種男女間的暱稱。唐温庭筠《偶題》："自恨青樓無近信，不將心事許卿卿。"

〔19〕髯翁：指黄心盦，因其偉貌修髯。

〔20〕小星：本爲《詩·召南》之篇名，其首句有"嘒彼小星，三五在東"。鄭玄箋謂小星爲衆無名星，比喻周王身邊的衆妾。後因以小星爲小妾的代稱。

臘月朔日，爲阿蘋帨辰〔1〕，折柬招余，湯餅筵開〔2〕，絶無他客，作竟日留。白舫適過余寄漚閒館，不值，賦《埽花游》一闋，置案頭而去。詞云："曉庭雪滿，正折竹驚眠，紙窗明透。梅開笑口。笑瑶林玉蘂，盡成寒友。説與園丁，埽徑聊停敝帚。向落甃〔3〕。把龍井嫩芽，先試茶臼〔4〕。僧舍思島瘦〔5〕。定坐擁吟鑪，幾回叉手。雙扉乍叩。但牀書掩卷，户簾垂晝。想跨橋驢，合有仙人勸酒。可知否。釣空江、獨留漁叟。"余歸讀而怡然。因于鐙下倚聲次韻，且張其事以答云："玉人折柬，道一夜瓶花，翠帷香透。烏衣巷口。肯銀沙曉蹋〔6〕，只應芳友〔7〕。况值長筵，獨要詞填石帚。埽荒甃。也漫學陶家，茶烹低臼。觴汎梅影瘦。但捧就吟脣，暗擡綘手。無人户叩。儘鐙明午夜，畫堂如晝。惜少丹青，爲寫瑶姬晉酒〔8〕。懊儂否。宴珠宫、竟成仙叟。"

是夕詞成，次日媵以胡桃遺寄白舫〔9〕，戲言爲玉人分貽者。白舫倚聲《西子妝慢》云："雪瑩肌豐，脂凝膚膩，品類蠻谿藤子。了無鮮核不須鑽〔10〕，儘年年、伴留香醉。閒居賦裏。也曾許、荆櫻競美。况堆盤，向芷窗梅閣，名花叢次。封蘭紙。蹋凍人歸，媵竝詩筒寄。殷勤道是玉纖纖，半分甘、密傳深意。瑶緘乍啓〔11〕。宛相逢、域西還使。怕今宵，又惹仙槎夢起〔12〕。"翌日，手山、香泉來讀而愛之。時手山新購江南絨花，爲三姝插戴，因笑謂白舫曰：“君再賦此三姝，當一齊奉觴侍飲。”白舫援筆立成《解語花》一闋云：“殘絨綴巧，紺縷纏輕[13]，别樣花新倩[14]。弄蕤分瓣[15]。渾不用、燕尾一雙開翦。江南寄遠。好留取、曉妝人選。看玉纖、帶笑斜簪，艷入春風面。鏡裏韶華易换。嘆芳顔如許，畫眉誰伴。鬟雲初綰。空惆悵、只問翠深紅淺。傷春意懶。屏山曲、夢痕游徧。還怕教、壓損釵梁，又霎時驚斷。”同人吟咏四三。余曰：“此二詞足以嗣響竹垞先生《茶烟閣體物集》[16]、穀人先生《三影亭寫生譜》也[17]。”手山曰：“白舫詞律精嚴，且審于去上二字之别，故應節而歌，便有婉約風流之調，不待付諸管弦也。至于澹濃相間，緩促相生，貫于一串珠上，又其餘事矣。”香泉曰：“際此天寒雪霽，惜少旗亭雙鬟付唱，可不貰酒一醉，爲我輩解嘲耶！”于是三姝爇鬱金香[18]，燃玻璃鐙，齊奉槃肴，侍傾巵酒。先爲白舫侑飲三爵[19]，余與手山、香泉次弟傳杯，各盡歡諧，至宵静酣醉而散。

周古漁以三珠閣春蘭詩示姚芳仙，余調《采桑子》二解索笑云：“暖催燕姞醒幽夢，澤畔擕來。賣向章臺[20]。叫破東風第一回。幾生修到如蘭契[21]，得自鸞釵。分贈瓊瑰。暈碧芳心半未開。”“留髡送客羅襦解[22]，薌澤微聞[23]。得近雙文。不管能消楚客魂。竝頭果有騷人分，歸去殷勤。風月柴門[24]。添把雙心麝月焚[25]。”

其明年之春，三珠閣詩會漸衰。余賦《醉太平》[26]，用“獨木橋體”[27]，戲示同人云：“星前淺盟。尊前厚盟。如何忘卻芳盟。驟花場背盟。香詞定盟。玉人證盟。多虧有箇同盟。再珠槃會盟。”

【注釋】

〔1〕帨辰：指女子生日。帨本爲婦女用以擦拭不潔的佩巾。《禮記·内則》：“子生，男子設弧於門左，女子設帨於門右。”漢鄭玄注：“表男女也。弧者，示有事於武也；帨，事人之佩巾也。”後慶男子生日稱設弧，慶女子生日謂設帨。

〔2〕湯餅筵：舊俗，生兒三日設筵招待親友稱“湯餅筵”。湯餅，以湯煮的

麵食。《世説新語·容止》："何平叔（晏）美姿儀，面至白。魏明帝疑其傅粉，正夏月，與熱湯餅，既噉，大汗出，以朱衣自拭，色轉皎然。"

〔3〕菭甃：苔磚，生有緑苔的磚。唐權德輿《送暎師還本寺》："苔甃桐花落，山窗桂樹薰。"菭即"苔"字。

〔4〕茶臼：制茶的石臼。

〔5〕僧舍思島瘦：唐人賈島原是僧人，名無本，後去浮屠，舉進士。其詩風格清瘦，好作苦語，與孟郊齊名，故有"郊寒島瘦"之説。蘇軾《東坡集》卷三十五《祭柳子玉文》："元輕白俗，郊寒島瘦。"

〔6〕銀沙：銀色的沙。唐韋莊《夜雪舟》："兩岸嚴風吹玉樹，一灘明月曬銀沙。"

〔7〕芳友：蘭的别名。明余庭璧著、楊繩信校注《事物異名》卷下《百花》："蘭花：幽客張祠部云、芳友曾端伯云、燕尾香俗云。"

〔8〕瑶姬：亦作"姚姬"。即傳説中的巫山女神。《文選·宋玉〈高唐賦序〉》"妾巫山之女也"注引《襄陽耆舊傳》："赤帝女姚姬，未行而卒，葬於巫山之陽，故曰巫山之女。楚懷王游於高唐，晝寢，夢見與神遇，自稱是巫山之女，王因幸之，遂爲置觀於巫山之南，號爲朝雲。"唐唐彦謙《鹿門集·拾遺·楚天》："不會瑶姬朝與暮，更爲雲雨待何人。"

〔9〕媵（yìng）：送。宋洪邁《容齋隨筆·字訓》："媵之義爲送。"

〔10〕鮮核不須鑽：《晉書·王戎傳》："家有好李，常出貨之。恐人得種，恒鑽其核。以此獲譏於世。"

〔11〕瑶緘：對來書的美稱。唐王勃《王子安集》卷六《宇文德陽宅秋夜山亭宴序》："啓瑶緘者，攀勝集而長懷。"

〔12〕仙槎（chá）：槎，用竹木編成的筏。仙槎，仙人所乘之槎。事見晉張華《博物志》。

〔13〕紺縷：紺，深青透紅的顔色。紺縷，紺色絲縷。

〔14〕蒨：今作"茜"。茜草，可染絳色。引申指絳色。如蒨裙、蒨綬。

〔15〕蕤：草木花下垂貌。三國魏嵇康《琴賦》："鬱紛紜以獨茂兮，飛英蕤於昊蒼。"

〔16〕竹垞（chá）：清初文學家朱彝尊之號。浙江秀水（今嘉興）人。其詞推崇姜夔、張炎，風格清麗，爲浙西詞派的創始人。其詞多記瑣事、宴游，有不少咏物之作。著作甚多。

〔17〕穀人：清文學家吴錫麒的號。浙江錢塘（今杭州）人。著有《有正味齋集》《三影閣記》《三影亭寫生譜》等。

〔18〕爇（ruò）鬱金香：爇，點燃，放火焚燒。這裏指温酒。鬱金香，和鬱金草所造之美酒名。

〔19〕侑飲：勸酒。《宋史》卷三一八《王拱辰傳》："聘契丹，見其主混同江，設宴垂釣，每得魚，必酌拱辰酒，親鼓琵琶以侑酒。"

〔20〕章臺：舊時用爲妓家地的代稱。已見前注。

〔21〕蘭契：即"金蘭契"。至交爲"金蘭契。"《易·繫辭上》："二人同心，其利斷金；同心之言，其臭如蘭。"《太平御覽》卷四百零七引《吴録》："張温英才瓌瑋，拜中郎將，聘蜀與諸葛亮結金蘭之好焉。"後有所謂"金蘭會""金蘭譜"之類，均源於此。如唐馮贄《雲仙雜記》卷五載："戴弘正每得密友一人，則書于編簡，焚香告祖考，號爲金蘭簿。"

〔22〕留髡送客：《史記·滑稽列傳》："日暮酒闌……主人留髡而送客。"謂送走他客而獨留淳于髡極飲盡歡。後因稱留客痛飲爲"留髡"。羅襦（rú）：絲織的短衣。

〔23〕薌澤：同"香澤"。香氣。唐徐堅《初學記》卷二十九載北魏盧元明《劇鼠賦》："盜干湯之珍俎，傾留髡之香澤。"

〔24〕風月：清風明月。謂美好的景色。柴門：用柴做的門。謂極其簡陋。曹植《梁甫行》："柴門何蕭條，狐兔翔我宇。"

〔25〕廦月：月亮。南朝陳徐陵《玉臺新咏序》："金星與婺女爭華，廦月共嫦娥競爽。"

〔26〕《醉太平》：詞牌名。亦名《凌波曲》。

〔27〕獨木橋體：詞曲中俳體之一格，通篇叶同一字韻。

許許州著有《翦紅樓》詞，久客裘慎甫使君幕下，翩翩杜牧之也[1]。聞三珠閣而艷之，賦《一萼紅》詞，簡余問及。余因次韻戲答云："奉銀箋。慰停雲思苦，好放兩眉尖。句咏三珠，情深一往，芳緒因又縈牽。問誰是、埽眉才子[2]，只小閣、消得賦新篇。夢緑神傷，題紅意切[3]，未面生憐。休作秦樓一例[4]，肯枇杷花底[5]，輕露金鈿[6]。秘約宜先，吟朋許共，月上六枳籬邊[7]。買花笑、不須纏錦，但新詞、袖向鏡臺前[8]。博取春纖按歌[9]，譜入香弦。"

手山將之邗江[10]，穀原于三珠閣寫《春江送別圖》以贈其行。余賦《金縷曲》題之云："録別披新畫。已教人、尋芳意懶，題襟興敗。何况烟波江上客，明日雲颿真挂[11]。問底事、分攜恁快。不恨篙師催人別，恨畫師、點筆無聊賴。偏苦把，離情繪。落鐙風峭重簾外。小留君、缸花紅灺[12]，一宵清話[13]。草草壺觴非祖餞[14]，猶是辛槃蔬菜[15]。權當作、詞壇高會。君到江南春猶淺，料杏花、剛向紅橋賣[16]。應看柳，展眉黛。"白舫先賦《南浦》一解，嗣又賦《綺羅香》云："酒壓新愁，燈迷舊夢，愁夢不知多少。况是春江[17]，離笛一聲吹繞。把吟思、付與鶯啼，向歌席、强邀花笑。掩芳尊、絮語恩恩，可知別後會時少。隣雞偏又報曉，那得石尤風阻[18]，暫停歸櫂。欲上河梁，怕見緑波芳草。竟拋卻、畫筆詞箋，只贏取、雪泥鴻爪。待相逢、夢斷愁銷，惜春人共老。"噫嗚宛抑，讀之欲喚奈何！

【注釋】

〔1〕杜牧之：唐杜牧。字牧之，京兆萬年人。太和二年進士，歷官監察御史、黄州刺史、中書舍人等。曾注《孫子兵法》。作《罪言》，主張削藩、强兵、固邊、反佛。詩長於近體。臨終，悉焚其文章。人稱小杜。

〔2〕埽眉：猶畫眉。"埽""掃"古同。唐王建（一作胡曾）《贈薛濤》詩："掃眉才子知多少，管領春風總不如。"埽眉才子，舊指有文才的女子。也作"掃黛"。李商隱《又效江南曲》："掃黛開宫額，裁裙約楚腰。"楚腰，細腰。

〔3〕題紅：於紅葉上題詩。唐人小説中記紅葉題詩的故事很多，事相同而人物各異。

〔4〕秦樓：傳説秦穆公有女弄玉，好音樂，蕭史善吹簫，穆公以弄玉妻蕭史，作鳳樓，二人吹簫，鳳凰來集，遂乘鳳凰而去。後用爲指歌舞娱樂場所。沈約《修竹彈甘蕉》文："巫岫斂雲，秦樓開照。"范成大《秦樓》詩："奚女家人稱貴生，縷金長袖倚秦樓。"後有所謂"秦樓楚館""秦樓謝館"，均是此意。亦或説指妓院。

〔5〕"枇杷花底"句：王建《贈薛濤》詩："萬里橋邊女校書，枇杷花下閉門居。"薛濤，唐代蜀名妓。後以枇杷門巷用爲妓院的别稱。花底，即花下。

〔6〕金鈿：金花釵。首飾，也用以裝飾器物。《玉臺新詠》卷十南朝梁劉孝儀《咏織女》："金鈿已照耀，白日未蹉跎。"《北史·真臘國傳》："其王三日一聽朝，坐五香七寶牀，上施寶帳，以文木爲竿，象牙金鈿爲壁，狀如小屋。"

〔7〕六枳：《後漢書·馮衍傳》："揵六枳而爲籬兮，築蕙若而爲室。"李賢注："揵，立也。枳，芬木也。《晏子》曰：'江南爲桔，江北爲枳。'枳之爲木，芳而多刺，可以爲籬。此云'六枳'，《東觀記》作'八枳'。"

〔8〕鏡臺：立鏡之臺。即鏡奩之大者，上面除嵌立鏡子之外，還可兼儲妝飾用品。庾信《鏡賦》："鏡臺銀帶，本出魏宫。"《初學記》卷二十五《魏武雜物疏》："鏡臺出魏宫中，有純銀參帶鏡臺一，純銀七子貴人公主鏡臺四。"

〔9〕春纖：形容女子的手指柔嫩姣好。按歌：依調而歌。晉王嘉《拾遺記·周穆王》："撫下按歌。"

〔10〕邗（hán）江：本爲水名，亦稱邗溝。在江蘇境内，即自揚州西北至淮安縣北入淮的運河。《左傳》哀公九年："秋，吴城邗，溝通江淮。"注："於邗江築城穿溝，東北通射陽湖，西北至末口入淮，通糧道也，今廣陵韓江是。"這裏當指揚州。

〔11〕雲颿：謂船帆大如雲。《後漢書·馬融傳》："方餘皇，連舼舟，張雲帆。"李白《行路難》："長風破浪會有時，直挂雲帆濟滄海。"

〔12〕缸：通"釭"。燈。白居易《不睡》詩："焰短寒缸盡，聲長曉漏遲。"灺（xiè）：殘燭。宋晁補之《即事一首》："倒牀鼻息惡，唤起對殘灺。"

〔13〕清話：高雅脱俗的言談。陶潛《與殷晉安别》詩："信宿酬清話，益復知爲親。"

〔14〕草草壺觴：草草，謙詞，猶簡陋的。壺觴，盛酒的器具，借指酒。謂便宴，便酒。祖餞：謂設宴餞别出行的人。

〔15〕辛槃：古時元旦（開年第一天）日迎春，以葱、韭、蒜等辛菜爲食品，叫辛槃。見南朝梁宗懔《荆楚歲時記》引周處《風土記》。

〔16〕紅橋：橋名。在揚州市，舊爲一郡之麗觀。清吴綺《揚州鼓吹詞序·紅橋》："在城西北二里，崇禎間形家設以鎖水口者。朱欄數丈，遠通兩岸，雖彩虹卧波，丹蛟截水，不足以喻。而荷香柳色，雕楹曲檻，鱗次環繞，綿亘十餘里……誠一郡之麗觀也。"

〔17〕春江：春日之江。孟浩然《送杜十四之江南》詩："荆吴相接水爲鄉，君去春江正淼茫。"

〔18〕石尤風：傳説石氏女嫁尤郎，尤郎經商遠行，妻不能阻，尤郎久不歸，妻思念致病，臨終嘆曰："吾恨不能阻其行，以至於此。今凡有商旅遠行，吾當作大風爲天下婦人阻之。"後稱逆風爲石尤或石尤風。《玉臺新咏》卷十南朝宋孝武（劉裕）〈丁督護歌〉之一》："願作石尤風，四面斷行旅。"

手山諏日將行〔1〕，白舫、香泉餞别三珠閣。芝仙譜圖，手山填《臺城路·留别》云："鶯啼燕掠笙歌夢，幾度欲行還住。嫩緑低檐，鬧紅卷幕，禁得客愁如許。邀吟侣。趁甕醑初開〔2〕，鼎香猶炷。拂起游塵〔3〕，畫屏來寫斷腸句〔4〕。牽衣何事凄楚〔5〕。者回相見候，直恁無語。夜又將闌〔6〕，春原怕餞，明日緑波南浦〔7〕。林鳩正苦。似語語催人，不如歸去。剔盡銀鐙，暗窗同聽雨。"時三珠聽白舫按吟此詞，不覺黯然魂銷，停杯無語。白舫即席賦録别詞，調寄《長亭怨慢》云："漸吹起、離亭孤笛〔8〕。酒釅杯深〔9〕，解愁無力。柳織烟絲，梅飄雪朵斷腸色。緑波千里，空兩岸、層陰積〔10〕。小雨又迷蒙，竟掩卻、一輪蟾魄〔11〕。江驛。聽鼕鼕津鼓，忍見片颿飛疾。紅摇燭影。暫雙照、此時歌席。待明日、攜手河梁〔12〕，便惆悵、天涯咫尺。况最是難忘，别淚春衫痕濕。"

手山讀之，放聲而哭。白舫、香泉均爲淚下，三珠亦一齊嗚咽掩泣。于是棄酒烹茶，强作清談而散。余以微疾未赴，次日聞之，傷如之何？

手山别後歸舟，作《减字木蘭花》云：“酒寒銷夜。醉後單衫應懶卸。想到秋波。送卻春歸淚更多。倚聲歌慢〔13〕。月色平分窗一半。誰伴吟窗。露濕薔薇褪晚妝。”又《卜算子·寄芳芷》云：“漢水接江深，難剪愁千縷。楚臺楊柳楚宫花〔14〕，一晌留人住。鎮日落梅風〔15〕，誰把春雲護〔16〕。紅杏闌干翠竹籬，記是傷心路。”白舫曰：“手山真多情人也！”

余于雨中有《懷三珠閣金軒》詩云：“颯颯風吹雨點纚，静臨漢水憶雙珠。雲迷大澤憐孤雁，泥没空隄泣斷蕪。蕭寺鐙殘鐘又動，花關路滑屐難扶。擘箋但寫榛苓什〔17〕，憑寄柔奴與態奴〔18〕。”蓋爲阿蘋美生而作，惓惓之思〔19〕，其何能已！乃不一年，兩人皆託身非偶而返，殊負余之期許，可深嘆哉！

【注釋】

〔1〕諏（zōu）：選擇。《儀禮·特牲饋食禮》：“不諏日。”鄭玄注：“諏，謀也。”

〔2〕醑（xǔ）：美酒。李白《送别》詩：“惜别傾壺醑，臨分贈馬鞭。”

〔3〕游塵：浮游的塵土。比喻輕賤的事物。《文選·劉孝標（峻）〈廣絶交論〉》：“視若游塵，遇同土梗。”注：“游塵土梗，喻輕賤也。”

〔4〕畫屏：語用三國東吴曹弗興畫屏的故事，謂寫真高手。元夏文彦《圖繪寶鑒·二·吴》：“曹弗興吴興人，以畫名冠絶一時，孫權命畫屏，誤墨成蠅狀，權疑其真，以手彈之。”

〔5〕牽衣：謂悲痛。杜甫《兵車行》詩：“牽衣頓足攔道哭，哭聲直上干雲霄。”仇兆鰲注：“何遜詩：‘兒女牽衣泣。’”

〔6〕闌：晚，殘盡。漢蔡琰《胡笳十八拍》之十四：“更深夜闌兮夢汝來斯。”《文選·謝莊〈宋孝武宣貴妃誄〉》：“白露凝兮歲將闌。”李善注：“闌，猶晚也。”

〔7〕南浦：面南的水邊。《楚辭·九歌·河伯》："子交手兮東行，送美人兮南浦。"後多指送别的地方。已見前注。

〔8〕離亭：大道旁驛亭。地遠者稱離亭，近者稱都亭。漢《曹全碑》："合七首藥神明膏，親至離亭。"後或指送别、餞别之亭。唐駱賓王《送劉少府游越州》："離亭分鶴蓋，别岸指龍川。"

〔9〕釅（yàn）：液汁濃。曹唐《小游仙》詩："酒釅春濃瓊草齊，真公飲散醉如泥。"蘇轍《次韻子瞻招隱亭》："送雪村酤釅，迎陽鳥哢新。"

〔10〕層陰：重叠的陰雲。李商隱《寫意》："日向花間留返照，雲從城上結層陰。"

〔11〕蟾魄：月亮的别稱。唐陸龜蒙《甫里集》卷四《寄懷華陽道士》："蟾魄幾應臨蕙帳，漁竿猶尚枕楓汀。"

〔12〕河梁：橋梁。《列子·説符》："孔子自衛返魯，息駕乎河梁而觀焉。"《文選·李少卿（陵）〈與蘇武〉詩之三》："攜手上河梁，游子暮何之。"後因用爲送别之地的代稱。杜牧《奉和門下相公送西川相公兼領相印出鎮全蜀詩十八韻》："同心真石友，寫恨蔑河梁。"

〔13〕倚聲：指填詞。因填詞必多依前人詞調，而詞調又是依歌聲的節奏所作，故稱倚聲。

〔14〕楚臺：指章華臺。故址在今監利市西北。《左傳·昭公七年》："楚子成章華之臺，願與諸侯落之。"杜預注："臺今在華容城内。"

〔15〕鎮日：猶整日。朱熹《朱文公集》卷一《邵武道中》詩："不惜容鬢凋，鎮日長空飢。"

〔16〕春雲：春日之雲。《晉書·阮籍等傳贊》："秋水揚波，春雲斂映。"

〔17〕擘箋：擘，分割之意。謂裁紙。宋孫光憲《北夢瑣言》："羅紹威擘箋起草，下筆成文。"榛苓：榛木與苓草，皆爲叢雜而生的灌木。榛，即榛栗；苓，即甘草。什：篇什。如《谷風之什》《鹿鳴之什》。後或泛指詩篇、文卷。

〔18〕柔奴、態奴：奴，賤稱。如守財奴、田舍奴。《集韻·莫韻》："奴，賤稱。"《後漢書·嚴光傳》："帝笑曰：'狂奴故態也。'"宋佚名《李師師外傳》："師師怒曰：'彼賈奴耳。'"柔，柔弱，軟弱。態，通"慝"，以佞媚爲

容態。

〔19〕惓惓：同“拳拳”。懇切貌。戰國宋玉《神女賦》：“褰余幬而請御兮，願盡心之惓惓。”

常德楊湘巖廣文瑞，風懷俊逸，倚馬萬言〔1〕。予曩哭以詩，所謂“少年十五二十時，鼎州才人天下知〔2〕。鏤金錯繡顔特進〔3〕，玉白花紅杜分司〔4〕”。非虚譽也。昔寓漢口，曾記其風情之作，《漢上夜泊聞小伶歌聲》云：“蘆荻蕭蕭湘水秋，誰家新調按梁州〔5〕。客心不似桓司馬〔6〕，别作潯陽一段愁。”《漢上雜題》云：“葡萄水暖净無波〔7〕，纖月濛濛下絳河〔8〕。正是離心初定處，一聲風笛奈愁何。”“楊柳何曾綰别愁〔9〕，夕陽催渡大江頭。蕭郎只合平康住〔10〕，不肯聽人唱石州〔11〕。”“眼邊消得十分春，雙頰微黄畫不真。知是窈孃新調子〔12〕，夜深愁煞渡江人。”“烏桕門前花滿枝，美人心事月明知。聽他掩抑情無限，猶是羅敷未嫁時。”“十年芳草怨王孫〔13〕，檀板金尊舊院門。今夜酒闌沈醉甚，可能消盡鄂王魂〔14〕。”“寶璐星繁絡錦韉〔15〕，樓西立馬緑楊烟。可憐曲罷春鐙落〔16〕，定子筵前正少年〔17〕。”音節哀艷，可歌可泣也！吴格齋《月夜與玉美校書話舊》云：“樓居擬會大羅仙〔18〕，倦典清狂懶賣顛。小别伊人真似夢，相逢共數七年前。庚申辛酉之秋，與同人嘗聚飲于丁氏酒樓。今樓已易姓，諸美亦雲散矣。雲散風流可奈何，不如人處是蹉跎。琵琶最有傷心調，更莫彈成宛轉歌〔19〕。”

【注釋】

〔1〕倚馬：南朝宋劉義慶《世説新語·文學》：“桓宣武（温）北征，袁虎時從，被責免官，會須露布文，唤袁倚馬前令作，手不輟筆，俄得七紙，殊可觀。東亭在側，極嘆其才。袁虎云：當令齒舌間得利。”後因以“倚馬”比喻才思敏捷。

〔2〕鼎州：宋大中祥符五年改朗州置鼎州。乾道元年升爲常德府，明清因之，治武陵縣。即今湖南常德市。

〔3〕鏤金錯繡：謂雕飾巧麗。比喻詩文雕琢工麗。湯惠休曾評價顏延之、謝靈運之詩説："謝詩如芙蓉出水，顔如錯彩鏤金。"見梁鍾嶸《詩品》。顏特進：顏延之。特進，官名，漢制，凡諸侯功德優盛，朝廷所敬異者，賜位特進，位在三公下。魏晉南北朝因之。皆爲加官。隋唐改爲散官。而明代以特進光禄大夫爲正一品。清代廢除。

〔4〕杜分司：杜牧。分司，官名。唐代建都長安，以洛陽爲東都，分設在東都的中央官員稱分司。如御史臺侍御史六人，其中一人分司東都臺，稱分司御史。

〔5〕梁州：即《梁州令》，詞調名。本唐教坊曲名，爲《涼州令》，宋以後稱《梁州令》，雙調有五十字、五十二字、一百零四字諸體。見《詞譜》卷四十。

〔6〕桓司馬：東晉桓温。參見卷三"桓家司馬"條下注。

〔7〕葡萄：這裏指顏色，即葡萄褐。元陶宗儀《輟耕録》卷十一《寫像訣》："葡萄褐，用粉入三緑紫花合。"

〔8〕絳河：銀河。王維《同崔員外秋宵寓直》詩："月迥藏珠門，雲消出絳河。"

〔9〕綰：專管；掌控。《史記·張儀列傳》："奉陽君專權擅勢，蔽欺先王，獨擅綰事。"

〔10〕蕭郎：本指梁武帝蕭衍。《梁書·武帝紀上》："（王）儉一見深相器異，謂廬江何憲曰：'此蕭郎三十内當作侍中，出此則貴不可言。'"後爲詩詞中習語，指所親愛或爲女子所愛戀的男子。崔郊《贈去婢》詩："侯門一入深如海，從此蕭郎是路人。"温庭筠《哭王元裕》詩："聞説蕭郎逐逝川，伯牙因此絶清弦。"

〔11〕石州：唐商調曲名。李商隱《李義山詩集》卷六《代贈》之二："東南日出照高樓，樓上離人唱石州。"

〔12〕窈孃：《舊唐書·喬知之傳》載，武后時，補闕喬知之有侍婢窈孃，美麗善歌舞，爲武承嗣所奪。知之怨惜，因作《緑珠篇》密送與窈孃，窈孃感憤自盡。承嗣大怒，使酷吏誅喬知之。亦見唐孟棨《本事詩·情感》。

〔13〕芳草：香草。比喻德操高尚的人。屈原《離騷》："何昔日之芳草兮，今直爲此蕭艾也？"宋劉攽《彭城集》卷三十二《秦州玩芳亭記》："自詩人比興，皆以芳草嘉卉爲君子美德。"或以芳草作爲懷人的典故。杜牧《長安送友人游湖南》詩："山密夕陽多，人稀芳草遠。"

〔14〕鄂王：岳飛。岳飛死後，嘉定中追封鄂王。明瞿佑《剪燈新話·天台訪隱録》："東窻計就通和好，鄂王賜死蘄王老。"

〔15〕寶璐：美玉。《楚辭·九章·涉江》："被明月兮珮寶璐。"王逸注："寶璐，美玉也。"

〔16〕春鐙：春夜之燈。鐙，同"燈"。王維《十五夜游》詩："由來月明如白日，共道春燈勝百花。"

〔17〕定子：人名。唐牛僧孺的侍女。杜牧《隋苑》詩："紅霞一抹《廣陵春》，定子當筵睡臉新。"注："定子，牛相小青。"牛僧孺曾作宰相。小青，侍女。

〔18〕大羅：即大羅天。常省稱作"大羅"。道家以天有多重，最高之天爲大羅天。晉葛洪《枕中書》引《真記》："玄都玉京七寶山，週迴九萬里，在大羅之上。"王維《送王尊師歸蜀中拜掃》詩："大羅天上神仙客，濯錦江頭花柳春。"

〔19〕宛轉歌：古樂府琴曲歌辭名。一名《神女宛轉歌》。傳説晉王敬伯過吴地，見一女子名劉妙容，劉氏命婢彈箜篌伴奏而自唱此歌。歌辭有"一情歌宛轉，宛轉凄以哀，願爲星與漢，光影共徘徊"之句。共八首，今存其二。唐李端有仿作，名《王敬伯歌》。見《樂府詩集》卷六十。

余曩見江右義寧州虞常泰所作《李翠官小傳》云[1]：李翠官，鄂之通城人。幼習時曲于岳郡，居楚玉部，名噪湖之南者數年。去而來漢，年二十許矣，隸榮慶部。李貌不逾人，然每妝飾登場，觀者咸嘖嘖稱賞。迨轉喉發聲，清圓明秀，高入雲表，場下數千人，無或譁者，出則目迎之，入則目送之，以是李名愈重焉。初榮慶部有臺官者，皖人，容色姣好，善爲跌宕跳擲之劇，名擅江漢間，而李以嫵媚風流之技匹之，一時號兩美云。嘗見其演《楊妃醉酒》《潘尼追舟》，不獨丰致嫣然，且酒後嬌憨，船中倥偬之態[2]，描摹畢肖。而《玉堂春》一劇，悲啼與娬媚俱生，尤臻絶妙。嘗謂人曰："聞諸讀書者云：'作文須代聖賢立言'，戲雖小道，亦代古人傳神也，故必以悲歡離合之情，若身歷其境者，其庶乎神可傳矣[3]。"噫！倘所謂以文爲戲者耶！在漢十餘年，所獲頗豐。歸里奉其父以終老，曰："吾少而外出，不得奉甘旨者幾三十年，今父老矣，幸有薄産，可復趨蠅末而廢侍養耶[4]？"諸部競延之，卒不出。父殁，乃教弟子爲小部，出其門者亦頗有稱。今榮慶部已散，李亦久死，而翠官名，江漢間猶有道之者。

雙紅者，隸存雅部，貌明艷而性温存。演劇非其所長，然妝束登場，一種妖嬈旖旎之態[5]，真是撲搠雌雄渾不辨矣[6]。白舫嘗有詩詞紀事，余僅記其一絶云："月痕初上小樓東[7]，翠縠衫紋影碧桐[8]。花底唱斟三爵後，一時蓉臉暈雙紅。"初名雙喜，因此詩傳誦江之東西，遂以名雙紅云。

【注釋】

〔1〕義寧州：清嘉慶六年改寧州置，屬江西南昌府。1912年改爲義寧縣，1914年又改爲修水縣。

〔2〕倥偬（kǒng zǒng）：困苦；急迫。《楚辭·劉向〈九嘆·思古〉》："悲余生之無歡兮，愁倥偬於山陸。"

〔3〕庶：將近，差不多。《左傳》昭公十六年："宣子喜曰：'鄭其庶乎！'"注："庶幾於興盛。"

〔4〕蠅末：蠅蛆類的細小事物。比喻微小的財利。

〔5〕旖旎：輕盈柔順貌。《史記·司馬相如列傳》："旖旎從風，瀏莅卉吸。"唐司馬貞《索隱》引張揖云："旖旎，阿那也。"

〔6〕撲搠：搠，亦作"朔"。跳躍貌。《樂府詩集·木蘭詩》："雄兔脚撲朔，雌兔眼迷離，雙兔傍地走，安能辨我是雄雌？"後來常用以形容事物錯綜複雜，模糊難辨真相。

〔7〕月痕：月影。唐段成式《光風亭夜宴》詩：“梓胡雲彩落，疻（zhǐ）面月痕消。”

〔8〕縠（hú）：縐紗。《戰國策·齊策四》：“王斗曰：‘王之憂國愛民，不若王爱尺縠也。’”《文選·宋玉〈神女賦〉》：“動霧縠以徐步兮，拂墀聲之珊珊。”李善注：“縠，今之輕紗，薄如霧也。”宋陳與義《蒙示涉汝詩次韻》：“煙涵翠縠潤，月照金波委。”

韻卿者，林姓，行三，吴人。年十有五，綽約如好女子，曼聲一曲〔1〕，足令蕩人心魄。白舫《倡韻卿詩三十六韻》，其警句云：“清歌徵法曲〔2〕，玉皃出書幨〔3〕。繡帽紅垂纚〔4〕，紋衫翠露襳〔5〕。巡階來緩緩，拂座進漸漸。束髮梳雲濕〔6〕，修眉掃黛纖〔7〕。膚凝脂細膩，手弄柳柔摻〔8〕。驟見佯窺扇，相呼泥隔簾。嬌偏多嫵媚，憨偶學喁噞〔9〕。本是生香體〔10〕，何須飾粉匳。”由遠而近，由生而熟，描畫盡情，真是寫生妙手。又云：“放誕由人説，詼諧不我嫌。瓊腰因底瘦〔11〕，櫻口爲誰甜。韻絶真難似〔12〕，卿當莫自謙。”此作游戲語，又是粲花妙舌〔13〕，一時名流争賦詩歌以贈，韻卿之名益著。余爲裒集成卷，題二十字云：“芍藥裁篇贈〔14〕，珊瑚架筆紅。同時玉臺體，都爲箇儂工。”
先是雙紅與韻卿齊名，時有文武狀元之目，蓋以雙紅爲武也。迨後諸名士共爲品評，而韻卿聲價高出數倍，日夕供奉于貴人之席。瘦島寒郊之士，罕得見其面，人皆以咎白舫，白舫笑曰：“雙紅尚在，人自趨炎耳。”

【注釋】

〔1〕曼聲：舒緩的長聲。《列子·湯問》：“昔韓娥東之齊，匱糧，過雍門，鬻歌假食。既去，而餘音繞梁欐，三日不絶，左右以其人弗去。過逆旅，逆旅人辱之。韓娥因曼聲哀哭，一里老幼悲愁，垂涕相對，三日不食。遽而追之。娥還，復爲曼聲長歌。一里老幼喜躍抃舞，弗能自禁，忘向之悲也。乃厚賂發之。故雍門之人，至今善歌哭，放娥之遺聲。”《淮南子·氾論訓》：“韓

娥秦青薛談之謳，侯同曼聲之歌，憤於志，積於內，盈而發音，則莫不比於律而和於人心。”

〔2〕清歌：不用樂器伴奏的歌唱。張衡《思玄賦》：“雙材悲於不納兮，并咏詩而清歌。”或謂嘹亮的歌聲。《抱朴子・知止》：“輕體柔聲，清歌妙舞，宋蔡之巧，陽和之妍。”法曲：道觀所奏之曲。所用樂器主要有鐃、鈸、鐘、磬、琶琵、幢簫等。

〔3〕玉皃：如玉的容貌。謂美貌。戰國宋玉《笛賦》：“摛朱脣，曜皓齒，赬顔臻，玉貌起。”也指美女。《樂府詩集》卷四十三唐長孫左輔《宫怨》：“三千玉貌休自誇，十二金釵獨相向。”書幨：書齋的帷幔。

〔4〕繡帽：五采備謂之繡。繡帽，即彩繡之帽。《周禮・考工記》：“五采備謂之繡。”《晉書・五行志・服妖》：“魏明帝著繡帽，披縹紈半袖，常以見直臣楊阜，諫曰：‘此禮何法服邪！’帝默然。”纚（xǐ）：束髮用的帛。《儀禮・士冠禮》：“緇纚，廣終幅，長六尺。”鄭玄注：“纚一幅長六尺，足以韜髮而結之廣矣。”《漢書・江充傳》：“冠彈纚步摇冠。”顔師古注：“纚，織絲爲之，即今方目紗是也。”

〔5〕紋：《正字通・糸部》：“紋，織文也。凡錦綺黼（fǔ）繡之文皆曰紋。”襳（xiān）：小襖。《玉篇・衣部》：“襳，小襦也。”

〔6〕梳雲：女子髮美如雲，故稱女子梳髮爲梳雲。明李禎《剪燈餘話・瓊奴傳》：“梳雲未暇臨妝臺。”《西厢記・張君瑞慶團圞雜劇》：“枉蠢了他梳雲掠月，枉羞了他惜玉憐香。”

〔7〕黛：青黑色的顔料。婦女用以畫眉。《楚辭・大招》：“粉白黛黑，施芳澤只。”因用爲婦女眉毛的代稱。《玉臺新咏》卷七南朝梁蕭綸《代舊姬有怨》詩：“怨黛舒還斂，啼粧拭更垂。”

〔8〕摻（shān）：猶“纖”。纖細貌。舊時形容女子手的纖美。《詩經・魏風・葛屨》：“摻摻女手。”毛傳：“摻摻，猶纖纖也。”

〔9〕喁噞（yóng yǎn）：或作“噞喁”。魚在水面張口呼吸貌。《文選・左思〈吴都賦〉》：“泝洄順流，噞喁沈浮。”劉淵林注：“噞喁，魚在水中群出動口貌。”

〔10〕生香：新香。唐薛能《杏花》詩："活色生香第一流，手中移得近青樓。"

〔11〕底：何；什麽。杜甫《寄邛州崔録事》："久待無消息，終朝有底忙。"

〔12〕韻：風韻；風度。此兩句的首字，是取韻卿之名二字嵌入。

〔13〕粲花：形容言談之美，似百花粲爛。參見前注。

〔14〕芍藥：花名。一名可離，古人常用作離别贈物。《詩經·鄭風·溱洧》："維士與女，伊其相謔，贈之以勺藥。"晉崔豹《古今注·問答釋義》："芍藥一名可離，故將别以贈之。"

金粟影庵主人有昌恕齋太守[1]，屬賦韻卿歌云："金閶水流脂粉香[2]，蘇臺垂柳還垂楊[3]。依依楊柳學眉黛[4]，風流惟有林家郎[5]。林郎破楚門東住[6]，九皋爲名未有字[7]。鳴鶴初飛一一聲，嬌鶯且學紅紅記[8]。記曲心情强自憐，新調雁柱十三弦[9]。婷婷嬝嬝芳時節[10]，擫笛從師漢水邊[11]。豈有明珠贈交甫[12]，空勞金彈逐韓嫣[13]。歡場自悔投身早，柔艣一枝歸去好。東風紅豆不成花[14]，南浦緑波頻夢草。重來聲價頓然增，籍甚三郎喚小名[15]。爲取韻卿題作字，卿須憐我我憐卿。太守相憐會相見，班春排日開春宴[16]。兩行紅袖妒瓊枝[17]，一朵仙雲籠嬌面。仙雲釀雨雨忽來，雨過正值名花開。容光能助花顔色，一笑嫣然一舉杯。例與詩人傳彩筆，合教仙子住瑶臺[18]。瑶臺十二古時春，收拾華胥夢裏因[19]。秋水名篇原綽約[20]，春山入畫故精神[21]。變幻偶爲男子相，居然清浄女兒身。風前不啓葳蕤鎖[22]，月下猶含荳蔻仁[23]。忘情最是多情處[24]，情不能忘閒覓句。錦瑟從來索解難[25]，金荃誰顧花間誤[26]。長康也是有情痴[27]，學譜紅情緑意詞[28]。更願將身作紈扇，便卿日日手中持。"又題余《漚舫詩存》册子，其三云："清揚楚調吴儂讓，及見吴儂又若何。寄語雙雙小紅豆，可來此處舞婆娑。謂韻卿雙紅。"又《漢上小住同人賦新雨詩十絶》，其五云："夜話聯牀有所思，風懷閒唱紫雲詞[29]。春江便欲迎桃葉，正是迷離烟雨時。韻卿以雨阻不及渡江”讀諸詩，其惓惓于韻郎，較白舫吟句益甚矣！一笑。

按：余少年好作長短句，得三卷。前在蜀時，爲友人付梓。嗣年五十，始知懺悔，綺語盡除。繼有所作，痛心疾改矣。格齋負不羈才，寓言幻影，以發其無聊落拓之思，故擇其雋雅者録之。心盦所記，固屬游戲之作，然中多規諷，大有横陳嚼蠟意，唤醒迷人不少。附述數十則，以存之，幸閲者詳審。要知青樓境界，即是眼前地獄，豈可輕入耶！昔黄山谷善作艷詞，嘗謁圓通秀禪師〔30〕，秀呵曰：“大丈夫翰墨之妙，其施于此乎？”時秀方戒李伯時畫馬〔31〕，山谷笑曰：“無乃復置我于馬腹中耶？”秀曰：“伯時但以念想在馬腹，墜落不過止其一身，公以艷語動天下人心，不止馬腹，正恐墮泥犁獄耳！”山谷悚然愧謝，自是絶筆。今録心盦《漫記》，載余曩日詩詞，不禁惴惴可畏。因舉此以告世人，毋如余之少不檢括，以致老大飄零也！

【注釋】

〔1〕金粟影庵主人有昌恕齋：即清錢塘顧澍的室名、字號。金粟影，佛家語，謂金粟如來，即晉顧愷之所畫維摩詰居士像。

〔2〕金閶：亭名。在江蘇吴縣閶門内。《世説新語·任誕》記張翰在金閶亭聽賀循在船上彈琴，即此。後因以金閶爲蘇州的别名。清劉獻廷《贈張鐵橋先生》：“金閶忽相遇，會合非徒然。”閶亦作“昌”。清顧祖禹《讀史方輿紀要·蘇州府·長洲縣》：“金昌亭，在閶門内。裴松之曰：閶門吴西郭門，夫差所作，以天門通閶闔也。春申君改爲昌門。金昌亭以位在西而與昌門近故名。”《清一統志》：“陸龜蒙謂梁鴻墓在金閶亭下是也。”

〔3〕蘇臺：即姑蘇臺。在吴縣西南姑蘇山上，春秋時吴王爲西施築。《海録碎事·樓台》：“《傳》稱，吴王闔廬旦食鮔山，晝游蘇臺，射於鷗陂，馳於游臺，興樂石城，走犬長洲。”鮔，同“鱔”。

〔4〕依依：茂盛貌。《詩·小雅·采薇》：“昔我往矣，楊柳依依。”或曰輕柔貌。

〔5〕林家郎：即林韻卿。見前文。

〔6〕破楚門：即吴縣閶門。漢趙曄《吴越春秋·闔閭内傳》："立閶門者，以象天門，通閶闔風也；立蛇門者，以象地户也。闔閭欲西破楚，楚在西北，故立閶門以通天氣，因復名之破楚門。"閶闔風，西風。

〔7〕九皋：深遠的水澤濕地。《詩·小雅·鶴鳴》："鶴鳴于九皋，聲聞于野。"毛傳："皋，澤也。言身隱而名著也。"鄭玄箋："皋，澤中水溢出所爲坎，自外數至九，喻深遠也。鶴在中鳴焉，而野聞其鳴聲……喻賢者雖隱居，人咸知之。"

〔8〕紅紅記：唐代女子張紅紅，賣唱於市，韋青納爲姬，敬宗召入宫，爲記曲孃。

〔9〕雁柱：箏柱斜列，如雁行，故名。宋計有功《唐詩紀事》卷六十三路德延《小兒》："簾拂魚鈎動，箏推雁柱偏。"《草堂詩餘·宋張子野〈生查子·咏箏〉》："雁柱十三弦，一一春鶯語。"

〔10〕婷婷：美好貌。嬝嬝：孅細柔弱貌。此句謂少女時期。

〔11〕擫（yè）：用手指按捺。《玉篇·手部》："擪，指按也。亦作擫。"漢張衡《南都賦》："彈琴擫籥，流風徘徊。"元稹《連昌宫詞》："李蒼擫笛傍宫墻，偷得新翻數般曲。"

〔12〕交甫：鄭交甫。見前"弄珠人"注。

〔13〕韓嫣：字王孫。漢武帝爲膠東王時，與嫣學書相友。及武帝登基，嫣官至上大夫，常與帝同起居。嫣所得賞賜甚多，家頗富足，常以金彈射獵禽獸。

〔14〕東風：春風。《禮記·月令》："孟春之月……東風解凍，蟄蟲始振。"

〔15〕籍甚：盛大，盛多。《漢書·陸賈傳》："賈以此游漢廷公卿間，名聲籍甚。"王先謙《補注》引周壽昌曰："籍甚，《史記》作'借盛'，蓋籍即借，用白茅之借，言聲名得所借而益盛也。"《文選·南朝齊·王仲寶（儉）〈褚淵碑文〉》："光昭諸侯，風流籍甚。"唐劉良注："籍甚，言多也。"三郎：即林韻卿，因其排行第三，故稱。

〔16〕班春：頒佈春令。《後漢書》卷八十二《崔駰傳》："（王莽）後以（崔）篆爲建新大尹……（篆）稱疾不視事，三年不行縣。門下掾倪敞諫，篆乃强起班春。"春宴：春季的大宴。宋高承《事物紀原·治理政體部·春宴》："太平興國三年三月，大宴大明殿，春宴自兹始也……真宗朝聖節外始備設春秋二宴，自此爲定制。"

〔17〕瓊枝：玉樹之枝。比喻美人。唐蕭穎士《賀太子表》："瓊枝挺秀，玉葉資神。"

〔18〕瑶臺：神話裏的神仙居處。晉王嘉《拾遺記》卷十《崑崙山》："崑崙山者，西方曰須彌，山對七星之下，出碧海之中，上有九層……第九層山形漸小狹，下有芝田蕙圃，皆數百頃，群仙種耨焉。旁有瑶臺十二，各廣千步，皆五色玉爲臺基。"李商隱《無題》："如何雪月交光夜，更在瑶臺十二層。"

〔19〕華胥：寓言中的理想國度。語見《列子·黄帝》："（黄帝）晝寢而夢，游於華胥氏之國……其國無帥長，自然而已；其民無嗜欲，自然而已；不知樂生，不知惡死，故無夭殤；不知親己，不知疏物，故無愛憎；不知背逆，不知向順，故無利害。"宋劉克莊《後村集》卷四十四《晚意》："夢入華胥國土來，咍臺不省夜何其。"

〔20〕秋水：喻指眼波。白居易《筝》詩："雙眸剪秋水，十指剥春葱。"綽約：柔美貌。《文選·傅毅〈舞賦〉》："綽約閑靡，機迅體輕。"

〔21〕春山：春色點染之山，其色黛青，詩人因常用以比喻婦女的眉色。後即爲女子眉毛的代稱。并有所謂"春山八字"之説。《西厢記·草橋店夢鶯鶯雜劇》："春山低翠，秋水凝眸。"《翦燈餘話·江廟泥神記》："春山八字争妍媚。"

〔22〕葳蕤鎖：鎖名。鎖以金縷相連，可以屈伸。唐韓翃《江南曲》："春樓不閉葳蕤鎖，緑水回通宛轉橋。"見《全唐詩》卷二百四十五。

〔23〕荳蔻：植物名，常緑草本。又名草果。有紅、白、肉等種類，均可入藥。紅荳蔻生於南海諸谷中，南人取其花尚未大開者，名之含胎花，言如懷妊之身。詩人用以喻未嫁少女，謂少而美。杜牧《贈別》詩："娉娉裊裊十三餘，荳蔻梢頭二月初。"自此有所謂"荳蔻年華"，指十三四歲的少女。

〔24〕忘情：對喜怒哀樂之事不動感情，淡然若忘。謂不爲情感所動。《世説新語·傷逝》："聖人忘情，最下不及情，情之所鍾，正在我輩。"

〔25〕錦瑟：裝飾華美的瑟。杜甫《曲江對酒》詩："何時詔此金錢會，暫醉佳人錦瑟傍。"後以"錦瑟華年"喻指青春時代。宋賀鑄《東山寓聲樂府·青玉案·横塘路》詞："淩波不過横塘路，但目送，芳塵去。錦瑟華年誰與度。"

〔26〕金荃：集名。《增訂四庫·集部二·别集類一》："温（飛卿）集七卷，别集一卷，汲古閣刊本，題《金荃集》。"花間：集名。五代後蜀趙崇祚編。收録晚唐五代十八家詞五百首，十卷，爲現存最早的詞總集。其中大部分爲游樂之作，多艷語。後稱風格香豔的詞派爲"花間派"，本於此。

〔27〕長康：晉顧愷之。

〔28〕紅情緑意：指艷麗的春日景色。唐趙彦昭《立春日侍宴内出翦綵花應制》詩："花隨紅意發，葉就緑情新。"宋文同《約春》詩："紅情緑意知多少，盡入涇川萬樹花。"

〔29〕風懷：猶風情，即男女相互愛慕的情懷。清朱彝尊《曝書亭集》卷七有《風懷》詩二百韻。紫雲：曲名。唐張讀《宣室志》卷一："唐玄宗嘗夢仙子十餘輩，御卿雲而下，立於庭，各執樂器而奏之……曰：'陛下知此樂乎？此《神仙紫雲曲》也。'"

〔30〕圓通秀：宋陳善《捫虱新話》："黄魯直（黄庭堅）好作艷歌小詞，道人法秀（圓通秀）謂：'其以筆墨誨淫，於我法中，當墜泥犁之獄。'魯直自是不作。"

〔31〕李伯時：李公麟。字伯時，北宋書畫家，舒州舒城（今屬安徽）人。熙寧三年進士，官至朝奉郎。晚年退居龍眠山，號龍眠居士。繪畫尤精人物佛象，畫鞍馬勝過韓幹，亦工山水。筆法如行雲流水，而多用白描，稱爲宋畫第一。存世作品有《五馬圖》《臨韋偃牧放圖》《維摩演教》等。

附　　録

范白舫先生《漢口叢談》序[1]

烏程陸長春瓣香

樓頭擫笛，落五月之梅花[2]；馬上攀條[3]，感昔年之楊柳[4]。則有賣驢博士[5]，騎鶴寓公[6]，負《雞次》之典於吴宫[7]；搜龍威之書於禹穴[8]。仙槎似葉[9]，裹糧探黄河之源[10]；零雨其濛[11]，破斧咏東山之什[12]，忽爾輕裝赴沔，長風渡江[13]。攬宿莽於汀洲[14]，采石華於遠渚[15]。鄉心一箸，來食武昌之魚[16]；家書萬金，去附衡陽之雁[17]。意惟是愁彈劍鋏[18]，夢落刀環[19]。歌《山樞》《蟋蟀》之篇[20]，灑香草蘼蕪之淚[21]。然而登高而作賦者[22]，大夫之志也；乘軺而采風者[23]，太史之職也[24]。吾人釋韍名區[25]，弛擔樂土[26]；玩其風物韶秀，山川邈綿。舊雨能來，濁醪無恙[27]。亦宜囊琴憶往[28]，捉酒談今[29]。徵里閈之新聞[30]，補輶軒之别録[31]。

如吾白舫先生《漢口叢談》一書，誠宛委之奇編[32]，鄉嬛之秘笈也[33]。今夫《齊諧》《諾臯》[34]，志仙鬼也，而人以爲誕矣；廣輿益地[35]，象河嶽也[36]，而人以爲侈矣。沿至小説託於虞初[37]，《秘辛》雜之《漢紀》[38]。《拾遺》《博物》[39]，競祖荒唐；天寶開元，艷談宫禁。徒襲賣鼠販蛙之弊[40]，初無筆鍼墨灸之奇[41]。此書則古錦爲囊[42]，粲花作論[43]。明明列宿[44]，羅於胸中；歷歷諸峰，現之掌上。太冲著賦[45]，筆札堆諸户庭；仁裕湔腸[46]，沙石皆成篆籀。每當鶯初雁晚[47]，竹所花邊。苦茗澆來[48]，瘦筇扶後[49]。話前游於僧寺[50]，滿地斜陽；數往事於賓筵[51]，一場春夢[52]。有句皆畫之壁[53]，無語不登於心[54]。耳目所周，卷册遂富。

尋其體制，可得言焉。昔《禹貢》爲治水之書，《爾雅》有釋山之詁[55]。一瓢斟酌，味判淄澠[56]；五嶽登臨，形如培塿[57]。類各擬思光之傑搆[58]，資少文之卧游[59]。公導嶓冢之源流，躧香爐之崱屴[60]。沔口涢口，溯其奔騰；大别小别[61]，挹之蒼翠[62]。湘江似練，迴環襟帶之間；楚岫如鍼[63]，描畫髻鬟之品[64]。足以破酈元之謭陋[65]，起郭璞之膏肓[66]。

至於步屧尋幽，携尊弔古。郎官湖畔[67]，鷓鴣啼向春風[68]；神女臺邊[69]，麋鹿游於芳草[70]。拜息嬀之廟[71]，桃花黯澹而無言；觸太白之樓[72]，明月團欒而入抱。時復然犀燭暗[73]，縋綆探深[74]。鴛鴦之墜瓦飄來[75]，銘鐫銅緑[76]；贔屓之殘碑讀出[77]，字剔苔紅[78]。蟲語悲秋[79]，辨前代帝王之冢[80]；雞聲唱夢[81]，問千年雲雨之鄉[82]。筆點春花[83]，淚如鉛水[84]。

若乃通闤帶闠[85]，近市遥廛。裊比户之炊煙，放連宵之鐙火。笙歌紈縵[86]，一條軟繡之街[87]；車馬喧闐，十里鬧紅之市。鬭揚州之甲第[88]，花月千門[89]；分淮海之銅山[90]，魚鹽萬井。其間茶寮酒望，餅碓糕坊。仙翁賣卜之簾[91]，老嫗送花之店。靡不瞭同指掌，朗如列眉[92]。寗可號夫銷金[93]，圖自成於畫地[94]。他若獅王琳宇[95]，鹿女珠宫[96]。開青豆之房[97]，借黄粱之枕[98]。一天花雨[99]，飛來簷蔔香中[100]；大地金銀，湧出《華嚴經》裏[101]。偶憶寒爐煨芋[102]，夜泊聞鐘[103]。踏葉尋僧[104]，拈花獻佛。漱楊枝水[105]，來談彌勒之禪；參玉版師[106]，且喫伊蒲之飯[107]。因而誦毗伽之梵志[108]，拓頭陀之碑文[109]。鎮玉帶於山門[110]，誌紗籠於粉壁[111]。謂非繞樹皆鳴音樂[112]，彈指即現樓臺者乎？

夫當陽既征戰之場，鄂渚實烽煙之地。曹瞞兵覆，礮火連江；陶侃軍屯[113]，旌旗蔽日。河北之鴉兒未去[114]，關東之蛾賊復來[115]。公對赤壁之山，紀黄巾之亂。守陴皆哭[116]，衆志成城。狹巷無聲，殺人如草[117]。往往燐飛星碧[118]，血染花殷[119]。拾卧雨之殘槍[120]，出沈沙之斷鏃[121]。秋墳鬼唱[122]，猶聞鼙鼓之聲；夜月狐鳴[123]，尚戴髑髏而舞[124]。低徊不盡，感慨係之。

復有鸚鵡才人[125]，蓮花幕客[126]。猪肝啖罷[127]，牛耳操餘[128]。遥聯贈縞之歡[129]，盛作題襟之會。黄雞白莧[130]，小局招邀。緑酒紅鐙，狂吟跌宕[131]。愴自晨星零落，古調凄涼。歇旗鼓於騷壇[132]，點姓名於鬼簿[133]。宜乎手鈔珠玉[134]，泣墮瓊瑰[135]。嘔血生前，僅把殘編付我；招魂地下，焚將佳傳酬君。聊彈雍門之琴[136]，似答山陽之笛[137]。下至西鄰歌舞[138]，北里煙花[139]。荳蔻梢頭[140]，枇杷巷裏。拋來紅豆，記艷曲於妝樓[141]。濕遍青衫，聽哀絃於酒座[142]。鬢絲如雪[143]，老大傷余；骨瘦于桃[144]，風塵誤汝。亦復閒情婉孌，綺語蟬聯。鬟影衣香[145]，珊珊紙上[146]；飛花落絮，去去天涯。畫《楞嚴》十種之仙[147]，觸小杜前番之夢[148]。洵可抵《板橋雜記》[149]，補《樂府》之新題也已[150]。

嗟嗟！白水盟心[151]，舊約難忘鷗鷺[152]；紅塵插脚[153]，浮生易逐輪蹄[154]。驚瞥眼之風花[155]，年華似箭；仰打頭之梁屋[156]，窮愁著書[157]。今者，司馬歸來[158]，子雲老去[159]。禪房借月[160]，吟榻安花[161]。茶夢剛圓[162]，詩懷幸健。飫家鄉之滋味[163]，紫蟹銀魚[164]；尋先子之釣游[165]，斜風細雨。方擬綸竿假我[166]，蓑笠描公。租放鴨之船[167]，唱《摸魚》之闋[168]。言而不食，樂此忘疲。不謂菱角初香，萍花又散[169]。三更嘯咏，再上南樓[170]；百里煙波[171]，暫辭西塞[172]。匆匆鞭鐙[173]，難淘鵰蟀之愁[174]；草草杯盤[175]，莫如雞豚之社[176]。未免情深潭水[177]，淚落江潮。乃於驪歌之在門[178]，下付鴻篇而督序[179]。既洞窺夫全豹，遂勉測以寸蠡[180]。明年春水生時，盼到紅鱗之信[181]；今夜秋衾擁後[182]，夢爲黄鶴之游。

【注釋】

〔1〕壬午底本無此序文，周貞亮校勘本從陸長春《夢花亭駢體文集》（見

《吳興叢書》吳興劉氏嘉業堂刻本）收入，題“烏程陸長春瓣香”著。今據《吳興叢書》本予以校勘。陸長春，清烏程人，字簫士，號遁齋、梅隱庵。道光副貢。書室名香飲樓、夢花亭。著有《緑鸚仙館詩文集》《夢花亭駢文詩詞》《梅隱庵詩鈔》《遼宫詞》《眉月樓詩鈔》《香飲樓賓談》《遁齋隨筆》。

〔2〕擫笛：吹奏笛子。擫，以指頭按捺。或作“厭”。晉夏侯湛《笙賦》：“厭拈挹按，同覆互移。”落五月之梅花：用李白《與史郎中欽聽黄鶴樓上吹笛》（也作《題北榭碑》）：“黄鶴樓中吹玉笛，江城五月落梅花。”落梅花，即《梅花落》，笛曲名。又《風俗通》：“五月有落梅花，江淮以爲信風。”

〔3〕攀條：《晉書・桓温傳》：温北伐，行經金城，見少爲琅邪刺史時所種柳皆已十圍，慨然曰：“木猶如此，人何以堪！”因感嘆時光流逝之速，攀條泫然流涕。

〔4〕感昔年之楊柳：語出《南史・張緒傳》：“此柳風流可愛，似張緒當年。”

〔5〕賣驢博士：清袁枚《隨園詩話》卷六：“博士賣驢，書卷三紙，不見‘驢’字，此古人笑好典者之語。”原作“博士買驢”。見《顔氏家訓・勉學》。又或指貧寒而有作爲的讀書人。見《説郛・程頤〈家世舊事〉》。

〔6〕騎鶴寓公：《商蕓小説》：“腰纏十萬貫，騎鶴上揚州。”

〔7〕《雞次》：楚國法書。《戰國策・楚策》：“（吳）三戰入郢，蒙谷（楚將）負《雞次》之典，以浮於江，逃於雲夢之中。”

〔8〕龍威：仙人名。《雲笈七籤》：“吳王闔閭游包山，見一人自言姓山名隱居……孔子曰：‘……龍威丈人山隱居，北上包山入靈墟，乃入洞庭竊禹書。’”

〔9〕仙槎：仙人所乘的木筏。徐陵《太極殿銘序》：“嵯峨容與，若漢水之仙槎；摇漾波濤，似新亭之龍利。”

〔10〕裹糧探黄河之源：舊題張華《博物志》：“天河與海通，近世有人居海渚者，年年八月有浮槎去來不失期。人有奇志立飛閣於槎上，多賫糧乘槎而去。”“張騫使大夏，尋河源，見婦人浣紗，問之，曰：‘此天河也。’乃與一石而歸，問嚴君平，君平曰：‘此織女支磯石也。’”

〔11〕零雨其濛：細雨濛濛，緩緩下个不停。《詩・豳風・東山》："我徂東山，慆慆不歸。我來自東，零雨其濛。"毛傳："濛，雨貌。"疏："道上乃遇零落之雨，其濛濛然。"《太平御覧》卷十引梁元帝《纂要》："疾雨曰驟雨，徐雨曰零雨。"

〔12〕破斧：打缺了斧子。形容征伐勞苦。《詩・豳風・破斧》："既破我斧，又缺我斨。"朱熹集傳："隋銎曰斧，方銎曰斨……東征之役，既破我斧而缺我斨，其勞甚矣。"什：《詩經》的雅、頌兩體，均以十篇爲一組。

〔13〕長風：自遠處刮來的風。詩詞中常用來比喻盛壯之勢。

〔14〕宿莽：草經冬不死的，楚人稱宿莽。《離騷》："朝搴阰之木蘭兮，夕攬洲之宿莽。"

〔15〕石華：介類，附海中石而生，肉可食。屠本畯《閩中海錯疏》列於介部。一名烏韭。《本草》："烏韭，一名石華。"《文選・郭璞〈江賦〉》："王珧海月，土肉石華。"注："石華，附石生，肉中啖。"

〔16〕武昌之魚：《吴志》："孫權欲自建業徙都武昌，建業人謡云：'寧飲建業水，不食武昌魚。'"武昌，指今湖北鄂州市。武昌魚，特指鄂州梁子湖出口處的樊口所産之鯿魚。諺云："黄州豆腐巴河藕，樊口鯿魚武昌酒。"

〔17〕去附衡陽之雁：去附，附書。語見杜甫《前出塞九首》："路逢相識人，附書與六親。"雁，謂雁傳書。比喻書信。唐王勃《採蓮曲》："不惜西津交佩解，還羞北海雁書遲。"衡陽之雁，衡陽有回雁峰，傳説雁至此峰不過，因以衡陽雁斷比喻音信阻隔。秦觀有"衡陽猶有雁傳書"詩句。元高則誠《琵琶記・官邸憂思》："湘浦魚沈，衡陽雁斷，音書要寄無方便。"

〔18〕彈劍鋏：指窮乏而有希望求於人的用語。《戰國策・齊策》："（馮諼）倚柱彈其劍歌曰：'長鋏歸來乎，食無魚。'"鋏，劍把。

〔19〕刀環：預示歸還。《漢書・李陵傳》："立政等見陵未得私語，即目視陵而數數自循其刀環，握其足陰諭之，言可還（環同音）歸漢也。"

〔20〕《山樞》《蟋蟀》：《詩・唐風》有《山有樞》《蟋蟀》兩篇名。據朱熹《詩集傳》，此兩篇之意均謂人生苦短，不可不樂，而良士有過於樂之憂，因而主張"好樂無荒"。

〔21〕香草蘼蕪：比喻芳潔。蘼蕪，香草名。即茳蘺，楚辭中多用之。《爾雅》作“蘪蕪”。

〔22〕登高而作賦：《漢書・藝文志》：“登高能賦，可以爲大夫。”

〔23〕乘軺而采風：外出各地了解民情。軺，小車，即一馬駕的輕便車。《墨子・雜守》：“以軺車，輪軲廣十尺。”《史記・季布列傳》：“朱家迺乘軺車之洛陽，見汝陰侯滕公。”司馬貞索隱：“謂輕車，一馬車也。”采風，《漢書・藝文志》：“古有采詩之官，王者所以觀風俗，知得失。”

〔24〕太史：官名。掌管史官記事和曆法。但各代名稱和職責有所不同。如三代時爲史官和曆官之長，秦漢稱太史令，魏晉時修史撰文屬著作郎。隋置太史監，唐初改太史局。

〔25〕釋軔：停着車子。軔，駕車用的皮帶子。這裏代指車子。

〔26〕弛擔樂土：弛擔，舍棄肩上擔子。樂土，安静的地方。《詩・魏風・碩鼠》：“適彼樂土。”

〔27〕濁醪無恙：借説生活安好。濁醪，混濁的酒。這裏爲謙詞，借指普通的飯食。

〔28〕囊琴憶往：指思念知心老友。

〔29〕捉酒：把酒，雙手拿着酒杯喝。泛指喝酒。

〔30〕里閈：鄉里、民間。《北史・李元忠傳》：“每挾彈携壺，游遨里閈。”

〔31〕輶軒之别録：輶軒，古代使者常用的一種輕便小車。《風俗通・序》：“周秦常以歲八月，遣輶軒之使，求異代方言。”别録，原爲書名，此處指另外的記載。

〔32〕宛委之奇編：謂珍奇罕得之書籍。宛委，傳説中的山名。《吴越春秋》卷六《越王無余外傳》引《黄帝中經曆》載，傳説夏禹登宛委山，得金簡玉字之書。其《注》曰：“在會稽縣東南十五里，一名玉笥山。”清人阮元輯叢書定名《宛委别藏》，即取珍貴難得之意。

〔33〕嫏嬛之秘笈：指收藏的秘本書籍。嫏嬛，即“瑯嬛福地”，傳説中的神仙洞府。此謂晉張華游洞宫見秘籍之事。嫏，或作“瑯”。元伊世珍《嫏嬛

記》："張華游於洞宫……華歷觀諸室書，皆漢以前事，多所未聞者。如《三墳》《九丘》《檮杌》《春秋》，亦皆在焉。問其地曰：'瑯嬛福地也。'"

〔34〕《齊諧》《諾皐》：皆誌怪書。齊諧，一説人名，後借作書名。《莊子・逍遥游》："齊諧者，誌怪者也。"梁簡文帝亦曰書。南朝宋東陽無疑有《齊諧記》七卷。諾皐，一説道家神名。舊傳向死人招魂，登屋而呼曰皐，下代魂者應聲叫諾，因稱"諾皐"。唐段成式《酉陽雜俎》有《諾皐記》《支諾皐》。

〔35〕廣輿益地：郡國輿地圖。《周禮・地官・大司徒・土地》注："土地之圖，若今司空郡國輿地圖。"廣輿，廣輪。《周禮・地官・大司徒》："大司徒之職……以天下土地之圖，周知九州之地域，廣輪之數。"疏引馬融曰："東西爲廣，南北爲輪。"益地，《鄘城集仙録》："王母遣使授舜白玉環，又授益地圖。"

〔36〕河獄：黄河、五嶽。古代祭祀山河的對象。因泛指山川大地。

〔37〕虞初：人名。西漢河南人。曾爲武帝時小史，采奇文異事寫成《虞初周説》九百四十三篇，《漢書・藝文志》列入小説家。書已佚。後世認爲是中國小説的創始者。《文選・張衡〈西京賦〉》："小説九百，本自虞初。"

〔38〕《秘辛》雜之《漢紀》：楊慎《書〈漢雜事秘辛〉後》："《漢雜事》一卷，載桓帝（劉志）懿獻梁皇后被選及六部册立事。"秘辛，秘閣藏書的編次名目。《漢魏叢書》有《雜事》一卷，書前有明代楊慎題辭，説："卷首有'秘辛'二字，不可解，要是卷帙甲乙名目。"除此本外，《漢雜事秘辛》還有《秘册汇函》本、《津逮秘書》本、《五朝小説》本、《四庫全書》本等多種版本。後人從寫作手法看，其書文辭艷麗淫靡，類似傳奇，疑爲楊慎僞作。《漢紀》，書名，東漢荀悦撰，三十卷。獻帝因班固《漢書》文繁，便命荀悦仿《左傳》體例來寫。此書文簡事詳，其中糾正《漢書》訛誤頗多。

〔39〕《拾遺》《博物》：兩書名。《拾遺》，舊題晉王嘉撰的《拾遺記》。《博物》，舊題晉張華撰寫的《博物志》。皆爲誌怪小説。

〔40〕賣鼠販蛙：原作"販鼠賣蛙"。《易林》卷十一《晉》："販鼠賣蛙，利少無謀，難以得家。賣鼠，事見《後漢書・應劭傳》："昔鄭人以乾鼠爲璞，鬻之於周。"注："尹文子曰：鄭人謂玉未琢者爲璞；周人謂鼠未臘者爲璞。周

人遇鄭賈人，曰：‘欲買璞乎？’鄭賈曰：‘欲之。’出璞視之，乃鼠也。因謝不取。”販蛙，事見《茅亭客話》：“蜀有村夫鬻白蝦蟆甚大，兩目如丹，皆云肉芝（千歲蝦蟆之稱）也。有醫工買歸，慮其走逸，以大石臼合於地。至曉，石臼透明如燭籠，醫工駭愕，齋沐負鐺挈蟾，辭家入青城山，不知存亡。”

〔41〕筆鍼墨灸：謂以筆墨爲鍼灸。

〔42〕古錦爲囊：事見《新唐書·李賀傳》：“每旦日出，騎弱馬，從小奚奴，背古錦囊，遇所得，書投囊中。未始先立題然後爲詩，如它人牽合程課者。及暮歸，足成之。”

〔43〕粲花作論：比喻言談之美，猶如百花粲爛。五代後周王仁裕《開元天寶遺事》卷下《粲花之論》：“（李白）每與人談論，皆成句讀，如春葩麗藻，粲於齒牙之下，時人號曰李白粲花之論。”

〔44〕列宿：天上群星。《後漢書·明帝紀》：“郎官上應列宿，出宰百里。”

〔45〕太冲：左思。《文選·左太冲〈三都賦序〉》李善注：“臧榮緒《晉書》曰：‘左思，字太冲，齊國人。少博覽文史，欲作《三都賦》，乃詣著作郎張載，訪岷邛之事。遂構思十稔，門庭藩溷，皆著紙筆，遇得一句，即疏之。’”

〔46〕仁裕：王仁裕，字德輦，天水人。少不知書，年二十五始就學，而爲人儁秀，以文辭知名。秦帥辟爲秦州節度判官。後歷數朝，官至翰林學士，遷户部尚書，改兵部尚書、太子少保。顯德三年卒，年七十七。《新五代史·王仁裕傳》：“仁裕性曉音律……其少也嘗夢剖其腸胃，以西江水滌之，顧見江中沙石皆爲篆籀之文，由是文思益進。乃集其平生所作詩萬餘首爲百卷，號《西江集》。”

〔47〕鶯初雁晚：借喻早春暮秋。

〔48〕苦茗澆來：喝茶。《玉堂詩話》：“東坡謂晨飲爲澆書。”

〔49〕瘦筇（qióng）：竹拐杖。筇，竹名，節高中實，可爲杖。又名扶老竹。李賀《歌詩編》卷四《巫山高》：“丁香筇竹啼老猿。”黄庭堅《次韻德儒五丈新居并起》詩：“稍喜過從近，扶筇不駕車。”

〔50〕前游：前次游覽。意用劉禹錫《再游玄都觀》："前度劉郎今又來。"

〔51〕賓筵：從《詩·小雅》之《賓之初筵》篇名省。《賓之初筵》描寫飲酒場面甚壯，原爲衛武公飲酒悔過之作（見朱熹《詩集傳》引《韓氏序》説），後多用於寫朋友聚飲。

〔52〕一場春夢：謂蘇軾貶官昌化，一日行歌田野遇春夢婆之事。春夢，春日之夢。比喻富貴無常。宋趙令畤《侯鯖録》："東坡老人在昌化，嘗負大瓢行歌於田間，有老婦年七十，謂坡云：'内翰昔日富貴，一場春夢。'坡然之。里中呼此媪爲春夢婆。"劉禹錫《春日書懷》詩："眼前名利同春夢，醉裏風情敵少年。"

〔53〕皆畫之壁：事見唐薛用弱《集異記·王之渙》載：唐開元中詩人王昌齡、高適、王之渙齊名，一日同飲於旗亭，遇有多位歌手前來，相約暗聽誰的詩句唱入歌詞較多，誰即爲優勝者。於是三人各自畫壁作記號。

〔54〕登於心：謂留存於心。陸倕《感知己賦》："既耳聞而存口，又目見而登心。"

〔55〕《爾雅》：書名。共十九篇。是中國最早的訓詁專書。舊説周公所作，或孔子所增，子夏所足，叔孫通所益，梁文所補。清人邵晉涵認爲是孔子門人所撰，大抵始於周時，成於孔門，匯總於漢儒，不是出於一人之手。

〔56〕味判淄澠：《列子·説符》："口將爽者，先辨淄澠。"淄澠，二水名，在山東，兩水味不相同，合則難辨。古稱唯春秋齊人易牙能够分辨。後以"淄澠"比喻合則難辨的事物。判，分辨，判定。

〔57〕培塿：小土丘。本作"部婁"。《左傳》襄公二十四年："部婁無松柏。"借喻卑小。《晉書·劉元海載記》："當爲崇岡峻阜，何能爲培塿乎？"

〔58〕思光之傑搆：張融，字思光，吴郡人。《南齊書·張融傳》載：融有早譽，文辭詭激，嘗作《海賦》，以示鎮國將軍顧愷之。愷之曰："卿此賦實超玄虚（木華字玄虚），但恨不道鹽耳。"融即求筆注之，曰："漉沙搆白，熬波出素。積雪中春，飛霜暑路。"

〔59〕少文之卧游：少文，即宗炳。字少文，南陽湼陽人，南朝宋時隱士。

《宋書・宗炳傳》："（炳）好山水，愛遠游，西陟荆巫，南登衡岳，因而結宇衡山，欲懷尚平之志。有疾，還江陵，嘆曰：'老疾俱至，名山恐難遍覩，唯當澄懷觀道，卧以游之。'凡所游履，皆圖之於室。"

〔60〕躧（xǐ）香爐之崱屴：躧，同"屣"，步履，踏着。香爐，山名，在漢陽縣西，因形似香爐而得名。崱屴，山高峻貌。

〔61〕大别小别：兩山名。《左傳》："吴伐楚，子常濟漢而陣，自小别至於大别。"大别即漢陽龜山。小别在漢川縣東南漢水之濱，也叫甑山。已見卷一注。楊守敬《禹貢本義・大别》以爲以上説法是李吉甫《元和郡縣志》的誤記。他認爲大别在鄂東，小别即黄岡大崎山。

〔62〕挹：攬挹，收羅的意思。

〔63〕楚岫：楚地的山巒。岫，山巒，山谷。

〔64〕髻鬟：借髪型比喻山形，如螺高卷雙垂。

〔65〕酈元之謭陋：酈元，即酈道元。字善長，北魏范陽（今河北琢縣一帶）人。著有《水經注》一書，四十卷，流傳於世，是非常著名的地理專著。謭陋，原意是見識淺近。這裏指書中有疏漏的地方。

〔66〕郭璞之膏肓：郭璞，字景純，河東（今山西境）聞喜人。擅詞賦，素有東晉詞賦家之冠的説法。著有《爾雅注》《山海經注》《穆天子傳注》《楚辭注》《子虚賦注》《上林賦注》等。膏肓指重病，所謂二竪爲惡。《左傳》成公十年："公夢疾爲二竪子……疾不可爲也，在肓之上，膏之下，攻之不可，達之不及，藥不至焉，不可爲也。"這裏借指郭注有不當的地方。

〔67〕郎官湖：已湮，舊地約在武漢市漢陽區太平（白）巷、郎星（官）巷一帶。已見前注。宋代名士李祁作有《漢陽郎官湖春日四絶句》存於世，亦可賞讀。

〔68〕鷓鴣：鳥名。一名懷南、逐影。形如母雞，頭如鶉。其叫聲俗稱爲："行不得也哥哥"。晉崔豹《古今注》卷中："南山有鳥，名鷓鴣，自呼其名，常向日而飛。畏霜露，早晚希出。"舊説聽着鷓鴣啼聲，便引動鄉情。

〔69〕神女臺：又名陽臺。傳説中的臺名。《文選・宋玉〈高唐賦〉》："妾在巫山之陽，高丘之岨，旦爲朝雲，暮爲行雨，朝朝暮暮，陽臺之下。"唐劉良注："陽臺，神自言之，實無有也。"或曰爲陽臺山。《增廣事類統編・地輿

部・漢陽府》："陽臺爲神女而賦。"注："陽臺山在漢川，上有神女廟。"事亦本宋玉《高唐賦》："昔者楚襄王與宋玉游於雲臺……夢見一婦人曰：'妾巫山之女也，爲高唐之客，聞君游高唐，願薦枕席。'"

〔70〕麋鹿：麋和鹿。借比隱士君子之流。屈原《九歌・湘夫人》："麋何食兮庭中，蛟何爲兮水裔？"《史記・淮南王安列傳》："（伍）被悵然曰：'臣聞子胥諫吴王，吴王不用，乃曰臣今見麋鹿游姑蘇之臺也。'"蘇軾《前赤壁賦》："漁樵于江渚之上，侣漁鰕，而友麋鹿。"

〔71〕息嬀：春秋時息侯的夫人，嬀姓，後世別稱桃花夫人。楚文王滅息，擄息嬀歸，生二子，息嬀以國亡夫死之痛，與文王不通言語。《左傳》莊公十四年："楚子如息，以食入享。遂滅息，以息嬀歸，生堵敖及成王焉，未言。楚子問之，對曰：'吾一婦人而事二夫，縱弗能死，其又奚言？'"杜牧《題桃花夫人廟》注："即息夫人。"唐劉長卿《劉隨州集》卷二《過桃花夫人廟》詩："寂寞應千歲，桃花想一枝。"《漢陽府志》："漢陽（今武漢市漢陽區）城北息夫人廟，在桃花洞上，士人因稱桃花夫人。"

〔72〕太白之樓：《增廣事類統編・地輿部・漢陽府》："登太白之樓，飛觴足記。"注："太白樓在（漢陽）府治北。"

〔73〕然犀燭暗：謂明察事物。《晉書・温嶠傳》："（嶠）旋于武昌，至牛渚磯，水深不可測，世云其下多怪物，嶠遂燬犀角而照之。須臾，見水族覆火，奇形異狀，或乘馬車著赤衣者。嶠其夜夢人謂己曰：'與君幽明道別，何意相照也？'意甚恶之。嶠先有齒疾，至是拔之，因中風，至鎮未旬而卒，時年四十二。"嶠字太真，太原祁縣人，明帝時官驃騎大將軍，平王敦、蘇峻皆有大功，忠心輔晉，亦晉室棟梁材。

〔74〕縋綆探深：謂放長繩可汲深井之泉，廣學問可與言道。《莊子・至樂》："（孔子曰）昔者管子有言，丘甚善之。曰：'褚小者不可以懷大，綆短者不可以汲深。'"《荀子・榮辱》："短綆不可以汲深井之泉，知不幾者不可與及聖人之言。"

〔75〕鴛鴦之墜瓦飄來：謂突然飛來的禍事。《莊子・達生》："復仇者不折莫干，雖有忮心者不怨飄瓦，是以天下平均。"《三國志・魏書・周宣傳》：

“文帝問宣曰：‘吾夢殿屋兩瓦墮地，化爲雙鴛鴦，此何謂也？’宣對曰：‘後宮當有暴死者。’帝曰：‘吾詐卿耳！’宣對曰：‘夫夢者意耳，苟以形言，便占吉凶。’言未畢，而黄門令奏宫人相殺。”

〔76〕銘鎸銅緑：銘，文體名，是一種頌人功德或自省的文字，古代多刻於鐘鼎器物上，秦漢以後多刻於石碑，以傳於後世。鎸，刻寫。銅緑，銅銹色，這裹指銅製器物。

〔77〕贔屓（bì xì）：猛壯有力貌。《文選・張衡〈西京賦〉》：“綴以二華，巨靈贔屓。”薛綜注：“贔屓，作力之貌也。”這裏指一種傳説中的神獸。明楊慎《升庵集》卷八十一《龍生九子》：“俗傳龍生九子，不成龍，各有所好。一曰‘贔屓’，形似龜，好負重，今石碑下龜趺是也。”

〔78〕字剔苔紅：指碑字剥蝕。剔，挑選。苔，植物名，生於古木温地或石上。紅，指填紅色的文字。

〔79〕蟲語悲秋：蟲語，蟲鳴之聲。宋楊萬里《夜雨》詩：“蟲語一燈寂，鬼啼萬山哀。”陸游詩有：“窗下燈殘候蟲語。”悲秋，面對秋景而傷感。宋玉《九辯》：“悲哉秋之爲氣也。”杜甫《登高》：“萬里悲秋常作客，百年多病獨登臺。”

〔80〕辨前代帝王之冢：意用張載《七哀》詩：“北邙何壘壘，高陵有四五。借問誰家墳，皆云漢世主。”

〔81〕雞聲唱夢：指雄雞曉啼，唤醒迷夢。唐王勃《七夕賦》：“鳧氏鳴秋，雞人唱曉。”

〔82〕雲雨之鄉：指楚地。《文選・宋玉〈高唐賦〉》：“旦爲朝雲，暮爲行雨。”注：“朝雲行雨，神女之美也。”

〔83〕筆點春花：春花，春天的花朵，嬌艶動人，常用來比喻優美的文字。岑參詩：“筆爲題花點。”徐鉉詩：“文似春花鋪曉陌。”

〔84〕淚如鉛水：謂淚流如鉛水傾瀉。李賀《金銅仙人辭漢歌》：“空將漢月出宫門，憶君清淚如鉛水。”

〔85〕通闤帶闠：謂街市相連。張衡《西京賦》：“爾乃廓開九市，通闤帶闠。”崔豹《古今注》：“市墻曰闤，市門曰闠。”左思《魏都賦》：“班列肆

以兼羅，設闤闠以襟帶。”闤闠，或泛指市肆。

〔86〕笙歌糺縵：指樂聲交響。糺，同“糾”，糾合。縵，縵樂，雜樂。《周禮·春官·磬師》：“教縵樂燕樂之鐘磬，凡祭祀，奏縵樂。”鄭玄注：“縵謂雜聲之和樂者也。”

〔87〕軟繡之街：指街景繁華。《清異録》：“宋初親王尹開封，謂之判南衙，羽儀散從，燦如圖畫，京師人嘆爲軟繡天街。”天街，京城中的街道。

〔88〕甲第：原指豪門貴族的宅第。漢代的列侯賜有大第，分爲甲乙的次第。這裏泛指高門大户的富貴人家。

〔89〕花月千門：指歌樓妓院衆多。花月，花與月。王勃《山扉夜坐》詩：“林塘花月下，則是一家春。”喻指美麗之身，或借指妓女。《桃花扇·拒媒》：“生小緑珠花月身。”

〔90〕淮海：地區名。指淮水與海之間的地帶。《尚書·禹貢》：“淮海惟揚州。”傳：“北據淮，南距海。”

〔91〕仙翁賣卜：仙翁，指蜀人嚴君平。名遵，卜筮於成都市，日得百錢，待足以自養，則閉肆下簾，讀《老子》。一生不求官，年九十餘卒。見《漢書·王吉傳序》。《高士傳》：“嚴遵，字君平，隱居不仕，賣卜於成都市。”唐代傳有嚴遵仙槎。

〔92〕朗如列眉：論説如眉之分列一樣明白。《戰國策·燕策》：“吾必不聽衆口與讒言；吾信汝也，猶列眉也。”

〔93〕寓可號夫銷金：意謂可供狂熱消費燒錢之所。銷金，熔金。這裏指花錢。《武林舊事》：“西湖景，朝昏晴雨皆宜，杭人亦無時不游。日糜金錢，靡有既極，故杭諺有銷金鍋兒之號。”

〔94〕圖自成於畫地：事本《晉書·張華傳》：“華强記默識，四海之内，若指諸掌。武帝嘗問漢宫室制度及建章千門萬户，華應對如流，聽者忘倦，畫地成圖，左右屬目。帝甚異之，時人比之子産。數歲，拜中書令，後加散騎常侍。”這裏指博學多才。

〔95〕獅王琳宇：指佛殿。獅，佛教謂佛祖講經説法音聲震動世界，如獅子吼。《維摩經·佛國品》：“演法無畏，猶獅子吼。其所講説，乃如雷震。”蘇

軾《聞潮陽吴子野出家》："當爲獅子吼，佛法無南北。"琳宇，寺廟。

〔96〕鹿女珠宫：鹿女，佛經故事，謂昔有南窟仙人，見一母鹿産下一女，抱歸撫養，長大形極美，唯脚似鹿，是爲鹿女。一日洞中火滅，命鹿女往北窟仙人處取火。北窟仙人見鹿女行步皆有蓮花，因言："遶我舍七匝，當與汝火。"鹿女如其言，遂取火而去。見《雜寶藏經》卷二《鹿女夫人》。王維《游感化寺》詩："雁王銜果獻，鹿女踏花行。"《增廣事類統編·釋道部·佛教》"鹿女踏花行"注："母鹿生鹿女，形極美，金仙養之，後鹿女生佛母。"珠宫，用珠寶裝飾的宫殿。這裏指庵堂。

〔97〕青豆之房：青豆，即青色之豆。青豆之房，借指經房。梁簡文帝《與智琰法師書》："辨論青豆之房，遣惑赤花之舍。"唐段成式《題璘公院聯句》："檐外垂青豆，經中發白蕖。"

〔98〕黄梁之枕：謂黄粱美夢。唐李泌《枕中記》："道士吕翁得神仙之術，游邯鄲道中，遇少年盧生，以囊中枕授之，枕而夢，一生榮辱備歷，欠伸而寤，黄粱尚未熟也。"梁，通"粱"。

〔99〕一天花雨：《維摩詰經》："天女以天花散諸菩薩，即皆墮落，至大弟子便著不墮。天女曰：'結習未盡，故花著身；結習盡者，花不著身。'"

〔100〕簷蔔：梔子。《本草》："簷蔔，又名梔子。"作藥用的叫山梔，是一種常緑灌木。

〔101〕《華嚴經》：佛經名。全名爲《大方廣佛華嚴經》。在佛教中被認爲宗旨最爲高尚。大方廣爲所證之法，佛以華莊嚴法身，故曰華嚴。

〔102〕寒爐煨芋：唐李蘩《鄴侯家傳》："（李）泌在衡嶽，有僧明瓚，號懶殘，泌察其非凡人也，中夜前往謁焉。懶殘命坐，發火煨芋以啗之曰：'勿多言，領取十年宰相。'"宋劉克莊《後村集》卷三《懷保寧聰老》詩："探梅尚憶陪山屐，煨芋何因共地爐。"

〔103〕夜泊聞鐘：事本唐張繼《楓橋夜泊》詩："月落烏啼霜滿天，江楓漁火對愁眠。姑蘇城外寒山寺，夜半鐘聲到客船。"楓橋，橋名，在江蘇吴縣（今蘇州市）閶門西。本作封橋，因張繼詩改爲楓橋。

〔104〕踏葉尋僧：唐喻凫《無可上人院》："入户道心生，茶間踏葉行。"

《舊唐書·僧普寂傳》："年少時，遍尋高僧，以學經律。"

〔105〕楊枝水：佛教稱能使萬物蘇生的甘露。《法苑珠林》："佛因澄，天竺人。石勒聞名召之，其子暴病，澄取楊枝水灑之，遂蘇。"

〔106〕參玉版師：《冷齋夜話》卷七："子矚邀劉器之參玉版和尚，至簾泉寺，燒笋食之。"

〔107〕伊蒲之飯：佛教徒的齋飯。伊蒲，即"伊蒲塞"之省，不出家的男性佛教徒。又稱"優婆塞"。《名山記》："謝東山《游雞足山記》曰：'山之絶頂一僧，洛陽人，留供食，所具皆佳品。'予謂野亭曰：'此伊蒲饌也。'"

〔108〕梵志：即婆羅門。相傳婆羅門爲梵天之苗裔而行梵法，故婆羅門也稱梵志。但佛家認爲是外道之一。《法苑珠林》："梵志不行順事，不作福業。"南朝梁蕭統《昭明太子集》卷二《僧正》詩："能令梵志遣，亦使羣魔驚。"

〔109〕頭陀之碑文：《文選·王簡棲〈頭陀寺碑文〉》注："《姓氏英賢録》曰：'王巾，字簡棲，瑯邪臨沂（在今山東省）人也。有學業，爲頭陀寺碑，文詞巧麗，爲世所重。起家郢州（今武漢市武昌）從事征南記室，天監四年（505年）卒。碑在鄂州。'"即今湖北武昌橋頭臨江處。今寺已廢，碑早没。

〔110〕鎮玉帶於山門：謂蘇軾與禪僧鬬机鋒之事。《遁齋閒話》："佛印，名了元，住金山寺。東坡入方丈，戲云：'借和尚四大，用作禪牀。'師曰：'山僧有一轉語，内翰言下，即當從所請，否則願留玉帶鎮山門。'東坡解帶置几上。"

〔111〕紗籠：以紗遮蔽。事見唐王定保《摭言》卷七："王播，少孤貧，嘗客揚州慧昭寺木蘭院，隨僧齋餐，諸僧厭怠，播至，已飯矣。後二紀，播自重位出鎮是邦，因訪舊游，向之題已皆碧紗幕其上。"

〔112〕繞樹：曹操《短歌行》："繞樹三匝，無枝可依。"

〔113〕陶侃軍屯：《增廣事類統編·地輿部·武昌府》："都督則陸遜、陶侃大震兵威。"注："王敦反，詔陶督兵平之，移鎮武昌。"陶侃，字士行，晉室棟梁才。本鄱陽人，徙家潯陽，早孤貧。官縣令，遷荆州刺史，遭王敦忌，欲加害，轉任廣州刺史。及王敦反，侃領交州刺史，平王敦，遷都督荆、雍、益、梁諸軍事，領護南蠻校尉、征西大將軍、荆州刺史。蘇峻叛晉，京都失守，

侃被推爲盟主，擊殺蘇峻，拯救了晉室，封長沙郡公，都督八州諸軍事。侃勤於吏職，恭而近禮，在軍四十一載，久鎮荆楚，雄毅有權，明悟善決斷，自南陵迄於白帝城數千里中，路不拾遺，爲世所重。時人尚書梅陶曰："陶公機神明鑒似魏武，忠順勤勞似孔明，陸抗諸人不能及也。"謝安曰："陶公雖用法，而恒得法外意。"見《晉書·陶侃傳》。

〔114〕河北之鵶兒：河北，指黄河以北，包括渝關（今山海關）、薊門（今居庸關）一帶。鵶兒，即李克用。唐西突厥沙陀族人，少驍勇，尤善騎射，史載能仰射雙鳬，别號鵶兒。又因一目失明，號獨眼龍。其父朱邪赤心助唐鎮壓龐勛起義，賜名李國昌。克用曾率沙陀兵參加鎮壓黄巢起義，任河東節度使，封晉王。後乃割據一方。死後，其子存勗建立後唐，被追尊爲太祖。《新五代史·唐本紀》："（李）克用少驍勇，軍中號曰李鵶兒。"鵶，同"鴉"。

〔115〕關東之蛾賊：關東，指函谷關以東，今河南、山東等地。蛾賊，或作"蟻賊"，是對起義軍的辱稱。見前注。

〔116〕守陴皆哭：語出《左傳》宣公十二年："楚子圍鄭，旬有七日……國人大臨，守陴者皆哭。"陴，女墻，城垛子。

〔117〕"狹巷"兩句：謂厮殺慘烈。明沈明臣《凱歌》："狹巷短兵相接處，殺人如草不聞聲。"

〔118〕燐飛星碧：燐火呈青碧色，像星光般地閃爍着。舊迷信或認爲鬼火。

〔119〕血染花殷：舊傳杜鵑花色殷紅是由杜鵑鳥啼血所染。杜牧《杜鵑》："紅花染血痕。"

〔120〕拾卧雨之殘槍：杜甫《重過何氏五首》："雨抛金鎖甲，苔卧緑沉槍。"

〔121〕出沈沙之斷鏃：事本杜牧《赤壁》："折戟沈沙鐵未銷。"鏃，箭頭。

〔122〕秋墳鬼唱：謂詩作之奇才。事用唐李賀《秋來》："秋墳鬼唱鮑家詩。"

〔123〕狐鳴：事見《史記·陳涉世家》。

〔124〕髑髏：死人的頭骨。這裏用作骷髏面具。俗稱鬼臉殼子。戴假面具驅邪疫，或臨陣御敵，古已有之。

〔125〕鸚鵡才人：指禰衡。禰衡恃才倨傲，爲曹操所不容，被遣送至夏口黄祖處，後爲黄祖所殺。禰衡在夏口作有《鸚鵡賦》。《後漢書・文苑傳》："射時大會賓客，人有獻鸚鵡者，射舉卮於衡曰：'願先生賦之，以娱嘉賓。'衡攬筆而作，文無加點，辭采甚麗。"後稱其文爲《鸚鵡賦》，其地爲鸚鵡洲，其人爲鸚鵡才。

〔126〕蓮花幕客：幕客，幕府僚屬，如長史、參謀、記室之類。後泛稱幕府裏的佐吏。《南史・庾杲之傳》："乃用杲之爲衛將軍長史。安陸侯蕭緬與儉書曰：'盛府元僚寔難其選，庾景行汎渌水依芙蓉，何其麗也！'時人以入儉府爲蓮花池，故緬書美之。"庾杲之，字景行，新野人。

〔127〕猪肝啖罷：後漢閔仲叔，太原人，客居安邑縣，老病家貧，無錢買肉，日買猪肝一片。屠者或不肯與，縣令聞之，令吏常給焉。仲叔怪而問之，其子道原委，乃嘆曰："仲叔豈以口腹累安邑！"遂去，客沛。見《後漢書》卷五十二《閔仲叔傳》。啖，吃。

〔128〕牛耳操餘：指主持盟會的人。牛耳，古代諸侯會盟時，割牛耳取血，分嘗爲誓，以爲信守。尊者執牛耳。《左傳》定公八年："衛人請執牛耳。"注："盟禮尊者用牛耳，主次盟者。"

〔129〕贈縞：贈送禮物。縞，細白的生絹。或以細白絹製作的衣服、帶子。《左傳》襄公二十九年："（季札）聘于鄭，見子産，如舊相識，與之縞帶，子産獻紵衣焉。"後因以縞紵比喻情誼深厚，或朋友間相互饋贈。隋孫萬壽《答楊世子》詩："縞紵始云贈，膠漆乃相投。"

〔130〕黄雞白莧：指田園生活。黄雞，雞毛呈茶色者。李白《南陵别兒童入京》："白酒新熟山中歸，黄雞啄黍秋正肥。"梅堯臣《寄洪州李國博》："青蒲翠竹圍華屋，白酒黄雞命里人。"白莧，一種蔬菜。《南史・蔡撙傳》"齋前自種白莧紫茄，以爲常餌。"

〔131〕跌宕：也作"跌蕩"，放縱，不受約束。《三國志・簡雍傳》："性簡傲跌宕，在先主坐席，猶箕踞傾倚，威儀不肅，自縱逸。"

〔132〕騷壇：詩壇。孔尚任《桃花扇·偵戲》："好教執牛耳，主騷壇。"

〔133〕點姓名於鬼簿：唐初楊炯爲文章好用古人姓名，如："陸士衡（機）之所記"，"潘安仁（岳）宜其陋矣，仲長統何足知之"，人號爲點鬼簿。事見《玉泉子》："王楊盧駱有文名，人議其疵曰：'楊好用古人姓名，謂之點鬼簿。'"亦見《朝野僉載》卷六。

〔134〕珠玉：比喻貴重華美。杜甫《和賈至舍人早朝大明宮》："詩成珠玉在揮毫。"

〔135〕瓊瑰：珠玉，美石。《詩·秦風·渭陽》："何以贈之，瓊瑰玉佩。"毛傳："瓊瑰，石而次玉。"《左傳》成公十七年："聲伯夢涉洹，或與己瓊瑰，食之，泣而爲瓊瑰，盈其懷。"晉杜預注："瓊，玉。瑰，珠也。"

〔136〕雍門之琴：雍門，指雍門周，戰國齊人。名周，居雍門，曾以琴見孟嘗君。孟嘗君曰："先生鼓琴，亦能令文悲乎？"周引琴而鼓，於是孟嘗君不禁涕泣而哀，下而就之曰："先生之鼓琴，令文立若破國亡邑之人也。"事見劉向《説苑·善説》。

〔137〕山陽之笛：魏晉間向秀與嵇康、吕安友善，二人爲司馬昭所殺。一日秀經其山陽舊居，聞鄰人笛聲，感懷亡友，於是作《思舊賦》。事見《晉書·向秀傳》。山陽，戰國魏邑，漢置縣，因在太行山南（故城在今河南修武縣西北）而得名。秀爲懷縣人，屬山陽郡。後常以"山陽笛"爲懷念故友之典。北周庾信《庾子山集》卷四《傷王司徒褒》："唯有山陽笛，悽余思舊篇。"

〔138〕西鄰歌舞：意用杜牧《題揚州禪智寺》："誰知竹西路，歌吹是揚州。"

〔139〕北里煙花：北里，在長安，舊稱妓女的住處。唐孫棨《北里志·海論三曲中事》："平康里，入（長安）北門，東回，三曲即諸妓所居之聚也。妓中有錚錚者，多在南曲中麯，其循墻一曲，卑屑妓所居。"煙花，借指妓女。清尤侗《題板橋雜記》："南部煙花，宛然在目。"

〔140〕荳蔻梢頭：指年輕柔弱女子。杜牧《贈别》："荳蔻梢頭二月初。"

〔141〕艷曲：艷麗的曲調。宋郭茂倩《樂府詩集》卷六一《雜曲歌詞序》："艷曲興於南朝，胡音生於北俗。"

〔142〕哀絃：悲傷的旋律。杜甫《題柏大兄弟山居屋壁》："哀絃繞白雪，未與俗人操。"

〔143〕鬢絲如雪：謂年老頭髮斑白。白居易《别行簡》："漠漠病眼花，星星愁鬢雪。"

〔144〕骨瘦於桃：唐李商隱《海上謡》："海底覓仙人，香桃如瘦骨。"香桃，佛手柑的别名，一種熱帶生長的果樹。其果子如佛手，形如瘦骨。

〔145〕鬢影衣香：也寫作"衣香鬢影"。形容婦女形态嬌嬈，服飾華麗。

〔146〕珊珊：象聲辭。凡金、玉、鍾、雨等聲音舒緩者常形容作珊珊。宋玉《神女賦》："動霧縠以徐步兮，拂墀聲之珊珊。"這裏形容描寫舒緩生動。

〔147〕畫《楞嚴》十種之仙：《楞嚴經》："阿難復有從人，不依正覺修三摩地别，修妄念存想，固形游於山林，人不及處，有十種仙。"

〔148〕觸小杜前番之夢：小杜，杜牧。杜牧《遣懷》："十年一覺揚州夢，占（一作'贏'）得青樓薄倖名。"杜牧曾隨牛僧孺出鎮揚州，時出入青樓。後分守洛陽，仍追思念舊，謂揚州繁華如夢，故有此詩。元代喬孟符因此撰《揚州夢》雜劇。清代嵇留山亦撰《揚州夢》，而内容則演杜子春爲揚州巨商，後遇老君得道的故事。

〔149〕《板橋雜記》：筆記。清余懷著。懷字淡心，莆田（今屬福建）人，僑寓江寧（今南京）。作者爲明朝遺老，所記主要爲南京明末妓院瑣聞、生活習俗。因妓家聚居舊院有長板橋，故書以"板橋"爲名。與唐孫棨《北里志》相類。

〔150〕補《樂府》之新題：樂府始創於漢武帝。後在唐有段安節的《樂府雜録》、吴兢的《樂府古題要解》，在宋有曾慥的《樂府雅詞》、郭茂倩的《樂府詩集》種種。

〔151〕白水盟心：表示純貞，信守不移。《左傳》僖公二十四年："公子曰：'所不與舅氏同心者，有如白水。'"盟，誓約，結盟。

〔152〕舊約難忘鷗鷺：約與鷗鷺爲友。喻隱居。宋高觀國《青玉案》："一隄風月，六橋煙水，鷺約鷗盟在。"

〔153〕紅塵插脚：謂置身鬧市中。陸游《鷓鴣天·送葉夢錫》："插脚紅

塵已是顛，更求平地上青天。”

〔154〕輪蹄：車輪馬蹄。指馬車。韓愈《南内朝賀歸呈同官》：“緑槐十二街，涣散馳輪蹄。”

〔155〕瞥眼：轉眼間，喻時間短暫。杜甫《解憂》：“呀吭瞥眼過，飛櫓本無蒂。”

〔156〕仰打頭之梁屋：形容居室狹小。蘇軾《戲子由》：“常時低頭誦經史，忽然欠伸屋打頭。”

〔157〕窮愁著書：《史記·平原君虞卿列傳》：“然虞卿非窮愁，亦不能著書以自見於後世云。”

〔158〕司馬：司馬相如的省稱。西漢著名辭賦家。

〔159〕子雲：揚雄。西漢成都人，字子雲。長於辭賦，多仿於司馬相如。成帝時由大司馬王音薦，獻《甘泉》《河東》《羽獵》《長楊》四賦，拜爲郎。王莽時爲大夫，校書天禄閣。博通群籍，多識古文奇字。仿《周易》作《太玄》，仿《論語》作《法言》。又編字書《訓纂篇》《方言》。唯《訓纂篇》亡佚。

〔160〕借月：玩月，賞月。唐孟郊《夜集汝州郡齋聽陸僧辯彈琴》：“徹文北山外，借月南樓中。”

〔161〕安花：插花。庾信《鏡賦》：“量髻鬢之長短，度安花之相去。”

〔162〕茶夢：黄庭堅有“松風佳客共，茶夢小僧圓”的詩句。

〔163〕飫（yù）：飽嘗。《後漢書·劉盆子傳》：“十餘萬人皆得飽飫。”《隋書·音樂志下》：“甘芳既飫，醑以清。”

〔164〕紫蟹銀魚：紫蟹，紫色的螃蟹。唐殷堯藩《九日病起》：“紫蟹霜肥秋縱好，緑醅蟻滑晚慵斟。”銀魚，一種著名的淡水小魚。古稱白小，俗叫麵條魚。杜甫《白小》：“白小群分命，天然二寸魚。”今武漢市武湖即盛産銀魚。

〔165〕先子：祖先。也指已故的祖父或父親。

〔166〕綸竿：釣魚竿。綸，釣絲。《詩·小雅·采緑》：“之子于釣，言綸之繩。”三國魏嵇康《贈秀才入軍》：“流磻平皋，垂綸長川。”

〔167〕放鴨之船：陸游詩："今朝出逆張夫子，借得南鄰放鴨船。"

〔168〕《摸魚》：《摸魚兒》詞牌名之省稱。

〔169〕萍花又散：萍，浮萍，夏日開小白花。指離散。唐張説《湘江北亭》："萍散魚時躍，林幽鳥任歌。"

〔170〕南樓：舊時武昌府南樓有兩處：一在湖北鄂城縣治（今鄂州市）之南，因晉太尉庾亮而有名。也稱玩月樓。《世説新語·容止》："庾太尉在武昌，秋夜氣佳景清，佐吏殷浩、王胡之之徒，登南樓理咏，音調始遒，聞函道中有屐聲甚厲，定是庾公。俄而率左右十許人步來，諸賢欲起避之，公徐云：'諸君少住，老子於此處，興復不淺。'因便據胡牀，與諸人咏謔竟坐，甚得任樂。"李白有《陪宋中丞武昌夜飲懷古》詩："清景南樓夜，風流憶武昌。庾公愛秋月，乘興坐胡牀。"另一南樓在今武漢市武昌黄鵠山頂上（山下即今俗稱鼓樓洞處）。亦名白雲樓、岑樓。清乾隆中毁，畢沅曾重修。今已不存。宋張愈有詩曰："城上新開百尺樓，白雲人伴白雲留。山川半倚三吴勝，江漢常吞七澤流。"今學者或認爲李白咏南樓詩是在黄鵠山之南樓，李白誤以爲是庾亮之南樓。

〔171〕煙波：霧氣蒼茫的水面。崔顥《黄鶴樓》："日暮鄉關何處是，煙波江上使人愁。"舊有煙波亭，在漢陽縣治東北三十里煙波灣。

〔172〕西塞：山名。在今湖北大冶市東九十里臨江處（西北沿江而上離黄石市亦只有數十里）。《水經注·江水》："有黄石山，水逕其北，東山偏高，謂之西塞。"盧溥《江表傳》："劉勳聞孫策等已克皖，乃投西塞。"明胡震亨《唐音癸籤·詁箋一》："'勢從千里奔，直入江中斷。嵐横秋塞雄，地束江流滿。'此韋江州所咏武昌之西塞也。"顧祖禹《讀史方輿紀要·武昌府·大冶縣》："西塞山，縣東北九十里，連武昌縣界。孫策擊黄祖，劉毅攻桓玄，皆破之於此。"

〔173〕匆匆鞭鐙：謂唐人姚元崇荆州安民，民衆不舍其離去之事。鞭鐙，馬鞭和足鐙。五代後周王仁裕《開元天寶遺事》卷上《截鐙留鞭》："姚元崇初牧荆州，三年，受代日，闔境民吏泣擁馬首，遮道不使去，所乘之馬、鞭、鐙，民皆截留之，以表瞻戀。"蘇軾《罷徐州往南京馬上走筆寄子由》："紛紛等兒

戲，鞭鐙遭割截。”

〔174〕鶬蟀之愁：謂良士爲民之安樂而憂深思遠。鶬，鶬鶊，即黄鶯。又叫商庚、鸝黄。《詩・豳風・東山》作“倉庚”，曰：“倉庚于飛，熠燿其羽。”朱熹集傳：“倉庚飛，婚姻時也。熠燿，鲜明也。賦時物以起興，而言東征之歸士，未有室家者，及時而婚姻，既甚美矣。”蟀，蟋蟀。《詩・唐風・蟋蟀》：“蟋蟀在堂，歲聿其莫。今我不樂，日月其餘。無已大康，職思其居。好樂無荒，良士瞿瞿。”朱熹集傳：“唐，國名，本帝堯舊都。蟋蟀，蟲名，九月在堂……唐俗勤儉，故其民間終歲勞苦，不敢少休。及其歲晚務閒之時，乃敢相與燕飲爲樂。而言今蟋蟀在堂，而歲忽已晚矣，當此之時而不爲樂，則日月將舍我而去矣。然其憂深而思遠也，故方燕樂而又遽相戒曰：今雖不可以不爲樂，然不已過於樂乎！盍亦顧念其職之所居者，使其雖好樂而無荒。”

〔175〕草草：簡單而匆促。唐鄭谷《寄懷元秀上人》：“悠悠干禄利，草草廢漁樵。”杜甫《送長孫九侍御赴武威判官》：“聞君適萬里，取别何草草。”

〔176〕雞豚之社：指鄉人叙契，或謂同里叙好。韓愈《南溪始泛》詩：“願爲同社人，雞豚燕春秋。”《書言故事・社日》：“鄉人叙契曰雞豚同社。”雞豚，雞與豚。《孟子・梁惠王上》：“雞豚狗彘之畜，無失其時，七十者可以食肉矣。”社，春社，秋社。

〔177〕情深潭水：比喻友情非常深厚。李白《贈汪倫》：“桃花潭水深千尺，不及汪倫送我情。”

〔178〕鸝歌：告别之歌。鸝，同“驪”。驪歌，即“驪駒之歌”的省稱。南朝梁劉孝綽《陪徐僕射勉宴》：“洛城雖半掩，愛客待驪歌。”見《初學記》卷十四引。李白《灞陵行送别》：“正當今夕斷腸處，驪歌愁絶不忍聽。”或諧音作“離歌”。李頎《送魏萬之京》：“朝聞游子唱離歌，昨夜微霜初度河。”

〔179〕鴻篇而督序：鴻篇，大文章。督序，正序。督，正。《左傳》僖公十二年：“謂督不忘。”疏：“謂女功德，正而不可忘。”

〔180〕測以寸蠡：以瓠瓢爲工具測量海水。比喻見識狹小不知深淺。這裏是作者的謙辭。《漢書・東方朔傳》：“語曰：‘以筦闚天，以蠡測海。’”蠡，

瓠瓢。

〔181〕紅鱗：紅鱗的魚。五代花蕊夫人《宫詞》："内人急捧金盤接，撥刺紅鱗躍未休。"

〔182〕秋衾：秋天用的被褥。唐李賀《還自會稽歌》："臺城應教人，秋衾夢銅輦。"

漢口叢談跋

《漢口叢談》六卷，烏程范鍇白舫撰。白舫烏之南潯鎮人，博學工詩詞，生平撰述甚富，《南潯鎮志》有傳。嘉道間久客漢皋，邑志載入流寓。《叢談》一書，亦列目著述中。其書叙次雅贍，言水道數十條，尤精確可據。早歲曾于同里熊瑞卿先生許見之，匆匆讀過，未及傳鈔，三十年來，訪求不獲。近聞廠肆間有其書，輒爲外人重值收去，吾鄉人轉不易得，得者亦不輕出示人。偶與同邑李星樵侍講語及[1]，相共太息。侍講適有藏本，因得假歸再讀一過。尋其刊板年月，題道光壬午，距今已及百年。所言風景人物，猶是兵燹以前舊蹟，爲近人所不盡知。而亦今世居漢口者所不可不詳考也。因即録副備刊，用廣流布。近刻烏程陸瓣香《夢花亭》駢文中，有此書序，文甚工麗，刊本失之，補録卷端，俾成完帙。《鎮志》一傳，及《著述目録》，并附録於後，庶覽者得以有考云。辛酉四月朔[2]，漢陽周貞亮退舟識於京師錢糧胡衕之寓廬。

【注釋】

〔1〕侍講：官名。唐代始設集賢院侍講學士、翰林侍講學士，職在講論文史，備君主顧問。明清則爲翰林院額定之官。

〔2〕辛酉：民國十年。

漢口叢談跋

漢陽周退舟先生貞亮《晚喜廬隨筆》云：嘉慶中，烏程范白舫鍇，旅居漢上，撰《漢口叢談》六卷。余幼於同里熊瑞卿先生明楨許見之。通籍後[1]，求之十餘年不得。辛酉歲[2]，有鄉人得之，求假一觀，諾而不與。乃從同邑李星樵太史哲明處借得，令寫人傳鈔一部，并從他書録得陸長春駢文一《序》，及《范君小傳》，并其《著述目録》，補載卷中，自爲之跋，以備付刊。頃沔陽盧慎之弼傳印《湖北先正遺書》，余助之搜訪，勸其并刻《叢談》，以備吾楚掌故。盧購得一刻本，因借以復校鈔本。始知此書後經改訂，中有與余本不同者兩處，未便録入鈔本，致礙雅觀，今别記於此。異時付刊，當從改本爲定也。改本第五卷二十八頁後，删去四頁，即於第二十八頁末段，“頗占納涼之趣”後接云“包山司馬祥高其胞姪也，磊落好交，嘗得朱氏舊圃，壘湖石構亭臺爲觴詠地，名曰‘怡園’，題贈成卷”三十八字，占第二十八頁之末，二十九頁之首兩行。下即提行“包山善書法”云云，此一處也。第六卷第五頁後，六行後，“黄心盦自號櫧山詞客”云云。十一段引《漢口青樓樂府》，語多猥褻，改本删去，别以文五段補填入卷。按：此五段已低一格印入卷中，茲不復見。以下提行“甲辰春旅寓漢口”云云，茲特記明起訖，以備刊時纂入焉。

按：右一則爲周退叟校勘是書本末。叟爲家君門人，後又爲癸卯同年[3]。己巳歲同教授武漢大學[4]，出所手校是書示家君，家君覽而善之，欲爲付刊未果。先是家君教學漢南時[5]，便訪此書與所謂魏氏《竹中記》者。久之，得此書於徐星槎徵君，乃鈔本，并於其中見《竹中記》梗概，命夔武寫一副本藏之。嗣應新聞社之請，敷陳楚故，即廣是書之旨，成《續談》《再續》二種，携之行篋中。兩年前，已在黄岡余霽丞處長許得魏氏舊稿二種，即《竹中記》

與《西除集》是也。亟命夔武寫付石印，而所鈔范書及家君續作之稿[6]，漸有散落，退叟前年猝歸道山[7]，竊念二書都有關吾楚文獻，不可聽其由此湮没，適周校本尚在行篋，遂并家君所續，相次出版，供吾鄉搜討舊聞者之考研。并取家君所揖《漢滸金石小記》一卷，及二十年前報社所付家君《竹枝詞》一袟，與前年程十髮丈板行《一夢緣》一卷附焉。校字既訖，謹書崖略於後。羅田王夔武跋[8]，時癸酉秋七月[9]。

【注釋】

〔1〕通籍：原謂記名於門籍，可以進出宮門。其制始於漢，即將記有姓名、身份、年龄的竹片懸於宮門外，來者經核對，合者乃得進。《漢書・元帝紀》（初元五年）“爲大父母、父母、兄弟通籍”注引應劭曰：“籍者，爲二尺竹牒，記其年紀名字物色，懸之宮門，案省相應，乃得入也。”後來亦稱初作官爲“通籍”，意謂朝中已經有了名籍。亦或指進士初及第。

〔2〕辛酉：民國十年。

〔3〕癸卯：光緒二十九年。同年：科舉制度中稱同科考中的人。

〔4〕己巳：民國十八年。

〔5〕教學漢南：王葆心青年時，曾主講潛江傳經書院。1897 年春，王葆心被張之洞舉薦到潛江傳經書院任院長，并担任主講。任職半年。傳經書院創建於 1671 年，曾培養了大批人才。1901 年王葆心又到漢陽晴川書院（後改爲漢陽府中學堂）擔任院長，教書育人，專心學術。

〔6〕續作之稿：指王葆心的《續漢口叢談》《再續漢口叢談》。

〔7〕歸道山：道山，傳説中的仙山。舊時因稱人死爲“歸道山”。

〔8〕王夔武：王葆心之子，民國間教授武漢大學。王葆心（1869—1944），字季薌，號晦堂，湖北羅田縣人，曾就讀於著名的武昌兩湖書院，1903 年癸卯科鄉試中第三名舉人，拣選知縣。清末曾任學部主事、禮學館纂修等職，學識淵博，爲近代著名史學家、教育家。著述宏富，多達 170 餘種。

〔9〕癸酉：民國二十二年。

范鍇小傳見《南潯鎮志·人物二》

范鍇初名音，字聲山，號白舫，又號苕谿漁隱。例貢生《潯輯》[1]。其先明祭酒應期[2]，居菁山[3]，歿後，族黨散處各郡《苕谿漁隱詩稿》自注。祖穎通，字希賢，號棲園，監生《幽華詩略》[4]，攻軒岐術[5]，精脈理《攬茝山房漫記》，自塘棲遷潯[6]，著《硯北居瑣録》，皆載故里文獻詩稿自注。父宗鎬，字學周，號檢齋，監生，輯《潯》著二卷范志。鍇有儁才，工詩，尤善詞熊士鵬《漢口叢談序》，中歲以後，遠游四方孫燮《書潯溪紀事詩後》，磊落好交吴文溥《南野堂筆記》，寓意鹽筴[7]，往來楚蜀者三十年李宗傳《苕谿漁隱詩稿序》。留心掌故陳文述《幽華詩略序》，作《潯溪紀事詩》七十首，徵引記載陳文述《潯溪紀事詩序》遺文佚事，靡不畢具張鑒《潯溪紀事詩序》。客蜀，著《蜀産吟》。僑寓漢上，著《漢口叢談》。皆不愧作家陳文述《蜀産吟序》。晚歲寓居揚州孫燮《華笑廎雜筆序》，卒年八十餘《潯輯》。鍇兄登，字既庭，號煙畦，縣學生《幽華詩略》[8]，亦有文行。登子來庚，初名濂，字小庭，秀水縣學生，嘗刊《南潯鎮志》《潯輯》。

【注釋】

〔1〕例貢生：清代科舉制度中貢入國子監的生員之一種。因爲不由考選而由生員援例捐納，故稱例貢，不算正途。

〔2〕祭酒：學官名。漢代有博士祭酒，爲博士之首。西晉改設國子祭酒，隋、唐以後稱國子監祭酒，爲國子監的主管官。

〔3〕菁山：汪曰楨《南潯鎮志·著述二》有范鍇父親范宗鎬《菁山感咏》著目。菁山，山名，當在浙江杭縣的塘棲鎮。

〔4〕監生：明清在國子監肄業的，統稱監生。由學政考試，或由皇帝特許。如未入府、州、縣學而欲應鄉試，或未得科名而欲入仕的，都必先捐監生，作爲出身，但不一定在監讀書。

〔5〕軒岐術：相傳軒轅、岐伯皆醫家之祖。攻軒岐術，指精通中醫。

〔6〕塘棲：在浙江杭縣北五十里。潯：南潯鎮。潯溪在浙江吴興縣，自德清縣界分流入縣境，東北經南潯鎮，入運河。

〔7〕鹽筴："筴"，"策"的異體字。《管子·海王》："謹正鹽筴。"采取以鹽來徵集國家收入的政策。這裏指經營鹽業。

〔8〕縣學生：科舉時代，童生應歲試，録取入府縣學肄業，稱爲進學。進學的童生稱秀才，或稱縣學生。

范鍇著述目録見《南潯鎮志·著述二》

范鍇，見《人物傳》。《吴興藏書録》一卷，刊本，存。《南潯劉氏眠琴山館藏書目》四卷，寫本，存，首題烏程范鍇白舫、張鑒秋水、計深秋琴、蔣履泰嗜山同編。嘉慶二十五年張鑒序。《漢口叢談》六卷，刊本，存，東坡熊士鵬序。《華笑廎雜筆》六卷，刊本，存，道光二十四年自序。《潯溪紀事詩》二卷，刊本，存，凡詩七十首，并自注。乙未，同里張鑒序；丙申，錢塘陳文述序；道光十六年，蒲圻張至曙序；丙申，自跋。《湖録紀事詩》一卷，刊本，存。《蜀産吟》一卷，刊本，存，道光庚寅陳文述序。《感逝吟》一卷，刊本，存。《續漢上題襟集》一卷，刊本，存。《潯溪漁唱》一卷，未見。《苕谿漁隱詩稿》六卷，刊本，存。道光十三年，桐城李宗傳序；壬辰，無錫鄒廷歘序；十六年，元和朱綬仲環序；閼逢敦牂同里陸長春瓣香甫序；乙未，錢塘陳文述序。《苕谿漁隱詞》二卷，刊本，存，嘉慶十八年，臨洮陸芝田次農氏序；丙子，麗生嚴學淦序。又《學淦書札》一篇，閼逢敦牂同里陸長春序。《華笑廎詞》一卷，刊本，存。《幽華詩略》四卷。刊本，存。道光戊戌，漢陽孫煦序；錢塘陳文述序；十九年，天門熊士鵬序；辛丑，自跋。其所著《攬茝山房漫記》即散入書中，仿朱彝尊《明詩綜》附《静志居詩話》例也。